日本のローカル線 150年全史

その成り立ちから未来への展望まで

佐藤信之 Nobuyuki Sato

清談社
Publico

日本のローカル線　150年全史

その成り立ちから未来への展望まで

佐藤信之

清談社
Publico

はじめに　鉄道150周年に転機を迎える日本のローカル線

本書は、2023年というローカル鉄道に対する政策が大きく変わる年にあたって、明治時代、日本に鉄道が登場したころから現在までのローカル線の歴史を一冊にまとめたものである。

本書の構成は、第1部では、幹線鉄道の建設が続けられていた明治期にあって、殖産興業政策のもとで地方において小規模な鉄軌道が建設されたことに始まり、1906年の鉄道国有法以降、軽便鉄道法の制定によって地方のローカル線の建設が国策として進められた時期を経て、第2次世界大戦前までを説明する。

第2部では、戦後復興から高度経済成長とモータリゼーションが急速に進んだ昭和30年代（1955～1964年）、国鉄の経営悪化によって経営の合理化と赤字ローカル線の廃止を進めた昭和40年代（1965～1974年）以降のローカル線縮小の時代を紹介する。

第3部では、1987年4月に国鉄が解体され、JR各社が設立されて以降の、JR、民営ローカル線、第三セクター鉄道の動向について説明する。

「地域公共交通再構築元年」

2023年に入って1月に斉藤鉄夫《さいとうてつお》国土交通大臣に、「今年は『地域公共交通再構築元年』ですよ」との発言があった。

2023年度予算の大臣折衝を終えての感想であった。斉藤大臣は、もともと鉄道好きの議員として知られており、ローカル線政策の見直しの年に大臣を務めることになったのも、必ずしも偶然とはいえない。

内容は、鉄道より、むしろバスの政策転換が特徴的であるが、ローカル鉄道を含める公共交通への設備投資が社会資本整備総合交付金の対象に含められることになった意義は大きい。新たに交付金に地域公共交通再構築事業を創設したほか、既存の「都市・地域交通戦略推進事業」に従来含まれているＬＲＴ（Light Rail Transit＝次世代型の路面電車システム）、ＢＲＴ（Bus Rapid Transit＝バス高速輸送システム）整備（ＬＲＴのインフラ施設を都市側の事業として整備）に加え、鉄道の走行空間の整備が支援対象に追加された。

変化するローカル線対策の財源

社会資本整備総合交付金というのは、２００３年度に、道路、空港、港湾などの社会資本整備（公共事業）に対する地方の支出に関する国からのさまざまな補助金、負担金を統合したものである。

国には、道路整備特別会計、空港整備特別会計、港湾整備特別会計といった公共事業のための特別会計があり、自動車関係税や空港・港湾使用料を特定財源としていた。

このような特別会計は、特定財源として毎年入る巨額な資金を残さずに使い切ることが目的となり、事業の効率化が十分達成できていないことが問題とされた。たとえば、道路整備特別会計の場合、財源の余剰があると、つねに公共交通整備への予算の流用の動機となり、実際に次第に拡大していった。１９７２年に都市モノレールのインフラ工事が道路工事のスキームで実施され、１９７５年にガイドウェイ方式の新交通システムに拡大し、さらに１９９７年には路面電車の軌道整備にも自動車関係の税収が充てられるようになった。

国の行財政改革の動きのなかで、このような聖域とされた特別会計を解体して特定財源を一般財源化する方針が決まり、２００８年度に実施された。それに先立ち、道路、空港、港湾整備で実施されてきた5カ年計画も廃止され、新たに２００３年から「社会資本整備重点計画」が策定されることになる。特別会計は廃止される方向が決まったものの、防災工事や社会インフラの更新など依然として社会資本整備の重要性は変わらないため、計画的に整備を進めるべきとの考えにもとづいていた。

ただ、特別会計については、族議員を中心とした堅固な利権構造が構築されており、強い反発があって、なかなか廃止できなかった。２００３年11月に財政制度等審議会から「特別会計の見直しについて－基本的考え方と具体的方策－」の報告書が提出され、２００５年12月に特別会計改革を柱とした「行政改革の重要方針」が閣議決定され、翌年3月には、その具体化のために「簡素で効率的な政府を実現するための行政改革の推進に関する法律案」が国会に提出され、5月に成立した。かくして２００８年に道路整備特別会計、空港整備特別会計、港湾整備特別会計、治水特別会計、都市開発資金融通特別会計は廃止され、新たに社会資本整備特別会計が設置され、そのもとに、道路整備勘定、空港整備勘定、港湾整備勘定などに業務が引き継がれた。また、それぞれの特定財源は一般財源化を果たした。

その後、民主党政権になると、いっそうの特別会計の改革が標榜《ひょうぼう》され、2012年1月24日の「特別会計改革の基本方針」の閣議決定にもとづき、社会資本整備特別会計の廃止が決定し、公共事業系の特別会計が消滅した。

国が建設・維持する道路、運営会社が維持する鉄道

問題の社会資本整備総合交付金は、国の特別会計によって管理していた特定財源を地方に再配分する手法であった。

国は国道を建設・維持しているが、相当数の国道が都道府県に管理が任されている。この国道に対して、国は事業費の半分を負担している。また、県道や市町村道についても、財源の範囲内で国は事業費の半分までを補助することができることになっている。このように、公共事業費は事業主体にかかわらず国費が投じられ、さまざまなルートで国から地方に財源が再配分されている。これらを一括して社会資本整備総合交付金に再編したのである。つまり、交付対象は地方自治体であり、公共事業である。

この資金を鉄道の投資に投入できる道が開かれたことは、いろいろな意味で画期的である。

鉄道では整備新幹線と地下鉄だけが公共事業として認定されていた。鉄道は道路や空港同様に社会資本であることに疑いはないが、都市鉄道を中心に採算性が高く、独立採算制を基本として、伝統的に事業収入によって企業会計のなかで建設費を支出していた。それに対し、地下鉄や整備新幹線は、社会的な便益が大きい一方で、事業費が巨額となるために、企業会計内では投資を回収することが難しい。そこで、その建設に公共が資金を提供していて、公共事業として位置づけられているのである。その後、ＬＲＴとＢＲＴのインフラ部の整備などが公共事業として実施されている。

ローカル鉄道が公共事業のスキームに乗るのは画期的であるが、特別会計はすでになく、特定財源も一般財源化しているため、たんにスキームを応用しているだけであり、投資対象も、民間企業である鉄道会社に交付されるのではなく、国が主導して自治体と鉄道会社などで設置する協議会の事業である。また、この制度が新型コロナウイルス禍によって維持することが難しくなったＪＲのローカル線の存続問題が起源であることから、鉄道会

社とはＪＲ各社ということになる。制度上は第三セクターを除いているだけであるが、純粋民営鉄道が対象となるかは、いまのところわからない。

純粋民営鉄道や第三セクターについては、別に「地域公共交通の活性化及び再生に関する法律」が２００７年に制定され、地方のバスや鉄道の経営維持のための制度が設けられている。当初はバスや乗合タクシー、旅客船が中心で、鉄軌道についてはＬＲＴやＢＲＴといったローカル鉄道のモード転換に対する支援（軌道運送高度化事業）であった。その後、鉄道に対する制度が拡充され、鉄道維持のために自治体がインフラ部を保有し、その経費を負担する上下分離に対する支援が制度化（鉄道事業再構築事業）された。この場合は、沿線の市町村が協議会を設置して鉄道事業再構築計画を策定し、国に申請して認定を受けることになる。市町村が実施し、国は交付税措置によって支援する。

続々と公表されるＪＲの単独維持不能路線

ＪＲ北海道は２０１６年に単独で維持することができない路線を発表し、沿線自治体に対して経営体の変更（上下分離）を申し入れ、協議会の設置を求めた。しかし、新たに負担が生じる自治体は協議会の設置に応ぜず、上下分離によって鉄道を維持するケースはない。一方では、石勝《せきしょう》線夕張《ゆうばり》支線、留萌《るもい》本線・留萌－増毛《ましけ》間、日高《ひだか》本線・鵡川《むかわ》－様似《さまに》間、札沼《さっしょう》線・北海道医療大学－新十津《しんとつ》川《かわ》間は沿線の合意によって廃止された。沿線では鉄道より高速道路などの道路整備と路線バスへの転換によるサービスの向上に関心が向いていた。

今回、ＪＲ各社でローカル線の経営体の見直しが行われることになったが、ＪＲ側は、自治体が協議の開始によって路線の廃止につながりかねないとして協議に入ること自体を拒否することが懸念されたため、国が主体となって協議会（再構築協議会）を設置し、ローカル線を鉄道として維持するための支援スキームを用意し、自治体が乗りやすい環境を整備することになった。しかし、同時に路線バスやＢＲＴといった道路交通への転換の選択肢も用意され、必ずしも鉄道が維持されるとはかぎらない。また、協議期間も3年とされ、従来、廃止申請から1年間とされていたのと比べて長いものの、時間切れ、見切り発車での廃止も想定され、今後の実際の動きが注目される。

日本のローカル線 150年全史——目次

第1部　なぜローカル線は建設されたのか［明治〜昭和戦前篇］

第3章 鉄道省による地方路線の建設

第4章 昭和初期のローカル線ブーム……61

第2部　新線建設と廃線の狭間で［昭和戦後篇］

第3部 再構築を迫られるローカル線［平成〜令和篇］

第5章 21世紀のローカル線支援制度

第6章 令和時代のローカル線が生き残る方策

資料篇

表紙、扉写真
２０１９年3月31日に最終運行日を迎えた
石勝線夕張支線（撮影：斎藤幹雄）
本文写真提供：筆者（＊以外）、斎藤幹雄（＊）
校正協力：入江聡

＊本文の図表について
東京圏、大阪圏、政令指定都市、大手私鉄、鋼索鉄道、新交通システム、都市モノレール、都市第三セクターは除く。ただし、臨海鉄道、新潟市、静岡市、浜松市、岡山市、広島市、熊本市は含む。記載は現況と異なるものも出典に従い、不明の部分は空欄とした。キロ程は小数点以下2位を四捨五入。動力は路線別ではなく会社別。②＝第2種鉄道事業、③＝第3種鉄道事業、●＝未成線、★＝休止線。

＊おことわり
内容の一部については、1998年前後に月刊誌『運輸と経済』に連載した記事と、『鉄道ジャーナル』に執筆した記事をもとに、その後の動向を含め、補足して掲載している。また、引用文については、読者の読みやすさを考え、文意を損ねない範囲で、引用者が加筆、修正を行った部分もある。

第1部

なぜローカル線は建設されたのか

［明治〜昭和戦前篇］

第１章　地方鉄道の勃興

その歴史は釜石の鉱山鉄道から始まった

日本で最初の鉄道というと、１８７２年10月に正式に開業した新橋《しんばし》－横浜《よこはま》間とされるが、これはあくまでも一般の人たちが利用できる鉄道で、それ以前にローカルな鉄道がいくつかあった。デモンストレーションで運行したものを除くと、松前《まつまえ》藩が計画して新政府が建設を引き継いだ茅沼《かやぬま》炭鉱の牛を使った運炭軌道、明治に入ると大阪の造幣寮と堂島《どうじま》、川口《かわぐち》（外国人居留地）を結んだ通貨を鋳造するための地金を運んだ軌道。いずれも一般の人が利用できるものではないために、表の歴史からは消えてしまった鉄道、軌道である。

同様に、岩手県の釜石《かまいし》にも鉄鉱石を運んだ鉄道があった。南部《なんぶ》藩が日本で初めて高炉を使って製鉄した土地である。

１８７４年に工部省は釜石に鉱山寮釜石支所を設置して製鉄所の建設を開始した。近くの大橋《おおはし》、橋野《はしの》、佐比内《さひない》、栗林《くりばやし》に鉄鉱石の産地があることが立地の決め手になった。その大橋と製鉄所、釜石港までの鉄道と小川口《こがわぐち》－小川木炭山間の支線を建設することにして、国は10月には新橋－横浜間の建設技師代理を務めたチャールズ・シェパードを派遣して測量をさせた。翌年５月には鉄道寮技師のジャーバイス・パーセルが派遣されて建設に着手した。なお、このときの現地の責任者であった鉱山寮釜石支庁主任の毛利《もうり》重輔《じゅうすけ》は、のちに日本《にっぽん》鉄道の副社長となる人物である。

この鉱山鉄道は１８８０年２月17日に開通して鉄鉱石の輸送を開始。軌間は２フィート９インチ、最急勾配30分の１。同年９月には釜石製鉄所が完成して操業を開始した。

１８８２年３月４日から翌年にかけて旅客も運んだと

いう。旅客輸送には、釜石、小川、甲子《かっし》、大橋の4駅を設置し、各駅に停車するものとノンストップのものがあったという。翌年には釜石製鉄所が閉鎖になったことで、鉄道も廃止された。製鉄所の火災や、製鉄に向いた石炭が入手できなかったことが、製鉄所の廃止につながったという。

ただ、馬車軌道の一部（釜石－甲子間）は1884年以降も民間の釜石鉱山馬車鉄道として運行を続けたという話もある。

鉄道敷は1883年4月9日に公道に編入。機関車や機材は藤田伝三郎《ふじたでんざぶろう》などに売却され、阪堺《はんかい》鉄道（現・南海《なんかい》電気鉄道）に使われた。

釜石製鉄所は田中長兵衛《たなかちょうべえ》らに払い下げられ、1886年10月16日に出銑《しゅっせん》に成功。翌年11月に釜石鉱山田中製作所が発足し、鉱石輸送のために馬車軌道が設置された。1日1往復だけ旅客用の馬車が走った。その後、田中が個人で経営する軽便鉄道（軌間762㎜）に改築され、馬車から蒸気機関車牽引《けんいん》に変わった。軽便鉄道は1910年に工事を開始。翌年11月2日に鈴子《すずこ》（現在の釜石駅の住所）－大橋間15・5㎞が開業した。

「鉄道敷設法」の公布で沸き起こる建設熱

1881年の松方《まつかた》デフレ財政と官営工場、鉱山の民間売却を契機に、民間による産業発展の素地がつくられた。財政不足から、東北本線の建設には藩主らに与えられた金禄《きんろく》公債証書などを出資させて民営の日本鉄道が設立（1881年11月）され、実務は官設鉄道が引き受けた。私鉄の外形をしているものの、実態は官設鉄道と同じであった。

1872年に官営富岡《とみおか》製糸場が開設され、日本の紡績業の発展に貢献することになるが、ここで実務を習得した者が各地に散って、それぞれ紡績場が操業を開始した。ヨーロッパの先進国と同様にまず紡績業から産業化が始まり、輸出商品の一角を占めるまでに育っていった。

国内での産業化の芽吹きとともに人と物資の移動が活発化し、急ピッチで幹線鉄道網を充実させていった。すなわち、1889年7月に東海道《とうかいどう》本線が全通し、1891年9月には日本鉄道が上野《うえの》－青森間を開業した。

このような国内の産業化と鉄道の延伸を見て、地方の住民は相次いで鉄道の建設を計画し、鉄道の敷設を国に申請すると同時に、国や議会におびただしい数の鉄道建設の陳情書が提出された。

鉄道建設は本来、国の仕事であり、民間企業にはそれを委託するという立場で、日本鉄道には特許条約書が交付された。整備を委託するというからには、国が整備計画を持っていなければならず、急遽《きゅうきょ》、国が建設を予定する鉄道のリストを作成する必要ができた。また、日本鉄道の場合は実際に国の鉄道建設を代行するという性質を持っていたのでよいが、その後に続く民営鉄道の計画に対しては手続きを規定した法令の整備が必要であると考え、明治20（１８８７）年勅令として私設鉄道条例を制定するとともに、１８９２年６月21日に法律第４号として鉄道敷設法を公布した。同法は鉄道敷設を国が行うことを基本としていたが、議会での議論を通じて民営による整備も認めることになり、その後の全国の鉄道網は民間が中心になって開発されることになる。ただ、これらの民営鉄道はほとんどが１９０６年に施行となった鉄道国有法で国営化された。

鉄道敷設法は全国の幹線と大都市圏の重要な路線のみに偏っていた。リストにない地方の路線を建設する場合は、軌道条例による軌道として建設されるのが通例であった。

軌道条例の発布は１８９０年であり、それ以前の動きとして房総《ぼうそう》鉄道の創業期の動向を追うと、まず、１８８８年７月28日に板倉胤臣《いたくらたねおみ》を創立委員長にして房総馬車鉄道が企画された。資本金20万円で曽我野《そがの》村（蘇我《そが》）－大《おお》網《あみ》間、大網－東金《とうがね》間の馬車鉄道を敷設し、曽我野村から東京までの海運を運航するというもの。１８８９年１月16日に千葉県知事の認可を得た。県知事は内務省の官吏であり、のちの軌道条例の申請の進達経路である。しかし、折しも株式市況の悪化で出資が思うように集まらず、１８９１年７月28日に大網－東金間、大網－茂原《もばら》間の許可を返上し、１８９３年に電気への動力の変更を出願、同年９月７日に蘇我－大網間の鉄道敷設の免許を交付された。ただ、当時、電気鉄道は都市内の軌道にようやく実例が登場したばかりの時代で、これも１８９３年７月に取り消しとなり、あらためて房総鉄道の敷設免許状の下付となった。この房総鉄道は同社定款には「軽便鉄道」と記載されている。この時代には軽便鉄道法はなかったが、同年９月７日付「馬車鉄道ヲ軽便汽関ノ鉄道ニ変更ノ件」「本年７月８日付出願房総鉄道敷設ノ件ヲ許可シ免許状ヲ下付ス」とある。さらに、発信者は逓信大臣・黒田清隆《くろだきよたか》である。推測するに、房総鉄道は私設鉄道条例が適用されたが、ただし、同法のなかでも、とくに「軽便」な鉄道を想定していたということなのだろう。

キーポイントは１８９３年７月の認可の取り消しと房総鉄道の免許の取得という手続きで、それ以前は内務省権限の軌道、以後は逓信省権限の鉄道に扱いが変わったことがあった。

房総馬車鉄道の電気方式への変更に対し、国は軌道とすべきか、鉄道とすべきかで議論を繰り返し、１８９２年に最終的に軌道とすることで決着した。このように、軌道を起源とする計画であったため、蒸気動力への変更で私設鉄道条例が適用されることになったものの、格の違いを表現しようとして、「軽便鉄道」と、この時点では一般的でない用語を使ったのであろう。

房総鉄道は１８９３年９月７日に蘇我－大網間の鉄道敷設の免許状が下付された。この発信者は鉄道庁長官・松本荘一郎《まつもとそういちろう》で、逓信大臣ではなかった。

地方の交通が不便な地域では自由民権運動とつながって強力な鉄道誘致活動が展開された。予定線は国が調査し、財源は公債の発行で調達されることを基本としていた。例外的に民間による予定線の建設の道も用意されていた。着工順序は鉄道会議への諮問を経て政府が決めることになっていた。

鉄道敷設法の制定により、ほかより一日も早く鉄道敷設を出願して先願権を獲得しようと、全国から多くの鉄道の申請が出された。権利自体を売り買いするケースも見られた。

東北地方では、日本鉄道が仙台《せんだい》から青森まで直線的にコースをとったことから、ルートから外れた地域では相次いで鉄道計画が起こされた。

三陸《さんりく》地方の関連では「盛岡《もりおか》ヨリ宮古《みやこ》若ハ《もしく》山田《やまだ》ニ至ル鉄道」と「黒沢尻《くろさわじり》（現・北上《きたかみ》＝引用者注）若ハ花巻《はなまき》ヨリ秋田県横手《よこて》ニ至ル鉄道」が盛り込まれたが、それ以外にも多くの鉄道計画が動き出した。

１８９６年３月に「陸羽《りくう》中央鉄道」（資本金１４０万円）が山田－釜石－遠野《とおの》－花巻－横手間の鉄道を計画。また、東京資本による「三陸鉄道」（資本金６００万円）が石巻《いしのまき》から、志津川《しづがわ》、気仙沼《けせんぬま》、釜石を経由して宮古までの鉄道を計画した。もともとの立案者は自由民権運動家の小国《おぐに》村（現・宮古市）の副戸長・山奈宗真《やまなそうしん》であった。

同じころ、陸羽鉄道設立の準備が進められていたが、既存の釜石鉱山鉄道を延長し、遠野、黒沢尻、秋田県船《ふな》川港《かわこう》までの東北を横断するという鉄道である。岩手県議の東和賀《ひがしわが》郡の高橋嘉太郎《たかはしかたろう》、自由民権運動の小軽米《こがるまい》庄左衛門（釜石）のほか、黒沢尻の有力者が参加した。

また、１８９６年には盛岡－大館《おおだて》間に奥羽《おうう》中央鉄道（資本金３６０万円）が計画された。

1896年の三陸鉄道計画の発起人総代は東京市赤坂《あかさか》区青山南町《あおやまみなみちょう》（現・東京都港《みなと》区南青山《みなみあおやま》）の川村朝次郎で、7月4日に逓信大臣に設立申請趣意書を提出した。鉄道への投資がブームとなっており、中央の資本家は全国に成算が見込める鉄道計画に参加していた。同年6月には三陸大津波で岩手県だけでも1万8150人が死亡したといわれ、復興の鉄道が必要になるという思惑である。階上村《はしかみ》（現・気仙沼市）出身で、東京で貿易商を営む小野寺大三郎が、自由民権運動の指導者である板垣退助《いたがきたいすけ》を説得して階上村で講演会を行った。内容は「津波の災害復旧はもちろん、沿岸の産業振興のためには、まず沿岸に鉄道を敷設することだ。政治力を活用するためには地元の声がかりが必要だ」と、続いて志津川町（現・南三陸町）で鉄道の必要を説いた。

1897年にも盤仙鉄道の計画が立ち上がり、一《いち》ノ関《せき》－門崎《かんざき》－摺沢《すりさわ》－折壁《おりかべ》－気仙沼間の鉄道を出願した。1900年に仮免許を受けたことで会社が設立された。しかし、資本金の払い込みが難航したため、1915年8月28日に反立憲政友会である立憲同志会の大隈重信《おおくましげのぶ》が総理大臣となったことで成算なしと考え、免許取消願を提出した。

その後は、一関《いちのせき》出身の政友会代議士・阿部徳三郎《あべとくさぶろう》を仲介役に、岩手県出身の原敬《はらたかし》を頼りにして、国有鉄道（以下、便宜的に国鉄と記す）による大船渡《おおふなと》線の建設促進運動へと続くことになる。

開拓政策とリンクした「北海道鉄道敷設法」

北海道では1880年に官設幌内《ほろない》鉄道が開業したが、内地とは違って開拓使が管轄した。1889年に北海道炭礦《たんこう》鉄道に払い下げられたが、鉄道の監督権は北海道庁が担当した。そのため、鉄道敷設法には北海道の予定線が入っていなかった。その代わりに、1896年5月14日に北海道鉄道敷設法が制定され、内地の鉄道とは異なる対応がなされていた。

1882年には開拓使を廃止し、札幌《さっぽろ》県、函館《はこだて》県、根《ね》室《むろ》県を設置。1886年には、この3県は北海道に統合され、北海道庁のもとで北海道中央鉄道敷設計画が作成された。まず北海道開拓政策があり、そのために鉄道を整備するという北海道独特の目的のもとに予算が組まれていた。

1893年12月に鉄道予定線路図が完成。続いて実地調査が進められ、1895年7月に完了した。これをもとに「北海道鉄道敷設法」を作成し、1896年2月10

日に貴族院議員によって議会に提案され、５月14日に公布となった。これを受け、１８９７年11月に北海道庁内に鉄道部を置いたが、翌年10月には北海道庁から分かれて独立の北海道鉄道部が設置された。権限が北海道の上部官庁の内務省から、内地と同じ逓信省の管轄となった。

道東では官設鉄道は帯広《おびひろ》－釧路《くしろ》間で始まった。官設鉄道の鉄道部長・田辺朔郎《たなべさくろう》らが現地調査に来訪。調査の結果、釧路線・釧路－帯広間と十勝《とかち》線・帯広－旭川《あさひがわ》間のルートが選定され、１８９８年５月に北海道鉄道部が実測を開始した。

１９０１年４月に釧路工事区を設置し、５月には釧路線は釧路側から、十勝線は旭川側から工事に着手した。釧路線は廃止した安田《やすだ》鉄道の車両機材を買収して建設に使用したが、その安田鉄道とは函館銀行頭取・山田慎が経営していた釧路鉄道を安田善次郎《ぜんじろう》が購入した（経営難で安田に援助を要請）もので、そのため、安田鉄道と通称された。釧路硫黄鉱山の開発のために建設され、標茶《しべちゃ》－跡佐登《あとさのぼり》間を１８８７年11月から営業していた。１８９７年には北海道鉄道敷設法の予定路線にあたっていたため、北海道が買収することにして、鉄道一式が引き渡された。

１９０１年７月20日に釧路－白糠《しらぬか》間を開業し、１９０５年10月21日に帯広まで延伸した。十勝線は１９０７年９月８日に狩勝《かりかち》トンネルの完成によって旭川－帯広間を開業し、現在の根室本線の始まりとなる。本線系の幹線鉄道であるが、のちに石勝線が開業してからは、落合《おちあい》までの区間は札幌と道東を結ぶ幹線の役割を失い、ローカル列車だけとなった。

第2章　軽便鉄道の躍進

軽便鉄道法の制定

鉄道事業を規制していた法令は私設鉄道法だけであったが、1906年に鉄道国有法が施行されると、そのほとんどが国有化されてしまった。幹線は鉄道国有法によって国有国営が基本となり、今後増える見通しはない。むしろ、これからは地域的な鉄道の整備が必要だとして手続きを簡素にし、鉄道施設の要件も下げた。簡素な鉄道に特化した法令の制定が必要との認識が広がった。

1910年2月に第2次桂《かつら》太郎《たろう》内閣は「軽便鉄道法案」を議会に提出。私設鉄道法の改正で軽便鉄道に対応すべき、軌道条例と統一すべきとの意見が出されたが、最終的に3月18日に軽便鉄道法案は議会を通過し、4月21日に公布となった。

この法律の成立を待っていたのが、千葉県営鉄道であった。

軽便鉄道委員会は昨日午前開会し後藤《ごとう》（新平《しんぺい》＝引用者注）逓相左の説明をなしたり

△既成線の扱い　是迄《これまで》は本法の存せざるが為《た》め普通線なるざる《ママ》ものは総《すべ》て軌道条例に依《よ》りて敷設を許したれども其《その》実際より云《い》へば軌道条例の反則と云ふべきが多く例せば品川《しながわ》横浜間の如《ごと》き之《これ》なり故に是等《これら》は本法成立の上は附則の適用に依り本法に依らしむる事とすべきが要するに道路に敷設したるものは軌道条例に道路に敷設せざるものは本法に又市街の入口迄にて市街を通過せざるものは本法に依らしむる事となるべし

△起業者の資格　首藤陸三《すどうりくぞう》氏の問に対し山之内《やまのうち》（一《かず》次《じ》＝引用者注）政府委員、本法にては私設鉄道法の如く起業者の資格を制限せず公共団体にても可なり従つて府、県、郡、市、町、村等の公法人は設立の資格を有

すべし但し府県制等の拘束を受けざるべからざるは勿《もち》論《ろん》なり
尚《なお》後藤逓相は委員の問に答へて政府に於《おい》て軽便線を敷くの場合あるも夫《そ》れは本法には依らざること又軽便線の許可は鉄道会議に上《のぼ》さゞることを答えたり斯《か》くて昨日の委員会は正午散会せり

（『朝日《あさひ》新聞』1910年3月1日）

軽便鉄道施行細則発布以来日尚浅き事とて未《いま》だ多くの出願を見ず目下《もっか》の処《ところ》にては千葉県の県経営に係る成田《なりた》、多古《たこ》間十三哩《マイル》、柏《かしわ》、野田《のだ》間九哩十六の軽便鉄道敷設出願と中国《ちゅうごく》鉄道会社の目論見《もくろみ》に係る岡山県吉備《きび》郡高松《たかまつ》村（現・岡山市＝引用者注）の稲荷《いなり》軽便鉄道一哩四九の出願あるのみ而《しか》して右三線路は孰《いず》れも近日を以《もっ》て許可の運びに至るべく此《こ》の外《ほか》軌道条例によりて出願中なる備後《びんご》鞆《とも》鉄道鞆、福山《ふくやま》間七哩六十八鎖《チェーン》の線路も軽鉄法に乗換しめ許可する方針なりと云へば軽便鉄道として許可せらるゝもの都合四線路となるべし尚目下軌道条例によりて出願中に係るもの

知多《ちた》電気　愛知県熱田《あつた》市、常滑《とこなめ》間　廿一《にじゅういち》哩七
四日市《よっかいち》軌道　四日市、日野《ひの》間十哩八
東讃《とうさん》電気　志度《しど》、松尾《まつお》間九哩弱
高松《たかまつ》電気　長尾《ながお》、白鳥《しろとり》間十二哩強
小田原《おだわら》電気　湯本《ゆもと》、強羅《ごうら》間八哩
中央電気　埼玉県川口《かわぐち》、岩槻《いわつき》間十五哩
加太《かだ》軌道　和歌山県野崎《のざき》、加太間五哩六
吉野《よしの》電気　奈良県葛《くず》村、北六田《きたむだ》間七哩
伊勢《いせ》軌道　津《つ》、四日市二十二哩六

の九会社あり而して是等の会社中には不許可の分もあるべく或《あるい》は又軽鉄法に乗換を命ぜられつゝ許可されんとするもあり目下当局に有っても調査中なりと云ふ

（『朝日新聞』1910年8月11日）

千葉県営鉄道――軽便鉄道法を初めて適用

千葉県は県内の道路の整備と港湾の修築に力を入れたが、対象となる道路が多く、毎年、巨額の費用を投じなければならなかった。千葉県の道路の特徴は関東ローム層の土質で、雨で濡《ぬ》れるとぬかるみ、乾くとコンクリートのように固まった。毎年、大量の砂利を投じなければならなかった。

有吉忠一《ありよしちゅういち》が1910年に千葉県知事として赴任すると、8月3日に県営鉄道の建設計画に着手し、まず候補路線の調査にとりかかった。その結果、成田－三里塚《さんりづか》間

と柏－野田間の2路線を選定して建設にとりかかることになった。

軽便鉄道法が適用された最初の事例であり、千葉県のこのような動きが軽便鉄道法制定の背景のひとつとなったともいわれる。

柏－野田間は国鉄とのあいだで貨車が直通できるように軌間１０６７㎜として１９１１年３月に工事に着手し、５月に開業した。県債の発行で財源を確保したが、柏－野田間については、全額を野田の醤油《しょうゆ》醸造組合が引き受けた。

成田－三里塚間は１９１１年４月に工事に着手。鉄道施設や車両はすべて鉄道連隊から借用したものであったため、軌間は６００㎜というトロッコ並みの規格になった。もともと日露《にちろ》戦争のときにドイツから輸入した軍用鉄道の資材で、最初は習志野《ならしの》の櫛形《くしがた》の森に集積されていたが、このころには千葉の椿森《つばきもり》の近くに建設された兵器補給支廠《ししょう》に移し、現在は千葉公園があるところに演習場を設けて訓練にあたっていた。

７月５日に成田－三里塚間の本線と、終点に貨物支線を開業した。続いて10月５日には三里塚－多古間と栗山《くりやま》川《がわ》荷扱所を開業した。

また、１９１１年６月に木更津《きさらづ》－久留里《くるり》間の軽便鉄道を申請した。７月18日に免許を取得し、１９１３年10月18日に工事に着手した。軌間は７６２㎜で、イギリスとフランスで広く使われており、国内でも各地で建設されるようになっていた。

さらに、１９１３年10月18日に池松時和《いけまつときかず》知事は三里塚から八街《やちまた》までの建設を申請し、１９１４年５月18日に開業した。もともと鉄道連隊の秋季大演習で千葉の椿森から八街まで線路を建設する訓練を行った際の線路をそのまま借り受けたものだ。施設と車両は鉄道連隊からの借用したもので、軌間は６００㎜。演習で敷設された路線のうち、四街道《よつかいどう》－八街間は演習の一環で撤去された。総《そう》武《ぶ》本線との交差地点には木組みで跨線橋《こせんきょう》がつくられた。

そのほか、大原《おおはら》－大多喜《おおたき》間には県営の人車軌道が設置された。軽便鉄道にならなかったのは、各路線とも建設費を沿線で県債を引き受けて負担したが、大原－大多喜間では沿線に資力がなかったため、建設費用が小さい人車軌道になってしまった。

大日本軌道――史上唯一のローカル線の全国組織

雨宮敬次郎《あめのみやけいじろう》（１８４６～１９１１）は鉄道事業を中心とするいわゆる「甲州《こうしゅう》財閥」の代表的な人物である。１

872年に横浜に出て、生糸、洋銀、蚕種などの相場で当て、1876年から翌年にかけてアメリカ、ヨーロッパに遊学し、鉄道や水道といった社会インフラの重要性を認識して帰国した。1883年には日本の東西を結ぶ幹線として計画していた中仙道《なかせんどう》鉄道の開通を見込んで軽井沢《かるいざわ》の500町歩の官有地の払い下げを受け、600町歩の民有地を購入し、産業振興を組み込んだ地域開発「雨宮新田」を計画した。最初はワイン生産のためのぶどう園の開発を目指したが、気候と土壌が合わずに失敗。続いて豚や馬の繁殖も試みたものの、すべて失敗した。開拓小屋を建て、馬1頭と農具を用意して入植者を募集し、40戸が応募して軽井沢開発の先鞭《せんべん》をつけることになる。しかし、これは小規模に終わり、結局、松を植林して松林を造成。自然豊かな軽井沢の閑静な景色をかたちづくることになる。

1888年に甲武《こうぶ》鉄道に投資し、これを甲府《こうふ》まで路線を延伸する「山梨鉄道案」を提唱するが、最終的には官設鉄道が八王子《はちおうじ》から甲府までの鉄道を建設した。そのほかにも精力的に鉄道会社への投資を続け、多くの鉄道会社を経営した。そして、1908年7月にそれらの各地の軌道、すなわち、熊本軽便鉄道、山口軌道、広島軌道、伊勢軽便鉄道、浜松《はままつ》鉄道、静岡鉄道、熱海《あたみ》鉄道、信達《しんたつ》軌道の8社を合併して大日本《だいにっぽん》軌道を設立し、福島、小田原、静岡、浜松、伊勢、広島、山口、熊本に支社を置いた。ローカル鉄道の全国的な組織は、後にも先にも大日本軌道だけである。

大日本軌道は一方で車両メーカーであった。地方で鉄道が広まらないと自社の商品が売れなかった。のちに電力会社が電気鉄道を設立したのと同じ発想である。また、当時、各地で電鉄鉄道をセールスした才賀《さいが》電機商会の才賀藤吉《とうきち》、東京電燈《でんとう》の藤岡市助《ふじおかいちすけ》がいた。

甲州財閥には東武《とうぶ》鉄道創業者で鉄道業界に隠然とした地位を確立した根津嘉一郎《ねづかいちろう》と、初代甲府市長で、東京馬車鉄道や東京電燈に投資し、のちに貴族院議員に選ばれた若尾逸平《わかおいっぺい》がいる。

1918年6月27日付の朝日新聞に大日本軌道が自動車を調達して小田原でバスを走らせる計画があり、順次各地に広げることを報じている。9月4日に雨宮敬次郎の息子の亘《わたる》が死去。株主の動揺を抑える目的があったのだろう。大日本軌道は次第に分裂していくことになる。

福島支社

福島県の中通り《なかどお》は中央を東北本線が縦断するものの、鉄軌道が希薄な地域であった。福島支社の沿線は繭の生

図表１　全盛期の大日本軌道の路線

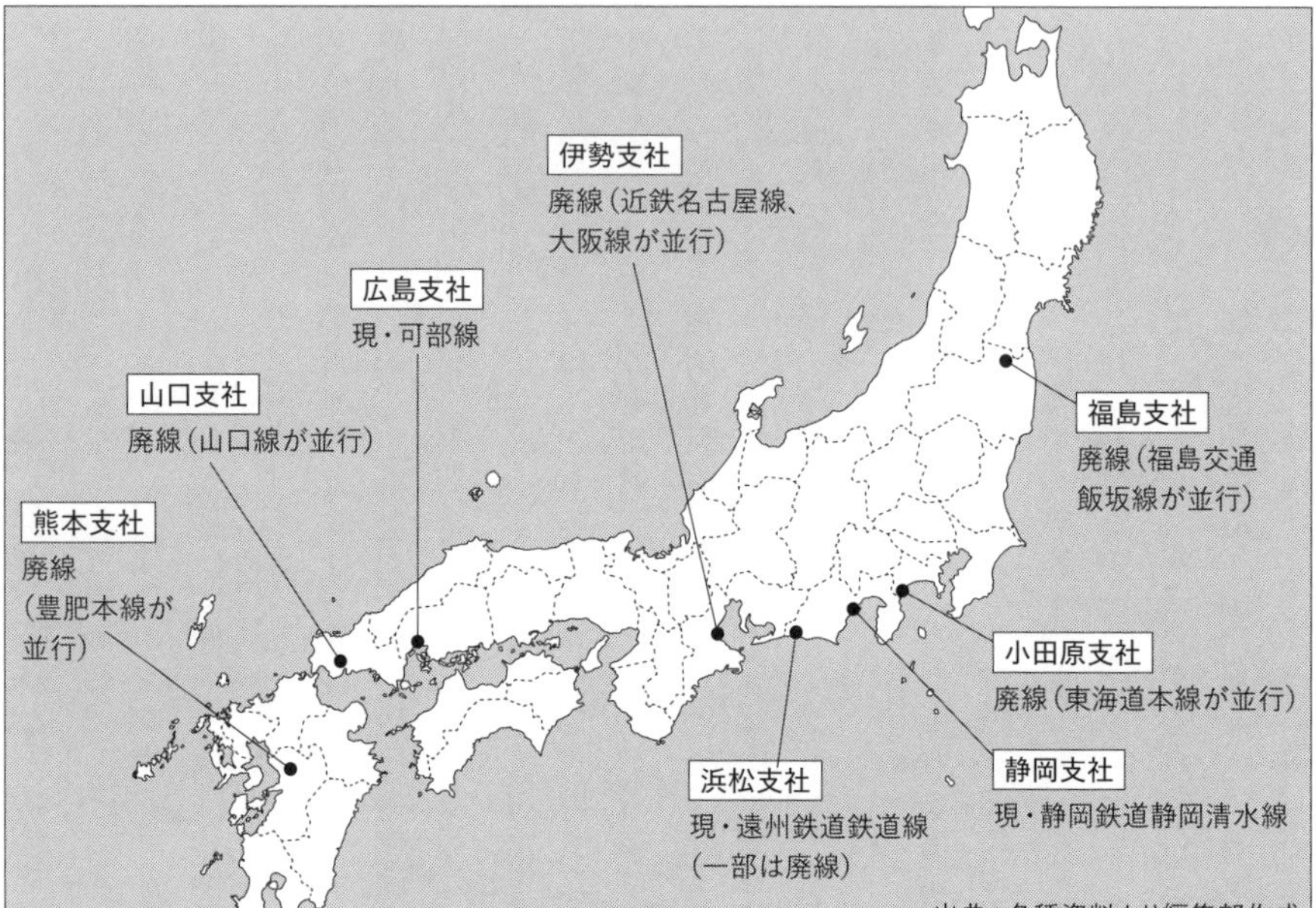

出典：各種資料より編集部作成

産地で、物流の整備が必要であった一方で、資本の蓄積もあった。そこで、地域の大地主を中心に、１９０７年８月に信達軌道が設立された。地元には専門的な知識のある者がいないため、雨宮敬次郎が取締役としてプロジェクトを仕切ることになった。雨宮は軽便帝国を築くために各地の動向を探っていたのであろう。

信達軌道は１９０７年７月６日に栄町《さかえまち》（福島市）－保《ほ》原《ばら》間、長岡村《ながおかむら》－湯野村《ゆのむら》間、長岡停車場（現・伊達《だて》駅）連絡線の軌道特許を取得し、１９０８年４月14日に福島停車場－湯野（十綱《とつな》）、長岡停車場連絡線を開業した。湯野村は福島交通飯坂東《いいざかとう》線に１９６７年まで湯野町《ゆのまち》駅があった。一時は飯坂温泉駅を名乗った時期もある。信達軌道は十綱駅として開業した。

１９０８年７月に大日本軌道に合同。次のように次第に路線網を拡大していった。

◎１９０８年７月１日　長岡－保原
◎１９１０年１月２日　保原－梁川《やながわ》
◎１９１０年６月18日　梁川町内延長線
◎１９１１年４月９日　保原－掛田《かけだ》
◎１９１４年１月21日　湯野村内延長線
◎１９１５年12月13日　掛田－川俣《かわまた》

大日本軌道の分割で、１９１８年1月8日に沿線の有志が設立した信達軌道に譲渡した。

小田原支社

小田原支社の前身は豆相《ずそう》人車鉄道で、東京の有力者が湯治場として熱海を重用していたが、陸路は人力車のほかに交通手段がなく、国鉄の鉄道建設の計画はあるものの、早期に実現する見通しはなかった。鉄道資本家として名の知れた雨宮は、甲武鉄道のような幹線鉄道、東京市街鉄道のような路面電車に続いて、欧米の事例を参考に地方のニーズに応じる鉄道建設のアイデアを持っていた。需要が少なくても、建設費用を低く抑えることで採算可能となるという考えであった。

１８９５年7月に雨宮は豆相人車鉄道を設立し、同月10日に熱海－吉浜《よしはま》間を開業した。続いて翌年3月12日に小田原まで延伸。さらに、１９００年6月20日には小田原市内で路線を延長した。当時は東海道本線は国府津《こうづ》から御殿場《ごてんば》に向かっていた。国府津から小田原までは小田原電気鉄道の電車が走っていた。

人車鉄道は鉄道馬車をひと回り小さくした客車を人が推すというもので、前近代的な交通機関であるが、これが日本で初めての公共用人車鉄道である。同じくレールを敷いてトロッコを人力で走らせるのは全国の土木工事の現場で使用されていた。

小田原と熱海のあいだは海岸沿いの傾斜地が続くため、用地の造成が難しく、簡単な構造のトロッコ用の線路が敷かれたのであろう。また、人力としたのは、蒸気動力では初期投資が大きくなり、馬車では馬の管理にコストがかかるため、初期投資も経費も小さい方式として人車鉄道を思いついたと思われる。熱海への湯治には東京の政財界の有力者もいるため、1等から3等までの客車の等級分けが行われていた。

その後、蒸気動力への変更を申請し、１９０７年に会社名も熱海軌道と改称した。機関車も客車も小型の簡単なものであったが、蒸気機関車によって運行時間の短縮と乗客の身体的な疲労は大きく軽減された。

動力の変更にともなって線路の強化も行われ、熱海－湯河原《ゆがわら》間が１９０８年8月11日、湯河原－小田原間が同年12月22日に開業した。なお、１９０８年6月17日に雨宮が設立した大日本軌道に合併して小田原支社となった。

その後、国鉄熱海線の建設計画が本格化し、工事が進んだ１９２０年7月1日に、熱海鉄道は国に買収された。線路、車両のすべてが国鉄の所有となった。

熱海線は国府津－小田原間が1920年10月21日、真鶴《まなづる》までが1922年12月21日に開業。その翌年の9月1日の関東大震災で相模湾《さがみわん》から伊豆《いず》までも大きな被害が発生したため、工事が中断。熱海まで開業したのは1925年3月25日であった。

熱海鉄道の買収から国鉄熱海線の運行開始までのあいだ、関東大震災で一時運行を停止したが、熱海軌道組合によって熱海鉄道の運行が続けられた。

静岡支社

1906年8月に南安東《みなみあんどう》－入江町《いりえまち》間の軌道特許を取得し、1907年1月に旧静岡鉄道（社長・雨宮敬次郎）として設立された。特許から会社設立まで日にちを要していることが難産ぶりを推測させる。翌年5月18日に辻村《つじむら》（現・新清水《しんしみず》）と清水町（のちの波止場《はとば》）のあいだののちの清水市内線を開業したが、軌間762㎜の蒸気鉄道で、雨宮の軽便鉄道の標準的な仕様であった。雨宮は設立されたものの起業に苦労していた地方の軌道に出資して実現していった。その直後の7月28日には関係した軌道を集めて大日本軌道とした。旧静岡鉄道として経営したのは2カ月間にすぎない。12月9日には辻村－鷹匠町《たかじょうまち》（現・新静岡）間を開業した。1919年6月1日に地元有志が設立した駿遠《すんえん》電気に売却して、大日本軌道を離脱した。

浜松支社

明治半ばに浜松でも鉄道建設の動きが見られたが、具体化する様子はない。雨宮敬次郎はこの動きを知り、浜松の政財界と話し合いを持ち、浜松鉄道の設立で話がまとまった。

1906年11月7日に軌道敷設を出願、翌年4月2日に特許状が公布された。さらに、9月には雨宮を社長に浜松鉄道は設立された。

中ノ町《なかのまち》線と鹿島《かじま》線の建設にとりかかり、当初は1907年の末には開業する計画であったが、用地の変更がたび重なって着工が遅れ、手つかずのままに、1908年8月に大日本軌道の設立に参加し、同社の浜松支社となった。

1909年3月11日に馬込《まごめ》－中ノ町間の中ノ町線を開業したが、馬込は浜松駅の近くで、かつての遠鉄《えんてつ》浜松の次の駅。中ノ町はそこから東の方角に進んで天竜川《てんりゅうがわ》にぶつかる位置である。12月2日には中ノ町村（現・浜松市）のなかでの線路の延伸と、馬込から南新町《みなみしんまち》までの延伸で浜松駅にわずかに近づいた。また、鹿島線の遠州《えんしゅう》浜松－鹿島間を開業したが、遠州浜松は浜松の駅前をまっすぐ進んだところで、最近になって高架化されるまで、浜松駅を出るといったん東の馬込駅に進み、そこで進行方向を変えて遠州浜松駅となっていた。南新町は馬込と遠州浜松のあいだにあった。

１９１０年３月15日に鹿島線が南新町まで延伸して中ノ町線と接続。さらに、１９１４年４月７日には鹿島線の西ヶ崎《にしがさき》（現・遠州西ヶ崎）で分岐して笠井《かさい》までの支線・笠井線を開業した。

その後、天竜川での物資の輸送をしてきた天竜運輸が北遠《ほくえん》地域の開発を大日本軌道に委ねるべきではないとして地元資本による遠州軌道を設立し、１９１９年５月22日に大日本軌道の浜松支社の路線を譲り受けた。

伊勢支社

伊勢支社は地元で計画された伊勢軽便鉄道（軌道条例）が起源。１９０６年12月に設立され、社長には雨宮敬次郎が就任した。１９０６年８月24日に久居《ひさい》村（現・津市）－津市間の特許を得て大日本軌道に統合したのち、１９０８年11月10日に久居と津の市街地の町はずれの聖天前《しゅうでんまえ》まで開業した。翌年には１月１日に市街地内の岩田《いわた》に延伸、１月10日にはさらに市街地を東西に流れる岩田川《いわたがわ》のたもとの元馬場屋敷（岩田橋《いわたばし》）まで開業した。１９１７年５月８日には参宮《さんぐう》線の阿漕《あこぎ》駅までの支線を完成した。

久居は桜井《さくらい》市初瀬《はせ》と松阪《まつさか》市六軒《ろっけん》を津を経由して結ぶ初瀬街道上にある。当時は歩兵第30旅団の司令部と第３師団歩兵第51連隊の兵営が置かれていた。現在も陸上自衛隊の施設がある。

大日本軌道の分裂によって１９２０年２月17日に中勢《ちゅうせい》軌道に譲渡され、同社は地方鉄道法による路線の延伸計画を進めたが、実現しなかった。

その後、１９２８年に参宮急行電鉄によって株式が買収されて同社の傘下入りしたが、同社は大阪電気軌道が伊勢までの路線を建設するために設立された会社である。桜井から初瀬街道沿いに西に向かい、中川《なかがわ》から街道筋を逸《そ》れて宇治山田《うじやまだ》に向かった。翌年には中勢軌道は久居から参急《さんきゅう》中川（現・伊勢中川）までの免許を取得したが、これで初瀬街道は津まで完成することになる。この参急中川から津までの免許は参宮急行電鉄に譲渡され、同社の津支線として開業した。

広島支社

山陽《さんよう》本線の横川《よこがわ》駅から浜田《はまだ》街道の可部《かべ》までの蒸気軌道が計画され、１９０７年５月に広島軌道が設立された。

この軌道も特許を取得して工事に着手したが、路線が開業したのは大日本軌道に合同したあとであった。

もともと広島の市街地に乗り入れる計画で、山陽本線の広島駅のひとつ隣の駅・横川駅を起点とし、１９０９年12月19日に祇園《ぎおん》まで開業した。翌年11月19日に古市《ふるいち》、12月25日に太田川橋《おおたがわばし》、１９１１年６月13日に可部までを完成した。

その後、太田川の対岸を芸備《げいび》鉄道が東広島（現在の山陽新幹線・東広島駅とは別）から路線建設を始め、１９１５年４月に東広島－志和地《しわち》間を開業し、次第に軌道線の事業範囲を侵食していった。

大日本軌道の後継者・雨宮亘が死去して会社が分裂し、広島支社も１９１９年３月11日に地元資本による可部軌道に譲渡された。沿線で発起された路線が沿線の人たちに戻されたかたちである。

可部軌道は１９２６年５月に広島電気に合併。広島電鉄の前身の広島瓦斯《ガス》電軌とは配電事業では競争相手であった。その後、軌間１０６７㎜への改軌、直流６００Ｖの電化が行われ、古市橋－緑井《みどりい》間については線路の移設も行われた。１９２８年11月９日に横川－古市橋《ふるいちばし》間を完成したあと、順次、工事を北側に移し、１９３０年１月１日に太田川橋の区間を完成し、横川－可部間のすべての工事を完了した。

１９３１年７月１日に企業分割で広島電気の完全子会社・広浜《こうひん》鉄道に譲渡。さらに、１９３６年９月１日に国有化された。また、芸備鉄道も１９３７年７月１日に国有化され、それぞれ可部線、芸備線となった。

山口支社

山口県では山陽鉄道が海岸沿いにルートをとったため、県庁所在地の山口町を通らなかった。そのため、山口と山陽鉄道の駅を結ぶ鉄道計画がたびたび登場した。そのひとつに雨宮敬次郎が協力し、１９０７年12月に設立されたのが山口軌道である。１９０８年６月に大日本軌道の設立に参加したため、開業は統合したあとの１９０８年10月15日となった。最初に開業したのは湯田《ゆだ》－新町間で、山陽本線の駅にも山口町にも達していなかったが、同年12月10日に山口－湯田間、翌年２月21日に新町－小《お》郡《ごおり》（現・新山口）間を延伸。さらに、１９１０年７月20日に山口町内、11月16日に小郡停車場連絡線を開業して全線が完成した。

１９１３年２月20日に国鉄山口線が小郡－山口間を開業し、５月から蒸気動車が走り始めると、スピード、輸送力ともに劣る軌道線は太刀打ちできず、山口線が開業した同じ日に廃止された。国鉄線の開業による営業補償は、制度ができる前で支払われなかった。

熊本支社

熊本支社は1906年10月に熊本軽便鉄道（軌道条例）を設立し、社長には大淵龍太郎《おおふちりゅうたろう》、雨宮敬次郎は取締役に就任した。地元で企画された軽便鉄道の建設に、雨宮に支援を求めたものだ。

坪井川《つぼいがわ》の川港・百貫港《ひゃっかんこう》（河内《かわち》村＝現・熊本市）を起点に熊本市街を横断して大津《おおづ》町までの特許を得た。坪井川は熊本の市街地を流れる川で、百貫港は市の西方の郊外の坪井川の河口近くにある。

この百貫港と市街地の田崎橋《たさきばし》までは、1911年12月に熊本軌道に譲渡し、1912年に軌間762㎜の蒸気軌道を開業している。のちに熊本電気軌道に合併したうえで1067㎜に改軌、電化した。1945年3月に運行を休止したが、11月には市電百貫線として運行を再開した。

熊本軽便鉄道は大日本軌道に合同したあと、1907年12月20日に熊本の市街地内の安巳橋《あんせいばし》から水前寺《すいぜんじ》までを開業。1908年9月8日に市街地の草葉町《くさばちょう》から郊外の大津町まで、1910年5月4日に知足寺町《ちそくじちょう》－草葉町を開業し、知足寺町－大津町、知足寺町－水前寺の二つの系統が完成した。さらに、1911年4月29日に上熊本《かみくまもと》－宮内《みやうち》町間、10月28日に宮内町－知足寺町間を開業し、上熊本で鹿児島本線と接続した。

1914年6月21日に現在の豊肥《ほうひ》本線となる宮地《みやじ》軽便線が熊本駅－肥後《ひご》大津間を開業。順次、東に路線を伸ばしていった。熊本軽便鉄道は同月に路線が競合する陣内《じんない》－大津間を廃止した。

地方都市であっても路面電車が運行している時代に、蒸気機関車で客車を牽引するスティーム・トラムというノスタルジックな古めかしい軌道であった。その影響もあって経営は厳しく、市電の建設を計画していた熊本市による買収に期待したが、結局、1921年に全線廃止された。

国鉄の軽便線――地域からの要望をフォロー

本来、国鉄の新線は鉄道敷設法の別表にリストアップした鉄道しか建設できなかった。鉄道敷設法には幹線路線が主に含まれ、すでに多くの路線が完成していた。幹線ではなく、地域の要望に応じて建設される鉄道路線については、民営の鉄道が軽便鉄道法によって建設が進められていた。国鉄は法律の枠組みのなかでは地方ローカル線の建設は権限外であった。しかし、国政的な観点から地域鉄道の整備を重視すると、民営鉄道だけに頼るわけにはいかず、国鉄もまた、軽便鉄道法に準拠して鉄道を建設するようになった。いわばウルトラCの裏技だったのである。ただし、同法による免許ではなく、鉄道会議での審議を要した。

第1次路線として1912年度に開業した路線は次のとおり。

◎真岡《もおか》軽便線　下館《しもだて》－真岡　4月
◎倉吉《くらよし》軽便線　上井《あげい》（現・倉吉）－倉吉町　6月
◎黒石《くろいし》軽便線　川部《かわべ》－黒石町　8月
◎岩内《いわない》軽便線　小沢《こざわ》－岩内町　11月
◎湧別《ゆうべつ》軽便線　野付牛《のつけうし》（現・北見《きたみ》）－留辺蘂《るべしべ》　11月

湧別軽便線

1932年に野付牛－遠軽《えんがる》間を石北《せきほく》本線（旭川－遠軽－北見－網走《あばしり》間）に編入。遠軽－湧別間は名寄《なよろ》本線（名寄－中湧別《なかゆうべつ》間、湧別－遠軽間）に分割された。いずれも現在は廃止されてしまった。

これとは別に野付牛で分岐して下湧別《しもゆうべつ》（のちの湧別）に至る網走本線があり、現在の石北本線の一部を構成する。

野付牛－留辺蘂間は軌間1067㎜であるのに対して、留辺蘂－社名淵《しゃなふち》間は軌間762㎜で、留辺蘂では貨物の積み替えが必要であった。1912年3月に着工し、難工事の常紋《じょうもん》トンネルでは両口から掘削を進め、1912年11月18日に野付牛－留辺蘂間を開業した。1914年10月15日に留辺蘂－下生田原《しもいくたはら》（現・安国《やすくに》）間を開業。この区間は軌間を762㎜で建設されたため、既設の軌間1067㎜の野付牛－留辺蘂間を留辺蘂軽便線に改称した。続いて1915年11月1日に湧別軽便線（軌間762㎜）下生田原－社名淵間を開業した。路線が軌間の違いで二つに分かれるのは不便なため、1916年11月7日に留辺蘂－遠軽間を1067㎜に改軌し、留辺蘂で貨物を積み替える必要がなくなった。

京極軽便線

函館本線を倶知安《くっちゃん》で分岐して東倶知安村（現・京極《きょうごく》町）に至る軽便線。1917年8月に着工し、1919年11月15日に全線開通した。京極軽便線と称する。その後、室蘭《むろらん》本線の伊達紋別《だてもんべつ》まで延長して胆振《いぶり》線となった。京極－伊達紋別間は日本《にほん》製鋼所が敷設し、1920年に完成後、鉄道院に寄付された。

途中の脇方《わきかた》には倶知安鉄山があり、1930年に三井《みつい》鉱山が開発し、室蘭にある日本製鉄室蘭製鉄所（当時は日本製鋼所）である当時の北海道製鉄に鉄鉱石を運んだ。

上磯軽便線

函館本線を五稜郭《ごりょうかく》で分岐し、江差線《えさし》（現・道南《どうなん》いさりび鉄道）湯《ゆ》ノ岱《たい》までの路線。

セメントの原料と製品の輸送を目的として建設された。1912年10月に起工し、1913年9月15日に五稜郭－上磯《かみいそ》間を開業した。

江差線（1996年）＊

上磯には1892年に北海道セメントが操業を開始。1904年には工場と採掘場のあいだに軌間762㎜の馬車軌道が設置された。1915年には上磯軽便線の上磯と工場のあいだに専用線を開業。のちに工場と採掘場のあいだの軌道も軌間1067㎜の電気機関車による専用線に置き換えられた。

黒石軽便線

奥羽本線の川部で分岐して黒石に至る軽便線。黒石は弘前《ひろさき》から青森への昔の街道筋で、奥羽本線が離れて建設されたために、早くから鉄道建設の計画が提起された。

1895年に津軽鉄道が発起され、1896年11月に木造《きづくり》を起点として五所川原《ごしょがわら》を経て黒石に至る鉄道が免許された。しかし、これは1899年に解散してしまった。

同地方がりんごの主産地で、鉄道の建設は国としても必要であることから、1911年に鉄道院が川部－黒石間の鉄道を計画し、1912年3月に起工。1912年8月15日に開業した。

西横黒軽便線、東横黒軽便線

現在の北上線である。

北東北では東北本線と奥羽本線、羽越《うえつ》本線が南北に走っていたが、奥羽山地が障害となって東西方向に横断する路線が少なかった。奥羽山地には林産資源のほかに金や銀などの金属鉱山が点在し、資源開発のために横断鉄道が相次いで計画され、建設が進んでいった。

1914年に鉄道会議で現在の奥羽本線・横手と東北

本線・北上を結ぶ北上線が予定線に追加された。

　１９１７年9月に軽便線として工事に着手。１９２１年3月25日に東横黒《ひがしおうこく》軽便線として黒沢尻－横川目《よこかわめ》間を開業。同年11月18日に和賀仙人《わかせんにん》まで延伸開業した。和賀仙人－大荒沢《おおあらさわ》間のトンネル建設は難航したため、１９２２年から英国製削岩機を導入し、１９２４年10月5日に開業した。

北上線（1996年）＊

　一方、横手側からは１９２０年10月10日に西横黒軽便線として横手－相野々《あいのの》間を開業。続いて翌年11月27日に黒沢《くろさわ》まで延伸した。

　１９１９年に軽便鉄道法が廃止されて地方鉄道法となったのに合わせ、軽便鉄道法に準拠していた東西の横黒軽便線の名称から軽便がとれた。

　１９２４年11月5日に大荒沢－陸中川尻《りくちゅうかわしり》間が開業したことで横手－黒沢尻間の全線が完成。路線名を横黒線に統一した。

　和賀仙人には黄鉄鉱と赤鉄鉱を主に産する鉱山があり、また、現在はほっとゆだ駅に名前が変わっている陸中川尻には銀や銅の鉱石を産する土畑《つちはた》鉱山があって、横黒線は鉱石の輸送で活躍した路線である。

　１９６２年に湯田《ゆだ》ダム建設にともなって線路をつけ替え、和賀仙人駅はダム湖に沈んだ。

船川軽便線

　現在の男鹿《おが》線である。

　日本海北部の避難港として秋田県船川港の築港計画が立てられたのに関連した路線である。

　１９１１年度から3カ年継続事業として船川港修築計画があり、これに対応した鉄道建設として帝国議会と政府に取り上げられた。衆議院では１９１１年に鉄道敷設を建議、貴族院も地方からの陳情を採択して船川線の建設は決定した。１９１２年5月に測量を開始し、１９１２年11月に一部起工した。

　追分《おいわけ》駅で分岐する場合と大久保《おおくぼ》駅で分岐する場合を比較し、前者が選択された。最終的に奥羽本線を追分で分岐して船川港埋め立て地に設けられる船川駅までのルートが決定した。

長井軽便線

現在の山形鉄道フラワー長井《ながい》線である。

奥羽本線の赤湯《あかゆ》駅から長井までの軽便線。山形県置賜《おきたま》地方の交通改善、産業開発を目的としていた。1911年12月28日に第22回鉄道会議で長井線を含む軽便鉄道の予算が承認され、1912年4月に赤湯－梨郷《りんごう》間、7月に梨郷－長井間を実地測量した。赤湯－梨郷間は1912年9月、長井－梨郷間は1912年12月に工事に着手。赤湯－梨郷間は1913年10月26日、梨郷－長井間は1914年11月15日に開業した。

真岡軽便線

水戸《みと》線の下館から真岡を経て七井《なない》までの軽便線。現在の真岡鐵道である。

明治時代に真岡と下館のあいだには民間の鉄道計画があったが実現しなかった。1910年12月15日に第21回鉄道会議で初めての軽便鉄道建設費が議決され、1911年度から7カ年計画で年100万円の建設費が投じられることになった。真岡線は第1次路線として工事が実施されることになる。1911年5月に下館－真岡間の実地調査に着手し、1912年4月1日に開業した。1日5往復で、1往復は小山《おやま》まで直通した。

真岡駅は同町の西側に設置されたため、東側の益子《ましこ》町、七井村、田野《たの》村（ともに現・益子町）方面は依然として物資の集散に不便であるため、路線の延伸が求められた。真岡－七井間については1911年7月に測量を実施。12月に着工し、1913年7月11日に開業となった。

因美軽便線

山陰《さんいん》本線を鳥取で分岐し、智頭《ちず》に至る軽便線。

1913年に衆議院議員の浜本義顕《はまもとよしあき》ほか1名が建設を政府に建議。鉄道院はこれを軽便鉄道で建設することを決定した。1915年7月に実地測量にとりかかり、第1工区の鳥取－国中《くになか》（河原《かわはら》）間は1916年12月、第2工区の国中－用瀬《もちがせ》間は1917年11月に着工した。1919年12月20日に鳥取－用瀬間を開業した。因美《いんび》軽便線と称する。

この間、工事資材の高騰で、請負工事はきわめて困難であった。

その後、津山《つやま》駅からも工事を開始し、鳥取側は北線、津山側は南線として営業を開始した。1932年7月1日には全線開通して陰陽の新しいルートとなった。

根雨軽便線

鳥取県の西側に広がる山地にある根雨《ねう》地区の開発を目的とする、山陰本線の伯耆大山《ほうきだいせん》から根雨までの軽便鉄道として計画された。

山陰、山陽両地方の有力者から、軽便鉄道とせず、陰陽連絡線の一部として建設すべきとの請願が帝国議会に上がっていた。鉄道院も積極的に陰陽連絡鉄道の開発を支持し、1908年4月に佐橋重恭技師を現地に派遣した。1909年2月に貴族院は「津山－米子《よなご》間鉄道促成の件」を議決したが、その理由のひとつとして、軍事の輸送上最緊要であるため、敷設計画を繰り上げて速やかに起工すべきとしていた。

佐橋技師の調査の結果、津山から勝山《かつやま》と根雨を経て米子、総社《そうじゃ》から根雨を経て、また倉敷《くらしき》から総社と根雨を経て米子に至る2経路3線を報告。また、米子－根雨間にも2経路の比較線があり、一つは伯耆大山から分岐して日野川《ひのがわ》東岸を大幡《おおはた》、溝口《みぞぐち》を経て根雨に至る線、二つは米子から分岐して五千石《ごせんごく》と幡郷《はたさと》を経て日野川を渡って大幡に至る線で、比較研究の結果、一つ目を採用した。

1915年7月に測量を開始。1916年12月には伯耆大山－伯耆溝口間を軽便線第1工区として工事に着手し、1919年8月10日に伯備北《はくびほく》線として開業した。

この間、路線の性格づけがローカルの軽便線から幹線の陰陽連絡線に変わった。

帝国議会は鉄道敷設法改正法律案を審議。1918年3月に法律第12号として改正法が公布された。

改正内容は第2条第1項山陰及山陽連絡線の部に「1岡山県下岡山ヨリ鳥取県下米子ニ至ル鉄道」を追加。また、第7条第1項第15号にも「山陽及山陰連絡予定線ノ内岡山県下岡山ヨリ鳥取県下米子ニ至ル鉄道」を追加した。併せて建設線の名称を伯備線に変更した。

宮地軽便線

九州の中央部で、大正時代すでにわが国随一の観光地であった阿蘇《あそさん》山周辺の開発のために計画された。とくに熊本県の中心地・熊本市とのあいだの鉄道建設が1910年ごろより地元有志から帝国議会に熱心に要望された。その効果があって、熊本－大津－立野《たての》－宮地間に軽便鉄道を建設することになった。

1912年11月に熊本側から工事に着手。1914年6月21日に熊本－肥後大津間、1916年11月11日に肥後大津－立野間、1918年1月25日に立野－宮地間を開業して犬飼線と接続し、熊本－大分間の現在の豊肥本線が完成した。

細島軽便線

現在の日豊《にっぽう》本線の富高《とみたか》（現・日向市《ひゅうがし》）と細島港《ほそしまこう》を結んだ軽便線で、１９２１年10月11日に開業した。細島港からは旅客船の発着もあり、貨物列車ばかりでなく旅客列車も運行した。１９７２年２月１日には旅客営業を廃止し、それ以降は貨物専用線としてＪＲ貨物の第１種路線となった。

山野軽便線

鹿児島本線の水俣《みなまた》で分岐して肥薩《ひさつ》線の栗野《くりの》まで運行していた軽便線。最初は１９２１年９月11日に栗野－山野《やまの》間を開業したため山野軽便線という名称になった。１９３４年４月22日に水俣－久木野《くぎの》間を開業したが、既設線とはつながらないため山野西《やまのさい》線と呼ばれ、それに合わせて栗野－山野間は山野東《やまのとう》線に改称した。

国鉄に買収された軽便線
――のちの幹線のルーツとなる

仙北軽便線

１８９４年に前谷地《まえやち》村（現・石巻市）の有志が石巻鉄道を発起して石巻から鳴子《なるこ》温泉までの鉄道を申請。１８９７年に石巻－小牛田《こごた》－鍛冶谷沢《かじやさわ》間の免許を取得したものの、日露戦争後の不況で会社の設立に必要な払い込みを確保できず、計画は頓挫した。

１９０９年に軽便鉄道法の制定を機に石巻－小牛田間の軽便鉄道計画が立ち上がったものの、これも実現しなかった。基本的に、東北の農村部には、まだ鉄道を建設する資本が成立していなかったのである。そこで、地元の有志は国に陳情して国鉄線の建設実現を目指して活動を開始した。しかし、後藤新平逓信大臣は鉄道敷設の見込みなしとして私設鉄道を推奨。１９１１年に貴族院議員の荒井泰治《あらいたいじ》が地元有志に働きかけて仙北《せんぼく》軽便鉄道の設立となった。

石巻－小牛田間と築館《つきだて》－石越《いしこし》－登米《とよま》間の２路線を計画し、１９１１年８月23日に免許を得た。そして、１９１２年10月28日に仙北軽便鉄道の小牛田－石巻間が開業したが、軌間７６２㎜の蒸気動力の鉄道であった。一方で、１９１４年６月２日に登米－築館間の免許申請を取り消した。

この登米への鉄道については１９１４年に地元で三陸軽便鉄道の計画が立ち上げられ、国から軽便鉄道の免許を取得した。しかし、工事施行認可申請がたびたび延期された挙げ句に、１９１７年９月27日に延期申請が却下となり、10月7日に免許の返納が命じられた。

仙北軽便鉄道は1919年4月1日に小牛田－石巻間を国有化して国鉄仙北軽便線となり、1920年5月23日に軌間を762㎜から1067㎜に改造した。1921年1月1日に石巻軽便線に改称したが、軽便鉄道法の廃止によって1922年9月2日に石巻線となる。

登米－築館間の鉄道については、また新しい動きとして、1917年に沿線の有志が藤里村《ふじさと》（現・栗原市《くりはら》）－登米町間軽便鉄道を計画して1918年に免許を取得した。1919年4月24日に登米軽便鉄道が設立されたが、折から仙北軽便鉄道の国有化が決まっていたことから、会社名を仙北鉄道に変更している。国有化した仙北軽便鉄道とは資本的（国有化の買収費が新社の資本金の財源になった可能性はある）、人的つながりはない。また、1920年には築館延長線が免許となり、旧仙北軽便鉄道が2期線として計画した路線を新仙北鉄道が完成したことになる。

瀬峰《せみね》から登米への路線は1921年7月に佐沼《さぬま》まで開業、続いて10月5日には営業を開始した。地元の多年の願望が達成されたことで、2日続けて催事で開業を祝った。軌間762㎜の軽便鉄道で、蒸気機関車3両、客車7両、貨車30両が用意された。

瀬峰から築館への路線は水害、雪害に悩まされたほか、資材不足で工事が難航したが、1923年7月22日に開業した。

戦後、1950年に築館線は廃止されてバスに置き換えられたが、登米線は1968年まで運行が続けられた。

この間、1964年に仙北鉄道が宮城バスを吸収合併し、仙北鉄道が存続会社となったが、会社名は宮城バスを採用した。この時点で宮城バスの起源は仙北軽便鉄道ということになる。しかし、1970年に、宮城バス、宮城中央バス、仙南《せんなん》交通の3社が合併して新しく宮城交通が設立されたため、これで仙北鉄道の系譜は途絶えたことになる。

魚沼軽便線

のちの魚沼線《うおぬま》・来迎寺《らいこうじ》－西小千谷《にしおぢや》間。第1次特定地方交通線に指定され、廃止、バス転換された。

魚沼鉄道は1910年5月12日に来迎寺村（現・長岡《ながおか》市）－城川《しろかわ》村（現・小千谷市）間の仮免許を取得。仮免許ということは私設鉄道法が適用されたのであろう。その直後に軽便鉄道法が制定されたのにともない、同年10月5日に軽便鉄道法が適用されることになる。軌間762㎜の蒸気鉄道である。

1911年に新来迎寺－小千谷間が開業したが、この区間に並行して上越《じょうえつ》線の宮内《みやうち》－東小千谷（現・小千谷）間が開業したのは１９２０年である。

　１９１８年４月18日に来迎寺村－深才《しんさい》村（現・長岡市）間の免許を取得したが、１９１９年に未成線のまま長岡鉄道に譲渡した。

図表2　国鉄に買収された私鉄軽便線

路線名	旧社名	区間	変更日
仙北軽便線	仙北軽便鉄道	小牛田－石巻	1919年4月1日国有化
魚沼軽便線	魚沼鉄道	新来迎寺－小千谷	1922年6月15日国有化
氷見軽便線	中越鉄道	伏木－氷見	1920年9月1日国有化
新湊軽便線	中越鉄道	能町－新湊	
有馬軽便線	有馬鉄道	三田－有馬	1915年4月16日借り上げ 1919年3月31日国有化
美禰軽便線	美禰軽便鉄道	伊佐－重安	1920年6月1日国有化
小松島軽便線	阿波国共同汽船	徳島－小松島	1913年4月20日借り上げ 1917年9月1日国有化
妻軽便線	宮崎県営鉄道	宮崎－妻	1917年9月21日国有化
以下、軽便鉄道法廃止後			
宇和島線	宇和島鉄道	宇和島－吉野	1933年8月1日国有化
愛媛線	愛媛鉄道	長浜町－大洲 大洲－内子	1933年10月1日国有化
油津線	宮崎県営鉄道	飫肥－油津 星倉－大藤	1935年7月1日国有化
松浦線	佐世保軽便鉄道	上佐世保－世知原 左石－柚木 実盛谷－相浦 四ツ井樋－臼ノ浦	1936年10月1日国有化

出典：『日本国有鉄道百年史』など

　１９２２年６月15日に国に買収されて魚沼軽便線になるとともに、新来迎寺駅を廃止し、国鉄の来迎寺駅に統合した。

小松島軽便線

のちの小松島《こまつしま》線・中田《ちゅうでん》－小松島間。第１次特定地方交通線に指定されて廃止、バス転換した。

　徳島は吉野川《よしのがわ》の河口部であるため、遠浅で大型船が碇《てい》泊《はく》する港湾が設けられなかった。大型船が碇泊したのは徳島から南側に離れた小松島港であった。港湾の修築が計画されていたことから、これに合わせて徳島－小松島間を結ぶ鉄道を整備することになった。

　小松島港に就航する定期船会社の阿波国《あわのくに》共同汽船が阿波国共同鉄道を設立し、徳島－小松島間の鉄道の仮免許を取得。同時に阿波国共同汽船に合併している。１９１２年３月に工事に着手し、工事費は約80万円。１９１３年４月に完成すると、鉄道院はこの鉄道を借り受け、小松島軽便線とした。借用料は年に建設費の７%と決められた。さらに、１９１７年９月には約85万円で国に買収された。

　途中駅の中田では１９１６年に開業した古庄《ふるしょう》までの阿《あ》南《なん》鉄道に接続。阿南鉄道は１日７往復運転していたが、そのうち4往復が徳島まで直通した。

国鉄の特殊狭軌線――軌間が狭い軽便鉄道を買収

鉄道は国鉄の貨車が直通できるように軌間１０６７㎜が基本であったが、多くが地方の弱小資本によって建設されたために、例外も多い。また、個別には山間の未開発地で工事が難しい場合や、海岸沿いの用地の確保が難しい場合など特殊な事情があった。

日高線

北海道の中央部の南側に連なる日高山脈の南麓の海岸沿いを走る路線である。苫小牧《とまこまい》軽便鉄道と日高拓殖鉄道の路線を組み合わせたもの。日高線の沿線は山と海が接していることから、林産資源と昆布などの海産物が豊富である。

苫小牧軽便鉄道は王子《おうじ》製紙の工場に木材を輸送したり、自社の発電所まで資材を運んだりするために苫小牧－佐《さ》瑠太《るふと》（現・富川《とみかわ》）間に建設された専用鉄道である。別に王子軽便鉄道とも呼ばれた。

１９０８年に馬車軌道（軌間７６２㎜）を開業し、１９１０年には蒸気動力化した。１９２２年からは一般客の利用も始まった。なお、それ以前も便宜的に住民の利用は可能であったという。

佐瑠太では沙流《さる》鉄道が分岐していた。同社は軌間７６２㎜の馬車軌道として計画されたが、最終的に軌間１０６７㎜、蒸気動力に変更され、１９２２年に佐瑠太－平《びら》取《とり》間を開業した。車両を持たず、苫小牧軽便鉄道と運転管理の委託契約を締結し、苫小牧軽便鉄道の列車が乗り入れた。

日高拓殖鉄道は地元有志によって計画され、これに三井系の王子製紙が協力して実現した鉄道。軌間は７６２㎜であるが、鉄道敷設法の予定線の一部を構成することから、免許には軌間１０６７㎜に対応できるような設計が条件とされた。１９２４年9月6日に佐瑠太－厚賀《あつが》間、１９２６年12月7日に厚賀－静内《しずない》間を延伸した。

両鉄道ともに１９２７年8月1日に国有化し、１９２９年11月25日に苫小牧－佐瑠太間、１９３１年11月10日に佐瑠太－静内間を１０６７㎜に改軌した。

釜石線

釜石では大橋の鉄鉱山まで軽便鉄道が設置されていたが、東北本線の花巻からこの軽便鉄道と接続する鉄道の計画が進められた。最初、県知事の笠井信一《かさいしんいち》が県営鉄道

図表3　国鉄の特殊狭軌線

路線名	前身	区間	国有化	改軌
日高線	苫小牧軽便鉄道	苫小牧－佐瑠太	1927年8月1日	1929年11月26日
	日高拓殖鉄道	佐瑠太－静内		1931年11月10日
釜石線	岩手軽便鉄道	花巻－遠野	1936年8月1日	1944年12月10日
		遠野－足ヶ瀬		1950年10月10日
久留里線	千葉県営鉄道	木更津－久留里	1923年9月1日	1930年8月20日
太多線	東濃鉄道	新多治見－広見	1926年9月25日	1928年10月1日
宇和島線	宇和島鉄道	宇和島－吉野	1933年8月1日	1941年7月2日
松浦線	佐世保鉄道	左石－柚木（柚木線） 肥前吉井－佐世保（松浦線）	1936年10月1日	1943年8月30日
		肥前吉井－世知原（世知原線） 佐々－臼ノ浦（臼ノ浦線）		1944年4月13日

出典：『日本国有鉄道百年史』など

の可能性を探ったが、財政難から断念。代わって1911年5月13日に地元有志が岩手県稗貫《ひえぬき》郡花巻町に岩手軽便鉄道を設立し、6月に花巻－沓掛《くつかけ》（仙人峠《せんにんとうげ》）の鉄道敷設を申請。7月にはこれが認められて免許状が交付された。1912年9月4日に花巻－仙人峠間65・4㎞の工事に着手し、1913年に花巻－土沢《つちざわ》間12・7㎞、1914年4月には土沢－晴山《はるやま》間3・2㎞と遠野－仙人峠間を開業させた。この時点では晴山と遠野のあいだは未開通であったが、これは1913年秋に水害で北上川《きたかみがわ》の橋《きょう》梁《りょう》が流失してしまったためである。この水害の復旧は独力では無理として、1914年11月に通常県会に「岩手軽便鉄道株式会社工事改良費の内、県補助の発案を望む」との意見書が提出され、その結果、1915年から10年間、1年1万円が補助されることになった。

1915年11月に全線が開業。仙人峠と大橋のあいだは岩手軽便鉄道が建設した索道（ロープウェイ）で貨物を運んだ。

岩手軽便鉄道のルートは、もともと鉄道敷設法の予定線であったことから、地元からは国有化の要望があり、1927年に政府買収予定線となった。有力な出資者である岩手銀行が昭和恐慌で経営が困難になっていたため、軽便鉄道の買収による資金で銀行の再建に充てる目論見もあった。

1929年に私鉄12線の買収法案が作成され、衆議院を通過したが、貴族院で8私鉄に削減されたのちに、政府案は取り下げられた。

1934年から翌年にかけて東北地方は大凶作に遭い、住民の窮状は深刻なものがあった。山崎達之輔《やまざきたつのすけ》議員が現地を視察し、内田信也《うちだのぶや》鉄道大臣に伝えられると、東北救済策が相次いで実施されることになるが、その一環で、1935年3月18日に岩手軽便鉄道の買収を前提に「仙人峠開削年度繰り上げ法案」が国会を通過。続いて1936年5月27日には岩手軽便鉄道買上法案が両院を通過した。岩手軽便鉄道は軌間762㎜の超狭軌であったため、国鉄は別に花釜線の建設に入った。

太多線

東濃《とうのう》鉄道（現在のバス会社の東濃鉄道とは別）が1918年に新多治見《しんたじみ》−広見《ひろみ》（現・可児《かに》）間に軌間762㎜の鉄道を開業させ、1920年に御嵩《みたけ》まで延伸した。もともと免許に国有化の条件がつけられていたことから、1926年9月25日に新多治見−広見間が国有化され、太多《たいた》線となった。残った広見−御嵩間は東美《とうみ》鉄道に譲渡され、現在の名古屋《なごや》鉄道広見線につながる。

第3章　鉄道省による地方路線の建設

陸運行政を一元化した「鉄道省」の誕生

従来、鉄道事業の監督と国鉄の経営は内閣直属の鉄道院で実施してきたが、都市鉄道の発展で監督部門の事務量が増大し、国鉄の鉄道網の拡大によって組織が肥大化していた。そこで、官庁組織としては一段上位の省に格上げすることにして、1920年5月15日に鉄道省が設置された。初代鉄道大臣には元《もと》田《だ》肇《はじめ》が就任した。

従来は鉄道院総裁は閣議に参加できないため、いちいち内閣総理大臣に稟議《りんぎ》を要するなど複雑な手続きを要していた。省に格上げされると、今度は組閣する政党の党利党略で鉄道政策が影響を受けるという弊害もあった。

鉄道省は昭和2（1928）年11月6日勅令第267号で、それまで逓信省とのあいだで管轄範囲が明確でなかった陸運行政全般の権限を一元化されることになり、1933年には自動車運輸事業の監督権を鉄道省が掌握することになった。

このころになると、バスやトラックが鉄道事業と競合するようになり、とくに地方では影響は大きかった。地方の鉄道会社は競ってバス事業を兼業するようになり、鉄道とバスとの監督行政の統合は時代の要請であった。

私設鉄道法と軽便鉄道法を統合した「地方鉄道法」の公布

明治時代に制定された私設鉄道法は、1906年の鉄道国有化で全国の幹線が国有化され、その後も地方幹線が国有化されると、適用される鉄道は東武鉄道の1社となっていた。そのため、実情に合わせるために、私設鉄道法と軽便鉄道法の内容を統合し、大正8（1919）年4月10日法律第52号として地方鉄道法を公布し、19

１９年８月15日に施行した。これにともない、私設鉄道法と軽便鉄道法は廃止された。

同法の立案には鉄道院総務課課長心得として五島慶太《ごとうけいた》が関与した。五島は同法が制定されたあと、武蔵《むさし》電気鉄道（現・東急《とうきゅう》）の専務として迎えられ、鉄道院から技術者を連れて同社に入社した。その技術者たちは各地の鉄道建設にかかわり、地方鉄道の普及に貢献した。

なお、軽便鉄道法に準拠して建設してきた国鉄の軽便線は一般の路線との区別が撤廃され、１９２２年９月２日に「軽便線」の名称が廃止された。そのため、ローカル線の建設のためにも手続きとして鉄道敷設法別表に登載する必要が生じた。また、地方鉄道法の制定により、鉄道敷設法第３章の私鉄買収の規定が効力を失うことになる。

定山渓鉄道

定山渓《じょうざんけい》鉄道は札幌の市街地と郊外の温泉行楽地を結ぶ鉄道で、札幌の近郊路線の役割も担っていた。

鉄道が開通する以前は１９０９年に札幌馬車鉄道合資会社が札幌駅から山鼻《やまはな》を経て石切山穴《いしきりやまあな》の沢《さわ》までを開業。そこからは客馬車か客馬橇《ばそり》で定山渓に向かった。

定山渓鉄道は１９１４年７月に白石《しろいし》駅定山渓間鉄道敷設の免許状の下付を受け、翌年12月に工事に着手した。延長29・９km、軌間１０６７mmの蒸気鉄道である。

１９１８年10月に白石－定山渓間を開業した。このうち白石－東札幌間は現在の千歳《ちとせ》線の原型である北海道鉄道の路線と一部重複するが、北海道鉄道がこの区間を開業したのは１９２６年８月21日である。定山渓の東札幌－白石間の線路は１９４５年３月に廃止されて資材は供出された。１９２９年10月に東札幌－定山渓間の電化を実施し、これによって所要時間が１時間20分から44分に大幅に短縮された。続いて１９２７年に国鉄および北海道鉄道と接続協定を締結。１９３１年に国鉄と北海道鉄道の苗穂《なえぼ》－東札幌間を電化し、定山渓鉄道の電車が苗穂まで乗り入れた。同社はもともと苗穂を起点とする計画であったが、豊平川《とよひらがわ》の治水工事で鉄道の計画ルートに堤防が建設されることになったため、白石に変更されたという経緯がある。

定山渓鉄道は鉄道が大きく東側を迂回《うかい》し、それも起点が東札幌となったため、都心に直行する手段として１９３２年５月に札幌駅前－定山渓豊平峡《ほうへいきょう》34kmの路線バスを開設した。ただ、１９４１年２月には物資統制のなかで企業整理に遭い、休止となる。

戦後、真駒内《まこまない》駅から連合軍の専用線が建設されたが、定山渓鉄道が管理を委託され、連合軍の旅客と貨物を運行した。

1948年5月には札幌駅前と定山渓を結ぶ路線バスが運行を再開。トレーラーバス3台、大型バス3台、トラック1台を使用した。1月から3月までは積雪によって運行を休止することが多かったという。

1957年8月12日からは気動車を新造して札幌駅まで乗り入れを開始した。国鉄函館本線、千歳線・苗穂－東札幌間の電化設備は廃止され、撤去された。

尾道鉄道

尾道《おのみち》の鉄道は1899年に尾三《びさん》鉄道として計画され、仮免許を取得したが、これは実現しなかった。その後、尾道駅から市《いち》までの区間に尾道軽便鉄道が発起され、1912年5月に免許を申請し、翌年8月に免許状が下付された。軌間762㎜の蒸気鉄道である。第1次世界大戦が勃発して戦争景気が現出されると、なかなか株式の払い込みがスムーズにいかず、尾道軽便鉄道の設立は1918年12月20日まで遅れた。工事の着手もスムーズにはいかず、地方鉄道法施行後の1921年4月であった。

坂道の町・尾道の鉄道とあって最大40パーミルの勾配で計画されたが、通常の方式である蒸気機関車で普通に登れる勾配を超えており、計画の変更は必須であった。

そこで、軌間1067㎜に変更して国鉄貨車の直通を可能にするとともに、電気動力の使用に変更。会社名も尾道鉄道に変わった。

出石鉄道

1919年6月に出石《いずし》軽便鉄道は出石－江原《えばら》間の軌間1067㎜の蒸気鉄道として計画された。1910年に山陰東《さんいんとう》線の出石駅が開業したのに合わせ、鉄道から離れた出石の中心部を結ぶ鉄道である。ほとんどが沿線の出資で、1920年12月に設立された。折悪《おりあ》しく第1次世界大戦後の不況で一時工事を中止したため、開業は1929年7月21日と遅れた。

出石はかつて出石藩の城下町で、郡役所や生糸取引所が置かれた地域の中心地であった。山陰本線が通らなかったため、町の衰退を危惧した地元住民が発起して開業した鉄道である。住民のほぼすべてが株主となったため、株主数は2000人を超えた。ただ、このような地域の公共事業には、もともと地元での事業費の分担の慣習があり、それに従ったのであろう。

1943年12月に国家総動員令のもとで不要不急の鉄道として営業休止命令を受け、線路は撤去された。

「鉄道敷設法」の改正で建設路線を追加

1918年9月に立憲政友会の原敬が内閣総理大臣に指名され、ローカル線の建設を推進する政友会の内閣が成立した。しかも原総理は「国防の充実」「産業の奨励」「教育の振興」とともに「交通機関の整備」を4大政策に据えていた。

軽便鉄道法の改正がひとつの契機となったものの、明治時代の鉄道敷設法では地方の発展を目指したローカル新線の建設は想定していなかったため、時代にそぐわなくなっていた。

1921年1月17日の第28回鉄道会議に鉄道敷設法の改正法律案が提出され、原案のまま可決された。続いて同年2月1日には第44回帝国議会に鉄道敷設法の改正法律案を提出し、衆議院は通過したが、貴族院では期限切れで審議未了となってしまった。

その年の11月4日に原総理が東京駅で暗殺された。犯人は鉄道職員であったが、政治的背景などはわかっていない。11月13日に立憲政友会の高橋是清《たかはしこれきよ》が内閣総理大臣に指名され、鉄道整備の政策は引き継がれた。

1922年3月に改正鉄道敷設法は帝国議会で再度審議にかけられ、22日に貴族院で一部修正のうえ、賛成多数で可決された。4月11日に法律第37号として改正鉄道敷設法は公布となる。同法は149路線、6349マイル＝1万158・4㎞の鉄道計画である。提案理由書は、「現行鉄道敷設法ニ規定セル予定鉄道路線ハ既ニ其《そ》ノ大部分ノ建設ヲ了シ又ハ現ニ建設中ニ属スルヲ以テ新《あらた》ニ予定線ヲ定ムルヲ要シ且《かつ》法条ノ整理ヲ要スルモノアルニ因《よ》ル」と、明治の鉄道敷設法の予定線はすでに完成したか工事中で、新たに鉄道計画を策定する必要があったと説明する。

法改正で推進された「三陸縦貫鉄道」の建設

仙台から三陸海岸を抜けて八戸《はちのへ》までの三陸縦貫鉄道は地域にとって宿願ともいうものであった。東北本線が走る内陸部とのあいだには高山地が続き、陸路は厳しい峠道を抜けなければならず、物流はもっぱら海路に頼っていた。

1912年11月に岩手県通常県会で三陸縦貫鉄道の「沿岸を縦貫する鉄道建設に関する意見書」が提出された。翌年11月にも「塩釜《しおがま》八戸間鉄道敷設の件」との意見書が県会に提出され、12月16日に可決されて原敬内務大臣に提出。原は盛岡藩士の家で生まれた縁から、三陸地域の鉄道建設の後援者となっていた。

１９１７年に通常県会にも「三陸海岸鉄道敷設に関する件」との意見書が提出されて可決。内務大臣の後藤新平に送達された。後藤も東北の水沢《みずさわ》の出身であった。

１９１８年には、原は立憲政友会の党首として内閣総理大臣に就任したが、鉄道政策では後藤とは対立していた。後藤は幹線網の整備として広軌改築を主張し、原は地方の鉄道網の拡張を主張した。

大曲《おおまがり》出身の政友会の代議士・榊田清兵衛《さかきだせいべえ》は原内閣のもとで鉄道次官の職にあった石丸重美《いしまるしげみ》のもとを訪れて三陸地域の鉄道建設を求めた。それに対し、石丸は地形図を広げて北上《きたかみ》山地を抜けて盛岡と宮古を結ぶ鉄道ができないわけはないと答えたという。もともと鉄道技術者であった石丸の言葉は権威を帯びていた。このことを原敬に伝え、山田線の建設が一気に現実味を加えた。

１９１９年６月７日に北田親氏《きただちかうじ》盛岡市長をはじめ沿線首長は、高橋是清大蔵大臣、床次竹次郎《とこなみたけじろう》内務大臣・鉄道院総裁、山本達雄《やまもとたつお》農務大臣などに「盛岡・宮古間鉄道促成の請願」を提出し、１９２０年度の予算化を要請した。しかし、この年には予算案は国会に提出されなかった。そして、翌年７月には満を持して盛岡－山田間の鉄道建設を繰り上げる予算案が提出された。

これに対し、１９２０年７月17日の貴族院本会議では反対派の中村是公《なかむらよしこと》は「盛岡－山田間の予定線は突如本年度に繰り上げとは不可解だ。軽便鉄道法に反するものだ」と糾弾した。地元陳情団は国会での動向を心配して原総理のもとを陳情で訪れると、原は「心配は無用ですよ。満場一致は望まないが、通過は確実だよ」といったという。

１９２０年７月28日の貴族院本会議で、反対派の福原《ふくばら》俊丸《としまる》議員が「予算案、追加案の鉄道についてだが、軽便鉄道31線の経費1億５３００万円のうち、１９２０年度着手、３線12万円を除いてその他は全部削除するよう」と修正を迫り、中村もこの修正案に賛成した。中村は「盛岡－山田間の鉄道は人ひとりいない山中に線路を敷いて何が産業奨励か」と予算案を攻撃した。最終的に記名投票で、修正賛成１０３、修正反対１８０で修正案は否決。前田利定《まえだとしさだ》委員長の報告どおりに通過した（『貴族院議事速記録第十七号』）。

この国会での混乱を受け、石丸次官は原総理に対して毎年少しずつの路線に予算をつけるより、全国の鉄道網を法律で示しておくほうが得策と進言した。これが明治時代の「鉄道敷設法」に続く大正時代の「改正鉄道敷設法」の制定につながる。

「改正鉄道敷設法」は1922年1月に第44回帝国議会に提出され、政友会の賛成多数で衆議院通過したが、貴族院で否決。同年11月4日には原総理が東京駅で刺殺された。

1922年3月22日に改正鉄道敷設法は高橋内閣で第45回帝国議会に提出され、無事に成立した。予定線は1万158km、149路線におよぶ大規模な鉄道計画であった。岩手県内の予定線は次の7路線であった。

◎久慈《くじ》より小本《おもと》を経て宮古に至る鉄道
◎山田より釜石を経て大船渡に至る鉄道
◎小鳥谷《こずや》より葛巻《くずまき》を経て袰野《ほろの》付近に至る鉄道
◎川井《かわい》より遠野を経て高田《たかた》に至る鉄道
◎一戸《いちのへ》より荒屋《あらや》に至る鉄道
◎雫石《しずくいし》より川尻《かわしり》に至る鉄道
◎一関より槻木《つきのき》付近に至る鉄道

予定線に盛り込まれたものの、実際には計画はスムーズにはいかなかった。戦前に開業したのは八戸線・八戸－久慈間（1930年3月27日）、山田線・宮古－釜石間（1939年9月17日）、大船渡線・一ノ関－盛《さかり》間（1935年9月29日）だけであった。

八戸線

改正鉄道敷設法以前、1918年の第41回帝国議会で予算が認められ、1922年11月に工事に着手した。1927年6月には久慈停車場の位置について反対する勢力があり、久慈町町民大会が開かれて糾弾された。計画では久慈町新町裏であったが、ここは水害の常襲地であるため、より山手に移すことを求めたもの。最終的に久慈川と長内川《おさないがわ》の中間位置に収まった。この時代は住民が鉄道計画に反対する行動に出ることはきわめてまれであった。そして、八戸－久慈間は1930年3月27日に開通した。

山田線

盛岡－釜石間について1921年10月に着工。この時点では1929年度の完成を予定し、1923年に最初の区間として上米内《かみよない》まで開業した。しかし、同年9月1日に関東大震災が発生し、1924年度は関東大震災の復興予算を組むことになり、山田線の工事は5年延期となった。

工事区間のうち北上山地を越える第1飛鳥《あすか》トンネル2

263mが難工事で、34人の尊い犠牲者を出している。工事の遅れに対し、1926年11月に岩手県通常県会で「三陸沿岸鉄道の促成に関する意見書」を決議した。岩手県は鉄道第2連隊の出動を仰ぎ、その結果、宮古までは1934年11月6日、釜石までは1939年9月17日に開業した。全通時は上下5本ずつが釜石まで直通し、盛岡－釜石間を6時間10分で結んだ。

なお、工事線の規格は、盛岡－松草《まつくさ》間が乙線、松草－宮古間が丙線、宮古－釜石間が簡易線と次第に格付けが下がっていった。簡易線の規格では大型の冷蔵車が入れないということで、地元の漁業者から突き上げられるという一幕もあった。

戦時中、山田線は釜石製鉄所の鉄鋼製品輸送のために「戦力増強路線」に指定された。

大船渡線

一ノ関－盛間は1920年の着工。同年の総選挙では政友会と憲政会が激しく争った。政友会はもともと党勢拡大のために新線建設を利用したが、この選挙では憲政会も利益誘導に走った。

大船渡線の予定線は当初は一ノ関－門崎－千厩《せんまや》－気仙沼－大船渡という直線的なルートであった。政友会は総選挙で元貴族院議員であった摺沢の佐藤良平《さとうりょうへい》を担ぎ出すことを計画し、大船渡線の経路を摺沢経由に変更した。厳美渓《げんびけい》から摺沢を経てそのまま気仙沼に向かうという案であった。そこで千厩町（現・一関市）はルートから外れてしまったが、千厩は政友会の地盤であったのが、一夜にして憲政会に鞍替《くらが》えし、このルート変更に反対した。これに対し、鉄道省は折衷案として摺沢－大原《おおはら》－陸前《りくぜん》高田間と摺沢－千厩－陸前高田間の2路線を建設することを提案。貴族院で憲政会の猛反対に遭って審議未了。最終的に門崎から北に進路を変え、厳美渓から摺沢を経て再度南に向かい、千厩で最初の予定ルートに戻ることにして予算案を国会に提出。1924年6月に憲政会の加藤高明《かとうたかあき》内閣のもとで成立した。陸前門崎と千厩のあいだで大きく北側を迂回することになり、そのかたちから「ナベヅル」線と呼ばれている。

大船渡線は1935年9月29日に全線を開通した。

釜石線

1922年4月に「改正鉄道敷設法」別表に「岩手県花巻ヨリ遠野ヲ経テ釜石ニ至ル鉄道」が登載され、1927年に建設線に編入された。三陸縦貫鉄道のほかの路線と違うのは、花巻側と釜石側にそれぞれ私鉄の軽便鉄道が走っていたことである。鉄道省は1936年8月1日に岩手軽便鉄道の花巻－仙人峠間65・4㎞を約170万円で買収。すでに軽便線の運行を続けたまま、6月に国鉄線の工事を開始していた。1943年9月17日に花巻－柏木平《かしわぎだいら》間を開業し、その代わりに軽便線は運行を廃止した。残る釜石までの区間は戦況の悪化と釜石への艦砲射撃によって1945年6月に工事を中止した。7月14日と8月9日の米英艦隊による艦砲射撃で550人の犠牲を出した。

気仙沼線

1920年の総選挙で宮城県本吉《もとよし》郡志津川町の高橋《たかはし》長七郎《ちょうしちろう》が「三陸縦貫鉄道気仙沼線の建設促進」を公約に衆議院議員に当選。その直後の1922年に「改正鉄道敷設法」で大船渡線・気仙沼－本吉－志津川－津山《つやま》町（現・登米《とめ》市）－石巻線・前谷地間が建設線に指定された。高橋は三陸縦貫鉄道気仙沼線建設期成同盟会長に就任した。しかし、その後、すぐに着工には至らなかった。地元での建設促進運動が続くことになるが、1933年3月に三陸大津波で海岸沿いの建物がすべて流され、復旧のために鉄道の建設が強く主張された。その結果、同年9月の帝国議会で気仙沼線は着工線に格上げされた。

気仙沼線計画とは別に、宮城県登米郡佐沼町（現・登米市）出身の衆議院議員・星廉平《ほしれんぺい》を中心に田尻《たじり》線（気仙沼－田尻間）の新設運動が起こった。気仙沼から最短距離で東北本線に接続する路線で、気仙沼線の大きな競争相手となるとして、志津川町ではこの田尻線に強く反発した。佐藤弥代県議は政府案の三陸縦貫鉄道気仙沼線の推進を関係町村に呼びかけ、内田信也鉄道大臣への陳情を重ね、政府も気仙沼線に全力を注入することを約束した。

気仙沼線は1937年に気仙沼－本吉間を着工、1939年1月に路盤工事に着手したが、1943年6月に戦況の悪化によって工事は中止となった。路盤工事は、気仙沼－松岩《まついわ》間で約13％完成し、松岩－階上間はほぼ完成していた。

第4章　昭和初期のローカル線ブーム

昭和恐慌と大飢饉からの浮揚策として

関東大震災にともなって、不渡りになりかねない手形を金融機関が引き受けた震災手形が金融機関に対する不安を醸成し、震災手形を多く持つ銀行が経営危機に瀕《ひん》することになった。震災にかかわらない手形まで買いとったために金額が膨大になっていた。これが原因で、1927年に始まる昭和金融恐慌が始まった。大手商社の鈴《すず》木《き》商店や、鉄道会社との取引も多い東京渡辺《わたなべ》銀行が倒産した。

日本は大正時代からインフレが進行していたことから、金融恐慌に対して民政党の井上準之助《いのうえじゅんのすけ》大蔵大臣はデフレ政策によって通貨価値を高める政策をとった。しかし、これにより、日本経済は一気にデフレの状態となり、政友会の犬養毅《いぬかいつよし》が内閣総理大臣に任命されると、高橋是清が大蔵大臣に就任し、経済政策は一転して公共事業費の増額などインフレ政策を進めることになる。政友会はもともと地方の産業開発や交通機関の整備を主張し、インフレ政策を推進してきた伝統があった。

1929年にはアメリカ・ニューヨークを震源とする経済恐慌が発生し、世界経済が大きく停滞することになった。日本にとっては金融恐慌に追い打ちをかけるかたちとなった。アメリカはジョン・メイナード・ケインズの有効需要の原理によってテネシー川の電源開発などニューディール政策を実施し、有効需要の増加を図った。また、ドイツでもアドルフ・ヒトラーが台頭し、全国にアウトバーンを建設するなど公共事業による景気浮揚が図られた。

高橋大蔵大臣は時局匡救《きょうきゅう》政策を打ち出し、追加予算で公共事業を追加し、国による総需要の増加による経済の均衡を目指した。その一環として、東京や大阪の大都

図表4　1935年3月1日に決定した鉄道省の事業内容

1.着手完成年度の繰り上げを繰り上げる路線		
前郷、矢島線	2年繰り上げ	1935年度着手、1938年度完成
喜多方、日中線	1年繰り上げ	1935年度着手、1937年度完成
花巻、釜石線	1年繰り上げ	1935年度着手、1940年度完成
2.完成年度の繰り上げ		
盛岡、釜石線	1年繰り上げ	1938年度完成
仙台、山形線	1年繰り上げ	1937年度完成
3.完成年度には変更ないが工事を繰り上げで実施		
能代、五所川原線		
坂町、今泉線		
鷹ノ巣、阿仁合線		
柳津、川口線		
小出、只見線		
石巻、女川線		
平、小名浜線		

出典：『朝日新聞』1935年3月2日

市の鉄道や地方のローカル線の建設を推進した。その効果があって、1936年ごろには景気は回復していった。

また、経済恐慌に加え、東北地方では1933年の大雪と翌年夏の冷害で農作物の生産が大きく減少し、大飢《だいき》饉《きん》の状況を呈した。政府は東北の窮状を打開するために相次いで経済対策を打ち出したが、そのなかに鉄道の建設促進があった。経済浮揚のための公共事業として、1935年2月25日に首相官邸で省議を開催、3月1日に鉄道省は事業内容を決定し、5日に鉄道会議に諮問した。その案を帝国議会に提出し、決定を見た。

その内容は図表4のとおりである。

統合と再編が進む地方の交通機関

大正時代から地方での鉄道の開業が相次ぐが、昭和に入って開業した私鉄のなかには昭和恐慌のなかで厳しい経営を強いられる例も多かった。また、地方都市では市内軌道の路線網が充実することになるが、都市部から近郊に広がる電気鉄道が各地で建設された。

このころ、各地で路線バスの路線網が広がり、鉄軌道と激しい競争時代に入るが、対抗して鉄道も路線網の充実を図り、現在のバス路線並みに稠密《ちゅうみつ》化《か》した地域も出てきた。蒸気鉄道ではガソリンカーを導入する例が多かった。燃料効率という点だけではなく、折り返しの手間がかからないために運行効率が高く、同じ車両数で増発が可能となったことが大きかった。

1933年に鉄道省がバスなどの陸運事業も監督するようになると、鉄軌道事業者がバス路線を兼業するばか

図表5　大都市を除く主要な鉄道、軌道の新設（路線長20km以上）

社名	区間	開業
1919〜1930年		
北海道鉄道	沼ノ端－辺富内	1922年7月24日〜1923年11月1日
雄別炭礦鉄道	釧路－雄別炭山	1923年1月17日
夕張鉄道	野幌－新夕張	1926年10月14日〜1930年11月3日
北海道拓殖鉄道	新得－上士幌	1928年12月15日〜1931年11月15日
津軽鉄道	五所川原－津軽中里	1930年7月15日〜1930年11月13日
横荘鉄道	横手－老方	1918年8月18日〜1930年10月5日
水浜電車	袴塚－湊	1922年12月28日〜1930年11月22日
鹿島参宮鉄道	石岡－鉾田	1924年6月8日〜1929年5月16日
茨城鉄道	赤塚－御前山	1926年10月24日〜1927年3月26日
下野電気鉄道	下今市－新藤原 新高徳－矢板	1922年3月19日〜1929年10月22日
上毛電気鉄道	中央前橋－西桐生	1928年11月10日
小湊鉄道	五井－上総中野	1925年3月7日〜1928年5月16日
五日市鉄道	立川－武蔵岩井	1925年4月21日〜1930年7月13日
能登鉄道	羽咋－三明	1925年3月3日〜1927年6月30日
相模鉄道	茅ヶ崎－橋本	1921年9月28日〜1931年4月29日
三国芦原電鉄	福井口－三国町	1928年12月30日〜1929年1月31日
永平寺鉄道	永平寺門前－金津	1925年9月16日〜1929年12月10日
富士山麓電気鉄道	大月－富士吉田	1929年6月19日
上田温泉電軌	上田－西丸子	1921年6月17日〜1926年8月12日
飯山鉄道	豊野－十日町	1921年10月20日〜1929年9月1日
長野電鉄	屋代－木島 長野－湯田中	1922年6月10日〜1928年6月24日
伊那電気鉄道	辰野－天竜峡	1909年12月28日〜1927年12月26日
富士身延鉄道	富士－甲府	1913年7月20日〜1928年3月30日
渥美電鉄	新豊橋－黒川原	1924年1月22日〜1927年10月1日
田口鉄道	鳳来寺口－三河田口	1929年5月22日〜1932年12月22日
瀬戸電気鉄道	堀川－尾張瀬戸	1921年4月13日
志摩電気鉄道	鳥羽－真珠港	1929年7月23日
江若鉄道	浜大津－近江今津	1921年3月15日〜1931年1月1日
淡路交通	洲本－福良	1922年11月26日〜1925年6月1日
播州鉄道	西脇－鍛冶屋	1921年5月9日〜1924年12月27日
大阪電気軌道	畝傍－吉野	1912年10月25日〜1928年3月25日
一畑電気鉄道	小境灘－北松江、川跡－大社神門	1928年4月5日〜1930年2月2日
片上鉄道	片上－柵原	1923年1月1日〜1931年2月1日
宇部鉄道	助田－小郡 宇部新川－沖ノ山旧鉱	1914年1月9日〜1931年7月21日
琴平電鉄	高松－琴平	1926年12月21日〜1927年4月22日
高知鉄道	後免－安芸	1924年12月8日〜1930年4月1日
口之津鉄道	島原湊－加津佐	1922年4月22日〜1928年3月1日
1931〜1936年（キロ程10km以下も含む）		
片上鉄道	井ノ口－柵原	1931年2月1日
南薩鉄道	加世田－枕崎	1931年3月10日
近江鉄道	米原－彦根	1931年3月15日
丸岡鉄道	丸岡－西長田	1931年6月15日
三岐鉄道	富田－西藤原	1931年7月23日〜1931年12月23日
大井川鉄道	青部（仮）－千頭	1931年12月1日全通
越生鉄道	坂戸町－越生	1932年2月17日〜1934年12月16日
三国芦原鉄道	電車三国－東東尋坊	1932年5月28日
出雲鉄道	出雲今市－出雲須佐	1932年12月12日
田口鉄道	清崎－三河田口	1932年12月22日全通
新潟電鉄	東関屋－燕	1933年4月1日〜1933年8月15日
福武電気鉄道	福井停車場への連絡線	1933年10月15日
箱根登山鉄道	小田原－箱根湯本	1935年10月1日
富山電気鉄道	滑川－西三日市	1935年12月14日〜1936年10月1日

出典：『鉄道同志会史』

図表6　バスとの競争に敗れて廃止された主な鉄道

年度	社名	区分	区間	距離（km）	動力	軌間（mm）
1926年度	富士身延鉄道	軌道	大宮町地内	0.95	馬力	609
	那須軌道	軌道	大田原町地内	0.66	馬力	762
1927年度	赤見鉄道	鉄道	富田－赤見	6.88	蒸気	762
	松本諏訪松外四名	軌道	福地村－中野村	13.52	馬力	609
1928年度	御殿場馬車軌道	軌道	御殿場町地内	2.13	馬力	914
1929年度	角田軌道	軌道	槻木－角田	12.41	蒸気	762
1930年度	広島軌道	軌道	榎町－大貫	17.38	ガソリン	762
	三瀦軌道	軌道	榎津－羽犬塚	11.79	蒸気	914
	笠間稲荷軌道	軌道	笠間駅前－笠間	1.45	ガソリン	609
1931年度	芦屋鉄道	鉄道	遠賀川－西芦屋	6.06	蒸気、ガソリン	762
	東武鉄道	軌道	西原町－鶴田	2.60	人力	609
	中原合同運送	軌道	中原－池田橋	15.80	人力	762
1932年度	東武鉄道	軌道	西原町－徳次郎	10.50	人力、ガソリン	762
			仁良塚－芳原	3.50	人力	609
	村松軌道	軌道	石神－阿漕	4.54	蒸気	762
1933年度	大隅軌道	軌道	大隅駅－貞月	2.33	馬力	914
	登別温泉軌道	軌道	登別駅前－同温泉場	8.71	電気	1,067
	東武鉄道	軌道	材木町－西原町	0.70	ガソリン、人力	609
1934年度	北恵那鉄道	鉄道	新大井－大井ダム	4.20	ガソリン	1,067
	安部鉄道	鉄道	井宮－牛妻	9.43	蒸気	762
1935年度	谷地軌道	軌道	神町－谷地	5.81	蒸気	762
	堀之内軌道	軌道	堀ノ内－池新田	14.81	ガソリン	762
	塩原電車	軌道	西那須野－塩原口	14.58	電気	1,067

出典：『鉄道同志会史』

りでなく、沿線のバス会社の統合が進んでいった。また、鉄道会社同士の合併が増え、地域交通市場の整理、統合の中心企業が明瞭になっていった。省営バスも、鉄道の建設先行路線ばかりでなく、観光地などでの路線の新設が進むと、これによる私鉄の経営への影響も大きかった。それにも増して地域のバス会社が駆逐され、省営バスによる地域交通の独占化が進んだ地域もある。

バスやトラックの普及によって馬車や人車による弱小軌道の淘汰《とうた》が進んだのも、この時期の特徴である。また、明治末から地方の末端交通の中心にあった乗合馬車がほぼ消滅した。

この時期に裁判所から強制管理人の任命を受けた鉄道に、光明《こうみょう》電気鉄道（１９３１年度）、養老《ようろう》電気鉄道（１９３２年度）、武蔵野《むさしの》鉄道（１９３４年度）、白山《はくさん》電気鉄道（１９３４年度）がある。なお、武蔵野鉄道は現在の西武《せいぶ》鉄道池袋《いけぶくろ》線である。

昭和初期の地方交通①　青森県南部地方

十和田《とわだ》観光電鉄のルーツ

十和田観光電鉄（通称・十鉄《とうてつ》）は青《あお》い森《もり》鉄道の三沢《みさわ》と内陸部の十和田市のあいだを走った１５００Ｖ電化、単線のローカル鉄道である。三沢駅の駅舎は正面に鉄筋コンクリート2階建ての建物を増築した木造駅舎で、全体的に老朽化が進んでいた。駅舎のなかは田舎の小駅の雰囲気を醸し出しており、そのなかで営業するそば店は「安くてうまい」ということで評判になっている隠れた名店であった。

三沢駅を発車すると、しばらくのあいだ、古牧《こまき》温泉の施設のなかを進む。1961年にホテル祭魚洞《さいぎょどう》を開設して温泉ボーリングを始めたのが杉本行雄《すぎもとゆきお》である。1971年に見込みどおりに湯脈を当て、古牧温泉と命名した。たんに旧駅名の古間木《ふるまき》を音読みに読み替えたもの。その後、これを源泉に、グランドホテル、第2～4グランドホテルを建設して一大温泉レジャー施設を開発した。この観光施設を経営するために十和田開発株式会社を設立した。

杉本は1957年4月29日から1969年10月2日まで十和田観光電鉄の社長を務めた人物で、大株主であった。社長退任に合わせて持ち株のすべてを国際興業に売却した。もともと明治の財界人・渋沢栄一《しぶさわえいいち》翁の家に書生で入って秘書を務めていた。その縁で古牧温泉には東京の港区三田《みた》から渋沢邸を移築している。

古牧温泉は奥入瀬《おいらせ》渓流ホテルの建設による負債が重荷となって経営が困難となり、2004年11月にゴールドマン・サックスに経営が移って「古牧温泉青森屋《あおもりや》」と名称を変更。2008年4月からは星野《ほしの》リゾート青森屋として営業を続けている。

なお、古間木駅を三沢駅に改名したのは1963年である。「三沢」は現在の三沢市の中心部の地名で、町村合併で大三沢《おおみさわ》町となり、1958年に市制を施行して三沢市となった。

奥州街道と鉄道

1891年9月に日本鉄道は盛岡－青森間を開業して上野－青森間の全線を完成した。その際、尻内《しりうち》（現・八戸）から野辺地《のへじ》までは海岸沿いにルートをとることになった。

近世の要路、日本橋《にほんばし》－白川《しらかわ》（白河）間の奥州《おうしゅう》街道につながる松前道《まつまえどう》は、三戸《さんのへ》から五戸《ごのへ》、三本木《さんぼんぎ》（十和田市）、七戸《しちのへ》を経て野辺地に向かった。八甲田《はっこうだ》山系の麓を最短距離で結んでいたが、鉄道が通ると宿場がさびれるとして鉄道建設に反対した結果、日本鉄道は海岸沿いの人口の希薄な地域を通ることになったと伝えられている。

日本鉄道の青森延伸時には尻内と野辺地のあいだには沼崎《ぬまさき》（現・上北町《かみきたちょう》）の1駅しか置かなかった。集落から離れた森林地帯を進むこの区間では駅を設置する必要がなかったのである。

しかし、国内の物流が鉄道や内航海運に移行するにしたがって旧街道筋は急速に廃れていった。鉄道が通らない地域は物資の輸送のために鉄道駅までの交通路の開発に腐心することになった。

そのような状況のなかで、１８９４年４月に尻内－沼崎間に古間木駅を新設した。現在の三沢駅である。

続いて旧街道上にあった五戸、三本木、七戸では東北本線につながる鉄道の建設を請願し、１９２２年に改正鉄道敷設法の予定線として三戸－千曳《ちびき》間を盛り込むことにつながった。しかし、国はこの路線の建設に着手することはなかった。すでに東北本線が至近距離に走っているため、その並行路線は建設優先度が低かった。そこで、地元の有志が中心になって各地で鉄道の敷設計画を立ち上げた。

十和田鉄道の開業

その先鞭をつけたのが三本木の有志たちによる軌道敷設計画であった。遠藤忠次右衛門ほか９名が発起人となって、軌道法によって三本木町－六戸《ろくのへ》村（現・三沢市）古間木間の路線の敷設を申請。１９１３年８月22日に特許の交付を得た。そして、翌年６月26日に資本金10万円で十和田軌道株式会社を設立した。１９１７年８月６日に工事施行認可を得たものの、地元と外部（会津《あいづ》）の出資者のあいだの内紛によって工事に着手できないままにいた。最終的に地元側が主導権をとることになるが、県道上に敷設する軌道では地域の交通を担うのに貧弱すぎるとして、あらためて地方鉄道法によって路線敷設免許を申請し、１９２０年９月27日にこれが認められて免許が交付された。

一時、集落が多い三本木－下田《しもだ》間にルートを変更する意見が出されるが、最終的に軌道特許と同じ三本木－古間木間に落ち着いた。そして、１９２０年10月30日に十和田鉄道に社名を変更し、資本金を20万円増資して30万円とした。

終点となる三本木一帯は中世には水の便の悪い荒廃した台地が広がっていた。そこで、安政《あんせい》２（１８５５）年に戦前の国際政治家として有名な新渡戸《にとべ》稲造《いなぞう》の先祖にあたる新渡戸伝《つとう》らが奥入瀬川から水路を引き込んで水田開発を行った。このときに開発した水路が現在の稲生川《いなおいがわ》で、十和田観光電鉄の線路に沿って流れ、最終的には、おいらせ町で太平洋に注いでいる。

１８７３年に奥州街道が設定され、これが現在の国道

4号線の原型である。東北北部の幹線道路として高速道路が完成した現在も重要性が高い幹線道路である。その沿線に位置する三本木原《さんぼんぎはら》は明治期に軍馬の生産地として重要性を増し、三本木には陸軍の軍馬局出張所が置かれた。現在の十和田市である三本木町の中心部には碁盤目状の街路を持つ近代的な都市が建設された。

十和田鉄道は1921年5月27日に工事施行認可を得て工事に着手。1922年9月4日に古間木－三本木間14・9㎞を完成して開業式を執り行った。そして、その翌日から営業運転を開始した。駅は三本木、高清水《たかしず》、七《しち》百《ひゃく》、古間木の4駅である。

軌間は762㎜、蒸気機関車2両、客車3両、貨車12両を用意し、混合列車が1日4往復した。全線の所要時間は50分で、運賃は47銭であった。1924年には客車を3両、1926年には蒸気機関車を1両増備して輸送力の拡充に努めた。ただし、この時点では途中に交換駅はなかった。

続いて1925年9月1日に三本木駅から奥入瀬川の上流の法奥沢村《ほうおくさわ》（現・十和田市）までの路線延長申請を行い、翌年5月31日に免許を取得したが、この計画は実現しなかった。

1926年には路線バスの運行を開始したが、路線区間は不明。三本木から先、十和田湖方面の観光路線ではないかと想像する。当時は十和田湖が新日本百景に選ばれて観光客が増えつつあったが、青森からのルートが未開発であったため、三本木から奥入瀬、十和田湖、秋田鉄道・毛馬内《けまない》（花輪《はなわ》線・十和田南）が十和田観光のメインルートであった。

南部鉄道と南部縦貫鉄道

三本木と同じ奥州街道沿いの町・五戸町でも東北本線への連絡鉄道の計画が立ち上がった。

すなわち、1923年1月19日に沿線の有志10人が発起人となって尻内－五戸町間の鉄道敷設免許を申請した。これは1925年4月27日に免許となり、その翌年の2月21日に資本金50万円で五戸電気鉄道を設立した。当初は直流600Vの電気鉄道として計画したが、建設費を節約するために内燃動力への動力変更認可申請を提出し、1929年7月に認められた。

1929年8月23日に東北本線の尻内駅を起点に上七《かみなら》崎《さき》仮駅までを開業し、同年10月10日に志戸岸《しとぎし》、翌年4月1日に五戸まで延伸した。

すでに昭和恐慌の時代にさしかかっており、さらに、翌年には東北地方一帯で飢饉が起こっている。1932

年に青年将校が首相官邸に押し入って犬養毅総理を暗殺した五・一五事件の遠因のひとつとなった。東北地方は経済的に疲弊していた。経済開発のために鉄道が必要であったが、電気動力を採用するには資金が不足していたということである。

五戸電気鉄道は続いて１９２９年1月に三戸－千曳間の鉄道敷設を申請した。ほぼ奥州街道の経路に沿った南部地域を南北に結ぶ鉄道である。これは東陸奥鉄道との競願となったため、同年3月に却下。5月24日にはあらためて五戸町－毛馬内までの路線を免許申請した。こちらも秋田鉄道、十和田湖遊覧鉄道との競願となり、１９３１年10月19日に秋田鉄道に免許を交付して五戸電気鉄道の申請は却下された。

秋田鉄道は現在の花輪線を建設した私鉄で、毛馬内は花輪線の現在の十和田南駅（当初は末広《すえひろ》駅）である。毛馬内から十和田湖畔までの鉄道敷設を計画したが、結局、実現しなかった。

五戸電気鉄道は続いて１９２９年10月25日に尻内－八戸西口間を出願したが、これも八戸水力電気がすでに特許を取得していて、１９３１年6月19日に却下となる。尻内は現在の八戸駅で、八戸の市街地から離れているために駅と町の中心部を結ぶ鉄道を計画したもの。

五戸電気鉄道はその後、１９３６年に五戸鉄道、１９４５年には南部鉄道に2度社名を変更した。その南部鉄道は戦後になってからも積極的に路線延伸を目指した。

１９４５年11月4日に五戸－千曳間の鉄道敷設免許を申請したが、１９４９年3月31日に千曳－三本木間を、１９５７年3月25日には五戸－三本木間を取り下げ、宿願の南部地方を縦貫する鉄道敷設の野望は潰《つい》えた。

南部鉄道の計画がなくなった一方で、１９５２年に七戸町の側で千曳－三本木間の鉄道敷設計画が立ち上がった。同年に南部縦貫鉄道期成同盟会を結成し、翌年には元運輸大臣の苫米地義三《とまべちぎぞう》を代表として南部縦貫鉄道株式会社発起人会を組織した。そして、同年2月5日に千曳－三本木間の鉄道敷設免許を申請した。これに対し、運輸大臣は１９５３年8月31日付免許状を交付した。その後、資金難から工事は大きく遅れることになったが、国からの建設補助金と政府系金融機関からの融資を受けることで、１９６２年10月20日に千曳－七戸間を開業した。南部鉄道の計画は南部縦貫鉄道計画の立ち上がりに関連して消えていった。

南部鉄道は、そのほか１９４８年1月28日に尻内－八戸中央－種差《たねさし》間の免許を申請した。最終的に免許を取得することになるが、八戸中央－種差間は１９５５年に建設中止を決定し、１９５９年に起業廃止届を提出。尻内－八戸中央間も実現しなかった。なお、この計画路線は全線が国鉄八戸線との並行路線である。

南部鉄道は１９６８年５月の十勝沖地震で被害を受け、復旧せずに翌年４月１日に正式に廃止した。現在は南部バスと社名を変えて存続している。

一方、南部縦貫鉄道は十勝沖地震で被害を受けたものの、復旧したうえで、東北本線のつけ替えで不要になった線路を借用し、１９６８年８月５日より野辺地－七戸間での運行を再開した。

その後、路線バスに比べて利便性で見劣りがするために旅客が減少。１９９７年５月６日から運行を休止していたが、２００２年８月１日に正式に廃止となった。

南部縦貫鉄道（1997年）＊

十和田鉄道の経営

十和田鉄道は三本木駅が町の中心から離れていたため、路線バスが開業すると、旅客数が伸び悩むことになった。そこで、１９３０年４月１日から１９４５年３月31日までのあいだ、三本木－古間木間の運賃を47銭から42銭に引き下げた。

また、バスに対抗して利便性を高めるため、１９３０年にガソリンカー２両（キハ１、１０２）を導入するとともに、七百駅に交換設備を新設した。その後、１９３５年にキハ１０３を増備した。

ガソリンカーを導入したのにともない、１９３２年10月18日に渋沢農場前、柳沢《やなぎさわ》の２駅、１９３４年10月31日に古里《ふるさと》駅を新設した。開業時に設置された４駅間それぞれに１駅ずつ増設したことになる。渋沢農場前は１８９０年に渋沢財団が設置した渋沢農場にちなんで駅名がつけられた。戦後は農地改革によって入植者に解放され、さらに、１９７２年には住宅地の開発にともなって、ひがし野《の》団地駅に名称を変更した。

その後、１９３８年２月には古間木駅の隣に大曲《おおまがり》駅を新設した。古間木駅と柳沢駅の駅間が５・１㎞と長いため、需要喚起のために新設したものと思われるが、駅の周辺に若干の集落がある以外は何もないところである。

戦後、1962年にフジ精糖青森工場が操業を開始したが、5年後に閉鎖。跡地は鉄鋼会社（東京製鋼）が購入して「六戸フラワーガーデン」を開園したが、2005年に閉鎖している。むつ小川原《おがわら》開発に期待して用地を取得したものの、活用できずに行楽施設として整備したものだ。

戦前はガソリンの消費規正によってガソリン動車の運行を停止し、エンジンを撤去して客車として使用した。蒸気機関車も燃料事情が厳しいのは同じで、岩手県九戸《くのへ》郡晴山《はれやま》村（現・軽米《かるまい》町）の亜炭鉱山を取得して燃料を確保した。

昭和初期の地方交通② 富山県

富山地方鉄道の最も古い路線は滑川《なめりかわ》－上市《かみいち》（現在の上市駅とは別）間である。1913年6月に立山《たてやま》軽便鉄道が762㎜の蒸気鉄道を開業させた。この鉄道はさらに路線を南下させ、1921年には現在の岩峅寺《いわくらじ》近くの立山駅に到達した。

続いて1914年には富山軽便鉄道が富山－笹津《ささづ》間を開業させるが、この路線のうち富山－稲荷町《いなりまち》間は現在、本線に吸収され、また、稲荷町－南富山間は不二越《ふじこし》線に引き継がれている。

さらに、富山軽便鉄道の南富山（当時・堀川新《ほりかわしん》）で分岐して立山に向かう鉄道が富山県営鉄道によって建設された。路線は1921年10月に岩峅寺に達し、1937年には千垣《ちがき》まで開業した。

富山地方鉄道の直接の起源は1930年2月に設立された富山電気鉄道とされている。富山電気鉄道は、まず1931年8月に富山田地方《とやまでんじがた》－上市口（現・上市）間と、途中の寺田《てらだ》で分岐して五百石《ごひゃくこく》に至る1067㎜の電気鉄道を開業させた。そして、間もなく富山田地方から電鉄富山までの1㎞に満たない区間を開業させ、国鉄の駅前の現在地への乗り入れを果たした。一方で、立山鉄道（元・立山軽便鉄道）を合併して電化、改軌のうえ、滑川までの直通運転を開始した。五百石では上市－立山間の路線に短縮された762㎜路線に乗り換えて接続したが、このうち五百石－立山間が1936年に電化、改軌され、さらに富山県営鉄道の岩峅寺に乗り入れた。その際、残りの上市－五百石間は廃止された。

黒部《くろべ》峡谷へのアプローチを形成する宇奈月《うなづき》への路線は電源開発の資材輸送を意図した日本電力の傍系会社・黒部鉄道が開発した路線である。三日市《みっかいち》（現・黒部）－下立《おりたて》間を1922年に開業し、翌年には桃原《ももはら》まで延長した。

図表7　全盛期の富山地方鉄道の路線

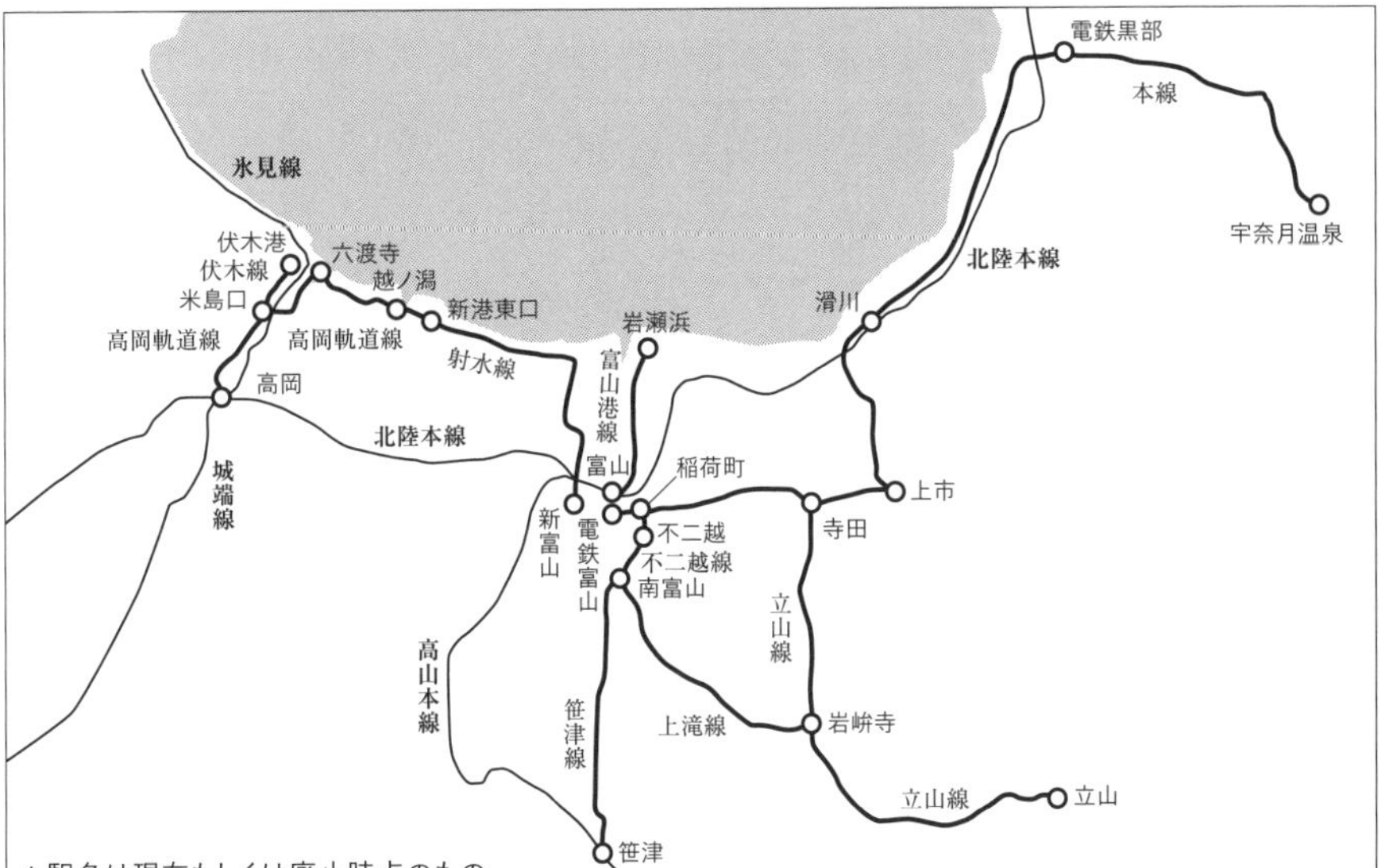

＊駅名は現在もしくは廃止時点のもの
＊富山港線は国鉄、JRに所属した時期がある
出典：各種資料より編集部作成

現在の宇奈月温泉駅である。建設資材は桃原で黒部川に沿って建設された専用鉄道に継送された。また、黒部鉄道は黒薙《くろなぎ》温泉の源泉を買収。この温泉をパイプラインで輸送することで、現在の宇奈月温泉の基礎をつくった。さらに、1942年には富山県から千垣－粟巣野《あわすの》間の譲渡を受けたほか、のちの射水《いみず》線である越中《えっちゅう》電気軌道を傘下に収めていた。

富山電気鉄道は滑川までの路線をさらに西に延ばして西三日市（現・電鉄黒部）で黒部鉄道との接続を目指した。この区間は国鉄の北陸本線との並行路線であることから免許の取得に難航したが、結局、直接は国鉄と競合しない滑川－電鉄魚津《うおづ》間を1933年に免許し、あらためて翌年に電鉄魚津－西三日市間の免許を交付することで、なし崩し的に国鉄の並行路線を認めることになった。1936年に西三日市までの路線延長が完成して黒部鉄道と接続したが、富山電気鉄道が1500Vであるのに対して黒部鉄道は600Vであるため、すぐには直通運転を始められなかった。

富山電気鉄道は信達軌道（現・福島交通）の再建で力量を発揮した佐伯宗義《さえきむねよし》を迎え入れ、1930年に専務取締役、1938年に社長に就任した。富山電気鉄道のもとで富山市一帯の交通網の整備、立山連峰の観光開発を目標として事業拡大を進めていた。１９３７年3月には富山県内のバス会社を統合した富山電鉄自動車が電鉄の株式の85％を取得して支配株を持つことになるが、富山電鉄自動車の経営を支配する佐伯がグループ全体を資本面で手中に収めたことになる。

戦前期の１９３９年に陸上交通事業調整法が制定された。この法律にもとづいて、１９４２年に富山地方の交通事業者の統合が決定。富山電気鉄道が統合主体として指定された。１９４３年1月に富山地方鉄道に名称を変更して県内の鉄道会社から事業譲渡を受け、あるいは合併した。さらに、１９４５年までにバス会社を統合した。

富山市内軌道線は１９１３年の1府8県連合共進会の開催に合わせて富山電気軌道が敷設したもので、１９１6年までに富山駅前－丸《まる》の内《うち》－西町《にしちょう》間、旅籠町《はたごまち》－大学前間、富山駅前－堀川新間を開業させた。１９２０年に富山市に譲渡され、さらに、１９４２年12月に富山電気鉄道の手に移った。

射水線のルーツ・越中電気軌道

射水線は１９２４年10月に越中電気軌道によって富山北口《きたぐち》－四方《よかた》間を開業させ、続いて１９２７年7月に富山北口から国鉄線を越え、市内線の聯隊橋《れんたいばし》まで路線を延伸した。聯隊橋はのちの新富山、現在のトヨタモビリティ富山Gスクエア五福前《ごふくまえ》（五福末広町《すえひろちょう》）で、市内線が走る国道41号線に面して駅舎があって、ホームはその北側に国道に対して直角になるように位置していた。

当初は軌道として建設されたが、１９２８年に鉄道に変更。高岡《たかおか》に向けて路線の延伸が進められることになる。１９３３年12月には新湊《しんみなと》まで達したところで、路線の延伸はいったん中断することになった。それは高岡から新湊まで国鉄新湊線が運行していたからである。現在の万《まん》葉線《ようせん》は越《こし》ノ潟《かた》から六渡寺《ろくどうじ》まで鉄道事業法が適用されているが、当時、国鉄の線路は新湊貨物駅からさらに六渡寺まで延びていて、そこに新湊駅があったからである。

国鉄新湊線が建設された経緯は、現在の城端《じょうはな》線と氷見《ひみ》線を建設した中越《ちゅうえつ》鉄道が１９１８年に氷見線の能町《のうまち》で分岐して新湊までの鉄道を完成させた。その後、１９２０年にこの中越鉄道が国有化されたため、新湊までの鉄道が国鉄に編入されることになったのである。

しかし、この新湊駅は新湊の中心部からは庄川《しょうがわ》を渡った西側に位置していた。

そこで、新湊の中心部では高岡とのあいだを直接結ぶ鉄道を求める動きが活発化した。越中鉄道（元・越中電気軌道）は地元の要望に押されるかたちで、１９２８年に新湊－高岡間の地方鉄道敷設免許を出願し、翌年にこれが認められることになるが、この区間が国鉄との完全な並行線となるために国鉄との調整に難航し、工事の着手が遅れた。しかし、この路線の建設は戦時色が強まる時代のなかで事業に着手することはできなかった。

そのころ、国は陸上交通事業調整法を作成して1939年に成立させた。そして、1942年に富山県内については、この法律が適用されることが決定。同法にもとづき、富山電気鉄道が交通事業者の統合主体に指定され、県内の鉄軌道各社を大統合したうえで富山地方鉄道と社名を変更した。そのなかに射水線を経営していた越中鉄道も含まれていた。その後、終戦時までにバス事業についても県内の統合を達成した。

笹津線のルーツ・富山軽便鉄道

笹津線は1913年12月に富山軽便鉄道（蒸気動力）が開業したが、そのときの起点は富山駅であった。現在、富山地方鉄道の富山－稲荷町間は複線となっているが、その1線はこの富山軽便鉄道が建設した線路である。また、稲荷町から南富山までが不二越線で、南富山から岩峅寺までを上滝《かみだき》線と呼ぶのは、富山軽便鉄道の線路が不二越線の大泉《おおいずみ》駅側から南富山（富山軽便鉄道の駅名は堀川新）駅を越えてそのまま笹津方向に直進していた名残である。のちに富山県が南富山から上滝方向に支線を建設したため、出自は別々の路線であった。

現在では富山と笹津のあいだには国鉄の高山《たかやま》本線が走っているが、富山軽便鉄道が笹津まで開業したときにはまだ建設も始まっていなかった。高山本線の前身である飛越《ひえつ》線は、1927年に富山－越中八尾《やつお》、1929年10月に越中八尾－笹津間と路線を延ばしていった。笹津にはいくつかの大きな工場が立地していて、内陸型の工業地域を形成していた。また、神岡《かみおか》鉱山や高山に向かう要衝の地にあり、富山と結ぶ鉄道の整備の必要性が高かった。しかし、2本の鉄道を必要とするほどの需要はなかった。富山軽便鉄道が名を変えた富山鉄道で富山駅まで貨物を運ぶより、笹津で国鉄の線路を使うほうが便利であった。結局、需要が国鉄に流れた結果、富山鉄道は1933年4月に南富山（堀川新）と笹津のあいだを廃止してしまった。同時に、残る富山－堀川新間も富山電気鉄道傘下の富南《ふなん》鉄道に譲渡され、実質的に富山電気鉄道の支線として富山－堀川新間で折り返し運転を行った。さらに、1941年12月には富山電気鉄道に譲渡されるが、富山電気鉄道が陸運統合主体に指定されて富山地方鉄道に名称を変更した。

戦前に笹津線が廃止されて以後も地元では復活を要望し続けた。そして、１９４０年に富山市長をはじめとして沿線の町村長が連署で鉄道復活の請願書を提出した。富南鉄道でも笹津線の線路跡地を確保してあった。笹津線を運行していたのは富山鉄道であり、富山鉄道が富南鉄道に譲渡したのと同時に笹津線の営業を廃止していたため、富南鉄道にとっては、本来は必要がない土地であった。

地元の要望を受け入れ、富南鉄道は１９４０年８月９日に南富山－笹津間の鉄道敷設免許と富山－南富山間（現・不二越線）の電化を申請した。その理由は鉄道を廃止して以降、省営バスが運行していたが、それでは輸送力が不足していること、笹津線が高山本線に比べて短絡ルートであること、富山－南富山間を電化することで市内の鉄道網を拡充することなどであった。

ただし、終戦前に免許が交付されることはなかった。

そのうち、申請者の富南鉄道は陸運統制のなかで親会社の富山電気鉄道に合併し、さらに富山地方鉄道に統合された（富山電気鉄道が統合主体）。

富山軌道線のルーツ・富山電気軌道

富山軌道線は１９１３年に開催された１府８県連合共進会に合わせて富山電気軌道が敷設したもので、富山駅前－丸の内－西町間、旅籠町－大学前間、富山駅前－堀川新間を順次開業させたが、笹津線の起点であった堀川新と富山駅のあいだが営業を開始したのは１９１５年３月であった。１９２０年には軌道線のすべてが富山市に譲渡され、それ以降「市電」と呼びならわされている。

１９３３年までのあいだ、堀川新（南富山）は、富山－笹津間の富山鉄道と、富山－堀川新間の軌道線、南富山－岩峅寺方面の富山県営鉄道が集中する結節点となっていた。

富山ライトレールのルーツ・富岩鉄道

現在のポートラム・富山港《とやまこう》線の起源は富岩《ふがん》鉄道である。富山市の外港である東岩瀬《ひがしいわせ》から市内へは神通川《じんずうがわ》の船便に頼っていたが、明治末の神通川の改修で流路が変えられ、もとの河川は水量が減って船の航行ができなくなった。そこで、東岩瀬の住民によって富岩鉄道が計画された。その後、いったん消えかけたが、東岩瀬港の修築と神通川の旧河道の再利用の計画が始まり、１９２０年３月に富岩鉄道計画が再開された。当初、富山電気軌道の桜町《さくらまち》（現・地鉄ビル前）を起点に東田地方《ひがしでんじがた》を経て東岩瀬に至る路線であったが、国鉄との交差と、市街地内の工事が難しいとして富山駅北側に変更。1921年11月22日に富山市牛島《うしじま》－東岩瀬町間の免許を申請した。翌年9月2日に免許を取得し、1923年3月5日に創立総会が開かれた。

1924年7月23日に富山口《とやまぐち》－岩瀬《いわせ》浜《はま》間7・2㎞に600Vの電気鉄道を開業した。

富山駅付近は富山駅への高山本線の乗り入れ方法について具体的に決まっていなかったため、調整のための日時が必要となり、富山－富山口間の開業は1927年12月15日となった。ただし、このとき営業を始めたのは貨物だけで、旅客については、さらに1928年7月11日まで遅れた。

岩瀬浜への海水浴客は1925年7月12日に西町－富山口間で季節運行を開始した路線バスでの乗り継ぎとなったが、翌年の8月には市営バスの運行開始で市内営業から排除されて休止。代わりに富山口－岩瀬浜間の鉄道並行線が開設された。

沿線には、日本曹達《にっぽんソーダ》、東洋《とうよう》曹達（現・東《とう》ソー）、日満アルミ、富山化学、帝国繊維などの工場が操業し、富岩工業地帯を形成していた。その貨物輸送のため、1931年4月11日に西宮《にしみや》－岩瀬港埠頭《ふとう》間1・0㎞に敷設免許を取得し、1936年12月27日に開業した。続いて富山市は富山駅－富山日曹工場間2・1㎞に貨物線を建設したが、工事費は富山県、富山市、富岩鉄道の3者等分で負担し、1938年8月24日に開業してからは業務を富岩鉄道に委託した。

この間、1937年12月に富岩鉄道の創業者の加藤家が所有する株式が富山電気鉄道に譲渡され、同月12日に佐伯宗義が社長に就任した。そして、1941年12月1日に富山地方鉄道に吸収合併となった。

昭和初期の地方交通③　大分県北部

大分交通のルーツ

現在、大分交通には鉄軌道は存在しないが、その起源は1896年8月5日に設立された豊州《ほうしゅう》電気鉄道であり、戦争末期の1945年4月20日に県内の多数の鉄道が統合し、現在の大分交通が設立された。

豊州電気鉄道は1889年に熊本出身の警官・平塚恰と愛媛出身の起業家・菊池行造が別府《べっぷ》－大分間の軌道敷設を計画したもの。1894年11月に別府町字南町《みなみまち》－大分町堀川《ほりかわ》間の軌道敷設の特許を取得した。一時は日清《にっしん》戦争で事業が停滞したものの、戦後は景気に後押しされ、1896年8月5日に会社設立となった。

図表8　全盛期の大分交通の路線

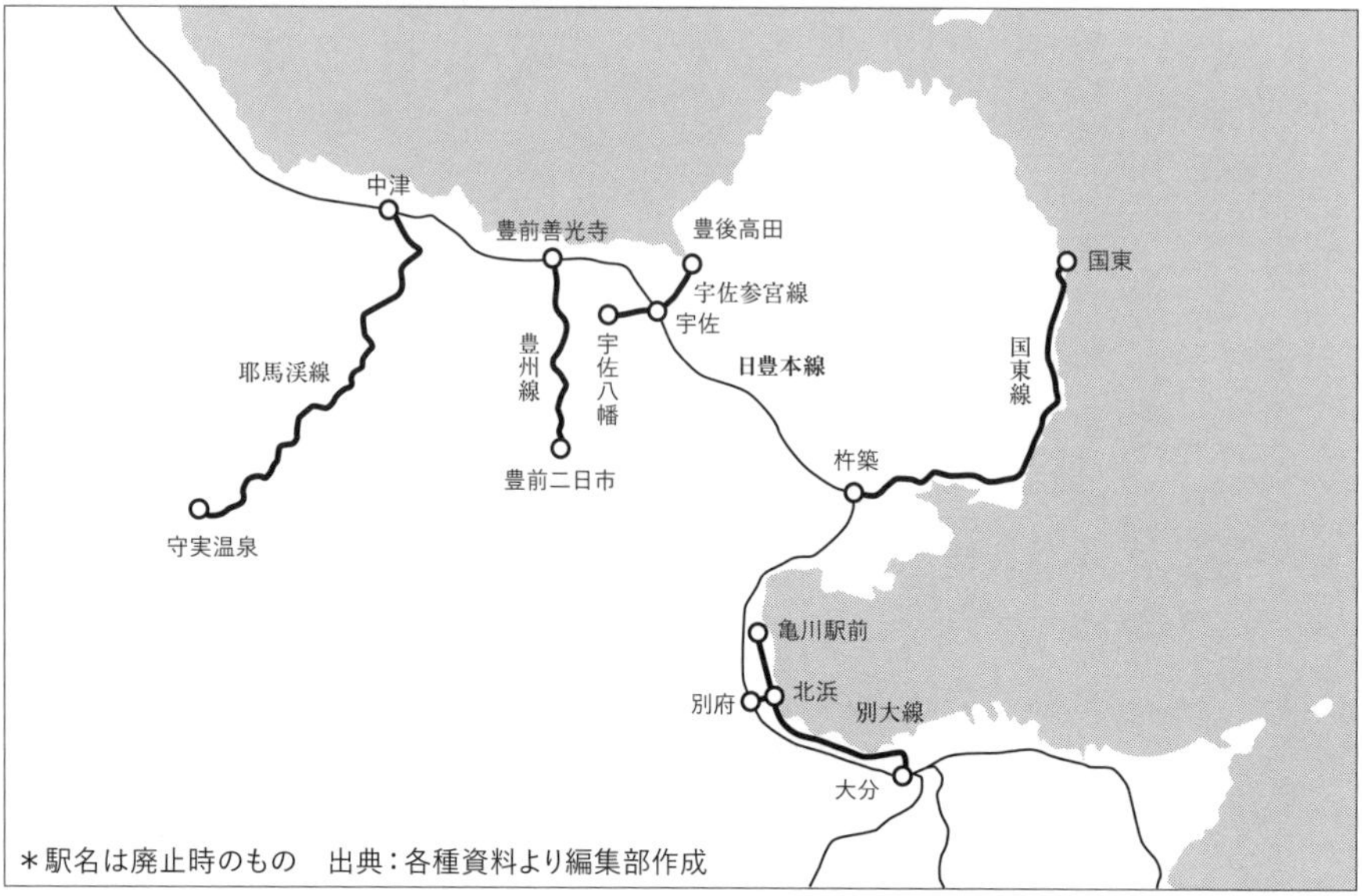

＊駅名は廃止時のもの　出典：各種資料より編集部作成

1897年4月に工事施行認可を得るものの、資金難から工事が遅れることになるが、このとき才賀商会の協力を得て1900年5月10日に別府－大分間で電動車4両と付随車2両を調達して営業を開始した。しかし、運賃が乗合馬車より高額であるうえに速度が遅く、激しい競争関係に置かれた。乗合馬車には通称「馬車常」と呼ばれる草相撲で横綱を張った血気さかんな植木常五郎がおり、1900年6月14日に馬車と電車の一騎打ちの試合が繰り広げられ、ゴールには馬車が早く到着したが乗客をひとり振り落としていたため、判定は痛み分けとなった。

豊州電気鉄道は一貫して経営が厳しく、1904年9月に発電機を増設して別府町と浜脇《はまわき》で電灯事業を開始したが、抜本的な経営改善策とはならなかった。

1906年1月4日に豊後《ぶんご》電気鉄道を創立し、豊州電気鉄道の事業のいっさいを買収した。

社長には菊池と同郷の佐々木《ささき》長治《ちょうじ》が就任し、積極経営を展開。当時はめずらしい大卒者を採用し、電車の構造などの説明会を実施し、電車に対する偏見の解消を目指した。また、電動車3両、電動貨車1両を新造してスピードアップを行った。

その後、日露戦争後の好景気で石炭需要が増大して価格が高騰。水力電力への切り替えを目的に大分で水力発電の事業化を目指し、1907年5月30日に設立された大分水電を買収して合併した。合併条件は対等で、社名は豊後電気鉄道が残った。大分紡績社長の長野善五郎《ながのぜんごろう》が社長に就任し、佐々木は非常勤の取締役となったが、会社経営には隠然たる影響力を持っていた。発電と電灯事業が本業となり、配電地域の拡大を進めていった。

軌道事業では1911年11月に国鉄日豊本線が開通したのに合わせて南新地－外堀間の特許を申請。1914年10月に特許となったが、大分水電時代には実現しなかった。

当時、電灯事業はまだ勃興期で、急速に市場が拡大していった。事業の将来性も明るく、各地に新しい会社が設立され、市場の競争化が進んでいった。過当競争のなかで企業の統合も進み、大分では大分水力電気に集約化していった。さらに、この大分水力発電は1915年9月に九州水力発電の傘下に入り、続いて、同年11月29日に豊後電気鉄道を含む3社（大分水力電気、九州水力電気）の合併が進められ、12月25日に3社は臨時株主総会で合併を決議した。

豊後電気鉄道の軌道線は1916年4月1日から九州水力電気が経営することになった。

九州水力電気は南新町《みなみしんまち》－外堀《そとぼり》間の工事に着手し、1917年7月に開業。8月には外堀－大分駅前間を延伸した。1921年には大分市の新川《しんかわ》海岸で九州沖縄各県連合共進会が開かれることが決まったため、警察署前から新川を経由して「かんたん（菡萏）」まで単線の線路を建設し、警察署－外堀間を複線化した。警察署－新川間は1921年4月1日に開業した。翌年3月7日には新川－かんたん間、警察署前－外堀間の複線化を完成した。

別府側でも浜脇－南町間に敷設された道路が浴客で混雑するようになったため、ひとつ海側に移設した。続いて大阪商船の大阪－鹿児島航路が別府に寄港することになったため、南町の終点から桟橋までを延伸し、1922年11月25日に開業した。新線開業に合わせて1920年には日本車両で電車15両を新造した。

第1次世界大戦後も電力業界は好調であったが、一方で電気鉄道が投資先として注目されていた。大阪に本社を置く中央別府温泉土地が別府－大分間の電車に注目し、電力業からの分離独立を画策して阪神《はんしん》急行（現・阪急電鉄）の小林一三《こばやしいちぞう》に相談した。以後、小林一三を中心に別大《べつだい》電車の発電、電灯会社からの分離独立が進められ、阪急の本社内に別府大分電鉄株式会社創立事務所を置いた。1927年6月30日に路線の譲渡が実施され、翌日

豊州電気鉄道(別府町内、大正半ば)

7月1日より別府大分電鉄の経営となった。社長には清水栄次郎が就任し、新たに設けられた支配人として阪急から久保田義太郎が派遣された。

新会社のもとで、まず車庫を堀川から新川に移設。これによって警察署前から堀川車庫への引き込み線を廃止した。続いて懸案の亀川《かめがわ》線の延伸に取り組むことになり、路線延長の申請は大正の末にすでに手続きを済ませていたが、処理が遅れていた。折から1928年4月から別府で中外産業博覧会が開催されることになったため、許可の促進を要望。この効果があって、1928年2月21日に許可が下りたことで工事に着手し、別府桟橋－境川《さかいがわ》間を1929年5月1日、境川－亀川間を翌年12月1日に開業した。

また、1929年5月1日に亀川線の延伸に合わせて北浜－別府間を開業するとともに、警察署前－かんたん間、東別府－別府桟橋間の複線化を完了した。

大正から昭和に変わるころ、全国的に路線バスの新設が相次いだ。都会では大型の専用の車体が用いられたが、地方では乗用車そのものか、定員を増やすために座席を増やしたものが使われた。別府では1920年4月に泉《せん》都《と》自動車、大分では同年5月14日に高野貞蔵が個人経営するバスが開業した。手軽に開設できるため、多くの個人や会社が参入し、市場は混乱した。結果的に既存の鉄軌道が経営する優良路線に零細なバス会社が参入し、既存企業を排除していった。

過当競争に疲弊した昭和自動車、下司《げし》自動車、林田自動車、丸善自動車は1933年に合併して別杵《べっき》自動車を設立し、別府大分電鉄はバス事業を譲渡した。

その後、ガソリン規制などを受けて自動車の運行が抑制されるようになり、路線休止と木炭などを燃料とする代燃化を進めた。

さらに、1942年には戦時陸運非常措置要綱が発せられ、大分県でも県北と県南に分けて事業統合が進められた。県北各社は別府大分電鉄が統合主体となり、県南は大分バスを中心に統合された。各社の事業の譲渡申請が許可されたのは1945年1月24日であった。その後、4月に統合を実施した。

大分交通に統合されたのは、国東《くにさき》鉄道、宇佐参宮《うささんぐう》鉄道、豊州鉄道、耶馬渓《やばけい》鉄道、宇佐参宮自動車である。

国東鉄道

１９１１年3月に日豊本線の杵築《きつき》駅が開業したのにともない、国東半島では杵築－富来《とみく》間の鉄道と富来－徳山《とくやま》間の海上輸送を計画した。１９１３年10月に免許が交付され、翌年3月30日に創立総会を開いた。１９１６年10月には手続きも整い、着工式を開催したが、折から第１次世界大戦中であり、日本は戦場にならなかったものの、アメリカからイギリスへの軍需物資を運ぶ船舶を建造し、日本の船団も駆り出された。戦争にともなう生産で人手がとられ、建設資材の価格も高騰した。会社は債権者から厳しく取り立てられ、建設材料を売却して銀行への支払いに充てるという惨状であった。１９２２年2月の株主総会で、現金を確保するために資本金80万円を26万4０００円に減資したうえで73万6０００円を増資して1００万円とすることを決議した。最終的に同年7月7日に杵築－杵築町間5・1㎞を開業。12月24日には杵築町－守江《もりえ》間を延長した。開業時に用意した車両は機関車3両と客車5両、貨車6両である。

その後も路線を延伸し、１９２３年10月に守江－奈多《なだ》－八幡《はちまん》間5・5㎞、１９２５年12月には奈多八幡－安岐《あき》間3・2㎞を開業。経営も安定し、年6分の配当も可能となった。

１９２６年2月には路線バスも開始。昭和恐慌のなかで業績回復の期待で、１９３１年に3両のガソリン動車を導入。所要時間の短縮と増発による利便性の改善を行って需要の増加を図った。また、１９３３年7月に安岐－武蔵《むさし》間5・2㎞、１９３５年11月に武蔵－国東間7㎞を開業し、計画路線のすべてを完成した。

一方で日華《にっか》事変による戦闘の激化によって欧米からの経済制裁を受け、とくに石油製品やゴムの調達が難しくなっていく。そのため、１９３８年1月にはガソリン動車の本数を16往復から13往復に減少し、7月にはさらに11往復とした。１９４２年11月には蒸気機関車による混合列車を6往復と木炭の代燃車による3往復の運転となった。路線バスについては１９４１年4月に運送命令として廃止指令書を受けとり、全面的に運行を停止した。

そして、１９４４年11月30日の臨時株主総会で合併契約が承認され、翌年4月に県北各社が別府大分鉄道に統合するかたちで大分交通杵築支社となった。

宇佐参宮鉄道

宇佐神宮がある宇佐町と国東半島の入り口にあたる西国東郡高田町《たかだ》（現・豊後高田市）までの鉄道が、地元有志29人によって計画され、1911年11月15日に軽便鉄道法によって敷設免許を申請した。翌年5月1日に免許が下りたが、資金の調達に難航し、会社を設立することができなかった。3回にわたって工事施行認可の申請期限を延期し、ようやく1914年3月25日に創立総会を開くことができた。社名は宇佐参宮鉄道。資本金15万円である。

1914年3月20日に工事施行認可申請書を提出。12月6日に認可を得て、翌年3月20日から2工区に分けて工事に着手した。車両は大日本軌道に小型の蒸気機関車3両を発注。客車は2・3等合造車2両と3等車3両、有蓋貨車2両である。

1916年3月1日に宇佐《うさ》八幡《はちまん》－豊後高田間を開業し、盛大に開業式が開催された。

続いて1924年4月に豊後高田－真玉《またま》間の延伸を申請し、免許状が交付されたが、豊後高田が途中駅となって町がさびれるとか、桂川《かつらがわ》の鉄橋に巨額の資金が必要となるなど問題が山積し、ついに1928年6月に免許状を返納してしまった。

これとは別に宇佐八幡から拝田《はいた》までの延伸計画があり、1926年5月に延長を申請。1928年6月の臨時株主総会で増資を決議して用地買収にもとりかかったところで、拝田駅で接続する豊州鉄道との共同使用契約の締結に至らず、結局、路線延長は中止された。1930年にはガソリン動車3両を導入し、また、1931年4月に制定された自動車交通事業法にもとづいて豊後高田に乗り入れる路線バス8事業者の事業を買収し、9月10日から本格的に営業を開始した。

1941年11月に陸運統制令が発布されて全国的にバス事業の統合が進むことになるが、宇佐参宮鉄道は1944年11月30日の臨時株主総会で合併が承認され、1945年4月に合併を実行し、大分交通宇佐支社となった。

豊州鉄道

封戸村《ふべ》（現・宇佐市）の有志が国鉄の四日市《よっかいち》（現・豊前善光寺《ぜんこうじ》）から八幡《やはた》、豊川《とよかわ》を経て安心院《あじむ》までの軽便鉄道を計画し、1911年2月11日に敷設免許の申請書を提出した。7月18日に免許となったことから、株式の払い込みを受け、翌年5月28日に創立総会を開催した。社名は日出生《ひじゅう》鉄道、資本金は30万円である。

1912年11月29日に工事施行認可が下りたことで用

地買収に着手。翌年2月15日に起工式を開いて土木工事に着手した。

開業には機関車2両、客車2両、貨車8両を発注。1914年5月24日に豊前善光寺－新豊川間5・9㎞を開業した。その後、1915年12月に新豊川－三又川《みつまたがわ》間、1919年4月に三又川－円座《えんざ》間、1921年2月に円座－二日市《ふつかいち》間を開業させた。しかし、政府の補助金と借入金だけで建設を進めたために資金繰りに窮することになり、1922年8月に10万円への減資を行い、1926年にはガソリン動車を購入して増発を行って経営の再建を目指したが、状況は変わらなかった。

1929年5月2日に社名を豊州鉄道に変更し、資本金を50万円に増資して再起を期した。しかし、1931年度上半期には財団抵当による借入金が返済できないために日本《にほん》勧業銀行（現・みずほ銀行）より競売に付される事態となった。金額が小さかったため、最終的に勧銀への債務を除いて、役員3人が代わって返済することで切り抜けた。

続いて1932年12月10日から円座－六郎丸《ろくろうまる》間で路線バスの運行を開始。その後、路線を延伸するとともに周辺のバスを統合し、次第に路線網を拡充していった。

この間、1931年に桐田益夫社長が死去。代わって京王《けいおう》電気軌道（現・京王電鉄）から招いた渡辺孝社長も1941年に死去。2代続けて在職中に逝去している。厳しい業績のなかで精根尽きたということなのだろう。

1944年9月に暴風雨で新豊川－二日市間が運休し、そのまま1945年4月には企業合同によって大分交通四日市支社となった。

耶馬渓鉄道

地域の有志によって計画された鉄道で、1910年10月に軽便鉄道法にもとづいて敷設免許を申請し、翌年8月6日に免許を取得した。大貞《おおさだ》線案と鶴居《つるい》線案の2案があったが、1912年11月に測量を完了した結果、大貞線案が採用された。翌年4月27日に工事に着手。11月30日に竣工《しゅんこう》し、12月26日に中津《なかつ》－樋田《ひだ》間14・3㎞を開業した。軌間762㎜の軽便鉄道である。中津駅構内に車庫が設置され、蒸気機関車3両、客車9両、貨車20両が用意された。開業時は1日10往復が設定されたが、1914年3月には18往復に増発した。

1914年2月には第2期区間として樋田－柿坂《かきさか》間の工事に着手。山国川《やまくにがわ》、津民川《つたみがわ》、三尾母川《みおもがわ》に橋梁が、犬ヶ《いぬが》岳《たけ》、築江、表ノ瀬に隧道《ずいどう》が建設され、難工事であったが、11月には完成し、12月11日に樋田－柿坂間を開業した。

さらに、1921年12月21日の株主総会で定款の変更と新株の発行を決議。建設資金に充てるために50万円の増資を実施し、1922年11月に工事施行認可を得て、12月に土木工事に着手した。そして、1924年6月16日に柿坂－守実《もりざね》間を開業し、鉄道線の全線を完成した。

昭和に入って景気が低迷するなかで、鉄道省から改軌の命令があったが、経営難で資金事業が悪化していたところであったため、工事費の財源に困窮した。交渉の結果、日本《にっぽん》興業銀行（現・みずほ銀行）からの借入が実現し、債務償還90万円と改軌資金に充当。ほかに50万円の増資を決定した。

改軌は1928年5月1日に工事に着手し、翌年8月24日に使用を開始した。その結果、債務の増加で経営はいっそう厳しくなり、1930年度は人員の削減と昇給停止が行われた。

1934年11月に再び無配に転落。会社再建のために翌年1月に更生委員会が設置され、日本興業銀行よって取締役支配人と取締役が派遣された。更生計画ではガソリン動車を3両調達して鉄道輸送の効率化を図るとともに、自動車事業の整理も含んでいた。その後、経営が回復していったことで、1936年11月に社内から半田貢が社長に就任。耶馬渓を行楽地として北九州方面にセールスして増収を果たし、続いて1938年8月に村上巧《むらかみこう》児《じ》が後任社長に就任すると、1939年10月に鴫良《しぎら》で温泉掘削に着手し、深耶馬《しんやば》山彦《やまびこ》旅館の買収、鴫良付近での梅園の造成など行楽地の整備を進めた。1943年には中津の大貞公園に神戸《こうべ》製鋼中津工場が操業を開始したのにともなって工員の通勤利用が増加するなど順調に経営が改善していった。

しかし、1941年10月1日に台風による災害で第1山国川橋梁の橋脚1基と橋桁2連が流失。そのほか10カ所にわたる被害があったが、10月13日に復旧した。しかし、それだけでは終わらず、1944年9月17日に水害が発生し、再び第1山国川橋梁の橋脚2基が倒壊し、橋桁4連が流失した。戦時中で資材入手に難航するなかで、12月15日に復旧した。

また、沿線に路線バスの運行が増えると、耶馬渓鉄道も企業防衛のためにバス事業に進出した。1928年11月1日に中津－梅《うめ》ノ木《き》瀬《せ》間の路線バスを車両2台で1日3往復運行を開始したほか、宇佐耶馬渓合資会社から貸切バスの事業を譲り受け、その後も精力的に路線拡大を進めていった。また、1930年1月には中津－森《もり》－玖《く》珠《す》間に定期貨物自動車の運行を開始した。しかし、自動車事業は競争が激しく、中津－宇佐間ではヨカロ自動車とのあいだで協定を結んで供給力を調整したが、ヨカロ側が一方的に協定に違反したため、営業停止の行政処分を受けることがあった。運輸協定は自動車交通事業法で既存企業の保護のために認められていた。

昭和初期、経営が困難になった際に自動車事業の拡大による収入増を目指したが、1935年1月に日本興業銀行のもとでの更生計画の実施により、一転して自動車事業の縮小を進めることになった。そのため、自動車従業員がストライキを打って反対したが、警察署長の斡旋《あっせん》で解決し、合理化を達成した。1935年11月26日に貨物自動車事業から撤退した。

国鉄路線網の空白を埋める「省営バス」の誕生

国鉄の路線に対してもバスやトラックの影響は大きく、将来的には国鉄経営には自動車輸送を取り込んで、必要な場合には鉄道に代えてバスやトラックで運行することも必要であると考え、1929年9月に自動車交通網調査会を設置した。12月12日に第2回本会議において原案どおり答申案を可決し、同日に鉄道大臣に答申した。この答申案には全国82路線の自動車路線をリストアップしてあった。

選定の基準は「国鉄の先行代行」「短絡」「培養」の三つで、国鉄の先行代行とは「国有鉄道予定線に該当し経営経済上国鉄自動車に代行させることを適当とするもの」で、岡多《おかた》線、雲芸《うんげい》線、岩日《がんにち》線が該当する。

短絡とは「国有鉄道既成線を連絡するもの」で、亀草《きそう》線、南筑波《みなみつくば》線が事例。

培養とは「国鉄の旅客貨物を誘致し、国鉄の営業を補助するもの」で、北倉《ほくそう》線が事例である。

その後、国鉄の先行代行に関連して「今後経営経済上国鉄線を撤去しその後を国鉄自動車が代行することが考えられる」とし、これを撤去代行と称し、戦時中に一部で行われた。

また、重要観光路線として「観光国策の遂行上、国の自動車運輸事業として経営するを必要とするもの」として十和田線を開設した。

重要物資の輸送として、「いわゆる機動運営と原産地路線（重要産業の開発路線）、開拓路線、区間貨物路線をいう。戦争中および戦争後の貨物自動車輸送力不足がときの国策遂行の大きな障害をなしていた当時、国鉄自動車の実力をもって採算をあまり考えることなく鉱石、薪炭、その他の重要物資の輸送に進出した」という。

さらに、大正時代から鉄道のネットワークを補完してトラックによる貨車代行輸送や荷電代行輸送が実施されていた。

岡多線

答申82路線の最初の事例として岡多線が選定された。その理由は全長が65㎞で自動車の運行に適していること、岡崎《おかざき》－挙母《ころも》（現・豊田《とよた》）－瀬戸《せと》－多治見－高蔵寺《こうぞうじ》等の市や町が適当な箇所に点在していること、運輸量が多い、道路の一部改良で足りる、鉄道の建設予定線であること、沿道の希望が多いことなどである。

１９３０年1月に東京瓦斯電気の試作バスを持ち込んで実地調査を実施した。バス１台に乗用車7台が連なり、「こんな道路に、こんな大きいバスは無理」との意見が出たという。そこで愛知県は運転免許で抵抗してきた。当時は各県で免許証を取得する必要があったが、愛知県が用意したのはT形フォードであった。このころはすでに骨董品《こっとうひん》で操作方法も一般的なものと違っていた。そのため、用意した運転士のうち7人が落第してしまった。これに対し、鉄道省の担当者が内務省警保局にねじ込んで解決したという。

バスは当時はアメリカ車が国内市場を独占していたが、アメリカ車は安く売って、あとで補修部品を大量に売りつける。アメリカの安価な車体を買う理由は経済性ではなく、購入資金がないからだとして、鉄道省は国産のバスを採用することにして、東京瓦斯電気、石川島《いしかわじま》自動車製作所、戸畑《とばた》鋳物製造の3社を試すことになった。結果はいずれも良好で、当時の国内の自動車生産量の5分の1にあたる17台を調達して岡多線の開業に備えた。

岡多線は１９３０年12月20日に開業した。

亀草線

岡多線に続いて省営バスを導入したのは亀山《かめやま》－草津《くさつ》間の亀草線である。当初は亀山－三雲《みくも》間であったが、省営バスは一地方の交通を担うのではなく、関西《かんさい》本線と東海道本線を結ぶ鉄道網を補完するものであるべきとして草津まで延伸された。

亀山－草津間、近江山内《おうみやまうち》－黒川《くろかわ》間は１９３２年3月25日に開業。ただし、三雲－石部《いしべ》間は１９３２年5月5日、石部－草津間は１９３２年12月25日と遅れて運行を開始した。

１９３２年計画の26路線

鉄道省は、これからは交通政策は鉄道だけではなく自動車にも力を入れなければならないとして、自動車課を新設した。また、１９３１年度までは路線の設定は省議で行われていたが、１９３２年１月の鉄道会議官制の改正で、重要な自動車線については鉄道会議の審議を経ることが必要になった。そして、１９３２年度には26路線が予定線に決定した。

１９３３年計画の19路線

続いて１９３３年度にも19路線の新設を計画した。本来は鉄道予定線の代行として省営バスを運行することを基本としていたが、19路線のうち鉄道予定線の代行は３路線にすぎなかった。鉄道敷設法とはかかわりなく、全国にわたって省営自動車の路線網が展開することになった。これに対し、民間の事業者は経営を圧迫されるとして「省営バス反対同盟」を組織して強力に抵抗した。そして、省営バスの運行によって運行を継続できなくなった民間事業者に補償金を支払うことを要求した。

帝国議会でも取り上げられ、衆議院議員で日本《にほん》乗合自動車協会会長の堀内良平《ほりうちりょうへい》は廃止補償と19路線の延期に

図表9　1932年度に予定線に決定した自動車線26路線

1	青森県	青森－十和田
2	長野県	上田－渋川
3	石川県	穴水－宇出津
4	石川県	金沢－福光
5	滋賀県	今津－小浜
6	高知県	土佐山田－大栃
7	愛媛県	魚成－近永
8	熊本県	南関－肥後大津
9	大分県	臼杵－三重町
10	宮崎県	小林－宮崎
11	鹿児島県	入来－加治木
12	栃木県	茂木－宇都宮
13	島根県	石見大田－赤名
14	高知県	落出－佐川
15	三重県	尾鷲－上木本
16	京都府	殿田－鶴岡－佐々江－京都
17	滋賀県	信楽－加茂
18	北海道	浦河－幌泉
19	山口県	柳井－室津及び平生－光
20	三重県	奥津－名張
21	福島県	田島－新藤原
22	長野県	長野－大町
23	北海道	木古内－福山
24	岐阜県	大垣－樽見
25	愛知県	武豊－師崎及び河和口－海大井
26	鳥取県	倉吉－勝山

出典：『国鉄自動車四十年の歩み』

図表10　1933年度に予定線に決定した自動車線19路線

1	北海道	美幌－弟子屈－川湯－サツテキナイ
2	青森県	五所川原－大釈迦－子の口
3	岩手県	一ノ関－吉岡
4	福島県	福島－浪江
5	栃木県	矢板－塩原－鬼怒川
6	千葉県	佐原－成東
7	長野県	松本－青木及中川－明科
8	富山県	森本－富山
9	岐阜県	郡上八幡－金山
10	滋賀県	三雲－近江八幡
11	京都府	園部－福知山
12	和歌山県	紀伊田辺－本宮
13	岡山県	倉敷－西総社及び清音－矢掛
14	島根県	石見大田－大朝
15	香川県	仁尾－善通寺－一ノ谷
16	愛媛県	伊予小松－横河原
17	愛媛県	坂石－宇和町
18	福岡県	博多－福丸及び福間－新飯塚
19	佐賀県	武雄－彼杵及び長崎県佐世保－肥前浜

出典：『国鉄自動車四十年の歩み』

ついて鉄道大臣を問い詰めた。そして、ついには省営バスの払い下げ要求に発展した。民営バスへの補償は実現しなかった。

予土連絡バス

四国で最初の省営バスは1934年3月24日に運行を開始した予土線・松山《まつやま》－久万《くま》間であるという。別称「予土連絡バス」と呼ばれた。

もともと1929年に予土線鉄道期成同盟会が設立され、鉄道の建設を要求して活動を展開していた。しかし、各地で鉄道予定線のバスによる代行開業が続くと、極端に需要が小さい区間では、むしろバスによる運行を希望するようになった。

1931年にバス促進同盟に改編し、1934年3月の運行開始につながった。鉄道であると路盤を整備して線路を敷設するのに長い年月を要するのに対し、バスが走れる道路があれば、実質的に通路の建設は必要ないため、地方を中心に省営バスの路線網を拡大していった。

1935年には高知県側を佐川《さかわ》まで延伸し、7月19日に佐川町で開業祝賀会が開かれた。21日から松山まで直通する便が3往復と、佐川－越知《おち》間の区間運転が6往復であった。

第5章　戦時体制に突入した日本の鉄道

戦前に国有化された地方私鉄

大正時代から地方のローカル私鉄の国有化が実施された。たいていは国鉄の鉄道網のジグソーパズルのひとつのパーツのような私鉄であった。昭和になってもいくつかの私鉄が買収されたが、両備《りょうび》鉄道は福塩《ふくえん》線（福山－塩町《しおまち》間）の一部、大隅《おおすみ》鉄道は大隅線（国分《こくぶ》－志布志《しぶし》間）の一部、阿南鉄道は牟岐《むぎ》線（徳島－阿波海南《かいなん》、海部《かいふ》）の一部となる。

◎福塩線　両備鉄道　両備福山－府中《ふちゅう》町　1933年9月1日国有化
◎古江《ふるえ》線（のちの大隅線）　大隅鉄道　古江－串良《くしら》　1935年6月1日国有化
◎牟岐線　阿南鉄道　中田－古庄　1936年7月1日国有化

阿南鉄道

徳島－小松島間を結んだ小松島軽便線の中間駅の中田で分岐して羽《は》ノ浦《うら》から古庄までの鉄道があった。現在の牟岐線の原型となる路線である。

1900年に徳島－岩脇《いわわき》間の私鉄として阿南鉄道が設立された。この岩脇は、のちの古庄駅あたりである。のちの徳島本線を建設した徳島鉄道の出資者たちが設立した会社で、徳島鉄道が計画を引き継ぐことにして仮免許を取得した。しかし、1907年に徳島鉄道が鉄道国有法で買収されたため、阿南鉄道の計画は未成線のまま立ち消えとなってしまった。

その後、間もなく1911年に徳島市二軒屋《にけんや》－岩脇間に電気鉄道を敷設する計画として阿南電気鉄道の設立申請が提出された。1912年10月22日には小松島町－岩脇間の免許を取得したが、その際に電気鉄道から蒸気鉄道への変更を申請した。そして、1913年9月1日に先の免許区間に加えて羽ノ浦村－平島《ひらしま》村（現・阿南市）間の軽便鉄道の免許を取得。10月20日には社名を阿南鉄道に改めた。徳島鉄道に引きとられた初代阿南鉄道の計画を、人は代わったものの、同じく地元の有力者が再トライしたかたちである。ただ、羽ノ浦村－平島村間は国鉄が建設を計画していたため、1916年10月26日に工事に着手しないまま起業廃止となり、免許は失効となり、返納された。

　1916年12月15日に当初の免許路線の中田－古庄間が開業した。中田は小松島線の駅で、列車は徳島まで直通した。1930年6月11日には中田－古庄間でガソリンカーの運行を開始している。

　羽ノ浦から先、室戸《むろと》岬《みさき》への交通が不便な地域への鉄道建設を目指し、1927年に「四国循環鉄道阿土海岸線期成同盟」が結成されて活動を開始。陳情活動が奏功し、1929年2月に政友会の田中義一《たなかぎいち》内閣のもと、第56回帝国議会で高知県後免《ごめん》から安芸《あき》、徳島県日和佐《ひわさ》を経て古庄付近に至る鉄道の線路の一部として羽ノ浦－牟岐間31マイルの建設案が通過した。しかし、田中内閣が瓦解して予算が縮小され、牟岐延伸の着工はいったんなくなった。1931年12月に政友会の犬養毅が総理大臣に就任すると、工事予算が復活し、工事着手となった。

　1936年7月1日に阿南鉄道が国有化されて中田－古庄間が国鉄牟岐線となり、翌年3月には途中の羽ノ浦で分岐して桑野《くわの》まで牟岐線の新線区間が開業した。これにより、中田－桑野間が牟岐線として一体的に経営されることになった。その後、次第に路線を延伸し、1942年7月に日和佐－牟岐間を開業させて計画区間の整備を完了。支線となっていた羽ノ浦－古庄間を廃止した。

戦時中に休止された国鉄路線

　戦時中、国内の国鉄路線の補修資材を捻出するため、各地で利用が少ない多くの路線を不要不急として運行を休止し、線路を撤去した。その事例として、徳島県の鍛《か》冶屋原《じゃばら》線、兵庫県の有馬《ありま》線、福島県の白棚《はくほう》線を紹介する。

鍛冶屋原線

　板野《いたの》－鍛冶屋原間の鍛冶屋原線を建設したのは阿波電気鉄道である。

　撫養《むや》町（現・鳴門《なると》市）の後藤田千一《ごとうだせんいち》らは徳島と撫養町を結ぶ電気軌道を計画し、1911年12月23日に徳島－加《か》茂《も》間、応神《おうじん》（古川《ふるかわ》）－撫養間の軌間1435㎜の電気軌道の免許（軽便鉄道法）を取得し、1912年11月1日に阿波電気軌道が設立された。加茂と応神は吉野川を挟んだ対岸である。その後、1912年12月24日に軌間を1067mmに変更。1913年8月16日には吉野川の北岸地域を東西にルートをとる堀江村《ほりえ》（現・鳴門市）－板西町《ばんさい》（現・板野町）間、翌年4月24日には板西町－松島村《まつしま》（現・上板町《かみいた》、鍛治屋原）間について軽便鉄道法によって免許を取得した。この時点で徳島水力電気から電力が容量不足で供給できないことがわかり、動力の蒸気への変更を申請し、6月12日に許可された。そして、1914年9月に工事に着手し、1916年7月1日に撫養－池谷《いけのたに》－古川間を開業した。古川のひとつ手前の中原《なかはら》から徳島市の新町橋《しんまちはし》まで石油発動機船（大麻丸、別宮丸、妙見丸、蛭子丸）で連絡輸送を実施した。

この間、1914年9月15日に会社側からの申請で堀江村－松島村間の免許が取り消され、阿波電気軌道の関係者が設立した上板軽便鉄道が、あらためて同じ区間の免許を申請し、取得した。これは期限内に工事施行認可申請をしなかったため、1917年10月に失効してしまった。

推測するに、撫養から徳島までの建設で資金が尽きたため、吉野川北岸地域の路線は別会社で建設する判断をしたのであろう。しかし、折からの第1次世界大戦後の不景気に遭って目論見は崩れ、結局、撫養－古川間の開業で一段落するのを待って再度、自社で建設することにして、1918年3月2日に堀江村－松島村間、1919年4月19日に松島村－市場町《いちば》（現・阿波市）間の免許を取り直したということなのだろう。

1923年2月15日に池谷で分岐して阿波大寺《おおてら》（現・板野）を経て鍛治屋原までの路線を開業した。

これらの建設で阿波電気軌道は巨額の負債を抱えて経営難に陥った。負債は多くが関西銀行《かんさい》（現・関西みらい銀行）からのものであったが、関西銀行も経営難で、安田

図表11　戦時中の国鉄の休止路線

路線名	区間
有馬線	三田－有馬
牟岐線 *	羽ノ浦－古庄
田川線 *	西添田－庄
川俣線	松川－岩代川俣
宮原線	恵良－宝泉寺
信楽線	貴生川－信楽
札沼線	石狩当別－石狩沼田
鍛冶屋原線	板西－鍛冶屋原
富内線	沼ノ端－豊城
中央本線	国分寺－東京競馬場前
橋場線	雫石－橋場
三国線	金津－三国港
五日市線 *	立川－拝島、南拝島－拝島多摩川
魚沼線	来迎寺－西小千谷
弥彦線	東三条－越後長沢
興浜北線	浜頓別－北見枝幸
興浜南線	興部－雄武
妻線	妻－杉安
白棚線	白河－磐城棚倉
久留里線	久留里－上総亀山

* 貨物支線
出典:『日本陸運十年史』

保善社《ほぜんしゃ》による支援を受けていた。その結果、阿波電気軌道も安田の支援を受けることとなり、安田から社長が送り込まれた。そして、会社名も1926年4月30日に阿波鉄道に改められた。

その後、1928年1月18日に、ゑびす前（元・撫養）から岡崎港（新・撫養）間を延伸。1929年5月20日に吉野川の徳島側の出来島町《できじまちょう》－加茂村（現・徳島市）間、岡崎港内の撫養－阿波岡崎間、吉野川北岸の鍛冶屋原から西への延伸線である松島村－市場町間の免許が返上された。

阿波電気軌道の古川－撫養（現・鳴門）、池谷－鍛冶屋原間は1933年7月1日に国有化されて国鉄阿波線となった。その後、1935年3月20日に板野で分岐した高徳《こうとく》本線が全通したのにともない、板西－鍛冶屋原間が分離されて鍛冶屋原線となった。

1943年10月1日に不要不急路線として休止となり、線路が撤去された。代わりに自動車阿波線・板西－鍛冶屋原間の運行を開始した。戦後の1947年7月に鉄道が復旧したことで、自動車阿波線は営業休止となった。

鍛冶屋原線は1972年1月16日に廃止となった。

有馬線

かつて三田《さんだ》－有馬間に国鉄有馬線が走っていた。

山脇延吉《やまわきのぶきち》らが発起人となって有馬電気軌道を計画し、1907年4月12日に軌道特許を取得した。軌間1435㎜の電気軌道である。しかし、これは実現しなかった。

山脇らは、あらためて軽便鉄道法によって有馬鉄道を計画し、1914年2月17日に免許を取得した。この鉄道は翌年4月16日に開業したが、開業と同時に鉄道院に貸し付けられ、さらに1919年3月31日に国によって買収され、国鉄有馬線となった。実質的に国に取り上げられたかたちとなったが、その山脇は3度トライして神戸《こうべ》有馬電気鉄道を設立し、1928年に三田線を開業することになる。国鉄有馬線とまったくの並行路線で、有馬では電車のほうが中心部に近い位置に駅を置いた。

国鉄有馬線は電車とは競争にならず、戦時中の1943年7月1日に不要不急路線として運行を休止し、その後、廃止された。

白棚線

白棚線（白河－磐城棚倉《いわきたなくら》間）の起源は明治時代の雨宮敬次郎の計画である。

雨宮敬次郎は白河－棚倉間に軌道を計画し、1907

年2月に軌道特許を申請。これは同年10月7日に特許となった。ただ、陸軍省から人家のあるところで、単線6間半、複線7間の幅員を要求され、道路の拡幅に多額の建設費用を要するため、断念することになる。通常は人家のあるところで、単線だと4間、複線だと5間、それ以外の場所で単線だと3間あれば十分であった。中央資本の雨宮の計画に地元が邪魔を入れたのであろう。

　雨宮に代わって白河炭鉱を所有する岡野碩が白河町と棚倉町のあいだの鉄道（棚倉鉄道）を企画して762㎜の鉄道敷設を申請し、1908年2月12日に仮免許状が交付された。しかし、会社設立のための出資が集まらず設立に失敗。1909年に仮免許が失効した。

　続いて1911年に金山の鉱山主・西田仁三郎が発起人代表となって白棚軽便鉄道を出願した。競合出願が相次いだが、白棚軽便鉄道に免許が下り、競願3社は却下とされた。その後、会社名を白棚鉄道に改め、続いて1916年に軌間を軽便鉄道の762㎜から普通鉄道の1067㎜に変更したうえで、1916年10月8日に白河町－金沢内《かなさわうち》間、11月29日に金沢内－磐城棚倉間を開業した。梁森《やなもり》から白河炭鉱まで引き込み線を設置したが、白河炭鉱は1920年に休山している。

　昭和に入ると、沿線にバスが登場したため、白棚鉄道でもガソリンカーを導入。続いて1932年に国鉄水郡《すいぐん》線が磐城塙《はなわ》－磐城棚倉間を延伸開業した。これにより、白棚線経由で東北本線で出荷していた貨物が水郡線に流出してしまった。経営が厳しくなったため、1933年5月30日に廃止を申請するとともに、国による買収を請願した。交渉が続けられた結果、1938年10月1日になってようやく国が借り上げることになり、さらに、1941年には国による買収が決定した。

　国有化されたものの、1944年12月11日に白棚線・白河－磐城棚倉間23・6㎞は運行を休止し、資材を転用するために線路を撤去した。

　戦後、早いうちから復元を目指す動きがあり、使用する車両としてキハ10000形レールバスを発注したが、国鉄のローカル線の経営合理化の方針にともない、1957年4月に自動車専用道路に整備して国鉄バスを運行することになり、1日9往復を運行した。レールバスは木原《きはら》線（現・いすみ鉄道線）に転用された。

戦時中に休止された地方私鉄

　日中戦争の拡大によって資源不足から物資統制が行われるようになるが、鉄道の場合は線路を撤去して重要路線の補修の材料とすることも少なくなかった。

　大手私鉄の場合、会社別に外地の占領地の鉄道経営が指名され、線路を剥がして外地に運ばれた例もある。たとえば、京成《けいせい》電鉄では、インドネシアのセレベス島での資源開発のための鉄道の建設を命じられ、子会社の成田鉄道（現・千葉交通）の鉄道線と軌道線のすべてが廃止された。

　戦時中に休止となった私鉄は図表12のとおりである。ただし大手私鉄は除く。

鉄道省と逓信省が「運輸通信省」に改組

　国鉄経営は1938年度に2億円の益金を計上するが、歳入総額が11億円あまりであるため、約18％の利益率であった。その後、益金は増加し、戦争中の1943年度には5億円までに達し、これが戦前、戦中を通してのピークであった。

　この益金は戦前期は大半が鉄道改良費として再投資されたが、太平洋戦争に突入するころから臨時軍事費の財源への繰り入れが増加していった。日中戦争の段階では4000万円から6000万円にとどまったが、1942年度には1億6500万円、1943年度は若干減って1億1600万円、1944年度は2億5500万円に達した。その金額は益金3億4000万円の75％に達するものであった。それに対し、同年度の鉄道改良費は5億7500万円であったため、おおよそ5億円が財源不足と

図表12　戦時中の私鉄の休止路線

会社名	区間
江別町営軌道	江別－江別橋付近
定山渓鉄道	白石－東札幌
大沼電鉄	大沼公園－鹿部
善光寺白馬電鉄	南長野－裾花口
成田鉄道軌道線	成田山門前－宗吾
成田鉄道	成田－八日市場
京福電気鉄道三国芦原線	電車三国－東尋坊口
静岡鉄道秋葉線	可睡口－可睡
安濃鉄道	新町－椋本
桑名電軌	桑名駅前－本町
神都交通朝熊線	楠部－平岩
愛宕山鉄道	嵐山－清滝
大和鉄道	田原本－桜井
信貴山急行電鉄山上線	高安山－信貴山門
別府軽便鉄道野口線＊	野口－別府港
出石鉄道	円山川－出石
有田鉄道	海岸－藤並
伯陽電鉄	阿賀－母里
岩井町営軌道	岩美－岩井温泉
一畑電気鉄道北松江線	小境灘－一畑薬師
船木鉄道	万倉－吉部
琴平急行電鉄	坂出－琴急琴平
琴平電鉄塩江線	仏生山－塩江
高松琴平電鉄志度線＊	八栗－琴電志度

＊戦後に復活した路線
出典：『鉄道同志会史』など

なった。国鉄の財政は1945年度に初めて赤字を計上することになるが、実際には1941年度以降は財源不足の状態が続いていた。国鉄は減価償却費を計上していなかったが、鉄道改良費がその代わりという位置づけであったからである。

国鉄は1920年から鉄道省として監督行政と国鉄の現業業務を実施してきた。1943年11月には鉄道省と逓信省は現業を含む人員80万人に上り、あまりにも膨大で複雑すぎるとして、新たに運輸通信省を設置した。もともと鉄道を含む陸運行政は逓信省の管轄範囲で、鉄道省の設置によって鉄道に対する権限が移ったが、駅からの貨物の集配を担当した通運事業の監督も鉄道省に移った。その後もトラックやバス事業については、安全規制は内務省の警察が担当し、監督行政は鉄道省と逓信省のあいだで争いがあったが、昭和のはじめに鉄道省が設置された時点で鉄道省に権限が移っていたとして解決を見た。しかし、両省では管轄範囲を含め、行政や現業の重複が残っていた。

のちの高速化の妨げとなった「簡易線」規格の制定

国鉄は鉄道敷設法にリストアップされた計画路線の整備を進めていったが、なかには県境の山岳地帯を越えるルートも多く、従来の線路規格では長大トンネルの掘削が必要となった。しかし、建設路線は次第に需要規模が小さいものが多くなっていた。そこで、地形に沿ってルートを選択することができるように、1932年5月に新たに簡易線の「建設規程」「運転規程」を公布した。

国鉄の線路規格は、基本的に幹線系路線を対象としていたため、曲線最小半径は300m、最急勾配は25パーミル（例外的に33パーミル）であった。1921年ごろには内規により甲、乙、丙の3つに区分され、1929年に正式に建設規程が改正された。最小曲線半径は、甲線が300mであるのに対し、乙線は250m、丙線は200mとされた。1932年5月には、さらに簡易線の規格が新設されたが、最小曲線半径は160mで、最急勾配も37パーミルに緩和されていた。

簡易線の規格を設けたことで、長大トンネルの掘削を避けることができ、建設費が大幅に削減されるケースが見られたが、一方で簡易線の規格で建設された路線が、実際には大きな需要があってキャパシティ不足となった場合に、容易に対応できないという問題を抱えることになった。

曲線半径が小さいと大型機関車が使用できず、駅の有効長を短くしていた場合には編成両数を抑えなければならなかった。

たとえば山田線の場合、簡易線の規格で建設されたが、戦時中に沿岸部の船舶輸送が壊滅状態となったため鉄道への輸送のシフトが行われたものの、大型機関車が使えないことによる輸送力の不足が問題となった。また、松《ま》江《え》と広島を結ぶ木次《きすき》線は都市間の連絡の役割も担ったが、簡易線の構造とスイッチバックで、所要時間や輸送力で都市間輸送の役割を果たせなかった。

当初、丙線規格で工事を始めた路線で、のちに簡易線の規格が新設されたことで、これに変更して開業した路線として、雨竜《うりゅう》線・深川《ふかがわ》－朱鞠内《しゅまりない》間（のちの深名《しんめい》線）、会《あい》津南《づなん》線（現・会津線）・西若松《にしわかまつ》－田島《たじま》（のちの会津田島）間（現・会津鉄道）、大糸《おおいと》線、名松《めいしょう》線、木次線が挙げられる。

また、簡易線の規格の新設より前に丙線として開業した路線で、のちに簡易線に変更となった路線の例は、日高線（現・日高本線）、会津西《あいづさい》線（現・只見《ただみ》線）、山野線、宮《みや》之城《のじょう》線がある。

日高線は佐瑠太－静内間を丙線で開業したが、1933年以降に開業した静内－様似間が簡易線として建設されたことから、その後、既設区間も簡易線に変更された。会津西線も会津若松－会津柳《やない》津《づ》間が丙線として開業したが、1941年に延伸区間の会津柳津－会津宮下《みやした》間（川口《かわぐち》線）が簡易線規格で開業したのに合わせて簡易線に統一された。

簡易線規格の制定後、地域間連絡線であるものの、簡易線規格で開業したのが名雨《めいう》線（のちの深名線）、札沼線、小海《こうみ》線、大糸線、木次線、三江《さんこう》線、宮之城線、山野線である。いずれも県境の分水嶺《ぶんすいれい》を越える、もともと流動が少ない路線である。

そのほか、工事中に簡易線の制定に合わせて変更した路線には、根北《こんぽく》線・標津《しべつ》－斜里《しゃり》（現・知床《しれとこ》斜里）間、戸井《とい》線・五稜郭－戸井間、松前線・福山《ふくやま》（のちの松前）－大島《おおしま》間、桧木内《ひのきない》線（のちの角館《かくのだて》線、現・秋田内陸縦貫鉄道）・角館－桧木内間、川口線（現・只見線）・会津宮下－会津川口間、長倉《ながくら》線・長倉－茂木《もてぎ》－烏山《からすやま》－常陸大子《ひたちだいご》間、越美《えつみ》線・北濃《ほくのう》－福井間、樽見《たるみ》線（現・樽見鉄道）・谷汲口《たにぐみぐち》－樽見間、三江線・浜原《はまはら》－三次《みよし》間、今福《いまふく》線・下府《しもこう》－今福間、宮原《みやのはる》線・宝泉寺《ほうせんじ》－宮原間がある。

一方、丙線として建設して開業した地域間連絡線には、松岸《まつぎし》線（現・成田線）・佐原《さわら》－松岸間、八高《はちこう》線・八王子－高崎《たかさき》間、川越《かわごえ》線・大宮《おおみや》－高麗川《こまがわ》間、福塩線・福山－塩町間、日田《ひた》線（現・日田彦山《ひこさん》線）・添田《そえだ》－夜明《よあけ》間、伊佐《いさ》線（のちの松浦《まつうら》線、現・松浦鉄道）・伊万里《いまり》－佐世保《させぼ》間などがある。

伊佐線の志佐《しさ》（現・松浦）－平戸口《ひらどぐち》（現・たびら平戸口）間にある急勾配では、北松炭《ほくしょうたん》の輸送の障害になると予想されたため丙線規格が採用され、勾配は33パーミルに抑えられた。支線としては、大畑《おおはた》線（のちの下北《しもきた》交通）の下北－大畑間が1939年に開業し、引き続き大間《おおま》まで工事が進められた。また、小本線（のちの岩泉《いわいずみ》線）の茂市《もいち》－小本（現・岩泉小本）間が着工となり、1942年に岩手和井内《わいない》まで開業したが、丙線規格で、最急勾配は上り25パーミル、下り33パーミルと、簡易線より緩和されていた。

八高線と川越線は、東北本線、東海道本線が戦災を受けた場合の迂回路線になる路線であり、日田線、伊佐線は重要物資である石炭増産のための路線で、それぞれ戦時体制下において重要な路線であった。また、小本線はアルミの製造にも使われた製鉄用耐火煉瓦《れんが》の粘土の輸送のために建設が急がれた。押角《おしかど》より押角隧道を建設したが、長大トンネルの建設で工期を要するため、反対側に原計画になかった宇津野《うつの》駅を設置し、押角と索道で結ぶ計画を進めた。しかし、これが実現しないうちに隧道の工事が進捗して終戦直後に貫通した。

さらに、簡易線規格の制定以前に完成した路線のなかで、輸送量が少ないために上部構造を簡易線並みに簡易化した路線に、相生《あいおい》線・美幌《びほろ》－北見相生間、川俣線・松《まつ》川《かわ》－岩代《いわしろ》川俣間、赤谷《あかたに》線・新発田《しばた》－赤谷間、烏山線・宝《ほう》積寺《しゃくじ》－烏山間、高森《たかもり》線（現・南阿蘇《みなみあそ》鉄道）・立野－高森間などがある。

国有化された鉄道では、丙線規格が適用されたものが多かったが、一部には簡易線に指定されたものもある。たとえば、白棚線、魚沼線、久留里線、可部線、牟岐線・中田－羽ノ浦間、内子《うちこ》線、宇和島《うわじま》線（現・予土《よど》線）である。

戦時中も建設が進められた地方の国鉄路線

1937年7月に日華事変が勃発して大陸での戦域が拡大すると、国内の資源を戦争経済に動員するために、大規模な公共事業を抑制した。鉄道の建設計画も縮小し、未着手路線の計画は中止された。

ただ、工事が完成に近いものは継続されることになり、次のとおり開業した。

◎1937年度　日高線、西標津線（のちの標津線）、水俣線、仙山《せんざん》線、大口《おおくち》線（のちの宮之城線）、木次線

◎1938年度　伊東《いとう》線、矢島《やしま》線（現・由利《ゆり》高原鉄道）、

古江線（のちの大隅線）、福塩線
◎１９３９年度　甘木《あまぎ》線（現・甘木鉄道）、釜石線、日《ひ》ノ影《かげ》線（のちの高千穂《たかちほ》線、高千穂鉄道）、予讃《よさん》線（現・予讃本線）、音更《おとふけ》線（のちの士幌《しほろ》線）
◎１９４０年度　川越線、掛川《かけがわ》線（のちの二俣《ふたまた》線、現・天《てん》竜《りゅう》浜《はま》名湖《なこ》鉄道）、豊橋《とよはし》線（同）

うち甘木線は大刀《たち》洗《あらい》飛行場の建設、二俣線は東海道本線・浜名《はまな》鉄橋の迂回線として、軍の要請によって建設が進められた路線である。続いて、次のとおり開業した。

◎１９４１年度　南谷《なんこく》線（のちの倉吉線）・倉吉－関金《せきがね》間、宇和島線・北宇和島－近永《ちかなが》間、名雨線
◎１９４２年度　牟岐線

また、重要資源の国内自給のために必要な路線として、先の小本線と伊佐線のほかに、石炭輸送のために遠羽《えんう》線（のちの羽幌《はぼろ》線）・羽幌－築別《ちくべつ》間が１９４１年12月に開業したほか、マンガン鉱の輸送のために福山線（のちの松前線）・碁盤坂《ごばんざか》（のちの千軒《せんげん》）－渡島吉岡《おしまよしおか》間、製鉄炉材用赤《あか》白硅石《しろけいせき》の輸送のために只見線・小出《こいで》－大白川《おおしらかわ》間を開業している。

そして、吾妻《あがつま》線・渋川《しぶかわ》－長野原《ながのはら》（現・長野原草津口《くさつぐち》）間の建設が進められたが、長野原から太子《おおし》まで専用側線を建設して索道で群馬鉄山を結ぶ褐鉄鉱を運ぶための路線である。また、鉄鉱石の輸送のために中央本線の茅野《ちの》から松原《まつばら》（花蒔《はなまき》）まで専用側線を建設し、諏訪《すわ》鉄山までは索道で結んだ。さらに、工事が中断していた釜石－大橋間の新線建設を再開し、釜石鉱山の鉄鉱石を釜石製鉄所に送ったのに加え、山田線で盛岡を経由して日本鋼管川《かわ》崎《さき》製鉄所にも送られた。

そのほか、資源開発のために工事に着手した路線として、松前線・福山－大島間がマンガン鉱の輸送のため、篠山《ささやま》線・篠山口《ささやまぐち》－福住《ふくずみ》間が赤白硅石の輸送のために建設された。

なお、津軽《つがる》海峡を挟んで南北に戸井線と大畑線が海防上の目的で鉄道が建設されたが、戸井線の全線と大畑－大間間は終戦によって工事が中止された。

第2部

新線建設と廃線の狭間で

［昭和戦後篇］

第1章　戦後復興の象徴としての地方路線建設

運賃の改定が物価上昇に追いつかなかった理由

戦後は1949年に国の特別会計で運営されていた国鉄が公共企業体に移行し、官庁現業を外れたことから、1950年5月に運輸省（現・国土交通省）を設置した。そして、国鉄など陸運だけでなく陸海輸送部門のすべてを管轄させることになる。

戦後の国鉄は1946年度に「車両整備5カ年計画」を開始して戦時中の消耗と戦後の混乱で荒廃した車両の復旧を進め、石炭の入手難から「電化5カ年計画」を立案して鉄道の電化を進めた。この計画で電化されたのは上越線だけであった。

上越線は1934年9月に水上《みなかみ》－石打《いしうち》間を電化。その後、中断していたが、戦後に再開し、1947年10月に全線電化が完成した。

1946年には石炭事情の悪化のため、数回にわたる旅客列車の大幅削減が実施され、学生定期券の使用停止、遠距離旅客の8割抑制が実施された。

その後、常磐線《じょうばんせん》・松戸《まつど》－取手《とりで》間の電化に1948年度に着手し、翌年5月に完成。奥羽本線・福島－米沢《よねざわ》間（1949年4月完成）、東海道本線・沼津《ぬまづ》－静岡間（1949年2月）、静岡－浜松間（1949年5月完成）と続いた。

戦後の国鉄経営は石炭の高騰と人件費の上昇によって営業費用が膨張し、ハイパーインフレ下で適宜運賃改定が行われなかったため、かつて経験したことのない赤字を経験した。徴兵されていた鉄道員が戦後に復員してきたため、1947年度末には職員数は61万人まで増加した。これにより、営業係数は1945年度132、1946年度169、1947年度149、1948年度147と推移した。1945年度から1948年度までの赤字の総額は403億円に上った。1948年度に30

0億円を国の一般会計から繰り入れ、かろうじて収支バランスをとっていた。

当時の運賃改定の手続きは、鉄道会議に諮問し、その答申を得たうえで、国鉄を経営する運輸省が実施することになっていた。そのため、運賃改定は物価の上昇に大きく遅れることになった。また、１９４７年3月の運賃改定では石炭運賃が政策的に据え置かれるなどコストの上昇を十分カバーすることができなかった。

公共企業体「日本国有鉄道」の誕生

第2次世界大戦は日本が連合国によるポツダム宣言を受け入れたことで終結した。連合国は戦後、日本政府に対してこの履行を強く要求した。そのひとつが行政機構の民主化であった。

これを受け、日本政府は、従来は勅令によっていた官庁の設立根拠を法律で定めることにして国家行政組織法を作成。そのもとで各省庁の設置法を制定することになった。

当時、国鉄は運輸省の現業機関であったが、その運輸省についても設置法が立案されることになり、その際に国鉄の扱いが大きな問題となった。

運輸省は鉄道を経営すると同時に、鉄道、海運、陸運事業を監督する行政機関であった。とくに省内で鉄道部門と海運部門とのあいだの軋轢《あつれき》があった。そのため、鉄道現業の分離については比較的容易に多数派を形成することになる。

また、１９４７年10月に国家公務員法が公布されると、連合国軍最高司令官のダグラス・マッカーサーは芦田《あしだ》均《ひとし》総理に書簡を送って国家公務員による争議の禁止を勧告し、併せて政府企業である国有鉄道、タバコなど専売事業の公共企業体への移行を示唆した。

これらの公企業の労働運動に対しては国家公務員ほどには国民生活に影響しないということで、争議権については国家公務員より柔軟に対応すべきという考えであった。ただし、その後、連合国の政策転換によって、これらの事業についても労働基本権が大きく制約されることになる。

国鉄組織の変更は意外にもＧＨＱ（連合国軍最高司令官総司令部）の労働政策によって大きく前進することになった。

運輸省は7月に国鉄改革の三つの案を作成した。一つ目は内閣に事業官庁として鉄道総庁を設置すること。二つ目は運輸大臣の監督下に国有鉄道庁を設けること。そして、三つ目が公共企業体として国有鉄道公社とする案である。政府は第1案と第2案を実現可能としたが、GHQは第3案を強く推した。もともとこの案はGHQがアメリカの〝Public corporation〟の方式を押しつけてきたものであった。

〝Public corporation〟とは公共企業体と訳されるが、最高意思決定機関として経営委員会を置き、政府から独立した立場で効率的な事業経営を行うというもの。

1948年12月に日本《にほん》国有鉄道法が公布され、4月1日の施行とされた。しかし、運輸省設置法の施行が6月1日に延びたことで、公共企業体「日本国有鉄道」は結局、1949年6月1日に発足となる。

1949年6月に日本国有鉄道は設立されたが、その資本金は49億1682万円であった。この金額は1949年5月末日現在の資産総額から負債金額を差し引いた金額で、これを国鉄は「固有資本」と呼んだ。すなわち明治以来、営々と蓄積してきた利益の総額である。その後、1950年度にアメリカの対日援助見返資金特別会計からの40億円の出資があり、これが政府の出資として処理された。見返資金とは援助物資を売却して得た資金で、これをプールして産業への投資に活用していた。

国鉄は政府を唯一の出資者と規定していたが、その設立期には国はまったく出資金を支出しなかった。

また、公共企業体「日本国有鉄道」の組織は最高意思決定機関として監理委員会を置き、これが総裁以下の執行機関を監督するというものであった。しかし、実際には日本になじみのない制度であり、その監理委員会は十分に機能したとはいえなかった。そこで、1953年には監理委員会を重要事項についての議決機関として経営委員会に改編され、総裁以下の執行機関と同列に位置づけられることになった。そして、監理委員会のときにはその中立性を保障するために委員から執行機関の関係者をいっさい排除していたのを改め、両機関の調整を図るという趣旨で総裁が特別委員として参加した。

さらに、政府は1954年3月に臨時公共企業体合理化審議会を設置し、企業形態のあり方などについて諮問した。そこでの審議の結果を受けるかたちで、1956年に国鉄の最高意思決定機関として、総裁、副総裁、理事で構成する理事会を設置すること、従来の経営委員会は監査委員会に改編することを決定する。

国鉄の執行部門に対しても政府に対しても中立な意思決定機関が、最終的に内部の監査委員会に変容してしまった。そして、本来は最高意思決定機関となるべき理事会は、その自主性を徐々に失い、最後には国の意向に大きく影響されることになっていく。

しかも、国鉄の予算については、官庁の現業機関であった時代には国有鉄道特別会計が設置され、その予算について運輸大臣から大蔵大臣に送付されて議会の審議に付された。これが公共企業体に移行したことで、国鉄の予算は運輸大臣が大蔵大臣との協議を経たうえで承認するという方式に変わった。予算を通じて国は国鉄をコントロールした（ただし、1949年6月に国鉄が発足した当座は準備不足であったため、制度の変更は1954年度予算からである）。また、運賃法定主義のもとで、国鉄の経営は国に絡めとられることになった。

戦災からの復旧と「傾斜生産方式」

国鉄の施設は戦災によって、軌道の5%、建物の20%、電灯設備の10%、車両の10%、連絡船の65%を失っていた。そのうえ、戦争中の酷使で線路や車両の状態は極度に悪化していた。

そのような状況のなかで、国鉄には連合軍の特殊輸送や疎開者の復帰輸送、そして、復員兵の輸送の使命が新たに加わった。それに、国民生活の最低限の水準を確保するための物資の輸送を優先的に確保する必要があった。

1946年度の貨物輸送量は9130万トンで、戦前（1936年）の94%より必ずしも低い数値ではなかった。しかし、戦時中に船舶を戦地輸送に転用するため、内航海運が担っていた国内の貨物輸送を鉄道に移して船舶を捻出した。そのため、これでも輸送力は逼迫《ひっぱく》していた。戦後は産業界が立ち直りを見せるものの、国鉄は原材料や製品輸送の増送に対応できなかった。

とくに機関車が不足していた。1947年当時、機関車は5470両中、やや完全と思われるのが2690両にすぎなかったことから、1946、1947年の2年間は蒸気機関車の修繕に全力が傾注された。その後、重点が貨車に移ることになる。貨車は戦時中の大量増備で数量こそ戦前を上回っていたが、貨車回転率は戦前の半分にすぎなかった。そのうえ、有蓋貨車の絶対数が不足していた。

1947年度には日本経済復興の糸口とすべく、石炭と鉄鋼に資源を集中的に投入する傾斜生産方式が実施された。そして、陸海総輸送量を1億2600万トンと見込み、鉄道はそのうち1億1600万トンを運ぶ計画が立てられた。しかし、結果的に輸送力の不足で生産が制約され、増産のために供給された貨幣量の増加でインフレが昂進《こうしん》した。

傾斜生産方式のもとで輸送と電力が軽視されたとの反省から、１９４８年度には鉄道と電力を石炭、鉄鋼に準じる重点産業として扱うことになった。そして、鉄道には1億３０００万トンの輸送が要請された。これを達成するため、官民を挙げて「貨車生み出し運動」を展開。地震や台風などの自然災害による輸送障害があったものの、ほぼ目標を達成することになる。

鉄道敷設法の再改正で30線を新規着工

戦後の１９５１年5月に鉄道敷設法を改正し、民主的な意思決定を導入するため、運輸大臣の諮問機関として鉄道建設審議会が設置された。審議会のメンバーの選定で政治が介入する余地は残されたものの、いちおうかたちとしては合意形成の仕組みができたことは意義がある。

この鉄道建設審議会は、１９５２、１９５３年に全国で30線の新規着工を決めた。その詳細は図表13のとおりである。

１９５２年度から１９６０年度まで７５１億円の建設費が投じられ、部分開業を含めて28線６１５kmが建設された。このいずれも開業すると赤字が発生するため、国鉄経営調査会や国鉄監査委員会は建設の中止ないし着工の延期を勧告した。

その後、１９５５年には8月1日に油須原《ゆすばる》線、翌年2月14日には倉吉線・関金－山守《やまもり》間と樽見線（現・樽見鉄道）・谷汲口－美濃神海《みのこうみ》（現・神海）間の建設が答申され、工事に着手することになった。その後も各地から新線建設の陳情が寄せられたが、国鉄が東海道新幹線を含む幹線系路線の投資額の増加にともない、ローカル線の工事費が切り詰められ、鉄道建設審議会での新規着手路線の答申が中断する。結局、１９６１年5月12日に答申が出された丸森《まるもり》線（現・阿武隈《あぶくま》急行）と北松《ほくしょう》線、7月14日の只見線まであいだが空いた。

図表13　鉄道建設審議会への答申または建議年月日

日付	路線名
1952年4月28日	中湧網線、小本線、川口線、白新線、大糸線、樽見線、紀勢線、赤穂線、本郷線、江川崎線、日田線
1952年12月2日	札沼線、白棚線、魚沼線、遠羽線、福山線、津軽線、気仙沼線、野岩線、内海線、宮原線、能登線、越美線、三江線、岩日線、辺富内線、根北線、阪本線、国分線、枕崎線
1953年度	枕崎線、根北線、辺富内線、阪本線、内海線、国分線
1956年度	油須原線
1957年度	美幸線、白糠線、鷹角線、生橋線、武蔵野線、根岸線、神岡線、窪江線、中村線、小国線、興浜線、芦別線、氷見線

1958年度に残工事として、
南勝線（関金－山守）4.5kmを施工した。
出典：『交通年鑑』

釜石線

釜石線は1943年9月20日に花巻－柏木平間の改軌（762㎜→1067㎜）と花巻－似内《にたない》間の線路つけ替えが実施され、鳥谷ヶ崎《とやがさき》駅が廃止された。続いて柏木平－遠野間の改軌に1949年3月に着工し、12月10日に竣工。これで花巻－遠野間が軌間1067㎜に統一され、ほかの国鉄線との直通も可能になった。

戦後の1948年9月にアイオン台風で山田線・松草－蟇目《ひきめ》間の道床が流失して線路が寸断された。国鉄は山田線を復旧させるのか、それとも釜石線の工事を完了させるのか比較検討したが、最終的に釜石線の建設が優先された。

1948年11月15日にCTS本部と国鉄の線路課長が協議し、「アイオン台風によって隔離された海岸地方の運輸の方法を検討の結果、釜石線を完成させることが良策である」として、国鉄は1948年12月25日に急遽、遠野－陸中大橋間の土木工事に着手し、北上山地を抜ける区間で、途中、足《あし》ケ《が》瀬《せ》隧道、土倉《つちくら》隧道、鬼《おに》ケ《が》沢《さわ》橋梁、第2大橋隧道を建設した。地形を縫って走るために、最小半径200m、最急勾配25パーミルと厳しい線路形状で難工事となったが、1950年10月10日に遠野－足ヶ瀬間の改軌と

図表14　1953〜1959年度に開業したローカル線

年	日付	路線名	開業（特記以外）
1953年	10月22日	湧網線	中佐呂間－下佐呂間
	11月3日	札沼線	浦臼－雨竜（再開、1944年休止）
	11月8日	松前線	渡島大沢－松前
		会津線	荒海－会津滝ノ原
1954年	3月15日	宮原線	宝泉寺－肥後小国
	3月30日	可部線	布－加計
	8月1日	魚沼線	来迎寺－西小千谷（改軌）
1955年	3月31日	三江南線	三次－式敷
1956年	3月15日	日田線	彦山－大行司
	3月20日	樽見線	大垣－谷汲口
	4月1日	紀勢西線	紀伊木本－新鹿
	4月15日	白新線	葛塚－沼垂
	9月20日	会津線	会津宮下－会津川口
	11月16日	札沼線	雨竜－石狩沼田 （再開、1944年休止）
1957年	1月12日	紀勢東線	尾鷲－九鬼
	2月11日	気仙沼線	気仙沼－本吉
	2月18日	肥薩線	瀬戸石－海路（新線路）
	5月16日	小本線	宇津野－浅内
	8月15日	大糸線	中土－小滝
	8月24日	紀勢西線	道成寺－和佐（新線路）
	10月1日	日田線	香春－伊田（短絡線）
	10月1日	北陸本線*1	木ノ本－近江塩津－敦賀
	11月6日	羽幌線	築別－初山別
	11月10日	根北線	斜里－越川
1958年	3月25日	赤穂線	日生－伊部
	4月23日	紀勢東線	九鬼－三木里
	4月29日	樽見線	谷汲口－美濃神海
	8月11日	石巻線	女川－女川港（貨物線）
	10月18日	羽幌線*2	初山別－遠別
	10月21日	津軽線	蟹田－三厩
	11月15日	富内線	富内－振内
1959年	6月15日	能登線	穴水－鵜川
	7月15日	紀勢本線	三木里－新鹿

*1 旧線・木ノ本－敦賀を柳ヶ瀬線に変更　*2 天塩線を編入
出典：『数字でみた国鉄』など

足ヶ瀬－陸中大橋間の新線が完成した。これにより、足ヶ瀬－仙人峠間の線路と関口《せきぐち》駅と仙人峠駅を廃止した。

全線が開通したことで、定期外旅客がそれまでの月30万人から35万人に増加し、定期旅客も釜石製鉄所の工員を中心に20万人から40万人に増加した。貨物輸送は従来は陸中大橋以東の沿岸部の貨物が中心であったが、全通によって内陸の貨物が増加した。また、沿岸の船便での輸送が鉄道経由に移転。１カ月平均輸送トン数は１９５０年９月に比べて数量で２５０％、収入で５４８％を記録。輸送力の不足が大きな問題となった。

山田線の復旧

１９４９年にＧＨＱ－ＣＴＳ（民間運輸局）の鉄道部施設課長のクレーボーが山田線を視察、「現状のまま山田線を復旧することは太平洋に金を捨てるようなものだ」と語ったが、国鉄の施設局長が「閉伊川《へいがわ》にダムを建設するなど洪水対策をしたなら、山田線は復旧してもよいか」と問いかけ、これにクレーボーは「ＯＫ」と答えた。これで山田線の復旧工事は決まった。

１９５１年10月に復旧工事に着手することが決定し、１９５３年１月19日に路盤工事が完了。引き続き軌道工事を実施し、１９５３年３月25日に腹帯《はらたい》－茂市間が運行再開。１９５４年11月20日に全線の復旧工事が完了した。

「東北開発研究会」がリポートした新線計画

東北地方の産業開発のために各地で新線計画が立てられ、工事開始を目指していた様子がうかがえる資料として、１９５６年３月に東北開発研究会が作成した『東北地方交通幹線網の策定基準及び経済効果に関する調査』の内容を紹介する。東北開発研究会とは東北地方の開発にかかわる中央官庁の職員で構成されるシンクタンクである。

三陸縦貫線（のちの北リアス線）

久慈－岩泉間62・７㎞、丙線。元三陸鉄道北リアス線（現・リアス線）で、久慈から岩泉小本までの路線。途中、袰野（小本）で分かれて内陸部の浅内《あさない》まで小本線①の未成線があり、浅内では、のちに岩泉線として開業する小本線②につながる。

「既成線八戸、久慈間を延長して太平洋岸を伝い袰野（小本）付近を経て小本川を遡り岩泉に達するもので山田線、釜石、盛岡間及び気仙沼－前谷地間線路と相俟《あいま》って三陸沿岸を通し一大縦貫線を構成するものである。

図表15　東北地方の予定鉄道線路図（1956年）

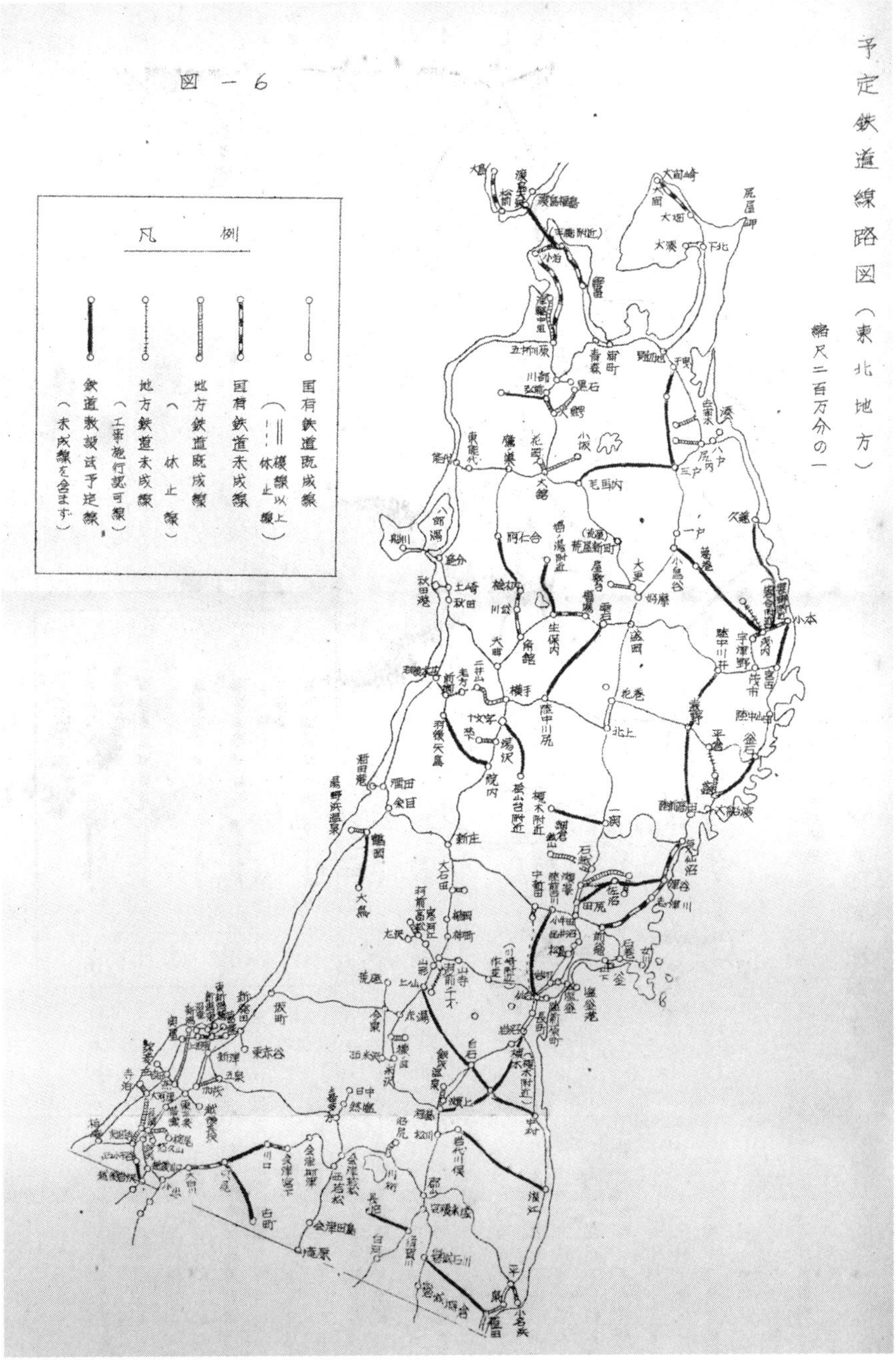

出典：『東北地方交通幹線網の策定基準及び経済効果に関する調査』

沿線人口は41、000人、観光資源は国立公園陸中海岸を抱きリアス式の景観に富んでいる。（中略）

本区間は宮古港を除いて船舶の碇泊に適する港湾がなく、地方民の生業である漁獲物は海上静穏のとき漸《ようや》く八戸に輸送する状態である。沿道山間より産する木材用材は河川を下って河口に集中し、汽船の寄港をまって漸く搬出している。又魚介、海藻等の海産資源は豊富であるが、海岸一帯山脚迫り耕地乏しいため、日用必需品は塩釜、東京方面より海路供給されている。又山間部は開墾が行はれ酪農等が盛んであり、又未知の鉱産資源が伏蔵されている。

国鉄バスは盛岡－久慈（急行バス）－岩泉－小本、岩泉－一戸－安家《あっか》、久慈－普代《ふだい》－沼袋《ぬまぶくろ》の路線を有し、その他民間トラックが営業している」

小本線②（のちの岩泉線）

宇津野－岩泉間18・9㎞、丙線。のちに岩泉線として開業した宇津野から浅内を経て岩泉駅までの区間。

「この内宇津野～浅内間は昭和30年（1955年＝引用者注）に路盤完成し、軌道工事を待っている。

既設宇津野駅より岩泉に延び、その間小鳥谷－浅内間線路を結ぶもので、既成線小本、山田線を介して川井－高田間線路とゝもに三陸縦貫線の1部補助線を構成するものである。

沿線人口は20、000人　観光資源として岩泉の洞窟は有名である。

我国チベットの一環をなす地方であるが、小川炭鉱のシャモット、石灰、岩泉附近の酪農および沿線一帯に原生林と未開の鉱区を有している。

国鉄自動車が盛岡－小本－一戸－岩泉間、下閉伊トラック会社が活溌《かっぱつ》に運行している。

交通を敏活にし豊富な鉱山及び森林資源の開発を促進し、併せて三陸縦貫線の一部補助とし、地方交通を完《まっと》うし、北奥羽総合開発に大きく貢献するものである」

三陸縦貫線（のちの宮古線）

宮古－小本間30・1㎞、丙線。上の内陸ルートに対し、小本から宮古までの海岸ルート。元三陸鉄道北リアス線で、現在はリアス線に統合している。

「既設山田線宮古駅より分岐し、田老《たろう》を経て小本に至るもので、延長は30粁《キロ》1である。この間宮古港を除く船舶の碇繋《ていけい》に適する港湾がなく、沿道も険岨《けんそ》で交通機関に恵まれていない。

沿線人口は33、800人　観光資源は国立公園陸中海岸を擁し、この沿線随一の景勝の地である。

漁獲物は地方民の大きな資源であり、田老鉱山は夙《つと》に全国に名が知られその産額も多い。また林産資源も豊富であるが米、麦その他需要品は遠く塩釜東京方面より供給を受けている。

バスは中継的に区間運行している」

三陸縦貫線（のちの盛線）

釜石－盛間37・7km、丙線。


「大船渡線盛駅より立根《たっこん》を経て、今出山《いまでやま》にずい道を穿《うが》って吉浜《よしはま》、唐丹《とうに》を過ぎてこの間の突出部（リアス式海岸の岬の部分＝引用者注）はずい道にて短距離を通り釜石市平町付近より更にずい道を貫き、源太沢《げんたさわ》に出《い》でて中《なか》妻《づま》附近で釜石線に接続する。

沿線人口は43、500人。

無限の海産物を包蔵し、山間部は森林繁茂して、木材木炭等の産出多く亦《また》、鉱業は著名な釜石製鉄の外《ほか》に、今出山鉱山等豊富な金銀銅鉱を埋蔵しているが、交通機関に恵まれない。三陸沿岸中第一の難所ともいわれまた海上は風浪常に劇《はげ》しく物資の輸出入は困難である。

本線路に平行してバス路線がある。

三陸縦貫鉄道の一環として、久慈、宮古、釜石、大船渡線等は京浜《けいひん》、塩釜、仙台方面へ短絡され、沿線の産業文化の発展に資することが大きい」

岩泉線（1996年）＊

気仙沼線（北部）

気仙沼－津谷《つや》（現・本吉）間21km、丙線。


「路盤工事完了し、昭31・4（1956年4月＝引用者注）に気仙沼、気仙沼港《けせんぬまこう》が営業開始をする。

大船渡線気仙沼駅より略々《ほぼほぼ》海岸沿いに津谷に至るもので延長21粁である。更にこれを延長し石巻線前谷地駅に連絡し、三陸縦貫線の一環となるものである。

沿線人口は37、000人。

気仙沼～仙台間（急行バス）及び津谷～田尻間にバス路線を有し東北本線に直結しているが距離遠く容易でない」

気仙沼線（南部）

津谷－前谷地間55・2㎞、丙線。

「大船渡線気仙沼駅より志津川を経て、海岸を離れ石巻線前谷地駅に連絡するもので、その内、気仙沼～津谷間21粁は着手している。

久慈～宮古、釜石～大船渡間線路と相俟って三陸縦貫鉄道を構成するものである。

沿線人口は83、909人　観光資源としては横山《よこやま》不動尊　柳津《やないづ》虚空蔵《こくうぞう》および篦嶽《ののだけ》観音《かんのん》は著名である。

木材、薪炭、スレート、魚介等豊富な物資がある。

本線と平行に仙北バス会社による気仙沼～仙台間（急行バス）、津谷、田尻間バスが東北本線に直結している。

本線の敷設によって、豊富な資源開発を促進し、且つ三陸縦貫線は常磐線と相接して本州東部太平洋沿岸線を一貫して東京以北の一幹線となり地方民の受ける福利甚大であって、本線の使命茲《ここ》に重きものがある」

小本線①（未成線）

宇津野－小本間33・9㎞、丙線。

「既設宇津野駅より延び小鳥谷～浅内間線路に結び、小本川流域を下り岩泉を経て小本に至るもので延長は33K（㎞＝引用者注）9である。

沿線人口は22、500人　観光資源は岩泉の洞窟が著名で観光客が多い。

我が国のチベットとも称されるが、原始林《ママ》及び未開の鉱産資源が豊富に抱擁されている。

牧畜、酪農も盛んである。小川《こがわ》炭鉱のシャモット、石炭、岩泉の附近《ふきん》の酪農は早くから操業している。その外《ほか》大理石、原木、薪炭、鉱石、牛等関東、関西方面と交易している。

国鉄自動車が盛岡～小本間、一戸～岩泉間を、下閉伊《しもへい》トラックが縦横に活躍している」

生橋線（のちの田沢湖線）

雫石－生保内《おぼない》（現・田沢湖《たざわこ》）間24・1㎞、丙線。現在の田沢湖線の一部。盛岡側の生橋《せいきょう》線の延長路線である。

「既設雫石駅より仙岩峠《せんがんとうげ》を穿って生保内川流域を下り既設生保内駅に接続するもので延長は24・1㎞である。

（なお雫石［5粁3］橋場《はしば》間は大正11年［1922年＝引用者注］開業したが大戦激化のため軌条資材の重点的運用により撤去のやむなきに至り、昭和19年［1944年＝引用者注］12月営業休止している。生保内方は志度内《しどない》［5粁4］生保内間は土工完成している）

沿線人口13、000人観光資源は駒岳温泉郷、国定

公園の八幡平《はちまんたい》と田沢湖及び小岩井《こいわい》農場と広く著名なものがあり、訪れるものが多く開通と共に誘発客が相当に上るものである。

斧鉞《ふえつ》（開発の手＝引用者注）入れない豊富な林産資源を抱擁している。

交通機関に恵まれていない。また積雪も多く、通路、運搬器の動力的要素は原始的である。

沿線の豊富な林産資源の開発を促進すると共に、盛岡、秋田の両県都を結ぶ短絡線となり且つ太平洋岸の宮古港と日本海岸船川港とを連絡し、地方産業の交流を盛んにし、産業、経済、文化の啓開に大きく寄与する効果がある」

津軽線

蟹田《かにた》－三厩《みんまや》間28・6㎞、丙線。

「既設蟹田駅より延長し、大平《おおだい》、二股《ふたまた》の山間部を貫いて三厩に至るもので、延長28粁6である。青森函館間ずい道の基線ともなり、又、更に半島を廻《まわ》り五所川原に通ずる線路の一部でもある。

沿線人口は１７、０００人観光資源は三厩～竜飛《たっぴ》海岸線は景勝に富み観光客が多い。

沿線は国有林で、日本三大美林のひとつとして夙に輪伐を行い育成し、営林軌道により、或《ある》いは原始的輸送によって搬出している。また、三厩付近の海産資源の産出額も多い。

バス路線は蟹田～大平、三厩～今別《いまべつ》と区間運行であり、積雪のため12月～4月まで休止し、全く交通途絶の状態である。また、沿岸部は青森商船もあるが欠航多く不便である。

地方輸送の不便を一掃し、半島山間部の利源を吸収し且つ、北海道開発への一大縦貫線となるもので、極めて有要である」

この路線は改正鉄道敷設法の別表にある「青森県青森ヨリ三厩・小泊《こどまり》ヲ経テ五所川原ニ至ル鉄道」１１８㎞である。１９３７年9月1日に青森－蟹田間の土木工事に着手。１９３９年6月には路盤工事を竣工した。その後、軌道の敷設と施設の建設を進め、１９４２年12月に完成間近で工事を中止した（１９４１年9月に中止との資料もある）。

１９４３年春からは、青森水陸連絡施設第3岸壁構築工事のため、工事中の線路を使って蟹田駅からの土砂の搬出を行った。

戦後、１９５３年に鉄道建設審議会で津軽線を含む全国の24路線の建設を答申したことで、同年6月に工事を再開した。

１９５８年10月21日に蟹田－三厩間を開業。６駅を新設し、三厩以外はすべて無人駅である。建設費は７億９６９９万円で、青森－三厩間５往復、青森－蟹田間10往復を設定し、すべて気動車で運行した。

津軽線（**未成線**）

三厩－五所川原間62・８km、丙線。津軽線を三厩から先、大きくカーブを描いて中里《なかさと》から五所川原までの計画路線。中里－五所川原間は当時、すでに津軽鉄道が開業していた。

「本州極地の一角津軽半島を一周するもので三厩より日本海側に出《い》で五所川原に至る延長62粁８である。

沿線人口５２、０００人観光資源は三厩～竜飛～小泊を結ぶ海岸線は景勝に富み観光客が多い。

沿線は殆《ほと》んど官有林で日本三大美林の一つでもあり、夙に輪伐を行い育成している。営林軌道は半島の東岸に沿い、一部は分岐して半島を横断し搬出し、更に各地への輸送は多く海運に頼っているが、沿岸は良湾に乏しく且つ季節風に襲れ秋春の滞荷が甚しい状況にある。海産資源は木材とともに無尽蔵といはれている。

バス路線は蟹田～大平及び海岸沿いに三厩～今別間であるが、積雪のため12月～3月末日まで休止している。又青森商船もあるが欠航多く不便である。

本路線の敷設は既成線五能《ごのう》線と共に津軽海峡線を完成し更に羽越沿岸各地に直通し、また五所川原に於《おい》て奥羽本線と連絡し地方輸送の不便を一掃し半島の利源を開発し且つは北海道への一大縦貫鉄道の一環ともなる重要な使命を有している」

大畑線

大畑－大間間30・２km、丙線。

「内大畑～下風呂《しもふろ》付近迄は路盤工事が大部分完成しているが現在は工事を休止している。

本州の最北端である下北半島の尖端《せんたん》大畑は対岸の函館と一葦帯水《いちいたいすい》の近距離であって、本線路は既設田名部《たなぶ》より分岐して半島の東岸を走り大間に至るもので昭和14年（１９３９年＝引用者注）12月大畑まで開業している。

沿線人口は２６、１３８人　観光資源は下風呂温泉大《おお》間崎《まざき》灯台及び恐山《おそれざん》の霊山があり参詣客多い。

漁業が盛んで、林産も亦豊富であり、海産物の大半及び木材の全部は従来大畑、下風呂、大間より海運によって青森、東京方面に輸出しているが、大湊《おおみなと》線開通後の地方産業の機運は到底船舶にのみ依存できない状態である。

　バス路線大畑～佐井《さい》間である。

　本線路の敷設は営業係数に見るように国鉄企業としては不利であるが、下北半島の啓発を促し、北海道との直接連絡に資すると丶もに大湊支線をして其の機能を完うせしむるものである」

阿仁合線

阿仁合《あにあい》－比立内《ひたちない》間13・４㎞、丙線。現在の秋田内陸縦貫鉄道の北側の鷹巣《たかのす》から伸びてきた路線を延長した路線。

「奥羽本線鷹ノ巣駅より秋田地方を縦貫して陸羽横断し大曲～盛岡間線路の角館駅に連絡するものの一部をなすもので、延長13粁4であり、更にこれを延長して角館駅に至るときは奥羽本線経由するものに比べて約63粁を短縮し奥羽本線の補助ともなるものである。

　沿線人口は9、２００人　観光資源は安滝《やすのたき》、露熊山《つゆくまさん》峡《きょう》の景勝地がある。

　秋田県の宝庫と云はれる　この沿線は森林地帯に属し又将来開発される鉱山も多く就中《なかんずく》阿仁合鉱山は夙に著名である。

　本線路沿いにバスが運行しているが、冬期積雪多いため12月～4月間運休している」

下北交通大畑線（2001年）＊

桧木内線（のちの角館線）

桧木内－角館間27・８㎞、丙線。現在の秋田内陸縦貫鉄道の南側の路線。

「生保内線角館駅より分岐し北秋田地方を縦貫し鷹ノ巣に至る陸羽横断の一環となるもので、土工約70％完工している。沿線人口２１、０８８人である。

　沿道は秋田県の宝庫の一つであり、森林資源と鉱物資源に恵まれていて豊富に包蔵されているが、積雪多いため、バス、トラック等は約4ケ月休止している」

左荒線（未成線）

左沢《あてらざわ》－荒砥《あらと》間32・３㎞、丙線。現在の山形鉄道と左沢線を結ぶ計画路線。

「既成線長井～荒砥間線路を延長して左沢に至り、山形～左沢間線路に接続するもので延長32粁3であって既成線米沢～今泉《いまいずみ》間線路と一貫して米沢より山形に至る一線路を完成する。

沿線人口は42、300人　観光資源は国立公園朝日《あさひ》連峰は著名であり、その他大沼《おおぬま》、浮島《うきしま》、馬神《うまがみ》等がある。

沿線は西村山《にしむらやま》、西置賜の東部を貫流する蜿々《えんえん》たる最上《もがみ》川《がわ》の流域で、地味肥沃、農耕発達している。主な産物は原木、薪、鉄鉱、白土等であって、村山、置賜の原野は、木材、薪、石材等の林産資源が豊富である」

楯岡線（**未成線**）

楯岡《たておか》－寒河江《さがえ》間23km、丙線。

「奥羽本線楯岡駅（現・村山駅＝引用者注）より谷地《やち》町（現・河北《かほく》町＝引用者注）を経て既成線、左沢線の寒河江に連絡するもので、地勢平坦《へいたん》であり延長23粁である。

沿線人口は65、000人

沿線は最上川流域を下る村山平野にして土地豊沃、人口稠密で、農耕の業、発展し養蚕業も亦旺盛で草履表の産額も少くない。

中間、谷地町は寒河江川流域に産する鉱石、繭、生糸その他の集散地である。

本線に並行してバス路線がある。

最上川流域にある寒河江町と商工業地である楯岡とを結ぶ左沢線と相俟って一般交通を敏活にし、地味豊沃な村山平野の産業発展に貢献すること甚大である」

川口線（**のちの只見線**）

会津宮下－会津川口間15・0km、丙線。現在、只見線の一部となっている区間。

「会津線（現・只見線＝引用者注）会津宮下駅より只見川に沿い電源地帯の沼沢《ぬまざわ》、中川《なかがわ》を経て川口に至る15K00の線路で、沿線の森林地帯の原木開発もさることながら、沼沢沼、宮下、本名《ほんな》等の水力発電所あり、更には会津川口より只見に至る田子倉《たごくら》線（27K5）に連なる。

電源開発工事のための資材、人員の輸送が当面の使命で田子倉、黒又川《くろまたがわ》第一、奥只見《おくただみ》等電源開発工事の輸送路となる」

東北本線代用線（**のちの丸森線**）

瀬上《せのうえ》（現・東福島。現在の阿武隈急行線・瀬上駅とは別）－槻木間50・1km、甲線。のちに丸森線として実現し、現在は阿武隈急行の宮城県側の区間。

「東北本線瀬ノ上より保原、丸森、角田《かくだ》を経て東北本線槻木駅に連絡する線路であって延長50粁1である。

本線は阿武隈川流域に沿って進み現東北本線の越河《こすごう》峠《とうげ》付近の急勾配25‰《パーミル》に比して8‰の緩勾配であり距離もおおよそ本線に等しい。

沿線人口は138、000人で密度が大きい。

地味肥沃で地域が広大であって、物産は穀物、果実、木材、木炭、亜炭、石材、肥料、セメント等豊富である。

本線路に平行してバスが運行している。

本線の使命は地方産業開発と交通の利便を図り、且つ越河峠に輻輳《ふくそう》する輸送を緩和し強化に寄与すること共に大きい」

第2章　「高度経済成長」の牽引車としての鉄道

電化とディーゼル化で大躍進する鉄道

日本経済は1950年に始まった朝鮮動乱での国連軍からの特需によって助けられ、急ピッチで戦前のピークを回復した。さらに、1952年4月28日には対日平和条約が発効して再独立を実現し、外国諸国との国交関係も順次回復して貿易も次第に発展した。ただ、日本製品に対する海外の信頼性は低く、基本的には国内での需要の増加にともなう企業の設備投資がきっかけとなり、乗数効果によって国民所得は順調に増加し、戦後の高度経済成長の前半が始まることになる。旺盛な需要を背景としているため、インフレなき経済成長が続き、人々の所得は増え、生活環境も改善していった。1955年度の経済白書には「もはや戦後ではない」という言葉が躍った。ただし、この言葉の真の意味は、それまでのアメリカによって保護された経済成長から、自力によって成長を続ける必要があることを求める言葉であった。

戦後はアメリカからの援助資金だけではなく、食料品を中心とした援助物資を受け、これで日本人の栄養状況が確保されたが、この援助物資を国内で売却することで得た資金で見返資金特別会計が設置され、国内の産業復興に資金を供給した。のちに財政投融資制度の確立によって産業投融資特別会計へと発展することになり、国鉄や営団地下鉄（現・東京メトロ）の新線建設などに活用された。

1956年度には活発な設備投資によって二桁の経済成長が実現し、いわゆる「神武《じんむ》景気」が現出した。産業界の発展にともなって人や貨物の移動が増加したため、国は道路整備5カ年計画を策定して劣悪な道路施設の整備に努めた。東京と大阪といった東西の2大経済圏を結ぶ国道1号線・東海道ですら箱根《はこね》は対面2車線で、急勾配が続く交通の難所であった。大都市の近郊ですら未舗装の砂利道で、バスやトラックなどの大型車が増えたために大きな穴が開いて、バスの乗客は座席から飛び上がらんばかりの状態で、乗り心地は最悪であった。道路から落ちたバスやトラックは日常風景であった。

国内の中長距離の流動は、陸上では国鉄がほぼ独占していたが、戦前の政党の鉄道政策に起因して幹線の輸送力が不足し、国鉄は窮余の策として荷主にトラックの利用をすすめるという状況であった。

経済成長によって経済活動が活発化し、地方から大都市への人口の移動が進み、都市の過密化と周辺部への拡大が進んだ。近郊の田園地帯に公団住宅のコンクリートの建物が立ち並ぶことになる。しかし、行政は学校などの公共施設や下水道や道路の整備を急ピッチで進めたが、人口の増加に追いつかず、生活環境は悪化していった。都市河川は汚濁し、道路は渋滞で身動きがとれないというありさまで、さらに自動車の排出ガスによる大気汚染、光化学スモッグの発生など生活者の健康にも深刻な影響を発生させた。

池田勇人《いけだはやと》内閣による所得倍増政策で個人所得が急速に増加し、人々には余裕ができ、レジャー旅行が増加していった。このころは、まだ団体旅行や会社の宴会旅行が中心であった。全国で団体列車が走り、観光地を結ぶ周遊列車が走っていた。

国鉄は1955年11月に幹線電化調査委員会が幹線電化3300km（未完成部分約3000kmと北海道と九州を含む主要幹線を追加）を答申した。さらに、1959年6月に「国鉄動力近代化委員会」は遅くとも15年以内に幹線が電化されることによって輸送系統から見て電化したほうが有利であると考えられる線区、大都市周辺の通勤圏内の線区が電化されるべきとして2000kmを追加し、合わせて5000kmを電化するとの報告書をまとめた。それ以外のローカル線についてはディーゼル機関車やディーゼルカー（気動車）への置き換えを進め、蒸気機関車を全廃すべきとした。

国鉄は1960年度を初年度とし、1974年度末までの輸送量の増加を考慮した場合に必要な動力近代化投資を4870億円と見積もった。内訳は、電化施設960億円、車庫等運転関連施設430億円、電気車両1420億円、ディーゼル運転の車庫その他430億円、ディーゼル車両1720億円で、年平均約300億ないし340億円を投資。動力近代化を行わなくても車両更新などに支出すべき支出3640億円を除くと、所要額は1230億円とした。

地方開発の推進を目指した「全国総合開発計画」

日本の戦後復興はきわめて計画経済的性格を強くしていた。戦前にも進歩的若手官僚を中心にこの考え方が登場したが、当時は社会主義的な危険思想として、若手官僚は満州国《まんしゅうこく》などに異動させられた。戦後、先進的官僚が復帰して1946年に経済企画庁が設置され、長期計画による経済復興を進めていくことになる。そして、経済復興の指針として内務省が「復興国土計画要綱」を作成。続いて1947年3月に「地方計画策定基本要綱」を定めた。そのうえで総合国土開発審議会を設置。1949年7月16日の第1回審議会で法律制定の提案が出され、これを受けて政府は仮称「国土計画法」を国会に提出した。最終的に「国土総合開発法」として翌年5月に公布、6月に施行となった。関連省庁の権限を横断的に統合して経済開発計画を策定しようというものである。そして、同時に北海道開発法を制定して北海道総合開発計画を策定。また、東北産業開発調査会が設置され、1947年4月に「東北地方産業開発計画要綱」が作成された。

その計画は、国が全国を対象に策定する全国総合開発計画、都道府県が作成する都道府県総合開発計画、二つ以上の都道府県が協議によって作成する地方総合開発計画である。内容は総花的で面白みのない文書であるが、この計画が国や自治体のさまざまな開発計画の根拠となるため、非常に重要な意味合いを持っていた。

実際には、同法のもとで最初に作成された計画は「特定地域総合開発計画」であった。国土開発計画法を改正して新しく規定されたが、この特定地域は国土開発審議会の答申にもとづいて内閣総理大臣が指定する。1953年から1958年にかけて21地域について「特定地域総合開発計画」が策定された。いわば地域計画を策定して、それをもとに都道府県が計画にまとめ、さらに地方ないし特定地域の開発計画、最終的に全国総合開発計画に集約されることになる。

国が開発計画で扱うテーマとして、大都市問題、土地問題、地方開発、高度成長、水資源開発を掲げていた。昭和30年代半ばになると、そのうちでも「都市の過大化防止」「地域格差是正」が主要な問題となり、以後の全国総合開発計画の中心的なテーマとなる。

1960年に池田総理のもとで所得倍増計画が進められると、太平洋ベルト地帯構想が打ち出された。東京、名古屋、大阪へのいっそうの集積を意味するもので、とくに後進地域から強く批判されることになった。それ以降、未開発地域の土地を大規模に取得して工業地帯を造成する「拠点開発方式」によって地方での工業開発が進められることになる。

当時、戦前から発展していた工業地帯は、京浜、中京《ちゅうきょう》、阪神、北九州の4カ所で、国内での工業生産の大半を占めていた。

戦後の日本の産業化は著しく、京浜工業地帯や阪神工業地帯の後背地への人口の移動が進んだ。首都圏と関西圏の人口は大きく増加したが、その半面、地方の人口は減少した。農業生産自体の生産性の低下と、一方での都市での所得水準の上昇で、都市と地方の格差が拡大した。地方では、若者は高校を卒業すると進学や就職で大都市に流出し、農業を担うのは「じいちゃん、ばあちゃん、かあちゃん」しかいないということで、「三《さん》ちゃん農業」と呼ばれた。

昭和30年代には石油化学工業が急速に発展していった。当時はまだ原油生産が先進国のメジャーに牛耳られていて、原油価格は非常に低かった。日本は巨大タンカーを生産し、主に中東地域から原油の輸入を増加させた。海外から輸入する原油を精製し、ガソリンや軽油が生産される過程で排出されるガスを原料にして化学繊維やプラスチックが生産された。原油の分離から各種製品の生産までを1カ所の広大な工場群で実施する石油化学コンビナートが各地に設置されることになる。まず、１９５６年には、川崎市、四日市《よっかいち》市、岩国《いわくに》市、新居浜《にいはま》市がその立地場所に指定された。

また、戦後は工業製品の基礎的素材として製鉄業の復興と発展を進めたが、１９５３年には千葉市に川崎《かわさき》製鉄が銑鋼《せんこう》一貫生産の製鉄所を稼働させた。銑鉄《せんてつ》はもともと官営製鉄所に出自を持つ日本《にほん》製鉄がほぼ独占していた。そのほかの製鉄所は日本製鉄から銑鉄の供給を得て鋼板など製品に加工していたが、その輸送過程で冷めた銑鉄を再度加熱する必要があった。そこで、このムダを省くために銑鉄の生産と鋼鉄への加工をひとつの工場で行うことにしたのである。しかし、当時の政府や日本《にっぽん》銀行は国内での先進的製鉄所の建設には懐疑的で、日本銀行は「ペンペン草を生やすだけだ」として嘲笑した。この過程は『華麗なる一族』として小説に描かれ、テレビドラマにもなった。

高度経済成長の前半が終わると一時、景気が停滞局面に入ったため、国が積極的に経済成長政策を打ち出した。その一環として全国の均衡ある開発をお題目に１９６２年に第1次全国総合開発計画が策定された。鹿島《かしま》臨海工

紀州鉄道（1995年）＊

業地帯のように特定拠点を指定して開発するというもので、大規模に用地を買収し、砂浜を開削して大規模な港湾を建設し、工業用地を造成した。

最終的に人口30万人規模の工業都市を建設し、貧しい農村からの脱却、国家プロジェクトによる「農工両全《のうこうりょうぜん》」「貧困からの解放」をキャッチフレーズにしていた。しかし、農漁村には巨額な買収資金が落とされたものの、生活の糧としていた農地や海が取り上げられ、生活再建を強いられたことになる住民との軋轢も見られた。

全国の各地に工業地帯が開発され、工場が操業を開始すると、原料や製品の輸送のために臨海鉄道（国鉄と自治体が出資）や専用線が建設された。

ほかにも貨物輸送を目的として建設された鉄道は多い。たとえば、岡山臨港鉄道（1951年8月1日開業、1984年12月30日廃止［届］）である。港湾地区の貨物専用線を引き継いで岡山市と沿線の企業が設立したもので、国鉄に委託して旅客列車の運行も実施した。その後、自社で運行し、廃止まで続いた。当時、国鉄は出資規制で資本参加できなかった。

臨港鉄道を名乗る会社に御坊《ごぼう》臨港鉄道（1931年6月15日開業、1973年1月1日に紀州《きしゅう》鉄道に譲渡）があったが、これは純粋民営の鉄道である。国鉄の御坊駅と日高川《ひだかがわ》の河畔までを結び、沿線の紡績工場まで専用線があった。旅客輸送も行い、沿線工場への通勤輸送でにぎわった。

また、同様に、十勝鉄道は砂糖大根の輸送のために建設された産業鉄道で、1924年に運行を開始した。旅客も運んだが、1959年に旅客運輸を廃止して以降、貨物輸送だけとなる。その貨物も1977年3月1日に廃止し、鉄道事業から撤退した。

異色な鉄道に石原《いしはら》産業がある。自社の工場までの専用線（塩浜《しおはま》－石原産業四日市工場間1・6㎞）であるが、地方鉄道法の免許を得ていた。1944年から1968年まで運行していた。

産業構造の転換と産業鉄道の盛衰
――南部縦貫鉄道の事例

国は戦後、開発が遅れていた下北半島での大規模な産業開発を立ち上げた。もともと戦前にも同様の計画があり、1936年に東北開発株式会社という国策会社を設立していた。1936年というのは、まさに東北の大飢饉後の国の救済事業が立ち上げられたときである。

戦後、下北総合開発事業の計画を策定し、そのひとつの核となるはずだったのが、むつ製鉄であった。

天間林《てんまばやし》村（現・七戸町）で産する砂鉄を原料とする計画で、これを運ぶための鉄道として、1953年12月23日に南部縦貫鉄道が設立された。南部縦貫鉄道は産業開発路線と位置づけられ、鉄道軌道整備法による新線建設補助の対象となった。この制度が適用された最後の事例となった。

むつ製鉄（事業主体は東北開発）は1958年に事業化されたが、地元からたびたび着工の要望が出されたものの、結局、本格的な工事着手とはならなかった。

南部縦貫鉄道は1953年8月31日に三本木－野辺地間の免許を取得し、1962年10月20日に千曳－七戸間を開業した。しかし、旅客、貨物ともに需要が少なく、厳しい経営を余儀なくされた。1966年には実質的に倒産状態となり、会社更生法が適用された。裁判所の管理のもとに経営再建策が進められることになった。

1968年8月5日には東北本線の電化、複線化にともなう線路のつけ替え工事で千曳駅がルートから外れることになったため、旧線となる千曳（のちの西千曳）－野辺地間の貸付を受けて路線を延伸した。なお、同年5月16日に発生した十勝沖地震で被災し、南部縦貫鉄道は運休していたが、復旧工事が終わって8月5日に運転を再開した。

鉄道事業は一貫して赤字体質のため、収益源として地元の市町から清掃事業と給食事業を受託している。

下北総合開発事業は1969年5月30日に新全国総合開発計画に盛り込まれ、むつ小川原開発事業に発展。むつ小川原港が重要港湾に指定され、国家石油備蓄基地が完成し、原子燃料サイクル施設が建設されるなど原子力、エネルギー関連施設が建設されたが、かつてのむつ製鉄に比べて規模が小さく、少なくとも南部縦貫鉄道の利用を拡大することは期待できなかった。

かつて東北新幹線の構想が発表されたときに、営農大《えいのうだい》学校前《がっこうまえ》で分岐して新幹線の七戸駅までの新線を計画したことがあるが、その後、新幹線工事が中断を経て再開する際に盛岡から青森までが在来線を改軌するミニ新幹線方式となることが決定したため、七戸駅の設置はなくなり、新幹線アクセスの構想も消えてしまった。

その後、1995年12月には国鉄清算事業団の設置期限が来ることから、旧国鉄資産のうち貸し付けている野辺地－千曳間の鉄道施設を5000万円で買いとることを求められたが、赤字の南部縦貫鉄道では負担できないため、1997年1月20日に株主総会で全線廃止を決議した。そして、5月6日から全線で運行を中止した。その翌年の6月に鉄道用地だけ約450万円で購入したが、運休中の施設の荒廃がひどく、巨額の復旧費を要することから、2002年8月1日に全線廃止となった。

東北新幹線もフル規格になって七戸十和田駅が設置されたが、すでに路線を延伸する体力は残っていなかった。

海外資源へのシフトと炭鉱の衰退

戦後、政府は急速に復興を推進するために不足していた資源を鉄鋼生産に集中させた。そのために石炭の増産を進めることになるが、常磐線、上越線、東海道本線の電化を推進したのも石炭を鉄鋼生産に向けるためであった。また、政府は年々の鉄鋼生産高の目標値を計算し、そのために必要な鉄道の貨物輸送量も計画した。産炭地から製鉄所にホッパ車の重量列車が頻繁に運行することになる。たとえば、室蘭本線・滝川《たきかわ》－室蘭間である。日高山地の産炭地域から室蘭の旧・日本製鉄、当時の富士《ふじ》製鉄室蘭製鉄所まで運炭列車を増発するために複線化を計画した。しかし、実際に完成したのは国のエネルギー政策が転換して多くの炭鉱が閉山された昭和40年代であった。

1950年に北朝鮮が突如、南進を始めたことによって朝鮮動乱が始まったが、それに対し、アメリカ軍を中心とした国連軍が派兵され、日本国内が兵站《へいたん》基地となった。国内でも石炭需要が増え、炭鉱は増産に努めた。必然的に炭鉱労働者は酷使されることになるが、十分に経済的に補償されなかったため、1952年に石炭の労働組合が賃上げを要求し、64日にわたる大規模ストライキを打った。

通産省（現・経産省）は労働争議によって石炭の生産が減少したため、緊急に原油の輸入を実施し、その後、急速に産業界のエネルギー源が石油に転換していった。当時は原油の生産は欧米の石油メジャーが仕切っており、価格は低かった。相対的に石炭の価格が高くなったため、産業界は石炭価格の引き下げを要求することになる。

しかし、日本の炭鉱は炭層が薄く、海外のような露天掘りはほとんどなく、人手がかかる坑内掘りであった。また、戦時中の乱掘によって生産効率は低く、価格は容易に引き下げできなかった。一方で、海外の石炭は国内炭より価格が安いため、臨海部での工業地帯の開発により、海外からの石炭の輸入が増加していった。

日本のエネルギー源の比率は、1955年度には石炭47・3%、石油17・5%であったのが、1965年度には石炭27・0%、石油59・6%と、石油と石炭のシェアが逆転した。

増産のなかで事故が多発し、多くの犠牲者が発生した。炭鉱の閉山も増えていったことから、1959年12月に炭鉱離職者臨時措置法を成立し、炭鉱失業者への取り組みが始められた。

1963年に石炭鉱業審議会の第1次石炭政策に関する答申により、石炭鉱業崩壊がもたらす経済、社会への影響の防止、エネルギー革命の進行に対応した生産構造の再編が進められた。1962年と1963年が閉山炭鉱数のピークとなる。

1969年の石炭鉱業審議会の石炭政策に関する第4次答申では石炭企業は再建に努力する半面、維持、再建困難となる場合は進退を決すべきとした。国は再建交付金制度と安定補給金による再建を支援する一方で、期限つきで特別閉山交付金を支給する「石炭鉱業臨時措置法」の改正を行った。

1971年には戦後の世界経済のルールとなっていたブレトン・ウッズ体制が崩壊し、「円」は1ドル360円の超円安レートから変動相場制への移行を余儀なくされ、急速な円高の進行が日本経済を襲うことになる。円高は輸入原油や石炭の価格を引き下げ、国内炭の重要性は大きく落ち込むことになる。そして、通産省は海外炭との競争条件改善は見込めず、国内炭の役割は変化、段階的縮小もやむなしとし、1986年の第8次石炭政策答申では「なだれ閉山」という言葉も登場した。そして、1997年に日本最大の九州・三井三池《みいけ》炭鉱、2001年に池島《いけしま》炭鉱、2002年の北海道太平洋炭礦の閉山により、国内での石炭生産は北海道での坑内掘り1鉱とわずかな露天掘りしかない。

現在は地球温暖化防止のなかで、先進国では石炭発電所の縮小を進めている。ただ、日本だけは福島第一発電所の事故によって原子力発電所が全面的に休止したことにより、石炭発電所を縮小することはできなかった。しかし、その石炭は、ほぼすべてを海外からの輸入に頼っている状況にある。

資本自由化で海外炭が入りやすくなった1960年に、炭鉱の事業転換を進めるために石炭鉱業合理化事業団が発足した。スクラップアンドビルド政策へと進み、常磐炭礦が常磐開発を設立し、温泉などの行楽施設の開業が多くなっていった。

長年採掘が行われてきたため、坑道が深く複雑になり、多くの被害者を出す事故を引き起こした。1971年には、常磐炭礦の中郷《なかごう》礦が大出水事故で水没し、閉山となった。

同年には西部礦での採掘が始まったが、1976年には西部礦を閉山して総撤退が完了。いわき市、湯本《ゆもと》財産区、常磐興産が出資して常磐湯本温泉が設立された。さらに、1985年に中郷礦が閉山になり、常磐炭田は長い歴史を終えた。

九州の筑豊《ちくほう》炭田では戦後日本一の産出高を誇っていたが、1959年にその「日本一」を石狩炭田に奪われた。さらに、1976年には宮田《みやた》町（現・宮若《みやわか》市）の貝島《かいじま》炭鉱の閉山で筑豊炭田での採掘は終わった。

三井三池炭鉱では1963年11月9日に458人が死亡する炭塵《たんじん》爆発が発生。鶴見《つるみ》での鉄道事故と同じ日で、新聞の紙面はこの二つの大事故で埋まった。

陸上の炭層がすべて掘りつくされたため、海底まで炭層を追って、1976年に海底の有明《ありあけ》炭鉱の出炭を開始した。

三井三池炭鉱は比較的遅くまで採炭が続き、操業を終えたのは1997年3月30日であった。石炭の生産がなくなったために、必然的に三池炭鉱の専用鉄道は大部分が廃止されたが、一部は三井化学の専用鉄道として残った。ただ、これも2020年に廃止された。

2015年には宮原《みやのはら》坑、万田《まんだ》坑、専用鉄道跡が「明治日本の産業革命遺産　製鉄・製鋼、造船、石炭産業」として世界遺産に登録された。

石炭産業の衰退により、北海道と九州を中心に産炭地の鉄道の廃止が相次いだ。

地方鉄道の衰退と路線バスの躍進

戦後は鉄道の輸送力が大きく落ち込むなかで、路線バスで補完する措置がとられた。東京と大阪では郊外から都心への直通バスが運転され、運行系統も長距離化した。ただ、東京都と大阪市のどちらも市内では路面電車と路線バスを運行しており、事業エリアを侵すことになることから、郊外との直通バスは停留所を置かず、降車か乗

図表16　産炭地の国鉄の貨物線の廃止等

日付	路線名	区間	備考
北海道			
1970年11月1日	胆振線	京極－脇方	
1971年8月3日	函館本線	美唄－南美唄	旅客運輸
1973年9月9日	函館本線	美唄－南美唄	貨物線
1978年5月1日	万字線	志文－万字炭山	貨物運輸
1978年10月1日	白糠線	白糠－上茶路	貨物運輸
1978年10月2日	函館本線	桑園－札幌市場、近文－旭川大町	貨物線
	留萠本線	留萠－増毛	貨物運輸
1978年12月1日	函館本線	白石－東札幌	荷物運輸
	名寄本線	中湧別－湧別	貨物運輸
	渚滑線	渚滑－北見滝ノ上	貨物運輸
1978年12月20日	士幌線	上士幌－十勝三股	貨物運輸
1979年2月1日	札沼線	桑園－新十津川	貨物運輸
1980年4月20日	標津線	中標津－根室標津	貨物運輸
九州（日付は運行最終日）			
1960年12月14日	香椎線	志免－旅石	貨物線
1964年2月24日	後藤寺線	上三緒－筑前山野	貨物線
1964年2月24日	伊田線	中泉－大城第一	貨物線
1965年9月30日	幸袋線	二瀬－枝国	貨物線
1966年4月30日	筑豊本線	中間－筑前中山	貨物線
1967年8月31日	柚木線	左石－柚木	
1967年11月30日	唐津線	多久－柚ノ木原	貨物線
1968年10月31日	漆生線	漆生－稲築	貨物線
1969年9月30日	筑豊本線	小竹－新多	貨物線
1969年12月7日	幸袋線	幸袋－伊岐須	貨物線
1970年1月31日	日田彦山線	豊前川崎－第二大任	貨物線
1971年3月14日	伊田線	金田－方城	貨物線
1971年8月19日	唐津線	山本－岸嶽	
1971年12月25日	世知原線	肥前吉井－世知原	*
	臼ノ浦線	佐々－臼ノ浦	*
1973年3月31日	田川線	勾金－夏吉	貨物線
1974年12月8日	日田彦山線	豊前川崎－第一大任	貨物線
1978年3月30日	伊田線	赤池－赤池炭坑	貨物線
1982年11月14日	唐津線	山本－相知炭坑	貨物線

*貨物営業は1971年4月1日廃止　出典：『数字でみた国鉄』など

図表17　常磐地域の専用鉄道の廃止等

1967年6月30日	常磐炭礦日渡線・日渡－小野田線分岐点間廃止
1967年11月11日	大日本炭礦・磯原新礦磯原町臼場－磯原駅間廃止
1967年11月11日	大日本炭礦・勿来礦勿来町出蔵－勿来駅間廃止（1966年2月1日休止）
1969年12月2日	常磐炭礦小野田線・湯本村小野田－湯本駅廃止（1963年8月運行停止、長倉炭礦1962年9月閉山、小野田炭礦1963年3月閉山）
1972年6月24日	常磐炭礦内郷線・内郷斜坑－綴駅廃止
1972年9月30日	古河鉱業・好間炭礦北好間籬－綴間廃止（1970年2月1日休止）
1972年11月1日	常磐炭礦・内郷村綴－綴駅間廃止
1972年11月9日	日曹赤井炭礦・赤井村不動堂－赤井駅廃止（1972年9月30日旅客運輸廃止）
1976年3月31日	高萩炭礦・櫛型礦櫛型村友部－川尻駅廃止
1976年10月16日	常磐炭礦向田線・湯本村向田－湯本駅間廃止

出典：おやけこういち『常磐地方の鉄道 民営鉄道の盛衰をたどって』

会社名	区間	キロ程	所要時分	運賃	回数
防石鉄道	三田尻－石見益田	109.3	5.20	370	2
一畑電鉄	北松江－宮島口	223.6	7.51	600	7
	北松江－広島	199	6.55	550	1
石見交通	益田－広島	158.7	5.50	450	3
琴平参宮電鉄	高松－高松（定期観光）	102.9	9.30	320	1
宇和島自動車	宇和島－松山	117.6	夜6.50/昼5.20	405	2
徳島バス	徳島－北川	119.5	7.15	415	1
	徳島－出原	104.3	6.15	360	1
	徳島－海川	101.6	6.00	315	0.5
	鳴門－甲の浦	122.5	5.30	325	1
	徳島－甲の浦	105.9	4.45	280	1
高知県交通	土佐橋－牟岐	155	5.40	510	1
	土佐橋－甲の浦	127.7	5.30	430	1
	土佐橋－片島	162.1	6.55	575	2
	安芸－牟岐	115.8	4.40	385	1
	窪川－下川口	111.8	5.40	495	1
西日本鉄道	博多－熊本	119.4	2.40	270	3
	博多－熊本	126.5	2.40	270	1
	中津－博多	119.5	2.40	280	1
長崎県営	長崎駅－雲仙－長崎駅	101	7.40	550	4
九州産業	熊本－博多	121.5	4.00	270	2
亀の井バス	別府－鍾乳洞－別府	117.4	6.20	400	1
	別府－耶馬渓－別府	184.4	9.00	650	1
三州自動車	鹿児島－福島	110.1	4.30	280	2
	志布志－志布志	101.1	4.40	230	1
	鹿児島－水俣	131	5.00	210	2
南国交通	霧島－出水	126.1	4.25	220	3
	出水－霧島	102	5.00	220	2
	川内－鹿児島	151	4.00	150	1
丹後海陸交通	浅茂川－京都	176.2	7.30	500	1
東日本観光バス	東京（上野）－軽井沢 *3	150.1	4.30	400	2
岩手県北自動車	宮古－盛岡	110.6	5.00	300	3
帯広乗合自動車	帯広－阿寒	122.7	5.00	400	1
白浜急行バス	大阪－白浜	196	7.00	700	3
国鉄バス	盛岡－川貫	119	8.27	375	1
	盛岡－岩泉三本松	125	8.41	390	1
	広島－浜田	121	5.46	375	3.5
	呉－浜田	148	7.04	445	1
	岩国－津和野	103	5.14	325	1
	岩国－益田	114	5.23	345	1
	広島－津和野	145	6.15	430	1
	松江－十日町	119	7.33	365	1
	今市－十日町	104	7.12	310	4.5
	松山－高知	132	10.00	450	1
	窪川－宇和島	105	8.30	330	2

*1 土休日運行　*2 1泊、土日限定　*3 7月15日～9月15日運行

出典：『バス事業50年史』

図表18　長距離バス運転系統表
（国鉄バスは1953年5月末、その他は1954年5月末現在）

会社名	区間	キロ程	所要時分	運賃	回数
函館バス	松風町－久遠	134.9	7.00	645	1
	松前－函館	101.4	4.30	345	2
道南バス	苫小牧－浦河	123.5	5.10	425	1.5
岩手中央バス	盛岡－釜石	124.6	4.35	385	1
仙北鉄道	気仙沼－川内	148.2	5.20	450	3
	志津川－志津川	103.5	3.35	300	1
庄内交通	鶴岡－狩川－山形	124.4	4.30	300	1
	鶴岡－湯殿山－山形	110.5	3.30	300	1
山形交通	鶴岡－狩川－山形	124.4	3.30	300	1
	鶴岡－湯殿山－山形	110.5	3.30	300	1
信南交通	飯田－長野	179.2	6.00	300	1
	飯田－名古屋	147.6	5.30	390	1
伊那自動車	長野－飯田	179.2	6.00	300	1
松本電鉄	長野－飯田	179.2	6.00	300	1
川中島自動車	長野－飯田	179.2	6.00	300	1
鹿島参宮鉄道	波崎－水戸	105.2	3.50	310	2
東武鉄道	桐生－東京	109.7	3.25	250	1
	桐生－東京	118.7	3.35	250	3
帝産オート	東京－熱海	128.4	4.40	300	1
	東京－湘南－東京	111.7	4.30	350	2
国際観光自動車	東京－小涌谷 *1	105	3.30	300	2
国際自動車	東京－箱根	114.6	3.30	300	1.5
	東京－箱根	110.2	3.30	300	1
箱根登山鉄道	箱根－東京	118.6	2.45	300	2
富士山麓電鉄	甲府－宮下	110.3	5.10	390	1
	富士－富士五湖一周－富士（Aコース）	167.3	10.30	600	1
	富士－富士五湖一周－富士（Bコース）*2	167.3	26.00	600	
名古屋鉄道	名古屋－飯田	147.6	5.00	390	2
	名古屋－下呂	116.8	4.30	290	0.5
濃飛乗合自動車	下呂－名古屋	116.8	4.30	290	0.5
三重急行自動車	名古屋－近鉄宇治山田	112.5	3.00	250	2
	名古屋－賢島	158.8	4.15	415	1
神姫合同	姫路－鳥取	126	4.50	280	1.5
	岡山－鳥取	167.2	6.30	350	0.5
	岡山－大原	108.4	4.15	245	1
全但バス	城崎－姫路	121.3	4.15	200	2
日ノ丸自動車	鳥取－姫路	126	4.50	280	2
	鳥取－岡山	169.6	6.30	350	1
中国鉄道	岡山－鳥取	169.6	6.50	350	1
	岡山－大原	110.8	4.15	245	1
両備バス	岡山－松江	199.4	8.30	475	2
	岡山－鳥取	168.3	6.30	350	3
防長自動車	広島－徳山	114.3	3.36	275	2
	広島－湯田	164.9	5.30	400	2
	玖珂－小郡	107.1	3.37	290	1
	岩国－湯田	125.3	4.50	355	3
	小郡－広島	171.8	5.47	400	2

車だけを扱った。

地方では路線バスが大型化して輸送力を持つようになると、戦争中に疲弊した鉄道を補修するより路線バスに置き換える鉄道会社が現れた。また、地方ではもともと公共交通がない地域も多く、機動性を発揮できるバスの発達により、そのような地域での路線バスの開設が求められることになり、多くの鉄道会社が路線バスを兼業し、新しい路線を開設していった。

また、占領下で道路運送法が制定されたが、基本的には路線バス事業に競争メカニズムを導入するというもので、新規事業者の参入も増えた。ＧＨＱに関連する輸送で一気に業容を拡大したバス会社もある。

第3章　経営改善を迫られる国鉄

ローカル線の合理化と「管理所」の設置

昭和30年代の国鉄の経営は、見かけ上は黒字経営であったが、その内実は巨額の設備投資により、資金収支は厳しい内容であった。

地方のローカル線はまだモータリゼーションが進んでおらず、依然として国鉄への依存度は高かったものの、人口が少ない旅客需要が見込めないローカル線の建設が進み、赤字額は増加していった。

国鉄はローカル線の合理化に着手することになるが、その内容は、気動車の投入による車両の運用効率の向上とサービス向上、駅業務の合理化として駅員の無配置化、貨物取扱駅の集約、駅業務の部外委託、駅要員の縮減、切り替え作業の必要がないスプリングポイントの採用、構内作業の合理化などである。

また、1954年以降は線区管理方式の改善を進め、現場への権限の委譲と線区レベルでの現業機関の統合として、管理所、運輸区、管理長などの制度が採用された。とくに、①赤字が多い線区で普通の合理化では成果を上げえないこと、②増収対策を講じても客貨とも期待できない線区であること、③地理的に局の直接管理が困難である場合に線区別の独立した権限を持つ管理所が設置された。

管理所の最初の事例は1958年10月20日に設置された大湊・大畑線管理所である。東北地方での設置例は図表19のとおりである。

なお、標津線管理所の設置により、標津線の営業係数は、1958年度203、1959年度195、1960年度181と改善したという。

しかし、管理所は権限が委譲されたことで独自に予算を要求して説明する必要があるなど、本来は現業機関では必要がない間接部門の事務が増えたことで、現場を混乱させてしまった。その結果、昭和40年代には次第に縮小していった。

　また、鉄道を廃止してバスに転換した事例もある。杉《すい》津《づ》線と柳《やな》ヶ《が》瀬《せ》線は、いずれも北陸本線の線路のつけ替えによって旧線で運行を続けていたもので、阪本《さかもと》線は改正鉄道敷設法で計画された路線であるが、一部工事が行われたものの、途中で中止した。完成した部分はバス専用道とした。

　新線建設にともなう経費の増加への対策として、新線区間に対して割り増しの特別運賃を設定した。ただ、輸送量が少なく、しかも割増額は小さいために焼け石に水の感があり、ごく短期間で終了してしまった。

　また、国鉄は国に対してローカル線の建設費に対する措置を根気強く求めてきた結果、新線建設に対する利子補給が制度化された。「日本国有鉄道新線建設補助特別措置法」法律第117号により、1961～1965年度の時限立法として実施され、1960～1965年度

図表19　東北地方、釧路鉄道管理局管内での管理所の設置例

東北地方	
1959年5月20日	津軽線管理所
1959年10月1日	士幌線、広尾線管理長
1959年12月1日	橋場線管理所
1960年7月4日	八戸線管理所
1960年10月10日	一ノ関管理所
1961年2月15日	花輪線管理所
1961年7月6日	八戸線管理所を廃止し、尻内管理所設置。全面的に気動車化。列車運行の改善、駅員無配置地、貨物集約
1969年2月9日	一ノ関、尻内、花輪線管理所廃止
1972年2月10日	大湊・大畑線管理所廃止
釧路鉄道管理局内	
1958年4月1日	標津線管理所設置（1963年3月31日廃止）
1960年11月1日	帯広管理所設置 広尾線、士幌線を管轄（1969年2月1日廃止）
1963年4月1日	釧網線管理所設置 標津線、釧網本線を管轄（1969年2月1日廃止）
1963年4月1日	釧網線管理長制度廃止

出典：『盛岡鉄道管理局25年史』『釧路鉄道管理局史』など

図表20　国鉄バスによる鉄道路線代行

路線名	区間	距離（km）	代行日	理由
白棚線	白河－磐城棚倉	24.6	1957年4月	撤去代行
杉津線	敦賀－新保	11.1	1962年6月	
	今庄－大桐	6.6	1963年12月	
柳ヶ瀬線	木ノ本－敦賀	26.0	1964年12月	
阪本線	五条－城戸	11.0	1965年7月	建設代行

出典：『交通年鑑』

図表21　特別運賃の設定（1961年5月20日廃止）

路線名	区間	距離（km）	開業
指宿線	山川－西頴娃	17.7	1960年3月22日
能登線	鵜川－宇出津	9.9	1960年4月17日
岩日線	川西－河山	27.9	1960年11月1日
越美北線	南福井－勝原	43.1	1960年12月15日

地方ローカル線の新規開業区間に割増運賃を設定した
出典：『交通年鑑』

の利子補給額の累計は31億円となった。

房総地区 ディーゼル化のモデル地区に指定

国鉄は昭和20年代（1945～1954年）末ごろ、房総各線で一斉にディーゼル化を行うことを計画した。当時は戦後復興から高度経済成長に入る時期で、巨額な設備投資が必要なために、国鉄の経営は厳しかった。そのためローカル線を中心に合理化や効率化を進めていたが、そのモデルケースとして本社に近い房総地区で大がかりに輸送を改善する計画を立案した。

既存のキハ44000形15両に加え、新型のキハ45000形50両、キハ45500形7両、キハ46000形15両、白棚線用に開発されたレールバスのキハ10000形4両を投入し、旧型のキハ42500形10両を二俣線に転用するほか、C57形10両、C58形7両、客車92両を捻出するという計画であった。

キハ45000形は全国の地方線区の経営改善の目的のため、まず各地のローカル線にまんべんなく配分され、最後に房総地区と関西本線に集中投入された。とくに房総地区の場合は千葉気動車区（1959年9月25日に一部使用開始）の整備時期を見据えた投入計画となった。

キハ45000形は1954年4月8日に房総一周の試運転を実施。夏ダイヤから本格的な使用を開始した。房総東《ぼうそうとう》線（現・外房《そとぼう》線）と房総西《ぼうそうさい》線（現・内房《うちぼう》線）には、新宿ないし両国から房総南端に向けて臨時の快速（東線の「黒潮《くろしお》」と西線の「さざ波《なみ》」「潮風《しおかぜ》」）を気動車で運転したほか、定期運転の気動車の運転区間を延伸した。

秋には快速「成田号」が運転され、さらに、10月1日のダイヤ改正で房総東西線は1時間等間隔のダイヤに大きく変わった。短編成による運行回数の増加で利便性が高まったものの、朝夕の通勤、通学時の輸送力不足など必ずしも利用の実態にマッチしていなかったため、長くは続かなかった。

ダイヤ改正によって房総の南端部の勝浦《かつうら》－館山《たてやま》間では機械式気動車1両の区間運転となり、乗り継ぎが必要となったが、11月15日から勝浦－館山間で液体式3両編成のうち1両を切り離して2両編成で直通することに変更した。環状運転は電化で東西線が分割されるまで続いた。

置き換え初年度の1953年には、C57形6両、客車43両、旧型気動車11両を捻出した。1954年10月のダイヤ改正で、房総東西線からC57形がいったん消えた。

また、大原のキハ44000形6両は成田に転属し、成田線（我孫子《あびこ》支線）の気動車化に充てられた。

全国的な輸送改革の一環として、１９５４年９月１日には木原線と久留里線に運輸区が設置され、木原線には小型のキハ１００００形レールバスが４両投入された。朝夕の通学時間には小型車では輸送力が不足するため、のちにはレールバスにキハ07形（元キハ４２５００形）を連結したが、総括制御できないために、それぞれ運転士が乗務するという不合理が生まれることになり、ごく短命で消えてしまうことになる。

北海道地区①「混合列車」からディーゼルカーへ

北海道のローカル線では戦前から蒸気機関車が牽引する混合列車が多かった。戦後、機械式気動車キハ４１０００形（ディーゼルエンジン換装済み、搭載するエンジンによってバリエーションあり。のちにキハ04、05、06形に改称）とキハ４２０００形（のちにキハ07形）を北海道にも投入したが、本来は本州の暖地向けの車両であり、北海道ではまず道南の室蘭本線と日高本線で使用を開始した。その後、順次、使用線区を拡大した。１９５７年４月には道東、道北にも機械式気動車36両が配置された。

続いて１９５５年から新しく開発されたレールバスの投入が始まった。車体も当時の標準的なバスの寸法で、現在の大型バスより小さかった。人口が少なく、鉄道の利用も少ない路線では蒸気機関車で客車と貨車を牽引する列車では供給過剰であり、単位輸送力を小さくしてコストダウンを図ることで、運行本数の増加も可能になった。ただ、通勤、通学時間帯に混雑するような路線では収容力不足で使用できないという問題もあり、使用線区は限定された。１９５５年には一般形のキハ１００００（キハ01）形11両が投入されたが。同年中に北海道向けのキハ１０１００（キハ02）形８両、翌年にはエンジンを強化したキハ１０２００（キハ03）形20両の投入が始まり、キハ１００００形、キハ１０１００形を置き換えていった。キハ１０２００（キハ03）形は最大52両が配置された。

１９５３年以降、液体変速機を搭載した総括制御可能の新型気動車の配置が始まった。まず、１９５３年に暖地向け片運転台キハ４５０００（キハ17）形11両を投入。１９５５年にはキハ４５０００形７両、片運転台トイレなしのキハ４５５００（キハ16）形８両、両運転台のキハ４８０００（キハ11）形16両を増備した。

１９５５年には初めて北海道向け気動車としてキハ４８２００（キハ12）形の投入を開始した。特徴は、①排気利用の暖房を独立した温気式暖房機にしたこと、②機関の凍結防止のため機関カバーをとりつけたこと、③運転台窓にデフロスター設置したこと、④客室窓を二重窓にしたことなどである。これによって道北、道東地区の輸送単位の小さい線区で気動車の運転が増え、到着してすぐに折り返すことができることで、運用効率を大きく向上させた。

キハ４８２００（キハ12）形は、１９５６年には22両が配置された。

さらに、１９５７年には車両断面を拡大した通常の鉄道車両のサイズとなった新型気動車（片運転台）キハ21形64両を投入。翌年にも10両を増備した。１９５８年には両運転台のキハ22形23両を投入。同年度中に20両、１９５９年度41両、１９６０年度19両、１９６１年度19両を増備し、全部で１２２両まで増加した。なお、キハ22形は、本州の東北にも配置されており、増備は新製だけではなく、転用されたものもある。逆に本州に転用されたものもある。なお、荷物を扱う列車を気動車に置き換えるために、１９５８年にはキハユニ25形６両が投入された。

１９５９年には準急型の投入を開始。翌年には北海道向け急行型キハ27、56、キロ25形の新造を開始して北海道内の準急に投入した。さらに、１９６１年には特急用キハ80系を投入し、10月１日のダイヤ改正で気動車特急「おおぞら」を新設した。函館－旭川間を６時間30分で結んだ。

北海道地区②　レールバスと客車改造気動車の投入

道北の各線を管轄する旭川鉄道管理局では１９５５年８月20日にバスのエンジンを搭載した小型のレールバス・キハ１００００形を、北見機関区に５両、旭川機関区に３両を投入し、北見機関区の車両は石北本線の北見－留辺蘂間と網走本線の北見－陸別《りくべつ》間、さらに相生線で使用された。旭川機関区のものは深名線の深川－名寄間で運用した。

道東各線を管轄する釧路鉄道管理局では１９５５年８月に北海道向けのレールバス・キハ03形を配置して北見－陸別間で運用開始。翌年11月19日からは標津線と根北線でも使用を開始した。その間、１９５６年２月10日には士幌線にキハ４１５００（のちのキハ05）形を配置して客車列車のすべてが気動車に置き換えられた。釧路局内でも１９５６年11月19日に標津線での使用を開始、一部は根北線でも使われたという。

旭川鉄道管理局内では１９５５年12月１日に車体長20mのフルサイズのキハ17系気動車として、北海道で初めてキハ48000（のちのキハ11）形5両を旭川機関区に配置し、宗谷《そうや》本線、天北《てんぽく》線、羽幌線に投入した。続いて1957年1月27日に名寄機関区に北海道向け設計の新型車キハ48200（キハ12）形を投入し、名寄本線の列車の客貨分離を実施した。

5月には留萠本線・留萠－増毛間の一部気動車化を実施している。客貨分離は翌年1月25日には富良野《ふらの》線、1961年6月1日には湧網線、1962年5月1日には羽幌線、1966年3月1日には石北本線の第1次客貨分離と続くことになる。

1962年5月には留萠本線にD51、D61形蒸気機関車を投入し、運転速度が従来の時速35㎞から時速50㎞に引き上げられた。

また、釧路鉄道管理局管内でも根室本線の富良野－釧路間について、1965年5月1日に第1次貨客分離、1966年3月25日に第2次貨客分離が実施された。機関車の牽引による混合列車を気動車に置き換えていった。

北海道では気動車の追加投入を希望するものの、なかなか十分な両数が配分されなかったため、北海道支社では客車にディーゼルエンジンを搭載して不足をカバーすることを考えた。種車は急行に運用しているスハ42系が適当であったが、当時は現役で急行など優等列車に運用しており、改造の種車《たねしゃ》にする余裕はなかった。そこで、シートピッチが狭く、居住性に難のあるオハ62系を改造することになった。オハ62形の両端に運転台を設置した両運転台のキハ40形3両とオハフ62形の車掌室を運転台に改造した片運転台のキハ45形5両を用意して苗穂機関区と釧路機関区に配置。そのほかに、エンジンを乗せないキクハ45形と、客車そのままで気動車と編成を組めるキサハ45形がある。キクハ45形は北海道への配置はなく、キサハ45形3両は室蘭機関区と苗穂機関区に配置したが、1962年の改造に対し、早くも1965年には全車廃車となった。

その後、1977年3月には、北海道地区での普通列車の定番となった（新）キハ40形の投入を開始した。最初は苗穂、旭川機関区に配置し、札沼線、石北本線で運行した。

1979年9月には特急気動車のキハ80系が老朽化したため、置き換え用としてキハ183系気動車が投入された。函館－釧路間の特急「おおぞら5号」から運用を開始した。

北海道全体での旅客列車の設定本数中、気動車の本数は、1965年3月・1343本中1137本、1970年10月・1273本中1075本、1975年7月・

1309本中1107本、1978年10月・1325本中1120本と、その比率は上がっていった。ただ、昭和40年代はじめのローカル線の廃止により、総運転本数が一時大きく減少しているのがわかる。

釧路鉄道管理局での駅の近代化、合理化の状況は図表22のとおり。

図表22　釧路鉄道管理局管内での駅の近代化、合理化

新駅		
1956年12月25日	士幌線	武儀、黒石平
1956年11月1日	広尾線	幸福
1957年12月25日	広尾線	依田
	士幌線	北平和
	標津線	協和
1959年5月1日	網走本線	様舞
1960年4月15日	広尾線	十勝東和、新生
1960年5月1日	網走本線	西一線
1961年2月1日	網走本線*1	塩幌
	根室本線	昆布盛
1961年9月1日	根室本線	東根室
1961年10月1日	標津線	多和乗降場
1962年10月1日	釧網本線	南斜里
1962年12月1日	池北線	南本別乗降場
1963年7月1日	標津線	上春別
1964年6月1日	釧網本線	原生花園臨時乗降場
1965年10月1日	根室本線	根室西貨物線新設、営業開始 浜釧路、帯広でコンテナ取扱開始
1969年11月19日	日本飼料ターミナル	帯広営業所新設
1970年4月16日	釧路開発埠頭埠頭線	新富士－北埠頭 連絡運輸新設
駅の無人化		
1962年9月10日	池北線	川上
1967年4月1日	標津線	光進、平糸駅開設（旅客駅、無人化）
1968年9月1日	標津線	当幌（委託駅から無人駅に）
1970年9月10日	士幌線	駒場、中士幌、萩ヶ岡、清水谷、幌加
駅の委託		
1959年4月1日	標津線	当幌、上武佐、奥行臼
1961年4月1日	根室本線	花咲
1961年5月1日	池北線	愛冠
1963年4月1日	釧網本線	鱒浦
1964年4月1日	根室本線	初田牛
1968年4月1日	釧網本線	南弟子屈
駅の廃止		
1961年3月31日	標津線	泉川（貨物取扱廃止）
1962年1月15日	根室本線	別保（貨物扱停止）、西和田（車扱貨物廃止）
1962年12月1日	根室本線	初田牛（車扱貨物取扱廃止）
1966年9月29日	根室本線	鹿越
1966年10月1日	根室本線	新内、根室港
1967年10月1日	根室本線	利別（貨物取扱廃止）
1967年11月1日	宗谷本線	西永山
1968年5月15日	室蘭本線	豊泉
1969年9月30日	函館本線	神居古潭
1970年11月1日	胆振線	脇方
1972年11月1日	幌内線	幌内住吉
1973年9月9日	千歳線	大谷地
1975年12月25日	石北本線	上越
1977年5月25日	宗谷本線	神路
新線		
1962年11月28日	釧路中央埠頭 公共臨港線	営業開始
1963年1月15日	釧網本線	札弦駅からベニヤ工場まで専用線敷設
1965年10月1日	根室本線	西貨物線営業開始、浜釧路、帯広コンテナ取扱開始
1966年9月27日	根室本線	昭栄、東庶路信号場開設
1966年9月28日	根室本線*2	鹿越駅廃止
1966年9月29日	根室本線*2	鹿越信号場設置
1966年9月30日	根室本線*2	新内駅、狩勝信号場廃止 上落合、新狩勝、広内、西新得、常豊信号場設置
1966年10月1日	根室本線*2	営業開始

*1　4月1日に池北線に改称　*2　狩勝ルート変更　出典：『釧路鉄道管理局史』

四国地区①　ディーゼル王国の誕生

　四国での気動車の最初は、現在の牟岐線の一部であった阿南鉄道であったという。1916年に中田－古庄間を開業し、1936年7月に国有化された。最盛期にはガソリン動車キハ101～103（1930年製造）、201（1931年製造）の4両と蒸気動車ジハ1を使用していた。

　蒸気動車は木造車体の客車の一端にボイラーを設置したもので、三河《みかわ》鉄道（現・名古屋鉄道）から譲渡されたものである。

　国鉄が投入した最初の気動車は1930年から製造を開始したキハニ5000形である。2軸単車の車長の短い小型車であるが、40馬力のエンジンに半鋼製の重い車体の組み合わせで、使い勝手は悪かったという。大都市近郊の区間運転に使用する予定であったが、ほとんど使用されずに、早々と地方の閑散路線に転用された。四国では大阪局から小松島機関区にキハニ5008～5011の4両を転属し、1931年7月15日から徳島－小松島間で使用した。そのうちキハニ5008は事故で損傷して1934年に廃車。残りの3両も姫路《ひめじ》に転属させている。その後、大陸での戦争が拡大して欧米からの経済制裁を受けるようになると、姫路に配置されていた6両すべてが1941年に四国に渡り、多度津《たどつ》工場でエンジンが降ろされ、ハニ5000～5002、5005～5006として宇和島線で使用された。戦後すぐの1948年10月に全車廃車となったが、廃車後は小松島駅で倉庫などとして車体が残っていたといわれるため、最後は小松島線で使用されたのかもしれない。

　その後、2軸ボギー車で全長も17mに拡大された本格的な気動車として、1932年に小松島機関区にキハ36900（キハ41000）形2両を投入。1934年には徳島機関区にも4両が配置された。1936年には岡山から徳島に3両が移動した。

　1936年4月現在の四国のガソリン動車の配置両数は、高松機関区1両、小松島機関区2両、徳島機関区4両の7両で、高松－琴平《ことひら》間、高松－讃岐津田《さぬきつだ》間、撫養線（現・鳴門線）、鍛冶屋原線、徳島－阿波池田《いけだ》間、徳島－古庄間で使用された。

　四国の国鉄の近代化は、もっぱら気動車化であった。戦後の1949年にガソリン動車4両を木炭ガス動力に改造して各都市圏で気動車の運行が再開。1951年から翌年にかけて機械式ガソリン動車8両のエンジンをデイーゼルエンジンに載せ換えている。1952年1月には気動車のみ停車する駅が7駅新設され、4月には2駅を追加した。蒸気機関車牽引の列車では、1停車による時間ロスが大きく燃料も余計に必要であったため、停車駅の増加は気動車化の大きなメリットがあった。

また、戦時中の輸送力増強のために明治時代末から大正時代に製造された中型の木造客車5両の座席を撤去。1946年には戦災国電クハ55形3両をオハ71形客車に改造したほか、木造車の置き換えと荷物輸送の輸送力増強のため、鋼製車30両を荷物合造車に改造した。

そして、戦後の本格的な量産形気動車として、液体変速機装備、総括制御が可能な新形式車キハ45000（キハ17）形が開発され、1953年10月には徳島地区に集中的に投入した。1957年6月からは車体の断面を拡大したキハ20系の両運転台・キハ20形と片運転台・キハ25形が松山と徳島地区に投入された。

続いて1958年10月には準急型キハ26形を高松に配置し、翌月から準急「やしま」が高松－松山間で運行を開始している。

図表23　四国での気動車駅の新設

開業日	路線名	駅名（自治体名）
1952年1月27日	予讃本線	香西（高松市）、讃岐府中、八十場（坂出市）、讃岐塩屋（丸亀市）、高瀬大坊（三豊市）
	高徳本線	神前（さぬき市）
	土讃線	山田西町（香美市）
1952年4月15日	土讃線	布師田、薊野（高知市）、土佐長岡（南国市）
1957年10、11月	予讃本線	比地大（三豊市）
	徳島本線	下浦*（石井町）、麻植塚*（吉野川市）

自治体名は現在のもの　*戦前の廃駅の復活
出典：『四国鉄道七十五年史』

四国地区②　1時間～30分に1本に大増発

一方、閑散線区の宇和島線では1960年2月に客車列車を小型のレールバスに置き換えることになり、1959年度に北海道の倶知安と北見からキハ0156～0158の3両、多治見からキハ026、027の2両が転入した。従来の3時間に1本の蒸気機関車が牽引する混合列車から1時間おきのレールバスに変わり、所要時間も従来の1時間40分が1時間10分に短縮した。

続いて1960年3月には徳島地区の徳島線、小松島線、牟岐線の輸送改善を実施。運行本数を倍にして1時間ないし30分に1本に増発。所要時間は、徳島－阿波池田間で20分、徳島－牟岐間で30分スピードアップした。

同年6、8月には土讃《どさん》線のディーゼルカーないしディーゼル機関車化で無煙化を実施したが、それに合わせて土佐山田《とさやまだ》－窪川《くぼかわ》間の運行本数を2倍、土佐山田－須崎《すさき》間

40分間隔、須崎－窪川間80分間隔に増発。高知－窪川間については1時間スピードアップを実現。高知－須崎間については準急を新設して30分短縮した。

また、同年12月には予讃本線の松山－宇和島間と内子《うちこ》線について運行本数を2倍以上とする大幅な増発を実施した。松山－伊予《いよし》市間は30分ごと、伊予市－宇和島間は1時間ごとの運転とした。松山－宇和島間は1時間の大幅スピードアップを実現。準急はこのあいだを1時間30分で結んだ。貨物は従来の7時間が4時間に短縮した。

１９６１年2月には高徳本線系統（高徳本線、鳴門線、鍛冶屋原線）の運転回数を倍増して30分間隔に増強。準急を3往復から7往復に増やした。そのほかの線区についても、高松－多度津間を15分間隔、そのほかは30分間隔に増強。優等列車や貨物列車も走る単線での限界まで運行本数を確保した。高松－松山間の所要時間を急行で3時間、貨物列車は6時間に短縮した。

１９５８年に始められた四国支社の輸送近代化は、最後に99両の気動車を投入し、１９６１年4月に完了した。

その後、１９６１年7月に水野正元支社長が着任したが、一部の区間列車に車両不足があったため、45両（46両との記述も）を追加配置することを決定。落成順に運用につけ、１９６２年4月、7月にダイヤ改正を実施し、準急「むろと」「阿佐《あさ》」の新設、一部準急とローカル列車に増結、土讃線の準急「南風《なんぷう》」をはじめ、優等列車の気動車化を完了した。サービス面でも、１９６３年夏にはキロ28形1両に試験的に冷房装置が設置された。

また、気動車の投入数が足りなかったため、気動車への置き換えで不要になった客車2両を改造し、制御車のキクハ45形として投入した。車内は種車のオハフ61形のままで、内装は木造、背板が垂直のボックスシートで、居住性には問題がある車両であった。

四国では客車の準急や都市間の普通列車に郵便荷物車が連結されていたが、気動車化の推進にともない、キニ、キユニを大量に導入した。１９５７年10月には千葉地区からキハ09形2両を転用し、徳島にキハユニ15形5、12の2両を投入。キハ09形は液体式気動車の技術の検討のために15両製造された形式。続いて１９６１年には運転台がないキロハ18形に片運転台を増設して客室と荷物、郵便室を設置したキハユ15形1〜3、5、6、キニ15形1、2を投入した。キロハ18形は車体断面が小さい17系気動車の1、2等合造車として8両が製造されたが、当初運用を予定した房総地区で投入計画が変更され、ほかの地域でも大断面のキロ25形の新造で不要になり、短い期間で格下げされてしまった。キハユ15形は１９６２年から1964年にかけてキユニ15形に再度改造された。

また、1960年から翌年にかけては改造できる種車が不足したため、機械式のキハ05形とキハ07形を改造してキニ05形9両、キユニ07形4両を投入した。ほかの車両に併結する場合、機械式のままのため、総括制御ができず、無動力の制御車として使用された。

1966年から翌年にかけてキハ17形に余剰車が発生したため、キハ17形を改造したキユニ17形4両、キニ17形5両、キハ19形改造のキニ19形1両を投入して機械式気動車を置き換えた。

ディーゼル機関車の導入も精力的に取り組まれた。

四国では1932年4月にDB10形ガソリン機関車が1両導入されて多度津工場で入換に使われ、のちに高松駅で貨車の入換に使用されたが、非力のため、1929年に蒸気機関車に置き換えられた。

四国のなかでも土讃線は山間地を抜けるためトンネルが多く、蒸気機関車の煤煙《ばいえん》が嫌われていた。地元では1953年に「土讃線電化促進期成同盟会」を結成して改善を求めたが、国鉄は輸送量が小さく、電化の投資効率が低いために難色を示した。しかし、放置はできないという考えを持っていた。

まず、北陸本線で使用していたディーゼル機関車DD50形1両を借り入れて高知機関区で使用。また、1956年9月から半年間、川崎《かわさき》車両が開発したDF40形ディーゼル機関車を借用して土讃線準急「南風」に試用。結果が良好であったため、国鉄は正式に購入してDF91形とした。

これらの試用結果から、DF50形ディーゼル機関車を開発し、四国に配置した。1964年の段階でDF91形1両とDF50形20両が配置されていた。

近代化によって客車列車は減少したが、いまだ朝夕の通勤、通学時間の輸送力列車として運行していた。しかし、1963年に終戦の年に生まれた者が高校に進学することで通学客が増加するとして、客車の一部をロングシートに改造した。

第４章　なぜ国鉄は解体に追い込まれたのか

新線建設に比重が置かれた「第１次５カ年計画」

１９５５年12月に、終戦から10年がたち、高い経済成長率を実現したことから、政府はさらなる経済成長のために、戦後初めて「経済自立５カ年計画」を策定した。１９５６年から１９６０年度までを計画期間とし、計画成長率を実質年率５％と見込むというもので、積極的な経済成長計画であるが、実勢に対する控えめなものであった。

経済自立５カ年計画のもとで、１９５６年には活発な投資景気が出現し、これが神武景気の端緒となるのであるが、高い経済成長を続けるために、交通機関の整備を含む産業基盤（インフラ）の整備計画が実施に移されていった。

１９５４年度には揮発油税（ガソリン税）を財源とする道路整備５カ年計画が実施に移され、国鉄についても同様の整備計画の策定が求められた。１９５５年６月に運輸大臣は日本国有鉄道経営調査会に国鉄経営について諮問を行い、１９５６年１月に答申を受けとった。これにもとづいて、国鉄は１９５７年度を初年度とする第１次５カ年計画が策定することになる。

第１次５カ年計画の重点は次のとおりである。総額５０２０億円で、年に１０００億円ずつ投資する計画であった。

①資産の健全化と輸送の安全を確保するため、老朽施設、車両を更新し、信号保安設備を強化する
②現在の輸送力不足を解消するとともに、急激に伸長する輸送需要に応ずるように輸送力を増強する
③サービス改善と経費節約のため、輸送方法、動力および設備の近代化を推進する

その後、実際の経済成長が経済自立計画を大きく上回ったため、1957年12月に新たに計画成長率を6・5%に改訂した「新長期経済計画」を策定した。国鉄はこれに合わせて第1次5カ年計画を修正することになる。

ところが、計画初年度となる1957年下期から1958年上期にかけての「なべ底景気」と呼ばれる景気後退によって貨物輸送量が減少。加えて仲裁裁定実施によって工事資金は700億円ほど不足することになった。5カ年計画は最初から資金不足による計画の遅滞がつきまとうことになった。

その結果、1960年度までの資金上の進捗率は68%、うち新線建設は84%、電車化は70%、取り替えおよび諸改良は112%なのに対し、輸送力増強関係工事は通勤輸送力強化が61%、幹線輸送力強化が42%、車両増備が54%と低い率にとどまった。いちおう、この段階で当初の目的である老朽施設の取り替えが完了したことから、資金不足によって期間内に計画が達成できる見込みがない第1次5カ年計画を打ち切り、1961年度から新計画に移行することとした。

輸送力増強にシフトした「第2次5カ年計画」

1960年12月に政府は「日本経済の長期展望」と「所得倍増計画」を発表した。過去の計画ではいずれも経済成長率の実績値が計画値を大きく上回っていたという経験から、高めの年率7・2%の経済成長率を想定し、1961年から1970年度までの計画期間10年のうちに国民所得を倍増させようという計画である。

そして、国鉄は国の新たな経済政策に対応した新投資計画を策定する必要があった。それに加え、国鉄は旧5カ年計画の投資規模が過小であったと考えていた。その結果、新計画は総額で9750億円、年あたりの投資額にすると旧計画の2倍にあたる2000億円とかなり大きな規模になった。

新計画は次の4項目を重点に据えた。

①幹線輸送力の増強……複々線化
②輸送方式の近代化……電化、ディーゼル化貨車の増備、施設の増強による貨物の速達
③通勤輸送の改善
④踏切設備の改善

1964年3月に日本《にほん》鉄道建設公団が設立された。鉄道敷設法にもとづいて建設され続けた地方路線はいずれも不採算路線であり、建設資金が逼迫するなかで建設が滞ることとなった。そのため、新線建設を国鉄から分離し、建設資金に対する国鉄の負担を軽減することにした。

回収できなかった巨額の設備投資

国鉄は第1次5カ年計画が実施された1957年から4年間に4000億円、第2次計画の1961年から1964年までに9500億円という、巨額な投資を実施した。

国鉄の設備投資に対しては政府からの出資はまったくなかった。もっぱらその資金源として運賃の改定による増収、すなわち社内留保資金に期待することになった。だが、これに対しても、政府は政策的な見地から運賃の値上げ幅を圧縮して留保資金の蓄積を抑制した。しかも、東海道新幹線の工事費が見込み額を大きく上回り、つねに資金不足の状況がつきまとった。

それゆえに、国鉄は財政投融資資金の借入と鉄道債券の発行によって投資資金を調達しなければならなかった。長期負債は1955年度の1696億円から1961年度には4230億円に増加していった。それも比較的低金利の財政投融資資金からの借入の伸びは小さく、ほとんどを鉄道債券の発行で調達することになる。1966年の段階で財政投融資資金の金利は6・5%であったのに対し、鉄道債券の利率は7%を超えていた。その結果、利払い費は、1963年度の251億円から、1966年度には835億円まで増加していった。

なお、長期債務および鉄道債券の表は新規に調達した額であって純増額ではない。実際には毎年償還を行っているため、これを差し引けば純増額になる。

高度経済成長期には、インフレの進行下では債務価値が低下することで返済の負担が軽減されたため、日本ではいずれの企業も借入金に依存する傾向が強かった。国鉄だけのことではなかった。

しかし、設備投資というのは借入期間を経て利用に供されるときに借入金の返済が始まることになるが、その段階で当初見込んだだけの増収が実現しなければ、資金を返済するのに借金をしなければならないという状況に陥ってしまう。国鉄の場合は、まさに資金需要が高まる昭和30年代末以降、大きく需要が減少し、財務状況を悪化させていった。それがその後、借金に借金を重ねるという借金地獄に入り込んでしまうことにつながってしまった。

また、昭和40年代以降、国鉄投資の重心が通勤輸送の改善に移るが、この分野は設備投資が増収に結びつきにくかった。もともと優先順位が低い分野であり、戦後長く後回しになっていた。いよいよ先延ばしにできないという深刻な状況になった時期が、運悪く高度経済成長期が終盤を迎え、国鉄財政が難しくなってきた時期に一致してしまった。

財政悪化でも新線建設を進めた「日本鉄道建設公団」の設立

戦後は国鉄の負担のみで地方のローカル線の建設を行っていたが、国鉄は幹線輸送力の増強や通勤混雑の緩和に取り組んでいて、地方の新線建設にまでは手が回らなかった。車両費を除く新線建設費は1952年の21億円から年々増加していたが、1959年の76億円をピークに減少していた。

鉄道建設審議会は1952年7月に新線建設の財源について政府出資によるべきことを建議したが、これは国によって取り上げられることはなかった。その後、たびたび国に対して利子補給を要求することになる。

国がなかなか支援策を講じないために、国鉄は1960年3月に指宿線《いぶすき》（現・指宿枕崎線《まくらざき》）の山川《やまかわ》－西頴娃《にしえい》間の開通にあたって実際のキロ程の1・6倍にあたる運賃キロ程を設定した。しかし、わずかな金額でしかなく、抜本的な解決策とはならなかった。このような状況に対し、1961年にようやく新線建設補助特別措置法を制定し、新線建設に要した資金についてその利子額を補助することになる。1961年は3億円であったが、年々増加し、1964年には9億円に達した。それに応じて国鉄の新線建設費も再び増加していった。

1962年5月31日に鉄道建設審議会は小委員会（田《た》中角栄《なかかくえい》小委員長）が検討していた「今後の新線建設の進め方」の報告を受けた。その内容は、地方の産業基盤整備の遅れから産業の発達が既成地域に偏ることになっているとし、この不均衡を解消するために、1963年度以降、10年間に約5000億円の新線建設が必要になるというものであった。

そして、この新線建設を推進する方式として、運輸省に新線建設特別会計を設けて政府の直轄事業として実施するケース、国鉄が政府からの出資を受けて工事を実施するケース、新たに新線建設にあたる公団を新設するケースの3案が提示された。

運輸省はこの3案を比較検討した結果、公団方式を採用することを決定し、鉄道網整備緊急措置法案と鉄道網整備公団法案をとりまとめ、1963年2月22日の第43国会に「日本鉄道建設公団法案」として提出した。この法案は国と国鉄の出資によって設立した公団が新線を建設し、完成した施設を国鉄に貸付または譲渡することを規定していた。これに対して社会党は鉄道新線建設緊急措置法案を提出する。公団法が国による出資についてあいまいにしていたことから、これを明確に規定しようというものであった。しかし、第43国会では審議未了、第44国会でも審議に付されずに廃案となった。第46国会に3度目が提出され、ようやく1964年2月26日に可決された。これに対して付帯決議が付されたが、新線建設によって国鉄の経営に資するよう努めること、国鉄から公団へ転じる職員の労働条件に配慮すること、国鉄の輸送改善施策に対して資金と要員を確保して労働条件の改善に特別の配慮を講じることが内容であった。法案の成立が遅れた原因は国鉄の経営状況と労働問題にあったことがうかがえる。一方、社会党が提出した法案は審議未了で廃案となった。

日本鉄道建設公団は1964年3月23日に設立された。出資金は国が5億円で国鉄は13億400万円あまり（精算額）である。国鉄の出資額は1963年度予算の工事勘定に計上された建設費の額から公団設立までに実際に支出した額を差し引いた金額とされた。国の出資額は産業投資特別会計からのものである。また、国鉄からは、このほかに171億9700万円あまりの現物出資があった。

地方では、かつて大正時代の立憲政友会のころから鉄道の建設を長年の宿願として誘致活動を続けてきていた。高度経済成長期には重厚長大型の産業構造への転換を図る国の経済政策のもとで、大都市周辺の工業地帯に向けて労働力の供給地となり、都市部との経済格差が大きく拡大していった。地方を地盤とする政治家は当然の権利として地方におけるインフラ整備を要求した。

国鉄は不完全ながら、公共企業体として採算性に配慮した投資計画を推進したことから、赤字必至の地方ローカル線の建設には一貫して慎重な態度をとった。そこで、政治家は、むしろ国土開発や地方のインフラ整備といった視点から、採算性を考慮しないローカル線の建設推進のための枠組みとして日本鉄道建設公団を新設したのである。

鉄建公団による国鉄16線の建設

公団の設立にあたって、国鉄が建設中の工事線29線と調査線2線が公団に承継されることとなり、1964年3月23日にそのうちの16線の工事が運輸大臣から指示された。しかし、年度末間際のことであったため、実際には工事は国鉄に委託された。

指示された路線は図表24のとおりで、地方交通線および地方幹線（AB線）の14路線と、主要幹線（C線）の2路線である。

図表24　1964年3月23日に運輸大臣から工事を指示された16線

AB線	
1.開業に必要な設備工事を行っている線（5線）	
美幸線	美深－仁宇布
白糠線	白糠－上茶路
辺富内線	振内－日高町
生橋線	雫石－志度内
能登線	松波－蛸島
2.路盤工事を行っている線（7線）	
名羽線	曙－上流
生橋線	志度内－生保内
嬬恋線	長野原－羽根尾
神岡線	猪谷－釜崎
窪江線	江川崎－半家（川奥－打井川間未着工）
油須原線	漆生－油須原（豊前川崎駅付近のみ着工）
国分線	国分－磯脇
3.用地買収を行っている線（3線）	
興浜線	雄武－北見音標
芦別線	芦別－石狩新城
気仙沼線	前谷地－柳津
C線	
狩勝線	新得－小出
丸森線	矢野目－槻木

既設駅以外は仮称
出典：『日本鉄道建設公団十年史』など

美幸《びこう》線、能登《のと》線は開業後に特定地方交通線に指定され、前者は廃止、後者は第三セクターののと鉄道に引き継がれた。また、生橋線は開業後に田沢湖線となり、現在では秋田新幹線のルートとなっている。

また、C線の狩勝《かりかち》線は石勝線の一部として札幌、千歳空港と道東を結ぶ主要幹線として活躍している。その一方で、丸森線はのちに建設が凍結されることになるが、第三セクターの阿武隈急行が引き受けることで建設を再開した。

続いて公団の成立から1カ月以内に基本計画を定めることになっていたことから、1964年3月の第39回鉄道建設審議会の答申にもとづいて運輸大臣は公団最初の基本計画を決定し、4月22日に公団に対して指示が出された。国鉄から引き継いだ16線を含む47線が工事線に指定され、そのほかに海峡連絡線3路線など19路線が調査線としてリストに掲げられた。

さらに、同年6月の第40回鉄道建設審議会答申を受け、9月28日に調査線19線のうち15線を工事線に編入したほか、1線を削除。そのうえで新たに工事線2線を追加した。その結果、工事線は64線まで増えることになり、一方で、調査線として残ったのは津軽海峡線、本四淡路《ほんしあわじ》線、

図表25　国鉄総裁から鉄建公団に整備を要望した路線

路線名	区間	完成要望時期
武蔵野線	北小金－新鶴見	1971年度
京葉線	塩浜－品川ふ頭	
小金線	船橋－北小金	
湖西線	山科－沓掛	
落合線	落合－串内	1966年度
狩勝線	新得－串内	

駅名はいずれも仮称
出典：『日本鉄道建設公団十年史』

図表26　鉄道新線建設長期計画（1964年）の路線キロと建設費

区分	距離（km）	建設費（億円）
大都市交通線	195	1,839
主要幹線	397	1,760
地方幹線、地方開発線	2,126	3,299
海峡連絡線	42	1,970

1966年度から10年間
出典：『日本鉄道建設公団十年史』

本四備讃《びさん》線の3線のみとなった。

工事線に変更となった路線のうち、東京の外環状線を構成する小金《こがね》線（現・武蔵野《むさしの》線）、京葉《けいよう》線、大阪と北陸を結ぶ湖西《こせい》線は国鉄が第3次長期計画を策定するにあたって都市の路線網の拡充のために公団に整備を要請したものである。そのほか、東京と北陸を短絡する北越北《ほくえつほく》線（現・北越《ほくえつ》急行）、札幌と道東を結ぶ幹線の一部となる落合《おちあい》線（現・根室本線、石勝線）、長崎本線の隘路《あいろ》区間をバイパスする浦上《うらかみ》線（現・長崎本線）、予讃本線の松山と宇和島の短絡ルートとなる内山《うちやま》線（現・予讃線）など、むしろ国鉄側の輸送改善に資する路線が目につく。

しかしながら、工事線は国鉄時代に需要が見込めないとして工事に踏み切れなかった路線が大半で、開業したものでも、のちに特定地方交通線に指定されて廃止、転換されたり、建設途中で工事が凍結されたりしたものも多かった。

国鉄が工事をしていたのは16線であったが、公団が設立された4月には47線が工事線に指定され、さらに、9月にはそれが64線にまで一気に膨らむことになった。

１９６４年６月の第41回鉄道建設審議会以来、長期計画の策定の建議があり、１９６６年12月には第46回鉄道建設審議会で「鉄道新線建設長期計画」が提示された。

１９６６年度以降、10カ年で建設費総額９７０２億円に相当する新線の建設を行うというもので、大都市交通線では、東京、大阪の都市交通輸送の増強に資するため、１９７１年度までに東京外環状線の大部分と湖西線の建設を完了すること、主要幹線はできるだけ早期に工事を完了すること、地方幹線および地方開発線は産業基盤の整備に資する路線、観光開発や資源開発を促進するために必要な路線を整備することとした。

また、海峡連絡線として津軽海峡トンネルを１９７５年度までに完成させ、本州－四国橋梁のうち1線を１９７５年度までに完成するとした。

そして、これらの新線建設の進捗に応じて今後、おお

神岡鉄道（2006年）

むね1350㎞の新線について逐次、工事に着手するとして、その建設費を834億円と見積もった。

事業費の総額は、管理費、利子を含めて1兆4267億円の投資計画である。

なお、公団の建設路線のうち、地方開発線と地方幹線をAB線と呼んで完成後に無償貸付され、建設資金には無償資金のみが充当された。また、主要幹線はC線で、十分な輸送需要が見込めることから、有償貸付または譲渡。大都市交通線のD線も扱いはC線と同様である。海峡連絡線はE線で、これもまた、CD線と同じく有償で貸付または譲渡の対象となる。

このほかにF線として追加建設線の分類が設けられていたが、最終的に適用例はなかった。

AB線では1964年9月に生橋線・雫石－赤《あか》淵《ぶち》間を開業させて以降、1970年4月までに能登線、辺富内《へとない》線（のちの富内《とみうち》線）、生橋線、神岡線（のちの神岡鉄道）、篠栗《ささぐり》線、本郷線（のちの可部線）を全線開業し、美幸線、白糠線、油須原線、気仙沼線、盛線（現・三陸鉄道）の一部を開業した。一方、CD線では1964年5月に根岸《ねぎし》線・桜木《さくらぎ》町《ちょう》－磯子《いそご》間を開業してのち、同じく1970年4月までに落合線（現・根室本線、石勝線）の全線と狩勝線ののちの石勝線部分と丸森線の一部を開業させた。

なお、公団法では完成後に有償貸付か譲渡または無償貸付することができるとされていたが、無償路線については、その建設財源として借入金を投入するわけにはいかないことから、最初から有償線区か無償線区かを確定しておく必要があった。

国鉄との協議の結果、1964年12月11日に丸森線、小金線、武蔵野線、京葉線、根岸線（磯子－大船間）、岡多線（現・愛知環状鉄道）、瀬戸線（同前）、伊勢線（現・伊勢鉄道）、湖西線、浦上線、紅葉山《もみじやま》線（現・石勝線）、追分《おいわけ》線（同前）、狩勝線、落合線の14線区を有償線区と決定した。小金線はのちに武蔵野線の新松戸－西船橋《にしふなばし》間となる路線である。また、根岸線は、5月19日に桜木町－磯子間が完成していたため、区間が指定してあった。桜木町－磯子間については、ほとんどを国鉄が建設したものであるため、有償か無償かで議論があったが、最終的に有償で決着した。

鉄建公団の地方新線「AB線」の事例

白糠線

白糠線は全線の計画は白糠－足寄《あしょろ》間74・９㎞の路線である。大正時代から農民が産物の搬出のための鉄道の建設を請願していた。沿線の森林資源、石炭の採掘と農地の開発を目指し、１９５７年に白糠側から工事に着手し、１９６４年７月25日に白糠－上茶路《かみちゃろ》間を完成。10月７日に運行を開始した。工事費は13億円。

１９６６年に延伸線として釧路二股《ふたまた》（北進《ほくしん》）までの工事実施計画が認可され、１９６８年に路盤工事に着手。１９６９年７月には軌道の敷設工事が始まったが、１９７０年２月に雄別《ゆうべつ》炭礦上茶路鉱業所の閉山で沿線人口が減少し、開業しても巨額の赤字を発生させるとして、国鉄は運行の引き受けに難色を示した。木材も輸送量が見込めないとして、工事はストップした。

その後、田中角栄内閣のとき、北海道を選挙区とする佐々木秀世《ささきひでよ》が運輸大臣に就任すると、一転して開業が決まり、１９７２年９月８日に上茶路－北進間について旅客のみ営業を開始した。

その後、１９７８年10月１日には白糠－上茶路間の貨物営業を廃止。１９８１年９月18日には第１次特定地方交通線として廃止が承認され、１９８３年10月23日に白糠－北進間全線33・１㎞が廃止された。代替交通機関は白糠町営バスであった。

田沢湖線

岩手県と秋田県のあいだの鉄道としては東北本線の盛岡（好摩《こうま》）と奥羽本線の大館を結ぶ花輪線のルートがあった。しかし、もともと盛岡から青森県の弘前までを結ぶことを目的とした路線であったため、青森県境近くの北側を大きく迂回して大館から奥羽本線の列車で東能代《ひがしのしろ》を経由して秋田まで南下することになり、所要時間が長くなり、利便性に問題があった。

盛岡と秋田のあいだは現在は田沢湖線が通っており、秋田新幹線が走る首都圏と秋田を結ぶメインルートでもある。

１９１１年の第27帝国議会で盛岡から大曲までの路線が鉄道敷設法別表に追加され、１９１５年には第37回帝国議会で軽便鉄道敷設線として建設が決定した。軽便鉄道敷設線とは国鉄が建設して運行するが、その整備の規格を通常の路線より一段低い軽便鉄道法に準拠する路線

田沢湖線（1995年）＊

として建設するというものである。

　建設の歴史は比較的古く、１９１９年８月15日には橋場線として工事に着手し、１９２１年６月25日に盛岡－雫石間を開業した。雫石は冬のスキーリゾートの八幡平の入り口である。翌年７月15日には橋場まで延伸開業したが、戦時中の１９４４年９月に雫石－橋場間の運行が休止され、線路などの鉄道資材を山田線の補修用に転用した。

　一方、秋田側では１９２１年７月30日に大曲－角館間が生保内線として開業し、同年12月11日に神代《じんだい》まで、１９２３年８月31日には生保内まで延伸開業した。生保内線は１９３７年４月に生保内－志渡内《しどない》信号場間の工事に着手したが、中国大陸での戦闘が拡大するなかで、１９３８年８月に工事を中止した。すでに大半の路盤を完成していた。

　戦後の１９５７年７月に建設を再開して残区間の測量と土質の調査を実施。翌年には路盤工事を開始した。

　岩手側の橋場線でも１９５９年９月１日に雫石町の御《お》明神《みょうじん》において起工式が執り行われた。翌年度までに長大隧道の仙岩隧道（３４１１ｍ）の工事に着手する計画であったが、１９６０年８月に奥羽山脈一帯で集中豪雨の被害が発生したために延期された。１９６４年９月10日に雫石－赤淵間を開業。赤淵－田沢湖間の仙岩隧道は結局、１９６３年５月24日に雫石町高倉《たかくら》で起工式が開催され、１９６６年度に完成した。これにより、同年10月20日に赤淵－田沢湖間を開業して盛岡－大曲間の全線を完成。10月15日には橋場線と生保内線を統合した建設線名「生橋線」を改めて田沢湖線を正式な路線名とした。

　田沢湖線開業時のダイヤは急行が盛岡－秋田間２往復、普通が盛岡－横手間１往復、盛岡－大曲間５往復、盛岡－雫石間４往復、大曲－田沢湖間下り５本、上り４本。これに盛岡－大曲間２往復の貨物列車が加わる。従来、盛岡－秋田間は花輪線経由で４時間38分を要したが、これが急行で２時間39分に大幅に短縮した。

　１９６４年３月23日に工事は日本鉄道建設公団に引き継がれ、日本鉄道建設公団盛岡建設事務所が設置された。

　１９６６年10月15日に横黒線を北上線、橋場線を田沢湖線に改称している。

久慈線、宮古線

地元で熱望していた三陸縦貫線は日本鉄道建設公団設立以後に工事が本格化した。

三陸縦貫線は久慈－宮古間と釜石－大船渡間について、昭和30年代のはじめから議論が活発化するが、いずれの区間も複数のルートで地域間の綱引きがあった。

1951年12月には国鉄による工事の見通しが立たないことから、朝鮮特需による耐火粘土輸送を見込んで岩泉経由のルートに民間が北東北鉄道を設立した。これに対し、海岸沿いの田老町（現・宮古市）は海岸ルートを死守するために強く反対した。

1955年12月23日の岩手県会定例会本会議で自民党の八重樫圭助（岩泉町）議員らが「国鉄小本線の工事継続促進並びに久慈より宮古までの延長工事実施」を求める意見書を提出した。この区間では内陸部と海岸線で計画ルートを綱引きしており、無所属の山本徳太郎（田老町）議員よって途中の経由地を入れることを求める意見が出され、これに自民党の石川勘吉（釜石市）議員が賛成した。

その結果、1957年3月24日の県議会最終日には「三陸沿岸縦貫鉄道予定線中、大船渡より三陸村（現・大船渡市＝引用者注）を経て釜石市に至る路線および宮古市より田老町、旧小本村（現・岩泉町＝引用者注）、田野畑《たのはた》村を経て久慈市に至る鉄道線の急速なる完遂」の意見書が採択され、海岸線のルートが確認された。この決議を地元選出の衆議院議員・鈴木善幸《すずきぜんこう》に連絡し、三陸縦貫線の建設線編入に向けて陳情した。

このルートと対立していたのが旧小本村から岩泉を経由して宮古に向かう内陸線であった。

これは、のちの岩泉線を活用する案で、当時は小本線と称していた。同線は1942年6月25日に茂市－岩手和井内間を開業してから順次路線を延伸し、戦後の1957年5月16日に浅内まで開業していた。沿線では、これを三陸縦貫鉄道の一部として組み込むことを要望していた。

1961年5月2日の鉄道建設審議会で久慈－宮古間と釜石－盛間が調査線に編入されることが決定されたが、同時に浅内－小本間も調査線に編入された。続いて翌年3月29日の鉄道建設審議会で建設線に昇格された。もともと審議会の事務局が作成したリストには含まれていなかったが、鉄道建設審議会小委員会長を兼ねる自民党政調会長の田中角栄は党副幹事長の鈴木善幸に建設線の候補から久慈線と盛線が漏れていることを伝え、その場で鉛筆で久慈線と盛線を書き加えたという逸話が残っている。それに小本線を久慈線に接続するルートも入っていたことになる。

　小本線は１９６６年８月に浅内－岩泉間の路盤の工事計画の認可を得て翌年に着工。１９７１年12月に完成し、１９７２年２月６日に開業した。工費は９億７５００万円。気動車１両の単行運転で３往復が設定された。このとき小本線は岩泉線に変更となり、小本までの延伸は結局、実現しなかった。

　久慈線と盛線（ともに現・三陸鉄道）は１９６３年３月18日に久慈駅、３月20日に盛駅で杭打《くいう》ち式が開催されたが、統一地方選挙の直前で、選挙に向けたデモンストレーションの意味があった。同年11月には衆議院議員選挙も予定されていた。

　久慈線と盛線が同時に建設線に編入されたことは三陸地域での自民党支持の体制を堅固なものとした。この政治的な背景のもとで、三陸縦貫鉄道の目標は三陸から仙台までの直通列車を走らせるという遠大な目的実現に向かった。そのために、久慈線期成同盟会と盛線期成同盟会が一本化し、三陸縦貫鉄道期成同盟会に改編された。

　１９６４年３月23日に日本鉄道建設公団が設立され、久慈線と盛線は公団が工事を担当することになった。そして、久慈線は１９６６年４月７日、盛線は同年４月５日に起工式が開催された。

　久慈線の久慈－普代間は１９６５年11月に路盤工事に着手。１９７５年６月に完工し、７月20日に営業を開始した。路線キロ26・４㎞、総工費約78億９０００万円。全線で道路と立体交差しているのが特徴であった。２両編成の気動車で５往復した。

　続いて１９６６年12月に宮古線（現・三陸鉄道）の田老－宮古間の工事に着手し、１９７２年２月27日に営業を開始した。久慈－宮古間が途中で久慈線、宮古線に名称が変わるのは、岩泉線を延伸して小本で連結するという構想があったためである。

　最後に残された普代－田老間は三陸鉄道に転換した１９８４年４月１日に開業し、特定地方交通線として移管された久慈－普代、田老－宮古間と合わせて北リアス線（現・リアス線）となる。

盛線（一部）

三陸縦貫線の計画が進まないことから、各地で民間による鉄道建設の動きが見られた。そのひとつが気仙沼線の盛と釜石を結ぶ区間である。

　１９５３年１月17日に釜石市で釜石・上閉伊《かみへい》東部産業振興懇談会が開かれ、盛から岩手開発鉄道で釜石線の平《ひら》

岩手開発鉄道（1992年）＊

倉《くら》駅に接続する内陸案が提起された。

　岩手開発鉄道は1939年8月に岩手県を中心に設立した第三セクター鉄道で、計画区間は気仙沼線・盛－釜石線・平倉間である。当時は沿線の資源、とくに林産資源の開発を目的としていた。

　戦後になって1950年10月21日に盛－日頃市《ひころいち》間を開業し、旅客と貨物列車を運転した。続いて1957年6月21日に盛から赤《あか》崎《さき》の小野田《おのだ》セメントの工場までを開業（貨物のみ）、1960年6月21日には山間部の日頃市－岩手石橋《いしばし》間を開業（貨物のみ）して小野田セメントの石灰岩の輸送を開始し、産業鉄道としての役割を果たすことになる。

　内陸ルートは国鉄が海沿いのルートの建設開始を渋っているために窮余の策として県が出資する岩手開発鉄道を使った内陸案を提案したもので、地元の沿線ではこの妥協案には賛成できない雰囲気が強かった。

　日本鉄道建設公団は盛線の盛－綾里《りょうり》間について1965年10月に工事認可を得て、翌年2月に路盤工事に着手。1969年10月に開業準備工事認可を得て、1970年2月には完成し、3月1日に開業式を挙行した。気動車の単行運転で1日4往復運行した。工事費は22億3700万円。

　明治以来の念願の路線であり、地元では開業に対する祝賀ムードが盛り上がった。開業日には盛駅で出発式が行われ、11時45分発の臨時気動車9523Dを小中学生2500人が見送った。一方、綾里駅では7時10分発522Dの発車に合わせてホームと駅前広場に1000人の市民が集まった。この日は12時30分から綾里中学校体育館で祝賀会が執り行われた。

　盛線・綾里－吉浜間は1963年の政治ショーの意味が強かった杭打ち式とは別に、1964年10月30日に三陸町（現・大船渡市）綾里で起工式が開かれた。そして、1966年12月に路盤工事に着手。綾里－三陸間は1968年7月、三陸－釜石間はローカル線廃止問題と絡んで釜石駅への乗り入れの調整に時間を要したため、遅れて1971年2月に工事に着手した。

　1973年7月1日に綾里－吉浜間が開業し、吉浜駅では8時10分発523Dの出発式を挙行。これとは別に、沿線の有力者を乗せて綾里駅10時32分着と折り返し10時40分発の祝賀列車が運転され、そのまま越喜来《おきらい》中学校体育館に会場を移して開通式が開かれた。最後に残った吉浜−釜石間は１９８４年4月1日に盛−吉浜間が特定地方交通線として第三セクターの三陸鉄道に転換されたのと同じ日に開業した。盛−釜石間を通して南リアス線（現・リアス線）と呼ばれた。

気仙沼線

三陸地方に鉄道を建設しようという計画は明治時代からあったが、地方の資力でどうにかなるものではなかった。１９１７年に本吉郡の有志が宮城県に軽便鉄道の建設を請願。志津川町出身の衆議院議員・高橋長七郎の功労があり、１９２２年の改正鉄道敷設法に「宮城県気仙沼ヨリ津谷、志津川ヲ経テ前谷地ニ至ル鉄道及津谷ヨリ分岐シ佐沼ヲ経テ田尻ニ至ル鉄道」が予定線として登載された。これを受け、沿線では「三陸鉄道促成同盟会」を結成し、早期着工を目指して活動を開始した。しかし、志津川から前谷地までの海岸沿いの路線と、津谷で分岐して東北本線の田尻に向かう内陸の路線のどちらを先に工事に着手するかで対立。志津川町などでも「三陸沿岸鉄道促成同盟会」を設立して気炎を上げた。

１９３５年に国は東北地方の大飢饉と経済的な疲弊の救済を目的に気仙沼から前谷地までの着工を決定し、翌年に工事に着手した。その後、田尻ルートの運動があって工事を中断したが、１９３９年に本吉町の金山の資源を輸送する目的で工事を再開。これも戦時中の１９４３年には再度の中止となった。

１９５２年11月26日に首相官邸で鉄道建設審議会が開催され、気仙沼線を含む32線を建設線に選定した。ただ、これは同月27日の運輸省の省議で17線に削減となり、気仙沼線も除外されてしまった。地元の政治家に対する陳情活動によって社会党からも気仙沼線の建設の申し入れがあり、１９５３年3月の工事再開が決定された。

１９５３年3月18日に気仙沼−本吉間で起工式が開かれたが、実際に工事を再開したのは同年6月である。

１９５６年4月に気仙沼−南気仙沼−気仙沼港間の貨物線のみ部分開業。続いて１９５７年2月11日に南気仙沼−本吉間を開業した。建設再開後の建設費は約8億700万円である。

１９６８年10月に前谷地−柳津間を柳津線として開業。その後、国鉄の赤字ローカル線の処理で工事は中断したが、結局、１９７７年12月11日に柳津−本吉間を開業し、気仙沼線は前谷地から気仙沼間の全線を完成した。これにより、13往復の列車が運行し、うち1往復は石巻線経由で仙台－気仙沼間を直通した。総工事費は、柳津－志津川間43億９２００万円、志津川－本吉間95億６７００万円である。

１９７７年12月11日には柳津駅で出発式が開催され、10時17分に下り祝賀列車が発車した。本吉駅でも9時47分発上り祝賀列車を多くの住民が見送った。途中となる志津川駅でも上下列車の交換でテープカットを行った。待ちに待った鉄道がようやく完成したということで、地元の人たちの歓迎ぶりは熱がこもっていた。

丸森線

１９２２年4月に制定された鉄道敷設法のなかで、福島－丸森－中村《なかむら》間が敷設予定鉄道路線として規定された。中村とは現在の常磐線・相馬《そうま》駅で、この予定線路のうち福島－丸森間がのちの丸森線につながる。さらに、大きく時代が下って１９５３年8月1日には槻木－丸森間が敷設予定路線に追加され、宮城県の槻木と福島県の福島を結ぶ鉄道として正式に認知されたことになる。

これは当時、東北本線が非電化の単線で、福島県と宮城県のあいだの越河峠に急勾配が存在していたため、輸送力の増強の制約となっていた。そこで、東北本線・福島－丸森－東北本線・槻木に新線を建設してバイパスにしようという計画が生まれた。

明治時代、日本鉄道は現在の東北本線を建設するにあたって旧奥州街道筋をたどった。阿武隈山地の北縁を迂回するルートである。そのため、丸森線沿線は鉄道の恩恵から遠ざかることになった。福島盆地の中央を流れる阿武隈川が途中で山地を切り開いた峡谷を抜けると伊具《いぐ》盆地である。福島県側は保原、梁川など養蚕地帯が続き、物資や人の移動が活発な地域であった。一方、宮城県側は律令制の時代に伊具の官府が置かれ、のちには伊達《だて》藩臣下の居城の城下町として栄えた角田があり、この地を経由して仙台と福島や相馬を結んでいた。

丸森線の槻木－福島間は１９５７年4月に鉄道建設審議会で調査線に編入。１９６１年5月には工事線に格上げされた。これを受けて国鉄は１９６２年5月に工事に着手するが、１９６４年3月23日に日本鉄道建設公団の設立にともなって工事は公団に引き継がれた。公団は同年12月1日に槻木－丸森間の路盤工事に着手したが、地方ローカル線のＡＢ線ではなく、主要幹線のＣ線に指定された。１９６６年度中に完成し、１９６８年4月1日に国鉄丸森線として営業を開始した。槻木－丸森間17・4㎞の単線の非電化鉄道である。ローカル線ではあるが、もともと仙台と福島を連絡する幹線として計画された路線であるため、東北本線並みの甲線規格で建設された。

開業時は宮城県の槻木で東北本線につながっていただけであるため、主に仙台市方面の通勤、通学者の利用が中心であった。また、1日5往復運転し、うち2往復が客車列車であった。上り3本、下り2本が仙台まで直通した。

丸森－福島間も1966年9月に路盤工事に着手していたが、国鉄の赤字問題のなかでローカル新線の建設は停滞した。工事はほぼ完成し、あとは開業関連工事だけというところで、1980年に開業済みの区間の槻木－丸森間が第1次特定地方交通線に指定されたため、それにつながる丸森－福島間の工事は棚上げされた。

第5章　鉄道の時代から自動車の時代へ

迫り来る自動車交通の躍進

国内の旅客流動の各交通手段別のシェアは、1960年には国鉄がトップで53％、続いて私鉄が26％、バスが18％であった。まだ国鉄が全盛期にあった。

昭和30年代の日本の自動車産業はまだ本格的に自立する以前で、各自動車メーカーは外国メーカーからの技術協力を得て、なかには設計図をもらってヨーロッパ車のコピーを製造していた。自動車の価格も高く、庶民の手に届くものではなかった。自動車の市場は基本的には営業用のバス、トラック、タクシーが中心であった。

ただ、路線バスは戦後の鉄道輸送力が不足した時期に鉄道を補完する路線が増加。とくに大都市で近郊から都心への路線が発達した。営業用トラックも同じで、戦後復興期には鉄道が唯一の陸上輸送手段であったため、輸送力不足が産業の復興のネックになったほどであった。昭和30年代になると路線バスは中山間地のいままで公共交通が存在しなかったような不便な地域に普及し、営業用のトラックも増加すると、国鉄は鉄道貨物の輸送力不足を補うためにトラックの利用を奨励した。

自家用車のひとつのエポックとなったのが1955年に発表された通産省の「国民車育成要綱案」である。「乗車定員は4人または2人と100kg以上の貨物が積めること、最高時速100km以上、時速60km（平坦な道路）で燃料1リットルあたり30kmの走行が可能なこと、エンジン排気量は350～550cc、車重400kg、生産価格は月産2000台を目標に25万円以下」のスペックを要求した。実際には当時はこれをクリアするメーカーはなかったが、その後も技術開発を進め、1958年に富士《ふじ》重工がスバル360を商品化した。カブトムシタイプの超小型車である。

1954年に軽自動車の排気量が360ccに拡大されて360ccの軽自動車が各メーカーから発売され、次第に自家用車が増えていった。ただし、昭和30年代はまだ大都市でも道路はすいていた。

1961年にトヨタ自動車が満を持して大衆車として売り出した「パブリカ」も販売チャンネルの確立などエポックをつくった車種であるが、月産3000台の目標が実際には半数しか売れなかった。自家用をターゲットに開発されたため車内設備が貧弱で、タクシーなどの営業車にも使えなかった。

1960年代に欧米ではモータリゼーションが成熟し、道路の渋滞、都市内の駐車スペースの不足など深刻な問題が発生していたが、日本では昭和30年代にはまだ本格的なモータリゼーションの段階には達していなかった。

その背景には当時の道路の劣悪な状況があった。首都圏では千葉県から埼玉県、神奈川県を通って首都圏の郊外を環状に結ぶ国道16号線が建設されていたが、完成した区間も片側1車線で未舗装の区間もあった。一般の道路はさらに状態は劣悪であった。都市内の舗装は進んでいたものの、そのすぐ外側では砂利道が続いていた。路肩から外れて田んぼに転落したバスがよく見られた。

1966年の国内の自動車保有数は、乗用車228万台、貨物車468万台、乗合車10万台であった。その10年後の1976年には、乗用車1737万台、貨物車1021万台、乗合車21万台まで急速に増加した。さらに、その10年後の1986年の数字は、乗用車2779万台、貨物車1725万台、乗合車23万台となる。乗合車の増加が小さいが、このころは、まだ高速道路が全国津々浦々を結ぶという状況ではなく、道路の渋滞もひどいために長距離バスが未発達であった。また、貸切バスも国によって既存事業者の保護を名目に厳しい参入規制が課され、業界の伸びが抑えられていた。

1965年度の国内旅客流動のシェアは、国鉄50%、私鉄24%、バス21%、ハイヤー・タクシー3%、航空・船舶2%であった。1960年度に比べて国鉄と私鉄のシェアが低下しているが、絶対量では増加している。この傾向は昭和40年代末まで変わらなかった。つまり、国鉄や私鉄の輸送量は増加していた。

「日本道路公団」の設立と高速道路網の整備

終戦後、連合国による日本の占領統治が始まると、1946年度にアメリカ軍を中心とする連合軍は日本の陸上輸送を確保し、国内にあふれた失業者を救済するという大義名分で大がかりな道路事業を計画した。アメリカの制度を模範に公共事業という概念を日本の予算に導入し、国費による道路整備を進めることを決めた。

１９４８年11月27日に連合国軍総司令部のマッカーサーから日本政府に対し、「道路及び街路網の維持修繕五カ年計画」を速やかに樹立し、総司令部に提出することを求めた覚書が発せられた。日本政府は、これに対して総事業費２１７２億円（うち道路局分９５２億円）の五カ年計画を策定して提出した。要は連合軍が国内での兵站輸送の必要を考えていたのである。すでに東西対立が深刻化し、朝鮮半島では北朝鮮とのあいだで戦端が開かれる雰囲気があった。

１９４９年11月に対日援助物資の見返資金を活用して道路の整備事業を計画し、幹線道路のうち重要な路線を集中的に改良すること、とくに自動車交通の多い幹線道路や維持が困難な山間部の道路を舗装すること、関門《かんもん》トンネルの工事を推進することを掲げた。この工事費として最低年額１００億円の事業費が必要と見積もり、１９５１年度には39億１０００万円の投資が計画された。

１９４９年に戦前に廃止された揮発油税を復活。１９５３年には道路整備費の財源等に関する臨時措置法の制定による道路特定財源制度を創設し、翌年から揮発油税を特定財源にして第1次道路整備五カ年計画を開始した。

しかし、これでも日本の道路事情は劣悪であった。１９５６年に政府が招いたワトキンス調査団は「日本の道路は信じがたい程に悪い。工業国にして、これ程完全にその道路網を無視してきた国は、日本の他にない」とその状況を端的に表現した。１９５５年になっても、一般国道の改良率は35・０％、舗装率は13・６％にすぎなかった。

１９５７年に「国土開発縦貫道路建設法」が制定され、日本も高速道路の時代に入った。それまで幹線道路の状態の悪さが陸上物流の国鉄による独占を許してきたわけで、安定した走行路と高速運転による自動車輸送はまさに革命的であった。

全国の高速道路網を建設する公的主体として１９５６年4月に日本《にほん》道路公団が設立された。基本的に財政投融資金を借り入れて建設し、開業後は通行料金の収入で償還するというもの。

すべての工事が終わって、借入金の償還が終わった時点で料金の徴収を終了するとしていた。しかし、建設計画が延々と追加されるため、延々と無料化の先送りが続いた。

また、国費で一般の道路が整備される一方で、通行料金で建設費を回収する高速道路の建設を行うことにして1956年4月に事業主体として日本道路公団を設立し、国土開発縦貫自動車道建設法を成立させた。世界銀行からの融資を受けて東京と大阪のあいだの高速道路の建設を開始した。世界銀行から名神《めいしん》間の建設を先行することを推奨され、名神高速道路の小牧《こまき》－西宮《にしのみや》間の工事に着手し、1963年に供用を開始した。名神高速道路が全線開通したのは1965年7月1日である。続いて1969年5月26日に東名《とうめい》高速道路が全線一気に開通した。

北海道の高速道路の供用開始は比較的早く、1971年に道央道の千歳－北広島《きたひろしま》間、札樽《さっそん》道の小樽《おたる》－札幌西間である。また、北海道新幹線の計画ルート沿いの路線としては、2011年には道東道の大沼《おおぬま》公園－森《もり》間、2018年には後志《しりべし》道の余市《よいち》－小樽間が完成している。後志道は、北海道新幹線に沿って長万部《おしゃまんべ》までの延長が予定され、北海道新幹線の並行在来線の廃止問題にもかかわっている。

九州では1958年に関門国道トンネルが供用を開始した。一般国道の国道2号線であるが、通行料金が必要である。この関門トンネルの貫通に合わせて国鉄と関門急行バスが運行を開始し、その後の高速バスにとって運行主体やバスの構造などのモデルケースとなった。

九州で最初の高速道路は1971年6月30日に開通した九州自動車道の植木《うえき》－熊本間である。その後、南北両方に延伸していった。八代《やつしろ》から、えびのジャンクションまでは平成になってからの開通であるが、それを除くと鹿児島北－鹿児島間が開通した1988年3月に全線を完成した。また、途中の、えびのジャンクションでは宮崎自動車道が分岐している。なお、八代－鹿児島間の海沿いには南九州西回り自動車道の建設が進められている。肥薩《ひさつ》おれんじ鉄道とJR九州の鹿児島本線・川内《せんだい》－鹿児島中央間が競合する。

四国では高速道路の開通は大きく遅れ、1985年3月27日の松山自動車道の三島川之江《みしまかわのえ》－土居《どい》間が最初である。1987年10月8日に高知県の大豊《おおとよ》－南国《なんこく》間、12月16日に香川県の善通寺《ぜんつうじ》－川之江ジャンクションと、矢継ぎ早に路線を延長していった。また、1988年4月に瀬戸大橋《せとおおはし》が開通して本州と四国の高速道路がつながった。2000年には四国4県の県庁所在地が高速道路で結ばれた。

沿線各社の合弁で進んだ高速バス会社の設立

まず名神高速道路の建設が先行して着手され、196

3年7月15日に尼崎《あまがさき》－栗東《りっとう》間の開業となった。それに先立って運輸省は高速道路におけるバス事業認可の基本方針を決定した。

申請中の国鉄と日本《にほん》急行バスは共同出資して新日急《しんにっきゅう》バスを設立することを行政指導。名神間を主目的に、近畿日本鉄道、名神高速自動車、近江《おうみ》鉄道、北陸急行バス、関西高速自動車、京阪《けいはん》自動車の7社についても関係会社が協力して新会社を設立することが望ましいとした。また、従来の道路で営業していた業者で高速道路に乗せ替えを希望する向きには期限を切った臨時免許を与えるとし、名神高速道路の部分開業時には、神戸－大阪、神戸－京都、大阪－京都などは新会社と競合する恐れがあるため、新会社が事業を開始するまでの臨時措置として認めるとした。

この時点で国鉄単独での高速バスの運行は認めないという立場であった。

それでも国鉄は事業参入に自信を持っており、部内での高速バスの研究を進めていた。

国鉄バスはすでに1957年の関門国道トンネルの供用開始のときに山口－博多《はかた》間165㎞の関門急行線を開業していた。別に民間事業者が共同で設立した関門急行バスも運行していた。

民間バス会社の事業者団体も日本乗合自動車協会の地方組織を中心に共同会社設置の動きがあり、1958年1月に日本急行バスの設立を決定した。そして、同年6月には名神間の免許を申請した。

国鉄は1961年4月に名古屋－神戸間を中心に、金沢《かなざわ》－天王寺《てんのうじ》間、四日市－京都間など13系統を申請し、試作車の製造にとりかかった。

この国鉄の動きに対し、企業防衛的に名古屋や関西の私鉄各社が相次いで参入希望を示した。阪急の名神高速自動車、阪神《はんしん》電気鉄道、南海、京阪による関西国際自動車、北陸急行バスである。一部区間のみ高速道路を利用する路線として、近江鉄道、京阪自動車、名鉄《めいてつ》、三重交通、江若《こうじゃく》鉄道が出願した。

1964年9月5日に名神高速道路が西宮－一宮《いちのみや》間の供用を開始。本格的な名阪間の高速バスの運行開始のための条件が整った。運輸省には多くの申請が提出され、そのうち22件が大臣処分を要するとし、また、3件の陸運局長権限の案件が運輸審議会にかけられた。

供用開始の前日の9月4日に答申があり、国鉄に対しては民営との調整を求め、近鉄《きんてつ》の名神高速自動車と南海、阪神の関西高速自動車は保留とした。また、名神間の地元の事業者を合同する高速バス会社の設立を要望した。

図表27　名神高速道路関係のバス事案の処理（1964年11月1日現在）

申請者	処分内容	処分年月日	運行系統	回数	開業年月日
国鉄	免許	1964年10月3日	名古屋－大阪	20	1964年10月5日
	免許	1964年10月3日	名古屋－神戸	10	1964年10月5日
日本急行バス	免許	1964年10月3日	名古屋－神戸	10	1964年1月14日
近江鉄道	免許	1964年9月16日	木の本－浜大津外2	3	1964年9月29日
京阪自動車	免許	1964年9月16日	京阪三条－八日市外1	12	1964年10月8日
阪急バス	免許	1964年9月17日	大阪本町－河原町	－	未開業
北陸急行バス	却下	1964年9月16日	金沢－大阪外4	－	－
名古屋近鉄バス	却下	1964年9月16日	名古屋－彦根城外7	－	－
名古屋鉄道	却下	1964年9月16日	名古屋－京都－名古屋	－	－
江若鉄道	却下	1964年9月16日	今津－大阪	－	－
滋賀交通	却下	1964年9月16日	擽野－京都	－	－
三重交通	却下	1964年9月16日	宇治山田－京都	－	－
近畿日本鉄道	保留	－	－	－	－
名神高速自動車	保留	－	－	－	－
関西高速自動車	保留	－	－	－	－

出典：『交通年鑑』1966年版

図表28　主な長距離乗合バス（1967年現在）

事業者名	運行系統	距離	運行回数	所要時間	平均時速	全区間運賃
東北急行バス	東京－郡山－仙台	360.8	4	9.00	40.1	1,200
九州国際観光バス	別府－熊本－長崎	312.7	1	11.45	26.6	1,850
長野電鉄	丸池－長野－上野	282.4	2	8.00	34.0	1,120
東京急行電鉄	渋谷－高崎－長野	230.6	2	6.45	34.2	800
一畑電鉄	北松江－玉造－広島	230.1	1.5	6.31	35.3	800
日本急行バス 国鉄 日本高速自動車	名古屋－京都－神戸	217.9	24	3.31	61.8	650
日本急行バス 国鉄 日本高速自動車	名古屋－京都－新大阪	195.1	45	2.50	68.8	590
関門急行バス	福岡－宇部－山口駅	170.4	5	4.58	34.3	500
四国急行バス 国鉄	高松－新居浜－松山	158.9	15	3.50	41.4	760
常磐急行交通	東京－水戸－日立	154.0	4	3.47	40.7	400

* 運行回数は往復で1回　出典：『交通年鑑』1967年版

その結果、名神間の地元事業者が出資して、日本高速自動車が設立され、国から免許を取得した。名神高速道路では、国鉄、日本急行バス、日本高速自動車の3社体制が始まった。

東武も1962年に東北地方のバス会社の共同出資によって高速バス会社の東北急行バスを設立した。ただ、東北自動車道が最初に開通したのが岩槻《いわつき》－宇都宮《うつのみや》間の1972年11月13日で、全通したのは1987年9月ということで、それまでは一般道ばかりを走る長距離バスであった。

東北急行バスに出資した会社は、東武、仙南交通、会津乗合自動車、関東自動車、東《とう》野《や》鉄道、福島電気鉄道、山形交通である。

第6章　国鉄の経営悪化と「ローカル線問題」の勃発

聞こえてきた国鉄崩壊への足音

国鉄の財務状況は、1962年度には営業収入5291億円に対して営業経費は4775億円を計上し、営業損益は515億円であった。これを民間企業の基準で組み替えると、営業損益は1602億円、経常損益は600億円ということになる。また、この時期は第1次5カ年計画以来の設備投資で減価償却費が膨らんでいたため、償却前経常損益を計算すると、1246億円という非常に収益率の高い優良企業ということになる。

しかしながら、国鉄総裁は国鉄諮問委員会に経営難の打開方策について諮問した。

国は経済計画を達成するために輸送力の増強を国鉄に求めたが、その資金源については国鉄の収益力に頼り切っていた。国鉄は設備投資に対して国の干渉を受けたし、運賃の改定も国会での議決を必要としたことから、政治の思惑のなかで翻弄されることになった。

国鉄総裁の危機感というのは現実の窮状に対するものではなく、現在の設備投資と財源の調達方法を続けていると、近い将来、抜き差しならない状況になるという予想にもとづくものであったと考える。

国鉄諮問委員会は1963年5月10日に「国鉄経営の在り方について」と題する報告書を提出した。そのなかで、第2次5カ年計画の初年度である1961年度から10年目の経営状況を試算した。その結果は、年収8189億円を上げるにもかかわらず、増大する利払い費の負担で純利益は72億円に低下するというものであった。それに加えて毎年3300億円の設備投資が必要であり、これを借入金で調達すると、1970年ごろには借入金残高は2兆4000億円に達するとした。

実際に1970年度の債務残高は2兆6037億円で

あった。しかし、純利益についてはもっと深刻で、15 17億円の損失となっていた。

設備投資資金にまったく追いつかない運賃の引き上げ

1955年以降、旅客は大きく増加した。ピークとなる1967年には年間70億人を運んだが、これは1955年の1・8倍であった。毎年、おおむね7%程度のペースで増加した。それが1967年以降、大きく傾向が変化することになる。その大きな要因が1965年以降のたび重なる運賃の改定であるということができる。

昭和30年代、1958、1960、1961年に運賃を改定するが、それによる旅客の逸走率はそれぞれ2%、1%、4%と想定できる。それに対し、旅客1人キロあたり運賃額の変化率はそれぞれ14%、5%、17%であるため、需要の価格弾力性は0・14、0・20、0・23と計算でき、非常に非弾力的な需要構造であったということができる。すなわち、運賃を引き上げても旅客の減少は小さいため、大きな増収が期待できた。

それに対し、1966年以降は事情が違っていた。1966年の運賃値上げは1人キロあたり32%という大幅なものであった。これによって5%の旅客が逸走した。弾力性は0・16と計算されるため、まだ需要は非弾力的であったが、続く1968年4月の定期券割引率の引き上げでは弾力性は0・55と計算され、続く翌年5月の改定でも0・40と、次第に国鉄旅客の弾力性は上昇していった。

もはや運賃の引き上げで投資資金を調達することは難しくなっていた。

「不採算路線の建設は中止するのが適当」

国鉄の不採算路線については昭和30年代はじめから有識者による厳しい意見が相次いだ。もともと国鉄経営は盤石でなく、つねに設備投資の原資が不足する状況のなかで政治の要求を受けて新線の建設を続けていた。

1954年11月4日に「臨時公共企業体合理化審議会」(会長・原安三郎《はらやすさぶろう》)は「国鉄の公共性からやむを得ず建設する不採算路線については、政府がその不採算路線の結果を補うだけの資金を補助し、またはその資金に対する金利を免除もしくは補助すべし」とした。

日本国有鉄道経営調査会(会長・有沢広巳《ありさわひろみ》)も、1956年1月12日に同様の趣旨の答申を提出し、「経営が立ち直るまでのあいだ、これを中止するのが適当である」とした。

その後、高度経済成長期に国鉄経営も黒字が定着したことから、国鉄の関心が幹線輸送力の増強、新幹線の建設へと向かっていた。この時期も自民党議員からはローカル線の建設の要求が続き、政治家主導による新線建設の仕組みとして日本鉄道建設公団の設置に向かった。

１９６４年度単年度で赤字が計上されると、「日本国有鉄道基本問題懇談会」（会長・脇村《わきむら》義《よし》太郎《たろう》）は、同年11月27日に提出した「意見書」に、「いわゆる閑散線区については、自動車による代行輸送の実施、営業の廃止等、諸外国における例を参考として、なおいっそうの合理化を推進する必要がある」と記した。

「ローカル線問題」海外の事例

１９６０年代前半のヨーロッパ諸国の国鉄の経営状況は、イギリスでは１９６１年の１３７１億円（当時の外貨レート）の赤字から１９６６年には１３６１億円と、ほぼ同額の赤字が続いていたが、フランスでは同時期66億円の赤字から１１３０億円の赤字に、西ドイツも27億円の赤字から９９５億円の赤字に赤字額が大きく増加した。それに対し、日本の場合は１９６１年に４６５億円の黒字を計上。１９６６年には６０１億円の赤字に転落した。ヨーロッパ各国は国鉄の赤字をその都度、国が財政支援していたのに対し、日本の場合は高度経済成長期の累積利益を取り崩し、あるいは財政投融資資金からの借入で穴埋めされた。赤字問題への対応を先送りした結果、その後の国鉄の財政破綻につながることになった。

赤字ローカル線問題は西ヨーロッパで大規模な路線網の縮小につながった。基本的に鉄道は斜陽産業として位置づけられ、合理化によるサービスの縮小で収支の均衡化を目指していた。

イギリスでは１９６５年には労働党政権によって不採算路線を国の支援で維持するとしたが、政権が変わると、１９６７年の「運輸政策白書」において、政府は１万７７００kmの基本鉄道網計画を発表し、それ以外の不採算路線を廃止することを決定した。

西ドイツでは１９６７年に「新交通計画」、いわゆる「レイバープラン」で不採算路線６５００kmの廃止を決定。フランスも１９６６年までに８６８０kmを廃止していた。

なお、西ヨーロッパでは１９７０年代に大きく鉄道政策が転換した。もともと環境問題にセンシティブな雰囲気があったのに加えて、新たに発生したオイルショック後の燃料問題への取り組みとしてイコール・フッティング（インフラ経費負担の共通化）にもとづくモーダルシフト（環境負荷が小さい交通モードへの需要誘導）政策が重視され、都市鉄道の整備、幹線鉄道の高速化、ローカル線維持の仕組みの構築など鉄道志向の政策に転換していった。

国鉄の「不採算路線」の合理化計画

１９６６年度の国鉄の黒字線と赤字線の比較を見ると、黒字線は営業キロの16％の14線区で収入の65％を稼ぎ、固有費に対して１９４６億円の黒字、共通費を含むと９０８億円の黒字であった。それに対し、赤字線は固有費を賄える線区が14路線で収入が７８７億円、固有費に対して81億円の黒字、共通費を含むと１２７億円の赤字。固有費も賄えない路線は２１４路線で収入は１９１７億円、固有費に対して５１４億円の赤字、共通費を含むと１２１９億円の赤字であった。

線区の態様別で見ると、幹線系は62億円の赤字で、減価償却費を控除すると４５４億円の黒字であった。ローカル線では地方通勤線では１３９億円の赤字で、減価償却費を引くと１１６億円の赤字、純ローカル線は３７７億円の赤字、減価償却費を引くと３０６億円の赤字であった。

１９６６年度の国鉄全体での赤字額は６０１億円であったため、その63％が純ローカル線で出したものであった。なお、国鉄全体の赤字額はバスや関連事業のすべてを含めた数字である。

１９６８年６月21日に国鉄諮問委員会小委員会から提出された「赤字線経営はどうするべきか」の意見書では全国84路線２５００㎞の廃止を挙げていた。廃止基準は次のとおり。

①沿線人口が減少し、将来にわたる開発計画がなく、定期、普通旅客、貨物の輸送量が年々減る傾向にあること
②定期旅客の輸送密度が、延べ15㎞区間で１日５００人以下、貨物の輸送量も１日５トン以下であること
③営業キロ程が１００㎞以下で、盲腸線であること
④沿線道路が発達し、バス、トラック等の自動車輸送に切り替えられること

１９６８年９月４日の国鉄諮問委員会答申に盛り込まれた。

図表29　自動車輸送が適当とされた「赤字83線」

旭川局	深名線、興浜北線、美幸線、興浜南線、渚滑線、湧網線、相生線
釧路局	標津線、根北線、白糠線
札幌局	札沼線（一部）、岩内線、富内線
青函船舶局	江差線（一部）、瀬棚線
青森県	黒石線、大湊線、大畑線
秋田県	矢島線、阿仁合線
岩手県	小本線、八戸線（一部）
宮城県	気仙沼線
山形県	長井線
福島県	川俣線、会津線（一部）、日中線
新潟県	只見線、魚沼線、弥彦線（一部）、赤谷線
栃木県	烏山線、真岡線
千葉県	木原線
石川県	能登線
福井県	越美北線、三国線
岐阜県	明知線、越美南線
三重県	名松線、参宮線（一部）
滋賀県	信楽線
兵庫県	三木線、北条線、鍛冶屋線、篠山線
鳥取県	若桜線、倉吉線
島根県	大社線、三江北線
広島県	宇品線、可部線（一部）、三江南線
山口線	岩日線
徳島県	鍛冶屋原線、鳴門線、牟岐線（一部）、小松島線
愛媛県	内子線、宇和島線
高知県	中村線
福岡県	室木線、香椎線（一部）、勝田線、添田線、香月線、幸袋線、矢部線
佐賀県	佐賀線、唐津線（一部）
長崎県	世知原線、臼ノ浦線
熊本県	宮原線、高森線、山野線、湯前線
宮崎線	日ノ影線、細島線、妻線、日南線
鹿児島県	宮之城線、指宿枕崎線（一部）、古江線*

* 1972年9月9日に海潟温泉－国分間を延伸して大隅線に改称

出典：『国鉄財政再建推進会議記録』

浮上した「赤字83線」の廃止問題

再建計画のなかでも重要な課題とされていたのがローカル線の取り扱いであった。昭和30年代からローカル線の経営改善が試行されてきたが、どれも決定的な施策とはならなかった。そうこうしているうちにモータリゼーションが地方に波及し、ローカル線の経営はいっそう深刻なものとなっていった。

1968年9月4日の国鉄諮問委員会の意見書「ローカル線の輸送をいかにするか」では、「1日800人の旅客、80トンの貨物以下の輸送しかない全国83路線、約2600kmについて、地元の便益性を十分確保する見通しを立てたうえで、自動車輸送に委ねる」ように勧告した。また、「自動車輸送へ切り替えることが困難な線区については、採算可能な運賃を設定するか、それとも損失を関係の地方公共団体に負担させる等の措置を講ずべきである」とした。

意見書では国鉄の路線網を鉄道にふさわしい線区と、むしろ自動車のほうが適当な線区に分類することにして、最終的に7400kmあまりの路線を自動車の輸送分野であると認定した。しかし、そのすべてを自動車化するのではなく線区ごとに検討し、引き続き国鉄が経営すべき路線として約4800kmを除くことにし、残り約2600kmの線区を自動車輸送に切り替えるべきと結論づけた。

この自動車輸送がふさわしいとされた2600kmの路線は図表29のとおりである。この83路線を廃止することを盛り込んだ「日本国有鉄道財政再建促進特別措置法」を1969年5月に成立させている。

1970年12月21日にも国鉄諮問委員会は「国鉄の経営をいかにすべきか」の意見書を総裁に提出したが、その内容は全国247路線約2万1000kmを幹線系路線と地方交通線に分け、幹線67路線約1万kmは自主経営、残りの地方交通線180路線約1万1000kmは地方公共団体などとの共同経営（地方公社）か廃止するかについて国が審議する、地方交通線の赤字は国や地方公共団体が負担するとの、さらに突っ込んだ内容であった。

これらの提言をもとに、1969年12月の幸袋線を皮切りに、1974年6月までに29線区208kmを廃止した。地方の抵抗が強く、廃止計画はいったん中止された。

昭和47（1972）年度国鉄予算案では廃止までのあいだ、運営費を国と地方自治体で補助する地方閑散線運営費補助金が盛り込まれたが、結局、実現しなかった。国鉄は沿線住民が閑散線区の存続を望む場合、各市町村は年間3億円ずつ運行費を負担するか、または廃止に協力した場合は国鉄が各市町村に対し、鉄道1kmあたり3000万円ずつ特別支給金を交付するというもの。

その一方で、日本鉄道建設公団が建設を進めていた地方新線の開業が集中し、結果として廃止が検討されるローカル線が増えてしまった。

なお、1974年10月1日には一般運輸営業の表示を廃止し、手荷物、小荷物、小口扱い貨物を統合して「荷物」に、「停車場」を「駅」に改めた。

図表30　「赤字83線」対象路線の一般運輸営業廃止日

時期	路線名	区間
1969年12月8日	幸袋線	小竹－二瀬、幸袋－伊岐須
1970年11月1日	胆振線 *	京極－脇方
1970年12月1日	根北線	斜里－越川
1972年1月16日	鍛冶屋原線	板野－鍛冶屋原
1972年3月1日	三国線	金津－三国港
1972年3月1日	篠山線	篠山口－福住
1972年5月14日	川俣線	松川－岩代川俣
1972年6月19日	札沼線	新十津川－石狩沼田
1972年11月1日	舞鶴線 *	東舞鶴－中舞鶴

その他、1974年6月現在で31路線を廃止。
うち2線は83路線以外。
*は83線区に入っていない線区
出典：『鉄道要覧』など

図表31　1965～1979年の国鉄の廃止路線

年	日付	路線名	区間	廃止など
1965年	8月19日	武豊線	武豊－武豊港	貨物営業廃止
		信越本線	新潟－万代	
1966年	4月30日	筑豊本線	中間－筑前中山	貨物営業廃止
	9月30日	長野原線	長野原－太子	貨物営業廃止
	12月19日	宇品線	広島－宇品	貨物営業廃止
			上大河－宇品	旅客営業廃止
1967年	5月31日	世知原線	祝橋－世知原	貨物運輸廃止
	8月31日	柚木線	左石－柚木	旅客運輸廃止
	11月30日	唐津線	多久－柚ノ木原	運輸営業廃止
1968年	3月9日	唐津線	山本－岸嶽	貨物運輸廃止
	10月31日	漆生線	漆生－稲築	貨物運輸廃止
1969年	6月30日	参宮線	伊勢市－鳥羽	貨物運輸廃止
	12月7日	幸袋線	小竹－二瀬、幸袋－伊岐須	運輸営業廃止
1970年	2月1日	吉備線	岡山－総社	貨物運輸廃止
		篠栗線	吉塚－篠栗	
		日田彦山線	豊前川崎－第二大任	
	10月31日	胆振線	京極－脇方	運輸営業廃止
	11月1日	長野原線	長野原－太子	休止 *
	11月30日	根北線	斜里－越川	運輸営業廃止
1971年	2月1日	五日市線	五日市－武蔵岩井	旅客運輸廃止
	3月15日	伊田線	金田－方城	貨物運輸廃止
	4月1日	仙石線	釜－石巻港	貨物運輸廃止
		世知原線	肥前吉井－祝橋	
		臼ノ浦線	佐々－臼ノ浦	
	5月1日	吾妻線	長野原－太子	旅客運輸廃止
	8月1日	宮原線	恵良－肥後小国	貨物運輸廃止
	8月20日	唐津線	山本－岸嶽	旅客運輸廃止
	12月1日	内子線	五郎－内子	貨物営業廃止
	12月26日	世知原線	肥前吉井－世知原	旅客運輸廃止
		臼ノ浦線	佐々－臼ノ浦	
1972年	1月1日	古江線	鹿屋－古江	貨物営業廃止
	2月1日	細島線	日向市－細島	旅客営業廃止
	3月15日	妻線	佐土原－杉安	貨物営業廃止
	4月1日	宇品線	広島－上大河	旅客営業廃止
	11月1日	会津線	会津田島－会津滝ノ原	貨物営業廃止
		幌内線	三笠－幌内	旅客営業廃止
1973年	4月1日	越美北線	越前大野－越前富田	貨物営業廃止
		田川線	勾金－夏吉	
	9月9日	函館本線	美唄－南美唄	貨物営業廃止
1974年	3月30日	高千穂線	延岡－日之影	貨物営業廃止
	7月1日	城端線	福光－城端	貨物営業廃止
		東北本線	宮城野－仙台市場	
	9月1日	漆生線	下鴨生－漆生	貨物営業廃止
	10月1日	和歌山線	田井ノ瀬－紀和	旅客営業廃止
	12月10日	日田彦山線	豊前川崎－第一大任	貨物営業廃止
1975年	4月1日	山陰本線	東松江－馬潟港	貨物営業廃止
1976年	7月5日	大島連絡船	大畠－小松港	旅客営業廃止
	10月1日	久留里線	木更津－久留里	貨物営業廃止
		函館本線	東札幌－月寒	
		東海道本線	東高島－横浜市場	旅客（小荷物）営業廃止
		片町線	放出－淀川、淀川－吹田	
		塩釜線	塩釜港－塩釜魚市場	
		石巻線	女川－女川港	
1977年	7月20日	宮田線	磯光－菅牟田	貨物営業廃止
	11月1日	和歌山線	大和二見－川端	旅客（小荷物）営業廃止
		根室本線	厚岸－浜厚岸	
		石北本線	網走－浜網走	
1978年	3月1日	氷見線	伏木－氷見	貨物営業廃止
	4月1日	総武本線	銚子－新生	貨物営業廃止
		伊田線	赤池－赤池炭坑	
	5月1日	万字線	志文－万字岩山	貨物営業廃止
		夕張線	鹿ノ谷－夕張	
	7月25日	室木線	古月－室木	貨物営業廃止
	10月1日	可部線	可部－戸河内	貨物営業廃止
		真岡線	益子－茂木	
		矢部線	羽犬塚－筑後福島	
		唐津線	山本－相知炭坑	
		白糠線	白糠－上茶路	
		東海道本線	名古屋－白鳥、白鳥－名古屋市場	旅客（小荷物）廃止
				旅客（小荷物）貨物廃止
		仙石線	陸前山下－石巻港	旅客（小荷物）廃止
	12月1日	塩釜線	塩釜港－塩釜魚市場	貨物営業廃止
		名寄本線	中湧別－湧別	
		渚滑線	渚滑－北見滝ノ上	
		東海道本線	汐留－東京市場、汐留－浜川崎	旅客（小荷物）営業廃止
		函館本線	白石－東札幌	
	12月20日	士幌線	上士幌－十勝三股	貨物営業廃止
1979年	2月1日	札沼線	桑園－新十津川	貨物営業廃止
	6月1日	烏山線	宝積寺－烏山	貨物営業廃止
	7月1日	予讃本線	多度津－浜多度津	貨物営業廃止

運輸営業廃止は路線廃止の意味
* 1971年4月30日まで
出典：『数字でみた国鉄』など

「赤字83線」の事例

根北線

根北線は改正鉄道法で規定された厚床《あっとこ》から標津を経て斜里に至る路線が基本である。このうち厚床から根室標津までは標津線として開業したため、根北線の整備区間は斜里－根室標津間59・6kmとなった。1937年に関係町村の期成会の運動が実を結んで工事線に昇格し、まず斜里－越川《こしかわ》間12・8kmを1938年に着工。1940年に路盤工事と一部軌条の敷設は完了したが、戦争の影響で工事は中止となり、1941年8月にはせっかく敷設したレールが撤去された。戦後の1953年9月には再び測量が開始され、1957年11月10日に斜里－越川間が営業を開始した。しかし、客貨ともに輸送需要が少なく、開業3年目の1960年7月25日には全線で貨物

図表32　1966～1975年の国鉄の地方新線の開業

年	日付	路線名	開業（特記以外）
1966年	3月10日	漆生線	漆生－下山田
		上山田線	上山田－豊前川崎
	10月15日	横黒線	北上線に改称
	10月20日	田沢湖線	赤渕－田沢湖（全通）
	10月20日	橋場線	田沢湖線に改称
	11月6日	神岡線	猪谷－神岡
1968年	4月1日	丸森線	槻木－丸森
	5月25日	篠栗線	篠栗－桂川
	10月11日	仙石線	釜－石巻埠頭（貨物支線）
	10月24日	柳津線	前谷地－柳津
1969年	7月27日	可部線	加計－三段峡
1970年	3月1日	盛線	盛－綾里
	4月1日	只見中線	田子倉トンネル
	4月15日	篠栗線	篠栗－桂川で貨物運輸開始
	8月20日	鹿島線	香取－鹿島神宮
	10月1日	中村線	土佐佐賀－中村
		岡多線	岡崎－北野桝塚
	11月1日	角館線	角館－松葉
	11月12日	鹿島線	鹿島神宮－北鹿島
	11月29日	飯山線	高場山トンネル（別線）
1971年	3月7日	吾妻線	長野原－大前
	6月8日	紅葉山線	新登川トンネル
	8月29日	只見線	只見－大白川
		会津線*	会津若松－小出間を只見線に改称
	10月27日	内山線	大寄トンネル
1972年	2月6日	岩内線	浅内－岩泉
	2月27日	宮古線	宮古－田老
	3月15日	和歌山線	田井ノ瀬－和歌山
	7月22日	高千穂線	日ノ影－高千穂
	9月8日	白糠線	上茶路－北進
	9月9日	大隅線	海潟温泉－国分
	12月15日	越美北線	勝原－九頭竜湖
1973年	7月1日	盛線	綾里－吉浜
	9月1日	伊勢線	南四日市－津
	10月1日	牟岐線	牟岐－海部
1974年	3月1日	予土線	江川崎－若井
1975年	7月20日	久慈線	久慈－普代
	8月31日	三江線	浜原－口羽

＊西若松－会津滝ノ原間の路線名に
出典：『数字でみた国鉄』

の取り扱いが停止となる。いかにしても経営改善にはほど遠く、営業係数は１９６８年度２３１３、１９６９年度２３６８と全国ワーストという不名誉な記録を更新し続けていた。結局、斜里町の同意を得て、１９７０年11月30日かぎり（12月1日廃止届）で営業を廃止した。

斜里－越川間が廃止となったのちも、越川－根室標津間は工事線として整備対象となっていたが、根室標津－糸櫛別《いとくしべつ》間の測量を実施しただけで着工に至らなかった。

次に、国鉄が１９６７年に地方のローカル線の処遇を決めるためにまとめた資料を紹介する。全国にわたって報告書がまとめられたものと考えるが、手元にあるのは九州の一部だけである。なお、和暦は西暦に改めた。

香椎線（一部）

香椎《かしい》－宇美《うみ》間14・１㎞、丙線、４級。

「鹿児島本線香椎駅から分岐して福岡市の北方西戸崎《さいとざき》に至る線と粕屋《かすや》炭田を南進して宇美に至る線でほかに酒殿《さかど》から勝田《かつた》線志免《しめ》間の短絡線がある。石炭輸送を目的として博多湾鉄道により敷設され、のち西日本《にしにっぽん》鉄道に合併、１９４４年5月国鉄が買収したものである。

香椎から宇美に至る線は、主産業であった石炭産業が没落して炭坑はすべて閉山し、このため福岡市近郊の一部を除いては沿線人口は減少傾向にある。

旅客輸送は、人口の減少と福岡市内に対するバス網の発達により普通旅客は１９６７年度では１９６０年度に対し75％、定期旅客は高校通学生増により２２７％に伸びた。

貨物輸送では、本州から香椎、酒殿経由で志免基地への自動車輸送が最近増加（４１４％）しているが、そのほかは砕石、アルコール、煉炭《れんたん》等が若干あるのみで、輸送トン数は対１９６０年度53％となった。

１９６２年3月、勝田線とともに粕屋地区管理長制度（１９６３年3月廃止）等により経営改善を行なってきたが、経営成績は悪化している。（営業係数１９６０年度２１３、１９６６年度３５６）」（図表33）

唐津線（一部）

山本《やまもと》－岸嶽《きしたけ》間４・１㎞、丙線、４級、１９７１年8月廃止。

「唐津《からつ》線山本から岸嶽に至る線で、石炭輸送を目的として九州鉄道社線として１９０３年12月に全通し、１９０７年7月買収したものである。

旅客輸送は、唐津市との交流が多いがバスの発達と人

図表33　香椎線（一部）の状況

・営業係数・営業収支
昭和42年度　作業費239%　総原価350%

・市町村人口
香椎駅　福岡市人口のうち駅勢圏人口33173人
土井駅　福岡市人口のうち駅勢圏人口10953人
伊賀駅、酒殿駅　粕屋町9853人
須恵駅、新原駅　須恵町12085人
宇美駅　宇美町12890人

・学校・事業所
香椎駅　香椎中学教職員64名　生徒1560人、香椎高校教職員80名　生徒1583名、
博多高校教職員73名　生徒1525名、九州高校教職員59名　生徒995名、
香椎工業高校教職員89名　生徒1126名、九州産業大学教職員310名　生徒4317名、
福岡女子大学教職員90名　生徒644名、香椎郵便局70名、香椎税務署58名、
香椎職業訓練所390名、森一発条32名、九州樹脂加工13名
土井駅　久山中学教職員21名　生徒459名、多々良中学教職員45名　生徒1218名
福岡市役所多々良支所7名、糟屋郡久山町役場52名、土井郵便局3名、久山郵便局15名、
農協多々良支所16名、山田郵便局3名、大倉工業70名、高松商店126名、
金門製作所182名、南洋商会220名、八幡生コン工場16名
伊賀駅　粕屋中学教職員32名　生徒766名、粕屋農業高校教職員52名　生徒561名
長者原郵便局37名、粕屋町役場70名、粕屋中部農協150名、粕屋中部農協大川支所20名、
福岡法務局粕屋出張所5名、博洋自動車35名、東洋計器100名、岩田産業100名、
旭松電機工務所200名、寿工務店65名
酒殿駅
須恵駅　須恵郵便局3名、野上工業太組工場50名
新原駅　須恵中学教職員37名　生徒730名、須恵町役場96名
宇美駅　宇美中学教職員46名　生徒1118名、宇美高校教職員59名　生徒992名、
宇美役場134名、宇美郵便局51名、福岡刑務所300名、粕屋南部農協121名、
西鉄宇美営業所220名、西鉄福岡工場102名、ゼニスコンクリート110名、小林酒造100名、
津田産業168名

・旅客輸送の状況
通過人員

香椎～土井	土井～伊賀	伊賀～酒殿	酒殿～須恵	須恵～新原	新原～宇美
3286人	3401人	1938人	2783人	1985人	1599人

		本数	通過両数	輸送力	輸送量	乗車効率
午前通勤時	香椎→宇美	気動車3本	10両	967	1454	150%
	宇美→香椎	気動車2本	7両	684	532	78%
終日	香椎→宇美	気動車13本	30両	2902	2327	82%
	宇美→香椎	気動車13本	30両	2902	2134	78%

・貨物輸送の状況
この線区は沿線炭坑の閉山によって伊賀の日本アルコール販売（株）宇美のゼニスコンクリート工業（株）を残すのみとなった。ほかにはさしたる企業はないが勝田線志免発着となる貨物は酒殿経由の輸送となっている。

貨物列車は香椎～酒殿間5往復、香椎～宇美間1往復。

・並行定期路線バス

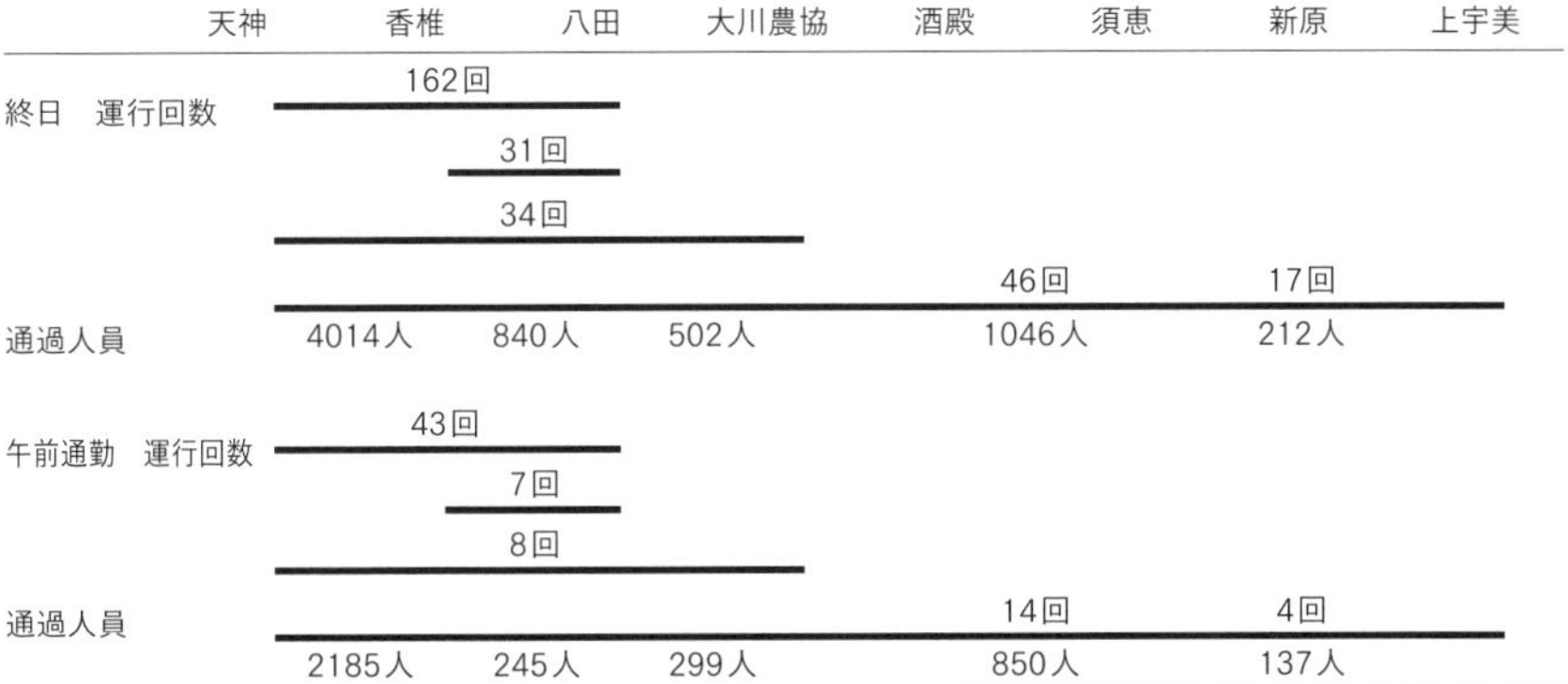

図表34　唐津線の状況

・営業係数

昭和42年度　作業費832%　総原価1361%

・沿線人口

唐津駅、山本駅　唐津市73999人

牟田部駅、岸嶽駅　北波多村　4900人

・学校、事業所

唐津駅　唐津第一中学他8校教職員243名　生徒4259名、
唐津東高校教職員64名　生徒1215名、唐津西高校教職員64名　生徒897名、
唐津農業高校教職員54名　生徒486名、唐津商業高校教職員56名　生徒891名、
唐津市役所652名、唐津警察署137名、唐津郵便局120名、唐津電報電話局216名、
唐津赤十字病院227名、唐津区検察庁14名、唐津裁判所38名、唐津税務署38名、
唐津海上保安部74名、唐津土木事務所80名、唐津労基署12名、
宮島醤油300名、唐津鉄工所560名、松浦通運323名、昭和自動車1380名

山本駅　鬼塚中学教職員22名　生徒326名、唐津工業高校教職員67名　生徒723名

牟田部駅

岸嶽駅　北波多中学教職員25名　生徒333名、
マルタイラーメン工場120名、大杉熊綿布工場50名

・旅客輸送の状況

通過旅客数

山本		牟田部		岸嶽
	771人		579人	

	区間	本数	通過両数	輸送力	輸送量	輸送効率
午前通勤時	山本→岸嶽	気動車2本	2両	174人	264人	154%
	岸嶽→山本	気動車2本	2両	174人	28人	16%
終日	山本→岸嶽	気動車10本	10両	965人	383人	38%
	岸嶽→山本	気動車10本	10両	965人	404人	23%

・貨物輸送の状況

沿線炭坑の閉山に伴い、1967年3月に貨物輸送を廃止した。沿線産業には、小規模の食品、せんい工場がある。

口の減少のため１９６０年度に対し普通旅客31％、定期旅客90％に減少した。

貨物輸送は沿線炭坑の閉山により１９６７年12月廃止した。

なお、終着駅岸嶽から松浦線伊万里に至る区間は敷設法による敷設予定線となっている」（図表34）

世知原線

肥前吉井《ひぜんよしい》（現・吉井＝引用者注）－世知原《せちばる》間６・７km、丙線、４級、１９７１年12月廃止。

「松浦線肥前吉井駅から世知原に至る線で、１９３３年10月石炭輸送を目的として開通、１９３６年10月臼《うす》ノ浦《うら》線とともに佐世保鉄道から買収した。

沿線人口は炭坑の閉山により減少し、主産業である石炭も祝橋《いわいばし》の飯野《いいの》炭坑春日坑を残すのみとなった。

旅客輸送は、人口の減少と民間バスの発達により１９６７年度は１９６０年度に対し、普通旅客24％、定期旅客76％に激減した。

貨物輸送もまた１９６０年度に対し71％に減少しており、祝橋、世知原間は１９６７年６月から

図表35　世知原線の状況

・営業係数

昭和42年度　作業費328%　総原価416%

・市町村人口

佐世保駅　佐世保市247069人
吉井駅、祝橋駅　吉井町8210人
世知原駅　世知原町8842人

・学校、事業所

佐世保駅　宮中学外18校教職員637名　生徒15155名、
佐世保工業高校教職員72名　生徒1124名、佐世保商業高校教職員58名　生徒1184名、
佐世保東商業高校教職員54名　生徒1192名、佐世保北高校教職員22名　生徒559名、
佐世保市立高校教職員23名　生徒473名、佐世保市立商業高校教職員24名　生徒538名、
西高校教職員45名　生徒907名、西海学園外4校教職員203名　生徒4449名、
佐世保聾学校教職員6名　生徒49名、高等看護学校外1校教職員8名　生徒281名、
ドレスメーカー女学院外28校教職員138名　生徒4415名
佐世保市役所3300名、海上自衛隊2000名、陸上自衛隊920名、
長崎県北開発局366名、佐世保電報電話局531名、佐世保郵便局238名、
佐世保警察署365名、佐世保消防局205名、佐世保重工業（佐世保造船所）4385名、
西肥自動車1054名、西原工業610名、住友生命佐世保分室500名、西沢550名
吉井駅　吉井中学教職員25名　生徒577名、準看護学校教職員2名　生徒109名、
吉井町役場50名、吉井郵便局29名、吉井保健所23名
祝橋駅　太田鉱業301名、新高野炭坑135名
世知原駅　世知原中学教職員30名　生徒649名、
世知原町役場110名、世知原警部派出所5名、飯野松浦砿928名、飯野松浦病院58名

・旅客輸送の状況

吉井		祝橋		世知原
	838人		767人	

	区間	本数	通過両数	輸送力	輸送量	乗車効率
午前通勤時	肥前吉井→世知原	気動車2本	4両	184人	294人	160%
	世知原→肥前吉井	気動車2本	4両	184人	58人	30%
秋日	肥前吉井→世知原	気動車8本	12両	552人	416人	75%
	世知原→肥前吉井	気動車8本	12両	552人	408人	74%

・貨物輸送の状況

この線区は石炭輸送を主目的として建設されたもので、沿線産業としては、石炭産業以外にはない。

貨物列車は肥前吉井～祝橋間 4往復、肥前吉井～御橋坑側線（肥前吉井・祝橋間）1 往復。

・並行定期路線バス

吉井　　祝橋　　世知原

江迎行
大野早岐行
（梶木場経由）

		吉井～祝橋	祝橋～世知原
終日	運行回数	20回	26回
	通過人員	391人	427人
午前通勤時	運行回数	5回	7回
	通過人員	92人	94人

世知原　　佐世保

早岐行（菰田経由）
早岐行（知見寺経由）

終日	運行回数	計23回
	通過人員	計265人
午前通勤時	運行回数	計5回
	通過人員	計49人

貨物営業を廃止している。

１９６０年３月以来松浦線管理長制度により経営改善を図ってきたが、経営状態は悪化の一途をたどっている」（図表35）

臼ノ浦線

佐々《さざ》－臼ノ浦間３・８km、丙線、４級、１９７１年12月廃止。

「松浦線佐々から臼ノ浦に至る線で、線内の駅は臼ノ浦のみである。１９３１年８月北松炭の積出しを主目的として佐世保鉄道により開通し、１９３６年10月買収したものである。

沿線人口は少なく、輸送量は極めて小さい。

旅客輸送は、佐世保市方面に対するバス網の発達が著しいため、１９６７年度では１９６０年度に対し普通旅客16％に激減、定期旅客も72％に減少した。

貨物輸送では、北松炭の衰微が著しい今日では、わずかに唐津炭の積出しが同港から行なわれるにすぎず、１９６０年度の23％に激減している。

１９６０年３月以来松浦線管理長制度により経営改善を図ってきたが、経営状態は極度に悪化している」（図表36）

幸袋線

小竹《こたけ》－二瀬《ふたせ》間10・１km、丙線、４級、１９６９年12月廃止。

「筑豊《ちくほう》本線小竹から二瀬に至る線で、１９０７年７月九州鉄道から買収した。石炭輸送を目的とし、１９０９年１月にはさらに二瀬・枝国《えだくに》間が開業したが、石炭産業の衰退に伴い１９６５年９月運輸営業を廃止しており現在はない。この他に伊岐須《いぎす》に至る貨物支線がある。

旅客輸送は、同線に平行する国道２００号線の整備により、飯塚《いいづか》、北九州方面とのバス網が発達していること、駅が飯塚市街中心から離れていることなどのため、国鉄依存度は極めて低い。

１９６７年度は１９６０年度に対し普通旅客15％、定期旅客46％に激減した。現在列車回数は４往復である。

貨物輸送は石炭の減送のため対１９６０年10％に激減し、現在目尾《しゃかのお》にある古河《こが》坑も近く閉山される見とおしである。１９６７年10月二瀬駅の車扱貨物の営業を廃止した。

１９６２年３月～１９６８年２月筑豊支線管理長制度導入」（図表37）

九州のローカル線の状況については、２１０ページに続く。

図表36　臼ノ浦線の状況

・営業係数

昭和42年度　作業費482%　総原価789%

・市町村人口

佐々駅　佐々町17050人

臼ノ浦駅　小佐々町8208人

・学校、事業所

佐々駅　佐々中学校職員36名　生徒821人、北松南高校職員67名　生徒1236名、佐々町役場130名、佐々郵便局15名、佐々電報電話局6名、佐々農業協同組合40名、佐々警部派出所5名、長崎建鉄工業35名、西海工業86名、スワン山喜工場79名、長崎特殊磁器88名、双場商事佐々工場50名、末岡鉱業60名、野口鉱業78名

臼ノ浦駅　小佐々中学校職員16名　生徒280名、楠栖中学校職員18名　生徒296名　小佐々町役場75名、小佐々郵便局20名、楠栖郵便局15名、北松セメント工場95名、金丸水産小佐々工場70名、臼ノ浦港運31名、あけぼの真珠養殖場60名

・旅客輸送の状況

通過人員

佐々	臼ノ浦
261人	

	区間	本数	通過両数	輸送力	輸送量	乗車効率
午前通勤時	佐々→臼ノ浦	気動車2本	2両	92人	131人	142%
	臼ノ浦→佐々	気動車2本	2両	92人	5人	5%
終日	佐々→臼ノ浦	気動車4本	4両	184人	142人	77%
	臼ノ浦→佐々	気動車4本	4両	184人	79人	43%

・貨物輸送の状況

この線区の輸送量は、北松炭田の衰微により、著しく減少し、臼ノ浦到着炭は最盛期1957年度の14%に低下している。沿線産業としては、(中略)中小企業にすぎない。

・並行定期路線バス

佐々	臼ノ浦

佐世保・早岐 ―――― 楠泊・岳ノ木場

終日	運行回数	22回
	通過人員	707人
午前通勤時	運行回数	5回
	通過人員	335人

図表37　幸袋線の状況

・営業係数

昭和42年度　作業費530%　総原価740%

・市町村人口

新飯塚駅、目尾駅、幸袋駅、新二瀬駅、二瀬駅、伊岐須駅　飯塚市人口のうち駅勢圏人口55096人
小竹駅　小竹町17695人
目尾駅、幸袋駅、新二瀬駅、二瀬駅、伊岐須駅　飯塚市人口のうち駅勢圏人口26937人

・学校、事業所

新飯塚駅　飯塚第1中学教職員58名　生徒1213名、
飯塚第2中学教職員36名　生徒486名、菰田中学教職員37名　生徒574名、
嘉穂高校教職員75名　生徒1526名、定時制教職員33名　生徒607名、
嘉穂東高校教職員71名　生徒1353名、定時制教職員15名　生徒332名、
嘉穂農業高校教職員72名　生徒695名、飯塚女子高校教職員47名　生徒1517名、
飯塚商業高校教職員72名　生徒2528名、近畿大学付属女子高校教職員27名　生徒862名、
近畿女子短期大学284名、飯塚市役所840名、飯塚警察署241名、飯塚裁判所78名、
飯塚消防署63名、飯塚税務署52名、飯塚職安89名、飯塚労基署34名、
飯塚財務事務所52名、飯塚郵便局167名、飯塚電報電話局302名、嘉穂福祉事務所136名、
飯塚土木事務所109名、飯塚農林事務所131名、サンヨウ食品270名
小竹駅　小竹中学教職員42名　生徒808名、小竹町役場147名
目尾駅　古河目尾炭坑250名
幸袋駅　幸袋中学教職員33名　生徒614名、幸袋工作所700名
新二瀬駅　鎮西中学教職員27名　生徒384名、一番食品115名、ユニオン食品工業94名
二瀬駅　二瀬中学教職員52名　生徒1030名、大福被服100名
伊岐須駅　林田商事10名

・旅客輸送の状況

通過人員

小竹	目尾	幸袋	新二瀬	二瀬
335人	304人	179人	140人	

	区間	本数	通過両数	輸送力	輸送量	乗車効率
午前通勤時	小竹→二瀬	気動車1本	1両	82人	31人	39%
	二瀬→小竹	気動車1本	1両	82人	2人	2%
全日	小竹→二瀬	気動車4本	4両	358人	110人	31%
	二瀬→小竹	気動車4本	4両	373人	64人	7%

・貨物輸送の状況

日鉄武雄坑のほか、本目尾坑、宮地坑等閉山。1970年度75千トン程度の見込み。機械現状維持程度

・並行定期路線バス

小竹　　幸袋本町　　新飯塚

直方行
小倉行
黒崎行
小峠・赤池本町・方城行
新多・宮田行

終日	運行回数	205回
	通過人員	3860人
午前通勤時	運行回数	39回
	通過人員	1490人

博多　　新二瀬　　新飯塚

福岡行
坂の下行
相田・上相田・庄司行

終日	運行回数	119回
	通過人員	4496人
午前通勤時	運行回数	25回
	通過人員	1241人

図表38　国鉄の営業体制の近代化（駅の停留所化、業務委託、貨物駅の集約）

1970年	10月1日	中央本線、成田線など22線区で営業体制近代化 （駅の停留所化103、業務委託18、貨物の集約57等）
	12月10日	福塩線
	12月12日	江差線、松浦線
1961年	2月1日	御殿場線、長野原線、青梅線、五日市線、中央本線、矢部線、湯前線、高森線
	2月10日	久大本線、宮原線、日田彦山線
	3月1日	鶴見線、福知山線、姫新線
	3月31日	樽見線
	4月1日	仙山線、予讃本線・高松－多度津間
	7月1日	紀勢本線・紀伊勝浦－椿間のうち10駅の貨物取扱廃止、営業体制近代化
	10月1日	宇部線、小野田線、美祢線、木次線、伯備線、草津線、和歌山線、伊勢線、 羽越本線、奥羽本線、胆振線、神岡線、北陸本線（粟津－富山）、 高山本線（西富山－猪谷）、仙石線、八戸線、五能線、阿仁合線、矢島線、 黒石線、男鹿線
	10月20日	日田彦山線、田川線、佐賀線、唐津線、佐世保線、大村線
	11月8日	予讃本線
	11月15日	津山線
	11月30日	石巻線、陸羽東線
	12月1日	内子線（五郎－内子）
	12月20日	芸備線
1979年	2月1日	札沼線
	3月10日	瀬棚線

出典：『数字でみた国鉄』『鉄道要覧』など

図表39　国鉄の合理化投資

時期		路線名	区間	合理化の内容
1965年	3月1日	紀勢本線	御坊－海南	自動信号化
	7月1日	紀勢本線	御坊－白浜	自動信号化
1967年	3月28日	赤穂線	相生－日生	自動信号化
	5月19日	磐越西線	郡山－喜多方	自動信号化
	6月10日	長野原線	渋川－長野原	電気運転開始
	6月15日	磐越西線	郡山－喜多方	電気運転開始
	12月20日	大糸線	信濃森上－南小谷	電車運転開始
1968年	3月6日	佐世保線	肥前山口－佐世保	自動信号化
	5月25日	篠栗線	吉塚－篠栗	自動信号化
	7月1日	御殿場線	国府津－沼津	電気運転開始
	9月3日	紀勢本線	稲原－和佐	複線化
	9月5日	伯備線	倉敷－総社	複線化
	9月9日	伊東線	熱海－来宮	複線化
	9月25日	伯備線	総社－豪渓	複線化
	9月28日	紀勢本線	紀伊内原－紀伊由良	複線化
	9月29日	高山本線	岐阜－高山	CTC化
1969年	2月25日	紀勢本線	道成寺－御坊	複線化
	8月24日	赤穂線	播州赤穂－東岡山	電気運転開始
	8月29日	高山本線	高山－富山	自動信号化
	9月28日	身延線	富士－竪堀	複線化
	9月30日	高山本線	高山－富山	CTC化
	12月11日	筑豊本線	桂川－筑前内野 筑前山家－原田	自動信号化
1970年	3月1日	山田線		無煙化
	3月20日	宇野線	岡山－宇野	CTC化
	4月3日	宇野線		CTC使用開始
	7月1日	武豊線		DC化
	9月1日	中村線	土佐佐賀－中村	自動信号化
	9月7日	伯備線	豪渓－美袋	複線化
	9月15日	呉線	三原－海田市	電気運転開始
	9月28日	呉線	三原－海田市	CTC化
	10月1日	久大本線	全線	無煙化
	10月1日	岡多線	岡崎－北野桝塚	電化
	12月11日	伯備線	伯耆大山－上石見	自動信号化
1971年	2月8日	伯備線	伯耆大山－上石見	CTC化
	3月5日	伯備線	上石見－足立	自動信号化
	3月7日	吾妻線*	長野原－大前	電化、自動信号化
	3月25日	芸備線	三次以北	DL化
		可部線		DL化
		姫新線、飾磨線、 芸備線、吉備線、 津山線		DL化
		日豊本線、豊肥本線、 日田彦山線、肥薩線		ヤード、入替作業合理化
		日田彦山線		ローカル列車DC化
	3月29日	身延線	富士根－富士宮	複線化
	4月1日	東北本線、八戸線	尻内、八戸	八戸、本八戸に改称
	4月26日	関西本線	名古屋－亀山	DL化
	9月28日	高山本線	美濃太田－飛騨金山	CARC使用開始
	10月1日	岡多線	岡崎－北野桝塚	北岡崎駅（貨物）設置

首都圏、関西圏の各路線、仙石線を除く
* 同日に長野原線から改称
出典：『数字でみた国鉄』『鉄道要覧』など

第7章　消えゆく地方ローカル私鉄

廃止の例外にはならなかった大手私鉄のローカル線

戦後、鉄軌道事業の動向は、まず地方の零細軌道が路線バスの拡張にあって早々と撤退、続いて地方都市の路面電車が消え去り、マイカーの普及に合わせて大都市の路面電車の整理へとたどることになる。

大手私鉄といえども、この流れに違《たが》うことなく、まず併用軌道を持つ低速度の地方路線が廃止され、次に中小都市内の軌道線、大都市内軌道路線が整理されていった。

戦前、交通統合以前、大都市周辺を中心に各私鉄が競い合って路線を延ばし、多くの競合路線を建設した。そのうちメインルートになり損ねた路線は存在価値を失い、戦争中には不要施設として線路が外され、戦後も復活せずにそのまま廃止されたものも多い。

その後、昭和30年代から同40年代にかけて、急速な都市化のなかで、大手私鉄は巨額の設備投資が求められたが、借入や社債発行には業績を改善して信用力を確保することが必要であり、また、増資するにしても、社内留保資金を活用するにしても、不採算路線を整理して収益率の向上が必要であった。

さらに、昭和40年代後半以降、貨物輸送の道路運送へのシフトと、国鉄の財政再建策のなかでの車扱を中心とする貨物部門の整理にともない、ほとんどの大手私鉄が貨物輸送から撤退していった。

大都市内の路面電車も、公営、民営を問わず、道路の走行環境の悪化によって廃止が進んだ。大都市では道路の渋滞を緩和する目的で軌道内への自動車の乗り入れが認められ、路面電車は定時運転が難しくなった。そのため、公営の路面電車は経営が赤字化し、財政再建団体に指定されると、自治省（現・総務省）から路面電車の撤去が指導された。なお、福岡市の西鉄の場合は、市営地下

図表40　大手私鉄の廃止路線

廃止実施届	社名	路線名	区間
1954年3月15日	西日本鉄道	大牟田市内線	旭町－四ツ山
1954年6月1日	名古屋鉄道	起線	八幡町－起
1958年11月27日	西日本鉄道	福島線	福島－日吉町
1959年7月1日	東武鉄道	矢板線	矢板－新高徳
1961年1月22日	近畿日本鉄道	伊勢線	江戸橋－新松阪
1962年6月17日	名古屋鉄道	岡崎市内線	福岡町－大樹寺
1964年4月26日	名古屋鉄道	岩倉支線	小牧－岩倉
1964年10月1日	近畿日本鉄道	伊賀線	西名張－伊賀神戸
1965年4月25日	名古屋鉄道	一宮線	岩倉－東一宮
1966年12月1日	南海電気鉄道	北島支線	東松江－北島
1968年2月25日	東武鉄道	日光軌道線	日光駅前－馬返
1973年3月4日	名古屋鉄道	挙母線	上挙母－大樹寺

大都市内の路線を除く
出典：『私鉄統計年報』など

鉄の建設によって市内線全線が廃止された。

東武鉄道

東武鉄道は伊勢崎《いせさき》線と日光《にっこう》線の二つの幹線を中心に多くのローカル線を枝葉のように延ばしていた。沿線には採石場や石灰岩の採掘場などが多く点在し、東京の建築物の資材としてさかんに輸送された。葛生《くずう》や宇都宮では採石場まで貨物の専用線も運行された。

戦後、大都市近郊路線の混雑が悪化する一方で、農村地帯の鉄道路線では旅客が減少し、赤字が拡大していった。道路の整備が遅れ、未舗装のデコボコ道ながら、路線バスが急速に路線網を拡大し、競合する鉄道路線の撤退が相次いだ。

東武は戦後早々に大谷《おおや》軌道線、伊香保《いかほ》軌道線を廃止した。大谷軌道線は宇都宮石材軌道から引き継いだ６１０㎜軌間のトロッコ軌道で、大谷石《おおやいし》採石場と作業場のあいだを結んでいた。伊香保軌道線は上越線開通前に渋川を中継地とする群馬県北部の交通流動の受け皿として建設された７６２㎜の馬車軌道網を前身とする。そのうち、前橋《まえばし》線、高崎線、伊香保線の3線が１９２７年に東武に引き継がれた。５５０Ｖの電化路線で、東武の路線網からは孤立していた。

１９５３年には高崎線を廃止し、前橋線の前橋駅前－医大前間を休止したが、翌年には休止区間を含めて前橋線の全線を廃止している。そして、１９５６年に伊香保－渋川間を廃止して伊香保軌道線全線が消えることになった。

１９２１年に国鉄上越南線《じょうえつなんせん》（現・上越線）が渋川まで開業し、遠隔地からの行楽客がこれに移り、また、伊香保を目指すバス路線が新設されるにおよんで、昭和初期にはすでにその役割を終えていたということができる。しかし、日中戦争が始まって以降、燃料規正が強化されてバスの運行がままならなくなると、再び軌道線が活躍の場を得ることになる。このようにして、旧式の軌道線はかろうじて生きながらえることになった。しかし、それも終戦までのことで、戦後にバスの性能が上がり、大型化が進むと、すでに戦争中の酷使で疲弊した軌道線では立ち向かうこともできなくなる。これに加勢したのが、前橋市と高崎市の街路整備事業の着手で、道幅を広げる工事のために、軌道の撤去が会社に要請された。

続いて1959年には非電化路線である矢板《やいた》線の新高《しんたか》徳《とく》－矢板間を廃止した。当時、新高徳－玉生《たまにゅう》間で1日片道5本、矢板までは3本の運転にすぎなかった。もともと沿線に産する林産物の搬出を目的としていた路線であるが、この貨物の減少が廃止の背景にある。同様に、鉱山や採石場の産出量の減少、あるいはトラックの進出による貨物の減少を主な原因とする貨物線の廃止が続く。すなわち、1952年に大谷線・鶴田《つるた》連絡線、1964年に大谷線、1967年に根小屋《ねごや》線、1968年に徳川《とくがわ》河岸《がし》線、1976年に小泉《こいずみ》線・西小泉－仙石河岸《せんごくがし》間、1986年に会沢《あいざわ》線・上白石－第三会沢間、大叶《おおがのう》線、1987年に千住《せんじゅ》線である。

そのほか、1968年に日光軌道線が廃止されたが、むしろ収入の3分の1を占める精錬所からの製品輸送が、それまで、この軌道を延命していたといえる。1947年に東武に合併し、1953年から車両の取り替えなど大がかりな設備更新を実施した。戦後も観光客の増加によって旅客輸送量を伸ばしたが、貨物輸送量は1956年以降は減少に転じ、精錬所の縮小を契機に軌道線の廃止に至る。

また、1983年には熊谷《くまがや》線が廃止された。本線から孤立した非電化路線で、気動車1両ないし2両による1時間に1本の運転であった。戦時中、軍需工場への工員輸送を目的に建設されたが、目的の小泉線との連絡は未成のままとなり、東武としては中途半端な路線であった。

名古屋鉄道

名古屋鉄道は犬山《いぬやま》線や一宮線、岩倉《いわくら》支線（当時は郡部線と呼んだ）を経営する名古屋電気鉄道を母体に1921年に生まれた。その後、1925年には尾西《びさい》鉄道から現在の尾西線と名古屋本線の新一宮（現・名鉄一宮）－国府《こうの》宮《みや》間の経営を譲り受け、さらに、1930年に岐阜市内線、揖斐《いび》線、美濃町《みのまち》線と本線の新岐阜（現・名鉄岐阜）－

笠松《かさまつ》間を経営し、各務原《かかみがはら》鉄道を子会社に持つ美濃《みの》電気軌道と合併して名岐《めいぎ》鉄道に改称した。

一方、名古屋以南では愛知電気鉄道が神宮前《じんぐうまえ》から豊橋までと常滑《とこなめ》まで路線を延ばしていったが、名古屋政財界総がかりのバックアップがあって1935年に名岐鉄道と合併を果たし、これにより、現在の名鉄の路線網の骨格ができあがることになる。その後も周辺鉄軌道の併合を続け、終戦までのあいだに濃尾《のうび》平野内のほとんどの路線を経営する一大私鉄に成長していった。

しかし、一方で、多くのローカル閑散路線を抱えることになる。一部は戦時中に運転を休止して施設を供出したが、戦後は、まずこれら休止路線の処理から始まった。1954年に新豊橋－三河田原《たはら》間を豊橋鉄道に譲渡し、休止中の三河田原－黒河原《くろがわばら》間を廃止、1959年には休止中であった尾西線の奥町《おくちょう》－玉《たま》ノ井《い》間を復活する際、玉ノ井－木曽川港《きそがわこう》間を正式に廃止した。また、休止中の岡《おか》崎新《ざきしん》－西尾《にしお》間のうち岡崎駅前（旧・岡崎新）－福岡町《ふくおかちょう》間を1951年に岡崎市内線として復活し、残る福岡町－西尾間を1959年に廃止した。そのほか、丸《まる》ノ内《うち》－新《しん》清洲《きよす》間の清洲線を1948年に廃止、鏡島《かがしま》線を1953年に復活した。

次に取り組んだのは軌道線の整理である。1953年に起《おこし》線の運転を休止し、翌年に正式に廃止した。起線は600Vの電化路線で、全線が併用軌道であった。尾西線の新一宮－八幡町《はちまんちょう》間に乗り入れていたが、1952年に尾西線が1500Vに昇圧したため、この新一宮への乗り入れを停止、これが起線の命運を決めた。続いて1960年に高富《たかとみ》線の長良北町《ながらきたまち》－高富間、1962年に挙母線の大樹寺《だいじゅじ》－岡崎井田《いだ》間と岡崎市内線の岡崎井田－岡崎駅前、福岡線の岡崎駅前－福岡町間を廃止した。また、1964年に鉄道線の鏡島線を廃止したが、事実上、岐阜市内線の一部として運行していた。

さらに、鉄道線の閑散路線の整理が続く。1964年に岩倉支線、1965年に一宮線、1973年に挙母線を廃止した。挙母線は沿線にトヨタ自動車やユニチカの工場が控えることから、人員や貨物の輸送のために残されていた路線である。国鉄岡多線の建設開始に先立って廃止され、岡多線は1976年に岡崎－新豊田間を開業した。

このように多くの路線を整理する一方で、並行して市場開拓につながる新規路線の建設を進めていった。1974年から1976年にかけて知多《ちた》新線の富貴《ふき》－野間《のま》間を開業、1978年には地下新線の完成によって瀬戸《せと》線の栄町《さかえまち》乗り入れを実現した。また、1979年には名古屋市営地下鉄と相互乗り入れを行う豊田線を開業した。さらに、1980年には知多新線が内海《うつみ》まで延長、1982年には羽島《はしま》線を建設して東海道新幹線と岐阜を結ぶことになる。

名鉄の固定資産営業利益率は昭和30年代を通して大手私鉄の平均値を下回っているが、この時期に積極的に不採算路線を整理したことから、昭和40年代前半には利益率が大手私鉄を上回るようになり、さらに、昭和40年代後半には軌道を含めた全路線について、平均値をしのぐことになる。昭和50年代（1975〜1984年）になると、再び利益率が平均値を下回ることになるが、これは相次ぐ新線の開業によって固定資産が膨らんだ結果ということがいえる。

モータリゼーションの犠牲になった地方私鉄

中小私鉄の会社数はモータリゼーション以前の1960年には124社を数えたが、急速にその数を減らし、1965年には117社となっていた。そのなかには新しく開業したモノレールも含まれているため、鉄道事業から撤退した数はその差を上回る。

地方私鉄は戦後に経済が復興し、また、それに続く高度経済成長のなかで、地方の重要な交通手段としての地位を保持していた。一方で、路線バスも急速に路線網を拡大していった。戦後の一時期、占領下という特殊事情もあって道路運送規制が緩和され、バス事業への新規参入が相次いだ。しかし、昭和30年代末ころまではバスの輸送力増強は需要の急激な増加に大きく後れをとっていた。地方での交通市場の拡大は鉄道とバスの両立を保証していたのである。

ただし、この間、路線バスの拡張によって旅客数は横ばいから若干低下していった。私鉄の輸送人キロは1955年度の44872百万人キロから1959年には56114百万人キロに増加したが、これは、この期間に大手私鉄が9923百万人キロ増加したことが貢献した数値である。これを除くと1319百万人キロの増加にすぎない。率にすると、大手が34％増加させたのに対して中小は8％にとどまった。一方で、路線バスは1968百万人キロから29888百万人キロへと51％増加した。

この間の経営状況を営業係数（営業費／営業収入）で見ると、私鉄は1950年度の85から1955年度93、1959年度90と推移した。一貫して黒字であるが、そのなかで1955年度にいったん黒字が縮小したのち、再び拡大して経営改善の方向性が見てとれる。しかし、大手私鉄だけの数値を見ると、1950年度86、1955年度92、1960年度86で、1950年度から1955年度のあいだは全体の数値に近い動きをしているのに対し、1955年度から1960年度のあいだは大手私鉄の収支が大きく改善した。つまり、その分、中小私鉄の経営は悪化したということを示している。

この傾向は路線バスの拡大が背景にあるわけであるが、さらに、それに加えて地方からの大都会に向けた人口の流出が続くとともに、地方の中心都市への人口の集中が進んだ。過疎化が進行することで、固定費の比率が大きい鉄道では採算をとることが難しくなり、バスに置き換わっていった。

その路線バスも戦後は一貫して供給が不足していた。都市周辺部で人口が増加したものの、鉄道沿線から離れた開発地ではバス路線の新設を希望したが、既設路線の輸送力の増強が急務ななかで、路線新設まで手が回らなかった。昭和40年代に入り、ようやくバスの輸送力が需要に追いつくようになったころ、自家用車の普及が急速に進んだ。公共交通機関の市場規模は縮小し、路線バスの輸送量さえ減少に転じた。さらに、昭和30年代を通じてローカル鉄道では収益率が低下したことで、設備投資を怠り、設備は老朽化していった。投資余力を持たないローカル私鉄は朽ち果てるようにして撤退していった。

三重電気鉄道松阪線

松阪－大石《おいし》間20・2㎞、1964年12月14日廃止（届）。軌間762㎜の電気鉄道である。地方の住民が発起人となって南勢軽便鉄道として軌道特許が申請され、1907年6月7日に特許状が交付された。しかし、地元の資本だけでは不足で工事に着手できずにいたところ、全国で電気鉄道の設立に関与していた才賀藤吉が株式の大半を引き受けることになり、1910年10月15日に伊勢軽便軌道を設立することになる。才賀は才賀電機商会の代表で、電気鉄道の工事を事業内容としていた。折から軽便鉄道法が交付され、補助制度も制定されたことで、従来の軌道条例による軌道事業から軽便鉄道法による鉄道へ変更するため、あらためて軽便鉄道事業を申請した。そして、1911年6月6日に松阪－大石間の軽便鉄道の免許を取得した。

1912年8月17日に松阪－大石間の営業を開始したが、この段階では軌間762㎜の蒸気鉄道であった。翌年8月7日には平生町《ひらおまち》－大口《おおくち》間の大口線を開業させた。

その後、地方鉄道法の施行により、1919年に松阪鉄道に社名を変更。１９２７年11月16日に松阪－大石間を電化した。続いて１９２８年１月に松阪電気鉄道に改称し、翌年の６月１日に平生町－大口間の大口線も電化。蒸気機関車も使用していたが、１９３８年４月に電車だけの運行に移行した。

さらに、１９４４年に、陸運統制令にもとづいて三重県下の鉄道とバス事業者が統合され、三重交通が設立された。

１９２３年に国鉄が駅勢圏が重なる紀勢《きせい》本線を開業。バス路線も拡大するなかで、次第に輸送量が減少していった。

戦後は１９４８年に紀勢本線と並行する大口線の運行を休止。兼業するバス路線の輸送力が拡充するなかで、次第に特殊狭軌の鉄道の役割が薄れるようになった。１９６４年２月には慢性赤字の鉄道線の経営を分離して三重電気鉄道を発足させ、１９６４年12月14日に全線の営業を廃止した。続いて翌年４月１日に三重電気鉄道が近鉄に合併し、残った鉄道線を近鉄の路線網に統合した。

大石線の廃止直前の運行状況は平均定員52名の電車13両で、１～３両編成の列車を60分間隔で18・5往復運行していた。平均乗車効率は57％であった。

廃止後は既設バス路線のほか、系列会社の三重交通によって新規代行路線を設定し、15両のバスを投入し、30分間隔で運行することになる。定期運賃は廃止後１カ年、鉄道と同額のバス定期運賃の特定運賃を実施した。

淡路交通

洲本《すもと》－福良《ふくら》間23・4㎞、１９６６年10月１日廃止（届）。

淡路では明治時代から鉄道計画がいくつか提起されたが、そのなかで実際に実現したのが淡路鉄道であった。１９１１年に賀集《かしゅう》新九郎が洲本－福良間の軽便鉄道の免許を申請。これにも競願者があったが、調査資料が充実しているとのことで、後願であったにもかかわらず、翌年10月25日に免許が交付され、１９１４年に淡路鉄道を設立した。これまでは幸運であったが、１９１４年にはヨーロッパで第１次世界大戦が勃発して建設資材が高騰。予算が不足し、その後、計画は停滞した。

戦争が終わり、不況が来ると、工事は停滞し、工事竣工期限を２度提出している。最終的に１９２２年11月に途中区間の宇山《うやま》－市村《いちむら》間が開業し、１９２５年６月に洲本－福良間の全線が完成した。

第２次世界大戦による陸運統制で、１９４３年に全淡自動車と合併して淡路交通に社名を変更。戦後の１９４８年に電化して電車の運行が始まった。

図表41　淡路交通の鉄道と代替バスのダイヤの比較

		鉄道廃止前	廃止後	
		鉄道	バス	バス
運転回数	洲本－福良	31往復	37往復	60往復
	一部区間	1往復	40.5往復	50.5往復
所要時分	洲本－福良	47分	45分	45分（国道経由） 69分（新路線）

出典：『国鉄財政再建推進会議記録』

島の東部に位置する洲本港は明治時代に大型船が着岸するように改修され、対岸の和歌山県や大阪府に向かう多くの航路が就航していた。1949年から、洲本港から深日《ふけ》港《こう》を結ぶ航路に深日洲本ライナーが高速船を運航した。1960年7月に大阪湾フェリーが参入して2社体制となり、1970年代には両社（大阪湾フェリー、南海淡路ライン）とも南海グループとなる。1985年ごろには大阪湾フェリーがフェリー3隻で年間約14万台を運んだ。深日港から大阪の難波《なんば》まで南海の連絡急行が運行していた。

淡路交通の鉄道線が廃止された1966年10月までの運行状況は、洲本－福良間には鉄道が31往復と区間運転が1往復、バスが37往復と、一部区間を鉄道線に重複するバスが50・5往復運行していた。鉄道の所要時間は47分、バスは45分でほぼ同じで、運行系統が多いバスのほうが利便性は高かった。鉄道の廃止後は定員78人の大型バス16台を増備し、洲本－福良間の系統が国道経由と鉄道を代替する新路線が12往復（そのほかに区間運転10往復）、既存のバス路線に11往復を増便し、合わせて60往復となる。これに一部区間が重複する系統のバス50・5往復を運行するとして、かなり高密度の運行となり、会社は利便性が大きく向上することになると説明した。所要時間は、従来と同じ国道経由で福良－洲本間を結ぶバスの所要時間は45分であるが、鉄道の代替バスは69分かかることになる。

移行期の対策として1966年9月15日における鉄道定期券所持者にかぎり、1年間は鉄道と同額のバス定期運賃を設定した。

鹿児島交通知覧線

阿多《あた》－知覧《ちらん》間16・3km、1965年11月15日廃止（届）。

鹿児島交通の鉄道の起源は南薩《なんさつ》鉄道である。1912年に地元の有志によって伊集院《いじゅういん》－枕崎間の蒸気鉄道が計画された。この時点では国鉄の鹿児島本線は伊集院に達していなかったが、翌年の10月には川内線として鹿児島－東市来《ひがしいちき》間が開業しており、これに接続しようという計画であったのだろう。

1912年6月に免許状の下付を受け、翌年6月には伊集院－加世田《かせだ》間で工事を開始。1914年4月には開業し、1日4往復の運転を開始した。その翌月には、この地域の物資の集散地で郡役所があった加世田まで完成した。

続いて枕崎までの延伸を目指すことになるが、1914年には第1次世界大戦が勃発して建設資材が高騰。終戦後も反動不況によって建設資金が調達できず、数度の工事竣工期限延期申請を提出して完成を目指したが、結局、1924年の6度目の延期申請が認められずに免許は失効してしまう。

このような地元の状況を見て、東京の資本家が鹿児島南海《なんかい》鉄道を計画し、1927年に免許を取得した。しかし、翌年には金融恐慌で日本の債券市場は混乱し、株式の払い込みもままならない状況に陥り、1932年に株主総会で廃業を決め、免許は失効となった。

この間、1923年7月22日に川辺町《かわなべ》（現・南九州市）で分岐して知覧までの鉄道を計画し、薩南《さつなん》中央鉄道が設立された。最終的には薩摩《さつま》半島の東側の頴娃《えい》まで線路を延ばす計画で、鹿児島湾内の船便を使えば鹿児島までつながることになる。出資者はほとんどが沿線の住民で、しかも少額出資が中心ということで、いわば強制的に出資させたことをうかがわせる。

1927年6月1日に薩南中央鉄道が薩摩川辺－知覧間を開業、南薩鉄道が加世田－薩摩川辺間を延伸した。知覧町（現・南九州市）は薩摩藩時代の要衝で、明治以降も県や国の施設が置かれていた。その後、陸軍の飛行場が建設され、戦争直前に完成している。

南薩鉄道は枕崎までの免許を申請し直し、1933年3月に免許状の下付を受けた。そして、1931年3月に完成させた。

薩摩半島にはその後、指宿枕崎線が建設されることになるが、指宿まで開業するのは1936年、枕崎に達したのは1963年であった。それだけ南薩鉄道に対する地元の期待は大きかったのである。

知覧は東シナ海を見据えた航空基地として重要性を増したことで、輸送を担う鉄道経営を確実にするために、1943年4月に鉄道省の斡旋で薩南中央鉄道は南薩鉄道に吸収合併。同時に薩摩半島のバス会社は陸運統合により、三州《さんしゅう》自動車を新たに設立して統合した。鉄道が陸運統合の対象外になっためずらしい例である。これは1964年9月に三州自動車が鹿児島交通に改称して南薩鉄道を吸収合併するまで続いた。

1965年11月15日に阿多－知覧間を廃止したが、その後、1983年6月21日の豪雨被害で加世田－日置《ひおき》間を除いて運行を休止し、そのまま1984年3月17日に廃止された。

戦後の沿線は農業が主な産業で、見るべき会社や工場もなく、利用客はきわめて少なく、業績は不振であったという。施設も老朽化し、保守も意のままにならず、最低の保安度を維持しながら運輸を確保してきた。

1965年6月20日、27日、7月2日の集中豪雨による知覧線の被害は甚大で、7月8日に運転を休止。バスによって代行輸送を実施した。復旧および増強に3000万円を要するが、同社の経営状況からきわめて困難とした。

知覧線は気動車2両で1日2往復を運行していたが、1965年7月に営業休止後、同社の大型バス4両を線路と並行するバス路線に増配して代行輸送を実施していた。しかし、会社側は営業廃止後は1年間、これを継続すると説明した。

日の丸自動車法勝寺電鉄線

米子市－法勝寺《ほっしょうじ》間12・4㎞、1967年5月15日廃止（届）。

1921年に地域の住民が発起して米子町から法勝寺までのガソリン動力で軌間762㎜の軽便鉄道が計画され、免許申請が提出された。ガソリン機関車の製造販売をしていた矢沼伊三郎の働きかけがあったという。しかし、その後、軌間1067㎜、蒸気動力への変更を申請し、1922年11月16日に免許が交付された。そして、12月28日に法勝寺鉄道は設立となるが、その後、翌年7月10日に電気動力への変更が申請され、17日に認可を得て工事が着手されることになる。

1924年7月8日に米子町－大袋《おおぶくろ》間を開業、8月12日には法勝寺まで営業を開始した。1925年2月12日に社名を伯陽電鉄に改称したが、国鉄の資料によれば、伯耆と山陽を結ぶという意味があったという。ただ、これには異論もある。

1930年1月1日には阿賀《あが》で分岐して母里《もり》まで開業した。しかし、沿線の米麦、藁《わら》工品など物産の利用を見込んだものの、厳しい経営を続けた。最終的に戦時下に不要不急路線として1944年2月11日に運行を休止し、線路は供出されて南方に送られたという。戦後は復旧されることもなく、1959年9月17日に正式に廃止となった。

10月31日には広瀬《ひろせ》軌道と合併して山陰中央鉄道となるが、戦後の1948年4月1日には広瀬線を分離して島根鉄道とした。もともと一畑《いちばた》電気鉄道（現・一畑電車）との合併を希望したが、鉄道省は鳥取県内での統合を要求したため、しぶしぶ山陰中央鉄道と合併したという。そのため、戦争が終わると早々に独立してしまった。

山陰中央鉄道は1953年9月15日には日ノ丸《ひ まる》自動車に吸収合併され、バス事業をメインとする会社が鉄道を兼業することになった。

日ノ丸自動車は1917年に鳥取市に設立した山陰自動車である。県下に広く路線網を展開することになる。

鉄道線沿線からは米子市の中心部に直通する同社のバス路線が運行していた。道路が整備されるとともに、バスの速度向上上、大型化等で、鉄道は伸び悩んでいた。鉄道収入は頭打ちとなり、人件費ほか経費が増加し、毎年多額の欠損を出していたため、会社は老朽化した諸施設の補修も意に任せず、このままでは安全輸送も期しがたいと説明する。

1959年当時、米子市－法勝寺間を鉄道が1日15往復運行していたが、並行する同社の路線バスは1日25往復運転し、鉄道を凌駕《りようが》していた。

鉄道廃止後は鉄道と同じコースを走る路線バスを新設して1日58往復運転するとした。

定期運賃は1カ月の通勤定期が鉄道だと1720円であるのに対してバスでは2520円と割高。1カ月通学定期も鉄道1130円に対してバス2160円と大きく上回っていた。鉄道廃止後は通勤、通学定期客で6カ月以上継続している者にかぎり、通勤は廃止から1年間、通学は卒業するまで鉄道運賃と同額の特定運賃を適用する措置をとった。

天塩炭礦鉄道

留萠－達布《たつぷ》間25・4㎞、1967年7月31日廃止（届）。

天塩《てしお》炭礦鉄道は北海道の留萠と天塩炭礦がある達布を結ぶ鉄道である。現在は、てんてつバスとして路線バスと貸切バスを運行している。

1901年に北海道炭礦汽船が天塩礦区を取得し、傍系の北海道人造石油が計画する留萠の第2工場まで石炭を運ぶ計画を立てた。しかし、人造石油の工場の建設が中止になったため、鉄道計画も立ち消えとなった。

その後、天塩鉄道が北海道炭礦汽船が所有する炭鉱からの石炭、国有林からの材木、沿線住民の利便を図る目的で設立され、1939年3月に留萠－達布間の地方鉄道の免許を取得し、1942年8月に全線で運行を開始した。

戦後の1951年4月に北海道炭礦汽船から工区の一部を取得して石炭業を兼営したが、経営を支えるまでにはならず、1960年には赤字化してしまった。

鉄道事業も開業以来、北海道拓殖補助法、地方鉄道補助法、地方鉄道軌道整備法によって国からの補助を受け、つねに厳しい経営を続けていた。

1959年5月に天塩炭礦鉄道に社名を変更。1961年6月に一般乗合旅客自動車運送事業、1963年8月に一般貸切旅客自動車運送事業の免許を取得し、収益源としてバス事業に参入した。昭和30年代は北海道経済も順調な時期。モータリゼーション前で、バスの需要も旺盛であった。

経営努力にもかかわらず、1966年度の上期には約2億7000万円の累積欠損を計上し、経営改善の見込みが立たないため、翌年3月2日に臨時株主総会で炭鉱業と鉄道の廃止を決定した。炭鉱は石炭鉱業合理化事業団に買い上げられた。

廃止時の鉄道輸送は客車（気動車）3両で1日1往復していた。基本的には路線バスで輸送にあたり、旅客数が多い便のみ鉄道が走るというかたちであった。

廃止後の措置は鉄道に並行する同社のバス路線留萠・滝下《たきした》－五線間を朝夕通勤時に増発し、従来の5便から7便へと増回した。鉄道で運んでいた小口貨物については日本《にっぽん》通運留萠支店で取り扱い、石炭および木材はそれぞれの事業者が所有するトラックで輸送することになる。

静岡鉄道
袋井《ふくろい》－新三俣間《しんみつまた》17・4㎞、1967年8月28日廃止（届）。

静岡鉄道は1907年に設立され、翌年には大日本軌道に統合されたことは、すでに説明した。

現在の静岡清水線と、かつて存在した清水市内線と静岡市内線は1919年5月1日に大日本軌道から新しく設立された駿遠電気に譲渡された。1923年に静岡電気鉄道に改称したあと、秋葉《あきは》鉄道を合併した。

戦前、静岡電気鉄道の熊沢一衛《くまざわいちえ》は四日市製紙や四日市銀行の専務を兼務して事業の拡大に努めていたが、その四日市銀行が倒産したため、負債の整理に静岡電気鉄道の売却を検討していた。譲渡先として大阪電気軌道が有力であったが、遠方であるため、折から五島慶太が小田原から名古屋までの電鉄の建設に意欲を示していたため、出資を要請した。最終的に東京横浜電鉄が静岡電気鉄道の株式を購入して傘下に入れた。

1941年に静岡電気鉄道と中遠《ちゅうえん》鉄道の経営に東京横浜電鉄社長の五島が参加。1943年5月15日に静岡電気鉄道、藤相《とうそう》鉄道、中遠鉄道などが陸上交通事業調整法が適用されて統合。静岡鉄道に改称した。
藤相鉄道は藤枝《ふじえだ》の実業家らが発起人となり、１９１１年11月に設立された。１９１３年に藤枝町内の大手《おおて》から藤枝新《ふじえだしん》まで開業。翌年には大井川《おおいがわ》の手前まで開業した。大井川に鉄道併用橋がかかるのが１９２５年で、それまでは大井川を越える橋の区間だけ木造の橋にトロッコのレールを敷設して人車軌道で連絡した。１９２６年に地頭方《じとうがた》まで開業した。

静岡電気鉄道（昭和初期）

中遠鉄道は地元の有力者によって１９１２年に設立された。１９１４年1月12日に新袋井－新横須賀《しんよこすか》間を開業し、１９４８年には池新田《いけしんでん》まで延伸した。

戦後の１９４８年1月に藤相鉄道と中遠鉄道の線路がつながり、駿遠線となった。

道路が整備されると、静岡鉄道の路線バスが走るようになり、次第に鉄道の重要性が低下していった。また、軌間７６２㎜の特殊狭軌線であるのも、輸送力が小さいわりに維持経費がかかり、経営上、不利であった。１９６４年9月には大手－新藤枝間３・９㎞と堀野新田《ほりのしんでん》－新三俣間を廃止した。

沿線には、とくに見るべき産業もなく、１９６５年８月に運賃値上げを行ったが、その後も人件費ほか経費の増加によって経営はますます悪化していった。

鉄道の運行は定員56人の客車延べ１０６両で1日21往復（１９６７年8月28日に袋井－新三俣間17・4㎞を廃止後）。

旅客については並行する既設の同社バス13回を51回に増加し、初終発は従来の鉄道と同じ。手小荷物については傍系の運送会社に委託する。

運賃は鉄道廃止日における通勤、通学定期券所持者には廃止後1カ年間、鉄道運賃と同額とした。従来、この線区に従事していた従業員55人は、バス部門に25人、ほかは新静岡ターミナルビルおよび不動産部門に配置転換した。

第8章　ついに赤字に転落した国鉄

輸送力不足の解消を目指した「国鉄第3次長期計画」

第3次長期計画は初めて閣議決定された、国に認定された設備投資計画であった。しかし、これに対して国はまったく財源措置をとらなかった。依然として運賃引き上げによる国鉄の利益と鉄道債券の発行による収入であった。しかも、この時期、すでにこのような借金財政に対し、国鉄内部では危機感を持っていた。

国鉄は第2次5カ年計画を4年目にあたる1964年度で打ち切り、新たに1965年度から1971年度までを期間とする第3次長期計画を策定することになる。

政府は1964年5月に総理府（現・内閣府）内に国鉄基本問題懇談会を設置し、国鉄経営の基本問題や1965年度以降の長期計画とその資金確保の方策について審議を行った。10月に中間報告、11月に意見書が提出されたが、その内容は次のとおりである。

①2兆9000億円の設備投資を1965年度から1971年度までの7カ年で行う
②この計画を達成するための各年度の工事規模は、前期（第1年度から第4年度まで）3700億円、後期（第5年度から第7年度まで）5000億円とする
③この計画を達成するためには、運賃収入を26％増加させる必要がある

第3次長期計画の重点は、計画策定の契機となった鶴見事故に対する反省の意味もあって、輸送力不足とそれによる過密ダイヤの解消であった。

東京や大阪の通勤輸送では、その抜本的な解決には国の総合的施策によるべきとしているものの、国鉄としても混雑度を240％程度にすることを目標として設備投

資計画を策定することになった。

ローカル線については、日本鉄道建設公団が新線をつくる一方で、国鉄はローカル線を廃止するという矛盾した状況が続くことになる。

国鉄財政が深刻化するのにともない、第3次長期計画は1968年度で打ち切られ、翌年度から財政再建計画に移行した。

合理化と財政基盤の強化を目指した「旧財政再建計画」

戦後、一貫して設備投資の資金源として外部資金に頼る傾向が強く、そのために巨額に達した長期債務が経営を圧迫することになった。そのような長期債務に対する財政負担を軽減することと、収益性向上のための人員削減と設備投資による経営体質の改善が求められた。そこで、第3次長期計画を中断し、新たに財政再建計画に移行することになった。

1968年3月に政府の物価安定推進会議は「公共料金の安定化について」と題して意見書を提出したが、そのなかで、国民生活に影響が大きい国鉄問題に関して審議するための特別委員会の設置を求めた。これを受けるかたちで国鉄財政再建推進会議が設置され、同年5月から審議が開始されることとなった。

同会議は1968年11月1日に答申を提出することになるが、そこでは国鉄が都市間旅客輸送、中長距離大量貨物輸送、大都市通勤通学輸送の分野で今後とも重要な役割を担うことになるとして、そのための設備投資を積極的に実施することが要請された。その財源確保のため、実収10％程度の運賃改定を実施するとともに、輸送の能率化と合理化を推進すべきことが提案された。また、併せて国による財政措置についても注文をつけた。

この会議は、それに加えて「国鉄財政再建促進法（仮称）」の制定を求めたが、これに呼応するかたちで大蔵大臣の諮問機関である財政制度審議会もまた、1968年1月21日に「国鉄財政再建臨時措置法（仮称）」の制定を主張した。

そこで、政府は財政の健全性を回復することを目標とする日本国有鉄道財政再建促進特別措置法を1969年5月に成立させた。1978年度までにその損益計算において利益を生じるということを目標に据え、国は国鉄の財政再建に関する基本計画を策定し、これを国鉄に通知。国鉄はそれにもとづいて財政再建のための「経営の基本的な計画」、すなわち「再建計画」を定めて運輸大臣の承認を受けるために提出することとされた。

また、同措置法で、国は、

①長期資金の貸付
②利子補給
③補助金の交付

を実施することが規定されていた。この種の助成は予算措置で実施することが可能であるが、国はあえて国鉄問題への取り組みを明確に示すという意図から法律に明示したのである。

具体的には、政府は長期資金の貸付として、政府管掌資金の債権に対する利子の金額の範囲内において政令で定める融資条件による長期資金を貸し付けること、さらに、この長期資金に対して国鉄が支払うべき孫利子について利子補給することとした。また、1969年から1982年度までの毎年度、国鉄に対して前事業年度から前7カ事業年度における工事勘定の支出に充てられた資金の一部について補助金を交付するというものである。

政府は同法を根拠として、1969年9月12日に「日本国有鉄道の財政の再建に関する基本方針」を閣議決定。これを受けて国鉄は「日本国有鉄道の財政の再建に関する経営の基本的な計画」（財政再建計画）を策定し、1970年2月19日に運輸大臣の承認を得た。計画期間1969〜1978年度、実績期間1969〜1972年度。この計画は、都市間旅客輸送については新幹線鉄道建設の進捗にともない、逐次、中長距離の旅客をこれに移すこと、貨物輸送では新幹線鉄道の整備にともなって余力が生じた在来線の輸送力を活用して貨物輸送の充実を図ること、さらに、駅配置の再検討、道路輸送への転換、業務の徹底的合理化、動力の近代化、保守方式の近代化、列車の運行管理の集中化、情報処理の近代化といった業務の近代化、合理化を図るというものである。

これらの実現のために3兆7000億円を限度に設備投資を行い、再建計画の進捗に応じ、その前半に重点を置き、財政再建のために効果が高いものから実施することとした。

①通勤輸送　約5500億円
②新幹線　約9300億円
③幹線輸送力増強　約1兆1400億円
④その他合理化、近代化施策　約1兆800億円

経営体質の強化を図るための合理化投資が中心となるが、とくに不採算部門である貨物の再建投資が目につく。

この再建策は収入の増加と経費の節減、とくに人件費の節減に努め、国の施策と相まって、再建期間の前半に財政基盤の強化を図り、後半には逐次、償却の完全実施に努めるという計画で、1978年度に償却後に黒字を生じるよう健全財政を確立することを意図した。

しかし、国鉄財政再建計画は2年目にして重大な危機に直面することになる。

輸送量の伸び悩みによる運輸収入の停滞、予想を上回る経費の増加などのために再建計画実行の可能性に疑問が提起された。すなわち、ローカル線区の旅客および定期旅客の減少が顕著となる一方、給与ベースの上昇は1969年度の13％は計画どおりであったものの、1970、1971年度は計画8・5％に対し、実績は15・0％、14・0％に達した。

再建計画の破綻で血税を投入

財政再建計画が1969年に始動したが、当初から見込みが大きく外れることになった。

1966年の運賃改定で純損益が61億円の赤字まで改善されたが、その後、急速に悪化していった。そして、1966年度にはそれまでの繰越利益を帳消しにして以後、欠損を累積させることになる。

再建計画初年度にあたる1969年度の純損失額は1316億円で、翌年度はこれが1517億円に拡大した。そして、1971年度の予算編成の過程で償却前収支で赤字が必至となったことで、再建計画の見直しが必要となった。

このような状況に対し、1970年2月に財政制度審議会は「総合交通問題について」を答申し、そのなかで、国鉄について、地方線系線区からの大幅な撤収、赤字新線の整理、地方鉄道公社の設置、運賃制度の合理化と自由化、関連事業への投資の拡大が勧告された。同月の国鉄諮問委員会でも幹線系と地方線系線区の会計の分離を提案した。

財政審議会の勧告は地方自治体の出資で地方鉄道公社を新設し、これに国鉄が地方線系路線を現物出資するという構想であった。国鉄諮問委員会の提案はそれより緩やかな案で、会計のうえで幹線系と地方線系路線を分離し、地方路線の運営費の赤字を国または地方自治体が補塡するというものであった。

そして、会計区分は1970年度に試験的に導入されたあと、1971年度から本格的に採用された。また、1971年度の予算では当面の窮状に対する応急的措置として、国は次のとおり財政措置（案）を講じることにした。

①国鉄財政再建補助金を２３０億円に増額
②国鉄への出資金を35億円とする
③国鉄合理化促進特別交付金16億円を計上

国鉄合理化促進特別交付金が11億円に減額された以外は満額予算化された。

なお、国鉄財政再建補助金は１９６８年から交付されている工事費にかかる利子補給の制度である。当初、１９６５年度から工事経費に対する利子のうち６・５％を超える分を10年間補給するというものであったが、１９７１年度からは１９６７年度以降、工事費について５・５％を超える利子を補給することに制度が強化された。

また、戦後の国鉄の新線建設に対し、唯一の出資者である国がまったく出資を行わなかったことから批判が強まっていた。そこで、じつに20年ぶりに、とりあえず35億円の出資を実施した。

国鉄合理化促進特別交付金は、駅の無人化、委託化、あるいは貨物駅の廃止にともなう経費を補助するものである。

ローカル線建設の中止を決定づけた「新財政再建計画」

旧財政再建計画の破綻により、昭和47（１９７２）年度予算編成に合わせ、大蔵大臣、運輸大臣、自民党政調会長、同党国鉄再建懇談会長のあいだで「国鉄財政再建対策要綱」（１９７２年1月11日覚書）が以下のとおりとりまとめられた。

これは１９７２年から１９８１年までの10年間を再建期間とし、最終年度に収支均衡の実現を図るというもの。すなわち、

①政府助成は、
（1）工事費補助について、１９７１年度から１９８１年度分までに新規調達する資金の金利について、４・５％を超える分を7年にわたり補助する。
（2）１９７１年度末政府管掌債務と政府保証鉄道債券の利子相当額について再建債を発行して、その利子の全額を国が補給する。
（3）地方閑散線は5年以内に撤去することとするが、地元が存続を希望する場合は、地元自治体がその赤字の１／３を補助するものとし、国はその金額の

1・5倍を支出する。
②１９７８年度までに11万人の要員を削減する。
③１９７２、１９７５、１９７８年度に実収15％増となる運賃改定を実施する。

この要綱にもとづき、政府は新しい再建計画を策定する前提として１９７２年の第68回通常国会に「国有鉄道運賃法及び日本国有鉄道再建促進特別措置法の一部を改正する法律案」の改正案を提出した。しかし、参議院での審議が難航し、審議未了で廃案となってしまう。なお、１９７２年度の国鉄予算案は、この要綱の内容を反映したものとなった。

①工事費補助金　３２１億円（実績３２０億円）
　東北新幹線に対する工事費を対象に加え、「財政再建補助金」を「工事費補助金」に改称する
②財政再建債利子補給金　１０６億円（実績78億円）
③地方閑散線運営費補助金（新規）　75億円（実績ゼロ）
④合理化促進特別交付金　16億円（実績７億円）
⑤一般会計出資金　６１６億円（実績６５６億円）
　東北新幹線１００億円、在来線20億円
⑥財政投融資　５０８８億円
　うち、１１１８億円は財政再建債

そのほか、日本鉄道建設公団のＡＢ線に対する出資をとりやめた。また、１９７２年度の運賃改定は、旅客運賃を名目23・4％、貨物運賃を名目24・6％引き上げることとし、それによって１７８８億円の増収を見込んだ。

同法案が廃案になったことで、１９７３年２月２日に「日本国有鉄道の財政再建対策について」を新たに閣議決定し、「国有鉄道運賃法及び日本国有鉄道財政再建促進特別措置法の一部を改正する法律案」を、あらためて同月の第71国会に提出した。

閣議決定では１９８２年度の単年度黒字実現のため、１９７３年度から１９８２年度までの10年間に国が講じるべき措置を示した。

すなわち、期間中の国鉄の工事費を10兆５０００億円として、その約１割にあたる１兆５０００億円を出資すること、期間中、工事費にかかる利子率がおおむね３％となるよう工事費補助を行うこと、政府管掌債務および政府保証債券と一部の一般長期債務について、期間中、利子相当額を再建債として貸し付け、その再建債にかかる金利を補助することを内容としていた。また、日本鉄道建設公団に対しても、国鉄に準じた財政措置を講じる

とした。

このように、国の支援を規定したうえで、国鉄に対しては合理化と生産性の向上を要求するとともに、地方閑散線の道路輸送への転換や、1969年度から1978年度までに11万人の職員の削減を求めた。そして、1973年度から1979年度で3年ごとに実収15%増となる運賃改定を実施し、目標年度の1982年度には実収10%増の値上げを行うとした。

2法改正案は1973年9月26日に公布、施行となった。計画期間1973~1982年度、実績期間1973~1975年度。運賃改定も、いったん当初予定より1年遅れの1974年3月31日に決まるが、石油危機を契機とする急激な物価の高騰に対処するため、公共料金抑制の立場から運賃の改定を延期し、結局、1974年10月1日の実施と大幅に遅れることになった。

新再建計画策定に向けた手続きも開始された。まず1974年3月29日に「日本国有鉄道の財政の再建に関する基本方針」を閣議決定し、これにもとづき、10月に国鉄は再建計画を策定して運輸大臣の承認を受けた。1973年2月の閣議了解の内容を踏襲して財政再建期間を1973年度から1982年度までの10年間とし、1982年度までに損益計算において利益が生じるよう財政の健全性を回復することを目標とした。

そのための国がとるべき施策、国鉄がとるべき措置、運賃水準の適正化について、閣議了解に沿ったかたちで規定された。

しかし、この新再建計画は既述したとおり運賃改定が大幅に遅れたこと、石油危機による物件費、人件費の高騰などにより、1975年度には単年度で約8500億円（実績9147億円）の赤字の発生が見込まれ、事実上破綻した。

第9章　田中角栄と「総合交通政策」の策定

ローカル線から道路建設に関心を移した田中角栄

昭和40年代の日本は全国で土木工事がヒートアップした。国は新全国総合開発計画を1969年5月30日に閣議決定。強力な政治力を背景に辣腕を振るった田中角栄の全盛期の時代である。新全総の基本的な目標は次の四つである。

①長期にわたる人間と自然との調和、自然の恒久的保護保存
②開発基礎条件の整備による開発可能性の全国土への拡大、均衡化
③各地域の特性に応じた独自の開発整備による国土利用の再編、効率化
④都市、農村を通ずる安全、快適で文化的な環境条件の整備、保全

これを実現するために第一に挙げるのが全国的なネットワークの整備であった。

全国に大規模な農業開発基地、工業基地、流通基地、観光基地を整備し、それを新幹線と高速道路、航空機で結ぶという。この内容は田中角栄の『日本列島改造論』につながる。新全総は経済企画庁が担当官庁であるが、その職員が田中の目白《めじろ》邸に詰めて新聞記者とともに書き上げた。

そして、交通整備の考え方として、運輸省、建設省（現・国土交通省）、警察庁がそれぞれ「総合交通体系について」の素案を発表し、これらをたたき台として、1971年12月17日の臨時総合交通問題閣僚協議会において「総合交通体系について」を発表した。いわゆる「46方針」である。

①総合交通体系の意義

総合交通体系は、長期的展望に立った目標を達成するための諸方策を総合化し、体系化していく政策体系であり、それは固定的なものではなく、その時々の交通部門の内外の変化にたえず適切に対処しながら、弾力的に考えていくべきものである。

②社会的費用の負担と開発利益の還元

社会的費用はできるだけその発生者である交通機関に負担させ、開発利益は極力その提供者である事業主体に還元し、受益者負担の原則を確立していくことが必要である。

③分担関係の確立

総合交通政策の形成においては、各交通機関の競争と利用者の自由な選好を反映して形成することを基本とすることが望ましいが、生活基盤の整備や国土の均衡ある発展等のほかの政策目的、競争原理を活用しつつ、同時に各交通機関の機能に従って、その分担を想定し、交通需要を調整、誘導していくことが必要である。

戦後の経済発展によって、さまざまな問題点を発生させた。そのひとつが都市と地方の格差の拡大である。そこで、各地に大規模な工業、農業基地を建設して地方の経済成長を実現し、原材料や製品輸送のために高速道路を建設し、人の移動のために新幹線をつくるというのである。

また、大都市の交通問題に対してもキャパシティ不足を受益者負担で解消しようというもので、都市鉄道の整備によって広く都市活動にプラスの効果を持つため、それらの受益を吸い上げて都市鉄道整備に充当することで都市鉄道の混雑は緩和するとした。

新幹線の整備と都市鉄道の建設など総合交通体系の整備のために総合交通特別会計のようなものをつくり、自動車重量税を新設するとともに、通勤定期収入の一部を特定財源として回収するという方法を考えた。しかし、自動車税収を道路以外に使うことに対する道路族議員や業界の強硬な反対で、自動車重量税は一般財源とされたものの、この税の創設の趣旨およびその後の運用の経緯に鑑み、運用上、国分《くにぶん》（自動車重量税の4分の3）の8割相当額が国の道路整備費の特定財源とされた。特別会計の目論見が外れたために、通勤定期収入の一部を差し出す必要もなくなった。

ただ、都市モノレールや新交通システムについて、高架橋などのインフラ部については道路や都市街路と一体的に捉え、道路管理者がこれを建設し、運営事業者に無償で使用させる仕組みがつくられた。この場合、国や自治体などの道路管理者の建設費については、この道路法の規定にもとづいて国の負担額が決定する。なお、都市モノレールや新交通システムの場合、公共側が施工するインフラ工事費については、その実績額ではなく、全事業費の一定割合（現行59・9％）をインフラ工事費としているため、実際にインフラ工事費がこのインフラ率を上回る場合には事業者が負担しなければならない。しかし、現実にはインフラ外負担分として自治体がこれを事業者に代わって負担しているのが通例である。

また、踏切の立体交差工事も道路管理者側の工事として、道路、街路制度とまったく同じ枠組みで費用が負担されている。ただし、踏切の立体交差事業の場合、道路の渋滞解消と事故の減少が目的であるが、同時に鉄道事業者側も安全性が向上して利益を受けるということで、一部が鉄道事業者の負担とされている。

もともと田中角栄はローカル線の建設のために日本鉄道建設公団を新設したが、初めて衆議院議員選挙で当選したころには道路整備に熱心に取り組んだ。揮発油税を特定財源にして道路整備特別会計の仕組みをつくったのも田中角栄であった。この新全総のころにはさらに整備新幹線と高速道路の建設を政治的な目標としており、すでにローカル線の建設には関心はなかった。

なお、全国総合開発計画は経済企画庁が担当してきたが、1974年に国土庁（現・国土交通省）が新設され、権限が引き継がれた。

縮小均衡時代でも拡大均衡を志向し続けた国鉄

運輸政策審議会は1970年6月に「総合交通体系のあり方、及びこれを実現するための基本的方策について」を答申するが、そこでは鉄道の旅客人キロを、1969年の2750億人キロから、1985年には6170億人キロに増加すると想定しており、また、貨物輸送量についても、1969年の612億トンキロに対し、1985年の輸送トンキロの想定量は4185億トンキロであった。

しかし、旅客輸送人キロは1970年に減少に転じ、貨物に至っては1970年度以来、一貫して輸送トンキロは減少していた。つまり、前提となる需要予測自体が大きく見込みを外れて推移することになったのである。そのため、均衡に向かうべき当期純損失は、1969年度の１３１６億円から、１９７１年度には２３４２億円に拡大し、さらに、１９７５年度には９１４７億円と、かぎりなく１兆円に近づいた。

財政再建計画は、需要が実際には逆に減少傾向にあるということが明らかになった段階で、むしろ設備投資を削減して縮小均衡を目指すべきであったといえるだろう。しかし、国鉄は大規模な設備投資を進め、拡大均衡を指向し続けた。

第10章　それでも続くローカル線の建設

「青函トンネル」と「整備新幹線」で延命した鉄建公団

１９７９年12月に政府は１９８０年度を初年度とする行政改革計画を閣議決定した。そのなかで、日本鉄道建設公団についても触れ、「上越新幹線及び青函《せいかん》トンネルの本体工事が完了した時点において、他との統合等を図る」とした。この時点では、上越新幹線と青函トンネルが完成する時期を１９８３年度としていた。

上越新幹線は当初は１９７６年度の完成を目指して工事に着手したが、長大トンネルでの難工事が続いたことから、開業は１９８２年11月まで遅れた。さらに、青函トンネルに至っては、１９７１年に工事に着手して以後、難工事が続いたことで、ようやく先進導坑が貫通したのが１９８３年1月であった。竣工したのは国鉄が分割民営化されたあとの１９８８年3月である。

工事の遅れで結果として公団自体の延命が図られたかたちとなったが、１９８７年1月30日の「整備新幹線計画及び日本鉄道建設公団の取扱いについて」の閣議決定で、公団を整備新幹線の整備主体として存続させることに決まった。

論理的に整合性を欠いた助成制度

日本鉄道建設公団のＡＢ線の建設費は、１９６４年度55億円、１９６５年度83億円、１９６６年度１１８億円、１９６７年度１６４億円と急速に拡大していった。ＡＢ線は無償貸付となることから、その建設費には無償の資金が充当されることとなっており、国鉄は１９６５年度から１９６８年度のあいだ、毎年75億円を出資金として支出した。それに対し、国の出資額は、１９６５年度はわずかに10億円にすぎず、１９６６年度には35億円、１

967、1968年度が88億円と徐々に増額され、ここで国鉄の出資額を上回ることになった。1969年度以降は国の出資額が100億円、115億円、170億円、324億円、516億円と推移するのに対し、国鉄の出資額は70億円、65億円、50億円と減少し、1972年度以降は国鉄の財務状況の悪化を受けて出資は中止された。

本来は投下資本を回収できない線区であるため、完成後は無償貸付としたのに、国鉄が建設資金の一部を負担することは論理的に整合性を欠いていた。

また、貸付線ということで、資産を保有する公団側に減価償却費が生じることから、1965年7月に「日本鉄道建設公団事業費補助金交付規則」を制定し、1964年度の開業線区に対して減価償却費相当額が交付されることになった。

有償貸付となるCD線については当初、財政投融資資金が投入されたが、工事費が大きくなるにしたがって1965年度から鉄道建設債券（特別債）が発行され、さらに、1967年度からは政府保証債として鉄道建設債（政保債）が日本鉄道建設公団法の改正で発行されることになった。特別債は自治体、金融機関、関連業界に引き受けを求めるもので、非公募債である。それに対し、政保債は公募債で、金融機関等による引受団（シンジケート）が結成された。

なお、1965年度からは国鉄に対する貸付料の負担を軽減させるために、鉄道建設債券に対する利子額のうち6・5％を超える額に対して国が利子補給をすることになった。その後、1972年度からは借入金を含めて5・5％を超える額となり、さらに、1973年度からは4・5％を上回る額に強化された。なお、基準になる利子率は新規に調達した年度で決まり、たとえば、1972年度に調達した資金は後年度以降もこの金利が適用される。ちなみに、1971年度以前に調達した資金については6・5％を超える利子が補給された。これは建設期間中についても適用されたが、1978年度以降は開業後に利子補給が開始されることになった。

その後、1982年度に大きな制度の変更があり、年度ごとに予算で利子補給となる利率が決められることになり、1982年度は4・5％、1983年度は湖西線のみ5・0％、1984年度以降は5・0％となった。この制度はJR発足以後も継続した。

有償貸付線区の貸付料については当初、減価償却費相当額としていたが、これでは開業当初に貸付料の負担が過大となることから、1969年度から元利均等半年賦償還方式とした。また、償還期間は、1969年度から

1972年度までが25年であったが、1973年度からは30年間に延長された（30年で譲渡）。

さらに、新幹線と海峡線については国の出資金と運用部資金借入金と鉄道建設債券発行収入が充てられた。

国の出資金は1971年の国会で自動車重量税法の成立を見たことから、これによる増収分を引き当てにして一般会計から出資金が支出された。各年度の調達資金に対する出資金の比率は、1971年度37・5％、1972年度20％、1973〜1976年度は建設費に対して15％と、建設が本格化するにしたがって、その比率は低下していった。それに加えて、1972年度には工事費補助金の制度が設けられ、4・5％を超える金利について7年間補給することになり、翌年度にはこれが3・5％を超える分について工事から10年間にわたって補塡されることに改められた。

「AB線」37線区の工事を凍結

1980年12月に日本国有鉄道経営再建促進特別措置法が制定され、国鉄は1980年度から第4次となる「経営改善計画」を実施することになった。そのなかで、地方交通線のうちバス転換を適当とする路線を特定地方交通線に選定し、廃止に向けた地元との協議に入ることが規定された。そして、1981年9月に運輸大臣から第1次特定地方交通線40線が承認され、以後、第3次まで93路線が選定され、一部は第三セクター鉄道に引き継がれたほかは廃止されてバスに転換した。

日本鉄道建設公団がAB線として指示された工事線は50線であったが、そのうち全線を開業した13線を除いた37線が工事中であった。これらについても、国鉄の経営改善計画の趣旨に沿って、特定地方交通線の基準に該当する路線の工事を凍結することになった。ただし、37線のうち凍結対象から除外されたのは、わずかに鹿島《かしま》線（現・鹿島臨海鉄道）と内山線の2線だけであった。

しかし、この措置には国鉄以外の鉄道事業者が運営を申し出た場合には運輸大臣は公団に対して工事実施計画の指示をすることができるという例外規定が用意されており、この規定を適用し、野岩《やがん》線（現・野岩鉄道）、久慈線、盛線、宮福《みやふく》線（現・京都丹後《たんご》鉄道）、鹿島線、北越北線、丸森線、鷹角《ようかく》線（現・秋田内陸縦貫鉄道）、樽見線、智頭線（現・智頭鉄道）、宿毛《すくも》線（現・土佐くろしお鉄道）のAB線11線区と、CD線として岡多線、瀬戸線の2線の工事が再開された。

なお、鹿島線は国鉄新線として工事が継続されていたが、1984年に茨城県の意向を確認のうえ、開業後は第三セクターの鹿島臨海鉄道が運営するということで工事を完成させた。

また、国鉄の分割民営化以後に、工事が凍結されていた3路線の工事が再開され、次のとおり開業した。

◎井原《いばら》鉄道井原線　1999年1月11日
◎土佐くろしお鉄道宿毛線　1997年10月1日
◎土佐くろしお鉄道阿佐《あさ》線（ごめん・なはり線）　2002年7月1日

第11章　「特定地方交通線」の廃止

国鉄の貨物合理化で窮地に立った地方私鉄

国鉄は財政再建計画のなかで貨物輸送を縮小し、小荷物輸送を全廃した。地方の私鉄ではコメや果物などの収穫の時期には貨車の確保から人の手配で忙殺されたものである。その運輸収入も経営の助けになっていた。それが国鉄改革のなかでヤード系の車扱い貨物が全廃され、地方の私鉄は収益源の貨物輸送を失ってしまった。全国にはもともと貨物輸送のために設立し、旅客も運んでいた鉄道がいくつもあったが、経営が成り立たないということで廃止された路線もある。同様に国鉄の地方のローカル線も真っ先に貨物が廃止されてしまった。貨物は鉄道コンテナによって近くの貨物駅まで運ぶように誘導されたが、コンテナを扱う貨物駅が集約化され、長い距離をトラックでコンテナを運ばなければならないなら、目的地までトラックを使うようになっていった。

また、もともと鉄道貨物はトラックに負けていた。鉄道に残ったのは季節性がある農産物などで、一時に大量の貨物を運ぶには鉄道しかなかった。鉄道は法定運賃であるのに対し、トラックは実質的に運賃が交渉で決まっていた。脱法行為であるものの、遠距離の貨物の帰り荷として安い運賃を提示して貨物を集めた。あえて鉄道コンテナを使う意味がないのである。

また、専用線での車扱い貨物も整理された。大量の貨物を出荷するような場合は除いて、これも貨物駅までのトラック輸送に誘導した。

京都府の加悦《かや》鉄道は地域の交通の便の改善のほか、地場産業の丹後ちりめんの輸送のために計画され、1926年に丹後山田《やまだ》（現・与謝野《よさの》）－加悦間が開業した。

この鉄道の沿線で、森《もり》財閥の森矗昶《のぶてる》が大江山《おおえやま》でニッケルの鉱脈を発見し、採掘と精錬所の建設を始めた。19

３０年に専用線が建設され、１９４２年には岩滝《いわたき》の精錬所まで専用線を完成させた。戦前、日本政府は金属資源の軍需物資化によってニッケルを材料にした硬貨の発行を始めた。現在も50円玉のような白銅貨は銅とニッケルの合金である。

もともと地元資本で建設された鉄道であるが、ニッケル輸送の重要性が増したことで、大江山ニッケル鉱山を合併した日本《にっぽん》冶金工業が株式を取得して経営するようになる。

戦後は大江山のニッケル鉱山の採掘が終わったが、岩滝の精錬所は操業を続け、専用線（岩滝－丹後山田間）からの貨物の輸送があった。しかし、国鉄の貨物輸送の縮小によって宮津《みやづ》線（現・京都丹後鉄道）の貨物列車が廃止されたため、貨物輸送が終了した。収益源を失ったため経営は厳しく、１９８５年4月に廃止された。

兵庫県の別府《べふ》鉄道も化学肥料会社の経営者が自社の製品を輸送するために建設した鉄道で、１９２１年に野口《のぐち》線、１９２３年に土山《つちやま》線を開業。その後、土山線沿線の別府《べふ》港《こう》地区に化学工場が開設され、一般の貨物も運んだほか、旅客列車も運行した。戦時中に野口線が休止となり、線路が撤去されたが、１９４７年に運行を再開した。国鉄の貨物の縮小により、１９８４年2月1日に廃止となった。

静岡県の岳南《がくなん》鉄道はもともと鈴川《すずかわ》（現・吉原《よしわら》）と日産《にっさん》重工業の工場を結ぶ専用線であった。日産重工業は現在の日産で、爆薬や化学肥料を製造する軍需工場である。

戦後、専用線を利用して１９４９年11月18日に新たに設立された岳南鉄道が鈴川－吉原本町《ほんちょう》間の鉄道を開業し、以後、少しずつ路線を延伸して専用線を拡大していった。なお、同社は駿豆《すんず》鉄道（現・伊豆箱根鉄道）が半分を出資して設立された。

その後、山梨県の富士《ふじ》急行が静岡県内の路線バスに進出するにあたって、この岳南鉄道に対する駿豆鉄道の持ち株を譲受して傘下に収めた。現在も続いている。

そして、１９８４年2月1日に須津《すど》－岳南江尾《えのお》間の貨物輸送を廃止した。国鉄がヤード系貨物輸送を廃止したためである。しかし、大口の専用線貨物は引き続き輸送された。

それが、２０１１年1月にJR貨物から吉原駅の貨物扱いの廃止を通知された。翌年3月17日に実施されることになるが、岳南鉄道にとっての収益源を失うことになるため、富士《ふじ》市に協議を申し入れた。その結果、富士市からの支援が決まり、２０１３年4月1日に鉄道事業を分割し、１００％子会社の岳南電車を設立した。

結局、国鉄とＪＲ貨物によって2度経営を危うくするような目にあったことになる。

貨物の合理化とリンクした特定地方交通線の廃止

国鉄は１９８０年に日本国有鉄道経営再建促進特別措置法にもとづいて収支均衡をとることが困難な路線として地方交通線を選定した。国鉄はもともと黒字線は東海道新幹線と、東京、大阪の一部の通勤線区だけで、そのほかの大半の路線は赤字であった。幹線系路線も大半が赤字であり、損失の絶対額は幹線系路線が多かったが、基本的にヤード系の貨物列車の非効率を主原因として考えていた。これを大規模に縮小したうえで、第2の赤字の原因として地方ローカル線の改革にとりかかった。まず国鉄の全路線のなかから新幹線や幹線、大都市路線を除いて地方交通線として区分会計を導入した。地方のローカル線が全体として国鉄経営にどれだけの影響があったのかを具体的な数字で周知するためである。最終的に１４２路線９５３６・７㎞が地方交通線に指定された。

１９７８年度の実績では地方交通線は営業キロで全体の41％を占めるにもかかわらず、全（営業）収入の５％しか稼ぎ出しておらず、９０１２億円の全営業損失のうちの28％にあたる２５４８億円分の赤字が地方交通線に帰するものであることを明らかにした。絶対額では国鉄の赤字は幹線系のほうが大きいが、もともと内部補助で地方路線を養ってきた幹線系線区自体が不採算化してしまったために、地方路線の整理が喫緊の課題としてクローズアップされたのである。

さらに、地方交通線のうち、国鉄路線として維持することが難しい、バスで代替することが適当である路線を特定地方交通線として選定し、その廃止を経営改善計画に盛り込んだ。

運輸大臣は第１次特定地方交通線として１９８１年９月に40線区７２９・１㎞を承認。このうちＪＲ発足の１９８７年４月までに、久慈線、盛線、宮古線、角館線、矢島線、丸森線、黒石線（のちの弘南《こうなん》鉄道）、樽見線、三《み》木《き》線（のちの三木鉄道）、北条《ほうじょう》線（現・北条鉄道）、神岡線、高森線、甘木線、明知《あけち》線（現・明知鉄道）が第三セクター鉄道あるいは私鉄の経営に移管された。私鉄に移管されたのは、この時点では弘南鉄道の黒石線１線だけであった。なお、千葉県の木原線、鳥取県の若桜《わかさ》線、滋賀県の信楽《しがらき》線の３線は地元の利用運動が奏功して旅客輸送密度が２０００人を超えたことから一時、協議が中断していたが、いずれも、その後、いすみ鉄道、若桜鉄道、信楽

三木鉄道（1997年）＊

平成筑豊鉄道（右、2001年）＊

高原鐵道に転換されている。

続いて第2次特定地方交通線として33線区2171・1kmを選定して運輸大臣に申請したが、1984年6月にそのうち27線区について承認を受けた。残る6線区については代替バス運行の可否を調査する必要があるとして、承認が保留された。

そのうち、標津線、池北《ちほく》線（のちの、ちほく高原鉄道）、名寄本線、天北線は1985年8月に追加承認されたが、岩泉線、名松線については代替道路の未整備を理由にJR線として存続することになる。

さらに、第3次特定地方交通線は12路線338・9kmが1986年4月に運輸大臣に申請された。おおむね輸送密度4000人未満の比較的利用の多い路線であった。

このうち、岡多線、能登線、中村《なかむら》線については、愛知県、石川県、高知県知事が共同で指定を求めた路線で、各路線とも利用が多く、鉄道として維持できる路線として自治体が第三セクター化に意欲を示していた。他線区に先立って1986年5月に承認され、それぞれ愛知環状鉄道、のと鉄道、土佐くろしお鉄道に移管された。そのほか、長井線は山形鉄道、宮津線は北近畿タンゴ鉄道（現・京都丹後鉄道）、伊田《いた》線、糸田《いとだ》線、田川《たがわ》線は平成筑豊鉄道、湯前《ゆのまえ》線は、くま川《がわ》鉄道に引き継がれた。

また、日本国有鉄道経営再建促進特別措置法では日本鉄道建設公団が運輸大臣から基本計画の指示を受けて工事を進めてきた、国鉄改革のなかで工事が中断していた地方鉄道新線についても、特定地方交通線の転換と同様に鉄道路線として開業する道が用意された。

1980年より建設予算が凍結された路線は、AB線の鷹角線、北越北線、佐久間《さくま》線、中津川《なかつがわ》線、下呂《げろ》線、樽見線、阪本線、智頭線、南勝《なんしょう》線、井原線、今福線、岩《がん》日北《にちほく》線、宿毛線、阿佐線（現・土佐くろしお鉄道、阿佐海岸鉄道）、油須原線、呼子《よぶこ》線、高千穂線、岩内線、芦別《あしべつ》線、北十勝線、名羽《めいう》線、美幸線、興浜《こうひん》線、白糠線の24線区である。このうち第三セクター鉄道によって開業した地方新線は、久慈線、盛線が既設の久慈線、宮古線と併せて三陸鉄道、鷹角線が既設の角館線、阿仁合線と併せて秋田内陸縦貫鉄道、野岩線が野岩鉄道、鹿島線の北鹿島（現・鹿島サッカースタジアム）－水戸間が鹿島臨海鉄道、宮福線が宮福鉄道（1989年8月に特定地方交通線の宮津線を引き継いで北近畿タンゴ鉄道に改称）、樽見線が既設区間と併せて樽見鉄道、智頭線が智頭鉄道、井原線が井原鉄

図表42　特定地方交通線

第1次	
相生線	美幌－北見相生
赤谷線	新発田－東赤谷
明知線	恵那－明知
甘木線	基山－甘木
岩内線	小沢－岩内
魚沼線	来迎寺－西小千谷
大畑線	下北－大畑
角館線	角館－松葉
香月線	中間－香月
勝田線	吉塚－筑前勝田
神岡線	猪谷－神岡
木原線	大原－上総中野
久慈線	久慈－普代
倉吉線	倉吉－山守
黒石線	川部－黒石
興浜南線	興部－雄武
興浜北線	浜頓別－北見枝幸
小松島線	中田－小松島
盛線	盛－吉浜
信楽線	貴生川－信楽
清水港線	清水－三保
渚滑線	渚滑－北見滝ノ上
白糠線	白糠－北進
添田線	香春－添田
高砂線	加古川－高砂
高森線	立野－高森
樽見線	大垣－美濃神海
妻線	佐土原－杉安
日中線	喜多方－熱塩
美幸線	美深－仁宇布
北条線	粟生－北条町
丸森線	槻木－丸森
万字線	志文－万字炭山
三木線	厄神－三木
宮古線	宮古－田老
宮原線	恵良－肥後小国
室木線	遠賀川－室木
矢島線	羽後本荘－羽後矢島
矢部線	羽犬塚－黒木
若桜線	郡家－若桜
合計40線	729.1km

第2次	
標津線*	標茶－根室標津、中標津－厚床
池北線*	池田－北見
士幌線	帯広－十勝三股
広尾線	帯広－広尾
湧網線	中湧別－網走
名寄本線*	名寄－遠軽、中湧別－湧別
天北線*	音威子府－南稚内
羽幌線	留萠－幌延
歌志内線	砂川－歌志内
幌内線	岩見沢－幾春別、三笠－幌内
富内線	鵡川－日高町
胆振線	伊達紋別－倶知安
瀬棚線	国縫－瀬棚
松前線	木古内－松前
岩泉線*	茂市－岩泉
阿仁合線	鷹ノ巣－比立内
会津線	西若松－会津高原
真岡線	下館－茂木
足尾線	桐生－足尾銅山
二俣線	掛川－新所原
伊勢線	河原田－津
名松線*	松阪－伊勢奥津
越美南線	美濃太田－北濃
岩日線	川西－錦町
上山田線	飯塚－豊前川崎
漆生線	下鴨生－下山田
佐賀線	佐賀－瀬高
松浦線	有田－佐世保
高千穂線	延岡－高千穂
大隅線	志布志－国分
志布志線	西都城－志布志
宮之城線	川内－薩摩大口
山野線	水俣－栗野
合計33線	2171.1km

第3次	
長井線	赤湯－荒砥
岡多線	岡崎－新豊田
能登線	穴水－蛸島
鍛冶屋線	野村－鍛冶屋
宮津線	西舞鶴－豊岡
大社線	出雲市－大社
中村線	窪川－中村
伊田線	直方－田川伊田
糸田線	金田－田川後藤寺
宮田線	勝野－筑前宮田
田川線	行橋－田川伊田
湯前線	人吉－湯前
合計12線	338.9km

* 1984年6月22日承認保留。
うち岩泉線、名松線は
1985年8月2日に撤回
出典：『日本国有鉄道監査報告書』

秋田内陸縦貫鉄道（2007年）

道、宿毛線が土佐くろしお鉄道、阿佐線が阿佐海岸鉄道として開業した。阿佐線の高知県側は、土佐くろしお鉄道が、ごめん・なはり線として開業した。

伊勢線と、阿武隈急行として開業した丸森線、愛知環状鉄道として開業した岡多線は主要幹線、大都市交通線（CD線）という位置づけである。

第1次特定地方交通線の事例

再び168ページで解説した資料で解説する。なお、和暦は西暦に改めた。

室木線

遠賀川《おんががわ》－室木《むろき》間11・2km、第1次特定地方交通線、1985年4月廃止。

「この線区は鹿児島本線遠賀川駅から分岐し筑豊本線にほぼ平行して南進した延長11・5kmの短い線区で、1908年7月1日に開業した。

沿線は炭田地帯で石炭の産出を主としていたが、沿線炭坑は現在すべて閉山した。

旅客輸送は他線区同様民間バス（直方《のおがた》市、北九州市との交流）に転移し、普通・定期旅客とも減少している。（1967年度では対1960年度普通旅客51%、定期旅客99%）

一方、貨物輸送では、大宗《たいそう》（大部分の＝引用者注）貨物である石炭の衰微により、輸送量は対1960年度44%に減少している。石炭に代るものとして古月《ふるつき》の清新《せいしん》産業（肥料）、鞍手《くらて》モールド（紙製品）、鞍手の共立興業（ピッチ練炭）がある。

1962年3月1日には室木線運輸区（1966年3月31日廃止）を設け、積極的に経営改善を行ってきたが、経営成績は悪化している」（図表43）

勝田線

吉塚《よしづか》－筑前勝田《ちくぜんかつた》間13・8km、丙線、4級、第1次特定地方交通線、1985年4月廃止。

「鹿児島本線吉塚から筑前勝田に至る線で、1918年

図表43　室木線の状況

・営業係数

昭和42年度　作業費311％　総原価429％

・沿線人口

遠賀川駅　遠賀町25255人

古月駅、鞍手駅、八尋駅、室木駅　鞍手町10042人

・学校、事業所

遠賀川駅　遠賀中学教職員23名、生徒497名、遠賀町役場70名、遠賀郡農協81名、
　航空自衛隊芦屋基地3000名、日本ベントナイト120名

古月駅　古月中学教職員18名　生徒200名、清新産業鞍手工場70名、鞍手モールド鞍手工場46名、
　麻生コンクリート鞍手工場65名、新西工業130名

鞍手駅　鞍手高校鞍手分校教職員21名　生徒306名、剣中学教職員28名　生徒472名、
　鞍手町役場161名、鞍手町農協63名、鞍手町郵便局42名、鞍手町警察署12名、石炭合理化事業団13名、
　鞍手水道11名

八尋駅　西川中学教職員35名　生徒650名、西川農協支所13名、西川診療所10名、
　新北郵便局5名、新北巡査派出所3名、興洋工業山本工作所35名

室木駅

・旅客輸送の状況

通過人員

遠賀川		古月		蔵手		八尋		室木
	430人		318人		214人		110人	

	区間	本数	通過両数	輸送力	輸送量	乗車効率
午前通勤時	遠賀川→室木	客車2本	10両	864人	940人	107%
	室木→遠賀川	客車1本	5両	432人	20人	5%
終日	遠賀川→室木	客車7本	26両	2234人	1172人	49%
	室木→遠賀川	客車7本	26両	2234人	1385人	62%

・貨物輸送の状況

1日2往復　昭和43年10月1日改正

山興神田坑の露天掘、年間20千トン。1970年度まで掘削が続く見込み、国鉄電化の進捗により需要減少　1967年度の生産は86千トンに増加の見込み

この線区は石炭産業の衰微により、輸送量は激減している。企業としては、古月の清新産業、鞍手モールド、鞍手の共立興業があるが、他にはさしたるものはない。

・並行路線バス

		直方バスセンター		中山口		古月局前		折尾
終日	運行回数		―	23本	―	19本	―	遠賀川経由
	通過人員				473人		592人	
	運行回数		―	24本	―	22本	―	垣生経由
	通過人員				462人		300人	
午前通勤時	運行回数		―	8本	―	6本	―	遠賀川経由
	通過人員				26人		425人	
	運行回数		―	6本	―	6本	―	垣生経由
	通過人員				26人		124人	

9月筑前参宮鉄道により開通、のち博多湾鉄道の香椎線とともに西日本鉄道に合併、1944年5月国鉄が買収したものである。

粕屋炭田の石炭輸送を主目的としたが、相次ぐ炭坑の閉山による、沿線人口の減少と、博多方面に対するバス網の発達により1967年度には1960年度に対し普通旅客31%、定期旅客47%に激減した。

貨物輸送は沿線炭坑の閉山により貨物取扱駅は志免のみとなったが、香椎操（操車場＝引用者注）設置以来輸送ルートは香椎線経由とし、1963年6月勝田線の貨物営業を廃止した。

1963年3月粕屋地区管理長制度（1964年3月廃止）などにより経営改善に努めたが、経営状態は依然として悪化している」（図表44）

添田線

香春《かわら》－添田間12・1km、丙線、4級、第1次特定地方交通線、1985年4月廃止。

「往時添田線として輸送の一翼を担っていたが、1960年4月、日田彦山線の輸送経路決定に伴って分離され、短区間線区として独立した。

沿線は炭田地帯で石炭の産出を主としていたが、沿線炭坑の衰微によりその石炭も僅かを残すのみとなった。他に特筆すべきものはない。

旅客輸送は人口密度薄く、また民間バスに移行し普通、定期旅客とも利用者は少なく、僅少な通過客と相まって輸送量は少ない。（1967年度では対1960年度、普通旅客46%、定期旅客93%）

貨物輸送量は沿線炭坑の衰微により対1960年度46%に低下している。

民間バスの侵食と炭田の衰微により将来の発展は全く望みえない。

なお、線内の大任《おおとう》駅は現在建設中の油須原線との接続駅となる予定である（実現せず＝引用者注）」（図表45）

香月線

中間《なかま》－香月《かつき》間3・5km、丙線、4級、第1次地方交通線、1985年4月廃止。

「筑豊本線中間から香月に至る線で、石炭輸送を目的として1908年7月全通した。

この地域は北九州、とくに八幡《やはた》区（現・八幡東区、八幡西区＝引用者注）との結びつきが強く、国道200号線上のバス網及び筑豊電鉄が、短絡ルートを形成している。

旅客輸送は1967年度は1960年度に対し普通旅

図表44　勝田線の状況

・営業係数

昭和42年度　作業費274%　総原価393%

・市町村の人口

吉塚駅　福岡市のうち駅勢圏人口67105人、
御手洗駅、上亀山駅、志免駅　志免町16859人
下宇美駅、宇美駅、筑前勝田駅　宇美町6550人

・学校、事業所

吉塚駅　福岡中学教職員38名　生徒662名、千代中学教職員32名　生徒723名、
博多第一中学教職員28名　生徒582名、吉塚中学教職員37名　生徒802名、
福岡高校教職員76名　生徒1569名　定時制教職員33名　生徒800名、
私東福岡高校教職員63名　生徒1566名、
博多女子高校教職員54名　生徒1167名、九州大学教職員3087名　学生9293名、
専売公社福岡地方局980名、九大医学部附属病院1249名、東福岡警察署270名、
博多税務署161名、福岡市東消防署100名、日通吉塚事業所464名、
博多運輸吉塚支店122名

御手洗駅　粕屋町役場70名、粕屋町農協170名、福岡食品80名、ゲラン化学50名、
白垣鉄工100名、博運社210名

上亀山駅

志免駅　志免中学教職員42名　生徒960名、志免町役場104名、粕屋南部農協志免支所30名、志免練炭工場46名、
福岡オーダーソーイング56名、新日本コンクリート64名

下宇美駅

宇美駅　宇美中学教職員46名　生徒1118名、宇美商業高校教職員59名　生徒992名
宇美町役場134名、宇美郵便局51名、福岡刑務所300名、粕屋南部農協121名
西鉄宇美営業所220名、西鉄福岡工場102名、ゼニスコンクリート110名、
小林酒造100名、津田産業168名

筑前勝田駅

・旅客輸送の状況

通過人員

吉塚	御手洗	上瓶山	志免	下宇美	宇美	筑前勝田
2961人	2954人	2739人	1146人	1046人	372人	

輸送状況　昭和42年度

	区間	本数	通過両数	輸送力	輸送量	乗車効率
午前通勤時	吉塚→筑前勝田	客車3本	15両	1326人	1235人	93%
	筑前勝田→吉塚	客車2本	10両	858人	821人	96%
終日	吉塚→筑前勝田	客車7本、気動車3本	37両	3264人	1472人	45%
	筑前勝田→吉塚	客車7本、気動車3本	37両	3220人	1183人	37%

・貨物輸送の状況

勝田線の貨物取り扱いは志免のみであるが、志免発着貨物は香椎線酒殿経由で輸送しており、勝田線には貨物列車を運転していない。

・並行定期路線バス

天神・博多駅　妙見　御手洗　志免　宇美　勝田

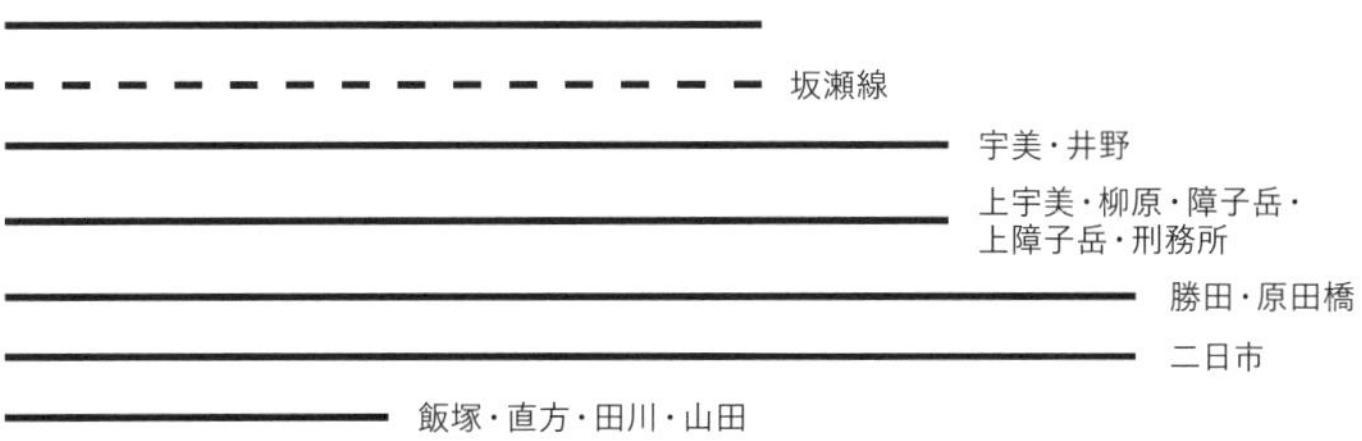

		天神・博多駅	志免	宇美	勝田
終日	運行回数	514回	283回	245回	76回
	通過人員	11715人	6307人	2996人	1057人
午前通勤時	運行回数	117回	76回	61回	14回
	通過人員	5461人	3714人	1782人	586人

図表45　添田線の状況

・営業係数

昭和42年度　作業費442%　総原価636%

・市町村人口

伊田駅、上伊田駅　田川市74063人
香春駅　香春町13926人
今任駅、大任駅　大任町7116人
伊原駅　添田町人口のうち駅勢圏人口1100人
添田駅　添田町人口のうち駅勢圏人口10520人

・学校、事業所

伊田駅　伊田中学ほか7校教職員240名　生徒4688名、田川東高校教職員60名　生徒1364名、西田川高校教職員63名　生徒1613名、田川工業高校教職員62名　生徒1042名、県立社会保育短期大学教職員24名　生徒122名、田川土木事務所112名、田川市役所670名、田川市立病院250名、田川電報電話局130名、田川警察署186名、田川職業訓練所72名、田川鉱業1100名、上莚鉱業510名、西日本衣料399名、田川タオル380名、延水製菓321名

香春駅　香春中学教職員24名　生徒472名、勾金中学教職員31名　生徒616名、田川高校教職員65名　生徒1217名、田川農林高校教職員75名　生徒841名、香春町役場120名、香春郵便局31名、香春農協10名、勾金農協21名、日本セメント香春工場464名、日本セメント香春製鋼所150名、原田鉄工所171名、第二豊州炭坑440名

上伊田駅

今任駅

大任駅　大任中学教職員27名　生徒430名、西日本衣料専属大任縫製59名

伊原駅

添田駅　添田中学教職員42名　生徒837名、田川商業高校教職員58名　生徒887名、添田町役場106名、添田警察署50名、添田郵便局51名、添田農協46名、添田職業訓練所104名、添田縫製社118名、添田信用組合13名

・旅客輸送の状況

通過人員

香春		上伊田		今任		大任		伊原		添田
	762人		857人		705人		421人		367人	

	区間	本数	通過両数	輸送力	輸送量	乗車効率
午前通勤時	添田→香春	客車1本、気動車1本	4両	367人	410人	112%
	香春→添田	気動車1本	1両	92人	91人	99%
終日	添田→香春	客車4本、気動車4本	11両	1201人	581人	48%
	香春→添田	客車4本、気動車4本	11両	1487人	773人	52%

・貨物輸送の状況

1967年6月本添田坑閉山　1970年度の発送は10千トン程度に減少する見込み
貨物列車は香春～添田間1.5往復。

・並行定期路線バス

新道　下今任・勾金

終日	運行回数	33回
	通過人員	379人
午前通勤時	運行回数	7回
	通過人員	218人

添田　大任役場口　伊田

彦山 ―――――― - - - - 後藤寺行・福岡行
津野 - - - - ―――― - - - - 〃

終日	運行回数	29回
	通過人員	569人
午前通勤時	運行回数	7回
	通過人員	166人

図表46　香月線の状況

・営業係数
昭和42年度　作業費261%　総原価334%

・沿線人口
黒崎駅、折尾駅　北九州市八幡区人口のうち駅勢圏人口204845人
中間駅、新手駅、岩崎駅　中間市33784人
香月駅　北九州市八幡区人口のうち駅勢圏人口24722人

・学校、事業所
黒崎駅　黒崎中学教職員46名　生徒1146名、熊西中学教職員43名　生徒911名、穴生中学教職員68名　生徒1735名、引野中学教職員31名　生徒664名、上津役中学教職員40名　生徒847名、八幡工業高校教職員93名　生徒1138名、八幡南高校教職員76名　生徒1526名、八幡地区高校3校教職員243名　生徒4947名、枝光地区高校1校教職員83名　生徒2233名、八幡養護学校教職員25名　生徒100名　八幡地区　北九州盲学校195名　枝光地区　八幡大学生徒3746名、電々公社黒崎分室46名、福岡法務局八幡出張所7名、黒崎郵便局141名、福祉事務所66名、区役所黒崎支所20名、国道工事々務所八幡出張所46名　大石産業522名、三菱化成5000名、岡崎工業5300名、高田工業所2065名、菊竹産業722名、大石産業522名、安川電機5626名、黒崎窯業2633名、井筒屋黒崎店650名
折尾駅　折尾中学教職員54名　生徒1316名、折尾女子中学教職員3名　生徒58名、本城中学教職員29名　生徒605名、東筑高校教職員78名　生徒1539名、折尾高校教職員76名　生徒1373名、遠賀園芸高校教職員55名　生徒559名、折尾女子商業高校教職員50名　生徒1306名、九州共立大八幡西高校教職員76名　生徒1339名、九州女子大学附属高校教職員33名　生徒642名、九州女子大学生徒407名、九州共立大学生徒1146名、九州女子短期大学生徒1274名、折尾女子経済短期大学生徒183名、八幡農林事務所105名、折尾警察署207名、福祉事務所68名、電報電話局80名、北九州土木事務所77名、折尾郵便局140名
中間駅　中間中学教職員38名　生徒736名、中間北中学教職員31名　生徒527名、中間東中学教職員31名　生徒684名、西日本工業高校教職員30名　生徒294名、中間市役所360名、中間郵便局52名、中間縫製工場340名、岡部マイカ縫製工場400名
新手駅
岩崎駅
香月駅　香月中学教職員62名　生徒1571名

・旅客輸送の状況
通過人員

中間	新手	岩崎	香月
2823人	2562人	1843人	

	区間	運行本数	通過両数	輸送力	輸送量	乗車効率
午前通勤時	中間→香月	客車2本	8両	684人	658人	95%
	香月→中間	客車1本	4両	342人	30人	9%
終日	中間→香月	客車6本、気動車5本	34両	3089人	955人	31%
	香月→中間	客車4本、気動車6本	30両	2746人	1117人	40%

・並行定期路線バス

		中間	新手	岩崎	香月
折尾		――――	――――	――――	――――
〃		――――	―――― 直方		
終日	運行回数		74回	5回	
	通過人員		1158人	67人	
午前通勤時	運行回数		14回	1回	
	通過人員		295人	21人	

		黒崎	香月	筑鉄香月
		――――	――――	――――
		――――	―――― 直方	
終日	運行回数		53回	
	通過人員		1079人	
午前通勤時	運行回数		13回	
	通過人員		367人	

・筑豊電鉄線輸送状況
黒崎～筑豊直方　終日　上り運行回数153回　通過人員5702人
午前通勤時　上り運行回数49回　通過人員3210人

客92%、定期旅客135%となったが、貨物輸送は、1968年4月大辻《おおつじ》坑の閉山により皆無となったため、同線の貨物営業を廃止した。

1962年3月筑豊支線管理長制度（1968年2月廃止）などにより、経営改善に努めたが、好転のきざしはない」（図表46）

第2次特定地方交通線の事例

佐賀線

佐賀－瀬高《せたか》間24・0km、丙線、4級、第2次特定地方交通線、1987年3月廃止。

「長崎本線佐賀から佐賀平野を走り、鹿児島本線瀬高に至る線で佐賀以西地区と熊本地区を結ぶ短絡路線として1935年5月開通した。諸富《もろとみ》、筑後若津《ちくごわかつ》間の筑後川本流には昇開式可動橋がある。

旅客輸送は民間バス網の発達により、普通旅客は1960年度に対し、1967年度66%となった。中距離旅客の同線純通過となる利用は極めて少ない。定期旅客は通学生増により119%とやや増えている。

貨物輸送は民間自動車の侵蝕《しんしょく》をうけて伸び悩み、とくに筑後大川《おおかわ》の家具はその影響が著るしいが、諸富の味《あじ》の素《もと》（株）九州工場の増送により輸送トン数は1960年度に対し1967年度は111%となっている。

1962年3月1日には運輸区制度（1963年3月1日廃止）を設け、適正列車キロの設定、駅業務の改善等、積極的に経営改善を行ってきたが、経営成績は悪化している」（図表47）

地方新線と特定地方交通線の事例

三陸縦貫鉄道

1968年9月4日に国鉄諮問委員会の答申で全国83線区約2600kmの廃止が勧告されたが、これらを実施するために、政府は1969年5月に「日本国有鉄道財政再建促進特別措置法」を成立させた。

久慈市では83線に小本線と八戸線が含まれていたため、その翌日の9月5日に市議会全員協議会を開いて「八戸線廃止反対期成同盟会」の結成を決め、国鉄、運輸省、大蔵省（現・財務省）などに陳情活動を開始した。10月22日には山内堯文・久慈市長は東北6県80市町村に呼びかけ、「東北地方国鉄ローカル線廃止反対同盟会」を結成して政府、与党に圧力をかけた。

自民党では選挙の帰趨《きすう》に響くとして危惧し、交通部会

図表47　佐賀線の状況

・営業係数

昭和42年度　作業費203%　総原価297%

・人口

佐賀駅、東佐賀駅、南佐賀駅、光法駅　佐賀市134571人、諸富駅　諸富町10329人
筑後若津駅、筑後大川駅、東大川駅　大川市51197人、筑後柳川駅　柳川市47549人
百町駅、三橋駅　三橋町17137人、瀬高駅　瀬高町28166人

・学校、事業所

佐賀駅　成章中学教職員331名　生徒7235名、佐賀西高校教職員82名　生徒1564名、
佐賀東高校教職員90名　生徒1870名、佐賀北高校教職員95名　生徒2009名、
佐賀商業高校教職員75名　生徒1389名、佐賀農芸高校教職員63名　生徒632名、
佐賀工業高校教職員94名　生徒1129名、佐賀農業高校教職員63名　生徒613名
佐賀県庁、佐賀市役所、佐賀警察署、佐賀検察庁、佐賀陸運事務所（原文ママ＝引用者注）
佐賀銀行1178名、大和紡績佐賀工場1000名、江崎グリコ九州工場639名、
第一生命佐賀支社534名、佐賀市交通部416名、佐賀玉屋300名
東佐賀駅　城東中学教職員49名　生徒1062名、
佐賀ゴム工場935名、丸栄デパート180名
南佐賀駅　川副中学教職員52名　生徒1395名、佐賀東高校教職員97名　生徒1854名、
佐賀市農協北川副支所15名、佐賀市役所北川副支所4名
光法駅
諸富駅　諸富中学教職員28名　生徒620名、諸富町役場65名、諸富警察署39名、
諸富郵便局21名、諸富農協36名、諸富漁業組合30名、味の素九州工場516名、
日通諸富営業所16名
筑後若津駅　大川警察署60名、今村製作所若津工場220名
筑後大川駅　大川中学教職員43名　生徒1056名、大川東中学教職員29名　生徒693名、
大川南中学教職員27名　生徒688名、大川三又中学教職員15名　生徒274名、
大川高校教職員57名　生徒1080名、大川工業高校教職員56名　生徒600名、
大川市役所380名、大川農協135名、大川郵便局85名、大川信用金庫85名、
喜多村木材200名、江頭木材150名、森田木工90名、立春木工70名
東大川駅
筑後柳川駅　柳城中学教職員39名　生徒1074名、矢留中学教職員28名　生徒601名、
両開中学教職員18名　生徒391名、蒲池中学教職員15名　生徒136名、
杉森学園中学教職員15名　生徒136名、伝習館高校教職員82名　生徒1810名、
柳川商業高校教職員65名　生徒1738名、柳川市役所381名、柳川土木事務所65名、
柳川郵便局105名、柳川電報電話局80名、南筑福祉事務所60名、竹下鉄工所570名、
竹下産業会社60名、藤田製莚機80名、林兼産業柳川工場180名
百町駅　三橋中学教職員37名　生徒1001名、三橋町役場63名
三橋駅
瀬高駅

・旅客輸送の状況

通過人員

	区間	運行本数	通過両数	輸送力	輸送量	乗車効率
午前通勤時	佐賀→瀬高	気動車　2本	5両	450人	180人	180%
	瀬高→佐賀	気動車　1本	2両	185人	188人	101%
終日	佐賀→瀬高	気動車15本	36両	3082人	2211人	72%
	瀬高→佐賀	気動車15本	36両	3074人	2190人	71%

・貨物輸送の状況

1966年度の生産額は129.6億円（対前年150%）に伸び、今後も増加が見込まれるが、鉄道利用度は極めて低い
この線内の発送貨物には米麦、家具、わら工品、食料工業品がある。企業としては諸富の味の素（株）九州工場と筑後大川、筑後柳河の家具、わら工品の企業があるにすぎない。
貨物列車は佐賀～瀬高間2往復、佐賀～諸富間1往復。

・並行定期路線バス

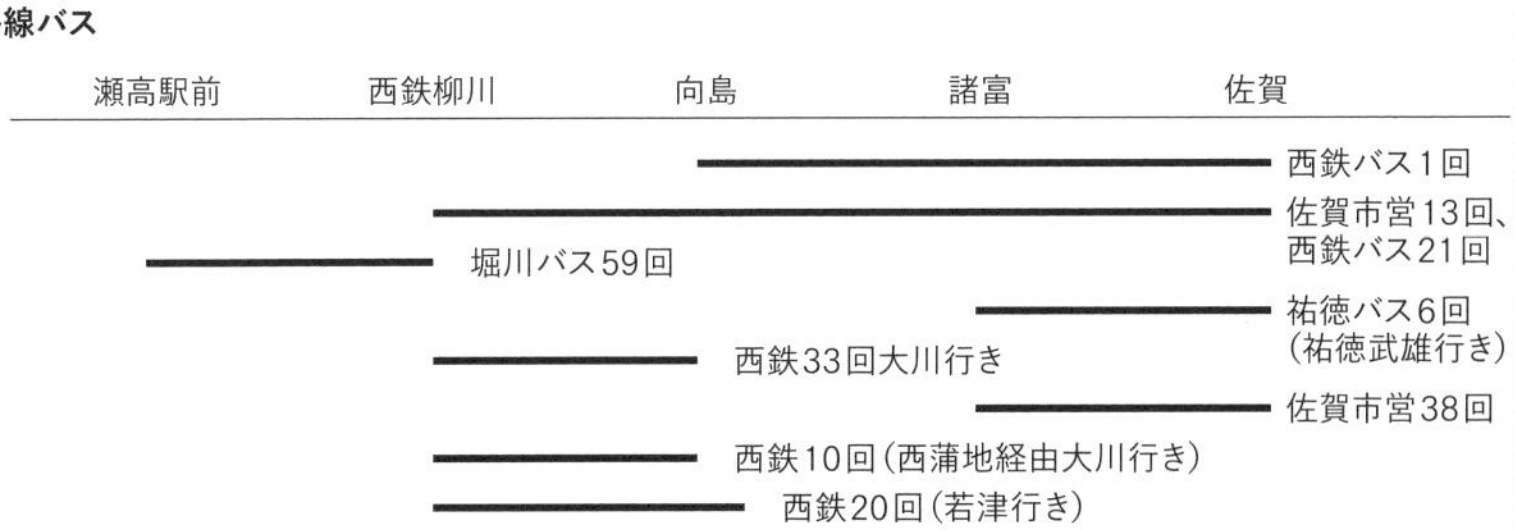

終日	運行回数	59回	97回	35回	79回
	通過人員	1455人	1959人	629人	1572人
午前通勤時	運行回数	14回	14回	4回	12回
	通過人員	705人	379人	264人	788人

と国鉄基本問題調査会では慎重論が大勢を占めるようになる。結局、実際に廃止されたのは福島県の川俣《かわまた》線など11路線にとどまった。

いったんは危機を脱した三陸縦貫鉄道は1970年3月1日に盛線・盛－綾里間9・3km、1972年2月27日に宮古線・宮古－田老間12・8km、1973年7月1日に盛線・綾里－吉浜間12・5km、1975年7月20日に久慈線・久慈－普代間26・4kmと順調に路線を延ばしていった。

しかし、危機は解消していなかった。1979年10月の総選挙で国鉄、健保、食管の3K改革を公約に大平正芳《おおひらまさよし》総理が誕生すると、ローカル線問題への対応は早かった。1980年2月19日に鈴木善幸を会長とする自民党総務会は運輸省が作成した「国鉄再建法案」を了承し、閣議決定を見た。地元との協議が整わなくても路線の廃止ができるという「見切り条項」が盛り込まれた。ただし、これではあまりにも強硬なため、党内での調整で協議期間を1年から2年に延長した。

この国鉄再建法では国鉄の全線を幹線と地方交通線に分け、さらに、輸送密度2000人未満を基準に全国約4000kmを特定地方交通線に指定し、1985年までに2段階に分けて廃止することが規定されていた。当時、国鉄財政は巨額の赤字に悩まされていたが、その約30%にあたる約2500億円が特定地方交通線で発生していた。特定地方交通線は県知事と沿線市町村長による地方協議会で審議され、バスに転換するか、第三セクター鉄道として残すかを選択しなければならなかった。

岩手県選出の鈴木善幸・自民党総務会長をはじめ、国会議員が運輸省と国鉄に陳情に回ったが、国の反応は厳しく、公団AB線の工事凍結も持ち出され、1980年度に久慈線、盛線、岩泉線の新規予算配分はゼロとなり、1980年8月1日に盛線、1981年1月12日に久慈線の工事がストップした。

中村直《なかむらただし》岩手県知事を先頭に立てた地元陳情団に対し、鈴木自民党総務会長は「建設を促進するには完成後の運営を受け持つ第三セクターについて検討する必要がある。全線が貫通していない現段階ではAB線も対象となる。廃止反対だけでは工事が進まない。研究ぐらいやったらいいではないか」と諭《ママ》したという。

特定地方交通線の第三セクター移管に対し、政府は次のような条件を用意していた。

◎キロあたり3000万円の持参金を提供する

◎完成後、国鉄は無償で貸与する

◎人員は必要最低限とする
◎特別料金の設定が自由なうえ、自主ダイヤが組める
◎地域の観光開発も一体化できる

１９８０年に鈴木善幸は自民党総裁に選出され、内閣総理大臣に就任した。地元出身の総理大臣の誕生でも状況は好転しなかった。鈴木総理自身が行財政改革に政治生命をかけており、赤字ローカル線の廃止は引くことができなかった。そして、自治体が中心になって第三セクターを設立して廃止路線の経営を移管することを進めていた。それに対し、中村知事はあくまでも国鉄としての存続を主張し、第三セクター化には慎重であった。

１９８０年６月に福島県と栃木県が野岩線の第三セクター化を決定。久慈・宮古線両期成同盟会も第三セクターに傾いた。この時期、地元の利害関係を二分していた内陸の岩泉線と海岸沿いの宮古線のルートをつないで環状路線を第三セクターで経営する案も提起された。

１９８０年11月25日に盛岡で三陸縦貫鉄道建設促進の岩手県決起大会が開かれ、地方新線として三陸縦貫鉄道の早期開業を目指すことを満場一致で決議した。そして、26日には中村知事らは中央への陳情活動を強化した。しかし、11月27日の参議院本会議で国鉄再建法案が成立。翌年２月５日には政令案で、久慈線、宮古線、盛線は１９８２年度末、岩泉線は１９８５年度末の廃止が確実になった。３月３日には、久慈線、宮古線、盛線を含む77路線３０９９・１㎞を廃止することが閣議決定された。

ここにきて、中村知事も第三セクターしかないと判断し、１９８１年４月14日に盛岡市で開かれた三陸縦貫鉄道関係市町村長会議では「第三セクターやむなし」で大筋合意した。

◎対象区間は久慈－宮古、釜石－盛間とする
◎対象区間を第三セクター運営とした場合の補完資料を１カ月くらいでまとめたい
◎出資金は県、市町村、経済団体、関係機関で持ち合う。政府助成措置を盛り込んで検討する
◎組織はできるだけ簡素にして弾力的運営を図ることにしたい

１９８１年８月20、21日、中村知事、塩川正十郎《しおかわまさじゅうろう》運輸大臣、高木文雄《たかぎふみお》国鉄総裁、仁杉巌《にすぎいわお》日本鉄道建設公団総裁とそれぞれ個別に会談して特別地方交通線の選定承認申請、国の助成措置、許認可手続き、工事再開について回答を得る。

◎鉄道営業を開始するために必要ないっさいの鉄道施設は第三セクターに無償で貸与する
◎未開通区間にかかる施設並びに車両基地、接続駅の新設改良など運営に必要な施設の整備は日本鉄道建設公団が行い、無償で貸与する
◎転換交付金として１キロあたり既設線３０００万円、新設線１０００万円（予定）を支払う
◎経常欠損補助は経常欠損額の２分の１を５年間補助する
◎鉄道施設の災害復旧については国鉄と日本鉄道建設公団が第三セクターの負担とならないようルール化したい

対象区間に対する交付金は、既設線18億円、新設線４億７２００万円と計算された。

１９８１年８月24日に関係市町村長会議で第三セクター設立を決定。授権資本10億円で設立時払込資本は３億円とし、出資比率については、県40％、市町村30％、その他30％で合意した。そして、１９８１年11月７日に三陸鉄道の設立登記を行ったが、１９８１年11月20日に設立登記をした野岩鉄道より２週間だけ早かった。

これを受けて１９８１年度に工事凍結が解除されたが、同年度中は三陸鉄道だけであった。

鈴木総理は１９８２年10月12日に退陣したが、その前の８月17日から３日間、全国漁港大会参加のため来県。鉄道工事の進捗状況などを視察し、「八戸－気仙沼間の一貫運営を国鉄と三陸鉄道での検討を望む」と語った。一元的経営をいったわけではなく、直通列車の運行を望んだのである。しかし、国鉄が三陸鉄道に乗り入れる場合、１車両キロあたり車両使用料平均３５０円で、久慈線、盛線に国鉄車両を乗り入れる場合、年間５０００万円以上が必要な勘定になった。

かくして、１９８４年４月１日に長年の夢を乗せて三陸鉄道の北リアス線、南リアス線は開業した。

野岩線

１８８７年に東北本線が福島県の中通りを白河から郡《こおり》山《やま》、そして福島方面に抜けるようになると、路線から外れた会津の地は発展から取り残される危機感に駆られることになった。

１８９２年の鉄道敷設法で新潟県の新津《にいつ》から福島県の若松を経て白河に至る鉄道が規定されたのを機に、これを若松から栃木県の下今市《しもいまいち》まで、かつての会津西街道に

沿った鉄道として取り込もうという機運が高まる。何より、若松と白河のあいだには峻険《しゅんけん》たる布引《ぬのびき》の山系が立ちはだかっていた。路線の修正は必須であった。

１８９２年に地元の有志が中心となって奥羽北越《ほくえつ》連絡鉄道線路修正主意書を添えて路線修正を請願。さらに、翌年には野岩越《やがんえつ》線鉄道急設大旨を提出し、会津の地での鉄道建設を国に求めた。

しかし、この路線はもともと会津という一地方の交通需要を満たすことを目的としたものではなく、上越線がない時代に新潟と東京を結ぶ幹線鉄道として計画されたものであった。１８９４年に郡山と新津のあいだの鉄道を計画して岩越《がんえつ》鉄道が設立され、１８９９年に路線が会津若松まで達すると、野岩越鉄道はもはや東京と新潟を結ぶ幹線としても、会津に鉄道の恩恵をもたらすという目的も失うことになった。

地元有志は１８９５年に野岩鉄道を設立し、みずから鉄道の建設を目指すが結局、実現しなかった。

野岩鉄道の計画が進展するのは大正末期、政党間での党利党略から立憲政友会が引き合いに出した建主改従政策を契機とする。国民に広く鉄道利用の機会を提供すべきとする考え方で、鉄道省は１９２９年に簡易線の規格を制定してこれに対応した。

会津線は只見線の西若松を起点にして上三寄《かみみより》（現・芦《あし》ノ牧《まき》温泉）までは１９２７年に丙線規格で開業していたが、のちに簡易線に変更され、さらに、１９３２年には湯野《ゆの》上《かみ》（現・湯野上温泉）、１９３４年に会津田島まで建設費が切り詰められた簡易線として建設された。会津滝ノ原《たきのはら》（現・会津高原尾瀬口《こうげんおぜぐち》）まで達するのは戦後の１９５３年のことである。これが今日の会津鉄道の起源である。

戦後の１９５１年に鉄道敷設法は改正され、鉄道会議は鉄道建設審議会となった。翌年に本格的に新線建設が再開するが、そのとき、全国24線区のひとつとして野岩鉄道の建設に着手することになった。しかし、１９５４、１９５５年度の緊縮財政の折に野岩鉄道は計画が繰り延べとなった。計画ルートに五十里《いかり》ダムの建設計画が浮上したためである。野岩線を上三依《かみみより》（現・上三依塩原《しおばら》温泉口）から尾頭峠《おがしらとうげ》をトンネルで抜け、塩原を経て西那須野《にしなすの》ないし矢板に向けて建設する案が浮上した。しかし、一方で既存ルートの栃木県内の自治体では従来の計画どおりに建設することを主張し、沿線の意見は二分された。

野岩線の建設の促進を陳情するにも、地元で意見が割れているのでは、国も対応に苦慮するということで、１９５６年２月に両派は統合して「栃木県野羽線建設促進同盟」を結成し、今市方面を本線、矢板へは分岐線として両方建設することを求めることになる。

福島県の会津滝ノ原から栃木県の今市までは依然として予定線のままであったため、まず調査線への格上げを目指して陳情活動を活発化した。全体の計画路線は米沢から今市まで、山形県、福島県、栃木県の3県を貫いていたが、福島県に「野岩羽線幹線促進期成同盟会」があったものの、会津方面の市町村が設立したものであった。3県全体で統一した建設促進組織はなかった。そこで、相次いで「野岩羽線完成促進議員連盟」「栃木県建設促進同盟」が結成された。

1956年から国への陳情を活発化させたが、1956年12月24日の「陳情書」には「山形県米沢市－福島県喜多方《きたかた》、若松、荒海《あらかい》（田島町［現・南会津町＝引用者注］）を経て、栃木県に結ぶ国鉄予定線は、福島県滝ノ原－今市間（または比較線）および米沢市－熱塩《あつしお》間が未完成のところ《ママ》、これを完通するときは、関東、奥羽の両地方と中央を結合し、北は国鉄米坂《よねさか》線と結び、さらに長井線、奥羽本線に連絡し、南は東北本線、日光線に結合して鉄道交通網が完備され、地方産業の開発に資するところ甚大であるものと確信せられます」とあった。

1956年11月8日の第18回鉄道建設審議会（会長・岸信介《きしのぶすけ》）は調査線の指定は全国で11線、このなかで重要な路線を1957年度に「着工線」に格上げすることを決定していた。野岩線の調査線への編入を国に陳情するなかで、自民党政調会の路線別新規調査線のリストに入っていることが伝わった。ただし、12月22日の鉄道建設審議会小委員会では結論が出せなかった。1月下旬の小委員会で決定する見通しとされた。結局、4月3日の第19回鉄道建設審議会で1957年度から野岩線の調査を開始することが決定した。付帯条件として塩原方面のルートも比較線として調査することが示された。

1957年5月に栃木県の建設促進同盟を「栃木県野岩線（含、分岐線、塩原線）建設促進同盟」と改めた。しかし、今市方面のルートでは五十里ダムとの関係が問題であり、塩原方面も火山地帯との関係も解決しなければならなかった。栃木県内の二つのルートが競合する問題が工事着手の大きな障害となっていた。

1959年11月の鉄道建設審議会では1957年度に調査線になった16線のうち11線が着工線に格上げとなったが、野岩線は入っていなかった。これに田島町は大いに落胆し、福島県内でも栃木県同様に力を入れなければならないとして、建設促進活動を若松から南会津に移した。1961年2月2日に「福島県野岩線建設促進期成同盟会」を結成し、3県による「野岩羽線完成促進期成同盟会」は発展的に解消した。

1961年7月3日に南会津の住民は栃木県の県庁所在地である宇都宮に乗り込み、「野岩線建設栃木県一本化促進決起大会」を開催。着工の障害となっている競合ルートの問題の解決を求めた。翌年3月15日に自民党への陳情の際に国鉄の調査結果として工事費は今市ルートと西那須野ルートでは大差ないこと、将来の営業という視点では今市ルートが勝ること、1957年度に着工線への格上げを逃した4調査線のうちトップで着工線に格上げすることが内定していると伝えられた。

1962年3月8日の鉄道建設審議会小委員会（小委員長・田中角栄）は本線・今市ルートの着工線編入を決定。同時に西塩原線を予定線とした。なお、この小委員会では只見中線が予定線から着工線に2階級特進した。

今市ルートが着工線となると、今度は東武との関係が問題となった。

国鉄の担当理事は「会津と首都圏を直結するため、ぜひやりたい。東武との折衝は先に言い出したほうが負ける」と語ったという。国鉄としては東武との並行線をつくる気はない。新藤原《しんふじわら》で東武鬼怒川《きぬがわ》線に直通し、下今市と今市のあいだをつないで国鉄日光線で東京に直通することにメリットがあった。東武としては、これでは東武を使って東京から鬼怒川まで利用する旅客を国鉄にとられるという心配があった。東武としては鬼怒川線との並行路線をつくることに反対であるし、建設するなら滝ノ原－上三依間だけにすべきという考えであった。先々、上三依から西那須野に向けて線路を敷くことを期待していた。

東武の根津嘉一郎社長は、さらに新藤原－下今市間を併用してよいが、東武の下今市と国鉄の今市を結ばず、旅客はそのまま浅草《あさくさ》まで、貨物は栗橋《くりはし》で国鉄に直通すればよいと語ったという。

これに対し、今市市（現・日光市）としては国鉄に直通することでなければ意味がないとし、国鉄は東武の整備規格が低い線路では貨物列車は走れないということで反対した。

日本鉄道建設公団は1965年度に建設線の野岩線に1億円の工事費の配分を決め、工事の着手を目指した。1965年11月22日に日本鉄道建設公団は第1期工事として滝ノ原－上三依間の工事を開始し、上三依から下今市までは東武との調整を待って工事を始め、1975年度までに完成する計画と説明した。そして、1966年5月7日に第1期区間工事実施計画の認可を得て、5月11日に起工式を開催した。

結局、遅れに遅れて1966年5月に起工式にこぎつけたが、折悪しく1968年9月4日に国鉄諮問委員会が赤字ローカル線83線区の廃止と公団AB線の工事中止を記載した意見書を提出した。国鉄は新幹線の建設に精力を集中すべきと考えていた。

上三依－独鈷沢《とっこざわ》（現・中三依《なかみより》温泉）間は1968年5月に工事実施計画の認可を得るはずであったが、実際には1年遅れて1969年6月となった。

ここで栗山《くりやま》村（現・日光市）から新駅の設置の要望があり、湯西川《ゆにしがわ》駅（現・湯西川温泉駅）の設置を決めたが、このために五十里ダムの下流に向かって左岸から右岸にルートを変更する必要を生じたことで工事に遅れが出ることになる。独鈷沢まで1972年に路盤工事を終了し、4月12日に中三依－下野川治《しもつけかわじ》（現・川治温泉）間の工事実施計画の認可申請を行った。折から「国鉄財政再建法」「国鉄運賃改定法」の国会審議で赤字ローカル問題が議論になり、野岩線だけを特例的に認可することはできないとして、認可は8月14日まで遅れた。これで1972年度後半の工事はなくなった。

そうこうしているうちに、1979年1月24日に運輸政策審議会国鉄地方交通線問題小委員会の最終報告があり、運輸政策審議会はこれを了承して運輸大臣に答申を提出。地方交通線のうち、とくに利用が少ない路線の廃止、バス転換を求めた。ただ、鉄道として残す場合は第三セクターまたは民間事業者等による経営を求めた。この内容を規定した「日本国有鉄道経営再建促進特別措置法」が1980年12月に施行となり、公団AB線は工事が中断された。野岩線を実現するには第三セクターで引き継ぐことしか選択肢がなくなった。

1980年9月、福島県知事と栃木県知事は運輸大臣との会見のなかで工事再開の方策について示唆されたことを受け、第三セクターによる経営引き受けを決定。日本鉄道建設公団は野岩鉄道の建設を再開した。この段階では非電化で、気動車5両で会津鉄道と相互乗り入れを行う計画であった。本来なら電化して東武の特急車両の乗り入れが望ましいが、公団AB線の電化は事例がないとして、計画には盛り込まなかった。

野岩鉄道は1981年11月20日に会社が設立され、授権資本は10億円で、設立時の払込資本は3億円である。12月23日に地方鉄道事業の免許状が交付された。

路線の大半が栃木県内にあるものの、会津への鉄路という性格が強いことから、株主の第1位は福島県である。栃木県ほかの公共部門の出資比率は68%で、そのうち福島県側と栃木県側の比率は55：45である。

公共部門の出資者には、栃木県側が県と沿線の藤原《ふじはら》町（現・日光市）、栗山村のほかに、日光市、塩原町（現・那《な》須塩原《すしおばら》市）、今市市が含まれ、また福島県側では会津鉄道にも出資した会津総合開発協議会の28市町村が参加している。協議会は1998年1月30日の総会で、「同鉄道が会津鉄道と直結し会津地方の観光産業の振興などに欠かせない」（『福島民報』1998年1月31日）として会津鉄道同様に出資を決定したという。出資比率はおおむね会津鉄道に合わせて会津鉄道沿線の会津若松市、下郷《しもごう》町、田島町が大きい。

野岩鉄道（2022年）＊

民間企業では東武が出資比率20・5%で第1位であるが、そのほかは会津乗合自動車が1・5%、東邦《とうほう》銀行、足利《あしかが》銀行がそれぞれ5・0%で、この4社以外に民間からの出資者はいない。

役員についても、代表取締役社長には福島県知事が就任。栃木県知事は代表取締役副社長と、やはり福島県側の熱意が感じられる。

なお、地方鉄道新線の開業には開業費に対する補助金として営業キロ1kmに対して1000万円を限度に交付された。野岩鉄道の開業にあたっては営業キロ30・7kmに対して3億7000万円が補助された。また、鉄道施設はもともと公団AB線として建設されていた路線であり、開業後は国鉄に無償で貸与されるはずの路線であったため、それを踏襲して野岩鉄道に無償で貸与された。

もともと非電化の計画であったが、福島県内の建設促進期成同盟会は電化を運輸省、大蔵省、日本鉄道建設公団に要望。10月12日に国鉄会津線が第2次廃止対象として承認され、その後、第三セクターを設立して経営を引き受けることを決定。難色を示していた大蔵省は1984年5月15日に電化を認め、6月19日に工事竣工期限の2年間の延期を申請した。

野岩鉄道は1986年10月9日に新藤原－会津高原（会津滝ノ原を改称）間を開業した。開業時は15往復設定され、1往復を除いて東武との直通列車である。また、そのうち上り6本、下り8本は快速として浅草まで乗り入れた。

運賃水準は浅草から新藤原までが1100円であるのに対し、新藤原から会津高原までが800円と東武の運賃に比較して割高感を与えることになった。さらに会津高原で乗り換えるとさらに初乗り運賃が加算されることも不利な条件である。

トンネルが開削され、塩原と野岩鉄道の上三依のあいだを結ぶ国道が開通し、町営の路線バスが運行を始めたが、塩原の観光客を野岩鉄道に結びつけることにはならなかった。国道の開通で、むしろ塩原のなかを会津に抜けるトラックをはじめとして自動車の交通量が増加し、観光地としての魅力を損ねる結果となった。

野岩鉄道は1986年度に3705万1000円の鉄道事業営業損失を計上したのち、1987年度には一転して1787万2000円の黒字となったが、その後は一貫して赤字が続いた。しかし、赤字額は1991年と6年の2度大幅に減少を見て、その後はまた悪化するということを繰り返した。旅客人員についても、1991年をピークにして、その後は減少が続くが、とくに1995年度以降の落ち込みが大きい。

なお、開業の翌年度から経常損失の10分の4について国からの運営費補助の交付を受けた。

この間の運賃改定の状況を見ると、1989年4月には消費税導入にともなって平均2・9%の運賃改定を実施したのに続いて、1992年11月に平均12・1%、1995年に9月平均9・2%値上げされた。さらに、1997年4月には消費税率の引き上げに合わせて平均1・9%運賃が改定された。

すなわち、1991年度まで旅客が伸びていたところで運賃の大幅引き上げが実施されたことで旅客が減少し、それが大幅な減収になったことがわかる。また、1991年はバブルが崩壊した年であるが、景気の停滞による安近短《あんきんたん》型レジャーへの移行で、圧倒的に定期外旅客の比率が大きい野岩鉄道にとっては影響が大きかったものと思われる。しかし、1995年度までの旅客の落ち込みは前年比数%であったのが、1996年度の減少率は9%にも達するものであった。景気の低迷による旅客の減少に運賃引き上げが追い打ちをかけた。

1998年度は鉄道事業営業損失が7317万9000円、経常損失は7264万1000円を計上した。当期損失は7188万8000円で、繰越損失は6億1298万1000円に膨らむことになった。

そこで、野岩鉄道の経営支援のため、1997年7月14日に野岩鉄道経営検討委員会が設置され、第1回検討委員会が開催された。委員会は福島県、栃木県、関係市町村と野岩鉄道によって構成され、経営安定のための方策、国鉄清算事業団からの鉄道施設の無償譲渡についての対応、欠損金の処理の問題などについて協議することになる。また、下部機関として「幹事会」の設置を決定した。

１９９８年3月21日の第2回検討委員会では鉄道施設の譲渡問題について無償譲渡受諾やむなしという方針、並びに幹事会から報告があった鉄道支援策骨子をおおむね了解。

また、同年12月23日の第3回検討委員会では経営健全化5カ年計画の提示を受け、１９９９年度からの財政支援について具体的方策を決定した。１９９８年度の経常損失額を９１７７万円と見積もって各自治体の補助金負担額についておおまかな数字が示されたが、１９９９年6月11日の第18回定時株主総会で１９９８年度の経常損失額が７２６４万円であることが報告され、補助金額が見直された。また、１９９８年度の実績値が確定したことから、経営改善計画の見直しを行い、１９９９年10月22日の第4回検討委員会で了承された。

その経営健全化5カ年計画の内容は経営の合理化に関する事項と旅客需要の維持、喚起に関する事項からなっており、さらに経営の合理化に関しては、人件費、輸送費、設備保守費の節減に関する努力目標が示されている。

①業務運営体制の見直しと改善により、要員のよりいっそうの適正配置と合理化に努める
②原則的に定年退職者の補充および可能なかぎり欠員による新規採用を見合わせ、要員の削減に努める
③運転士養成計画を一時中断し、当面のあいだ、養成にともなう人件費および経費の減額を図る
④専門職として必要な要員については、可能なかぎり出向者によらずＯＢとするよう努め、人件費の抑制を図る

人件費の削減については１９９６～１９９８年度の3カ年間で在職者63名を7名削減して56名としたが、さらに１９９９～２００３年度のあいだに3名の要員を削減するというもの。ちなみに、常勤役員を除く従業員52名の内訳は、プロパー45名、東武ＯＢ２名、日光市ＯＢ１名、足利銀行ＯＢ１名、東武からの出向3名である。

輸送費の節減策としては、旅客需要に応じて列車運行回数と列車編成両数の削減を実施。浅草と結ぶ急行「南会津」は午前の上りと午後の下りの1往復を運転していたが、２０００年3月にこのうち1本を廃止することになる。また、4両編成の列車を2両編成に短縮することで検討していたが、東武線内での分割、併合による経費

の増加をともなうことから難航した。

さらに、設備保守費の節減策として、線路、電路の検査、保守については直営と外注の費用を比較して適宜費用の削減に努めること、線路敷雑草刈り払いについては地元住民等の協力を得ること、線路、電路施設の交換については厳密な精査によって可能なかぎり交換周期を拡大すること、および車両保守費については東武に対する委託費の減額を会津鉄道とともに要望するとした。

一方、旅客需要の維持、喚起に関する事項は、次のとおり。

◎既設の企画商品（特選の旅、乾杯旅行、スキークーポン、尾瀬クーポン等）の販売促進に努める
◎既設の企画列車（尾瀬23：50、スノーパル23：50）の利用増進に努める
◎新企画商品、企画列車等の開発を図る
◎経営検討委員会により、検討中の利用促進策を実現し、更に、関係各社との連携を強化して共同による誘客宣伝活動を積極的に実施する
◎福島県のグリーン・ツーリズムおよび栃木県のディスティネーション・キャンペーンに協力し、宣伝強化の一助とする。また、駅舎、駅前広場、駅周辺等の有効活用を関係機関に要請していく
◎関係自治体により、沿線住民による当路線愛護のための組織づくり、或いは、地域住民による当路線利用促進のための啓蒙《けいもう》活動を要請するとともに積極的に協力する
◎「沿線散歩」等をはじめ鉄道利用によるハイキングの実施並びに地域によるイベント開催について積極的に協力する

第3回経営検討委員会で合意した野岩鉄道支援策は野岩鉄道経営安定化補助金の創設と固定資産税増加に対する補助金制度である。

野岩鉄道経営安定化補助金は支援期間を当面1999～2003年度の5年間とし、支援の方法はおおむね会津鉄道に対するものを踏襲し、前年度の決算において経常損失額が発生した場合、経常損失額を限度に補助金を交付するというもの。

補助金の負担割合は出資割合に合わせて福島県側：栃木県側＝55：45と決定した。また、県と市町村の負担割合は、福島県、栃木県ともに県が7割、市町村が3割としたが、市町村間の負担割合については福島県の場合には出資市町村が必ずしも沿線自治体にかぎられないため、

出資者を沿線・準沿線3市町、南会津広域圏5町村、その他20市町村に分け、沿線自治体に厚くなるように負担割合に格差が設けられた。

また、国鉄清算事業団の解散が1998年秋に予定されていたことから、無償貸与中の特定地方交通線や地方新線の鉄道施設について、各社に譲渡を要請していた。野岩鉄道は1998年6月10日の株主総会で無償譲渡の受け入れを議決し、譲渡の諸条件について協議が続けられた。その結果、1999年3月23日、翌年1月4日をもって鉄道施設を譲り受ける契約を交わした。これにより、野岩鉄道は固定資産税の負担が加わることになったが、これに対して自治体による支援策が決定した。

鉄道施設無償譲渡および譲受にともなう固定資産税の負担で増加することとなる経常損失額に対し、課税相当額の25%を課税町村が補助し、残り75%を関係自治体全体で補助するというもの。

日中線

野岩線はもともと野岩羽線計画の一部であるが、同線を構成する2路線の日中《にっちゅう》線と会津線が特定地方交通線に指定されて廃止が検討されることになった。一方で、新線を建設し、その根元の既存路線を廃止するというのであるから、地元を混乱させた。

1981年6月10日に国鉄が選定した第1次対象路線に日中線が含まれていた。もともと米沢から会津若松を経て今市に至る野岩羽鉄道の一部を構成する路線ではあるが、現実には喜多方－熱塩間のごく一部しか完成しなかった。朝夕のみの運転で、「昼間は走らない日中線」と揶揄《やゆ》された。

福島県に意見書の提出が求められたが、7月末の期限に対し、8月末まで遅れた。この意見書の提出を待って、9月18日に運輸大臣は廃止を承認した。

福島県の意見書は次のような内容であった。

◎日中線と並行する道路は、幅員5・5m未満の区間があること
◎通勤、通学者をはじめ、地域住民の日常生活上不可欠のものであること
◎バス転換は利用者に大きな経済負担を課することになること
◎野岩羽線の起点であり、国の地域振興政策としての会津地方モデル定住圏構想の骨格としての重要な路線であること

これに対し、運輸省は９月18日に「国鉄が選定した代替道路は、運輸省告示に規定する要件に適合するものと認められる」とし、福島県の反論を受け入れなかった。

１９８２年２月18日に特定地方交通線対策協議会の１回目の会議が開かれてから、最終回となる１９８３年11月28日の第５回まで議論が戦わされ、最終的に廃止、バス転換を決定した。そして、１９８４年３月31日かぎりで廃止となった。

転換交付金キロあたり３０００万円は関連道路の整備、バスターミナル設置、スクールバス事業基金の創設、日中線記念館の建設に充てられた。

会津線

会津線は１９８２年11月22日に国鉄が第２次対象路線を選定し、１９８４年６月22日に運輸大臣が承認した。会津線の特定地方交通線選定の基準となった輸送密度は１７７７人であった。輸送密度２０００人で線引きした第１次、第２次路線のなかでは比較的需要が多い路線であった。

国鉄が決めた会津線の経営改善計画では１９８５年度の廃止が盛り込まれていた。国鉄は特定地方交通線対策協議会の開催希望を１９８４年９月20日としたが、いっこうに会議開催の見通しが立たなかった。

特定地方交通線対策協議会の開催にあたり、福島県は国と国鉄に対し、「会津線特定地方交通線対策に関する申し入れ」を行い、「会津線の特殊事情および地元の意見をよく理解し」、誠意を持って協議に応ずるよう求めた。これに対して東北運輸局と国鉄仙台鉄道管理局から「会津線の特殊事情を十分認識し、地元の意見を聞きながら慎重に対策を進め、協議が継続しているあいだは２年を経過しても、ただちに廃止の手続きはとらない」とした。協議会での審議は２年間を期限に結論を出すことを求めていた。

１９８５年４月18日に田島町長、田島町議会議長から福島県知事に対して野岩線の電化とともに国鉄による会津線の存続を陳情した。この時点で野岩線の第三セクターでの開業（非電化）が決まっていただけであった。

１９８５年６月に福島市で「会津線対策協議会」の１回目の会議が開催された。地元は「協議会は廃止を前提としないこと、会津鬼怒川線との接続という特殊事情、並行道路の現状などから会津線は国鉄において存続すべき」と主張した。

９月20日に第２回会議が福島市で開かれ、国は輸送密度が２０００人を超えれば会議の中断もありうるとしていたことから、地元としては会津線の増便、スピードアップ、駅増設等による会津線の具体的な経営改善策、国鉄による存続策が提案された。

１９８６年1月20日の第3回会議では、国鉄は国鉄線としての存続は困難であり、「鉄道として残したいのであれば第三セクター以外にない」との旨を発言した。

3月24日には会津総合開発協議会の臨時総会で専門調査機関に委託した調査の結果を報告し、その結果を受け、第三セクター方式による鉄道存続を全会津市町村の総意として決議した。29日には福島市で第4回会議が開かれ、国鉄から１９８７年4月までの転換を強く要請された。国鉄の分割民営化までを期限に設定したことになる。地元でも第三セクター方式の方向で進めることを決定していたため、第三セクター化のための連絡調整を図る目的で「会津線運営連絡会」を設置した。

１９８６年11月10日に第三セクター「会津鉄道」が設立された。

授権資本は20億円、払込資本は10億円で、自治体の出資額は5億円（うち県は3億５０００万円）とし、「マイレール」意識の高まりが必要として、民間からも出資を募ることとした。民間出資の目標額は5億円でこれは達成された。しかも小単位の個人による出資がほとんどで、その意味では「マイレール」意識の高揚は成功したといえる。

福島県と沿線の会津若松市、田島町、下郷町のほか、沿線外を含めて28市町村が出資し、公共部門の出資比率は50・０％である。

民間企業では、東武、会津乗合自動車といった運輸企業のほか、東北電力、東京電力などの電力関係企業が名を連ねる。

会津鉄道の場合、個人株主が多いのが特徴で、現在２０６名が全株式の10・１％を保有する。

１９８６年12月の第５回会津線特定地方交通線対策協議会で、１９８７年７月16日をめどに会津鉄道が国鉄会津線を引き継ぐことを決定。施設を無償で譲受したうえで、１９８７年５月に第１種鉄道事業免許を取得し、１９８７年７月16日に営業を開始した。

特定地方交通線に対しては転換交付金として路線１キロに対して３０００万円を限度に交付された。会津鉄道の57・４㎞の路線に対しては16億３７８９万円が交付された。これで気動車12両を購入したほかは、将来の資産取り替え用の原資として基金に積み立てられた。

会津鉄道は１９８７年５月９日に第１種鉄道事業免許が交付され、１９８７年７月16日に国鉄会津線の経営を引き継いで西若松－会津高原間の鉄道営業を開始した。

導入車両は、まず国鉄の中古車としてキハ58形が検討されたが、燃費が悪いうえにアイドリング運転による騒音がひどく見送り。新潟鐵工所のＮＤＣと富士重工業のLE-Carが比較され、最終的にLE-Carが採用された。調達費は12両で6億5000万円である。

会津若松駅発6時50分の始発から22時24分の最終まで15本の列車が設定された。国鉄時代の運転本数6本に比べて大幅な増発となった。

会津高原側は1986年10月9日に野岩鉄道が開業し、東武を介して東京の都心まで直通運転を行っていたが、定期列車は7時02分、8時46分、15時39分、18時36分の4本だけ。それを10時40分、12時33分、20時29分の会津田島行きの臨時列車が補完していた。それが会津鉄道に引き継がれたあとは12往復に増加した。

駅名も近隣の観光地や公共施設にちなんだわかりやすいものに改められた。

開業後は1987年12月に湯野上駅の駅舎を観光地の入り口にふさわしい茅葺《かやぶ》きの建物に建て替え、また、1988年4月27日には塔《とう》のへつり駅を新設した。国鉄時代には観光シーズンに臨時駅が置かれていた。さらに、1990年3月30日には田島町との合築駅舎として会津田島ふれあいステーションプラザを竣工し、4月5日から使用を開始した。鉄筋コンクリート2階建ての近代的な建築物であり、駅前広場も整備された。その後、1995年8月10日には南若松駅を新設している。

この南若松駅の新設には、会津若松市、会津高田《たかだ》町（現・会津美里《みさと》町）、会津本郷《ほんごう》町（同）が1995年度と1996年度に合わせて2384万円を交付した。

そのほか、沿線の下郷町、田島町、会津若松町は1989年度から鉄道施設近代化補助金を交付しているが、これは固定資産税の納税額に相当する金額が交付されたもので、固定資産税の減免措置に代わる措置である。

また、1990年10月12日には会津田島－会津高原間を電化開業し、すでに開業していた野岩鉄道の電車が会津田島まで直通運転することになった。

この工事費に対しては福島県による会津線電化事業補助金が支給されたが、これは電力移出県に対する地域振興交付金のなかから支出された。補助金額は、1989年度1億5085万円、1990年度9億6922万円である。この際、会津鉄道でも2両の電車を購入するが、これには転換交付金を積み立てた基金が取り崩された。

電化開業で東武の浅草駅から直通の快速電車が運転されることになり、1991年7月21日からは会津田島－

会津鉄道（2000年）＊

浅草間に急行「南会津」が新設された。

特定地方交通線の転換鉄道に対しては、開業後5年間にかぎって経常損失額の10分の5を国が補助する運営費補助の制度が設けられ、会津鉄道に補助金が交付された。その額は1988年の1354万円から年々増加し、1992年度には7699万円までに膨らんだ。

1993年度でこの制度の適用は終了したが、代わって会津鉄道運営助成基金の運用益を財源とした会津鉄道運営費補助金が実施された。損失額の実績で増減するが、1993年度は4000万円、1996年度には1000万円、1997年度には258万円と推移した。

しかし、低金利から十分な利益を上げることがかなわない状況にあるため、1997年度を最後に、この制度はとりやめとなった。その後、基金は災害時の財源に取り置きされることになる。なお、1998年9月30日現在の基金の残高は9億397万円である。

会津鉄道は1987年度に2708万円の経常損失を計上して以降、年々その損失額を拡大していった。1988年から1993年度のあいだに、国による運営費補助の交付を受け、その後は国に代わって自治体が補助を続けた。しかし、補助金によって当期損失額を縮小したものの、赤字額は拡大を続け、1996年度にはその累積額は10億円を超えてしまった。

転換当初の輸送密度が1390人であるのに対し、1996年度には1165人にまで減少したが、全国的に見てその減り方は小さいものである。その間、電化や浅草までの急行電車の運転などの効果があって、一時的に輸送量は増加した。結局はもともと鉄道を維持するには輸送量が小さすぎたのである。

そのような経営状況に対し、福島県と県内28市町村で構成される会津総合開発協議会は新たな経営支援策を打ち立てることになり、1997年度に会津鉄道経営安定化補助金の制度を創設した。

福島県と会津総合開発協議会はそれぞれ会津鉄道経営安定化補助金交付要綱を制定。前年度における鉄道事業の経常損失額を補助対象経費とし、その10分の7（基本額）を限度に県が、残り10分の3を限度に市町村が補助することになる。

なお、この補助金は1998年度から2002年度までの5年間を対象とした制度であるが、会津鉄道の経営状況が深刻であるため、市町村は1996年度の経常損失1億6886万円に対して1997年度に5066万円を補助、県も同調して1億1819万7000円を補助した。しかし、県の補助分については1998年度交付分の前払いというかたちをとり、1998年度の補助金額は基本額2億3651万円から1億1820万円を差し引いて1億1831万円となった。

1986年12月2日の会津線特定地方交通線対策協議会の第5回会議では福島県は国に対して会津線の電化の意向を示した。沿線から電化の要望が出されていたものの、電化のための投資額は会津鉄道にとって荷が重かった。国からの助成なしには実現できなかった。水面下で福島県は各省に折衝を重ね、通産省資源エネルギー庁が所管する電力移出県交付金の活用の方向で進んだ。しかし、運輸省所管の鉄道事業に通産省所管の交付金を充当した経験がないため、当初は厳しい情勢であったが、1988年1月25日に会津線の電化に電力移出県交付金を使うことについて基本的な了承をとりつけることになる。東京に直結する鉄道は会津地方の産業振興上きわめて有効であり、交通の不便さが産業誘致の障害になっているという認識があった。

事業基本計画等の変更認可のための申請では当初、車両はすべて東武から借用。会津田島－会津高原間を13往復し、電化で余剰となる気動車で会津若松－喜多方間に2往復運転することとしていた。

しかし、東武から「会津鉄道の側に車両調達のめどが立たないなら直通運転に同意できない」との考えが示され、運輸省からも第1種鉄道事業者は車両を自前で持たなければならないとされ、結局、2両編成1組の電車を用意することになった。

1988年9月6日に東武から基本的に了承の意が伝えられ、9月7日に運輸省から事業基本計画等の変更について認可を得た。そして、1990年10月に会津田島－会津高原間が電化開業となった。

丸森線

福島県にはもう1路線、特定地方交通線があった。東北本線のバイパスとして宮城県と結んだ丸森線で、現在は阿武隈急行が運営している。

1981年9月18日に特定地方交通線の第1次対象路線が承認された。国鉄が経営する地方交通線のうち、営業キロが30㎞以下で輸送密度が２０００人未満の路線と、営業キロが50㎞以下で輸送密度が５００人未満の路線がバス輸送などに転換することが適当な路線である。このなかに丸森線は含まれていた。

規定にもとづいて１９８２年２月16日に第１回丸森線特定地方交通線対策協議会が開催され、宮城、福島両県は「槻木－福島間を全線開通してこそ機能が発揮されるもので、全線開通を図ることが先決である」との意見を述べた。しかし、１９８２年６月10日の第２回協議会において、国鉄の仙台鉄道管理局から、建設線の工事再開は第三セクターの設立以外にないとの見解が示され、国鉄が丸森線の工事を継続する可能性を否定した。そこで、同年７月23日に宮城、福島両県知事は第三セクターについての検討を行うことで合意。１９８３年12月27日に宮城、福島両県知事に福島交通社長を交えて会談し、第三セクターの設立を決定した。

１９８４年２月16日の第３回丸森線特定地方交通線対策協議会で、丸森線は全線一体として第三セクターによる地方鉄道に転換することを決議。１９８５年３月９日の第５回丸森線特定地方交通線対策協議会で先行転換時期を１９８６年７月１日とし、全線の開業時期として１９８８年７月１日をめどとすることを決議した。

丸森線の新しい運営主体として、１９８４年４月５日に第三セクター「阿武隈急行」が設立された。授権資本20億円で、設立時の払込資本は５億円である。主要株主は図表48のとおりである。福島交通が出資比率51・０％の１位で、福島県と宮城県がそれに続く。公共部門が支配株を持たない民間主導の第三セクターとしてユニークな存在であった。

阿武隈急行は１９８４年12月24日に福島－丸森間の鉄道事業者免許を申請。翌年２月27日に免許状を取得した。そして、１９８６年５月12日には国鉄再建法の規定にもとづいて路線の貸借、譲渡、譲受の認可を受けた。さらに１９８６年７月１日に阿武隈急行は槻木－丸森間の運

図表48　阿武隈急行の設立時の主要株主

株主名	持ち株数	持ち株比率（%）
福島交通	5,100	51.0
福島県	1,715	17.1
宮城県	1,470	14.7
福島市	375	3.7
角田市	340	3.4
丸森町	240	2.4
梁川町	130	1.3
保原町	130	1.3
仙台市	90	0.9
柴田町	50	0.5

ほか15市町
出典：福島県提供資料

営を引き継いだ。先行開業ということで、車両は国鉄からキハ22形を5両借り入れて使用。仙台までの直通運転も国鉄車両に併結するかたちで続けられた。また、要員30人中23人が国鉄から派遣された出向職員であった。

開業にあたっては新たに横倉《よこくら》、南角田、北丸森の3駅を新設するとともに、角田と東船岡《ひがしふなおか》に行き違い設備を設け、運行本数を国鉄時代の6往復から12往復に増発した。その効果があって、開業から半月間の1日あたり平均乗車人員は1983人となり、国鉄時代に比べて50％以上の大幅な増加となったという。

一方、丸森－福島間の工事については1966年9月30日に矢野目《やのめ》－丸森間の路盤工事に着手する。矢野目とは東北本線の福島－東福島間で丸森線を分岐するために設けられる信号所の名称である。

この工事も1980年12月の「日本国有鉄道経営再建促進特別措置法」の施行によって中止されることになったが、第三セクターの設立を決定したことで工事は再開された。1985年3月11日に運輸大臣から日本鉄道建設公団に対して工事実施計画の指示があり、同日に工事着手の届け出がなされた。

1988年6月には工事は完了し、同30日に施設を引き継ぐ国鉄清算事業団とのあいだで鉄道施設の貸借契約を締結。7月1日に福島－丸森間の開業となった。同日、先行開業していた丸森－槻木間についても交流電化を完成させ、福島－槻木間の全線で電車の運転を開始。仙台までの乗り入れ列車を電車化するとともに、新たに福島から郡山まで東北本線への乗り入れを開始した（2004年3月のダイヤ改正で終了）。

新線区間には15駅が設けられたが、卸町《おろしまち》、保原、梁川以外は無人駅である。

旅客の推移を1日1キロあたり旅客人員でたどると、先行開業した1986年度の1207人が1987年度には1391人へと増加した。もともと転換路線に指定された国鉄時代には1103人であったため、それに比べると大きく旅客を伸ばしたということができる。さらに、福島までの新線と全線の電化を完成した1988年度には1753人、1989年度には1804人に増加していった。その後、1993年度まで順調に旅客を増やしたが、この年の2350人をピークに減少に転じた。1998年度の数値は2245人である。

また、定期旅客数は一貫して増加しているのに対し、通学定期は1996年度をピークにして以後、減少に転じた。旅客数に占める通勤定期の割合（1996年度）が17・6％であるのに対し、通学定期の比率は37％と高いことから、定期旅客全体の傾向も、通学定期旅客の傾向に沿ったものとなっている。

一方、定期外旅客は１９９2年度にピークを記録するが、その後は減少を続けている。この間、乗降旅客数を大きく減らしているのは、大泉《おおいずみ》、兜《かぶと》、あぶくま、東船岡の各駅で、東船岡を除いて行楽施設の最寄り駅である。

これらのことから、近年の少子化による就学人口の減少による定期旅客の減少傾向が大きいことと、１９９１年はじめのバブル崩壊以降の景気後退による行楽客の減少が大きく影響しているものと考えられる。

阿武隈急行（2019年）＊

一方、鉄道事業の営業損益は先行開業した１９８６年度に４５９６万円の赤字を計上。１９８７年度には４４５９万円の赤字へと推移した。全線開業した１９８８年度は2億７５８７万円に赤字額が一気に拡大するが、旅客の増加と経費の節減の結果、次第に赤字額は縮小していった。そして、１９９4年度には２６５８万円の黒字を初めて計上することになった。しかし、１９９5年度には再び赤字に転落するが、その後、１９９７、１９９8年度と続けて黒字となっている。

なお、先行開業にともなう転換交付金は5億１９９３万円、全線開業時の新線開業費補助金は3億７００万円が交付された。これらの交付金からの基金の積み立てはない。また、開業から5年間、運営費補助金が交付された。補助額は転換鉄道に対しては前年度経常損失の5分の10、新線区間は4分の10である。

沿線では福島市、保原町（現・伊達市）、梁川町（現・伊達市）、丸森町、角田市、柴田《しばた》町の沿線6市町と阿武隈急行は１９８８年11月2日に阿武隈急行沿線開発推進協議会を設置し、鉄道利用増進対策を推進するほか、各自治体や会社との連絡調整を図った。

さらに沿線では鉄道利用の増進に向けた行楽施設の整備が進められた。主なものを挙げると、やながわ希望の森公園の開園、阿武隈ライン舟下りのコースをあぶくま駅まで延長、丸森町に郷土資料館として齋理《さいり》屋敷のオープン、角田市にH2ロケット実物大タワーの建設とコスモハウス（宇宙展示場）のオープン、保原町に赤坂《あかさか》の里《さと》森林公園の開設、保原町の大泉駅の東側に総合運動公園と明治時代の洋風建築を移築した亀岡《かめおか》邸と歴史資料館の開設などである。

そのほかに沿線の住宅開発も進められ、福島県住宅供給公社が保原町に240戸の高子《たかこ》ハイタウンを造成。また、希望が丘、梁川南ニュータウン、岡《おか》駅前で土地区画整理事業を実施するとともに、角田駅の駅舎を市のコミュニティプラザを併設する合築駅舎に建て替え、槻木駅の駅舎の改築を含む駅周辺の整備を実施した。

その後も大泉みずほの郷ニュータウンの宅地開発や、角田市江尻《えじり》地区の区画整理事業、そして1999年度中に福島市内の卸町－瀬上間に新駅を設置した。

設備投資については近代化補助金を受け、1992、1993年度の2カ年で自動列車停止装置をATS－SN型に改良する工事を終了した。続いて1994年度は保原駅のホーム上屋を新設、1996年度は瀬上駅、1997年度は大泉駅でもホーム上屋の新設を実施した。また、1996年度には落石等防止設備の工事を行った。

ところで、阿武隈急行の線路施設は全線を国鉄清算事業団から無償で借用していたが、1998年秋の事業団の解散に向けて譲渡の申し入れを受けた。同年6月18日に取締役会で無償で譲り受けることを議決し、翌年3月4日に譲渡譲受契約を締結した。今後、鉄道施設にかかわる固定資産税の負担が生じることになる。

1999年4月に51・0%の株式を保有する福島交通は阿武隈急行の持ち株の一部を福島県などに譲渡した。バス事業で経営難が続く福島交通への自治体による肩入れといわれる。この譲渡の結果、株主上位5者の構成は、福島県28・0%、宮城県25・6%、福島交通20・0%、角田市5・0%、丸森町3・6%へと変わった。民間の出資者は依然として福島交通1社であるため、公共出資比率は80・0%に高まることになった。

また、1999年7月現在、代表取締役には浅野史郎《あさのしろう》宮城県知事が就き、代表取締役副社長に川手晃福島県副知事が就いている。しかし、現在ではむしろ福島県側とのかかわりが大きい。先行開業の際には路線がすべて宮城県側にあることから、本社も仙台市に置かれ、宮城県のかかわりが強かったが、全線開業後はむしろ福島市の通勤、通学路線としての役割が強まり、1990年6月25日には本社も福島県の梁川町に移転した。

なお、2018年10月に台風19号による被害で長期間運休を余儀なくされ、翌年10月31日に全線の運行を再開したが、2022年3月17日の福島県沖地震によって被災し、6月27日まで部分運休が続いた。

第3部

再構築を迫られるローカル線

［平成〜令和篇］

第1章　国鉄の分割民営化とローカル線政策の変化

「国鉄解体」のカラクリ

1987年4月1日に国鉄は解体され、旅客会社は地域別に6社と全国1社の貨物に分けられた。本州のJR東日本、JR東海《とうかい》、JR西日本の3社はそれぞれ収益部門を持っており、その収益で地方のローカル線の経営を支えることができた。しかし、JR北海道、JR四国、JR九州はまったく収益路線を持たず、幹線の大都市区間だけ切りとると、わずかばかりの利益を出しているにすぎなかった。鉄道事業は巨額の赤字が予想されるため、この赤字を埋めるべく経営安定基金が設置された。全額を国が負担し、国鉄清算事業団の長期債務に計上された。当初は全額を国鉄清算事業団が運用することにして実勢利子率より高い利子が支払われ、それが経営補助となっていた。次第に会社に返済され、自主運用分が多くなっていったが、折しもバブル崩壊後の景気後退によって日本銀行が低金利政策を続けることになり、基金の元金を取り崩すことが禁止されているため、高リスクの運用もできず、しばしば国に支援を請うことになった。

また、JR東日本、JR東海、JR西日本の本州3社についても、圧倒的な利益率を誇る東海道新幹線を持つJR東海は有利であった。逆に、JR東日本とJR西日本は利用が少ない赤字路線を多く持っていた。そこで、3社間の利益調節として、新幹線施設をJRに譲渡せず、新幹線保有機構に持たせ、そのリース料を各新幹線の利益率に応じて決めることになった。最も利益率が高い東海道新幹線が他社の新幹線に対して寄付金を提供しているようなものであった。また、在来線は全体としては利益率が小さいため、資産の譲渡額が格安の簿価となった。新幹線が再取得額を基準にしていたのとは大きく異なり、在来線の資産は安かった。

しかし、各社ともに当初は毎年、値上げして収支均衡を図ることを求められたが、良好な経営状況に支えられ、値上げは実施されなかった。

地域密着を目指したJRのローカル線活性化

地方交通線のうち、輸送密度が4000人を超える路線およびそれ以下でも1時間あたり片道最大1000人を超える路線が国鉄が経営する路線として残された。JR移行直後、JR各社とも好景気に支えられ、その経営は堅調に推移していたが、1991年のバブル崩壊以後の景気の後退と低金利政策による利子収入の減少で、JR三島会社（北海道、四国、九州）を中心に経営は年々難しさを増しており、ローカル線は荷物になってきた。

そこで、ローカル線の活性化を目指し、JR北海道は運輸営業所、JR東日本は営業所、JR西日本は鉄道部、JR九州は鉄道事業部を設置した。経営企画の権限を線区単位にまで降ろし、線区レベルで地域に密着した営業を展開して増収を図り、その一方で、職制を統合し、要員配置の効率化を進めてコスト削減を図るという考えである。

JR北海道

JRのなかでも最も経営体質が弱い会社といわれている。函館本線、根室本線、室蘭本線、千歳線、石勝線以外のすべての路線が地方交通線で、幹線系路線でも唯一、札幌都市圏の一部区間が採算的に成り立つ可能性を持つにすぎない。そこで、ローカル線の経営合理化策として、1989年7月に日高本線に運輸営業所を設置した。従来は鉄道事業本部に権限があった企画、運行管理などの計画部門はもとより、保線などの設備管理から運転業務や車両検修までを管轄することになった。すなわち、日高本線に関する大幅な権限が運輸営業所に与えられることになった。その後、同様の運輸営業所が1990年7月1日に花咲線《はなさき》（根室本線の釧路以東）、同年11月13日に宗谷北線（宗谷本線の名寄以北）に設置された。

JR東日本

線区単位での経営合理化にとりかかることにして、1989年12月に五能線、1990年3月に左沢線、1990年6月に鶴見線、1991年4月に小海線《こうみ》、飯山線《いいやま》と矢継ぎ早に各地に営業所を設置した。営業所長に大幅な権限を与え、小回りの利く地域密着の経営を可能とすることを狙いとしている。

線名	営業キロ（期末）	輸送量		収入（千円）	経費（千円）	損益（千円）	営業係数（%）	
		人キロ（千人キロ）	トンキロ（千トンキロ）				1986年度	1985年度
釧網本線	166.2	52,294	38,910	1,076,708	7,406,915	△ 6,330,207	688	752
宗谷本線	259.4	125,228	14,244	3,027,699	22,288,691	△ 19,260,992	736	806
大社線	7.5	3,583	0	67,306	507,127	△ 439,821	753	756
太多線	17.8	30,442	0	373,488	1,840,105	△ 1,466,617	493	532
高千穂線	50.1	15,471	0	196,505	1,031,300	△ 834,795	525	612
高山本線	225.8	445,917	22,090	8,647,899	21,279,031	△ 12,631,132	246	292
田川線	26.3	11,806	15,991	423,634	2,261,535	△ 1,837,901	534	587
武豊線	19.3	31,119	1,649	424,815	2,068,825	△ 1,644,010	487	518
田沢湖線	75.6	105,587	0	1,990,288	6,120,718	△ 4,130,430	308	320
只見線	135.2	32,142	295	538,889	4,700,304	△ 4,161,415	872	1,010
筑豊本線	66.1	134,874	19,708	1,906,338	11,913,614	△ 10,007,276	625	733
池北線	140.0	34,583	0	386,294	4,480,766	△ 4,094,472	1,160	1,281
津軽線	55.8	43,724	67	619,695	2,879,268	△ 2,259,573	465	466
津山線	58.7	93,896	0	1,308,918	4,267,549	△ 2,958,631	326	375
天北線	148.9	18,929	0	365,911	3,424,023	△ 3,058,112	936	1175
東金線	13.8	38,918	930	406,649	961,094	△ 554,445	236	281
徳島本線	68.9	132,385	0	1,790,707	4,495,830	△ 2,705,123	251	301
富内線	0.0	5,100	0	60,049	981,594	△ 921,545	1,635	2,192
富山港線	8.0	12,785	67	237,000	1,224,891	△ 987,891	517	533
長井線	30.6	15,386	0	159,795	1,220,577	△ 1,060,782	764	843
中村線	43.4	25,811	0	537,121	1,227,121	△ 690,000	228	265
七尾線	107.9	220,494	0	2,879,626	8,189,091	△ 5,309,465	284	331
名寄本線	143.0	23,143	0	353,164	5,536,171	△ 5,183,007	1,568	1,792
鳴門線	8.5	8,301	0	98,483	388,427	△ 289,944	394	373
日南線	89.0	50,446	0	638,834	3,605,101	△ 2,966,267	564	549
日光線	40.5	89,137	52	917,462	2,618,351	△ 1,700,889	285	326
能登線	61.1	31,040	0	451,817	2,292,271	△ 1,840,454	507	592
八高線	92.0	201,588	51,345	3,236,534	8,948,488	△ 5,711,954	276	322
八戸線	64.9	63.881	935	1,021,906	5,316,772	△ 4,294,866	520	577
花輪線	106.9	93.838	0	1,319,819	4,149,950	△ 2,830,131	314	356
羽幌線	0.0	18,599	0	269,985	3,594,014	△ 3,324,029	1,331	1,394
磐越東線	85.6	83,213	12,085	1,295,387	4,888,801	△ 3,593,414	377	484
播但線	65.7	167,655	621	2,611,083	8,949,954	△ 6,338,871	343	400
肥薩線	124.2	67,429	0	1,095,740	6,102,646	△ 5,006,906	557	708
日高本線	146.5	47,747	0	614,307	5,279,965	△ 4,665,658	859	755
日田彦山線	68.7	55.196	14,022	1,007,870	5,882,128	△ 4,874,258	584	483
氷見線	16.5	28,292	2,294	461,180	2,591,635	△ 2,130,455	562	590
広尾線	0.0	25,923	0	406,204	1,858,969	△ 1,452,765	458	792
福塩線	79.4	85,335	0	1,178,077	4.602.489	△ 3,424,412	391	468
二俣線	0.0	22,777	39	273,028	2,433,880	△ 2,160,852	891	1,105
富良野線	54.8	43,130	0	564,772	3,614,077	△ 3,049,305	640	702
豊肥本線	148.0	152,120	611	2,277,738	8,264,560	△ 5,986,822	363	396
幌内線	20.8	3,053	3,543	171,689	1,151,570	△ 979,881	671	701
舞鶴線	26.4	53,504	2,067	952,159	3,094,485	△ 2,142,326	325	385
松浦線	93.9	40,086	0	505,790	3,841,824	△ 3,336,034	760	901
松前線	50.8	14,999	0	211,093	1,585,184	△ 1,374,091	751	808
丸森線	0.0	1,798	0	18,081	312,033	△ 293,952	1,726	795
三角線	25.6	26,436	0	291,144	1,024,175	△ 733,031	352	422
身延線	88.4	169,592	1.766	2,465,323	8,746,338	△ 6,281,015	355	434
宮田線	5.3	1,228	0	14,357	258,865	△ 244,508	1,803	1,793
宮津線	84.0	66,338	0	1,114,353	4,056,549	△ 2,942,196	364	421
宮之城線	0.0	7,716	0	103,395	1,625,962	△ 1,522,567	1,573	1,758
牟岐線	79.3	90,743	0	1,140,592	3,616,884	△ 2,476,292	317	369
名松線	43.5	11,942	0	150,720	957,086	△ 806,366	635	676
真岡線	42.0	29,785	0	290,524	1,165,729	△ 875,205	401	408
弥彦線	17.4	36,467	0	535,487	1,475,880	△ 940,393	276	312
山口線	93.9	81,006	15,087	1,665,788	7,259,606	△ 5,593,818	436	533
山田線	157.5	78,324	801	1,136,476	6,400,762	△ 5,264,286	563	570
山野線	55.7	10,118	0	131,964	1,561,972	△ 1,430,008	1,184	1,318
湧網線	0.0	5,522	0	72,660	1,547,618	△ 1,474,958	2,130	2,888
湯前線	24.9	19,345	0	194,616	1,012,178	△ 817,562	520	656
予土線	76.3	17,482	0	243,493	1,332,977	△ 1,089,484	547	719
米坂線	90.7	64,127	0	859,270	3,439,246	△ 2,579,976	400	443
陸羽西線	43.0	37,209	0	559,805	1,937,911	△ 1,378,106	346	397
陸羽東線	94.1	111,331	651	1,546,263	5,356,594	△ 3,810,331	346	386
留萌本線	66.8	13,088	14,197	508,584	4,653,664	△ 4,145,080	915	763
若桜線	19.2	12,354	0	100,836	687,927	△ 587,091	682	574
和歌山線	87.9	204,009	0	2,380,722	7,741,088	△ 5,360,366	325	356

（注）1. 収入、経費及び損益は、経営活動に関して経常的に発生する収入、経費及び損益である。
2. 営業係数＝経常的経費／経常的収入×100

出典：『昭和61年度日本国有鉄道の決算について』

図表49　国鉄の地方交通線の路線収支（1986年）

線名	営業キロ（期末）	輸送量		収入（千円）	経費（千円）	損益（千円）	営業係数（%）	
		人キロ（千人キロ）	トンキロ（千トンキロ）				1986年度	1985年度
会津線	57.4	20,336	0	520,788	2,024,552	△1,503,764	389	424
吾妻線	55.6	72,247	681	1,194,737	2,875,678	△1,680,941	241	261
赤穂線	57.4	112,695	1,360	1,176,839	4,460,297	△3,283,458	379	392
足尾線	46.0	13,701	8,917	355,805	2,120,813	△1,765,008	596	715
左沢線	26.2	39,524	0	384,052	1,488,831	△1,104,779	388	446
阿仁合線	0.0	9,182	0	116,886	1,021,984	△905,098	874	869
飯田線	195.8	251,125	13,862	3,384,491	17,889,624	△14,505,133	529	598
飯山線	96.7	44,122	0	689,494	5,272,864	△4,583,370	765	889
石巻線	44.9	56,217	23,002	829,177	3,306,162	△2,476,985	399	471
伊勢線	0.0	18,032	55	310,044	1,245,666	△935,622	402	518
伊田線	16.2	11,135	13,935	590,676	2,318,715	△1,728,039	393	411
糸田線	6.9	2,284	0	32,177	451,759	△419,582	1,404	1,814
指宿枕崎線	87.9	122,277	0	1,347,169	6,121,571	△4,774,402	454	518
胆振線	0.0	6,912	0	96,227	1,393,155	△1,296,928	1,448	1911
岩泉線	38.4	4,135	0	62,506	566,544	△504,038	906	878
因美線	70.8	60,017	0	967,763	4,333,077	△3,365,314	448	529
歌志内線	14.5	2,191	3,879	172,234	602,339	△430,105	350	372
内子線	5.3	7,379	0	154,862	228,352	△73,490	147	685
江差線	79.9	41,088	300	606,195	4,461,830	△3,855,635	736	834
越後線	83.8	210,979	0	2,268,884	7,723,869	△5,454,985	340	373
越美南線	0.0	18,872	0	232,137	1,981,677	△1,749,540	854	1,060
越美北線	53.3	16,822	0	210,806	1,039,868	△829,062	493	559
大糸線	105.4	180,303	2,830	3,052,485	9,194,404	△6,141,919	301	321
大隅線	0.0	20,087	0	218,220	2,294,086	△2,075,866	1,051	1,188
大船渡線	105.7	68,687	3,410	1,007,401	5,041,723	△4,034,322	500	540
大湊線	58.4	23,771	0	372,010	1,523,225	△1,151,215	409	537
大村線	47.6	61,546	0	780,992	2,667,991	△1,886,999	342	408
岡多線	19.5	20,497	482	292,250	1,892,463	△1,600,213	648	726
男鹿線	28.4	49,200	8,818	640,872	2,604,066	△1,963,194	406	481
小野田線	13.9	7,707	0	111,106	935,076	△823,970	842	781
小浜線	84.3	87,110	4,770	1,284,516	5,141,645	△3,857,129	400	443
角館線	0.0	779	0	9,911	64,876	△54,965	655	1,076
加古川線	48.5	50,762	0	576,754	3,679,709	△3,102,955	638	725
香椎線	25.4	28,903	0	322,229	1,631,731	△1,309,502	506	547
鹿島線	17.4	16,091	2,961	463,672	1,307,151	△843,479	282	336
鍛冶屋線	13.2	5,299	0	72,267	1,034,738	△962,471	1,432	1,320
可部線	60.2	60,268	0	739,196	3,921,915	△3,182,719	531	613
釜石線	90.2	68,632	7,970	1,157,848	4,524,088	△3,366,240	391	437
上山田線	25.9	6,593	0	75,502	1,367,903	△1,292,401	1,812	2,386
烏山線	20.4	19,682	0	240,519	1,238,295	△997,776	515	415
唐津線	42.5	37,043	282	642,517	3,158,467	△2,515,950	492	564
岩徳線	43.7	51,309	0	562,605	2,196,620	△1,634,015	390	516
岩日線	32.7	10,431	0	104,043	634,034	△529,991	609	635
姫新線	158.1	129,696	0	1,658,060	9,813,967	△8,155,907	592	660
木次線	81.9	20,372	0	299,807	2,873,271	△2,573,464	958	927
北上線	61.1	36,855	15,731	685,649	3,430,623	△2,744,974	500	531
吉都線	61.6	30,079	0	434,652	2,695,722	△2,261,070	620	775
木原線	26.9	18,954	0	155,273	921,676	△766,403	594	579
吉備線	20.4	34,669	0	433,019	1,766,354	△1,333,335	408	435
久大本線	141.5	161,358	0	2,545,377	8,555,900	△6,010,523	336	444
久留里線	32.2	36,721	0	360,267	1,609,835	△1,249,568	447	480
芸備線	159.1	159,768	2,599	2,285,266	10,085,287	△7,800,021	441	498
気仙沼線	72.8	31,506	0	379,661	1,670,367	△1,290,706	440	504
小海線	78.9	61,001	0	857,178	4,627,695	△3,770,517	540	582
後藤寺線	13.3	7,652	0	102,742	1,030,865	△928,123	1,003	1,147
五能線	147.2	81,364	0	1,034,952	5,747,156	△4,712,204	555	655
佐賀線	0.0	9,698	0	167,224	960,921	△793,697	575	709
境線	17.9	20,491	462	243,492	1,898,650	△1,655,158	780	787
桜井線	29.4	61,617	0	963,371	2,918,189	△1,954,818	303	342
札沼線	76.5	63,967	0	750,973	4,333,373	△3,582,400	577	634
参宮線	29.1	25,316	102	398,890	2,459,990	△2,061,100	617	694
三江線	108.1	16,033	0	214,018	2,648,041	△2,434,023	1,237	1,445
信楽線	14.8	8,257	0	70,547	412,119	△341,572	584	548
志布志線	0.0	13,888	0	221,442	1,297,583	△1,076,141	586	683
標津線	116.9	13,689	0	167,098	2,420,645	△2,253,547	1,449	1,629
士幌線	0.0	9,784	0	127,766	1,575,671	△1,447,905	1,233	1,695
城端線	29.9	50,765	284	545,093	2,269,765	△1,724,672	416	497
深名線	121.8	5,008	0	77,733	2,262,405	△2,184,672	2,910	3,641
水郡線	147.0	148,121	3,517	1,653,323	7,666,665	△6,013,342	464	480
石北本線	234.0	204,188	22,053	4,672,578	19,442,533	△14,769,955	416	517
瀬棚線	0.0	8,122	0	136,468	1,195,029	△1,058,561	876	1244

山陰本線のワンマン列車（2001年）＊

小海線営業所には、業務、運行、工務の３科と小海に支所が置かれ、13駅で駅長を廃止し、駅業務は助役以下で行うこととなった。また、中込《なかごみ》運輸区と保線区も廃止し、営業所内に運行室と工務室などが設けられた。併せて、信濃《しなの》川上《かわかみ》、佐久海《さくうみ》ノ口《くち》、八千穂《やちほ》、羽黒下《はぐろした》、三岡《みつおか》の停留所化が行われ、全線28駅中22駅が無人駅となった。

その後、１９９１年７月に阿賀野《あがの》ライン（磐越西《ばんえつさい》線）、１９９２年３月１日に水郡線、１９９２年12月に大船渡線、１９９３年12月に磐越東《ばんえつとう》線、大湊線に営業所が置かれた。

ＪＲ西日本

１９８９年に特定地方交通線を引き継いだ第三セクターを参考に線区単位での経営改善について検討を進めた結果、従来の職種枠にとらわれずに各職場を統合し、線区単位で経営に責任を持つ鉄道部の設置を決定した。そして、数年間で輸送密度の小さいローカル線、区間を対象に鉄道部の設置と列車のワンマン化を完了させることを発表した。

ワンマン運転は１９８８年３月13日に美祢《みね》線の南大嶺《みなみおおみね》ー大嶺間と山陰本線の長門市《ながとし》ー仙崎《せんざき》間で試験的に実施。１９８９年中には新たに７線区を加えた。

ローカル線の合理化について結論が出されたことにより、１９９０年６月から１９９２年４月のあいだに３次にわたって地方ローカル線を中心に27の営業部を設置した。その特徴のひとつは鉄道部長に線区内の大幅な権限が委譲されたことである。たとえば、部内の人事運用やエリア内で完結する輸送計画などの権限が支社から鉄道部に降ろされた。その結果、地域に密着したダイヤの作成が可能となり、きめ細かなサービスの提供が可能となった。また、業務の融合化が図られ、職制が地上職と乗務員職の２本立てに簡素化されたことで、社員間の一体感が醸成されたことが指摘されている。

１９９０年６月の第１次分では、越前大野《えちぜんおおの》、亀山、加古川《かこがわ》、新宮《しんぐう》、豊岡《とよおか》、津山、浜田、木次、山口、宇部新川《うべしんかわ》の10カ所に営業部が設置された。鉄道部が管轄する路線は12線区９４３・７㎞で、同社の在来線全営業キロの21%を占める。さらに、１９９１年４月に第２次分として、富山、高岡、七尾《ななお》、小浜《おばま》、王寺《おうじ》、姫路、橋本《はしもと》、福崎《ふくさき》、舞《まい》鶴《づる》、府中、備中《びっちゅう》（新見《にいみ》）、鳥取、三次、可部、長門の15カ所に営業部が設置され、1343・1㎞の路線が営業部に移行した。これで営業部の管轄路線の延長キロは在来線の52％に達することになった。そして、1992年4月に第3次分として篠山口営業部と出雲《いずも》営業部を設置し、地方路線に対する鉄道部の設置が完了した。最終的に在来線の総営業キロの53％にあたる2437・4㎞に営業部を設置したことになる。

また、JR西日本は1995年10月1日に、金沢、岡山、広島支社に幹線の経営効率化を目的に地域鉄道部を発足させた。金沢支社に糸魚川《いといがわ》、北陸、福井、岡山支社にせとうち（福山）、広島支社に三原《みはら》、徳山、下関《しものせき》地域鉄道部の計7カ所に設置した。そのなかで、せとうち、三原、徳山、下関の4カ所は、管轄路線に新幹線を含んでいる。

JR九州

1988年3月13日に香椎線と三角《みすみ》線で初めてワンマン運転を実施し、以後、1990年9月に唐津線、筑肥《ちくひ》線の西唐津－伊万里間、1991年3月に唐津線、長崎本線の山本－佐賀間に拡大した。さらに、1991年6月に唐津鉄道事業部を設置した。

唐津鉄道事業部は唐津線の久保田《くぼた》－西唐津間と筑肥線の山本－伊万里間を管轄し、ダイヤ編成から要員の配置や新駅設置の発議までの大幅な権限が委譲された。事業部は、乗務員、保線、信号、電気を管轄するが、乗務員職は、運転、車掌を、地上職は駅務、営業全般を担当し、従来の職種の枠組みを超えて広範囲の職務を分担することになった。

さらに、1992年6月1日には、肥薩線、吉都《きっと》線を対象に人吉《ひとよし》鉄道事業部と霧島《きりしま》高原（吉松《よしまつ》）鉄道事業部を設置する。

JR九州はかねてローカル路線の活性化を目指して鉄道事業部の設置を進めてきたが、1996年6月までに筑豊篠栗、大分の2カ所に鉄道事業部、宮崎に総合鉄道事業部を設置した。とくに宮崎総合鉄道事業部は頻繁に特急列車が運行する宮崎県内の日豊本線と宮崎空港線を管轄するJR九州で初めての幹線系の鉄道事業部である。

1998年11月にJR九州は1999年度中に、久留《くる》米《め》、日田彦山、長崎、佐世保、大分、熊本、阿蘇《あそ》、鹿児島、指宿の9カ所の鉄道事業部を新設することを発表した。従来の鉄道事業部の総延長は2102・1㎞で全営業キロの38％にあたるが、これで1781・8㎞増え、全線区の85%にまで拡大することになる。また、長崎、佐世保、大分、熊本、鹿児島の各鉄道事業部は特急運転路線である鹿児島本線、日豊本線、長崎本線、佐世保線を対象とする幹線系の鉄道事業部である。なお、日豊本線を管轄する大分鉄道事業部が新設されるため、現在の大分鉄道事業部は豊肥久大《きゅうだい》鉄道事業部に改称される。

また、一部の路線廃止と第三セクターへの移管が実施された。ＪＲ北海道は１９９４年に函館本線の上砂川《かみすながわ》支線、１９９５年に深名線を廃止。ＪＲ西日本も１９９１年9月に七尾線の七尾－輪島《わじま》間の運行を、のと鉄道に移管。１９９７年3月に美祢線の大嶺支線を廃止した。

建設されたローカル新線はどうＪＲに引き継がれたか

国鉄は分割民営化され、鉄道事業者としては六つの旅客会社と一つの貨物会社に生まれ変わった。国鉄に対しては、日本鉄道建設公団のＡＢ線を無償貸付、ＣＤ線と上越新幹線を有償貸付していたが、そのうち上越新幹線は債務と併せて新幹線保有機構に引き継ぎ、無償貸付線は運営するＪＲ各社に承継された。また、特定地方交通線を転換した第三セクター路線や、第三セクターが経営する地方鉄道新線については、国鉄清算事業団に移管のうえ、第三セクターに無償譲渡、あるいは貸与された。

一方、有償路線のうち本州3社の路線については公団が保有して貸付料を引き続き徴収するが、北海道と九州の路線については貸付料の負担を回避するため、それぞれＪＲ北海道とＪＲ九州に引き継がれた。

なお、北海道、九州有償貸付線と第三セクターへの転換鉄道の負債は国鉄清算事業団が承継した。

さらに、成田新幹線や京葉線の一部区間など建設凍結線の施設は債務とともに国鉄清算事業団に帰属することになる。

国鉄再建法の施行で国鉄新線（ＡＢ線）として建設されてきた路線の工事が凍結され、一部は自治体が中心になって第三セクターを設立し、地方新線というかたちで工事が再開した。２００２年7月に土佐くろしお鉄道のごめん・なはり線が開通し、このような地方新線の工事はすべて完了した。

日本鉄道建設公団はもともと国鉄の建設部隊が独立して設立されたことから、国鉄新線の建設を主な仕事としていた。それがのちに民鉄線への財政投融資資金投入の方途として公団Ｐ線工事の制度が創設されることになるが、それでも依然として国鉄の工事にウエイトが置かれていた。

ＪＲ発足以後はこのような公団の性格づけが大きく変化することになった。ＪＲ発足の当座はなお国鉄時代に着手した路線（ＡＢ線、ＣＤ線）の工事が多かったものの、次第に整備新幹線や在来線の高速化工事に比重が移っていくことになる。すなわち、一種の建設業者的な性格づけから政策実施機関としての性格づけに変容していくことになったのである。

「ＣＤ線」＝主要幹線鉄道の事例

Ｃ線、Ｄ線は主要幹線鉄道として財政投融資資金と鉄道建設債券の発行による有償資金で建設される路線である。１９７３年以降、貸付期間を30年間としていたが、１９８４年度にはさらに40年に延長され、国鉄の建設費に対する負担を実質的に軽減した。この貸付期間で公団は有償資金の償還を終えることになり、施設はそのまま国鉄に譲渡されることになるという規定である。また、ＪＲ発足以後は運営するＪＲ旅客会社に残りの貸付期間について有償貸与された。

国鉄改革にあたってＡＢ線については工事が凍結されたが、ＣＤ線に関しては工事が継続された。１９８７年３月末日現在、瀬戸線、岡多線の一部区間がＣ線として工事が続けられていた。

岡多線と瀬戸線の２線はそれぞれ一部区間を組み合わせるかたちで実質的に岡崎－高蔵寺間のひとつの路線である。岡多線の岡崎－多治見間のうち岡崎－瀬戸（現・瀬戸市）間がＣ線として１９６５年に工事に着手。これにＣ線の瀬戸線が組み合わされ、岡崎－瀬戸－高蔵寺－稲沢《いなざわ》間の東海道本線の貨物バイパスルートを形成する計画であった。このルートから外れる岡多線・瀬戸－多治見間はＡＢ線の区分である。

国鉄時代の１９７０年10月１日に岡崎－北野《きたの》桝塚《ますづか》間の貨物営業を開始。１９７６年４月26日には岡崎－新豊田間の旅客営業を始めた。残る新豊田－高蔵寺間も工事が進められていたが、そのような折、１９８３年８月の日本国有鉄道再建監理委員会において輸送密度８０００人／日・キロ以下の路線についても私鉄への譲渡あるいは第三セクター化の緊急提言があった。これにより、工事中区間の国鉄としての開業が難しくなった。そこで、第三セクターによる経営が模索され、国鉄からの要請を受けるかたちで、愛知県、岡崎市、瀬戸市、春日井《かすがい》市、豊田市が出資する愛知環状鉄道が設立された。そして、新会社は１９８６年10月９日に新豊田－高蔵寺間の地方鉄

愛知環状鉄道（1998年）＊

道の免許を取得。同月に工事施行認可を得たうえで運輸大臣に対して公団工事の申し出を行い、引き続き公団による工事が行われることになる。

1988年1月31日に新豊田－高蔵寺間の新線区間が開業し、同日に岡多線の岡崎－新豊田間が愛知環状鉄道に引き継がれた。岡多線は第3次特定地方交通線に指定され、1987年度内の廃止が決定していた。

愛知環状鉄道が経営することになった路線はすべてC線として建設された路線であるため、建設には有償資金が投入され、岡崎－新豊田間については実際に有償貸付路線として国鉄が借損料を支払っていた。しかし、JR発足の際に債務は国鉄清算事業団に継承され、JR東海には無償で貸与されていた。さらに、愛知環状鉄道に対しては新線区間を含めて無償貸与となる。なお、新線区間の債務もまた、国鉄清算事業団に帰属することになる。

ところで、瀬戸線は新豊田－高蔵寺間が開業したことで、高蔵寺－稲沢間が未成線のまま残された。そのうち、勝川《かちがわ》－枇杷島《びわじま》間の工事については国鉄改革のなかでペースダウンが余儀なくされたものの、1976年3月に工事に着手して以後、着実に続けられていた。国鉄の分割民営化では、このような、ほかに引き受け手がない工事中路線についてはJRが運営することが規定されていた。

枇杷島駅では線路つけ替えが必要となるため、まず1991年12月1日に勝川－尾張星《おわりほし》の宮《みや》間を開業。1993年3月18日に枇杷島駅に乗り入れた。ただし、この路線についてはJR東海がみずから経営するのではなく、子会社の東海交通事業に第2種免許を取得させて担当させた。しかし、十分な需要が見込めないため、公団に対する借損料についてはJR東海が負担した。

「AB線」＝地方開発線、地方幹線の事例

AB線は地方開発線と地方幹線として整備される路線である。むしろ地域開発に先行して建設される路線であるため、予想される需要規模は小さく、開業しても採算は見込めない。そのため、建設費は出資や補助金などの無償資金で賄われ、完成後は国鉄に無償で譲渡ないし貸

し付けられることになっていた。

なお、ＡＢ線の建設費に充てられる公団に対する国からの出資金は、１９７０年度までは産業投資特別会計からのものであったが、１９７１年度からは一般会計から受け入れていた。１９７９年度からは管理費を含む建設費の全額が補助金（地方開発線建設費補助金）のかたちで交付され、それ以後、ＡＢ線工事費に関する国からの出資は行われていない。

ところで、１９８０年に国鉄再建法が国会に提出されたのにともない、ＡＢ線の建設は鹿島線と内山線の２線を除いて凍結された。国鉄再建法は同年11月に可決され、12月27日に施行されるが、同法では工事が凍結された路線について「国鉄新線及び工事保留線」の告示を行ったうえで、地方鉄道法にもとづいて第三セクターや私鉄として工事を再開する道を設けた。そして、まず１９８１年９月に野岩線の会津高原－新藤原間、同年11月に久慈線の田老－普代間、盛線の吉浜－釜石間、１９８２年10月に宮福線の宮津－福知山《ふくちやま》間が「国鉄新線及び工事保留線」として告示された。

第三セクターとして、野岩鉄道、三陸鉄道、宮福鉄道が設立され、それぞれの建設路線に対して地方鉄道法にもとづいて事業免許を取得した。

ところで、工事の凍結を免れた内山線と鹿島線は完成後、国鉄が経営することが想定されていた。現に内山線は予讃線のバイパスルートとして１９８６年３月３日に開業し、現在はＪＲ四国が引き継いで経営を行っている。

その一方で、鹿島線は第三セクターに引き継がれることになる。すなわち、１９８３年８月の国鉄再建監理委員会で輸送密度８０００人以下の路線についても第三セクター化あるいは私鉄への譲渡が提案されたため、建設中の鹿島線についても第三セクターによる運営の引き受けを検討することになる。国鉄は１９８４年２月に茨城県に対して自治体が出資する鹿島臨海鉄道による鹿島線の引き受けを打診したところ、これが受け入れられたことで、１９８５年３月14日に鹿島臨海鉄道の大洗《おおあらい》鹿島線として開業を見ることになる。じつは、この年には、つくばで科学博覧会が開催されることから、アクセス路線のひとつとして開業を急いでいたという背景があった。

なお、第三セクターが運営することで工事を再開した路線を地方鉄道新線と呼び、１９８７年３月31日の時点で次の７路線の建設が進められていた。

◎宮福線　福知山－宮津

◎北越北線　犀潟《さいがた》－六日町《むいかまち》

◎丸森線　丸森－福島
◎鷹角線　松葉《まつば》－比立内
◎樽見線　美濃神海－樽見
◎智頭線　上郡《かみごおり》－智頭
◎宿毛線　宿毛－中村

なお、C線として有償資金を投入して建設されてきた丸森線は第三セクター鉄道の阿武隈急行に転換することになったため、無償資金を投入するAB線に編入された。槻木－丸森間は1968年4月にC線として開業し、国鉄は公団に対して借損料を支払っていた。第三セクター転換にあたり、この区間を含めて線路施設を無償貸与とし、債務は国鉄清算事業団に引き継がれた。

また、地方新線が開業する際には営業1kmあたり1000万円を限度に地方鉄道新線補助金が交付され、開業後は5年間にかぎり、転換鉄道等運営費補助として経常損失額の10分の4が交付されるという手厚い助成制度が設けられた。

地方新線の建設はAB線に対する国庫補助の金額に左右されることも多かった。そのため、計画どおりの開業を目指すために自治体が第三セクター鉄道に工事費を貸し付け、これを建設主体の日本鉄道建設公団に無利子で融資する地方鉄道新線整備促進資金借入制度が創設された。1993年度に智頭急行に対して初めて適用され、無事に1994年度中の開業を実現した。貸付額は、鳥取、岡山、兵庫の各県から1993、1994年度の2年間にわたって12億円である。智頭急行は利子分だけを負担することになる。その後も、北越北線、宿毛線、井原線、阿佐線に適用された。

鉄道整備に対する助成策の事例

主要幹線鉄道線

1992年6月19日に運輸政策審議会鉄道部会は「21世紀に向けての中長期の鉄道整備に関する基本的考え方について」（第13号）を答申するが、そのなかで、新幹線の表定速度が時速170kmに達するのに対し、在来線は一部の例外を除いて時速60kmから時速90kmのあいだにあり、現代社会のニーズに十分に応えられないとした。この考え方は1988年のミニ新幹線、スーパー特急の規格の設定と、活性化補助金の制度の創設以来続けられてきた在来線鉄道再生の鉄道政策を総括したものであった。

そして、その財源的な裏づけとして、1991年10月1日に新幹線保有機構を改組するかたちで鉄道整備基金が創設された。それまで運輸省が直接交付していたさまざまな補助金が、この基金を経由することになったほか、特定財源として、東北、上越、東海道・山陽新幹線を運営するJR各社に譲渡することによって得た代金の運用益などを財源に、幹線の高速化や都市鉄道の整備に対して無利子融資を行う制度を創設した。

幹線鉄道に対するものは、日本鉄道建設公団が事業主体となる在来線の新幹線直通運転化、高速化や貨物輸送力増強工事に対して無利子貸付を行うほか、JR東海が実施する東海道新幹線の輸送力増強工事に対して鉄道整備基金が日本《にっぽん》開発銀行（現・日本政策投資銀行）に資金を預託することで、融資の利率を公共特利に軽減するというもの。

この制度が適用された最初の事例は智頭急行である。山陽本線の上郡と因美線の智頭を結ぶ新線で、国鉄再建法のもとで建設が凍結されていたところ、鳥取県と岡山県が中心になって第三セクターを設立（1986年5月31日）して運営を引き受けることになったことで、1987年1月に工事が再開されていた。

地元では電化して最高速度を時速160㎞まで引き上げる意向であったが、建設中の智頭線の工事費が60億円と見積もられた一方で、JR西日本が営業中の因美線は最高速度時速95㎞のローカル線であるため、その工事費が40億円に上るとされた。これに対し、JR西日本は経営方針にかかわるとして難色を示したことから高速化工事は実施せず、たんに智頭線の高速化に関連して自動信号化を実施するにとどめることになる。智頭急行についても電化は見送り、最高速度時速130㎞対応の施設を整備する工事となった。また、JRと直通運転する特急車両は、すべて智頭急行が用意することとなり、新製費として28・56億円が施設の工事費のほかにかかることになる。

1994年12月3日に智頭急行は開業し、新大阪－鳥取、倉吉間に直通特急「スーパーはくと」「はくと」の運転を開始したが、JRが用意したのは老朽化したキハ181系特急気動車であった。智頭急行の車両とのギャップが大きいことから、智頭急行の車両を増備してJRの車両の置き換えを進めた。さらに、1997年11月には岡山－鳥取間の急行「砂丘《さきゅう》」が特急「いなば」（JR車両）に格上げしたうえで智頭急行経由に変更された。これでも「スーパーはくと」6往復に対して「いなば」は3往復にすぎないことから、直通運転にともなう車両使用料は、比較的大きい金額がJR西日本から智頭急行への持ち出しとなっている。

智頭急行の工事については設計規格時速１００km対応施設の工事費４０８億円分を公団が地方新線として建設して完成後に智頭急行に無償譲渡し、その工事費は全額が国鉄清算事業団の負債として継承されることになる。そのうえで高速化工事を追加するもので、こちらは因美線の工事費（３億円）を含めて総額23億円（予算額）、21・56億円（決算額）である。財源は鉄道整備基金からの無利子貸付10・59億円、日本鉄道建設公団債５・67億円、自治体からの補助金５・30億円という内訳となる（決算額）。補助金以外は返済が必要な資金であり、鉄道整備基金に対しては５年据え置き後、10年間で半年賦均等償還。日本鉄道建設公団に対しては開業後、25年間で元利均等半年賦償還されることになる。

ＪＲ西日本が実施する因美線の工事については、いったん智頭急行が負担したうえで、財源の返済条件に合わせてＪＲ西日本から智頭急行に返済された。

また、新幹線直通化は新幹線との直通運転を可能にするために軌間を１４３５㎜に広げる工事で、すでに山形新幹線が活性化補助金の適用を受けて開業していた。ＪＲ東日本は、続いて田沢湖線と奥羽本線の盛岡－秋田間について工事を行うことにして、１９９２年１月28日に事業の基本計画の変更、１月31日に鉄道施設の変更認可申請を行った。そして、２月５日に公団工事の申し出を行った。公団で工事を実施する場合、運輸大臣から公団に対して工事実施計画の指示が行われるため、工事の申し出は運輸大臣に対して行うことになる。

工事費は最終的に５１６・１億円となるが、これに対し、鉄道整備基金からの無利子借入２４５億円、自治体からの無利子借入２４５億円、公団債26・１億円が投入された。

その後、山陰本線の電化（園部《そのべ》－福知山間）、高速化と北近畿タンゴ鉄道・宮福線、宮津線（福知山－天橋立《あまのはしだて》）の電化と高速化、日豊本線・小倉《こくら》－大分間の高速化、高徳線の高速化の工事が、この幹線鉄道整備費無利子貸付金の適用を受けて実施された。高速化はすべて最高速度時速１３０kmへの引き上げ工事である。

日豊本線は１９９３年５月20日に鉄道整備基金の助成対象工事として認定。山陰本線と北近畿タンゴ鉄道の工事は同年６月10日、高徳線は１９９５年５月15日にそれぞれ認定された。ただし、北近畿タンゴ鉄道以外の工事については、それぞれＪＲ西日本、ＪＲ九州、ＪＲ四国に委託され、公団は助成金の受け皿としての意味しかなかった。なお、この種の工事は１９９８年３月14日のダイヤ改正で高徳線の工事が終わったのを最後に制度の適用を終了している。

幹線鉄道活性化事業

上越線の六日町と信越《しんえつ》本線の犀潟を結ぶ北越北線は、まず1968年8月に六日町－十日町《とおかまち》間の工事に着手した。その後、工事は全線で実施されることになるが、国鉄再建法の施行にともない、1981年には用地取得73％、路盤工事58％という進捗を見ているにもかかわらず、工事を凍結されることになった。

そこで、沿線の17市町村は第三セクターでの開業を目指し、1984年3月1日に十日町市役所に集まり、北越北線第三セクター設立準備会を旗揚げした。そして、新潟県にも出資を要請した結果、これが受け入れられたことで、同年8月30日に県が54・84％、沿線17市町村が28・43％、残り16・73％は越後《えちご》交通、新潟交通や銀行、電力会社など民間が出資して第三セクター「北越急行」が設立された。

北越急行は1975年2月1日に六日町－犀潟間の鉄道事業免許を取得し、3月16日に日本鉄道建設公団によって工事が再開された。

北越北線はもともと単線、非電化のローカル線の計画であった。しかし、関東と信越地方を直結する短絡路線となることから、建設を担当する日本鉄道建設公団は国鉄とのあいだで貨物列車や急行列車などの優等列車の運行で合意しており、将来の電化を見据えた検討もなされていた。

このような路線であるため、工事の再開にあたっては、当然のように高速化の話が持ち出されることになった。折から、1988年8月に、国鉄の分割民営化によってJRに経営が移行した機会を捉え、事業が凍結されていた整備新幹線の工事再開の要求が各地で再燃した。それに対し、運輸省は新幹線規格新線という目新しい規格の鉄道を提案した。これが新幹線規格の施設を整備するものの、とりあえずは1067㎜軌間の線路を敷設して在来線と直通運転を行うスーパー特急と呼ばれるものであった。そして、北陸新幹線の金沢－高岡間がこの新幹線規格新線に指定された。この北陸新幹線の東京に向かうルートの一部として北越北線が注目されることになる。

なお、同時に新幹線直通線の規格も規定されることになるが、これは新幹線・在来線直通（新在直通）線で、通称ミニ新幹線と呼ばれることになる。JR東日本はさっそくこの規格を整備新幹線とは別に山形新幹線として事業に着手することになる。

かくして北越北線は1989年5月31日に事業基本計

画の変更認可を申請し、ＡＢ線工事と併せて幹線活性化事業が実施されることになった。活性化工事は、動力方式を内燃から直流１５００Ｖの電気に変更し、設計最高速度についても従来の時速95㎞を時速１３０㎞に引き上げるというもの。この時点で算定された工事費は３１０億円で、そのうち電化についてはＡＢ線の工事費を充当することとして、残り２４０億円を自己資金として調達することになる。そして、自己資金の内訳として、幹線鉄道活性化事業費補助金（国庫補助）42億円、北越急行出資金40億円、ＪＲ東日本からの負担金１５８億円が決定した。

ちなみに、幹線鉄道活性化事業費補助は１９８８年度に山形新幹線を対象に創設された補助制度で、（国庫）補助率は10分の2である。

なお、最高速度は時速１３０㎞とされたが、実際には施設は時速１６０㎞対応の工事とすることになっていた。当時は在来線の最高速度は例外的に時速１３０㎞対応の区間があったものの、通常のケースでは時速１２０㎞が最高速度となっていた。そのため、一気に時速１６０㎞運転を表立って謳《うた》うのは躊躇《ちゅうちょ》されたのであろう。

１９９７年３月22日に全線の営業を開始するが、特急の最高速度はとりあえず時速１４０㎞とされた。それでも、時速１４０㎞運転は青函トンネル内の特殊な状況のもとで実施されているだけで、通常の路線では在来線で初めてとなった。特急の高速運転を支障しないように、ローカル列車についても時速１１０㎞の高速運転を実施した。北越北線内での時速１６０㎞運転が実施されたのは２００２年３月23日のことである。

幹線活性化補助金の制度は、その後、石勝線、根室本線、宗谷本線、豊肥本線の高速化工事に適用されたが、山形新幹線を含め、いずれも実施主体して第三セクターが設立され、補助金はその第三セクターに対して支給された。そういう意味では第三セクターを対象とする補助金制度であるということがいえ、北越急行についても補助金は工事主体の日本鉄道建設公団ではなく北越急行に対して交付された。

助成策のローカル私鉄への活用事例

三岐鉄道北勢線

近鉄北勢《ほくせい》線は２００３年４月１日から三岐《さんぎ》鉄道の経営となった。沿線市町は鉄道施設、用地の取得と引き継ぎ後10年間の設備投資費用と経費補塡について三岐鉄道に対して55億円（うち20億円が欠損補塡を想定）を負担することを約束した。鉄道用地は3億6000万円で沿線市町が取得し、そのうちの半額を三重県が市町に助成することになったため、最終的に市町の負担額は10年間で53億2000万円となる。2003年度から9年間は年に5億5000万円ずつ、最終年度は3億7000万円が支払われるというもの。

市町の毎年の負担額が決まっているため、5億5000万円から、年度中の赤字額が北勢線事業営業損失補填金として支払われ、残額が設備投資に充当されることになる。

近鉄時代の北勢線（2006年）

経営引き継ぎの時点でリニューアル計画を決定して発表していたが、国の近代化設備整備費補助金の制度では補助対象事業の要件として前年度の当該路線の赤字実績を求めることから、2003年度は資格がなかった。国庫補助を受けてのリニューアル事業は2004年4月からと計画されたが、2003年度の北勢線事業の欠損額が5億4000万円と予想外に大きく、そのまま経営が好転しなければ設備投資に向ける自己資金が出ず、リニューアル事業自体が無理になってしまった。そのようなタイミングで、中部運輸局から幹線鉄道等活性化補助制度による高速化事業の適用を受ける意思について問い合わせがあった。中部運輸局は別の補助制度を適用することで地元の基金の不足分を補うという考えがあった。しかし、幹線鉄道等活性化補助制度は事業期間が5年に制限されるほか、補助対象事業者として第三セクターを設立しなければならない。三岐鉄道は「清水《きよみず》の舞台から飛び降りる」思いでこの適用を要請することになる。リニューアル工事の前倒しを決意したが、市町から資金の交付に先立って投資資金を自己調達しなければならなかった。資金を借り入れるとして先々経営が好転しなければ借金が膨らむことになった。

近代化事業は、車両の冷房化と高速化工事、駅務機器の自動化システム整備、東員《とういん》駅舎整備、CTC（列車集中制御装置）の整備など。高速化事業は、第三セクター「北勢線施設整備株式会社」が事業主体となり、大泉《おおいずみ》駅と東員駅の列車行き違い設備の新設、阿下喜《あげき》駅の1面2線化（従来1線）、駅の新設と廃止、統合、橋梁改修、北《きた》大社《おおやしろ》変電所出力増強、電路支持物改良、饋電線《きでんせん》増強工事などである。

北大社駅と六把野《ろっぱの》駅を統合して東員駅を2005年3月26日に開業。また、大泉東《おおいずみひがし》駅と長宮《ながみや》駅を統合して大泉駅を2004年4月1日に開業。さらに、坂井橋《さかいばし》駅を阿下喜方に500m移転してショッピングセンターに隣接した星川《ほしかわ》駅を2005年3月26日に開業した。最終的に全駅の駅舎を新築して自動化無人駅とするとともに、待合室、トイレを充実させ、若い女性でも気兼ねなく使える駅とするのを目標とした。

三岐鉄道が引き継いだ時点では西桑名《にしくわな》－阿下喜間は52分かかっていたが、現在は5分短縮して47分、その後は42分にまで高速化する計画であったが、実現していない。

そのほか、2006年4月から3年計画で西桑名駅の乗り継ぎ円滑化事業を実施した。幹線鉄道等活性化補助金により、駅を北方向に移動させるというもの。別の事業としてJRと近鉄の桑名駅の橋上駅化工事も計画され、併せて乗り換えの利便性が改善された。

和歌山電鐵

2006年4月1日に南海貴志川《きしがわ》線の経営を和歌山電鐵が引き継いだ。和歌山電鐵は岡山電気軌道の完全子会社として設立され、社長には両備《りょうび》グループを率いる小嶋《こじま》光信《みつのぶ》が就任した。

沿線の和歌山市と貴志川町（現・紀《き》の川《かわ》市）が南海から土地を取得し、開業後の赤字に対し、両自治体は10年間の総額で8億2000万円を上限に補助を行うことが決められた。内訳は、和歌山市65％、貴志川町35％である。その後、国が鉄道事業再構築事業を創設し、その軸としてローカル鉄道の「公有私営」を打ち出したが、和歌山電鐵の事例はその原型となったということができる。

2008年3月21日に「地域公共交通の活性化及び再生に関する法律」にもとづく法定協議会として和歌山電鐵貴志川線・地域公共活性化再生協議会を設置した。メンバーは、和歌山県、和歌山市、紀の川市、和歌山県立和歌山東高等学校、和歌山県立貴志川高等学校、和歌山県商工会議所、貴志川町商工会、貴志川線の未来をつくる会、和歌山市の交通まちづくりを進める会（わかやま小町《こまち》）、和歌山市民アクティブネットワーク、和歌山電鐵株式会社である。

この法律は2007年10月1日に施行されたが、補助制度として、従来の近代化補助金を改編した鉄道事業者を支給対象とする鉄道軌道輸送高度化事業費補助と、法定協議会を対象とした地域公共交通活性化・再生総合事業費補助金が創設された。この時点では連携計画の策定費用や利用促進のためのイベント開催などのソフト面を補助対象としたのが特徴であった。

　従来、和歌山電鐵は開業後、鉄道軌道近代化設備整備費補助の制度で分岐器の取り替えなどを進めていた。そのほか、イベント電車の整備費についてはサポーターによる寄付金が集められた。最初に整備された「いちご電車」は改造費1500万円のうち1100万円が寄付金である。車内には寄付された人の名前がプレートとして貼り出されている。

南海貴志川線（1992年）＊

　この協議会を対象とする補助制度が創設されたことを会社が知ったのが2008年3月のこと。年度内の設立を目指し、会社はさっそく市の担当者や議員会長などを回って説明、すんなり了承を得て3日間で設置することができた。通常のケースでは関係自治体への根回しに1年かかるとされているため、3日で設立を決めたのは快挙ということができる。

　その事業内容については年次ごとの整備内容を示した資料を得られなかったため、大ざっぱに整理してみると次のようになる。

　2008年度は「魅力ある車両への改修」として既存車両を「たま電車」に改装。事業費は3519万円である。車内は木目を基調に猫足の椅子を配置し、電車の外装には101匹の「たま」が描かれた。「たま」電車は2009年3月から運行を開始した。

　また、「サイクルアンドランドの整備」（244万円）として岡崎前《おかざきまえ》駅の遊休地を活用して70台の駐輪場を整備。そのほか、活性化イベントとして「たま電車」デザイン発表会（36万円）、駅クリスマスイルミネーション、クリスマス電車の運行（6万円）、「たま電車」デビュー記念貴志川線祭り（21万円）である。

　2009年度は、公共交通の利用促進のための案内看板の整備、パークアンドライド用駐車場（田中口《たなかぐち》駅）、サイクルアンドランド用駐輪場の整備のほか、貴志《きし》駅に「たま神社」「いちご神社」「おもちゃ神社」を建立。交通センターに子ども用のミニトレインを整備する。

また、地域公共交通活性化・再生総合事業費補助を受

和歌山電鐵の「たま電車」(2010年)

けて貴志駅の駅舎の建て替えを行った。法定協議会が整備主体となった新駅舎は猫をイメージした木造駅舎で、屋根は檜皮《ひわだ》葺《ぶ》きとなっている。2009年10月20日に「貴志駅リニューアルデザイン発表および工事安全祈願」のイベントが開催され。11月から旧駅舎の解体にとりかかった。当初は2010年3月の完成を予定したが、最終的には8月4日のお披露目《ひろめ》となった。建設費の2分の1を補助金で充当したが、残りは「たま駅舎サポーター」を募集して会費収入が充てられた。サポーターの募集は5月10日までの予定であったが、第2次募集として10月15日まで延長された。

　2009年度の鉄道軌道輸送高度化事業費補助のうち再生計画事業が廃止され、協議会を補助対象とする地域公共交通活性化・再生総合事業費補助と幹線鉄道等活性化事業費補助（コミュニティ・レール事業）に整理されて引き継がれた。幹線鉄道等活性化補助金は、従来は整備主体として第三セクターの設立が必要であったが、今回は協議会が整備主体として補助対象に加えられた。従来の高度化事業が赤字会社の経営再建を目的としていたのに対し、幹線鉄道等活性化事業費補助は赤字を要件とせずに健全経営を行う鉄道の利便性改善の設備投資に使えることになった。

　貴志川線でも幹線鉄道等活性化補助金の制度を活用し、2009年度の事業として伊太祈曽《いだきそ》への変電所の統合と1500Vへの昇圧の準備工事、和歌山－貴志間の30分間隔のパターンダイヤ化のための工事を実施したという。そのほか、老朽化した分岐器の交換も実施した。

第2章　ローカル線維持のための方策

特定地方交通線転換路線等に対する経営補助

国鉄の特定地方交通線の地方転換路線には営業1㎞あたり3000万円の転換交付金が支給されたが、これに加え、第三セクターなど鉄道事業者に対し、転換から5年間について、前年度の経常損失の2分の1を国が補助する制度が設けられた。なお、新線については転換交付金に代わって路線1㎞あたり1000万円を限度とする開業費補助金が支給され、開業後の経常損失に対してもまた、その5分の4を国が補助した。

転換交付金の一部は鉄道事業者が受け入れ、開業のための設備投資に使用されたが、大部分は将来の経営安定のための基金として県や沿線の主要な市町村が一元的に管理した。この基金は通常、第1基金、第2基金、第3基金の三つに区分され、第1は転換交付金、第2は自治体出資、第3は民間の寄付を原資とした。

第三セクター鉄道に対する欠損補助は、転換鉄道については、1995年度交付分で終了した。1998年度は3社に交付されているが、これは新たに開業した北越急行、智頭急行、土佐くろしお鉄道に対するものである。

1993年度で欠損補助の期限が切れるのにともなって、いすみ鉄道は千葉県がこれを肩代わりした。もともと国の欠損補助でカバーしない分を補塡するために転換交付金をもとに第1基金を置いていたが、欠損補助の終了を見据え、これに加えて5億円の第2基金の積み立てを行った。しかし、折からの低金利で十分な運用益が確保できないため、県は1994年度から基金への補助というかたちで、年に5000万円程度の欠損補助を実施した。

また、福島県の会津鉄道は1987年7月の開業であるため、1993年度をもって国の欠損補助が終了した。

それに代わって1993年度から会津鉄道運営助成基金の運用益を財源に運営費補助が実施されてきたが、低金利のために財源が不足した。十分な運営費補助が実施されなかったために累積欠損は膨らんでいった。そこで、1997年度から当面5年間かぎりの制度として県と関係市町村による経営安定化補助金の制度をスタートさせた。1996年度は基金による運営費補助が1000万円にとどまったのに対し、1997年度には新制度によって4800万円あまりに増額されることになった。1999年度からは、さらに野岩鉄道に対して栃木県と協調して同様の欠損補助を実施することになった。

「鉄道軌道整備法」による欠損補助

　1986年に地方鉄道軌道整備補助法を改正して成立した鉄道軌道整備法は私鉄に対する欠損補助を規定している。輸送密度が一定以下の閑散線区のうち最混雑区間のラッシュ1時間の輸送人員が一定数以上の鉄道線、あるいは最混雑区間のラッシュ1時間の輸送人員が一定数を下回る路線でも、並行道路が未整備でただちにバスに転換することがかなわない路線が適用の基準となる。そして、鉄軌道事業および全事業の経常損失を生じている事業者を対象として補助対象期間の経常損失を国と自治体が折半で補塡するという制度である。

　1993年度に運輸省は欠損補助の打ち切りを通告。ただ、経営改善計画の策定を条件に5年間の延長が特例的に認められた。1993年度に欠損補助を受けた事業者は、津軽鉄道、弘南鉄道、栗原電鉄、上田《うえだ》交通（現・上田電鉄）、上毛《じょうもう》電気鉄道、銚子《ちょうし》電気鉄道、加越能《かえつのう》鉄道（現・万葉線）、野上《のがみ》電気鉄道、一畑電気鉄道、土佐電気鉄道の10社であった。1993年春に、そのうち栗原電鉄と野上電気鉄道の2社に対し、いずれも並行道路が整備され、バス代替可能という理由で補助打ち切りを通告。弘南鉄道、上田交通の2社も補助金の受給を辞退したことから、1994年度はこれら4社を除く6社が対象となった。

　野上電気鉄道は存続方法を模索したが、とくに設備の老朽度が高く、設備更新の負担に耐えがたいとして、1993年度末をもって廃止されてしまった。

　一方、栗原電鉄は経営母体である三菱《みつびし》マテリアルが経営から全面的に撤退することを決め、1993年12月に第三セクター「くりはら田園鉄道」としての再出発となった。

　最終的に土佐電気鉄道を除く津軽鉄道、上毛電気鉄道、銚子電気鉄道、加越能鉄道、一畑電気鉄道の5社が残ることになったが、それも1997年度かぎりで終了した。

「鉄道軌道近代化設備整備費補助金」の交付

補助金は基本的には法律を根拠に支給されるが、1955年の補助金等にかかる予算の適正化に関する法律の制定により、法律によらない予算措置だけで助成が可能となった。この制度のもとで、鉄軌道の近代化に対しても、1972年に鉄道軌道近代化設備整備費補助金交付要綱にもとづいて補助金が交付された。

野上電気鉄道（1994年）＊

近代化補助と呼ばれる鉄道整備基金による地方私鉄に対する補助制度である。この制度は1963年の防除雪設備の整備に対する補助制度の創設に始まり、1969年度に合理化設備整備補助金制度に拡充された。さらに、1972年度には保安度向上設備に対する補助の制度を加え、現在の近代化設備整備費補助に改称した。その後、対象事業を、1974年度には車両代替、1979年度にはサービス改善設備に拡大した。

経常損失を生じているか、または固定資産経常利益率が5%以下の不採算路線に対し、対象事業整備費の10%を国が補助するという規定であるが、地方公共団体が国と同額を補助する場合にかぎり、その補助率は20%に引き上げられた。併せて事業費に対して4割が公的に助成されることになった。

なお、運輸省は1992年度、とくに重軌条化やATSの設置など安全対策設備に対する補助率を20%から3分の1に引き上げた。地方の補助率も国と同率が適用された。

国鉄の特定地方交通線を引き継いだ第三セクター鉄道も経営補助が終了する事業者が増えてきたことから、1992年度から、ほかの地方中小私鉄同様に近代化補助金の交付が行われることになった。

近代化補助「4割特例」と県単位の近代化補助

運輸省は1993年度に経営改善計画と地元の協力による補助金に頼らない体質づくりを前提に5年間の補助期間の延長が実施され、対象事業者も半分に絞られた。この延長期間が1997年度に切れることになった。最後に残ったのは、津軽鉄道、上毛電気鉄道、銚子電気鉄道、加越能鉄道、一畑電気鉄道の5社である。そして、この5社に対し、運輸省は欠損補助打ち切り後の助成策として近代化補助金の補助率を5分の2に引き上げた。ただし、その前提として、自治体による欠損補助や基金の積み立ての実施、第三セクター化の検討、事業者自身によるいっそうの経営改善努力が求められた。

しかし、対象となった5社のうち、実際に4割特例が実行されたのは、上毛電気鉄道、一畑電気鉄道の2社にとどまっている。加越能鉄道のように廃止が議論された路線もあった。

上毛電気鉄道は欠損補助の打ち切り通告を受けたことで、県と沿線自治体は1996年7月に上毛線再生等検討協議会を組織し、対応策について協議を開始した。その結果が上毛線再生基本方針としてまとめられ、1998年度から実施に移されることになった。

この再生基本方針では、1998年度からの5カ年間を再建期間と位置づけ、事業者に経営再建計画の策定と実行を求め、それに対して近代化補助や新規の鉄道基盤設備維持費補助の制度によって公的に支援することになった。

近代化補助については国の4割特例が適用されたが、さらに、県4割、市町村2割の補助を加えて事業費の全額が公的に助成されることになったのが上毛のケースの特徴である。また、鉄道基盤設備維持費補助は群馬県単独の制度で、線路と電路の維持にかかる経費、車両修繕費にかかる経費の全額を県3、市町村2の比率で補助するというものだ。鉄道事業の経常損失額を限度としているところから、実質的にかつての国による欠損補助の代わりをなすものであるが、上毛のケースで特異なのは、上下分離の発想を導入し、インフラに対する費用負担を公的主体に転換したことである。これは上毛方式と呼ばれた。

一方、一畑電気鉄道の場合も欠損補助の打ち切り通告にともなって補助期間の延長の条件である経営改善計画を1993年度に策定した。そして、1994年度から欠損補助と併せて経営基盤の確立のための近代化補助が交付されることになる。しかし、これが十分な効果を上げられなかったことから、新たに１９９７年度の新経営改善計画を策定した。新計画は１９９７年度から５カ年間を実施期間として総額９億７５００万円の近代化投資を実施する計画である。これに対し、近代化補助の対象分には国と県が４割ずつを補助し、対象外の投資のうち安全対策設備に対して45分の４を自治体が負担することになる。また、この４割補助の前提条件である自治体による運営費補助についても、新経営改善計画上の欠損額をもとに限度額を設定し、県が５、市町が２の比率で補助するというもの。

万葉線に転換された加越能鉄道（2002年）＊

　津軽鉄道に対しても１９９８年度から近代化補助の４割特例が適用されることになったが、１９９７年度の決算で黒字が計上されたことから実施されなかった。しかし、１９９９年度以降、４割特例を活用して新車の導入など近代化投資が実施された。

　千葉県は銚子電気鉄道に対する欠損補助が１９９７年度で打ち切られたのにともなって、１９９８年度に銚子電気鉄道経営安定対策事業補助金の制度を新設した。５年間にかぎり、千葉県と銚子市が２分の１ずつ負担して欠損補助を実施するもの。また、１９９４年度から近代化補助を実施しているが、１９９８年度からは補助率が国が４割に拡充され、県と市がそれぞれ２割を加えて事業費の８割に補助金が充てられることになった。しかし、１９９８年度は近代化事業は実施されなかった。

　このように、積極的に鉄道を維持することを選択した鉄道路線がある一方で、加越能鉄道は１９９７年度の国の欠損補助の終了にともなってバス転換を提案した。これに対し、富山県、高岡市、新湊市（現・射水市）は街の活性化の切り札として活用したい意向を持ち、１９９８年度には３自治体がそれぞれ３分の１ずつを負担して経営補塡を実施した。また、県と２市は１９９８年度から５カ年間を対象とする新スキームを提示し、事業者に近代化の実施を働きかけた。そのうえで、自治体と事業者は「万葉線検討会」を組織し、路線を存続させるか、それとも廃止するのかといった今後の処し方について、１９９８年度内に結論を出すことを目指した。

さらに、鉄道路線の全面的な廃止を決定したのが、新潟県の新潟交通と蒲原《かんばら》鉄道である。

新潟交通はCTCの導入や新駅の設置など鉄道再建のための努力を続けてきたが、鉄道路線の利用者の減少を食い止めることはできず、赤字を拡大していた。さらに、バス部門が規制緩和で不採算部門に没落したのに加えて、不動産事業を除いて兼業部門でも欠損を出している状態で、鉄道事業を支えることができなくなっていた。

1997年4月に沿線自治体に年度内廃止の意向を通告する。これを受けて7市町村は対策協議会を設置し、存続を求めて運動を開始するが、最終的に県に対する財政支援要請が拒否されたことで「廃止やむなし」との見解に傾くことになった。1998年7月には廃止を前提とするダイヤ改正が実施され、運行本数を大幅に削減した。1999年4月4日をもって廃止された。

一方、蒲原鉄道も1998年8月に沿線の五泉《ごせん》市と村《むら》松《まつ》町（現・五泉市）に対して年度末かぎりの鉄道線の廃止の方針を伝えた。設備の老朽化はかなり進んでいるが、利用者の減少による経営難から新規投資がかなわず、また、技術系職員が不足するものの、新たに職員を採用する余力は残っていなかった。10月に対策協議会がスタートしたが、鉄道廃止に対してはやむをえないという見解で一致していたものの、代替バスの運行についての合意が図られないことから、協議が続けられた。

第3章　大手私鉄のローカル線への取り組み

東武鉄道

運転系統の合理化を推進

東武鉄道は東京都を中心に、千葉県、埼玉県、群馬県、栃木県に463・3kmの路線を広げ、近鉄に次ぐ路線規模を持つ私鉄である。東京の浅草を起点とする伊勢崎線、日光線の系統と、池袋を起点とする東上《とうじょう》本線の系統があるが、いずれも末端部にローカル路線を持つ。関東平野の豊かな穀倉地帯のなかにあり、北部には繊維業で栄えた両毛《りょうもう》地域や、その外縁部には石灰岩などの石材の産出地が控えており、高密度の鉄道網が形成された。

ローカル線の範疇《はんちゅう》に入る路線は、熊谷線が廃止された現在、小泉線のほか、とりあえず桐生《きりゅう》線、佐野《さの》線、鬼怒川線などが該当するであろう。1979年当時、各線の輸送密度は、佐野線4・6千人、小泉線3・5千人、桐生線4・0千人、鬼怒川線4・8千人、熊谷線1・6千人であった。当時、そのうち鬼怒川、桐生の2線は有料の特急、急行（現代は特急に統合）が毎時運転される観光路線であることから、これを除くと、佐野線と小泉線の2線が残ることになる。群馬県内の東武の乗車人員を見ると、統計期間中、最大の数値が1966年の1日9万8665人、昭和40年代後半に一気に7万人に減少。その後、減少は穏やかに推移し、1988年には5万7129人となっている。それでも同じ群馬県内の上信《じょうしん》電鉄がこの間に旅客が半減し、上毛電気鉄道は60%の旅客が減少したのに比べ、減り方は少なかった。

小泉線はその群馬県を走る路線で、伊勢崎線の館林《たてばやし》－太田《おおた》間を1・6kmだけショートカットするものの、途中で足利市を経由する伊勢崎線には、かつては準急の運転もあり、運転本数も多いため、館林－太田を直通する列車はわずかで、館林－西小泉間と東小泉－太田間の二つに運転系統が分かれている。

いずれも日中は1個列車が折り返す1時間間隔で、太田側に2両編成、館林側に4両編成が入る。1966年9月1日の改正ダイヤを見ると、館林側は7800系2両、太田側は旧型車の2両編成で、運転間隔は現在と変わらない。ただし、太田側の列車も西小泉まで乗り入れ、東小泉－西小泉間では1時間に2本の運行となっていた。ちなみに、1983年6月1日に廃止された熊谷線の熊谷－妻沼《めぬま》間も1個列車による1時間間隔の運転で、平日の朝夕に2両になるほかは単行運転であった。

佐野線は館林－葛生間22・1㎞と貨物専用の館林－第三会沢間の会沢線4・5㎞、上白石－大叶間の大叶線1・5㎞から構成されていた。1986年11月に、このうち葛生－上白石間を除く貨物専用2線を廃止。セメントや砕石を運ぶ貨物列車が頻繁に運転されていたが、いまでは昔日の面影はない。

1966年9月1日の改正ダイヤでは、日中は旧型車の2両編成によって1時間に1本運転していたが、その後、3050系4両編成に変化したものの、運転本数は変わりがなく、通学時間を除いて閑散としていた。また、沿線に内陸産業都市の佐野市を抱えることから、東京とのつながりも強く、1966年当時、葛生と浅草のあいだを通勤快速と準急が各1往復運転された。いずれも7800型2両編成で、館林で準急は伊勢崎線・太田発2両と西小泉発2両を連結、通勤快速は伊勢崎発4両を連結した、浅草を7時台から8時台にかけて到着する通勤列車である。都心側の高性能車への置き換えと長編成化のなかで、準急は1968年、通勤快速も1969年に廃止された。そのほか、佐野線には有料の急行（赤城《あかぎ》急行）が1往復設定されていた。浅草に10時前後に到着するビジネス列車である。葛生を5700（5310）系2両で発《た》ち、館林で2両増結して浅草に向かった。夜の下りは赤城行きを併結した6両編成で、館林で分離した。車両の老朽化が進んだため、1969年8月のダイヤ改正で1800系4両編成に置き換えられ、急行「りょうもう」を名乗ることになる（その後は6両）。

一方、東上本線系統の越生《おごせ》線も、かつては田園地帯を走るローカル然とした路線であったが、沿線に大学が立地してからは通学客の利用が急増し、現在では沿線の宅地化も進み、すっかり都市路線に変貌している。かえって東上本線の末端部での段落ちが大きい。1979年まで日中20分間隔の池袋発急行のうち2、3本に1本の割合で寄居《よりい》まで直通し、ほぼ1時間に1本の運転となっていた。その後、東上本線の長編成化にともない、寄居－

小川町《おがわまち》間が6両編成までの設備であることから、この区間を折り返し運転することにして、小川町で池袋行き急行に接続することになる。運転本数も1時間に2本に増加した。

なお、東上本線は寄居を介して秩父《ちちぶ》鉄道に接続し、休日には三峰口《みつみねぐち》（「みつみね」）、上長瀞《かみながとろ》（「ながとろ」）まで特急が直通していた。1983年の時点でいずれも小川町乗り換えとなり、1989年に再び池袋からの直通に戻されたが、1992年に廃止された。

名古屋鉄道

運行系統の合理化とレールバスの導入

名鉄は濃尾平野一帯、愛知県と岐阜県にかけて444・2㎞の路線を擁している。多くの支線を名鉄岐阜－名鉄名古屋－豊橋間の本線に結びつけ、名古屋への志向性の強い運行形態をとるのが特徴である。かつては美濃町線、揖斐線、谷汲《たにぐみ》線のように本線から孤立した線区を持っていたが、前者は田神《たがみ》線を新設して新岐阜（現・名鉄岐阜）に乗り入れ、後者も岐阜市内線を経由し、いちおう本線との接続を果たしていた。

名鉄はローカル線を多く持つという点でも特徴的である。旅客密度（1日1キロあたり通過人員）が1万人を下回る路線（1992年度）を挙げると、八百津《やおつ》線1858人、羽島線2318人、美濃町線（日野橋《ひのばし》－神光寺《じんこうじ》間）2877人、築港《ちっこう》線5222人、尾西線5521人、揖斐線（忠節《ちゅうせつ》－又丸《またまる》間）7236人、竹鼻《たけはな》線7504人、知多新線7819人の順となる。さらに、広見線全線では1万1312人であるが、末端の明智《あけち》－顔戸《ごうど》間で見ると3495人、三河線の南端近くの玉津浦《たまつうら》－碧南《へきなん》間は1751人、同線北端の三河広瀬《ひろせ》－西中金《にしなかがね》間は672人である。三河線は梅坪《うめつぼ》－豊田市間には豊田線が乗り入れ、本線に接続する知立《ちりゅう》周辺に混雑区間を持つため、全線では輸送密度は1万人を超える。

揖斐線は忠節－本揖斐《ほんいび》間18・3㎞の路線で、途中の黒《くろ》野《の》で谷汲線・黒野－谷汲間11・2㎞が分岐している。全線単線、600V路線で、忠節で岐阜市内線と接続していた。忠節は中心部からは大きく外れて立地したため、岐阜駅前とのあいだに岐阜市内線の急行が運転されていたが、1967年12月に美濃町線で運用していたモ510、520形を転換クロスシートに改装して転用し、岐阜駅前－本揖斐間で市内線に直通する急行運転を開始した。黒野までは30分間隔、本揖斐までは60分間隔で、通常は2両編成で運転した。当初は市内線部分では2両を

名鉄岐阜市内線（2005年）

分離して続行運転を行った。1975年9月には市内線部分での2両運転が可能となる。

1987年4月にはモ770形連接車（冷房車）2編成を新造投入してモ520形を代替。翌年4月にも2編成の増備によって急行の置き換えを終了したが、予備車を持たないため、モ520型3両が残された。

また、末端区間での合理化策として、1984年10月に黒野－本揖斐間、黒野－谷汲間でモ750形両運転台車を改造してワンマン運転を開始した。その際、運転系統の変更があり、急行の本揖斐までの直通がなくなり、黒野－本揖斐間は1時間間隔の区間運転となる。なお、黒野－谷汲間にも一部で急行の直通運転があったが、このダイヤ改正で終日線内の折り返しに改められた。

忠節－黒野間の普通列車（日中）については忠節から美濃北方《きたがた》までの列車と黒野までの列車をそれぞれ1時間間隔で交互に運転していたが、1987年以後は忠節－美濃北方間の30分間隔となっている。

美濃町線は徹明町《てつめいちょう》－美濃間24・8㎞と各務原線との短絡線（田神線）1・4㎞から構成されていた。岐阜市内線との一体性が強く、同じ600Vの電車路線である。もともと岐阜市の中心商業地である徹明町を起点にして近郊都市を結ぶ輸送力の小さな貧弱な軌道システムであった。沿線の美濃市や関《せき》市と県都・岐阜市とのあいだには太い旅客流動が存在しているにもかかわらず、並行する国道156号線の路線バスに比べて劣勢をかこっていた。しかし、ほとんどの区間が専用軌道であるため、道路混雑に煩わされる心配が少ないという利点を生かし、昭和40年代に輸送改善に取り組むことになった。

ほかの鉄道線との連絡を図るため、競輪場前で分岐して各務原線の田神に至る短絡線の建設にとりかかった。まず1967年4月に新岐阜駅の裏にあった軌道線の岐阜工場を市《いち》ノ坪《つぼ》に移転し、この出入庫線として競輪場前とのあいだに一部併用軌道を含む単線の路線を建設した。さらに、市ノ坪－田神間の単線の専用軌道を完成し、1970年6月に美濃町線の新岐阜乗り入れを実現する。

1969年現在の美濃町線の運転パターンは徹明町－新関間15分間隔で、1本おきに美濃に直通するものであった。新岐阜乗り入れにあたって600V、1500V複電圧に対応したモ600形6両を新造したが、これを用いて新岐阜－美濃間の急行と新岐阜－野一色《のいしき》間の普通をそれぞれ毎時1本運転し、旧ルートにも徹明町－美濃間に1時間に1本の普通便が残された。しかし、徹明町ルートや野一色－新関間の急行通過駅では停車本数が激減して不便になったことから、岐阜市内を中心に旅客が大きく減少する。1975年9月にはこの急行を廃止し、各系統を30分間隔（一部60分）に改善した。

名鉄谷汲線（1999年）＊

　また、札幌市から連接車3編成（モ870形）を購入し、1977年11月のダイヤ改正から徹明町－美濃間に投入してラッシュ時の続行運転を解消した。さらに、1500V乗り入れ対応の連接車（冷房車）モ880形5編成を新造し、1981年2月のダイヤ改正で新岐阜－新関間を15分間隔運転に増強することになる。その際、新関－美濃間を30分間隔のまま区間運転に変更し、1983年からはワンマン運転を実施した。のちに1時間に1本に減便され、廃止もささやかれる状況になった。なお、のちに徹明町発の系統を日野橋止まりとし、新岐阜発はすべて新関まで直通するかたちに改められている。

　この一連の輸送改善策は、それまでの岐阜市内線主体の輸送体系を都市間輸送主体に改める、むしろスクラップアンドビルドの性格を持つものであった。そのため、短距離旅客の逸走が大きく、1965年の輸送人員（日野橋－美濃間）1万600人が、1971年には7100人にまで激減した。徹明町－日野橋間ではさらに大きな影響が見られたことから、これによって美濃町線の性格が大きく変化したということができる。

　名鉄は支線区のなかでもとくに閑散な区間について、軽量でランニングコストの小さい富士《ふじ》重工が開発したレールバスを投入していた。当時、国鉄の特定地方交通線の廃止代替路線向けに開発された、鉄道車両ではめずらしい汎用商品である。

　まず1984年5月にキハ10形3両（非冷房）を導入し、9月から八百津線の全列車と広見線の出入庫列車をレールバスに置き換えた。冷房装置は見送られたが、当初よ

名鉄八百津線のレールバス（2001年）＊

りワンマン装備は施工済みで、翌年3月からワンマン運転を始める。

レールバス投入以前の広見線、八百津線の運行形態は、常滑始発の急行が犬山－御嵩間を普通として30分間隔で直通運転。これに接続するかたちで、明智－八百津間を単行の電車が往復するというものであった。そのほか、犬山－新可児間に30分間隔の区間運転があった。

1984年のダイヤ改正では八百津線の列車をレールバスに置き換えたが、1987年には広見線の電車を明智止まりとし、明智－御嵩間をレールバスによる区間運転とした。1988年には、広見線の区間運転を新可児－御嵩間に延長し、レールバスと電車の併用で運行していた。

次に、1985年3月にはキハ10形冷房車3両を増備して三河線（山線）の西中金－猿投《さなげ》間に投入した。山線は豊田市と名古屋本線を結ぶ都市路線と山間部の閑散路線が同居する路線で、猿投－知立間は20分間隔、西中金－猿投間は40分間隔、2両編成の運転であった。レールバス化によって西中金－猿投間は1時間間隔となり、通常は単行、混雑時のみ2両で運行した。1987年8月には若干大きい2軸ボギー車のキハ20形を増備した。

続いて三河線（海線）の末端部でもレールバス置き換えを行うため、1990年5月にキハ20形4両を新造し、7月より碧南－吉良吉田《きらよしだ》間の全列車をレールバスに置き換え、ワンマン化を実施した。日中は知立－碧南間15分間隔、碧南－吉良吉田間1時間間隔の運転である。

知立－碧南間の列車は、かつてはすべて山線に直通していたが、1時間おきに本線内急行運転の弥富《やとみ》行きを運転し、ほかは知立止まりとなった。ただし、実際には知立到着後に山線に折り返す便も多い。非冷房の旧型車が多く運用されており、1500V路線では最も車両の質の悪い線区となっていた。

レールバスについては、1995年にはさらに大型3ドア17m車キハ30型4両を増備し、新可児と猿投に2両ずつ配置し、キハ10形6両を廃車した。

岐阜近郊の「600V線」全廃までの道のり

美濃町線の廃止問題は1987年3月の「中部地方交通審議会岐阜県部会」答申でほぼその後の流れが決まったということができる。答申ではすでに「美濃町線新関駅－美濃間の存続の可否を検討したうえで、美濃町線の長良川《ながらがわ》鉄道関駅乗り入れを図る」としていた。

1992年6月30日に名鉄の箕浦宗吉《みのうらそうきち》副社長は「経営的に赤字であり、今後、黒字に転換させるのも困難。代替交通機関として長良川鉄道もある」として美濃市長と関市長に対して美濃町線の一部廃止を申し入れた。ここで名鉄は、できることなら1年以内に廃止を決定したいとの意向を示した。

この申し入れを受け、美濃市は1992年9月25日に市長の諮問機関として「名鉄美濃町線対策委員会」（太田隆一委員長）を発足させた。

この対策委員会では市内の美濃駅と松森《まつもり》駅（現在の長良川鉄道・松森駅とは別）には1日あたり500人以上の乗降客がいることから、通勤、通学に利便性を確保することができるか、市内商工業を中心に経済活動にどう影響するか、市が現在進めている諸事業に影響があるか、将来のまちづくりにどう影響するか、美濃町線の廃止による市のイメージダウンを回復させる有効手段があるかということ、さらに、長良川鉄道で代替する場合、定期運賃が高くなるなどの問題点が整理された。

委員会では、まず路線存続の道を探ることから議論が始められたという。ひとつの方策は「うだつ」がある古い町並みを生かして観光客の誘致を図ったり、市民のあいだで「乗って残そう」の運動を展開したりするというものであった。あるいは、美濃－新関間の赤字額は1億1700万円とされ、そのうちの全額または相当額を市で負担するという案である。しかし、観光客の誘致や市民による乗車運動で大幅に旅客が増加することは期待できず、増加する一方の赤字を補填するにしても、市の財政が耐えられるものか疑問とされた。

そこで、やむなく廃止することになる場合には関駅での乗り換えが必要となること、松森駅がなくなることで不便が増すことになるため代替交通機関となる長良川鉄道の輸送力増強と新駅の設置など対応策が必要であること、名鉄が提案する美濃駅の「跡地利用」計画を受け入れるなら相当部分の用地を市に提供するとしていることから、この開発計画をまとめる必要があることなど解決しなければならない問題があった。

1993年10月25日に「名鉄美濃町線対策委員会」は美濃市長に対して「長期的な存続困難条件により、廃止やむなし」との答申を提出した。

対策委員会では、2回にわたる名鉄の事情聴取のほか、長良川鉄道や岐阜乗合自動車との意見交換会など14回の委員会が開催され、検討が進められた。この答申にもとづき、美濃市長は名鉄、岐阜県など関係機関と諸条件について協議することになる。

答申では、まず美濃町線の現況について報告している。1991年度の新関駅の乗降客数は1968人で、この数値は1964年度の5270人の37％にすぎないもので、ほかの駅も中濃西高校《ちゆうのうにし》と下有知《しもうち》中学校がある神光寺駅を除いて同じような傾向をたどった。その結果、1991年度には、美濃－日野橋間で5億3000万円、美濃－新関間で1億1700万円の赤字をそれぞれ計上したという。

そして、存続の可能性として、赤字額が多額であり、また、人件費の上昇や施設の老朽化にともなって今後、赤字額がさらに増大するものと予測されること、輸送密度（1日1キロあたりの平均通過輸送量）が1095人と小さく、大幅な利用者増を図る有効手段もないこと、美濃－新関間には長良川鉄道が運行されており、長良川鉄道の関駅で美濃町線と長良川鉄道がホームタッチされれば利用者の利便性は著しく損なわれないことの理由で、「有効な方策を見いだすことができず、将来にわたって存続することは困難」という結論となった。

この答申の結論に沿って美濃市長は、名鉄、岐阜県、長良川鉄道などとのあいだで協議。現利用者の影響緩和対策として代替鉄道路線となる長良川鉄道のダイヤと松森駅の新設などについて話し合った。さらに、名鉄に対して軌道敷地の県道関美濃線のバイパス道路への転用や美濃駅用地の無償提供について要望した。

名鉄に対し、1994年1月に美濃市は13項目の条件を提示。11月には関市も14項目の条件を示した。12月には関市に対して名鉄からの回答があったが、以後、しばらくのあいだ、美濃市、関市と名鉄、長良川鉄道のあいだで協議が繰り返された。議論にいちおうの方向性が見えてきた段階で、1996年2月20日に岐阜県企画部が仲介に入ることになり、廃止への流れは大きく前進することになる。

1996年3月12日に名鉄は美濃市の条件に対する回答を提出。14日に岐阜県が入って美濃市、名鉄の3者で協議を実施し、9月4日に岐阜県が作成した対応案が名鉄に提示された。具体的な協議の内容についてはわからないが、美濃駅と線路敷の無償譲渡で難航したのかもしれない。

一方、長良川鉄道の関駅への美濃町線の乗り入れ問題については、１９９６年2月22日に関市に対して用地買収への協力を依頼。10月21日には名鉄から、岐阜県、美濃市、関市、長良川鉄道に対して、美濃町線を長良川鉄道の関駅に乗り入れてホームタッチを図る案の説明を行った。

美濃町線の線路は新関駅を出ると県道の中央部に設けられた単線の併用軌道を美濃に向けて通り抜ける。この県道は長良川鉄道の本屋からは裏側にあたり、下りホームと本屋を結ぶ構内踏切の脇に美濃町線からの乗り換え客の便を図って改札口も何もない小さな西口が設けられていた。

名鉄美濃町線（1999年）＊

廃止後は美濃町線の美濃駅から県道を横切って長良川鉄道の美濃駅の構内に乗り入れることになった。この県道横断については岐阜県土木部とのあいだで協議が重ねられることになるが、１９９8年3月18日になって安全確保を条件に県道横断を了承する旨の回答書が送付された。そこで、県警との協議のうえで、名鉄が費用を負担して警報装置を設置することに決まる。

１９９８年3月23日に名鉄は岐阜県企画部に対し、関市、美濃市に対する協定書案を提出した。関駅でのホームタッチと廃止の時期が最大の関心事であったが、6月11日には大筋で合意を得ることができた。

１９９８年9月24日に岐阜県の立ち会いのもとに、美濃市、関市、名鉄の3者は「名鉄美濃町線一部路線の廃止に関する基本協定」を締結した。

合意内容（美濃市に対するもの）は次のとおりである。

①長良川鉄道と名鉄美濃町線との運賃差額を補填する。
◎通勤定期券は利用者が廃止時に所持する定期券の有効期間内とする。
◎通学定期券は廃止時に在学している学校の在学期間内とする。
◎回数券は廃止前に購入した回数券分とする。
②乗車券の連絡運輸制度を確立する。
◎普通切符は、長良川鉄道有人駅と名鉄美濃町線、田神線有人駅で、相互の切符が買えるようにする。

◎定期券は、長良川鉄道の美濃太田《おおた》駅－郡上八幡《ぐじょうはちまん》駅と名鉄の美濃町線、田神線のすべての駅相互の区間とする。
③松森駅の代替駅として松森地区に長良川鉄道新駅を設置する（下有知駅の代替駅は同駅から東南に約７００ｍに、松森駅の代替駅は東に約３００ｍの位置に、長良川鉄道に新駅を設置）。
④名鉄の長良川鉄道新駅への運行ダイヤは、基本的に長良川鉄道の運行ダイヤに合わせる。
◎朝7時台の長良川鉄道運行ダイヤに増便（1便）、増車を行う。

将来に向けての条件
①美濃町線の高速化および近代化に向けての改良計画を策定する。
②岐阜と奥美濃方面との直通列車の運行については、需要を見ながら新車両の開発を考える。
③美濃駅舎の整備および周辺地域の緑化整備を行い、美濃駅用地とともに市へ提供する。
④顕彰碑を建設する。
⑤美濃市の活性化に対して協力する。
◎テレビなどで市の宣伝や観光客の誘致等に協力する。
⑥線路用地を市へ提供する。
◎市道として整備をし、美濃市と関市の市街地を結ぶ県道化をすすめる予定。

名鉄は１９９８年4月2日に関市に対して長良川鉄道の関駅への乗り入れのための約３００ｍの用地買収について協力を要請。名鉄の依頼を受け、関市土地開発公社が用地買収の交渉と先行取得を行うことになった。名鉄は公社から用地を購入し、自己資金で線路の敷設と新駅の建設を行うことになった。

さらに、名鉄は美濃駅用地約４０００平方ｍを美濃市に、また、新関－美濃駅間の軌道敷地を両市に無償譲渡することになった。

名鉄は１９９８年10月22日にホームタッチのための工程変更の認可申請書を岐阜県に提出。続いて11月26日に軌道運輸事業の一部廃止許可申請書を岐阜県に提出し、12月1日に建設省、運輸省に進達された。そして、１９９９年3月5日に申請は受理され、3月31日にさよなら列車の運転を最後に新関－美濃間６・３㎞は廃止された。翌日から長良川鉄道の関駅への乗り入れを開始した。

廃止にあたって、名鉄に対して新岐阜－関間のスピードアップを要求した。従来50分程度要するのを30分台で運行できるように、踏切の統廃合、立体交差化、線形の改良などの改善を求めるというもの。また、美濃市との協議のなかでしばしば主張された美濃町線の長良川鉄道への直通運転についても、将来的には新車両を開発し、新岐阜駅－奥美濃間の列車を走らせることを要望した。

　名鉄は１９９８年11月24日の記者会見の場で不採算路線５路線６区間の廃止を検討していることを公表した。岐阜県内は、谷汲線・谷汲－黒野間14km、揖斐線・本揖斐－黒野間７km、八百津線・八百津－明智間９km、竹鼻線・江吉良《えぎら》－大須《おおす》間８kmの４路線。一方、愛知県内は、三河線・猿投－西中金間11kmと碧南－吉良吉田間21kmの１路線２区間である。

　すでに岐阜県の揖斐線、谷汲線、八百津線については沿線自治体との協議に入っていることが明らかにされたが、愛知県内の碧南－吉良吉田間の自治体からは存続要望書が提出され、また、一部の自治体とのあいだでは協議にも入れない状況であった。

　名鉄は自治体とのあいだで、自治体の補助で鉄道の運行を続行するか、あるいは鉄道を廃止して名鉄が代替バスを運行するか、さもなければ完全撤退の三つの選択肢について検討を進めるとしていた。

　その後、１９９８年６月１日に三河線の碧南－吉良吉田間がキハ20形レールバスでのワンマン運行に代わった。続いて２００１年10月１日に谷汲線全線と揖斐線・黒野－本揖斐間、八百津線・明智－八百津間、竹鼻線・江吉良－大須間を廃止。八百津線と広見線の末端部ではレールバスによるワンマン運行が実施され、八百津線については１９８４年９月23日に電気運転を廃止し、電気設備が撤去された。続いて２００４年４月１日に三河線・西中金－猿投間、碧南－吉良吉田間を廃止したが、西中金－猿投間についてはレールバスによるワンマン運行を行っていた。

　そして、２００５年４月１日に岐阜６００Ｖ線区の残っていたすべて、岐阜市内線、揖斐線、美濃町線、田神線を廃止し、一連の不採算路線の整理は終わった。

近畿日本鉄道

ローカル線も多数抱える日本一の私鉄

　近鉄のローカル線について、輸送密度（１９９２年度）の順で並べると、八王子《はちおうじ》線４３１２人、内部《うつべ》線６７９２人、信貴《しぎ》線６７９７人、田原本《たわらもと》線７４５５人、養老線（友江《ともえ》－北大垣《きたおおがき》間）７５０４人、北勢線（西桑名－七和《ななわ》）７

734人、道明寺《どうみょうじ》線8682人、養老線（桑名－多度《たど》間）9047人の順である。ただし、伊賀《いが》線についてはデータがない。

このなかで、1955年時点で田原本線の2395人に並んで2118人を運んだ生駒《いこま》線は、10年で倍に伸びる勢いで旅客を増やし、1992年度には2万7773人と、すでに都市近郊路線の輸送量を持つに至っている。両線とも都心から同じような距離にある路線ではあるが、田原本線が国鉄関西本線に接続するのに対し、生駒線は近鉄奈良線に接続し、また1986年10月の東大阪線の開通によって一気に沿線の都市化を進め、田原本線との差を拡大していった。

生駒線と田原本線は、いずれも400系などの小型車によって運行していたが、ラッシュ時の輸送力アップのため、1973年9月に中型車の820系4両編成1本を投入。1976年の800系10両の転用によって中型化を完了した。

さらに、生駒線は旺盛な通勤需要に対応するため、1977年には菜畑《なばた》－南生駒間2・2kmを複線化して朝の10分間隔運転を開始。また、1984年夏以降に逐次、大型車化を進め、1989年8月に完了した。

一方、田原本線についても1990年7月から大型車化に着手し、1992年3月のダイヤ改正ではワンマンの運転開始にともなって全車、大型車の8400系3両編成6本に置き換えた。同時に、それまで日中30分間隔であったのを20分間隔に増発している。なお、田原本線で採用したワンマン方式は駅で運賃精算を行い、車内に運賃箱を置かない方式である。

伊賀線は西名張《にしなばり》と関西本線の伊賀上野《うえの》を結ぶ鉄道として開業した狭軌（1067mm）路線である。のちに参宮急行電鉄が計画する宇治山田までの路線の経由地に位置することから、これに買収されることになる。伊賀神戸《かんべ》－西名張間は現在の大阪線と完全に競合するため、戦時中にいったん休止したのち、戦後に復活を果たすが、結局は1964年に廃止され、撤去された。運転系統は完全に上野市《うえのし》で切られ、全線を直通する列車はない。伊賀上野－上野市間は1時間間隔、上野市－伊賀神戸間は30分間隔で運転されており、長らくこの運転形態は変わっていない。

1984年以降も車両の取り替えが進められ、1984年度には生駒線の大型化によって余剰となった820系2両編成4本が1067mm軌間用に改造（860系）のうえ、伊賀線に転用、1986年度にも800系を2両編成に改造のうえ、880系として2編成を投入した。

これで5000系旧型車は一掃される。さらに、1992年度には田原本線の大型化によって捻出された820系（860系）2両編成3本を冷房改造して投入し、1986年に入線した880系を早々に廃車とし、860系に統一することになる。併せて860系2両を冷房改造し、7本中4本を冷房化した。

養老線は桑名－揖斐間57・6㎞を結ぶ狭軌（1067㎜）路線である。沿線には養老の滝、多度山《たどやま》、華厳寺《けごんじ》などの観光資源が豊富であるが、路線の性格はむしろ桑名と大垣両都市を中心とする通勤、通学輸送にある。大垣側は1992年度に1日平均7504人の輸送密度があり、桑名側も9047人とローカル線の範疇を超えるものがある。しかし、途中区間は閑散としており、長大路線を残す意味が薄れてしまっていた。また、かつては東海道本線と関西本線を短絡する貨物ルートを構成していたが、現在は貨物列車の運転は行われていない。

1974年から1982年ごろまで桑名9時52分発養老行きの急行が設定されていたが、通勤用に使用した列車を養老駅に日中滞泊させるために急行運転させたもの。

1994年3月のダイヤ改正では桑名－大垣間の系統を1時間間隔、その間に桑名－美濃松山《まつやま》間の区間列車を入れて30分間隔として、都市近郊では増発、閑散区間では減便を実施した。

近鉄は1067㎜の狭軌線のほかに762㎜の特殊狭軌線を持っていた。北勢線、八王子線、内部線の3路線である。

北勢線は西桑名を起点に阿下喜までの20・4㎞を走る路線で、桑名市への通勤、通学輸送として利用されている。輸送密度は1955年には3501人（全線）にすぎない閑散路線であったが、1966年には1万775人（西桑名－七和間）に増加。1971年ごろまで横ばい状態が続いていたものの、以後は減少に転じ、1977年は8855人、1992年は7734人となっている。依然として桑名市内にかぎって見ればローカル線の範疇を超える都市路線であるが、ナローゲージのためにスピードアップも難しく、また、更新を終えたとはいうものの、車両が小型のため、冷房の設備も実現していないなど設備がニーズにマッチしていない。

北勢線の近代化は1977年から1978年にかけて行われた。単線自動閉塞化の実施、ATSの設置、軌道の強化、北大社の車両基地の新設、270系6両の新造などである。これによって機関車に牽引される列車のように終点でトレーラーをつけ替える機回《きまわ》しの作業が不要となった。

また、日中は西桑名－阿下喜間30分間隔の運転であったのが、西桑名－西別所《にしべっしょ》間、西桑名－北大社間、西桑名－阿下喜間の列車をそれぞれ40分間隔で運転し、西桑名発列車は、10分、15分、15分の間隔で運転されるという大幅な増発を行った。

１９９０年度には２７７系１両を増備して平坦線専用の４両編成２本に組み込まれていた２２０系旧型車２両ずつを４両編成にまとめて電動車２両の強力編成を組んだが、１９９２年に廃車となった。同年には、西桑名－北大社間、西桑名－阿下喜間が各30分間隔に減便されている。

内部線、八王子線は、近鉄四日市－内部間５・７㎞が内部線、途中の日永《ひなが》で分岐して伊勢八王子に至る路線が八王子線である。八王子線は全列車が近鉄四日市に乗り入れている。八王子線は１９７４年水害に遭って運転を休止していたが、１９７６年４月に西日野《にしひの》－伊勢八王子間４・６㎞を廃止し、残りの日永－西日野間１・３㎞の運転を再開した。

北勢線の近代化後もひとり近代化に取り残された感があったが、１９８２年度には、いよいよ新型車モ２６０形５両、ク１６０形３両が投入されるに至った。また、１９８９年６月にはワンマン運転を実施した。田原本線の場合とは異なり、「ワンマンバス」方式の車内で運賃精算をする方式で、独立型ワンマン路線と呼んでいる。

内部線、八王子線は、１９８６年８月のダイヤ改正までは両線とも25分間隔（一部時間帯27分間隔）で、運転系統が重複する近鉄四日市－日永間では18分、７分の間隔で運転していた。ダイヤ改正以後は両線30分間隔運転で、四日市の発車は17分、13分の間隔となった。

養老線と伊賀線の経営形態変更

大手私鉄である近鉄にとって、支線問題に対する解決策を探る焦点は運賃と補助金の２点に集約することができる。つまり、運賃の引き上げと公的資金の投入が可能な手法が最終的な解決策となるのである。

従来の大手私鉄のローカル線区の問題に対する対応策は一体的な経営という枠組みを抜け出すことができなかった。合理化によるコスト削減策が講じられ、十分な効果が期待できないような路線については廃止という、いわば究極の選択肢が選ばれた。近鉄の場合も同じで、設備投資によって合理化を進めて費用の削減に向けた努力を続けた。そして、北勢線の場合には最終的に廃止が決断されることになり、２００３年４月１日に地方私鉄の三岐鉄道に経営が引き継がれることになった。

養老線

近鉄養老線は近鉄名古屋線の桑名を起点にして東海道本線の大垣までの区間と、大垣からさらに北上して揖斐に至る、実質的に大垣を境とする二つの区間で構成されている。

１９１３年に養老鉄道（旧）が最初の区間を開業させ、その後、１９１９年までに全線を完成させた。一時、揖斐川電気が直営することになるが、間もなく養老電気鉄道として独立させたうえで、同じく揖斐川電気の系列である伊勢電気鉄道に合併した。伊勢電気鉄道は名古屋までを目指して計画を進めていたものの、結局、実現せずに経営が破綻し、競争相手の参宮急行電鉄が設立した関《かん》西《さい》急行電鉄に事実上吸収された（実際は共同出資によって関西急行電鉄を設立）。養老線は独立して養老電鉄となるが、１９４０年には関西急行電鉄を合併した参宮急行電鉄にこの養老電鉄は合併することになる。その後、参宮急行電鉄は親会社である大阪電気軌道と合併して関西急行鉄道に社名を変更。１９４４年には関西急行鉄道は南海鉄道と合併して近畿日本鉄道となる。こうして養老線は複雑に有為転変を繰り返して大近鉄の一路線となったのである。

揖斐川上流域と伊勢湾に面する物流の拠点として栄えた桑名を直結する東海道本線のバイパス鉄道として建設された。もともと貨物輸送もまた重要な建設目的であり、１９９６年まで貨物列車を運行していた。

また、養老線の沿線には、養老の滝、多度山、華厳寺などの行楽地が点在し、休日にはハイキング客の利用が見られるものの、現在では、むしろ桑名と大垣両都市を中心とする通勤、通学輸送に重点がある。

大垣を境に桑名－大垣間と大垣－揖斐間に運転系統が完全に分離し、それぞれ40分間隔で運行していたが、１９９４年3月のダイヤ改正で、桑名－大垣間の系統を１時間間隔、その間に桑名－美濃松山《まつやま》間の区間列車を入れて30分間隔として、都市近郊では増発、閑散区間では減便するというメリハリのあるダイヤに変更した。

また、近代化、合理化投資としては１９７１年6月に単線自動信号化とＡＴＳの設置を実施。併せて列車からの信号を受けて自動的に進路を設定するＡＲＣ（自動進路制御装置）を設置した。車両についても、１９７０年から１９７１年にかけてＡＴＳ設置に合わせ、それまでの小型車を整理し、南大阪線、志摩《しま》線、名古屋線から中型車を転用。これらも１９７９年以降、名古屋線の大型車に置き換え、さらに、１９９２年からは名古屋線から冷房つきの高性能車を投入した。

その後、2003年3月6日に早朝の列車の一部廃止などを内容とするダイヤ改正が実施された。

伊賀線

近鉄伊賀線は大阪線の伊賀神戸と関西本線の伊賀上野を結ぶ16・6㎞の単線鉄道である。もともと地元が設立した伊賀鉄道（旧）によって1922年に開業した路線であり、当時は伊賀神戸からさらに西名張まで路線が延びていた。現在の近鉄大阪線がない時代に国鉄関西本線と上野、名張の二つの地方都市を結ぶ鉄道として建設された。

その後、参宮急行電鉄が宇治山田までの新線建設を計画した際に路線が一部で重複する伊賀鉄道を取得した（いったん参宮急行電鉄の親会社にあたる大阪電気軌道と合併）という経緯があって、参宮急行電鉄の流れを汲《く》む近鉄の経営となったというわけである。

しかし、伊賀神戸－西名張間は完全に現在の近鉄大阪線と並行区間となるため、戦時中に不要不急路線としていったん廃止される。戦後に復活を果たすが、1964年に再度廃止され、撤去された。

伊賀線は人口10万人の伊賀市の中心部で上野城の城下町として開けた旧・上野市を起点に関西本線・伊賀上野と近鉄大阪線・伊賀神戸の2方向に向かう路線としての使い方がされており、運転系統は完全に上野市を境に分断されている。

伊賀上野－上野市間は、関西本線の列車に合わせて1時間間隔、上野市－伊賀神戸間は30分間隔で運転されている。

伊賀線の近代化は1977年5月に総額7億円を投じて単線自動閉塞化するとともに、途中6駅の交換設備を廃止。また、ホームを延伸して戦前、戦後期に製造された名古屋線の中型車を狭軌化のうえ転用した。さらに、1984年度以降、冷房つき高性能中型車への置き換えを進めることになる。

経営形態変更への道のり

経営形態の移行の動きは2004年3月に行われた伊賀線に関する近鉄による地元説明に始まった。三重県、上野市に対して伊賀線の深刻な経営状況を説明し、支援措置を要望したのである。

翌月には養老線に関して、三重県、岐阜県、沿線市町に対する説明があり、これを受けて地元主導により、中部運輸局、近鉄を交えて同年8月に「養老線対策勉強会」、9月に「近鉄伊賀線に関する研究会」を発足することになる。

養老線と伊賀線で地元の対応に違いがあるのは、伊賀線が単一の自治体の行政エリアに路線が収まっているのに対し、養老線は七つの市町にまたがるため、自治体間での意見の調整に手間どったためである。

この勉強会、研究会では、近鉄のスタンスはあくまでも「廃止ありきではない」「地域に貢献する鉄道という認識のもとで」支援を求めるというものであった。一義的には赤字に対する公的支援を引き出すことを主眼としていた。

その後、養老線についても「勉強会」を「研究会」に改組して伊賀線と足並みをそろえることになる。そして、2006年3月に養老線、伊賀線のそれぞれの研究会は近鉄とのあいだで各路線に対する支援に関し、養老線は「確認書」、伊賀線は「覚書」を交わすことになる。ただし、この段階では上下分離が俎上《そじょう》に載せていただけで、具体的な支援措置について固まっていたわけではないようである。いくつかの選択肢があり、第三セクター化やほかの民間鉄道事業者への譲渡などについて、公式、非公式に議論されていた。

当時の報道によれば、近鉄は2006年6月に廃止届を提出し、年度末には経営を移管する意向を持っていることが報道されたりした。

結局、養老線について沿線7市町が存続について合意するのは2006年の年末近くになってしまう。そして、自治体が議会でこの件について了解を得たのは翌年の1月であった。

この間、地元では鉄道存続に対する住民意識の掘り起こしに努めていた。

養老線の揖斐－大垣間に位置する池田《いけだ》町では2006年3月1日から5月8日までアンケート調査を行った。対象としたのは、自治体役員、池田中学校、池田高等学校の生徒、各小学校のPTA役員である。町の提案箱での回収も含めて1344通の回答が寄せられた。5月24日に集計結果が発表されたが、週に2～3回以上、養老線を利用しているのが11・7％と低率であるが、「廃止されては困る」とする回答は76・8％に上るというものであった（『朝日新聞』名古屋地方版、2006年12月16日）。

養老線の利用が少ない理由として、「駅まで遠い」「駐車場が少ない」「便数が少ない」「運賃が高い」ことが挙げられ、需給のミスマッチが浮き彫りにされたかたちとなった。

また、大垣市は市議会において、「市民の養老線利用者が少ない」ことを理由に存続支援に消極意見が提出されたため、9月下旬に市全域の12歳から80歳までの５２０人を対象に聞きとり調査を行った。その結果は養老線を「必要」とするものが56・5%でいちばん多く、「不要」は16・4%にとどまった。そのほか、「わからない」は27・1%であった。

一方、伊賀線では「近鉄伊賀線に関する研究会」の取り組みの一環として、２００５年4月に自治会、各種団体によって「伊賀線活性化協議会」が設立され、利用促進啓発運動を実施したほか、ギャラリー列車、サイクルトレイン（自転車の車内持ち込み）の運行などを実施した。

また、伊賀市は２００５年12月19日から翌年1月20日までパブリックコメント（意見募集）を行い、その内容はインターネットで公開している。

最終的に合意した鉄道存続のスキームは、養老線と伊賀線の両線について、運行と資産の保有、管理を分離する、いわゆる「上下分離」を実施したうえで、運行については新しく設立する会社に移管するというもの。近鉄は運営会社に地元出資を受けて第三セクターとする意向であったが、これは実現しなかった。

近鉄は２００７年2月14日に養老線、3月26日に伊賀線の廃止届を中部運輸局に提出した。近鉄の山口昌紀《やまぐちまさのり》社長は記者会見で「保安上の管理責任を近鉄が負う新しいかたちでレールを守っていきたい」と新経営形態に移行することへの気概のほどを披瀝《ひれき》した。廃止届と同日に、養老線については「養老鉄道」、伊賀線については「伊賀鉄道」が設立された。

養老鉄道は資本金1億円で、１００%を近鉄が出資する。本社は西大垣に置き、社長は近鉄の野口満彦専務取締役が兼任した。

伊賀鉄道は資本金５０００万円で、すべて近鉄の出資。事業形態の移行時期までに2%、20株を伊賀市に譲渡した。社長は近鉄の中村精一常務取締役の兼任となる。

その後の日程は、地元の了承にもとづいて廃止の繰り上げを申請し、これが認められた段階で養老鉄道、伊賀鉄道が第2種鉄道、近鉄が第3種鉄道事業許可を申請。10月1日には新しい経営形態のもとでの運行を開始する計画である。

この上下分離は車両を含めて土地、施設のすべてを近鉄が第3種事業者として保有、管理するというのが特徴である。近鉄は施設を新会社に賃貸して実費を線路使用料として徴収するが、その金額には減価償却費などの資本費が含まれないとするため、この分が近鉄による実質的な補助ということになる。

近鉄が事業用資産を保有するメリットが見えてこない

が、穿《うが》った見方をすると、更新、維持投資を近鉄が実施して費用を負担することで新会社のリスクを軽減し、これによって地元自治体が出資しやすい環境を整えておくという思惑があるのかもしれない。

　また、当初、養老鉄道は１０３人、伊賀鉄道は約40人の職員で再出発となるが、すべて近鉄からの出向で賄うことになる。将来的には退職者の再雇用などによって人件費の削減を進めた。

　さらに、近鉄から経営が切り離されることにより、別運賃の設定が可能となり、２割程度の運賃の引き上げを見込んだ。

　自治体の財政支援は、養老線については、２００７年度は固定資産税相当額として1億１０００万円、２００８年度から3年間は資本費を除いた赤字の半分について年3億円を上限に7市町で分担して補助する。その後、3年ごとに支援策を見直すことになった。

　伊賀線については、10年間にわたって伊賀市が年６０００万円を補助するとともに、伊賀市と名張市による広域行政組合が運賃の激変緩和措置として4年間にわたって補助する。２００７年度は年度途中からとなるため１０００万円、２００８、２００９年度は２０００万円、２０１０年度は１０００万円である。

　その結果、各線区の収支の動向は、養老線については、２００５年度の赤字額の実績が14億３０００万円であるのに対し、運賃引き上げで2億円、人件費削減などの合理化で3億円、計5億円の赤字が減少することを見込んだ。伊賀線については、２００５年度の赤字額が4億３０００万円であるのに対し、運賃値上げなどで1億３０００万円を削減することを計画した。

　２００８年度から車両の更新を行い、国、県の補助金、合併特例債を財源に4億７８００万円の支援をした。国、県の近代化補助金と事業者負担分を特例債の発行収入を充てるためには伊賀鉄道自身が新車を調達することが必要となるため、２００９年に東急の１０００系5編成10両を購入して２００系とした。

　２０１７年にはさらなる経営形態の変更があり、近鉄から伊賀市に鉄道施設を無償譲渡されて公有民営に移行した。伊賀市の出資比率は25％となり、伊賀鉄道が第三セクターの第2種鉄道事業者に、伊賀市が第3種鉄道事業者に変わった。

　養老線についても、２０１８年に地元が設立した養老線管理機構に施設を移管した。

内部・八王子線の経営形態変更

近鉄は２００６年3月にけいはんな線開業、２００９年3月に阪神なんば線開業にともない近鉄奈良線との相互直通運転を開始するなど大規模な設備投資を実施したが、一方で、運輸事業の営業利益率が12・9%（２０１１年度）であるものの、そのほかの事業が押しなべて不調で、全体の営業率は4・3%にとどまっていた。また、系列の大日本《だいにっぽん》土木が経営破綻して２００２年に民事再生手続きを開始（翌年に再生手続き終了）するなどグループの経営上の問題も抱えていた。そこで２０１０年度に始まる「近鉄グループ経営計画」で大規模な構造改革を推進することになる。そのなかで、鉄道事業のリストラ策のひとつとして不採算線の見直しを行った。

近鉄は２０１０年12月、特殊狭軌線の内部線、八王子線について、地元の四日市市に対して支援を申し入れた。これに対し、四日市市は翌年3月に策定した「四日市市総合交通戦略第1次推進計画」に車両更新補助と西日野駅、内部駅の駅前広場整備費を盛り込んだ。

しかし、近鉄から２０１２年1月に鉄道を維持する場合は「一定の運営費補助がなければ鉄道という形態での事業継続が困難である。２０１３年夏頃を目途に基本的な方向性を打ち出したい」との申し出があり、これに対して四日市市は否定的な立場を示したが、近鉄とのあいだで２０１３年8月末までを期限に協議を続けることになり、6月に四日市市議会に「総合交通政策調査特別委員会」が設置された（大塚良治《おおつかりょうじ》『「四日市あすなろう鉄道」誕生までの道のり』 https://toyokeizai.net/articles/-/75491?page=4）。さらに、8月には近鉄本社で地元住民との会談が持たれ、この場で近鉄側からは廃止を含めた経営分離を示され、この方針が会社として決定した事項であることを印象づけた。近鉄側も運営費補助が実施されない場合は線路を撤去してバス専用道を整備し、ＢＲＴとして自社で運営する代案を出した。これなら運賃や輸送力を現状維持できると説明したが、初期工事費や車両代など25億～30億円の負担を四日市市に要請するというもの。これは四日市市が拒否した。

このような動きのなかで、四日市市議会の議員有志による「内部・八王子線の存続活動を推進する議員連盟」が立ち上げられ、沿線の高校ＰＴＡらによって構成される「北勢地区高等学校ＰＴＡ連合会」が近鉄に2万８３８人を超える署名を提出し、地元市民レベルでの存続への運動が活発化していくことになった。

このような状況を受け、四日市市は協議期限を２～３週間延長することを申し入れ、最終的に9月27日に四日市市と近鉄のあいだで公有民営による上下分離での存続で合意した。そして、翌年3月27日に、近鉄75%、四日市市25%出資によって第三セクターの四日市あすなろう鉄道が設立された。

四日市市は沿線高校やNPO（非営利団体）を含めて「内部・八王子線利用促進協議会」を設置する一方で、2015年3月11日に国による鉄道事業再構築実施計画の認定を受け、四日市市が鉄道施設や車両を第3種鉄道事業者として保有し、用地を近鉄から無償貸与を受け、これを四日市あすなろう鉄道に無償貸与することになった。開業10年間に鉄道施設の維持修繕に約4億円、鉄道施設の老朽更新に約21億円が投じられる予定となっている。四日市市に対して設備投資、修繕費用の補助として、国が3分の1、三重県が6分の1を負担。四日市あすなろう鉄道が事業計画で20億円と想定する損失に対し、近鉄が協力金として8億円、残りを四日市市が負担することが決まった。

第4章　ローカル私鉄の活性化の実例

昭和50年代以降に廃止された路線の共通点

昭和50年代以降の地方ローカル線の廃止は、まず国鉄のヤード系車扱い貨物の廃止による連絡駅の貨物扱いの廃止にともなうものが見られる。たいていは貨物扱いの廃止にとどまったものの、別府鉄道のように路線廃止に至る事例も見られた。

また、当時はモータリゼーションの進行が急速であったが、それに対して市場環境のよい路線では積極的に設備投資を行い、ＣＴＣの整備による信号扱いの省力化、無人駅化、ワンマン化によって、旅客減に対して省コストによって乗り切ろうとしていた。たとえば、長野電鉄や富山地方鉄道である。しかし、市場環境がよくない路線については設備投資も難しく、資金の借入までをして投資するまでもなく、バスに転換していった。なかには、昭和30年代から更新投資がままならずに老朽化が進み、朽ち果てて廃止に至った路線もある。

さらに、鹿児島交通の伊集院－枕崎間や松本《まつもと》電気鉄道（現・アルピコ交通）上高地《かみこうち》線の新島々《しんしましま》－島々間の場合は自然災害によって運行を休止し、その後、復旧されずに廃止された。

特定地方交通線転換第三セクターの取り組み——いすみ鉄道の事例

特定地方交通線に選ばれた木原線

第三セクター「いすみ鉄道」は外房線の大原を起点にして、大多喜を経由して上総中野《かずさなかの》までの営業キロ26・8㎞の元国鉄木原線である。

いすみ鉄道の本社が置かれた大多喜町は近世に栄えた流通の中継地で、夷隅川《いすみがわ》を使って竹をいかだに組んで流すなど林業でも栄えた。明治時代に建てられた文化財的な建物も残され、幹線鉄道が通らなかったことで、かえって昔の雰囲気を残している。

いすみ鉄道は１９８８年３月24日に旧国鉄の特定地方交通線の木原線を引き継いで営業を開始した。出資比率は、千葉県34・２％、大多喜町15・17％、大原町（現・いすみ市）７・51％、夷隅《いすみ》町（現・いすみ市）５・18％、小湊《こみなと》鉄道５・58％、千葉銀行３・72％などである。

移管までの経緯は次のとおり。１９８０年12月に国鉄の経営再建計画のなかで輸送密度が４０００人未満の路線を特定地方交通線とし、当面、２０００人未満の路線を廃止対象とすることが決定した。木原線の輸送密度は廃止基準とされた１９７７〜１９７９年の平均値が１８１５人と２０００人を下回ったため、１９８１年９月に廃止対象とされる特定地方交通線に指定された。その後、沿線での「乗って残そう」運動が功を奏して徐々に旅客数が増加し、１９８１年度の実績が２０１５人と、わずかながら２０００人を突破。廃止を協議する木原線特定地方交通線対策協議会は断続的に中断することになるが、最終的に１９８６年11月７日の第11回協議会において「木原線は第三セクターによる鉄道として存続させること」を決定した。

１９８８年に木原線は第三セクターに移行することになったが、鉄道施設が無償で譲渡されたのに加え、営業キロ１㎞あたり３０００万円を限度として転換交付金が支給された。いすみ鉄道の場合は営業キロは26・８㎞であるため、単純計算では８億円あまりということになる。

いすみ鉄道の第１期（１９８７年度）営業報告書には補助金７億２５３５万円、第２期には１億２６１４万円の補助金を受け入れ、これに見合う固定資産の圧縮記帳をして費用計上している。これが転換交付金の収入であるものと思われる。これを財源にして、検修設備、大原駅専用ホーム設備、上総東《あずま》駅交換設備、本社事務所新築、電気閉塞装置導入に４億４０００万円、新製車両７両の３億５５２５万円に充てられた。

また、特定地方交通線の転換鉄道に対しては開業後、５年間にかぎり運営費補助が実施された。前年度の旅客運輸営業によって生じた経常損失について、国が２分の１を補助するというもの。いすみ鉄道は残りの半分を基金の運用益で充当することになる。１９８８年度の国と基金からの補助額はそれぞれ75万円、１９８９年度は国２３３万円、基金２４６万円であった。

基金とは県、沿線自治体の拠出と沿線企業による寄付金を原資にした大多喜町鉄道経営対策事業基金で、開業

図表50　いすみ鉄道に対する大多喜町鉄道経営対策事業基金の状況

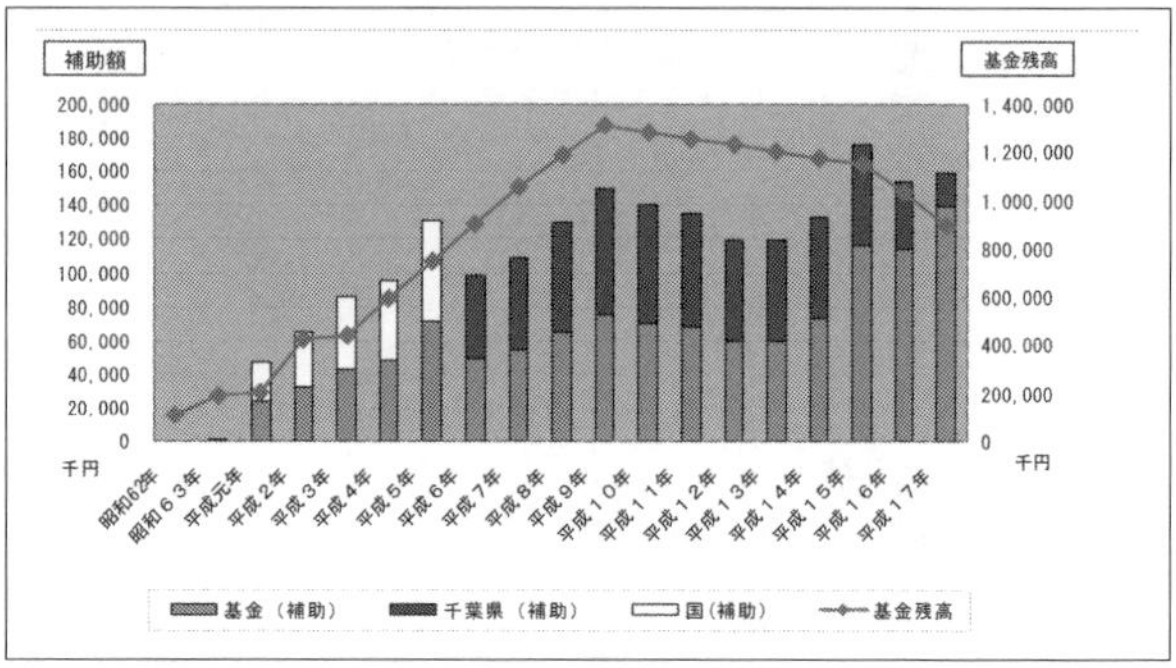

出典：千葉県「いすみ鉄道再生会議」資料「いすみ鉄道の現状について」
https://www.pref.chiba.lg.jp/koukei/shingikai/isumi/documents/isumisankou3.pdf

時に1億7000万円で設立された。1991年度には4億円あまりの額となっていたが、そのうちの2億円が県が拠出したもので、残りが沿線市町と寄付金ということになる。1992年度に1億5000万円を基金に拠出して県による基金の積み立てては終了した。その後は沿線市町と寄付金による積み立てが続き、1997年度の13億円あまりがピークとなる。

なお、国による欠損補助は1993年度に支給された前年度分5919万円で終了した。その後は前年度の経常損失の全額を基金から支給することにして、そのうちの2分の1を県が負担するという間接補助のかたちをとった。1994年度は欠損補助額9950万円に対して県は4936万円を負担した。この県による負担方式は2003年度まで続いたが、2004年度は補助額1億5391万円に対して県は4000万円、2005年度は1億5900万円に対して2000万円、2006年度は1億4534万円に対して2000万円で推移している。このため、必然的に基金の取り崩し額が増え、基金の残高は、2005年度末は8億9500万円、2006年度末は7億7038万円に減少した。

赤字を抑制する「いすみ鉄道経営改善計画」

1998年度の経常損失は1億3531万円で、1988年度は112万人あった旅客数が71万人まで減少し、さらに下げ止まりを見せないという状況にあった。そこで、2000年度から2008年度までを計画期間として、経常損失の拡大を抑制するために「いすみ鉄道経営改善計画」を実施することになる。

しかし、その後も経常損失は2000年度の1億1938万円から、2001年度は1億3268万円、2002年度は1億7548万円へと拡大していった。

そこで、2003年7月14日に2004年度から2008年度までの5年間について計画の見直しを発表した。

併せて千葉県が設置した行政改革推進委員会でも、いすみ鉄道について「県事業の必要性は高くない」「あり方について検討すること」とされ、別途、検討課題とされた。これを受け、経営支援のあり方を含め、地元市町で組織する「いすみ鉄道対策協議会」で検討を行うことになった。

この見直しでは経常損失額の縮減を図ることによって、いすみ鉄道の運行を維持することを目指すが、そのために運行ダイヤを通勤、通学時間帯中心の効率的なものに改めること、従来の乗務員の運用を7行程から6行程に削減して人員の削減を実施するというもの。そのほか、乗務員ばかりでなく、組織別、職務別に要員の見直しを実施するとともに、民間委託やボランティアの活用、高齢者の登用による人件費の削減を図ることを掲げた。

また、車両の老朽化が進んでいるものの、取り替える余力がないため、リニューアル工事を実施して引き続き使用するほか、大原駅と上総東駅のポイントの交換は先端軌条のみの取り替えで済ませる。一方、早急な修繕が必要とされた此華《このはな》橋梁については速やかに修繕して安全を確保するとした。

そして、2004年4月1日よりダイヤを改正した。大原－大多喜間について見ると、従来の17往復が13往復に削減された。とくに目立つのは大原22時16分発大多喜行きが廃止され、最終列車が21時07分に繰り上がったことである。従来は東京19時57分発上総一《いち》ノ宮《みや》行き快速、上総一ノ宮－大原間の普通列車の乗り継ぎで間に合ったが、改正後は東京駅19時05分発上総一ノ宮行き快速を利用しなければならなくなった。しかも上総一ノ宮で普通列車の接続時間が18分も空くというのも問題であった。

このダイヤ改正では乗務員ばかりでなく車両の使用数を1両削減することになり、利便性の低下を上回るコスト削減が見込まれるということで、あえて断行したものである。

図表51　いすみ鉄道の経常損益の推移

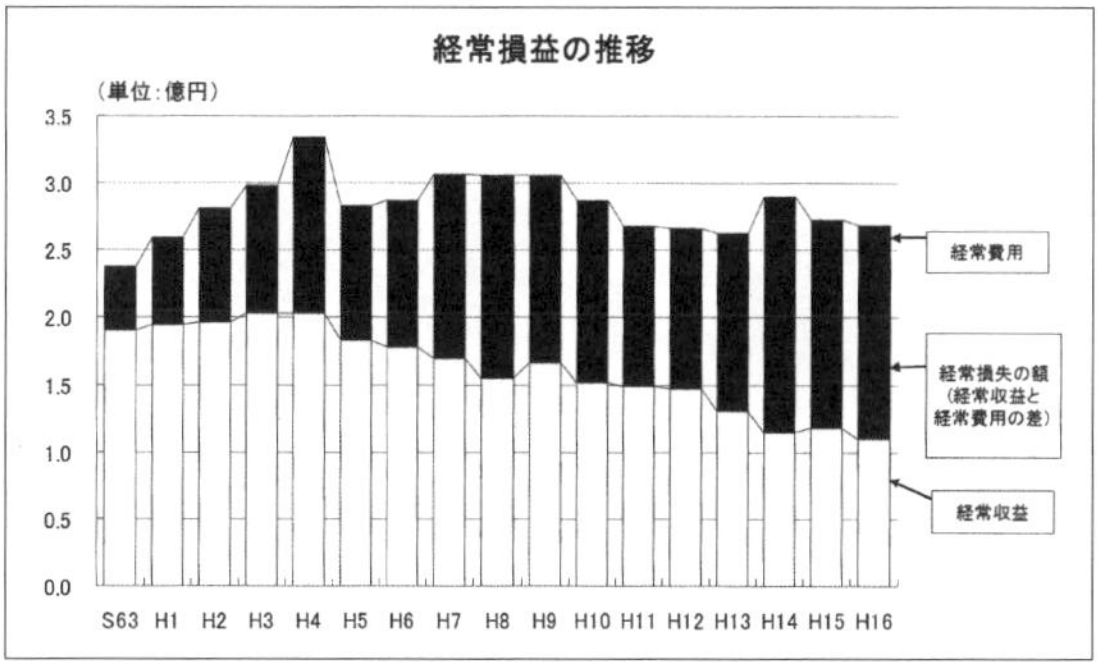

出典：千葉県「いすみ鉄道再生会議」資料
「これからのいすみ鉄道を考えるシンポジウム」配布資料
https://www.pref.chiba.lg.jp/koukei/shingikai/isumi/documents/haifusiryou.pdf

いすみ鉄道と連携する小湊鉄道（2010年）

経営改善計画では、2004年度の旅客収入は前年度実績の1億1201万円から1億58万円に大きく減少することが想定されたが、実績は1億949万円、2005年度も計画9760万円に対して実績1億806万円と、減便によるダメージは最小にとどめられた。その背景には5月のゴールデンウィークと秋の行楽シーズンに大多喜－大原間で1往復の季節列車を運行するとともに、養老《ようろう》渓谷をめぐる小湊鉄道・養老渓谷駅と、いすみ鉄道・上総中野駅を結ぶ探勝バス（上総中野－粟又《あわまた》の滝《たき》間）を6往復（休日のみ、そのほかに路線バスあり）運行して行楽客の鉄道利用を喚起したことが奏功したのであろう。また、2005年3月に、いすみ鉄道、小湊鉄道、国、沿線自治体によって房総横断鉄道活性化協議会を組織し、小湊鉄道と連携した観光客の誘致を図る施策を展開することになり、房総半島横断乗車券（五《ご》井《い》－大原間1600円、内訳は小湊区間1100円・270円割引、いすみ鉄道区間500円・120円割引）が発行された。1日10枚程度の売上があった。

廃止も視野に入れていた「いすみ鉄道再生会議」

2004年度の経常損失は計画より1421万円分改善、2005年度も3373万円分改善した。しかし、赤字額は1億1453万円と依然として巨額であり、これを穴埋めすべき基金もこの勢いで減少し続けると、間もなく枯渇することは明白であった。

また、1988年に導入した車両は、すでに車齢は20年近くになっており、いずれ取り替えが必要であった。

そこで、いすみ鉄道の廃止も視野に入れた検討を開始することにして、2005年8月3日に千葉県を事務局に「いすみ鉄道再生会議」が設置された。

会長は千葉県総合企画部長。委員は勝浦市長、いすみ市長、大多喜町長、御宿《おんじゅく》町長、今城光英《いましろみつひで》・大東文化《だいとうぶんか》大学副学長（当時）である。

8月3日に平成18（2006）年度第1回再生会議が開催されたが、そこでは地方鉄道の現状を紹介するとともに、シンポジウムの開催を決定した。そして、翌年2月26日に大多喜町中央公民館において「これからのいすみ鉄道を考えるシンポジウム」が実施され、竹内健蔵《たけうちけんぞう》・東京女子大学教授による基調講演ののち、今城光英教授をコーディネーターに、パネルディスカッションが行われた。

　いすみ鉄道存続問題が、いよいよのっぴきならない状況になったのを感じ、地元でも高校を中心に鉄道活性化のための動きが見られるようになる。たとえば、2006年8月6日と20日の2回、県立大多喜高校生徒による、大多喜駅、大原駅、列車内を会場にしたコンサートが開催された。「魅力ある高等学校づくりチャレンジ支援事業」として実施されたものであるが、いすみ鉄道問題が広く喧伝《けんでん》されるきっかけとなった。

　沿線での動きに呼応するかたちで、同年10月にダイヤを改正して上下5本を増発し、最終列車以外は2004年以前のダイヤに戻ることになった。

　このような存続に向けた地元での動きが活発化するなかで、2006年11月24日の平成18年度第2回再生会議で費用対効果分析の結果が報告された。いすみ鉄道を廃止し、すべて自家用車利用とした場合に対する鉄道の効果、バス代替の効果を試算したものである。鉄道、バスともに時間短縮便益は大幅なマイナスで、並行道路に渋滞がないために、自家用車が圧倒的に優位とされた。経費削減効果やそのほか地域社会に対する便益では鉄道とバスはほぼ同等。結果として便益の総額（30年間の便益の現在価値の総額）は鉄道、バスともに79・6億円となった。それに対して費用（30年間の維持改良費の現在価値の総額）は鉄道の14・7億円に対してバスは3・9億円で、バスのほうが有利とする結果となった。

図表52　「いすみ鉄道再生会議」による分析総括表

○分析総括表

(1)便益総括表　　単位：億円、検討年30年

		鉄道存続ケース		バス代替ケース	
		初年便益	基準年の現在価値	初年便益	基準年の現在価値
鉄道利用者	時間短縮便益	−4.7	−79.2	−5.3	−89.5
	経費節減便益	9.3	154.8	9.0	148.8
	小　計	4.6	75.6	3.7	59.2
地域社会便益	交通混雑緩和便益	0.5	6.9	0.3	4.3
	交通事故削減便益	0.5	8.5	0.3	5.7
	環境改善便益	0.0	0.2	0.0	0.0
	存在効果便益	0.5	9.4	0.4	7.6
	小　計	1.5	24.9	1.1	17.7
供給者便益		−1.2	−21.0	0.2	2.7
社会的便益計		4.98	79.6	4.93	79.6

(2)費用総括表　　単位：億円、検討年30年

	鉄道存続ケース		バス代替ケース	
	単純合計	基準年の現在価値	単純合計	基準年の現在価値
維持改良費	25.1	15.7	5.5	3.9
期末残存価値	−3.5	−1.1	0.0	0.0
費用計	21.6	14.7	5.5	3.9

(3)評価指標の算定結果　　単位：億円・30年間

純便益（鉄道存続）　ΔBT=BT−CT	64.9
純便益（バス代替）　ΔBA=BA−CA	75.8
純便益（鉄道存続−バス代替）　ΔBT−ΔBA	−10.8

出典：千葉県「いすみ鉄道再生会議」資料
「いすみ鉄道 費用対効果分析 調査結果概要」
https://www.pref.chiba.lg.jp/koukei/shingikai/isumi/documents/isumisankou18.pdf

鉄道存続に厳しい費用対効果分析の結果が出たものの、再生会議での議論に影響することはなかった。2007年3月29日に「中間報告」が提出されたが、その論調は大きく鉄道存続に傾くことになった。この傾向は2007年2月1日の平成18年度第3回再生会議で表れている。事務局を担当する千葉県から、いすみ鉄道存続を前提とした運行主体と運行形態について具体的な提案があり、同時に代替交通機関として路線バスと併せてDMV（デュアル・モード・ビークル）の導入の可能性の説明があった。

続いて5月28日の平成19（2007）年度第2回幹事会で上下分離のケースの資産のあり方が話し合われ、7月19日の第3回幹事会で関連自治体の役割分担、負担割合について協議されたうえで、8月31日の第1回再生会議で、いすみ鉄道存続で合意。そのための手法として上下分離の方式を導入することが確認された。

「いすみ鉄道再生委員会」と公募社長の奮闘

当初、最終報告は8月に提出される予定であったが、結局、10月29日まで遅れることになった。千葉県が提案した上下分離の手法が地元負担を前提としており、この分担について2市2町間での調整に時間がかかったようである。再生会議には沿線のいすみ市と大多喜町のほかに沿線から外れる御宿町と勝浦市が参加しており、いすみ鉄道の経営問題に対し、これらの自治体間で温度差があった。

最終報告では、いすみ鉄道が「高校生など地域住民の重要な交通手段であり、将来的にも観光鉄道として、（中略）大きな役割を担っていく」「会社の経営努力や、関係者が一体となって支援が行われれば、将来的には収支の均衡を図ることができる」との認識を示している。

2004年4月の県立大多喜高校と同大多喜女子高校を併合した大多喜高校の生徒数は710名であったが、そのうち8割が町外から通学しており、その半数が鉄道利用である。いすみ鉄道の2005年度の旅客数は、普通旅客が12万人であるのに対し、定期旅客数は33万人、そのうち通学定期旅客は32万人であり、全旅客の約7割が通学客である。1日あたりにすると880人あまりである。ダイヤは朝夕の通学時間を中心に設定しているが、昼間が単行運転であるところ、朝夕は2両編成で対応している。2007年には大多喜高校の通学生の便を図るため、南口改札を新設して朝だけ使用した。

この最終報告の最大の特徴は上下分離の手法を導入したことである。従来の欠損補助の方式が会社の効率化を誘導しないという欠陥を持つため、新たに公共側による支援の範囲を規定して会社に効率化の動機づけを付与する制度となった。

　すなわち、インフラ部にかかる経費、具体的には線路保存費、電路保存費、車両保存費、保守管理費、減価償却費、固定資産税を自治体の負担として補助し、そのほかの運行にかかる経費はすべて会社の負担となる。２００６年度実績でも運行経費すら運賃でカバーできないので従来の欠損補助より補助金額が減少するため、この分の経営努力によるコスト削減が必要となる。

　なお、補助金は出資比率を基準に分担し、県50%、大多喜町23・2%、いすみ市21・9%、勝浦市２・５%、御宿町２・５%である。

図表53　いすみ鉄道に対する新たな補助制度

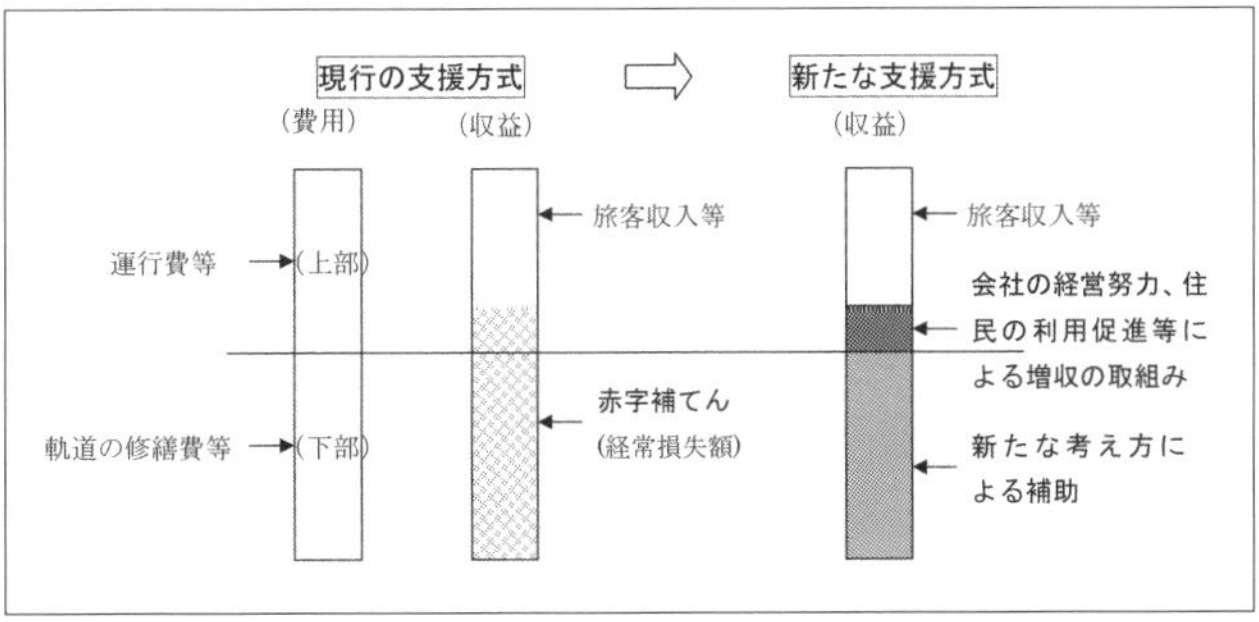

出典：千葉県「いすみ鉄道再生会議」資料「いすみ鉄道再生会議最終報告」
https://www.pref.chiba.lg.jp/koukei/shingikai/isumi/documents/isumi-saisyuuhoukoku.pdf

　また、２００８、２００９年度を検証期間として再生の方向性を客観的に判断するとした。２００８年度の決算と２００９年度の決算見込みが長期収支見込みを下回り、２００９年度決算見込みにもとづく長期収支見込みで将来的に収支の均衡が見込めない場合には「経営改善の達成が困難になったと判断して、代替交通手段の導入」を検討することになる。

　この再建策を支えるため、２００７年11月30日に、県、大多喜町、いすみ市、御宿町、勝浦市と会社で構成する「いすみ鉄道再生委員会」が設置され、その下に自治体の企画部門や観光部門の職員からなるワーキング組織が置かれた。

　そして、この再生委員会は、いすみ鉄道の社長を公募した（正確には会社が実施）。折しも茨城交通湊《みなと》鉄道線（現・ひたちなか海浜鉄道）の第三セクター移行にともなう社長公募と時期が重なり、マスコミを通じて全国に知られることになった。

　公募期間は２００７年12月10日から２００８年１月９日（消印有効）までで、年末の応募数は約50件、１月８日の段階で１５０人を若干超える程度であった。最終的に北海道から沖縄まで全国から３２５件を集めた。年齢

図表54　いすみ鉄道の長期収支見込み（2008〜2019年度）

（参考　2）

長期収支見込み（平成20年度〜平成29年度）　　（単位：百万円）

項目＼年度	18	19	20	21	22	23	24	25	26	27	28	29
収益	118	117	138	141	141	142	144	146	142	141	139	138
うち取組み策			23	26	28	30	32	35	32	32	32	31
経費	246	236	237	246	248	244	245	229	224	209	193	191
うち人件費	133	134	127	123	126	121	123	120	119	121	118	116
収益－経費（A）	▲128	▲119	▲99	▲105	▲107	▲102	▲101	▲83	▲82	▲68	▲54	▲53
上下分離の考え方による新たな補助（B）			84	92	103	103	102	101	88	84	68	55
損益(A)＋(B)	17	9	▲15	▲13	▲4	1	1	18	6	16	14	2

※収支見込の考え方
（収益について）
・輸送人員については、基本的には将来の沿線人口の推移に比例し減少（年1.1%）するものとする。
・収益増加要因として取組み策による増収見込み額を計上する。
（経費について）
・人件費については会社推計に基づき見込む。

出典：千葉県「いすみ鉄道再生会議」資料「いすみ鉄道再生会議最終報告」
https://www.pref.chiba.lg.jp/koukei/shingikai/isumi/documents/isumi-saisyuuhoukoku.pdf

は21歳から76歳までで、平均は52歳、経歴はベンチャー企業の社長、経営コンサルタント会社社長、鉄道会社社員、元出版会社社長、元観光会社社長、元銀行員など多岐にわたる。

　1月28日ごろに第1次選考を終え、2月20日に個人面接の第2次選考を実施。2月27日ごろに結果を通知する予定とした。最終的に千葉市内で路線バスなどを経営する吉田平《よしだたいら》に決まった。のちに2009年2月に千葉県知事選に担ぎ出されたことで退任。現在は平和《へいわ》交通、あすか交通などを子会社とするビィー・トランセホールディングスを経営している。

　そのほかの再建策では、大多喜駅の大原側800mほどの位置、国道297号線との交差地点に新駅（仮称・船子《ふなこ》駅、現・城見ヶ丘《しろみがおか》駅）を建設する計画（2008年8月開業）があった。その10年ほど前、国道の両側が耕地整理事業で商業地に造成されたころ、近くの大多喜女子高校の通学にも便のよい新駅の設置を計画したが、大多喜町の商店街からの反対で立ち消えとなった経緯がある。この商業地には大多喜町の商工会などが、いなげやを誘致して、おおたきショッピングプラザ・オリブをオープンさせ、周辺部にはファミリーレストラン、大型商店が出店している。また、この国道297号線は上総牛久《うしく》につながり、さらに東京湾アクアラインの高速バス（横浜・茂原線と上総牛久で乗り換え、安房《あわ》小湊行き）のルートにあたり、大多喜停留所はオリブの横にある。

その後、一時、千葉県の植田浩《うえだひろし》副知事が社長を兼務したが、再度、公募で社長を選ぶことにして、4月21日から応募を受けつけた。5月11日締め切りのところ、8日の段階で24人の応募しかなく、前回に比べて低調であった。選考の結果、英国航空の旅客運航部長の鳥塚亮《とりづかあきら》が選ばれ、6月1日に新社長に内定し、6月28日に株主総会で承認され、社長に就任した。

新社長はもともと鉄道愛好者で、前面展望ビデオを製作販売するなど精力的に趣味活動にのめり込んでいた。それがリアル鉄道の経営者となったことで、さまざまなアイデアを考え出し、マスコミを通じて広く話題を提供した。

その例のひとつとして、自己負担での運転士採用プランがある。2010年に大糸線で走っていたキハ52形125を購入して運行するための修繕費用が必要であるために、3月4日に訓練費700万円を負担してもらい、いすみ鉄道が動力車操縦士の免許取得まで指導するというもの。最終的に資格を取得した4人を運転士として採用した。いすみ鉄道は国鉄の特定地方交通線を引き継いだ第三セクターであるため、当初から国鉄、JR東日本からの出向を受け、人件費の一部を支援してもらっていた。その期限が近づいていたため、運転士を採用する必要があった。

国鉄型気動車は、このキハ52形に続いて、2013年にはキハ28形2346を導入。レストラン列車などイベント用としても使われたが、老朽化によって2022年に定期列車から引退した。今後も貸切などで走ることはあるとされた。そのほかに久留里線で廃車となったキハ30形62を購入し、国吉《くによし》駅の側線で動態保存されている。

当初に導入したレールバスはもともと耐久性がない設計のため、経年20年を迎えたことで取り替えを進め、まず、いすみ300形301、302を導入した。鳥塚社長に代わって、いすみ351、352を新造したが、外観はキハ20系に通じるレトロタイプで、トイレつきのクロスシート車である。

鳥塚社長は2018年6月に当初の目的を達したということで退任。再度、社長を公募し、11月7日に香川県の日新《にっしん》タクシー会長・古竹孝一《ふるたけこういち》が新社長に就任した。

鉄道軌道整備法による欠損補助例① 津軽鉄道

津軽鉄道の沿革

現在の奥羽本線は北側の青森－弘前間から開業した。1891年に日本鉄道が現在の東北本線を青森まで開通させると、引き続き1894年に官設鉄道が弘前までを開業させた。1871年に青森県が成立して青森に県庁が置かれるが、それまでの津軽の中心地は弘前であり、1889年に市政が施行されたのは県下では唯一、弘前市だけであった。

弘前まで鉄道が開業すると、それにつながる支線として、黒石−五所川原−木造−鰺ケ沢《あじがさわ》を結ぶ鉄道の構想が提起された。地元の有力者に加え、中央の実力者がこの計画に参加するが、当時は鰺ヶ沢町にあった西津軽郡の郡役所を木造に移転することが議会で決定したことで、世情が騒然とする状況にあった。

そのなかで、鉄道の終点についても感情的な対立があって紛糾をきわめ、結局、1896年に黒石−木造間の鉄道として津軽鉄道（旧）が創立された。

しかし、その後の経済の停滞で中央からの出資者が払い込みを渋るようになり、1899年になって株主総会で任意解散を議決することになる。

次にこの地に浮上した鉄道計画は元鉄道院技官の佐山《さやま》政義《まさよし》が地元の有力者に持ち込んだものである。第1期として奥羽本線の川部から五所川原まで、第2期として五所川原から木造を経て鰺ケ沢まで、第3期として五所川原から金木《かなぎ》までと、藤崎《ふじさき》から弘前までの路線を整備するという案であった。

地元からは津軽鉄道の失敗を受けて中央の参加を排除するという条件がつけられ、地元の資金だけで建設できる川部−五所川原間に計画路線を縮小することが申し入れられた。佐山もこれを受け入れたことで、1916年4月に陸奥鉄道が設立された。そして、1917年2月に工事に着手し、翌年9月に川部−五所川原間を開業することになる。

このころ、鉄道院でも現在の五能線の計画が進められていた。1908年に奥羽本線と米代川《よねしろがわ》の連絡を図る目的で建設した貨物線を日本海に沿って延長して五所川原に達するという計画であった。工事は五所川原と能代の双方から進められ、1924年に五所川原から陸奥森田《むつもりた》まで、1925年にはさらに鰺ケ沢に達した。1926年には能代−八森《はちもり》間を開業していった。

この五能線は鰺ヶ沢町などの沿線町村が期成同盟会を設立して熱心に要望した結果、実現した鉄道であるが、これに合わせて陸奥鉄道の国有化が要望された。これが短期間に実現し、1927年6月をもって鉄道省に引き継がれ、新たに五所川原線を名乗ることになる。この国有化によって、陸奥鉄道の地元出資者たちは334万円あまりの多額の買収金を手にすることになった。

津軽鉄道（2006年）

そして、この買収金の一部を元手に、新たに五所川原町と中里《なかさと》村（現・中泊《なかどまり》町）を結ぶ鉄道計画が持ち出された。陸奥鉄道の出資者のほか、沿線の有志が加わって、1927年7月に創立総会が開かれ、翌年4月10日に津軽鉄道は設立された。

　1928年2月13日に五所川原－中里間の鉄道免許を取得し、11月10日に工事に着手した。用地買収の過程で中里駅の予定地を町の中心に移したため、線路を大沢内《おおざわない》の泥炭層に建設する必要が生じ、これが難工事を来すことになった。工事は大きく遅れたうえに、1930年7月15日に五所川原－金木間の部分開業を余儀なくされた。津軽中里まで完成させるのは同年11月13日であった。

　折悪しく、開業の時期に世界的な経済恐慌に加え、東北地方を襲った大凶作が重なったことで、鉄道の収入は予想を大きく下回ることになった。建設費用が計画を上回ったこともあって、開業当初から資金繰りに苦しんだ。

　経営難を打開するために、1931年8月に地方鉄道補助の適用を申請する一方で、燃料費節約のためにガソリンカーを導入。女子車掌を新たに採用した。さらに、旅客増を目論《もくろ》んで、毘沙門《びしゃもん》、深郷田《ふこうだ》、川倉《かわくら》、下岩崎《しもいわさき》、一《いち》野坪《のつぼ》の各停留所を新設した。

　この経済不況下で鉄道の経営基盤を強化するために、競争相手として台頭したバスの統合に精力を傾けることになった。津軽半島のバス事業の統合は最終的に国家総動員法のもとで完成することになる。しかし、1944年と1946年の2度にわたる五所川原の本社と車庫の火災でバス関係の大半の施設を失ってしまった。その窮地を切り抜けるために、増資のほか、借入金を膨らませることになった。それに加え、戦後のバス路線の拡張競争のなかで権益確保のためにやみくもに路線を新設していった。数次にわたる増資が行われたが、同時に借入金を増加させ、経営を難しくしていった。これに1954年3月に始まったストライキがとどめを刺すかたちとなった。

　バス事業の再建策として別会社の設立案が提示されたが、主力銀行の青森銀行がこれに否定的な見解を示したことで、代わってバス事業の譲渡が検討されることになる。最終的に弘南バスとのあいだで譲渡交渉が進められることになるが、そこでネックとなったのは津軽鉄道の並行路線の問題であった。津軽鉄道では譲渡後に無償貸与を受けてみずから経営を続けることを希望した。交渉は紛糾し、これに見かねた青森銀行は交渉決裂を避けるために斡旋案を提示。この内容に沿うかたちで、1955年3月に譲渡契約を締結することになった。

契約では譲渡代金として1億2000万円のほか、鉄道並行路線の保証金として1500万円が支払われることになり、1954年当時、1億8000万円を超える負債を抱えていたのが、バス部門の売却で5000万円程度までに圧縮することができた。そこで、残る負債の整理を図るために、1960年度を最終年度とする再建6カ年計画を策定した。

まず、1955年に運行回数を7往復から10往復に増やし、戦時中に休止していた毘沙門など4停留所の営業を再開した。さらに、本社の機構についても部制を廃止して3課制に変更した。一方で、公的助成を要請し、1954年7月に鉄道軌道整備法によって欠損補助の適用が実現した。1956、1957年度の2カ年にわたって補助金の交付を受けることになる。また、1957年には津軽飯詰《いいづめ》駅の駅舎の改築に対して五所川原市から30万円の助成を受け、翌年には津軽中里駅の駅舎改築にも中里町から50万円を交付された。その後は駅舎の改築に対する沿線自治体による助成が恒例化している。そのほか、経営支援の立場から地方税の固定資産税の半額が免除された。

経営と輸送の推移

津軽鉄道の旅客数量は1955年度の119万人から1960年度には169万7000人へと大きく増加した。最大値は1974年度の256万6000人である。貨物数量についても、1955年度の3万3588トンから、1960年度には4万6798トン、さらに1965年度には5万1217トンへと、順調に増加していった。

旅客数量が減少に転じた1974年は第1次石油危機で諸物価が高騰したことで修繕費などが上昇したのに加え、賃金の大幅な引き上げで人件費が上昇し、営業費用が前年度に比べて42％も増加した。そのため、収支状況が一気に悪化したことから、同年1月15日に平均賃率で35％を上回る運賃の引き上げが実施された。

営業損益で見ると、1967年までは一貫して黒字経営が続いていたが、1968年度にはいったん赤字に転じる。しかし、その金額はわずかであった。すぐに1970年度には再び黒字に復帰するというように、1973年度までは収支均衡水準の上下に若干の振れが見られたが、大きな金額にはならなかった。それが、1974年度には営業損失額が2000万円を超え、翌年度にはさらに4200万円に拡大した。その後は経費の削減に努め、1978年度には黒字転換を実現するが、それも2年しか続かなかった。その後、1996年度まで営業赤字が続くことになる。

このように経営が悪化したことで、1975年度に国に対して欠損補助の適用を申請。1975年度から1978年度までと1982年度以降1997年度まで補助金の交付を受けることになる。

さらに、津軽鉄道にとって大きな打撃となったのが国鉄改革のなかでの貨物取り扱い駅の大規模な縮小であった。1984年2月1日をもって五所川原駅の貨物扱いが廃止されるとの通告を受けたことで、五所川原市ほか関係者で「五所川原駅貨物取扱廃止反対協議会」が組織されて強力な反対運動を展開したが、廃止を撤回させることはできなかった。これで津軽鉄道は年間4000万円に達する大きな経営の柱を失うことになった。これが原因で1983年度に2400万円ほどの営業損失であったのが、翌年度には5400万円にまで赤字が拡大した。1986年度には、さらに7100万円という最大の赤字額を計上した。

貨物の廃止で唯一、旅客輸送で収益を上げなければならないことになったが、その後は急速に旅客数が減少を続け、1997年度には輸送密度がとうとう1000人を下回ることになってしまった。

「津軽鉄道を存続させる協議会」の設置と自助努力

1981年7月に沿線自治体1市2町2村による支援組織として「津軽鉄道を存続させる協議会」が設置された。のちに津軽鉄道活性化協議会に改称され、現在に至っている。この協議会は時刻表配布のコスト負担や、小学生による体験乗車の運賃を補填するほか、駅の美化、花壇の整備への助成を行っている。

また、1988年に金木町（現・五所川原市）の有志が組織するラブリー金木が第1回雪国地吹雪体験ツアーを主催。翌年からは自治体を巻き込んで全国から参加者を集める大がかりなイベントに発展した。参加者は、バスで五所川原まで来て、ここから金木までストーブ列車を利用し、金木からは再びバスで帰路に就くという行程を

津軽鉄道のストーブ列車（2006年）

とる。

会社側でも、夏には風鈴列車、秋には鈴虫列車、冬にはストーブ列車を運転。旧正月にはストーブ列車を使ったイベント列車を仕立て、また、夏場にはビール列車を運転している。

さらに、コスト削減策として、1992年度にキハ22形3両を改造してワンマン運転を開始した。

「4割特例」の適用で近代化

欠損補助は1993年の打ち切りが通告されたが、とりあえず経営改善計画の策定を条件に1997年までの延長が認められた。そして、これに合わせて将来の経営基盤の確立を目的に近代化計画が策定され、国と青森県は近代化補助金を交付して支援することになった。

近代化事業は、1994年度については津軽中里駅の駅舎の新設とホーム上屋の新設を実施。翌年度からは曲線区間と分岐器の重軌条化が実施された。そのほか、1996年度にはワンマン対応の新型軽快気動車2両を新造したが、この費用の1億8621万円に対しては、国2割、県2割に加えて、津軽鉄道活性化協議会からの助成金が4割あり、会社負担は残り2割ということになった。ただし、この協議会による助成は車両の新造費用に限定されている。そして、青森県は協議会に対して所要額について補助金を交付した。

欠損補助は1997年度をもって打ち切りとなったが、移行措置として1998年度から近代化補助金の補助率を4割に引き上げる特例が適用された。青森県も同率の補助を行うことから、会社の負担は2割にとどまることになる。ただし、5カ年間の限定的な措置である。また、この特例措置の適用には自治体による経営支援が要件となっており、他県の場合には自治体による欠損補助が制度化されたが、津軽鉄道については、かねて実施されている固定資産税の減免措置が経営支援策として認められた。ただし、1998年度については経常収支で黒字を計上することができたため適用されなかった。

1999年度には、線路と分岐器の重軌条化、枕木のPC（プレストレスト・コンクリート）化が実施され、また、2000年2月にワンマン対応の軽快気動車3両を新造した。車両の新造費用についてのみ会社負担となるべき事業費の2割のうちの半額と、補助対象外の消費税分が協議会によって助成された。ただし、このときは県からの協議会に対する補助はなかった。

鉄道軌道整備法による欠損補助例②　弘南鉄道

弘南鉄道の沿革

奥羽本線の線路は川部から弘前を経て大鰐《おおわに》方面に抜けるルートをたどった。津軽藩の中心地であり、青森県随一の都市である弘前市を経由したことは当然のことであるが、弘前市近隣の津軽平野の穀倉地帯に位置する平賀《ひらか》や黒石が文明の利器の恩恵を受けられなかった。それでも１９１２年には黒石と川部を結ぶ鉄道が鉄道院によって実現したことで平賀だけが取り残されることになった。馬車や馬橇《うまぞり》を使って鉄道駅まで旅客や貨物が運ばれ、鉄道を持つことが宿願であった。

弘南鉄道の計画は大川亮《おおかわりょう》が大光寺《だいこうじ》村（現・平川《ひらかわ》市）の菊《きく》池《ち》武憲《たけのり》を説き伏せて沿線と弘前の有力者を糾合し、１９２５年4月に弘南鉄道期成同盟会を組織したことに始まるという。

１９２６年2月に弘前－尾上《おのえ》間の地方鉄道免許を取得。菊地をはじめとして沿線有力者の出資を受け、同年3月27日に弘南鉄道を創立した。そして、１９２７年9月7日に軌間１０６７㎜の単線、非電化の鉄道として弘前－津軽尾上間を開業した。

経常収支の段階ではバランスがとれていたが、株式の支払いが進まなかったために借入金が膨らみ、その金利負担が経営を難しくしていた。そうこうしているうちに、金融恐慌から世界恐慌に突入。大凶作が重なって、東北地方は深刻な状況に追い込まれた。１９３２年にはガソリンカーを導入して運転回数を増やし、旅客需要の喚起を図るが、経営改善にはつながらなかった。

さらに、１９３１年6月には平賀駅を起点にバス路線を直営で開設。その後、沿線のバス路線の買収を続け、最終的に戦時統合の統合主体に指定されたことで、弘前一帯のバス路線の統合を完成した。しかし、鉄道事業の経営も改善しないなかで、バス事業が大きく拡大したことから、１９４１年に弘南バスを設立し、バス部門を分離して譲渡した。社長は鉄道と兼務した。

戦後は石炭の確保に難渋することになったため、黒石までの路線延長に併せて全線の電化を決定した。１９４６年12月に認可を受け、１９４８年7月に既設の弘前－津軽尾上間の電化を完成した。電気機関車が2両調達され、蒸気機関車を置き換えた。さらに、黒石までの路線延長は1946年2月に免許を取得し、1950年7月に電化路線として開業。同時に電車の運転を開始した。その後、1954年4月に架線電圧を600Vから750Vに昇圧し、1961年9月にはさらに1500Vとした。

一方、1948年5月に弘前電気鉄道が大鰐町と弘前市を経て板柳《いたやなぎ》に至る地方鉄道の免許を取得した。地元の有力者が企画したものであるが、資金不足と朝鮮戦争による資材難から、三菱電機の出資をはじめとする支援を受け、1952年1月に大鰐－中央弘前間の開業を実現した。

弘前電気鉄道は相次ぐ自然災害もあって経営は厳しく、三菱電機は早晩、経営から身を引く決断をしていた。1968年ごろから弘南鉄道との接触が繰り返しあり、1970年から正式な交渉に入った。弘前電気鉄道側は弘南鉄道との合併を希望したが、弘南鉄道側は赤字会社との合併に難色を示した。そこで、弘南鉄道側はあらためて事業譲渡を提案。これが1970年10月に実現し、弘南鉄道大鰐線として再出発を果たした。

経営と輸送の推移

弘南線の旅客数のピークは1967年度であった。以後、旅客数は定期、定期外ともに減少していった。その前後の運賃制度、水準をたどってみると、1965年8月に運賃制度を対キロ制から対キロ区間制に変更。さらに、1968年5月にも改定する。弘前－黒石間については国鉄との調整運賃が設定されていたが、対キロ区間制に移行した際に廃止された。そのため、同区間の運賃水準は1965年に50円から65円に上昇、さらに1968年には80円に引き上げられた。それぞれ改定率は30％、23％である。大幅な運賃引き上げで、旅客収入は1967年度の1億3540万1000円から、翌年度には1億5551万8000円、1970年度には1億5551万8000円に増加した。しかし、それ以後の旅客の減少傾向を決定づけ、皮肉にも1967年度には営業収支で赤字に転じることになった。

弘前電気鉄道については、1963年度までは営業収支の段階では黒字を続けていた。建設時期が新しいことで、建設利子が1959年度で400万円を上回るという状態で、最終的に純損失を計上することになった。旅客数は1970年10月に弘南鉄道に事業譲渡するまでは伸びており、それほど悲観的な経営状況にはなかった。

こちらもまた、旅客の減少傾向を決定づけたのは運賃の引き上げであった。1970年10月の譲渡時に運賃を改定し、中央弘前－大鰐間の運賃で見ると80円から90円に上昇した。

両線ともに赤字額を拡大していったことから、まず大鰐線が1973年5月に欠損補助の補助路線に認定。弘南線も続いて1974年5月に同じく補助路線に認定された。大鰐線は1982年度まで、弘南線は1992年度まで続くことになる。

一方、弘南線沿線は穀倉地帯であると同時に青森りんごの主産地である。1963年度の最盛期には8万4091トンが鉄道によって輸送された。これも国鉄の貨物縮小と経費がかさむことから、1984年7月1日に廃止された。

沿線人口は、1995年現在、弘前市の17・7万人のほか、黒石市が3・9万人、平賀町（現・平川市）ほか南津軽郡が9・6万人で、30万人の人口規模を擁する地方の中規模都市として位置づけられる。1978年当時の弘前市の人口が17・1万人であるため、若干増加していたが、これは弘前市だけの話で、全体を通して見ると減少していた。そのうえ、通勤者はマイカーへのシフトが進み、また、通学生も自転車の利用が多くなっていた。

この間、農道がアスファルト舗装され、快適な通学路に変わったことが、大きく自転車の利用を増やした要因であった。

東急の中古車の導入などで近代化

弘南線の近代化の歩みをたどると、まずタブレット閉塞の自動信号化に取り組んだ。1970年12月に平賀－弘南黒石（現・黒石）間、続いて翌年9月に南弘前（現・弘前東高校前）－平賀間の自動信号化を実施した。さらに、弘南弘前（現・弘前）－南弘前間の自動信号化は1978年12月である。これでスピードアップが可能となった。

単線で路線距離も短いことからなかなか実現しなかったが、1975年11月のダイヤ改正で初めて快速列車の運転を開始した。しかし、その後の旅客の減少で、1994年4月と翌年10月の2度にわたって快速列車の一部廃止と区間打ち切りを実施した。

旅客需要の掘り起こしを図るため、新駅の設置も進められた。1977年9月に国体開催に合わせて運動公園前停留所を新設。さらに、1980年6月に柏農《はくのう》高校前停留所を設置したほか、1999年には津軽尾上－田舎《いなか》館《だて》間に尾上高校前停留所を新設した。建設費用は尾上町が負担した。

弘南鉄道の東急の中古車（2006年）

駅舎の改築にも取り組んだ。1979年9月に津軽尾上駅を神殿風に改築するとともに、隣接して生協スーパーを設置した。1986年4月には黒石駅についても生協を併設する新駅舎が完成した。さらに、1986年12月には平賀駅構内の本社社屋と駅舎を改築した。平賀駅はビルに建て替えられ、JA津軽平賀と本社が同居している。会社所有の敷地を農協に譲渡し、その代金を本社部分の建設費に充てた。その後、1997年7月には境松《さかいまつ》駅についても駅舎の改築を完了している。

一方で、老朽化した車両についても取り替えが進められた。1989年11月には東急から購入した7000系ステンレス車の運転を開始。1993年4月からは、この7000系列車2両編成についてワンマン運転を実施した。また、1995年6月には新たに南海から鋼鉄製の20m大型車を6両導入し、朝の輸送力列車1往復に投入した。

1989年からは弘南線に対して近代化補助金が支給されることになったが、事業の内容は主に重軌条化、PC枕木への取り替え、中古車両の購入などである。

重軌条化についてはすでに昭和50年代から40kgあるいは50kgレールへの取り替えを進めており、1985年度までに弘南、大鰐両線から30kgレールは消えた。1989年度からは近代化補助を受けて年に500～600mの重軌条化が実施されており、枕木のPC化も年500本のペースで進んでいる。

次に、大鰐線の近代化については弘南鉄道に譲渡されて間もない1971年11月に車両検修所、保線所を西弘前駅構内から津軽大沢《おおさわ》駅構内に移転。駅の新設も、1973年12月の城南《じょうなん》停留所（現・聖愛中高前《せいあいちゅうこう》）、1987年11月の義塾《ぎじゅく》高校前停留所と続いた。また、1973年4月には西弘前駅の改築を完成したが、これが弘南鉄道における生協ストアを併設する駅のはじめである。

さらに、1976年10月には全線の自動信号化を完成するとともに、1980年11月に鯖石《さばいし》に行き違い施設を新設し、翌年10月から大鰐線でも快速列車の運転を開始した。

車両についても1988年10月に東急から購入した中

古のステンレス車の運転を開始。１９９１年10月からはワンマン運転も開始した。１９９５年6月にはさらに南海から中古車を2両増備した。

また、２０００年4月にはダイヤを改正し、昼間帯（10時〜14時半）について全線30分間隔から、中央弘前－千年《ちとせ》間20分間隔、千年－大鰐間40分間隔に変更した。買い物客の誘致を目的としたダイヤの変更で、これが首尾よくいったら、弘南線にも同様のダイヤを実施したいとしていた。しかし、弘南線、大鰐線ともに、現在では日中1時間に1本にまで減少してしまった。

駅業務の無人化や委託化などによる省力化

モータリゼーションの進行を背景に旅客が減少に転じ、１９７０年には、とうとう赤字経営に転落することになった。そのころから省力化投資への取り組みが本格化することになる。自動信号化についても、快速運転によるサービス改善につながったが、運転要員の削減という省力化投資の意味合いが強い。

そのほかの省力化の取り組みとして、１９６８年以降、駅業務の委託化、あるいは無人駅化が進められた。現在は弘南線では平賀駅のみが駅員配置駅で、中央弘前駅は出改札が委託され、運転業務についても２０００年にＯＢに業務委託された。また、黒石駅は運転要員以外が委託化されたほか、東《ひがし》工業高前（現・弘前東高前）、館田《たちた》、津軽尾上の各駅が委託化された。それ以外の運動公園前、新里《にさと》、柏農高校前、尾上高校前、田舎館、境松の各駅は無人駅である。

一方、大鰐線では、中央弘前、大鰐ともに出改札が委託されているが、中央弘前については、そのほかに運転要員も委託化している。途中駅については、宿川原《しゅくがわら》、鯖石、義塾高校前、松木平《まつきたい》、小栗山《こぐりやま》が無人化されており、石川《いしかわ》、千年、城南、西弘前、弘高下《ひろこうした》が委託駅である。車両基地などがある津軽大沢駅のみに駅員が配置されており、ここから全駅を管理している。

１９９８年度には再び赤字決算となったことから、もう一段の合理化を行うこととして、１９９９年4月に車両、電気、保線を統合して技術センターに組織替えするとともに、新規採用を１９９９年度は2名にとどめ、さらに２０００年度には採用ゼロとした。

国鉄黒石線の譲受から廃止まで

旧国鉄の黒石線は１９８０年12月に第1次特定地方交通線の選定されたことから、１９８２年2月に黒石線特定地方交通線対策協議会が組織され、第三セクター化に

弘南黒石線（1998年）＊

よる経営収支の試算を行った。その結論は多額の損失が不可避というものであった。そこで、1983年7月になって、弘南鉄道は黒石線引き受けについての非公式の打診を受けた。これに対し、弘南鉄道は経費削減のために黒石駅を弘南黒石駅に統合すること、そのための線路のつけ替えは自治体が費用負担することを条件に引き受けることを決断する。

1984年11月に国鉄黒石線は弘南鉄道黒石線として再生した。13往復の運行回数は20往復に増発され、利便性が大幅に向上した。しかし、運賃水準の上昇や高校の通学生の減少で、旅客数は次第に減少していった。そして、1996年度の黒石線に関する累積赤字は8385万円に達するものと予想された。

そのような状況のなかで、1992年10月に青森県、黒石市、田舎館村、弘南鉄道の4者で黒石線活性化推進協議会を設置して善後策を協議した。最終的に「自治体の財政支援を抜きにして存続できない状態だが、財政支援について関係自治体の合意を得るのは難しい」との結論に達したことで、1997年2月に弘南鉄道は黒石市、田舎館村に対して黒石線廃止を申し入れた。そして、翌年1月23日に廃止を申請し、4月1日に実施する。

転換交付金は1億9800万円の全額を会社が受けとり、車両の購入費、車両基地の整備、定期運賃差額補塡などに充てられ、基金の積み立ては行われなかった。

鉄道軌道整備法による欠損補助例③　上毛電気鉄道

上毛電気鉄道の沿革

上毛電気鉄道は中央前橋と西桐生を結ぶ25・4km、軌間1067mm、1500Vの電気鉄道である。

1924年に前橋－桐生間の現行路線と、途中の大胡《おおご》で分岐して本庄《ほんじょう》までの免許を取得し、1928年11月に日光例幣使《れいへいし》街道の裏街道に沿って中央前橋－西桐生間の全線を開業した。伊勢崎を大きく迂回する両毛《りょうもう》線に対抗するように前橋と桐生の両都市をほぼ直線で結ぶ路線である。両毛線の前橋駅が市街地から南に離れた水田を埋めて建設されたのに対し、中央前橋駅は広瀬川《ひろせがわ》の川原を利用して旧町人町近くまで入り込んで設けられ、終点の西桐生についても両毛線の桐生駅には乗り入れず、旧市役所の至近距離にターミナルを構えた。

また、この路線のほぼ中間地点に位置する大胡は中世に大胡氏が築城した大胡城の城下町であった。赤城山《あかぎさん》の南山麓に位置し、群馬県東北部からの物資を集める交通の要衝地として栄えていた。

この大胡と高崎線の本庄を結ぶ路線の免許を取得したが、利根川《とねがわ》を渡る道路と共用の坂東《ばんどう》大橋が完成したものの、1930年代の世界的な大恐慌のなかで挫折してしまった。

経営と輸送の推移

もともと街道筋にあたるのに加え、前橋－桐生間の都市間を別にすると、競合する鉄道、軌道はなく、地方都市の郊外鉄道としてよく利用されていた。

モータリゼーション前の1960年度の輸送人員は、定期446万8000人、定期外195万人で、合計741万8000人であり、1日1キロあたり通過旅客は7903人であった。そのほかに貨物も同じく31トンを輸送していた。それが2度のオイルショックを経て高度経済成長が終わりを告げて間もない1975年度には、定期381万8000人、定期外186万3000人、合計568万1000人へと、1960年に比べて24％減少した。しかし、その後はいっそうこの傾向が増幅され、バブル経済の最後の年となった1990年度の旅客数は367万2000人と、1975年度から35％も減少してしまった。これは沿線での自動車保有率が急速に上昇したことが大きな理由であった。

群馬県では1965年当時、1所帯の自動車保有台数が0・39台にすぎなかったものが、1975年には1・3台、1988年に2・06台へと上昇した。国内でも長野県と並んで最大の自動車保有県となっている。また、そのなかでも、かつて上毛電気鉄道の顧客であった赤城山南麓の宮城《みやぎ》村、富士見《ふじみ》村（ともに現・前橋市）などは1所帯に2・9台以上保有しており、県内でも随一の高さであった。

一方、そのような長期的な旅客の減少傾向のなかで、1960年度は1303万円の黒字であったのが、1975年度には5920万円の赤字となり、その後、赤字額は2億円に届きそうなところまで増加した。これに対し、1976年度からは鉄道軌道整備法による欠損補助の交付を受けることで鉄道事業の赤字を帳消しにし、さらに、鉄道に次ぐ赤字部門であるバス事業から1994

年度で完全撤退し、単年度の赤字額は1980年の6384万円から徐々に減少した。累積欠損も4億円程度でコンスタントに推移していた。

このように、欠損補助に依存する傾向が強い事業者であったが、そこに、1993年に運輸省は欠損補助の打ち切りの意向を伝えた。そのうえで、経営改善計画の策定や、地元の協力で補助金に依存しない体質づくりを進めることを条件に、5年間の補助延長の措置がとられた。そして、その期限が1997年度であった。

また、補助金依存体質の脱却を目指す設備投資に対して近代化設備整備費補助金が交付され、事業者負担分の一部について、市町村による制度外の補助も実施された。

欠損補助打ち切り後の経営支援について、県を中心に検討が続けられることになった。

自治体と緊密に連携した経営再建策

1995年11月に運輸省は1997年度をもって欠損補助金の打ち切りを決定。これを受け、1996年4月に群馬県は中小私鉄振興室を設置し、同年7月に欠損補助打ち切り後の対応を検討、協議するため、当事者である上毛電気鉄道を除く県、沿線市町村、東武、上信電鉄で構成される「上毛線再生等検討協議会」を設立した。

1997年1月の第2回協議会で、「現状ではバスへの転換は極めて困難であるため、鉄路存続の方向で継続検討すること」を確認。8月に鉄道総合技術研究所による診断等の調査報告を受けた。

1997年12月に政府予算の大蔵省内示で、欠損補助が打ち切られる事業者に対する近代化設備整備費補助金の特例制度が認められた。これを受け、1998年1月の第3回協議会で上毛電気鉄道再生基本方針骨子を正式に決定した。

この「上毛線再生基本方針」は、「上毛電気鉄道みずからが最大限の努力を傾注し、収入の確保、設備の近代化、経営の合理化、サービス改善等を行うことを基本に、沿線市町村および県が最大限の支援を行い、運行の継続を図る」という趣旨で、1998年度を初年度とする5カ年間を再建期間として位置づけ、経営再建計画の策定、実行を事業者に求めるとともに、公的支援を実施するというもの。

公的支援とは、運輸省による近代化設備整備費補助金の特例制度と、自治体による鉄道基盤整備維持費補助、そして固定資産税等相当額の補助（継続）の三つである。

運輸省は欠損補助打ち切り事業者に対し、近代化設備整備費補助の補助率を5年間にかぎって特例的に2倍にし、近代化投資の費用負担率を国4、地方4、事業者2とする制度を設けた。群馬県は、さらにこの制度に追加して、事業者が負担する分についても全額を自治体が負担することとして、負担率を国4、県4、市町村2とした。さらに、近代化補助の対象から外れる設備についても、県2分の1、市町村2分の1の割合で補助することになる。

この制度を利用し、5年間で冷房車両の導入、重軌条化、道床改良、変電所無人化設備など20億円程度の投資を実施するとした。5年間に国と県は8億円ずつ、残り4億円を市町村が負担することになるが、1998年度は、そのうち4億2000万円を計上した。

上毛電気鉄道（2010年）＊

一方、鉄道基盤設備維持費補助というのは、鉄道事業にかかる経常収支に欠損が生じた場合に、線路、電路の維持にかかる経費（人件費、修繕費等）、車両修繕費にかかる経費を補助するというもので、従来の国（県が2分の1負担）による欠損補助に代わる制度である。以上の近代化補助金の特例を適用する前提として自治体による欠損補助の制度化が求められたが、この制度がそれである。鉄道事業経常欠損額を限度に、県5分の3、市町村5分の2の比率で補助するものとし、市町村ごとの分担割合は営業距離と乗降者数を材料に決められた。

さらに、この基本方針は親会社である東武による支援策についても規定していた。すなわち、再建期間である5年間、東武から職員3人が出向し、給与を東武が全額負担すること、中古資材を無償提供すること、タイアップ事業を展開することである。

また、沿線市町村と県が連携して鉄道を生かしたまちづくりを推進すること。上電《じょうでん》沿線市町村連絡協議会および市町村による利用促進が挙げられた。

具体的支援策が決定したことで、1998年3月に「上毛線再生等協議会」を発展的に解消し、新たに「上電近代化等促進会議」を設立した。

1998年6月に上毛電気鉄道は「上毛電気鉄道経営再建計画」を提出した。

1998年度以降の5カ年間を再建期間と位置づけ、

収入確保と費用削減を柱とする再建計画である。

◎収入の確保の方策として

①施設および車両の近代化…計画設備投資の実行による利用客の確保

②運賃改定の実施…定期券割引率の是正

③営業活動の強化…自治体などによる鉄道利用促進策や自社によるイベント開催と企画、商品の販売、顧客へのサービス向上。

◎費用の削減として

①要員の縮小化

省力化設備導入による要員の縮小化…ワンマン化、変電所遠制（遠隔制御＝引用者注）化、一部駅のパート化、本社員の縮小化など、97人の社員を20人削減して5年後に77人とする計画。

②人件費の縮小化

③その他経費の節減

また、「再生基本方針」で示された5年間で20億円におよぶ近代化投資として、

①車両ワンマン化機器付設冷房車両

ワンマン運転に対応した冷房つき車両を、1998年度、1999年度各3編成6両ずつ、2000年度2編成4両購入。1999年6月1日より、新型車に置き換えが終わった列車の一部について、ワンマン運転を開始した。ワンマン運行にあたっては、車内に料金箱と乗車整理券の発行機を設置した。

②線路重軌条化（レールおよび分岐器）、道床改良

③大胡変電所、赤城変電所機器改修と遠制化

④電路饋電線更新、電子閉塞装置更新、踏切保安設備更新、その他

⑤駅ホームかさ上げ、ホーム待合室改修

鉄道軌道整備法による欠損補助例④　銚子電気鉄道

銚子電気鉄道の沿革

銚子電気鉄道の歴史は1913年12月28日に国鉄総武本線・銚子駅と犬吠《いぬぼう》のあいだを開業した銚子遊覧鉄道に始まる。銚子の醤油醸造業者が中心になり、姻戚関係の富士瓦斯紡績会長の浜口吉右衛門《はまぐちきちえもん》の出資を仰いで完成したものである。外川《とかわ》あたりに揚がる魚介物や、犬吠埼《いぬぼうさき》目当ての観光客を運ぶことを目論んだ。

経営は必ずしも順調ではなく、政府からの補助金を受けて、かろうじて利益を上げるという状態であった。

折しも第1次世界大戦による金属不足と、これに目をつけた相場師による投機買いによって金属の価格が急騰していった。銚子遊覧鉄道も鉄道業では利益が上がらず、配当も見込めないことから、金属商がすすめるままに、1917年11月3日の臨時株主総会で会社解散を決議してしまった。住民たちの激しい反対運動にもかかわらず、1917年11月20日付で廃止が認可され、即日運転を休止、同年11月30日に正式に営業廃止となる。

銚子遊覧鉄道の経営者たちは、会社はいったん解散のかたちをとるものの、株式の払い戻しはせず、あらためて銚子遊覧自動車株式会社を組織して廃線跡地に自動車専用道路を建設し、乗合自動車3台と貨物自動車1台で銚子－犬吠間で運行を開始した。さらに、1918年5月に暁鶏館《ぎょうけいかん》株式会社を設立し、これに系列の犬吠埼の旅館・暁鶏館を吸収して1918年8月より鉄道代行バスを運行させることになる。

1922年9月29日に新たに銚子鉄道が設立され、鉄道復活に向けた活動が始まった。銚子鉄道の株主の大半が、かつて銚子遊覧鉄道の株主であった。翌年7月5日に銚子－外川間を開業。アメリカ製のガソリン機関車が客車を牽引する非電化の鉄道であった。しかし、ガソリン機関車の黎明期《れいめいき》にあたることから、技術的に未熟で、故障が頻発し、やむなく1925年7月1日に電化し、中古の電車を調達して運行を続けることになった。また、暁鶏館が運行した銚子－犬吠埼間の乗合自動車は銚子鉄道の開業にともない、専用道路敷を明け渡し、運行を止めている。

戦争中には銚子空襲で仲《なか》ノ町《ちょう》の変電施設が被災したことで電車の運行が不可能となり、一時、国鉄から蒸気機関車を借り入れることがあったが、1946年6月には変電所を復旧して電車の運行を再開した。また、1948年8月20日には社名を現在の銚子電気鉄道に改めた。

京成グループ時代からの赤字経営

銚子電鉄はもともと銚子財界の資力を結集して完成させた鉄道であり、そういう意味では銚子市民の鉄道という性格を持っていた。

この銚子電鉄は1961年に競合区間で路線バスを運行する千葉交通が株式を取得して傘下企業とした。千葉交通の親会社は京成であるため、この段階で京成グループの企業のひとつに加わったことを意味していた。

しかし、千葉交通も、その親会社の京成も、銚子電鉄の鉄道を存続させようとは思っていなかったようである。鉄道の経営を任されていたのは千葉交通から派遣された支配人であった。そして、1963年8月に銚子電鉄の役員会は鉄道の廃止を決議することになる。

当時、京成は子会社の京成観光の手によって犬吠埼にホテルを建設していた。犬吠埼灯台がある一段小高くなっている岬の頂上に立地し、それまでは瀟洒《しょうしゃ》な和風旅館が中心であった犬吠埼では最初の近代的な大規模ホテルとなった。

犬吠埼京成ホテルは1964年6月に開業するが、その1年前に銚子電鉄の廃止が決議されたのであった。

この廃止の決定を受け、1963年9月に沿線住民3000名が銚子電鉄廃止反対期成同盟を結成して存続活動を開始した。銚子電鉄は何度も廃止の危機に陥ることになるが、このときがその最初であった。廃止反対運動が労働組合の全国組織や社会党を巻き込んで拡大するにおよんで、翌年6月には銚子市の市議会の場で、会社は廃止断念を表明することになる。

しかし、次の危機はすぐにやってきた。会社が廃止を決定したなかで、設備の老朽化が進行していた。そして、1965年1月6日夜、とうとう変電所の変圧器2基が故障して送電がストップし、運行中の電車が笠上黒生《かさがみくろはえ》駅と海鹿島《あしかじま》駅で立ち往生してしまった。京成から750V水銀整流器が届いたものの、600Vの銚子では使いようがなく返品。そのうち修理に出した1台が戻ってきたため、試運転を行ったところ、これも火を噴いてダウンするという始末。もともと変圧器が故障した原因が解消されていなかったのである。2月5日にもう1台の変圧器の修理が終わって戻されてきたのを起動させたところ、無事に送電。ようやく運転の再開にたどり着くことができた。

銚子電鉄は運行の継続を決定するが、これに対し、銚子市は経営支援の立場から市単独による欠損補助を実施することになった。1969年度は250万円が交付されたが、その翌年には600万円に増額され、そのうちの半分が千葉県から銚子市に補助された。1972年度は県の補助がなかったため、会社への補助額は300万円となるが、1970、1972年度は600万円、1973年度には1000万円に増額された。

この間、1970年3月1日に西海鹿島駅を新設したが、この工事費として、西海鹿島町内会が10万円、銚子市が80万円を助成した。

その後、1970年に銚子市は京成の川崎千春《かわさきちはる》社長と会談し、犬吠水族館の改修とともに銚子電鉄の存続に対する支援を要請する。

労働組合でも銚子電鉄存続のための活動を本格化させ、1970年9月には単組内に銚子電鉄再建案起草委員会を設置。同年12月には私鉄総連交通政策第4次草案作成のために武蔵《むさし》大学の蔵園進《くらぞのすすむ》教授、國學院《こくがくいん》大学の雨宮義直《あめみやよしなお》助教授と総連の中小私鉄対策部長が実態調査のために銚子に来訪した。この調査結果は翌年2月16日に公表された。

さらに、1971年7月16日には銚子市の企画産業部と銚子電鉄の労使によって銚子電鉄再建懇談会を発足させるが、翌年11月にはさらに銚子電鉄経営協議会に発展させた。

このような各方面の活動が展開するとともに、市、県による経営支援が続くなかで、1972年8月に上田交通から中古車両を200万円で購入してデハ501として営業運転を開始した。1951年のデハ301以来の新顔の登場であった。

そして、1973年4月13日に、銚子電鉄はすでに民営での営業継続は難しいという判断から、銚子市もしくは千葉県に営業譲渡したい旨の提案を行う。17日には銚子市に対して正式に移譲の申し入れを行った。

同年12月12日に当時の嶋田《しまだ》隆《たかし》市長は「公社制」について前向きに検討すると回答したという。この公社制の解釈であるが、公営企業ではなく市出資の特殊会社という意味なのであろう。そうすると、現行の公共主体の第三セクターのイメージを持っていたのかもしれない。

当時の市長の考えは、自宅の近くに銚子電鉄の駅があり、毎日、子どもたちが学校に通うために電車を待っていた。その様子を見て、銚子電鉄という一民間会社に助成するというのではなく、市民の便を考えて市単独による経営支援を決定した。しかし、市が経営に参加するということは、最後は税が湯水のごとくに流し込まれかねない危険性を持っているため、これには拒否することを決定する。

その後、銚電《ちょうでん》問題に対応するために、1974年9月11日に市役所内に旅客輸送問題協議会を設置。9月25日に銚子市と協議会は共同して国による欠損補助の適用を要望した。結局、これは聞き届けられることになり、1975年度から前年度の経常損失が国と地方によって折半で支給されることになった。

欠損補助の支給を受けるために、1975年4月に運輸省に対して鉄道近代化5カ年計画書を提出。8月8日に旅客輸送問題協議会から答申が市長に提出されたのを受け、翌年6月に5カ年計画の事業資金の借入に対して債務保証をすることを決定した。

この近代化計画のなかで、1978年に近江鉄道から電車2両を購入してデハ701、702とした。混雑時間帯に電車が客車2両（ハフ1、2）を牽引していたのを電車3両編成に置き換えた。

また、1976年2月に折からの「およげ！たいやきくん」のヒットに乗じて観音《かんのん》駅構内で鯛焼《たいや》きの販売を開始。鉄道事業とは違って確実に利益を上げられる事業分野として、今日の副業依存の経営体制がこのときに始まったということができる。ただし、副業はもともと職員の副業として始められたが、次第に売上が増加するにしたがって本業の鉄道事業の負担となっていったという点も見逃せない。

その後、1986年に伊予《いよ》鉄道からデハ801を購入してデハ101と置き換えた。

内野屋工務店による経営の功罪

千葉交通は1990年に銚子電鉄の保有株式（出資比率61・2%）のすべてを建設業の内野屋工務店を経営する内山健治郎に譲渡した。正確に説明すると、内山が100%出資して銚電恒産を設立し、同社が千葉交通から銚子電鉄株の譲渡を受けて親会社になるというもの。

内野屋工務店は東金市に本社を置く地方の建設業者であるが、当時はまだバブル経済の真っただ中にあり、ゴルフ場の開発にもかかわっていたようである。

銚子市はリゾート法のもとでマリンリゾートを中心にした観光開発を計画しており、内山はこのリゾート開発に一枚加わろうという考えであったらしい。

内山のこのような発想は、当時はまったく健全なものであったということができる。経済力の停滞によって人口が減少する銚子市にとっては、いわば起死回生を狙った開発計画であった。そして、1990年に犬吠駅が南欧ポルトガル風の瀟洒な2階建ての建物に建て替えられ、2階には中華料理店とイタリアンレストランが出店した。犬吠埼は銚子観光の拠点であるが、鉄道駅には観光客が集まるような装置立てがなかった。観光コースに鉄道駅を取り込むために、犬吠駅の改築は大きな意味合いを持つことになる。

また、1991年には銚子駅構内の銚子電鉄のホームの入り口にオランダの風車を模したゲートを新設。そのほか、観音駅はスイスの登山鉄道の駅を思わせる建物に建て替え、また、君ヶ浜《きみがはま》駅の入り口にはギリシャの神殿を思わせる列柱を設置した。車両についても、テーマパークを走る電車のような凝ったデザインに塗り替えられ、

内野屋工務店の主導によってリニューアルされた
銚子電気鉄道の車両（2007年）

先頭部には、一説には内山本人をモデルにしたというゴリラキャラクター「アル・カッポレ」が描かれた。

なお、君ヶ浜の列柱は鉄骨の腐食がひどく、２００７年2月に撤去された。

もともと全駅の改築を計画していたが、１９９１年はじめのバブルの崩壊により、志半ばで中断してしまった。しかし、近代的になった犬吠駅が地域の観光の核となっている一方で、古いままの外川駅が周辺地区の町並みの象徴的な建物として注目されている。このことが銚子電鉄がリゾート施設と歴史的施設という二面性を備えることになり、地域住民には身近な鉄道であると同時に、観光客には異次元空間を連想させる効果を持たせているということができる。

ところで、この一連の駅改築には10億円ほどの資金が投じられたというが、犬吠駅の施設はすべて銚電恒産が所有した。投資にともなう費用負担が銚子電鉄には耐えられないという配慮があったものと推測する。銚電恒産を親会社として設立したのは、銚子電鉄は内山にとって、よりスケールの大きい銚子のリゾート開発によって収益を上げるための道具という意味合いがあったのであろう。つまり、銚子電鉄にかかる経費をリゾート開発のコストと認識していたため、その回収は重要ではなかった。

しかし、１９９８年6月5日に本体の内野屋工務店が千葉地裁に自己破産を申請して事実上、倒産した。バブル期の投資が巨額な負債となっていた。負債総額は７８1億円で千葉県内では最大規模の倒産となった。

もともと銚子電鉄の労組はこの買収劇には批判的であった。内山個人に対する不信感ではなく、リゾート開発を目指す建設業者であるということに対して危惧したのであった。結局、銚子市長の推薦者2名を取締役に入れることを要求し、銚子電鉄運行維持対策協議会の会長と市議会の総務委員長が役員に名を連ねることになった。

銚子電鉄は犬吠駅にかかる債権を取得するかたちで資産を自社の持ち物とした。もともと銚電恒産の所有であったということ、倒産したのは内野屋工務店であるということから推測すると、内野屋工務店が持つ銚電恒産に対する債権を取得したのではないだろうか。

犬吠駅の2階にあった銚電恒産が経営していたレストランは撤退し、新しくテナントとして後藤純男《ごとうすみお》美術館を設置。売店は銚子電鉄の直営に改めた。この資産の取得にともない、銚子電鉄では借入金、資産ともに2億円あまり増加している。

なお、国は鉄道軌道補助法にもとづく欠損補助を続けてきたが、1997年交付分で制度の運用を中止することを決定した。1993年度からは適用の前提として経営改善計画の策定が条件となったが、補助額はこの経営改善計画の赤字額を上限とした。併せて欠損補助打ち切りを見据え、経営合理化のための設備投資費用を支援するために、近代化補助金を同時に適用することになった。

銚子電鉄では国の指導を受けて1994年度に営団地下鉄から銀座《ぎんざ》線用車両2両を購入し、両運転台化、ワンマン化工事を実施してデハ1001、1002として投入した。近代化補助金が適用された。国と地方で5分の1ずつの補助率であり、残る5分の3についても県と市が折半で支給したため、事業者負担はなかった。1995年4月1日からワンマン運行を開始したが、その直後の6月24日に笠上黒生駅近くで上下の列車同士が正面衝突するという重大事故を引き起こした。銚子電鉄は早朝、深夜を除いてすべて笠上黒生駅で交換するため、本来なら考えられない事故であった。乗員、乗客7名が負傷し、車両の修理費として4289万円がかかった。

近代化工事は、その後、笠上黒生駅、仲ノ町駅、外川駅構内の重軌条化、誤出発防止装置の設置を実施し、1996年度で打ち切られた。

また、国による欠損補助が1997年度で終了したが、その後の経営支援については銚子市が早くから財政支援を決めた。しかし、千葉県は当時、東葉《とうよう》高速鉄道や、いすみ鉄道等の問題を抱えた鉄道を抱えていたため、銚子電鉄への支援はすぐには決定できなかった。銚子市は再三にわたって千葉県の支援を要望したところ、5年間の期限をつけること、会社への補助金は銚子市が単独で支出すること、県は市に対してその半額を補助するということで決着した。この補助金についても、会社側に経営改善計画の提出を要求。市の単独補助が1998年度から2002年度の5年間となるため、2002年度に経常損益の黒字化が要求されるが、計画では3480万円の経常赤字が残ることになっていた。そこで、その不足分を副業の収益で穴埋めすることが至上命令となって突きつけられることになった。

なお、1997、1998年度は近代化補助金の交付が受けられなかった。１９９８年度までの経営改善計画では、１９９６年の鉄道事業の営業損失は１１２４万円、１９９７年度には５６９万円、最終の１９９８年度には１１０７万円ではあるものの、経常損益では３０１万円の黒字となる計画であった。なお、この数字はあくまでも副業を除く純粋鉄道事業の収支額である。それに対し、１９９６年度の鉄道事業営業損失の実績は５８４９万円と、計画初年度の１９９４年度の４１３３万円より赤字額が増えていた。国が、市の経営支援が終了して以後の同社の経営の存続に不安を持ったため、補助を見合わせたということであるらしい。

このようなときに、ぬれ煎餅が大当たりし、１９９８年度には副業の営業利益が２億円を突破した。ぬれ煎餅に助けられて危機を乗り越えることになった。

銚子電鉄は１９９７年度を初年度とする５カ年の経営改善計画を策定し、銚子市による欠損補助も継続されることが決定したことから、１９９９年度から近代化補助金の交付が再開された。さらに、欠損補助の対象事業者に対して特例的に補助率を国、地方ともに５分の２に引き上げる措置がとられた。

このように、際どい状況のなかで、どうにかこうにか経営を続いていた銚子電鉄であったが、２００３年12月22日に内山健治郎社長（当時）の不祥事が発覚した。突然、会社の銀行口座が差し押さえられたのである。というのは、内山社長が銚子電鉄の代表印を使って勝手に会社名義で借金をしていたというのである。もともと内山社長が就任して以降、銚子電鉄の設備投資のための資金は社長がすべて融通していた。会社の内山社長に頼り切った関係が、このような会社と個人の境界線を踏み越えさせる遠因となったということができる。

銚子電鉄は２００４年１月31日の取締役会で内山の社長解任を議決、２月３日に代表取締役の解任登記を済ませる。そのうえで、６月９日に千葉県警に対して特別背任の罪で告訴状を提出した。しかし、県警は容疑の全容が確認されていない段階での告訴状の受理を見合わせる。最終的に２００６年８月29日に内山前社長は告訴状の嫌疑で逮捕された。横領金額は約１億１０００万円と確定した。２００７年６月11日に千葉地裁で有罪の判決を受け、懲役５年の求刑に対して懲役３年、執行猶予４年の刑を言い渡された。銚子電鉄および債権者とのあいだで示談が成立していることが酌量された判決であった。

「ぬれ煎餅を買ってください！」

銚子電鉄は２００６年11月24日に突然、同社のホームページに「電車運行維持のためにぬれ煎餅を買ってください!!」という緊急報告を掲示した。その直前に運輸省から「安全確保に関する業務改善命令」を受けとったことが報道されていたため、すわ廃業かと、筆者は不安な気持ちに襲われた。

その後の展開はすさまじいものがあり、同じ気持ちを持った者が全国に大勢いたのだということを実感することになった。

京福《けいふく》電気鉄道福井鉄道部（現・えちぜん鉄道）で起きた2度の重大事故を受け、2002年度に国は地方の中小私鉄に対して安全性緊急評価の実施を通達した。銚子電鉄においても実施した結果、指摘を受けた問題に対処するために保全計画を策定する。

その内容は、老朽化した枕木の交換、路盤の噴泥の除去、車両の台枠、ブレーキ管、電気配線などの修繕といった広範囲なものであった。国は全国の地方鉄道が抱える問題の深刻さを認識するところとなり、近代化補助金の補助率のかさ上げで支援することを決定した。そして、2008年度までにこれらの工事を完了することを要求し、これを実施しない場合には運行停止を命令することもありうるという強い拘束力を持たせた。

このような国の方針に対応するために、銚子電鉄では2003年度に関東運輸局が事務局となって、学識経験者、沿線代表、教育委員会、観光協会、銚子市、会社がメンバーとなり、県もオブザーバーとして参加した「銚子電気鉄道活性化協議会」を設置した。国の「公共交通活性化総合プログラム」のスキームにより、協議会での合意を受けて国の制度を動員して鉄道の経営改善に取り組むということである。

一方で、銚子市においても、市民などで構成する「銚子電気鉄道運行対策協議会」を設立し、地元における銚子電鉄支援活動について協議を始めた。

しかし、翌年2月に答申書を市長に提出する予定であったが、折しも銚子電鉄・内山社長の不祥事が発覚して協議会は中断され、「活性化協議会」のほうも結論を出さずに解散された。

国、市による協議が雲散霧消してしまった状況のなかで、銚子電鉄は2008年度を期限とする保全計画の実施が暗礁に乗り上げることになった。そのため、「銚子電鉄運行維持市民の会」を結成して7月25日から8月20日まで署名活動を実施し、銚子市議会議長宛8万8778名、千葉県議会議長宛9万1633名を集めた。しかし、銚子市長は支援に応じなかった。

市は近代化補助を行うための条件として次の4点を提

示した。

◎事業計画の提出
◎前社長不正借入問題の解決
◎経営状況等の公表
◎自己負担分の確保

　その後の動きとして、２００５年1月28日に関東運輸局鉄道部長が銚子市を訪問して協議。3月29日に内山前社長が経営する銚電恒産が保有する銚子電鉄株式（出資比率25・0％）を銚子電鉄労働組合の委員長名義で引き継ぐ。6月30日に株主総会において資本金６０００万円の無償減資と、当時の労働組合委員長を使用人取締役に選任することを議決した。

銚子市と会社のあいだに生じたズレ

　銚子電鉄は、近代化補助金は２００２年度、欠損補助は２００３年度で適用が中断していた。

　その鍵を握る銚子市も銚子電鉄を銚子観光の核としてその重要性を認識していた。しかし、前社長の会社名義による借金が会社の実際の負債となりかねず、支援を再開するには多くの問題を解決する必要があった。

　そこで、銚子市独自に検討を進めるために、２００５年12月21日に企画調整課を事務局にして「銚子市銚子電鉄再生問題協議会」を設置した。その設立総会において、浅井康次《あさいこうじ》・日本《にっぽん》政策投資銀行審査役の記念講演があり、地元住民による鉄道支援活動の重要性について説かれたという。

　その後は銚子市と銚子電鉄のあいだでの行き違いが目立つようになり、２００６年5月の第3回銚子電鉄再生問題協議会が延期となり、議論が中断することになった。報道では会社側から自己資金が用意できないと申し入れたためとされるが、会社側は「今後の銚子電鉄の再生が期待できる」として発展的に解消したという説明である。5月30日に第3回の協議会を開催し、6月から銚子電鉄再生支援協議会に移行する予定であった。

　このような状況のなかで、銚子市では２００６年9月12日に市役所内に「銚子電鉄問題対策プロジェクトチーム」を設置して銚子電鉄の利用促進のための活動を行っている。

　市と会社のあいだがギクシャクするなかで、２００６年10月23日に関東運輸局による保安監査が実施され、その際に施設が広範囲に老朽化していることが問題として指摘された。その結果、24日に国は「安全確保に関する業務改善命令」を発し、改善措置状況の2カ月以内の報告を命じた。

2007年1月14日に会社は関東運輸局に対して報告書を提出するが、その内容は次のとおりである。

◎職員の兼務を外すなど安全管理体制を見直す
◎枕木1553本、レール交換　約2600万円
◎踏切装置の腐食部分の更新　約2000万円

再度の危機の到来を受け、銚子電鉄は2006年11月24日に「修理費のために、ぬれ煎餅を買ってください」という趣旨の異例のメッセージをインターネットで発信した。電車の修理代が出せないというのである。全国の反応は早く、会社には、ぬれ煎餅の注文が殺到し、29日現在で1万件を超えることになった。そのため、インターネットショップを一時閉鎖するという混乱ぶりも見られた。

また、市民レベルでの支援活動も開始し、2007年1月14日に「銚子電鉄サポーターズ」が銚子駅構内の観光協会内に設立された。代表者は寺の住職で市の社会福祉協議会会長の西川照幸《にしかわしょうこう》である。1口1000円、法人会員は10口以上となる。この時点で会員数は4000人に達したという。

2006年12月21日にウェブ上で、ぬれ煎餅の利益とサポーターズの寄付により、デハ701の検査が2006年12月20日に完了し、12月10日から休車となっていたデハ1001、翌年4月に検査に入るデハ801の車輪を発注したとの報告があった。

日立《ひたち》電鉄、鹿島鉄道と近隣の鉄道が相次いで廃止されたため、今度は銚子電鉄かと鉄道維持に取り組む全国の支持者たちを震撼《しんかん》させた。それに、鉄道側の全国に向けたメッセージの出し方もセンセーショナルなもので、マスコミを動かし、期待した以上の反響となって表れた。

2008年度を期限とする緊急保全工事を実施しなければならず、必要な金額はひと桁大きい数億円の規模となることが予想された。

もはや「本業」と化したぬれ煎餅

銚子電鉄の2005年度の決算では、ぬれ煎餅を中心とする副業の収益が2億14万円に達する規模となっており、鉄道事業の営業収益の1億1446万円を大きく凌駕している。そのうえ、鉄道事業は1億5386万円の営業費用がかかった一方で、副業の営業費用は1億6620万円にすぎないことから、鉄道事業が3939万円

の営業赤字であるのに対し、副業は３３９４万円の黒字となった。鉄道事業の赤字を副業が穴埋めする構造が定着したことを意味している。

副業の中心は、いわずと知れた銚子電鉄のぬれ煎餅である。いまや首都圏のＪＲのキヨスクでも販売され、銚子のみやげ物の定番の地位を獲得したといってもよいであろう。

銚子というと醤油メーカー大手のヤマサ醤油とヒゲタ醤油の本拠地である。それに加え、海路で運ばれた奥州からの年貢米は銚子から利根川を遡った。その利根川の沿岸に煎餅の名産地が点在することになったが、この二つの物産の中継地としての地理的な特徴が備わっていたからである。

銚子もまた、煎餅の名産地のひとつとして名を上げることになるが、その煎餅の加工の過程で壊れた素材を火であぶってから生《き》醤油《じょうゆ》につけて職人がおやつにしていた。醤油の染み込み方がまだらで、味も醤油の塩辛さだけが際立つため、煎餅屋が内輪で消費するだけであったという。それが25年くらい前に商品として店頭で売られるようになり、さらに、銚子の個性的な名物として、観光客相手の土産物屋にも置かれるようになった。

そんなぬれ煎餅を銚子電鉄が販売するようになったのは１９９５年9月19日からであった。犬吠駅の駅舎のなかで手焼きで実演販売を開始したのである。

そして、これがマスコミに取り上げられる機会もあって評判を集めるようになると、工場を建設して本格的な生産に入ることを決定した。

というのは、国が欠損補助金の制度の運用を中止することを決めており、１９９３年度からは5年間を期限に補助金の交付を受けていた。つまり、１９９７年度に交付される１９９６年の経常損失分が最後ということになっていた。そこで、補助金に頼らず、自助努力による経営の自立が求められることになった。そのためのひとつのアイデアとして、ぬれ煎餅が提案されたという。

そもそもは取締役会の合間のこと、昼食の時間に雑談のかたちで取締役の綿谷岩雄総務部長が銚子のぬれ煎餅がテレビで紹介されていたことを話題にした。さっそく、観光協会の会長で銚子電鉄の取締役も兼ねる安藤《あんどう》勇《いさむ》に相談を持ちかけた。銚子駅に事務局を置く観光協会でぬれ煎餅を販売していたからである。ぬれ煎餅の生産方法についてアドバイスを受けることになったという。

銚子電鉄のぬれ煎餅も、じつは、ごく些《さ》細《さい》なきっかけに端を発しているというのも意外なことである。名産品というのは議論して生まれるようなものではなく、ひと

銚子電気鉄道の京王の中古車（左、2010年）

つの思いつきと、それを実現するノウハウの存在、そして、それを成功させるためには関係者の熱意が求められるということを痛感する。

銚子電鉄の場合は社員が高速道路のサービスエリアに日参して販売を依頼して回ったという。

当初は犬吠駅の手焼きでは1日700枚の生産が限界であったことから、1996年11月に約8000万円を投じて機械を購入し、犬吠駅の駅舎の裏に工場を建設した。さらに、副業を担当する事業部を新設して社内体制を拡充するとともに、笠上黒生駅にも売店を新設した。

その後、1997年12月に仲ノ町駅に隣接する車庫の一角の土地に新工場を建設して移転。その後、順次工場を増設するとともに、3階建ての倉庫を新設した。当時、1日の生産量は1万3000枚であったが、最終的に工場をフル稼働させると1日2万8000枚の製造能力に増強されることになったという。

1999年度にこの新倉庫の建設資金を転換社債発行によって調達し、2000年2月には株式に転換して資本金が2100万円増額された。

なお、1998年2月24日のTBSテレビ「ブロードキャスター」で銚子電鉄のぬれ煎餅が紹介されたのが、その後の急増のきっかけになったという。

新社長に就任した税理士の意気込み

銚子電鉄の現在の社長である竹本勝紀《たけもとかつのり》は2005年に顧問税理士に就任し、日本政策金融公庫から現在の主力車両の導入資金として7000万円の融資を実現したほか、節税のために資本金を1億円まで減資した。

ウィットに富んだ方で、2018年8月3日に「まずい棒」を犬吠駅で販売開始、10月には「鯖《さば》威《い》張《ば》る弁当」を発売した。また、2020年には映画「電車を止めるな！」を自主製作し、8月28日に公開している。

銚子電鉄は車両の老朽化から代替車両を探し、一時は京王井《い》の頭《かしら》線の3000系で内定。京王の子会社の構内に譲渡車両を保管していた。しかし、社長の不祥事が障害になって譲渡の話が一時中断したため、解体されてしまった。代わりに福井鉄道や都電の中古車を調査していたものの、それぞれ問題があった。そこに伊予鉄道の京王3000系の購入の話が伝わり、それなら既存車が余剰になるとの推測で交渉を始めたという経緯がある。

鉄道軌道整備法による欠損補助例⑤　一畑電気鉄道

一畑電気鉄道の沿革

宍道湖《しんじこ》の南岸には1910年に国鉄山陰本線が開通していた。それに対し、北岸の鉄道として計画されたのが一畑電気鉄道である。

才賀電気商会と井上徳次郎によって今市《いまいち》（現・電鉄出雲市）と大社《たいしゃ》を結ぶ軽便鉄道が計画されたが、同じ区間の建設を鉄道院が予定していたことがわかり、あらためて一畑薬師への参拝客の輸送を当て込んで今市－一畑間の路線を出願した。1911年8月に同区間の免許を取得し、翌年には一畑軽便鉄道を設立した。株式の2分の1を才賀電気商会が出資し、残りの半分を一畑薬師が引き受けた。

まず、1914年4月に出雲今市－雲州平田《うんしゅうひらた》間を開業。今市で山陰本線への連絡の便を図り、軌間は国鉄と同じ1067㎜を採用した。全線単線の蒸気鉄道である。1915年2月には路線を一畑まで延長することになる。

さらに、1923年には途中の小境灘《こざかいなだ》（現・一畑口《いちばたぐち》）から松江までの路線と、大社への支線の建設を決めた。国鉄大社線はすでに1912年に開業していたが、参拝客の多さから十分に採算がとれるとの判断であった。また、併せて蒸気運転から電気運転に変更することにして、1925年に一畑電気鉄道に改称した。

1927年に出雲今市－一畑間の電化（1500V）を完成し、1928年4月には小境灘－北松江（現・松江しんじ湖《こ》温泉）間、1930年2月に川跡《かわと》－大社神門《しんもん》（現・出雲大社前）間を開業した。

その後、戦時中の1944年末に小境灘－一畑間を営業休止して線路資材が取り外されたが、戦後に復活することなく、1960年4月26日に正式に廃止となる。

また、1954年に出雲鉄道と島根鉄道を合併。それぞれ立久恵《たちくえ》線・出雲市－出雲須佐《すさ》間18・7km、広瀬《ひろせ》線・荒島《あらしま》－出雲広瀬間8・3kmとした。

1970年代から始まっていた経営再建策

1960年当時、北松江線の輸送密度は4129人であり、沿線の人口規模が小さいわりには健闘していた。それに対し、広瀬線は753人、立久恵線は920人にすぎず、前者は1960年6月、後者も1965年2月

図表55　全盛期の一畑電気鉄道の路線

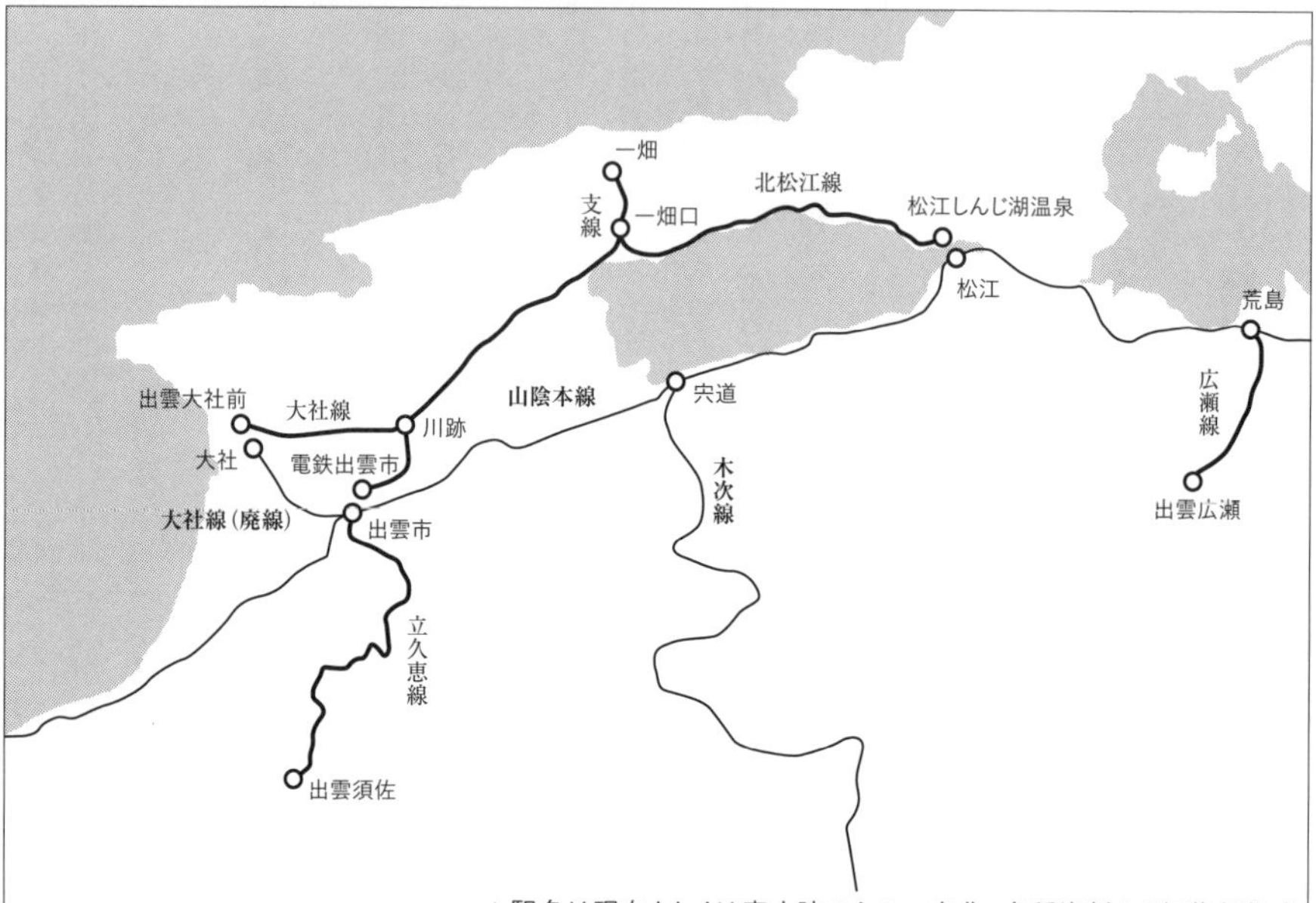

＊駅名は現在もしくは廃止時のもの　出典：各種資料より編集部作成

に廃止された。しかし、皮肉にも立久恵線が廃止された翌年度から鉄道事業の営業損益が赤字に転落することになる。赤字の2路線を廃止する一方で、北松江線に積極的に設備投資がなされ、このために借入金が膨らんで経営を悪化させた。1966年にはCTCを設置して信号操作の省力化を実施。また、駅業務の委託化、保線、電気業務の統合が進められた。その前の1964年には出雲市のターミナルビルが完成して国鉄駅と分離。併せて特急の運行を開始していた。しかし、1966年度に残った北松江線の輸送密度は5534人を数えたものの、1967年度をピークにして以後、減少の一途をたどることになった。

1970年度の鉄道事業営業損失は1400万円程度であったが、1972年度には7000万円近くにまで拡大し、会社は危機感を募らせた。同年度は3900万円の当期利益を計上したが、経常損益の段階では9300万円の赤字であった。

そこで、1972年度に会社は鉄道部門を運行委託するとともに貨物扱いを廃止し、鉄道部門の要員を169人から110人に削減する合理化案を提示した。これに対し、沿線自治体は鉄道部門の切り捨てとして反対運動が盛り上がることになり、1973年度に県と沿線市町は一畑電車沿線地域対策協議会（窓口は平田市＝現・出雲市）を設立した。そして、1974年度には地方鉄道軌道整備法にもとづいて欠損補助金の受給を開始した。これは1979年度まで続くことになる。

この間、1978年3月1日には大社線の単行運転電車のワンマン運行を開始。営業キロあたり人員数を1975年度の2・3人から1980年度には1・7人まで省力化が進んだ。

1979年度の鉄道事業の営業損失は1700万円と、依然として苦しい状況が続いていたものの、改善の様子がうかがえ、1億円あまりの当期利益を計上した。そこで、1980年度に収支改善に向かっているということで欠損補助金を辞退することにして、あらためて近代化補助金の交付を受けることになった。

しかし、1980年度には鉄道事業の営業損失は3800万円、1981年度には3700万円と再び悪化。1981年度は欠損補助の交付を受けなかったことで5400万円の当期損失を計上することになった。

この間、近代化補助金を得て、西武から10両の中古車両を購入して車両の体質改善を図り、また、30kgレールの40kgレール化、ホーム上屋設置などを実施した。

会社は欠損補助への依存から脱却して積極的な設備投資によって鉄道の再生を目指したが、結果は経営状況を悪化させることになってしまった。そのため、近代化補助金は1982年度までとし、1983年度からは再び欠損補助の支給を受けることになる。

その後、県開発公社は沿線に約300戸の朝日ヶ丘《あさひがおか》団地を開発。1988年4月には県開発公社の全額負担で朝日ヶ丘駅新設を新設した。また、1990年3月にはJR大社線が廃止され、出雲大社には一畑電車の大社線が唯一の鉄路となったが、観光客の電車へのシフトは見られなかった。

合理化に反発する労働組合の取り組み

1992年度に運輸省から欠損補助金の打ち切りが示唆されたため、経費削減策の一環として、1993年1月16日にダイヤを改正し、二十数年続いていた89本運行を見直して72本に削減した。従来は昼間は50分間隔であったのを1時間ないし1時間15分間隔に変更した。

このサービスダウンによる合理化に反対し、ダイヤ改正直後に私鉄一畑労組は「一畑電車利用促進対策協議会」を結成。連合島根にも利用促進を働きかけるとともに、運輸省に対する陳情を実施した（岸由一郎《きしゆういちろう》「補助金見直しにゆれる地方私鉄　島根県・一畑電気鉄道」『鉄道ピクトリ

一畑電気鉄道（1994年）＊

アル』587号、1994年2月）。

運輸省は過渡的措置として、経営改善計画の策定を条件に5年間にかぎって延長することを決定。これを受けて会社は1993年度一畑電鉄経営改善計画を策定した。これで1997年度までの欠損補助金の延長と併せ、1994年度から近代化補助金が支給されることになった。この経営改善計画は1993年度から1997年度までの5カ年を計画期間とし、総額5億7000万円の設備投資を実施するという内容である。

具体的には、1994年3月16日にダイヤを改正して8本増発し、1日80本運行に増強。昼間は1時間間隔、夕方は50～40分間隔に変更するというもの。松江温泉発の終電についても21時20分から22時台後半に繰り下げた。

また、計画では1997年度までにワンマン運転に対応した中古車10両を購入。現行24両体制を18両体制とするとしていた（実際には2100系［旧・京王］1994年4両、1995年4両、3000系［旧・南海］1996年8両の計16両を導入）。

これらのサービス改善に加え、1995年度に運賃を引き上げ（12月に実施）、1997年度には収支均衡を実現するという計画であった。

さらに、1994年3月に電車バス共通の1割引金券式「ふるさと湖畔線便利回数乗車券」を1000円、2000円、3000円、5000円の4種類発行。一方、自治体側でも同年4月に小学校の新入生全員に対して「おめでとうきっぷ」電車1回券を買い上げて無料配布した（種村直樹《たねむらなおき》「再生めざす一畑電車」『鉄道ジャーナル』331号、1994年5月）。

合理化と同時に「利用しやすいダイヤ」を目指す

一畑電鉄の経営状態は経営改善計画が目論む1997年度の経常赤字解消とはほど遠く、あらためて2001年度で欠損を半減させる現実的な新経営改善計画に移行することになった。島根県と沿線の松江市、出雲市、平田市、大社町（現・出雲市）および一畑電鉄は「一畑電車新経営改善計画策定委員会」を設置して検討を進めた。この計画策定には1994年3月から実施された自治体による支援策に関する「一畑電鉄経営改善方策メニュー化調査」の内容を反映したものであるという（一畑電気鉄道『一畑電車新経営改善計画』１９９７年４月）。

新経営改善計画は現在の経営状態からの脱却、ひいては中長期的に自立を見据えた具体的な経営改善方策をまとめたもので、１９９７年度を初年度として、２００１年度までの５カ年間を対象としている。

１９９１〜１９９５年度の実績をもとにしたトレンド分析では、定期外は１・４％の増加が見込まれるものの、通勤定期は８・０％、通学定期は０・７％減少すると分析された。これに対し、沿線対策協議会による利活用促進対策の効果、沿線の開発を考慮し、また、１９９８年12月と２０００年12月に５％ずつ運賃を引き上げることにし、１９９７年度以降の収益が算出された。１９９７年度の５億３０００万円あまりに対し、最終年度の２００１年度には６億１０００万円あまりまで増加するという見通しである。しかし、１９９７年度の実績は４億７０００万円にとどまり、すでに見込みから外れていた。

なお、この収益の推計にはレトロ電車の運行による年２７０万〜２９０万円の収入、１９９９年度からの観光対応車両５０００系導入による年１０００万円あまりの収入、また、沿線に松江レジャーパーク（仮称）が２００１年度に開設される予定であることから、同年度に３１００万円の増収を見込んでいた。同施設は予定どおり松江フォーゲルパークとして開園した。

この新経営改善計画は、基本的に収入増加につながる利活用促進方策と、支出削減につながる経費節減方策の２本柱を軸としている。

利活用促進方策としては、利用しやすいダイヤ編成のために、２億５０００万円をかけて川跡駅連動装置の改良、松江温泉駅連動装置の改良、大社線ホーム延伸、ＡＴＳ化車両代替を実施。すでに１９９８年度のダイヤ改正で、松江温泉－出雲大社前間の一部直通運転を行った。

そのほか、快適性向上策として観光対応車両の導入や、古江《ふるえ》（現・松江イングリッシュガーデン前）－松江温泉間の時速20㎞徐行区間の曲線修正、松江温泉駅の駅舎の移転と出改札の統合など、安全性向上策として川跡駅と松江温泉駅にＡＴＳ地上子の新設などの実施である。

一方、経費削減方策については、人件費削減策として、川跡、松江温泉、平田市（現・雲州平田）、一畑口、出雲大社前の各駅にポイント融雪設備を新設。平田市駅の連動装置の改良を行った。また、修繕費削減策として川跡駅の分岐器とレールを30㎏から40㎏Ｎに変更し、曲線部のＰＣ枕木化や鉄柱のコンクリート柱への取り替えを進めるというもの。

この経営改善計画を推進することによって、1996年度現在の鉄道部門66人体制から、2001年度には53人体制に移行を図ることになる。その結果、5000万円の収支改善効果が期待できるとした。結局、2002年の鉄道職員は50人となった。

「沿線地域対策協議会」による側面支援

運輸省は1997年度をもって欠損補助の交付を打ち切ることに決定した。1996年度の経常損失に対し、翌1997年度に交付される補助金が最後となった。それにともない、1998年度を初年度とする5カ年間を再建期間として位置づけ、自治体による公的支援の実施を条件にして、運輸省は欠損補助打ち切り事業者に対して近代化設備整備費補助の補助率を5年間にかぎって特例的に国4割、地方4割、事業者2割とする特例制度を設けた。

一畑電気鉄道の場合には、島根県、松江市、平田市、出雲市、大社町から構成される「一畑電車沿線地域対策協議会」（事務局は平田市）とのあいだで「一畑電車の運行維持に関する合意書」が締結され、自治体による欠損補助が行われることになった。これを運行維持補助制度と称し、とりあえず1998年度に実施される1997年度分から2001年度分までが対象である。

一畑電車は宍道湖北岸を東西に結ぶ唯一の公共交通機関であり、沿線地域住民の日常生活に欠くことのできない重要な路線であると位置づけ、欠損補助打ち切り後も路線を維持するために、会社には新経営改善計画の履行を要求するとともに、沿線対策協議会はこれを側面から支援することになった。

この自治体による運行維持補助制度は補助の対象を当該年度の経常損失とするが、ただし、この損失額は実績値ではなく、新経営改善計画で定められた収支計画に対して株主優待制度による収入減の2分の1を収入に加算すること、鉄道事業専属貸借対照表を作成して鉄道事業の借入額を算出し、これに借入利率を乗じて支払利息を算定すること、さらに交際費は費用から除くという操作が加えられた数値である。この金額を上限に、県と沿線市町が5対2の割合で分担して補助金を交付することになる。

一方、1994年度から交付されている近代化設備整備費補助金については、自治体による欠損補助の制度が設けられたことで、1998年度から国による補助率4割の特例が認められることになった。従来は補助率は2

割が基本で、とくに経営困難な事業者の安全対策工事に対しては3分の1を補助するというもの。自治体による同率補助を前提としているため、工事費の4割ないし3分の2にあたる。これに対し、この特例では国と地方がそれぞれ4割ずつを補助するため、工事費の8割が補助金で賄われ、事業者負担は2割にとどまることになった。さらに、一畑電気鉄道の場合には、この事業者の負担分に対してもまた、自治体からの無利子融資が実施された。これは2年据え置き後、13年分割で返済される。そのほか、近代化補助金の制度から漏れる工事についても、安全対策設備に対して工事費の45分の4を自治体の単独補助として実施された。

そのほか、沿線地域対策協議会は活性化特別対策事業として、毎年4000万円（うち県負担1900万円）の事業費を予定した。

沿線利用の減少を観光需要でカバー

一畑電気鉄道の実施する利用促進策については、観光対策として、1998年10月1日から松江温泉－出雲大社前間に観光対応車両5000系による「出雲大社号」を運行。同時に出雲大社前駅で電車に接続して出雲大社周辺の観光施設を周遊するバス「ワインバス」を土日、祝日に1日11往復の運転を開始した。

一方、地元対策として、1997年2月20日から平日朝の通勤時間帯の急行電車、電鉄出雲市7時14分発松江温泉8時00分着を旧型3両編成から新型4両編成に増強。同年10月1日からは、さらに松江温泉発17時37分と22時35分発電鉄出雲市行きの急行を増発した。2月20日からは松江温泉駅での買い物客へのサービスとして、1回100円で買い物自転車の貸し出しを開始している。

さらに、9〜16時の列車（日曜、祝日は全列車）を対象として実施されている電車内自転車持ち込みを促進するため、1998年8月料金を従来の630円から300円に引き下げた。また、パークアンドライド（電車利用者無料駐車場）を1997年7月7日に平田市、10月1日に大津町《おおつまち》で実施。1998年4月から、出雲大社前、川跡、一畑口、津《つ》ノ森《もり》、秋鹿町《あいかまち》に拡大した。

そのほか、高齢者などの交通弱者対策として、1997年5月8日から毎月8の日をシルバーデーとして、満65歳以上の高齢者について1日無料とした。そのほか、同年12月20日からは電車の1日フリー券と沿線温泉無料入浴券などをセットにした割引乗車券「シルバーきっぷ」を創設した。

経費削減策についても、1996年度に新型車両を8

両導入し、北松江線の朝通勤時間の急行を除く全列車を2両編成のワンマン運転とした。これで全線のワンマン化が実現したことで、専属の車掌職を廃止した。

さらに、一畑電車沿線対策協議会が実施する活性化特別対策事業としては、割引運賃に対する助成策が中心で、15名以上の団体利用者や、沿線の教育施設の校外学習に対して半額の助成を行い、通勤定期についても、沿線市町に所在する事業者で通勤手当現物支給制度を実施する者について、通勤定期券購入費の半額を助成することとした。その際、事業者だけではなく、個人も対象に含めることになった。通学定期券についても、同様に学期定期券の購入者に半額を助成している。そのほか、シルバーきっぷの割引分を助成するとともに、沿線市町の全小学生を対象に小学生きっぷを無償配布した。

また、松江温泉と都心の商店街やJR松江駅とのアクセスの便を図るため、1997年2月28日から松江市営バスが循環バスを新設したのに合わせ、一畑バスも松江市内南北直通路線を増便するとともに、松江温泉駅と松江駅を最短で結ぶ路線を新設した。7時45分から19時25分までのあいだ、松江温泉駅に到着する電車にはすべて県庁を経由する松江駅行のバスが接続し、しかも駅の収札口からすぐに乗車できるようにバス停留所を移設した。

2000年時点で、一畑電車の旅客は1980年ごろに比べて半減しており、とくに通勤定期旅客は4分の1にまで減少してしまった。それでも沿線自治体の支援によって通学定期旅客の減少は小さく、また、1993年度から1995年度までのあいだ、定期外旅客の増加が見られ、下げ止まりの様相となっている。この背景には沿線対策協議会による定期券旅客に対する半額助成や便利回数券、初詣記念乗車券などの積極的支援策があり、これは国鉄の特定地方交通線の選定にあたって沿線自治体による乗車運動が展開され、輸送密度が存続運動に熱心な自治体の近辺で突出するいびつな状況が見られたのに似ている。当時の支援策は、むしろ即効性は期待できるものの、いつまで続けられるものか疑問なものもあり、恒久的な増収策を講じる必要が認識されていた。

補助金を受けて近代化投資を実施することで、修繕費と人件費を削減するとともに、地元の旅客の減少を食い止めつつ、新たな旅客増加を図ることが課題とされるが、2001年度には沿線にレジャー施設（松江フォーゲルパーク）が開園する予定であるため、いくらかは増加するものと期待された。

しかしながら、これで欠損がなくなるわけではなく、国や地方自治体による支援の継続が必至であり、そうでなければ鉄道事業の継続は厳しいというのが自治体、会社の共通の認識である。

一畑電車沿線地域対策協議会による欠損補助は2002年度（2001年度分）に5年間延長されたが、これに対して特別交付税措置は適用されなかったため、実質的に自治体の負担が増加した。2007年度（2006年分）からは「インフラ所有権を移転しない上下分離」により、一畑電車基盤整備維持補助金として沿線自治体から支援を受けている。

実質上下分離への移行のため、2006年4月1日に一畑電気鉄道から鉄道事業を分割して一畑電車とし、一畑電気鉄道を持ち株会社とした。そのため、前年10月にはホテル一畑の資産管理部門を一畑電気鉄道に吸収している。また、2006年4月1日には一畑電車のほかに、一畑トラベルサービス、一畑バス、松江一畑交通、出雲一畑交通、一畑プランニング、ホテル一畑（旧・ホテル一畑を営業部門と資産運営部門に分割し、営業部門を一畑ホテルマネジメントに引き継ぎ、同日に名称をホテル一畑に変更している）を傘下に収めた。2015年には松江フォーゲルパークも子会社にしている。

また、一畑電気鉄道のバス事業は、1999年8月に一畑バスを設立し、翌年4月に一畑電鉄の路線バスを移管した。その前後の1998年10月には平田市内のバス路線をコミュニティバスに移管して平田営業所を廃止。1990年3月に安来《やすぎ》、広瀬地区の路線バスを安来、能《の》義《ぎ》広域行政組合に移管して広瀬営業所を廃止している。

路線廃止の事例①　十和田観光電鉄

十和田観光電鉄の沿革

十和田観光電鉄の前身となる十和田鉄道は戦後になって燃料不足を抜本的に解消するために電化、改軌という思い切った決断をする。この時期、全国的に各地のローカル私鉄が電化を行っていた。

1949年4月21日に電化、改軌を申請し、翌年3月22日に認可を得て、5月15日に工事に着手した。

工事予算は7500万円で、762㎜の軌条の両側に1067㎜の軌条を敷設する工事を実施した。電化工事は日立《ひたち》製作所に発注した。

1951年6月19日に、最終列車の通過後に線路の切り替えを行い、翌日の始発からは電車による運行を開始した。

電化前の運行本数は1日8往復であったが、電化後は1日14往復に増えた。電化時に用意した車両は、電動車

2両（モハ2401、2402）、制御車2両（クハ2401、2402）、電気機関車1両（ED301）で、すべて新車である。電車は全長14・8mの小型車で、半鋼製2扉オールロングシート、電気機関車は日立製作所製のB－B凸型である。同時期に地方私鉄に導入された標準的な車両である。

電化、改軌に合わせ、1951年12月に十和田観光電鉄に社名を変更した。このころには戦後の混乱も一段落し、国民のなかにはレジャーを楽しむ余裕が生まれていた。十和田湖一帯は戦前の1936年に十和田八幡平国立公園が指定されていた。

その後、1955年にモハ3401、1962年にED402、クハ4406を増備した。従来、予備車が不足していて、故障車が出た場合には電気機関車で制御車を牽引することもあったようである。新車は全長18・8mの従来の車両よりひと回り大型で、同時期に製造された京成の750形に似た近代的なスタイルである。電気機関車はED301と同じ凸型電機であるが、重量が5トン重い。

高校進学率の上昇によって輸送力を増強

昭和30年代以降、沿線での学校の開設が続いた。経済成長にともない、地方でも高校進学率が高まっていった。

まず、1963年4月に県立十和田工業高校が新設され、翌年5月には工業高校前駅を開設した。それまでは生徒は500mほど離れた渋沢農場前（のちの、ひがし野団地）を利用した。

1969年には、県立三本木農業高校が市内中心部の十和田市西五番町《にしごばんちょう》から沿線に移転した。それに合わせ、同年10月に高清水－古里間に三農校前《さんのうこうまえ》駅を開設した。新駅は学校の正門から30mの位置にある。

1984年には北里《きたさと》大学前駅を新設した。北里大学は1966年に獣医畜産学部を新設。十和田キャンパスが十鉄の沿線に立地することから、大学側からの要望を受けて新駅を設置したもの。

沿線の住宅開発や通学生の利用の増加などにより、鉄道の旅客人員は、1951年度66万人、1955年度86万人、1965年度141万人、1970年度165万人と増加を続けた。それにともない、1970年6月には輸送力増強のために定山渓鉄道から電車2両を購入した。全長17・6mで定員120人の大型車である。定山渓鉄道のモハ1201、クハ1210で、十鉄ではモハ1207、クハ1208とした。正面が湘南《しょうなん》電車タイプの2枚窓で、他車との連結運転はできなかった。

続いて1981年には東急からデハ3800型3801、3802、クハ3850型3855を購入した。十鉄での車番はモハ3809、モハ3811、クハ3810である。代わりにモハ1207、クハ1208、モハ2403（元モハ2401）、モハ2405（元モハ2402）、クハ2404（元クハ2402）を廃車にした。なお、クハ2402（元クハ2401）は1968年に事故で廃車となっていたため、在来車で残ったのはモハ3401、クハ4406の2両だけとなる。

1989年には東急からデハ3655、クハ3861を購入し、モハ3603、クハ3802とした。これで十鉄の電車は電動車4両と制御車3両の計7両ということになる。東急から購入した電動車は、いずれも両運転台に改造したうえで入線した。

また、1971年12月には閉塞方式を票券方式から自動閉塞に変更し、七百駅を無人化した。さらに、1969年には三本木駅を十和田市駅に改称している。

遊覧船やホテルなど観光開発を推進

昭和30年代以降、十鉄は周辺部での観光開発に積極的に取り組んだ。とくに古牧温泉を開発した杉本行雄が社長に就任した1957年からこの傾向を加速させた。

1954年4月に十和田湖湖畔の旅館「太陽」を買収（1990年に営業を休止）、翌年9月には十和田湖子《ね》ノ口《くち》－宇《う》樽《たる》部《べ》－休《やすみ》屋《や》間の遊覧船事業に進出した。1959年5月には十和田湖遊覧船業者の柳沢汽船を買収して統合した。現在、第1～3八甲田丸の3隻の双胴船により、休屋－子ノ口航路と中湖《なかのうみ》航路を運航している。

さらに、1959年12月に小川原湖観光開発を設立して小川原湖での遊覧船の運航を開始。1964年1月には浅虫《あさむし》海上観光を買収して陸奥湾海上観光に改称し、陸奥湾での遊覧船の運航を開始した（同社は1971年12月に解散）。また、1964年2月には野辺地町馬《ま》門《かど》温泉に「まかど温泉ホテル」を開業した。

続いて1964年8月には株式会社薬《や》研《げん》温泉ホテルを設立し、1966年9月に有限会社薬研清滝館を買収した。薬研温泉は下北半島北部の恐山の麓にある温泉地で、鉄道、バスの路線網から大きく外れている。1970年には「ホテルニュー薬研」を新築して開業した（2016年閉館）。

十鉄は観光部門の拡充の一環として、1967年7月14日に東京タワー観光バスの全株を取得して子会社化し、東京に進出した。青森のほかに東京に拠点を置くことによって相互に観光客を送り込むことができるという発想が背景にあった。その後、十鉄が国際興業の傘下に入った際に、東京タワー観光バスは国際興業の直接の子会社となる。

　そのようなとき、1968年5月16日に発生した十勝沖地震で三本木駅の駅舎や線路施設が大きな被害を受けた。しかし、三本木駅の木造駅舎を再建するなど突貫工事の末、7月1日に運行再開にこぎつけた。

　そして、1969年10月当時、十鉄の社長をしていた杉本が持ち株のすべてを国際興業に売却することになる。これにより、十鉄は国際興業の傘下に入った。

　当時、十鉄は私鉄総連系の組合が勢いを増しており、長期間の労働争議で経営面にも大きな影響が出ていた。そこで、私鉄総連系の組合がない国際興業への売却を決めたという。また、国際興業が秋田県側で路線バスを運行する秋北《しゅうほく》バスを傘下に入れていたことも最終判断に影響した。

鉄道事業の近代化

　鉄道事業は1970年度の165万人をピークに旅客輸送人員が減少に転じ、1986年度には106万人にまで落ち込んでしまった。また、貨物輸送も昭和50年代に入って輸送量が大きく減少し、1986年11月に国鉄の貨物輸送の縮小にともなって廃止した。

　長期低落傾向にあった鉄道事業へのてこ入れとして、1985年前後に大きな設備投資を行った。

　十鉄は1985年10月28日に駅ビルを完成して「ダイエーとうてつ駅ビル店」を開業した。ローカル私鉄の終端駅としては似つかわしくない立派な建物である。この駅ビルから跨道橋《こどうきょう》を渡ったところに1面1線のホームを新設して十和田市駅を移設した。駅ビル内に改札口があり、その脇に鉄道部の事務所を置いた。

　旧駅は200mほど先にあり、広い敷地のなかに貨物荷扱ホームや車庫もあった。旧駅での貨物施設は1986年11月1日まで使われ、十和田市駅構内にあった車庫も1986年11月13日に七百駅構内に移転した。その後も旧駅の木造駅舎は本社として使用し、構内には保存車両などを留置していた。

　本社は十和田市の中心部に移り、旧十和田市駅の広い敷地には元町ショッピングセンターが建設されている。

　十鉄はその後も国と地方自治体から補助金を受けて近代化施設整備事業を進めることになる。

　平成10年代（1998〜2007年）の動向をざっと紹介すると、2000年度に始まる5カ年計画では中古40kgNレールへの交換と車両の代替やATSの設置などを推進した。

車両の取り替えについては、東急から７７００系6両と７２００系2両を購入し、モハ７７０１〜７７０３、クハ７９０１〜７９０３、モハ７２０４、７３０５として２００２年10月11日から使用を開始した。在来車はすべて廃車する予定であったが、鉄道ファンの惜しむ声を受け、イベント用にモハ３４０１、３６０３の2両を残した。

十和田観光電鉄の東急の中古車（2002年）＊

この車両の取り替えには青森県が近代化補助事業に対して補助金額の上限を１０００万円に制限していることがネックとなった。当初、中古車7両の調達とATSの導入費用として1億８２９０万円を見積もったが、補助金問題が解決しないため、未定としていた。この問題について、どのような決着が図られたのかは不明である。２００６年3月に沿線3市町は県に対して上限１０００万円の県補助金の引き上げを要望していることから、この制度が変更となったわけではない。

２００４年度からは、京福電鉄福井鉄道部で相次いだ重大事故を受け、緊急保全整備事業工事が実施されることになる。２００８年度までに地盤軟弱化改善、レール交換、ホーム改修を実施するというもので、総額約2億５６００万円である。補助金が国約８０００万円、県５０００万円（1年あたり１０００万円）で、残り９５００万円が事業者負担となるが、これに対し、沿線3市町に財政支援を求めた。そして、沿線自治体は２００６年度以降、事業者の負担額のうち8割を支援することを決定した。

引き続き、２００９年度から3年間について、鉄道施設近代化計画を策定し、三沢駅のホームの延伸と自動券売機の改良に約1億円を計画し、２００９年度は三沢駅のホームの改良工事が実施された。

直営スーパーマーケットからの撤退

１９８５年に十鉄は十和田市駅の駅ビルを建設し、専門店のほか直営のスーパーマーケットを開業させた。当初は大手の「ダイエー」とフランチャイズ契約を締結して「ダイエーとうてつ駅ビル店」という名称で営業を行ったが、2003年3月にダイエーの経営問題をきっかけにフランチャイズ契約を解除した。その後も商品供給契約を結んでダイエーを外した「とうてつ駅ビル店」として営業を続ける。しかし、「ダイエー」の経営再建にともない、2006年2月にその商品供給契約も解除され、同年度末をもってその営業を閉じることになった。

ダイエーは2002年4月に産業活力再生特別措置法の認定を受け、2004年末からは産業再生機構のもとでの再建に入った。

また、三沢でも1996年に地元主導で地域密着型のショッピングセンターが建設された際に、キーテナントとして「とうてつ三沢店」を開業した（ダイエーのフランチャイズ）。このショッピングセンターは三沢駅から市街地に向かう至近距離に位置し、地元の協同組合と十鉄が共同で運営していた。隣接地には市が整備した「コミュニティマーケット」（通称ミス・ビードルドーム）と大町《おおまち》ビードル駐車場がある。この三沢店についても2006年末かぎりで撤退した。

十和田市の駅ビルの再開発については、その後、簡単には進まなかった。

2006年中に仙台市のデベロッパー「サンシティ」による再開発の話が持ち上がったが、国際興業との交渉が難航して最終的に頓挫。その後、東京の不動産コンサルタント会社と交渉したが、これも不成立に終わった。そして、2007年に入って大阪市のデベロッパー「大和《だいわ》システム」とのあいだで複合型ショッピングセンターの協議に入り、同年10月には土地、建物の売却について正式に発表した。大和システムは建物を解体し、2008年夏までに銀行、郵便局、駅が入る別棟を整備したうえで、12月までにショッピングセンターを開業するという計画であった。

しかし、その大和システムは2009年5月になって市に対してショッピングセンター計画の白紙撤回を明らかにした。同社は共同事業先の経営破綻などによって急速に経営が悪化し、2010年6月に事業再生ADR（裁判外紛争解決手続き）を申請。同年10月には民事再生法の適用を申請し、事実上倒産した。そして、この年末ごろには十和田市の駅ビルの土地、建物の権利は十和田市の不動産会社などが設立した「FINI」のもとに移っていた。大和システムが開発計画の撤回を表明した2009年5月ごろから交渉を進めていたようである。

FINIは十鉄に対して2011年度末までに駅ビルから退去することを要求した。十和田市駅のホームは駅ビルに対して道路を挟んだ位置にあり、ホームに直接出入り口を設置するスペースはない。駅位置を変えるにも大きな金額がかかる。運が悪いことに、この時期、親会社の国際興業は外資系投資会社による株式の買収が進んでおり、十鉄への肩入れは難しい状況になっていた。

「新旧分離方式」による会社再建

十鉄と十和田富士屋《ふじや》ホテルは経営再建策として新会社への経営移行による負債の切り離し策をとることになる。まず、２００７年11月16日に新会社「とうてつ」を設立したうえで、２００８年３月１日に十和田観光電鉄と十和田富士屋ホテルの事業のすべてを譲渡。同日に「とうてつ」は十和田観光電鉄に商号を変更するというもの。十和田観光電鉄は「十和田管理」、十和田富士屋ホテルは「みちのく管理」に社名を変更した。十和田観光電鉄の債務約65億円、十和田富士屋ホテルの債務約12億円は旧社に残され、そのまま会社解散手続きによって整理された。いずれも国際興業からの借入金である。

また、２０１１年12月に十鉄の完全子会社の「まかど温泉富士屋ホテル」の株式を元野辺地町長・小坂郁夫《こさかいくお》らに譲渡した。これにより、国際興業グループから離れるため、名称も「まかど温泉ホテル」に変わった（現在は、まかど観光ホテル）。

鉄道事業廃止に至るまでの議論

十和田市駅の土地、建物は大和システムを経て地元のデベロッパーＦＩＮＩの手に渡っていたが、２０１０年末ごろには十鉄に対して退去が要求された。「退去」「要求」の程度がどのような強さであったのかはわからないが、これが鉄道線廃止のきっかけとなった。

東日本大震災後の２０１１年４月13日には、まず十和田市に財政支援を要請。18日以降、三沢市、六戸町に同様の説明を行ったという。そのなかで、今後10年間の施設整備に対する補助金に加え、欠損補助を「内々に」要請した。これが６月20日の十和田市議会の一般質問への答弁というかたちで明らかにされた。

十鉄は６月23日に開かれた株主総会で澤頭隆夫社長の退任と白石鉄右エ門営業部担当取締役の社長昇格が決まった。白石新社長はこのときに売却された「まかど温泉ホテル」の社長にも就任した。

６月20日の十和田市議会での答弁は、この株主総会のタイミングに合わせたものと想像できる。

前年の12月４日の東北新幹線新青森延伸によって長距離客の流れが変わり、十鉄の鉄道線の旅客輸送量が減少。３月11日の東日本大震災では同社の収益源である観光施設やホテルの減収が追い打ちをかけるかたちとなった。

十鉄では旅客数の減少にともない、5月21日から土日祝日について5往復を減便して12往復とした。平日は従来どおり17往復である。

8月18日の「十和田観光鉄道活性化協議会」で、十鉄は正式に2011年度から10年間で約5億2000万円の財政支援を要請した。さらに、9月上旬に市民や市議会から意見を聞く場を設けることを表明した。

十鉄が求めた財政支援額は2011〜2020年度の10年間にわたり、新駅舎整備を含む設備投資総額約7億3000万円のうち国、県の補助金を除く4億2000万円と修繕費1億円の計約5億2000万円である。この1億円は上下分離にともなうインフラ経費に対する支援を求めたものであった。

この協議会では十鉄からバス代替した場合の比較内容の説明もあった。結論は、代替バスは鉄道に比べて維持費、人件費が抑えられ、運行にかかる収支は黒字化できるという内容であった。

十和田市駅に新駅舎を整備する場合、10月には準備にかからなければならないことから、これが最終決定のタイムリミットとなった。急いで地元としての意思決定を図る必要があった。

8月29日に三沢市議会総務文教常任委員会で審議されたが、財政支援の見送りと、バス転換容認の意見が大勢を占めた。9月2日には十和田市議会全員協議会でも同じく財政支援に否定的な意見が相次いだ。同日に三沢市公会堂にて住民説明会、5日に六戸町議会全員協議会、7日に十和田市にて住民説明会、15日に六戸町にて住民説明会と、矢継ぎ早に手続きが進んだ。

一方、住民側でも動きがあった。9月19日に十和田市の視聴覚センターを会場に市民グループ「とわだ市民活動ネットワーク」が緊急フォーラム「どうする十鉄」を開催した。パネリストとして参加したNPO法人「鉄道サポーターズネットワーク」の清水孝彰理事長は、議論できる時間が短すぎること、十鉄は過去最短の日立電鉄のケースより短いことを指摘し、時間をかけて合意形成を図るべきと主張した。

9月20日に十和田市の小山田《おやまだ》久《ひさし》市長は、三沢市の種《たね》市《いち》一正《かずまさ》市長、六戸町の吉田《よしだ》豊《ゆたか》町長と個別に協議した。財政支援について結論は出なかったものの、十和田市長は記者会見で「従来の枠組みを超えた支援は難しい」と述べたという。最終的には9月30日までに市としての方針を固め、10月3日の十和田市議会の全員協議会で説明したうえで、同日中に十鉄に「同社の支援要請に満額で応じることはできない」と回答した。

自治体からの正式の支援拒否の回答を受け、10月7日に十鉄は取締役会で鉄道廃止を最終的に決定した。10月11日に「十和田観光鉄道活性化協議会」の臨時総会の場で白石社長は年度末で鉄道を廃止することを正式に表明した。その理由として、多額の設備投資が必要な状況で、民間企業として赤字の鉄道事業を継続できないこと、沿線住民や議会には「鉄道の役割は終わった、バスでよい」との意見があることを説明した。この臨時総会では「鉄道を廃止した場合の代替交通」の素案についての説明もあった。

すなわち、運行系統は十和田市中央－七百－柳沢－三沢駅－市役所前間のほか、三沢市役所から三沢高校まで直通する系統と、十和田市中央から三高前《さんこうまえ》に直通する系統を設ける。運行本数は鉄道と同じ17往復とする。運賃は現行の鉄道とバスを乗り継ぐ場合のそれぞれの併算額より安くなるように設定するというもの。

２０１２年4月1日に鉄道は廃止されたが、通学生には歓迎されたようである。並行して県道が整備され、十和田市でも駅の位置が市の中心から外れていたのも旅客需要にはマイナスの要素であった。

鉄道廃止後は中心市街地のファミリーデパート十和田亀屋《かめや》の跡地に十和田市まちなか交通広場が整備され、十鉄の市内のバスのほか、東京駅とのあいだに高速バスも走っている。また、十和田湖の観光路線や周辺都市とのあいだの路線も充実している。ただ、地域の交通は、基本的に自家用車に依存しており、バスの運行頻度も高くない。

鉄道代替バス路線は十和田市中央から朝6、7時台に3本ずつ、昼間は1時間の等時隔の運転である。朝の便は5本が三沢高校行き、そのうちの1本は途中の三沢商業高校に寄る。それ以外の時間帯は市役所公会堂前まで直通するが、日中の4本は三沢駅止まりである。

路線廃止の事例②　くりはら田園鉄道

くりはら田園鉄道の沿革

１９１８年6月22日に栗原軌道が出願した石越－細倉《ほそくら》（のちの細倉マインパーク）間と、途中の若柳《わかやなぎ》で分岐して築館、一迫《いちはさま》町（現・栗原市）真坂《まさか》までの路線、築館から宮《みや》野《の》、沢辺《さわべ》、金成《かんなり》に至る路線が軌道法にもとづいて特許された。

この栗原軌道は地元の有志によって１９１８年2月15日に設立された鉄道で、栗原郡内の地域の旅客、貨物需要に応じる目的を持っていた。そして、１９２１年10月

20日に石越－沢辺間８・８㎞を開業するが、蒸気動力による軌間７６２㎜のナローゲージであった。翌年12月17日には路線を岩ケ崎《いわがさき》（のちの栗駒《くりこま》）まで７・８㎞延長した。

その後、三菱鉱業の細倉鉱山で産する鉛、亜鉛が戦時経済下で増産されたのに応じ、栗原軌道の輸送力を活用することになった。三菱鉱業は１９４０年ごろに栗原軌道に出資して経営に参加。１９４１年12月３日には全線を地方鉄道に変更し、社名を栗原鉄道に改称した。そして、翌年12月１日には岩ケ崎－細倉鉱山間９・３㎞を延長開業した。

戦後は傾斜生産方式が実行されるなかで、工業部門では石炭が著しく不足することになった。石炭は黒いダイヤとまで呼ばれるほど高価なものとなった。そこで、栗原鉄道は蒸気動力の電気動力への変更を計画し、１９５０年９月21日に直流７５０Ｖで電化を完成させた。従来は蒸気機関車で客車と貨車を牽引する混合列車が中心であったが、客車の連結をやめ、新たに電車の運行を開始した。スピードアップもあって、動力費は約20％削減されたという。

さらに、細倉鉱山の生産が回復すると、鉄道の輸送力の増強が課題となった。もともと軌間７６２㎜であったのを、国鉄の貨車の直通を実現するために軌間１０６７㎜への改軌が計画された。工事は１９５５年１月７日に始められ、９月27日に完成した。所要時分が大きく短縮されたばかりでなく、石越駅での積み荷の積み替えの必要がなくなったことで、三菱鉱業は積み替え料の支出が不要となった。また、１９５５年11月29日には栗原電鉄に改称となる。

一方、同社は１９２８年４月10日に石越－岩ケ崎間の乗合自動車の運行を開始した。のちに鉄道線沿線に路線を拡張するが、宮城県内のバス事業を統合する目的で、１９６０年４月１日に陸前乗合自動車の全株式を譲り受け、１９６４年５月１日に両社は合併し、宮城中央交通に改称した。そして、１９６８年８月31日にバス部門を分離し、新たに宮城中央バスを設立。鉄道事業は１９６９年２月25日に再び栗原電鉄を名乗ることになった。

細倉鉱山は日本有数の鉛、亜鉛鉱山で、その起源は16世紀後半に遡るという。三菱鉱業の経営となるのは１９３４年で、選鉱、精錬の一貫操業を行っていた。

昭和30年代は鉱山の製品輸送が順調に推移したことで、むしろ国鉄の貨車の調達で苦労が多かったが、昭和40年代に入ると急速にトラック輸送にシフトしていった。また、それに加え、細倉鉱山は非鉄金属の市況の低迷で生産が低下するようになり、鉱山町の鶯沢《うぐいすざわ》町（現・栗原市）の人口は昭和30年代の１万３０００人から１９６８年には1万人を割り込み、２０２０年には２２０３人になった。

それに代わって経営の柱として期待されたのが栗駒山《くりこまやま》の観光事業である。

栗原電鉄は昭和30年代を通じて駒《こま》ノ湯《ゆ》温泉の近くにバンガローや山の家を開設し、道路の整備にも力を入れた。１９６５年には週末に仙台から臨時列車を直通運転し、山開き、夏山、紅葉の季節に運転された。しかし、１９７７年をもって客車の使用料の支払いで赤字が出るようになったことから運行を中止した。さらに、バンガローや山の家も売却された。

栗原電鉄（1995年）＊

それに加え、細倉鉱山は円高で海外品との競争力を失い、ついに１９８７年には閉山となった。

栗原電鉄は貨物輸送を廃止し、１９８７年に石越駅のＪＲ線との連絡線を撤去。翌年10月17日には貨物専用の細倉－細倉鉱山間０・７㎞を廃止した。

経営と輸送の推移

昭和40年代に急速に貨物輸送量が減少し、貨物輸送に依存する程度が大きい栗原電鉄の経営は深刻さを強めていった。

宮城中央交通と称していた１９６５年度における経営状況を見ると、鉄道事業の営業損益は２１４６万円の黒字で、償却前営業収支率は80という好成績であった。そして、同年度の運輸収入1億８１００万円のうち65％にあたる1億１８５０万円が貨物収入で、さらに、その８割までが細倉鉱山から出される貨物であった。その後、細倉鉱山の操業が縮小されるにつれて鉄道の貨物輸送トン数は減少を続け、１９６５年度には23万３８７１トン、１９７５年度には16万７７０７トンと推移する。

それにともない、１９６８年度には営業赤字を計上することとなり、１９７４年からは鉄道軌道整備法にもとづいて欠損補助の交付を受けることになった。

一方の旅客輸送についても、１９６５年度1日1キロあたり１７０８人を運んでいたのが、１９７５年度には８９１人にまで減少し、さらに、１９８５年度には４１

図表56　くりはら田園鉄道の設立時の主要株主

株主名	持ち株数	持ち株比率（％）
鶯沢町	83,249	16.02
若柳町	72,313	14.70
栗駒町	69,379	14.10
石越町	53,175	10.81
金成町	50,627	10.29
宮城県	50,000	10.16
七十七銀行	8,240	1.68
太宰作治郎	4,696	0.95
高橋栄一	3,100	0.63
若林真智子	2,090	0.42

出典：宮城県提供資料

3人となっていた。全国的に見て最も旅客数が小さい部類に入る数値である。

その後、赤字体質が定着することになったため、経営改善を図る目的で親会社の三菱マテリアル（元・三菱金属鉱業）から関連会社のOBが社長として派遣され、地元に常駐して経営再建に取り組むことになった。従来は地元出身者が社長の職に就いていた。

異例の「私鉄の第三セクター化」と「電化廃止」

１９８７年に三菱マテリアルは細倉鉱山を閉山した。鉱山跡には細倉マインパークがオープンして第三セクターが経営にあたっている。そして、閉山を契機に栗原電鉄の経営から手を引くことを決定した。

また、期せずして、運輸省から１９９３年度をもって欠損補助を打ち切ることが通告された。そのとき、ともに通告を受けた野上電気鉄道は、紆余曲折《うよきょくせつ》を経たのちに結局、鉄道を廃止してしまった。

これらを受けて県と沿線5町は「栗原電鉄線運行維持対策協議会」を設けて協議した結果、電車の運行をやめてワンマンの軽快気動車に置き換えるほか、運賃の値上げ、累積債務の棚上げを軸に再建を図ることがまとめられた。この方針に沿って、累積債務の肩代わりを三菱マテリアルに要請、これが１９９３年度に実現した。また、同時に三菱マテリアルは発行株式の64％にあたる持ち株のすべてを地元に無償で譲渡し、１９９３年12月に栗原電鉄は地元自治体が支配株を持つ第三セクターとして再出発することになる。さらに、軽快気動車3両の購入費に対して国、県、沿線5町が近代化補助金を交付したが、補助率は国と自治体合わせて40％にとどまるため、残り60％は事業者の負担となった。この事業者負担分７８００万円を増資し、これを宮城県が引き受けるかたちで、１９９５年2月に県の出資が実現した。そして、１９９５年3月31日に電車のさよなら運転を実施。4月1日から、くりはら田園鉄道として、新調されたレトロ調の軽快気動車が走り始めることになる。

１９９３年度を最後に欠損補助が打ち切られるにあたって、当時の本間《ほんま》俊太郎《しゅんたろう》・宮城県知事は鉄道維持に対して好意的であった。地元でも鶯沢町、栗駒町（現・栗原市）を中心に、とくに高校生の通学手段として必要として廃止に反対した。しかし、行政レベルで比較的スムーズに第三セクターへの移行を決定してしまったために、一般の住民のなかで鉄道維持の意識の盛り上がりに欠けたきらいがある。

電車を軽快気動車に置き換えることで、動力費が年1300万円から350万円まで低下。そのほかに架線や変電所などの維持費が不要となった。さらに、ワンマン化を同時に実施したことで、車掌6～7人の省略による人件費の削減が実現したことがメリットとして挙げられる。その半面、車両の検査が自前で実施できないため、岩手開発鉄道に委託しており、この支出が予定外の失費となった。

くりはら田園鉄道（2010年）＊

電車を気動車に置き換えた例は過去にもいくつか見られたが、とくに類似例としては、1971年の羽後《うご》交通雄勝《おがち》線のケースが挙げられる。電車はもとより電気施設の老朽化が著しく、折しも同社の横荘《おうしょう》線の廃止で気動車が余剰となったことから、これを転用したものである。しかし、この雄勝線も1973年には廃止されてしまった。

地元企業の支援と補助金交付の停止

栗原電鉄に対しては鉄道軌道整備法による欠損補助金が交付されていたが、これは前年度の経常損失額を国2分の1、宮城県8分の3、沿線5町8分の3の比率で補助するというもの。1993年度をもってこの欠損補助の適用が打ち切られたことで、翌年度から県の単独補助に移行し、同じく前年度の経常損失額を県4分の3、沿線5町3分の1の比率で補助を実施することになった。その補助金額は、1994年度は6400万円、1995年度は7000万円程度であるが、折からの地方の財政状況から見ても、際限なく赤字を穴埋めすることはかなわず、1996年度からは補助金額を6000万円に固定する定額補助に改められた。分担額は、県が4500万円、沿線5町が1500万円である。その後、経常損失は減少してきており、1997年度以降は経常損失が補助額を下回り、税引き前損益で黒字を計上した。とくに1998年度には2674万円の当期利益を出して累積欠損を3割近く削減することになった。定額補助はいちおう2000年度までとなっていたが、それ以後については未定であった。

定額補助の6000万円という金額について、もしバスで代替する場合には1カ町で千数百万円にあたり、比較的負担は小さいとした。従来の14往復を維持するためには、さらにその金額は拡大することになるが、1カ町平均300万円という金額は沿線自治体として負担を過大に感じるものではなかった。

定額補助がコスト削減のインセンティブとなって経常損失を減少させてきたことが確認でき、現実に経常損失額が補助金額を下回った。

また、1994年度から国の近代化施設整備補助金の交付を受けている。事業費の10分の2を補助するというもので、自治体側でも同率の補助を実施するため、合わせて補助率は4割となる。なお、安全施設の整備に対する補助率は、国、自治体ともに10分の3となる。

1994年度にはワンマン対応、冷房装備の軽快気動車3両を新造。翌年には名鉄から中古のレールバス2両を購入した。1995年度以降は、ポイント融雪装置、列車無線、ホームかさ上げ、落石防止装置などの整備費に適用されている。しかし、運輸省は1999年度から補助金の下限を5000万円に制限した。残された設備投資が小規模なものばかりということで、1999年度はすべて補助対象外となり、補助金の交付は受けなかった。

また、1994年度には三菱マテリアルが地元対策として提供した活性化基金から再建活性化推進事業補助金として7700万円を受け入れた。

数々のイベントを開催するも万策尽きる

くりはら田園鉄道の支援組織に「くりでんサポーターズクラブ」と「くりでん五郷《ごきょう》活性化協議会」がある。

サポーターズクラブは会社内に事務局を置き、会員を全国から募集している。1994年12月に結成された。個人会員には会費年額1口2000円、3000円、5000円の三つのコースがあり、法人会員は1口年額会費5000円である。入会すると、入会証や優待乗車券が交付されるほか、会報やイベント情報が提供される。

設立時に募集された第1期会員は個人会員924人と法人会員40社で、法人会員はほぼ宮城県内であるのに対し、個人会員は宮城県のほか、関東地方に多く分布している。もともと栗原電鉄のようなミニ鉄道の個性的な車両には多くのファンがついており、全国から支援者を集めていた。それらの人たちに対する配慮か、気動車化で不要になった電車のほとんどをそのまま残していた。しかし、時間がたつにつれ、そのような電鉄に対する愛着は薄れ、次第に会員数は減少している。これらの会費収入は第2期で350万円程度と計算され、運輸収入に算入された。旅客収入の1割を超える金額であり、会員数の減少は経営にとって痛手であった。

一方、くりでん五郷活性化協議会は栗駒町役場に事務局を置く自治体側の支援組織である。イベント実施部会を置き、当初は仙台や一関の市民を対象に沿線の行楽施設や保養施設への日帰りのイベントを開催したが、鉄道以外の経費がかかることから、間もなくやめてしまった。その後は地元民を対象とするイベントを中心とし、1998年からはクリスマス前の日曜日に「サンタ列車」を運転した。

宮城県が経営に参加するのに際し、会社、協議会、各町にイベントの開催を働きかけ、それぞれがイベントを実施した。たとえば、1995年9月から12月までのイベントを挙げると、

◎鶯沢町……金田森《かねだもり》フェスティバル'95、鶯沢町産業祭り

◎栗駒町……第3回くりこま高原ふれあいまつり、第7回栗駒高原駅伝大会、ふれあいフェスティバル

◎金成町（現・栗原市）……金成町産業まつり、金成町民音楽祭

◎若柳町（現・栗原市）……T・SQUAREコンサート、宮城県芸術祭音楽会、若柳町秋まつり、津軽三味線大競演

◎石越町（現・登米市）……いしこし7000人まつり、石越町文化講演会

などである。また、この時期、協議会側は「くりでん親子ふれあい農業体験列車inくりこま」を開催し、会社側でも「くりでん紅葉狩り列車」を運転した。その後も会社はイベント列車運転を続けており、2000年2月中旬には「くりでん沿線酒蔵めぐりツアー」を実施した。

これら協議会の活動費は半額が宮城県の負担となり、残りは5町と会社で均等に按分《あんぶん》された。ちなみに、1998年度の負担金総額は108万円である。

また、1990年3月に東北新幹線に、くりこま高原駅が新設され、駅前に無料の駐車場が設置されたことで、宮城県の県北部一帯からマイカー利用の通勤客を集めた。至近距離にある栗原電鉄とは直接連絡する手段を持たなかったが、1997年3月25日から、くりこま高原－沢

辺間のシャトルバス（栗夢号《くりむごう》シャトル）の運行を開始した。宮城県がレトロ調のシャトルバス２台を購入して宮交《みやこう》栗原バスに運行を委託した。しかし、１日20人程度の利用しかなく、維持費の負担が大変であった。そのほかにリムジンバス１台が同様に委託されていた。

栗原電鉄は１９８７年の細倉鉱山の閉山によって親会社の三菱マテリアルが経営から撤退。追い打ちをかけるように、１９９３年度には欠損補助の適用が打ち切られた。それに対し、自治体側の判断は県単独による欠損補助による鉄道の維持であった。

１９９７年度の数値で輸送密度は３０９人にまで減少しており、全国的に見ても旅客専業の鉄道事業者としては最も利用が少ない路線となってしまった。そのような深刻な状況のなかで、本社の職員数を最小限にとどめ、しかも課長補佐、係長に現業を兼務させて極限までの合理化を進めた。それでも、年に７０００万円程度の営業損失を計上してきたが、１９９６年度から欠損補助を定額補助に改めて以来、営業損失の金額が次第に低下していった。

宮城県は２０００年度までとされた赤字補填の補助金を２００１年度から３年間延長した。その後も経営改善は進まず、２００３年10月に再度２年間の延長を実施。ただし、支給額は半分に制限された。このため、会社は同年12月に２００６年度でのバス転換を決定し、翌年６月の株主総会で鉄道の廃止が承認され、決定した。

２００７年３月31日に運行を終了し、４月１日に、くりはら田園鉄道は廃止された。

くりはら田園鉄道の最後の時刻表は、おおむね１時間に１本の運転で、全区間13往復、若柳－石越間１往復。ミヤコーバスが運行する代替バスは２系統設定され、平日は上下33便が設定された。朝の通学時には快速便も運転した。

現在は自治体が運行する「市民バス」に変わり、グリーン観光バスに委託する「市民バスくりはら田園線」が平日９往復、土日祝日３往復している。所要時間は鉄道時代の46分に対して片道１時間15分と30分遅くなった。

なお、栗原中央病院から、くりこま高原駅を経由する石越駅前行きのミヤコーバスが運行する「市民バス若柳線」が、平日９往復、土日祝日３往復運行し、所要時間は42分である。

路線廃止の事例③　新潟交通電車線

新潟交通電車線の沿革

新潟交通電車線は軌間1067㎜の全線単線、架線電圧1500Vの電気鉄道である。燕《つばめ》－東関屋《ひがしせきや》間の鉄道区間と、東関屋－県庁前（のちの白山前《はくさんまえ》）間の軌道区間があったが、軌道区間は1992年に廃止されてしまった。

この路線は信濃川《しなのがわ》の分流である中ノ口川《なかのくちがわ》の川汽船の代替として地元の有志によって発起された。1925年に奥山亀蔵《おくやまかめぞう》らが中ノ口電気鉄道を設立し、新潟市白山浦《はくさんうら》から燕までのあいだの鉄道を出願。折しも越後鉄道が並行路線を出願したことから審理に手間どり、特許が下りるのが1928年まで遅れることになった。さらに、1931年には新潟電力から沼垂《ぬったり》－白山浦間の権利を取得。翌年には新潟電鉄に改称した。そして、1933年4月に、まず東関屋－白根《しろね》間を開業させ、同年中に県庁前－燕間の全線35・8㎞を完成させた。

その後、1943年には新潟県が運輸通信省からバス事業統合の指令を受けて新潟電鉄を新潟合同自動車とともに北越、佐渡《さど》地方の統合主体として指定したことから、両者は合併して新潟交通を設立。零細なバス事業者を整理、統合した。

電車線の旅客数は、1970年度には平均通過人員3985人であったのが、1975年度には2706人まで減少した。それに応じて営業損失も1970年度の1億円あまりから1975年度1億7000万円、さらに1990年度3億円と拡大していった。

このような長期低落傾向に対し、昭和50年代には国と県から近代化補助を受けて（1987年度まで）、むしろ積極的に合理化投資とサービス改善に努めた時期である。すなわち、CTCを、1975年ごろからの試行期間を経て、1983年3月1日に本格的に導入。同時に信号を特殊自動閉塞式に改めた。また、1982年度にはATSを設置した。そして、これらの保安設備の整備の完成によって、1981年8月と1982年1月に大幅な増発を内容とするダイヤ改正を実施するとともに、1982年4月1日からワンマン運行を開始することになる。

この間の合理化の結果、すでに1985年の段階で、営業キロあたり人員は1・9人にまで省力化が進んでいた。その後も一貫して合理化の努力は続けられ、1990年には、さらにこれが1・6人にまでなった。しかし、そのようなコスト削減にもかかわらず、営業収支の悪化は著しく、すでに鉄道を維持するための合理化は限界に

新潟交通電車線（1999年）＊

達していた。
　一方で、旅客の減少は止まらなかった。１９８４年11月と１９８６年11月に続けざまに運賃の引き上げを実施し、これによって旅客数は、１９８３年度１６６万７０００人、１９８４年度１５７万１０００人、１９８５年度１４１万２０００人、１９８６年度１２７万８０００人へと、この間に23・３％の減少を見た。それに対し、旅客１人１kmあたり平均運賃は21・73円から26・17円に20・４％上昇しているため、需要の価格弾力性は１・14と計算される。これは運賃を引き上げることでは増収には結びつかないことを意味しており、実際に運賃収入は、１９８２年度の５億６３０７万円から、１９８６年度には４億７９９１万円に減少した。
　このような運賃引き上げ、旅客の逸走、減収、さらにいっそうの運賃引き上げという負のスパイラルを経て、運賃水準をすでに誅求的《ちゅうきゅうてき》水準に引き上げてしまった。電鉄の運賃はＪＲ線を遠回りするより高水準となり、鉄道路線を維持できるだけの旅客を確保することができなくなった。その結果、新潟交通は鉄道部門の縮小を決定。１９９２年３月に白山前－東関屋間を廃止。都心へのアクセスとして東関屋にバスターミナルを整備した。続いて１９９３年８月には月潟《つきがた》－燕間を廃止している。新潟駅－燕駅－弥彦《やひこ》神社前間の高速バスが１９８８年４月に運行を開始。新潟駅－燕駅間は所要時間53分で、運賃は６００円。電車線は白山前－燕間が所要時間１時間10分で、運賃は８６０円。
　鉄道部門の欠損にとどまらず、バス部門でも20億円近い営業損失を生じており、これを固定資産の売却益で穴埋めすることが続いていた。しかし、固定資産の売却益自体が年々減少していき、１９９２年度から当期損失を出すことになり、翌年度以降は欠損を累積した。

「現状では、支援は無理」

　１９９７年４月に新潟交通は東関屋－月潟間の鉄道路線について１９９８年３月末で廃止する方針を県に説明した。これに対し、沿線市町村は５月19日に新潟交通電車線存続対策協議会を設立して存続に向けた活動を開始する。６月16日に中ノ口川沿線経済振興協議会、７月３

日に黒埼町《くろさき》、月潟村、味方村《あじかた》（いずれも現・新潟市）の村議会議長が相次いで新潟交通、新潟運輸局、県に電車線の存続を要望する。

新潟交通は5月30日に1996年度決算を発表するが、それは鉄道部門の単年度赤字1億5200万円、累積赤字約54億円というものであった。全社についても13億円の経常損失、12億円の当期損失を計上し、15億円近くの欠損を次期に繰り越すことになった。これに対し、バス台数と要員の削減で人件費を中心にコスト圧縮を進めることになるが、1998年6月には中野進《なかのしん》社長が辞任し、後任にリストラの実績がある大島茂樹常務取締役が昇格した。

対策協議会は新潟交通の廃止の意志が固いことから、独自に電車線存続のための提案を用意することになった。そして、議論の場として佐野可寸志《さのかずし》・長岡技術科学大学助教授を座長に検討委員会を組織。10月20日に第1回検討委員会を開催し、利用者増加のための方策について話し合いを行うとともに、存続可能性調査に着手することを決定した。12月22日の第3回検討委員会でその最終報告が提出され、これを受けて対策協議会は翌年1月16日に新潟交通に調査結果（新潟交通電車線存続可能性調査結果書）を手渡し、あらためて存続を要請した。結果書のなかではアンケートの集計結果を細かく分析しているが、その結果にもとづいて提案された対策メニューは短期施策として、駅の美化、イベント、朝市の開催、「環境にやさしい」ことをPR、ラッシュのみの運行、終電の延長、運賃引き下げ、駅の無人化。また、長期的には、沿線宅地開発、駅上マンションの建設、病院等の誘致、軌道改良による高速化、新潟駅までの延伸、JR乗り入れ、駐車場の設置、自転車乗車化であった。そのほかにも補助金や第三セクター化といった自治体側の取り組みを求める項目も見られた。

対策協議会は新潟交通に対し、結果書の内容について国、県が協議するあいだの廃止の延期を求めたが、会社側は協議会が提示する施策を効果が薄いとして廃止の意向が固いことを示した。そのうえで、廃止の延期は3カ月という確約があれば可能としたが、自治体側はあくまでも廃止棚上げでの協議を主張し、この場は物別れに終わった。

協議会側の提案に即効性のある有効な提案を盛り込むことができなかったことから、2月26日に新潟交通の役員を交えて存続対策協議会が開催され、自治体独自の欠損補助と近代化補助の実施が提案された。これは協議会に参加している中之口村《なかのくち》、潟東村《かたひがし》（ともに現・新潟市）

図表57　新潟交通鉄道線廃止後の代替バスのダイヤ

代替バス	
バスセンター－大野－味方－月潟	27便
バスセンター－大野－味方－潟東営業所	19便
バスセンター－ときめき－大野	20便
既設路線	
新潟駅－バスセンター－大野	52便
バスセンター－大野－木場小学校前	10便
バスセンター－大野－白根－潟東営業所	36便
バスセンター－（急行）－大野－白根－潟東営業所	18便

運行本数は平日　出典：新潟県提供資料

を除く沿線5市町村が1998年度以降、単年度ごとに欠損補助を実施すること、設備投資についても自治体が分担して負担することが示された。これに対し、新潟交通は設備の更新費用として総額23億円（新車10両、CTC更新、レール交換、電柱交換、踏切改修など）、1998年度の赤字額が約2億2000万円に達する見通しを明らかにした。

翌日、存続対策協議会はこの話し合いの結果を持って県庁を訪ね、欠損補助への県の支援を要請。さらに、今後、国にも欠損補助を働きかける方針を説明した。しかし、県は検討を約束するものの、財政が厳しいなかでの電車支援に対して議会で否定的な意見もあり、慎重な立場で終始した。

3月25日に対策協議会は県に対して正式に財政支援の要請を行ったが、その内容は国と県が3分の1ずつを負担する近代化補助の適用、補助の対象外の事業に対する3分の1の負担、沿線市町村の実施する欠損補助の半分の負担を求めるというものであった。

そして、4月14日には県知事が記者会見で電車線存続のための財政支援は難しいと発言。最終的に6月1日に県の企画調整部長から「現状では支援は無理」との回答を得て、存続に向けた沿線自治体による活動は頓挫することになった。

6月8日の第11回存続対策協議会で沿線自治体も「廃止やむなし」との判断を確認。今後は代替バスの運行と線路敷の処分などについての条件の合意ののちに廃止に同意することを決めた。

一方、新潟交通側は夏休みに入る7月27日にダイヤ改正を行って運行本数を従来の34往復から23往復に削減した（図表57）。

そして、廃止後の代替バスはこの減便ダイヤを軸に決定することを申し入れた。しかし、地元自治体からの強い要望を受け、最終的に9月9日に代替バスの運行回数について32往復（平日）で正式に合意に達する。

沿線住民には存続を請求する権利はない

9月9日に新潟交通電車線存続対策協議会は電車線の

存続を断念したことで名称を「新潟交通電車線対策協議会」に変更した。代替バスの運行方法についても合意がなったが、依然として線路敷と駅舎の問題が片づかなかった。新潟交通は有償譲渡を主張するのに対し、地元側は駅を有償、線路敷を無償譲渡とすることを要求し、議論が平行線をたどることになった。

10月26日に協議会は新潟交通とのあいだで廃止同意に関する覚書を締結することになるが、覚書では第1条に廃線敷の利用計画について早い時期に協議、調整すること、また、第2条で市町村からの廃線敷の譲渡の申し出があった場合、前例を配慮しつつ、誠意をもって協議することが盛り込まれた。さらに、1997年3月に黒埼町が費用負担して新設された「ときめき」駅の補償についても第4条で規定している。この地元合意を受け、新潟交通は1999年2月2日に新潟運輸局に対して廃止許可の申請を行った。

そして、4月4日をもって電車線の最後の区間も廃止されることになった。

ところで、鉄道事業法は鉄道事業を廃止するためには運輸大臣の許可を得なければならないとするが、その地域への影響を考慮して廃止を円滑に実施するために地域住民や地元自治体の同意を得ることが望ましいとされる。その協議を行う場が対策協議会である。しかし、沿線住民は鉄道事業者に対して鉄道の存続を請求する権利はないとされ、同意なしで廃止が許可された場合でも、その効果を否定されることはない。

新潟交通は1993年に月潟－燕間を廃止したあと、残された路線についても軽快気動車への置き換えを検討したというが、すでに大きな設備投資を必要とする施策を選択することはできなかった。その後も存続の方法を模索するものの、有効な手立てが見つからないうちに設備は老朽化し、都市交通としての魅力を失っていった。そして、旅客の減少が止まらないことから、ついに廃止が決定したのである。

地方路線の存立の基盤は都市近郊の通勤、通学、あるいは地方都市間、観光輸送など、どれをとっても細々《ほそぼそ》と頼りないもののうちの、どれだけ多様な需要を取り込めるかで決まるということができる。しかし、新潟交通の場合には新潟市－燕市間の都市間の輸送を高速バスにシフトさせ、また、沿線から発生する面的な広がりを持つ交通需要は新潟市の市街地に直通する路線バスにその役割を譲った。

結果として、鉄道の旅客は沿線の小、中、高の通学客が大半を占めることになった。

路線廃止の事例④　蒲原鉄道

蒲原鉄道の沿革

蒲原鉄道は沿線の村松町にかつて存在した歩兵第30連隊の兵員輸送と、近在に産する鉱山資源や木材、薪炭などの林産資源の輸送を目論んで設立された。1920年には五泉－村松－川内《かわち》間の免許を取得し、1923年10月に村松－五泉間を開業した。さらに、1930年7月には村松－東加茂《ひがしかも》間、同年10月に東加茂－加茂間を延長した。加茂駅は信越本線との接続駅で、翌年には上越線が全通したことで、五泉で接続する磐越西線の郡山経由に代わる東京への新しい最短ルートが整備されることになった。

蒲原鉄道は1970年時点で輸送密度が1685人にとどまり、すでに鉄道を維持する限界を下回っていた。昭和40年代にすでに鉄道部門は赤字を計上しており、しばらくはバス部門での利益で埋め合わされた。しかし、1985年ごろからは、そのバス部門も赤字に転落してしまった。毎年1億円程度の固定資産売却益で穴埋めしたが、いずれ限界が来ることが予想された。

昭和50年代に鉄道部門の合理化を進め、1978年10月には通勤、通学時間を除いてワンマン運転を実施し、業務委託や駅の無人化を進めた。利用が少ない村松－加茂間を1985年3月に廃止したため、最後は全線の2割にあたる2駅間の短区間を残すにすぎなかった。

なお、蒲原鉄道は1975〜1984年度に欠損補助の給付を受けていたが、村松－加茂間を廃止した1985年度以降、補助の対象から外れることになった。

1997年9月26日に蒲原鉄道は将来の鉄道廃止に含みを持たせた合理化策を発表した。すなわち、五泉駅の無人化と、運行本数の25往復から19往復への削減である。しかし、五泉駅の無人化ではJRへの不正乗車を防止するために連絡通路が閉鎖されることになるとされたため、五泉市と村松町は1997年度中に要する同駅の運営費250万円と、1998年度以降の年間運営費550万円の負担を決定した。これを受けて五泉駅の無人化はとりやめになり、運行本数も23往復が確保された。

会社が挙げた廃止の「五つの理由」

蒲原鉄道は1998年6月30日に株主総会と取締役会で鉄道事業の廃止を決定。7月23日に五泉市、村松町に1999年3月31日をもって五泉－村松間の鉄道路線を廃止する意向を通知した。

会社は7月末から8月はじめにかけて五泉市、村松町の両自治体と運輸省新潟運輸局に個別に説明を行った。そのうえで、8月21日に蒲原鉄道の本社を会場に、五泉市、村松町、県に対する説明会を開催した。そこで提示された廃止の理由は次の五つの点である。

①利用者の減少

　1997年度の1日平均旅客数は979人にとどまり、前年度の1190人に対して17・7%減少した。さらに、1988年度の1405人/日に比べると30・3%の減少となっている。

②鉄道事業累積赤字の増大

　1997年度末現在、1986年度以来の鉄道事業の営業損失の累積額は2億4000万円に達しており、今後も解消の見込みがない。

③設備の老朽化

　設備の老朽化は、変電設備、車両、電路、線路、保安設備等全般にわたっており、その更新に要する費用は約7億円と見積もられる。

④技術系職員の不足

　現在まで技術系職員は退職者の再雇用等により確保しており高齢化が進んでいる。また、現状では新規採用で養成することも困難である。

⑤内部補助が困難

　好調であった貸切バス事業の不振により内部補助が困難となっている。

　五泉市、村松町は廃止やむなしとの意見に傾き、この場で蒲原鉄道、五泉市、村松町の3者による廃止対策協議会の設置を決定した。

　そして、10月8日に第1回蒲原鉄道線廃止対策協議会が開催された。自治体側からは五泉市長、村松町長および担当課長、会社側からは蒲原鉄道社長以下が出席した。議題は代替バスの運行に関するもので、蒲原鉄道は運行区間を村松駅前－五泉駅前間とし、鉄道ダイヤの22往復を基準とすることを提示した。しかし、鉄道廃止後は路線バスで代替することについては自治体側からの承認を得たが、そのほかの点については継続審議とされた。

　そして、11月16日の第2回協議会の場では、自治体側は代替バスを市街地経由で運行することを要望した。これに対し、会社側はとりあえず鉄道の代替輸送の範囲にとどめて合意を得て、市街地経由は廃止後に別途協議することが示された。しかし、自治体側は市街地経由の主張を譲らず、この場では決着しなかった。

蒲原鉄道（1999年）＊

そこで、12月24日の協議会実務者会議で、蒲原鉄道は村松駅前－五泉駅前間13往復の代替バスのほかに、市街地経由の村松駅前－五泉高校間3往復と五泉駅前－村松駅前間2往復の計18往復とすることを示した。しかし、これに対しても自治体側は鉄道の22往復に比べて18往復は少ないとして反発。さらに、具体的な運行経路、停留所、ダイヤ、運賃の提示を求めた。

1999年1月28日の協議会実務者会議で、蒲原鉄道側から具体案の提示があったが、自治体側は年度末の多忙を理由に回答を引き延ばした。結果的に予定していた年度末での廃止は無理となった。

蒲原鉄道は1999年9月2日に国に廃止を申請。運輸審議会で承認されたことで、同月16日に許可となり、1999年10月4日に村松－五泉間が廃止され、全線廃止となった。廃止後は路線バスの五泉線を増便して対応した。

再建された地方鉄道①　水間鉄道

水間鉄道の沿革

水間《みずま》鉄道は南海本線の貝塚《かいづか》を起点にして、内陸部を南東方向に進んで水間観音《かんのん》に至る全長5・5㎞の全線単線のローカル鉄道である。

この小さな鉄道は大阪都市圏の南端に位置する。ベッドタウンとして開発が進む地域であると同時に、地場産業としてタオルなどの綿織物の生産がさかんな機業地帯としても栄えた土地柄である。また、貝塚市の隣町である泉佐野《いずみさの》市の沖合には関西国際空港が建設され、南海空港線が分岐する泉佐野駅は南海本線の急行で次の停車駅である。

このような地の利を持つことが、逆に、のんびりした雰囲気のこの鉄道の経営を大きく翻弄することになるのである。

水間鉄道の起点である貝塚のあたりを治めたのは岸和《きしわ》田《だ》藩であったが、その城は現在の岸和田市の南端にあり、貝塚の地に隣接していた。岸和田藩はもともと大阪の守りの地として譜代大名が置かれた枢要な地にあり、のちには徳川御三家の紀州家を見張る役割を担うことになった。貝塚はこの岸和田の城下町に発する紀州に続く街道筋の宿場町であった。このような地政学的な重要性に加え、貝塚で街道から分かれて山地に向かう間道を進むと、厄除け観音で有名な龍谷山《りゅうこくざん》水間寺《みずまでら》を通って、さらに葛城《かつらぎ》山地を抜けると、高野山《こうやさん》の霊域に達する道の入り口に位置していた。

水間寺は天台宗延暦寺《てんだいしゅうえんりゃくじ》の末寺にあたり、新西国《しんさいごく》第4番の札所《ふだしょ》である。平安《へいあん》時代に行基《ぎょうき》が勅願寺として建立したものと伝えられており、近隣地域ばかりでなく、紀州一帯から厄除《やくよ》け観音として信仰を集め、正月三が日の年始めの大法会《だいほうえ》や盆の祭りには多くの参拝客でにぎわう。水間鉄道も、いつもは通勤、通学輸送が中心であるが、このときばかりは押し寄せる参詣客の雑踏に、ラッシュの詰め込み輸送に活躍することになる。

そもそも、水間鉄道は元南海鉄道の難波駅の駅長を退職した川崎覚太郎が水間寺の参拝客を運ぶことを目的に発起したもので、友人の松永伊三郎らと相談し、水間寺総代の中野弥太郎の協力を得て、泉州《せんしゅう》財界の資金力を背景にして設立された。のちに南海が筆頭株主の地位に立ったが、創業のときには出資額のすべてを近在の財界の雄、資産家たちが引き受け、南海の影はまったく垣間《かいま》見《み》えなかった。

最初の路線計画は岸和田市内の元警察署跡から西葛城《にしかつらぎ》村（現・貝塚市）木積《こつみ》までの約10㎞であった。しかし、この路線計画では、一方では岸和田城の堀の埋め立てが必要となり、また、山間部では大がかりな隧道の建設が必要となることから、最終的に現在の貝塚－水間間に落ち着いた。

そして、１９２５年12月24日に貝塚南－名越《なごせ》間の営業を開始した。貝塚南は水間からの線路が貝塚駅に入るために大きくカーブする手前の現在の貝塚市役所前駅の南方にあり、写真を見ると、行き止まり式の旅客用の1線と、南海との貨物の受け渡しをする連絡線が設けられたようである。このとき、南海からはレールと中古車両の融通を受けたほか、南海の貝塚変電所から最大２００kWを限度に電力の供給を受けるなど物心両面で支援を受けることになる。翌年の1月30日には名越－水間間を開業し、当初計画路線の全部を完成させた。

なお、この段階では、南海の貝塚駅とのあいだは、旅客については徒歩での連絡であったが、これでは不便であるため、旅客列車の貝塚駅への乗り入れが取り沙汰されることになる。南海側にも旅客の利便の向上によって増収が期待できるということで、費用は両社で折半し、水間鉄道のホームが建設されることになった。これは1934年1月20日に営業を開始することになり、水間鉄道の電車は南海のホームの隣の専用ホームが新たな起点となった。

一方で、鉄道需要の喚起を図るため、水間寺周辺の自然美を取り込んで水間公園を造成（1927年末に工事に着手）して四季折々の植物を植え、神戸市立動物園から猿7匹の寄贈を受けて展示した。この水間公園は水間寺とともに沿線の行楽地としてにぎわうことになり、旅客サービスのために昼間の運転本数を倍増させて20分間隔の運転とした。また、このころ沿線に他社の乗合バスが進出することを阻止するために乗合バス事業を開始することを計画している。ただし、これは実現しなかった。

さらに、1935年で地方鉄道補助法による補助が終了したことから、経営の足しにするために、1939年2月に水間に旅館「一龍《いちりゅう》」を開業させた。もともと温泉旅館を計画したが、これは地元から「霊地を汚すもの」として拒否されたため、代わりに観光旅館として計画されたもの。建設資金を捻出するために電車2両を売却している。

和歌山県粉河への延伸計画

『水間鉄道50年の歩み』（1973年）によると、1927年に清児《せちご》から粉河《こかわ》までの路線延長を計画したという。もともと創業期に水間から先、2㎞ほど山地に入ったところの木積までの路線が構想されたが、隧道の掘削が不可避とあって断念した経緯がある。これとは別に、清児で既設線を分岐し、犬鳴《いぬなき》から葛城山地を抜けて和歌山県の粉河に至るという鉄道を計画したというもの。この路線が計画された理由はとくに記されていないが、和歌山県の紀ノ川沿いにある粉河は、大阪方面に出るには和歌山か橋本を大きく迂回するしかなく、最短経路で結ぶ鉄道を欲していたということが指摘できるかもしれない。

1927年10月17日に免許を申請したが、間もなく金融恐慌が始まったことなどで、このときは結局、計画が進展することはなかった。

戦後の1950年ごろになると、戦後の混乱も収束し、世情も安定したことから、戦前からの懸案であったこの粉河までの新線計画が再度浮上することになる。1950年12月23日に水間鉄道は新線の敷設免許を取得することになるが、この新線の建設には約3億円という、当時としては巨額な資金が必要であり、水間鉄道にはとうてい負担できる金額ではなかった。そこで、建設資金を調達するために、水間鉄道とは別に1953年7月に紀泉《きせん》鉄道を資本金2億円で設立した。同年9月には新線の権利の譲渡が許可されることになるが、紀泉鉄道は工事の着手を急ぐために、その前の7月の段階でルート途中の和歌山県池田村《いけだ》（現・紀の川市）地内の難工事が予想される東山田《ひがしやまだ》隧道の調査を先行させることを願い出た。

この新線建設のために南海は車両やレールなどの鉄道資材の現物出資を行うことを決定し、地元の貝塚市も50万円の出資を申し入れた。それに加え、粉河町が位置する和歌山県那賀《なが》郡、大阪府泉南《せんなん》郡大土《おおつち》村（現・泉佐野市）、同郡熊取《くまとり》村、貝塚市の4カ所に鉄道敷設促進協議会が設置され、地元の支援体制が整えられた。

計画路線は、清児－犬鳴山間を第1期区間、犬鳴山－粉河間を第2期区間とし、さらに、第1期区間は熊取村役場付近を境にして、西側を第1区、東側を第2区に分けた。そして、1955年3月に工事に着手し、同年9月には第1期区間の第1区約5kmを完成させることを計画した。この区間の建設費は1億5000万円が見込まれたが、これは全額自己資金が充てられることにし、続いて犬鳴山までの第2区約6kmの工事費約2億円は日本開発銀行からの融資に期待した。

また、粉河でこの新線に接続する高野口《こうやぐち》町（現・橋本市）までの路線バスの運行を計画し、1954年2月に乗合自動車の免許申請を行った。

このように一気に新線計画は現実味を帯びることになり、1955年には第1区の工事に着手した。しかし、第2区の工事財源として期待した日本開発銀行からの融資は認められなかった。資金計画が大きく狂うことになったため、竣工期限とされていた1957年12月までに工事を終えることは不可能な状況となった。そこで、当局の指導を受け、水間鉄道の資本金を増額したうえで、株式交換によって紀泉鉄道を吸収合併することを決定した。株式交換は紀泉鉄道の株式額面500円1株に対し、水間鉄道の株式額面50円1株を交付するというもので、紀泉鉄道の資本金2億円は水間鉄道の資本金2000万円に振り替えられる計算になるが、実際には水間鉄道は500万円を増資したにすぎない。また、合併は1959年3月に実行されたが、その際、工事に充当するために資本金1000万円を増加させ、2500万円としている。

この合併により、工事竣工期限の延期が認められることになった。しかし、その後、高度経済成長のなかで工事費は高騰を続け、1966年には工事費の総額は13億円に達した。これはとうてい水間鉄道が負担できる金額ではなかったため、やむなく犬鳴－粉河間を起業廃止することを決定した。第1区の清児－熊取町間は60％の工事を完了しており、工事区間を犬鳴までに短縮することで、建設費（支出済み分を含む）が6億5000万円と半額に圧縮されることが可能という読みがあった。また、この区間は大阪府が構想を発表していた計画人口15万人の泉南ニュータウンの計画地を横断していた。

1989年の運輸政策審議会第10号答申「大阪圏における高速鉄道を中心とする交通網の整備に関する基本計画について」のなかで、2005年までに着手すべき路線として、この犬鳴までの新線も記載されたが、結局、1993年3月末の竣工期限の延長は認められず、1996年9月11日には廃止手続きがとられた。

ところで、1990年8月1日に南海と和歌山バスが共同で熊取－粉河間の路線バス・紀泉シャトルラインの運行を開始した。紀泉鉄道の計画が最終的に挫折したことから、地元からの長年の要望に応えるかたちでバスの運行を開始した。熊取は南海、粉河は和歌山バスの営業エリアであることから、結局、3社の運輸協定によって共同運行することになった。なお、水間鉄道の経営破綻と利用の低迷により、2005年末かぎりで水間鉄道と南海ウイングバス南部《なんぶ》（南海のバス部門の分社化によって設立）がこの路線から撤退し、現在は和歌山バス那賀（和歌山バスの分社化によって設立）の単独運行になっている。

CIの導入と不動産事業の展開

「新生水鉄《すいてつ》」とは同社の70年史（1993年）のタイトルに入った言葉である。

1990年8月にCI（コーポレート・アイデンティティ）の確立を目指し、シンボルマークの変更とコーポレートカラーの設定を行った。緑、花緑青、濃紺の3本の柱の下に「MIZUMA」の文字を配置したもので、その右肩には灰色で縁どりされた黄色い丸があしらわれている。

首都圏のJR流に紹介すると、埼京《さいきょう》線、常磐線、横《よこ》須賀《すか》線に中央・総武線のラインカラーがアクセントとなっているというとわかりやすいかもしれない。

なお、旧社紋は1924年に制定された由緒あるものらしいが、『水間鉄道50年の歩み』には一カ所も出てこない。ただ、同社の観光バスの写真に、車体の正面に菱《ひし》形《がた》に「水」の文字を意匠化した社紋らしきものがうかがえる程度である。

察するに、同社はローカル鉄道のイメージを脱ぎ捨て、いかに垢抜《あかぬ》けした、いまどきの企業に転換するかが全社

CIを導入した水間鉄道の東急の中古車（1992年）＊

員を挙げての長年の懸案であったのであろう。

そして、1990年3月12日には同社も開発に参加した二色《にしき》の浜《はま》の埋め立て地に新しい本社を建設して移転。車両もそれまでの南海から調達した古いものから東急の7000系ステンレス車への総取り替えを敢行した。

このころには大手私鉄ではほぼ車両の冷房化を完了しており、地方の私鉄でも冷房車の導入が進んでいた。最初は南海に適当な車両の融通を申し入れたが、当時の保有車両12両すべてを取り替えるためには数がそろわないということで断念した。

そのようなときに取引先の業者から東急で大量の余剰車両が発生することを知らされた。さっそく、担当役員などが東急を訪問して車両を調査した結果、急転直下、7000系の導入が決定した。問題となったのは水間鉄道の電圧が600Vであるのに対して7000系が1500Vであるという点であったが、これは変電所の改造で対応することになった。

もともと電力を南海から購入していたが、同社が1500Vに昇圧したのにともない、清児に自前の変電所を建設し、1973年10月から運転を開始していた。最新鋭の施設であるため、比較的簡単に改造ができたのであった。

それより、全長18m、ホイールベース12m、最高速度時速100kmのサイズと性能は水間鉄道には打ってつけのものであった。

7000系10両は1990年7月16日に長津田《ながつた》工場を発ち、JR貨物で大阪の浪速《なにわ》貨物駅に到着。石才《いしざい》－清児間に設けられた仮設線まで1日2両ずつトレーラーで運ばれた。そして、同年8月2日に貝塚駅で「ステンレスカー」の発車式が挙行された。

購入した車両は2両編成5本で、そのうち3本が冷房車である。車両の購入費用は総額2億2820万円で、そのほかに変電所の改造費1億3390万円、電車線改修費3090万円、ワンマン、ホームミラー費463万円（いずれも計画額）を要した。この事業費に対して20%が国からの補助金の支給を受けたほか、大阪府と貝塚市もこれに協調して10%ずつを補助した。

　このとき、貝塚にあった旧本社は売却されたが、もともと簿価が小さかったうえに、市街地のなかに立地していたために、大きな含み益を手にすることになる。また、買い替え資産の特例によって譲渡益課税が軽減されたことで、売却益を最大限に事業の近代化に充てることができたのも水間鉄道にとって幸いした。

　水間鉄道が新しい事業の柱として期待したのが不動産事業である。当時、私鉄各社は沿線の住宅開発に取り組み、鉄道事業の増収につなげていた。

　最初に着手したのは貝塚駅に近い「近義《こぎ》の里《さと》」である。一戸建て主体の住宅地で、1968年に完成して105戸を分譲した。そして、住民の便を図るために、1969年6月に海津－石才間に「近義の里」駅を開業させた。引き続き近隣地に「近義ヶ丘」住宅地、石才駅前に「石才駅前」住宅地を開発。1972年度からは「王子《おうじ》」住宅地、「鳥羽《とば》」住宅地、「二色の浜」住宅地の造成に着手した。これらは、それぞれ「王子荘園《しょうえん》」「鳥羽荘園」「二色の浜荘園」のブランド名で販売された。

　しかし、このころ、中東戦争に端を発する石油危機が勃発し、石油製品の高騰から狂乱物価の状況を呈した。住宅地の造成工事は事業費が大きく上昇し、事業収支を悪化させた。

　また、造成工事を進めていた清名台《せいなだい》住宅地は、1975年に第1次分譲分129区画を販売したが、このときは5700万円の利益を計上した。しかし、その翌年度の第2次分譲分96区画では1億5000万円の赤字となった。

　そこで、長期的な視野に立ったビジョンにもとづく事業展開の必要性を痛感し、1977年10月に水鉄住宅販売を設立。開発に時間がかかる住宅地の造成から、短期間で費用を回収できるマンション開発に軸足を移していった。

「不動産バブル崩壊」という誤算

　水間鉄道は2005年4月30日に大阪地方裁判所に会社更生手続きの開始を申請した。自主再建が不可能として会社更生法にもとづく法的再建を選んだわけで、事実上の経営破綻を意味していた。

　そもそもの原因は不動産事業の拡大路線を突き進み、1989年ごろからは沿線外に積極的に事業を展開したことだ。この積極路線がその後のバブル崩壊（1991年はじめ）による地価の低下によって巨額の損失を生むことになったということである。しかし、水間鉄道の場合は、その過程で、大きな経営判断のミスを犯してしまった。

すなわち、不動産事業の拡大によって1988年に土地建物の在庫額が17億円あまりであったのが、1993年には104億円に膨らんだ。それも、バブル崩壊以後も脇浜《わきはま》や大阪市内の東三国《ひがしみくに》で新規事業を立ち上げるなどして状況を悪化させた。

そのうえ、地価の下落が続くと、販売原価を販売価格として帳簿に計上して含み損を表面化させない違法な会計処理を行った。しかし、次第にその帳簿から隠された土地の処分損が大きく膨らんでくるにしたがって、次なる手を考えついた。

1994年度に水間鉄道は不動産事業を子会社の水鉄建設に譲渡して完全に撤退することを決定し、販売用の土地13カ所を81億円あまりで売却した。そして、その代金はいったん水鉄建設への貸付金として処理したうえで、50億円は水鉄建設が銀行から借り入れて水間鉄道に支払うことになった（残りは水間鉄道から水鉄建設への貸付金のまま）。

だが、問題なのは、売却された土地はすでに地価が下落して巨額の含み損があったということである。つまり、81億円の売却価格は、それ自体が実勢価格を大きく上回っていた。さらに、かたちのうえでは水鉄建設が50億円を銀行から借り入れて水間鉄道に支払われたということになっているが、実際には水間鉄道の銀行からの借入金50億円の名義が水鉄建設に変わっただけで、しかも、この借入には水間鉄道の連帯保証がつけられたため、水間鉄道の債務であることには変わりがなかった（水鉄建設はすでに事実上、経営破綻していた）。粉飾していた資産価値と負債を対にして子会社に移し、水間鉄道の帳簿から消したのである。しかし、その含み損は簿外債務というかたちでそのまま残っていたのである。

その後、さらなる地価の低下によって、水鉄建設はついに2002年にこの資産を第三者に売却することになった。この取引で、簿価81億円に対して売却損失は55億円に達した。これは本来、1995年に水間鉄道が土地を水鉄建設に売却した際に水間鉄道が計上すべき損失であった。

一方、水間鉄道の側でも1995年3月の段階で金融機関に対する債務は160億円に達し、1994年度の支払利息は約3億円に達した。もともと単年度の営業利益が1億円に満たない会社であるため、必然的に利息の支払いが滞り、負債額に新たに延滞金が加わっていった。また、2001年ごろからは従業員の賃金の遅配という深刻な状況に陥る。最初は半額の支給であったのが、そのうち3分の1、定額5万円のみとなり、さらに金融機関からの融資が止まると、賃金の支払いがまったくできなくなる。

「グルメ杵屋」をスポンサーに再建

かくして、２００５年4月に大阪地方裁判所に会社更生手続きの開始を申請し、5月31日に更生手続き開始の決定が下されることになった。

同日には法定管財人に木内道祥《きうちみちよし》弁護士が選任され、7月11日には事業管財人としてグルメ杵屋《きねや》の椋本彦之《むくもとひこゆき》会長が就任した。

更生手続きを申請する以前から水間鉄道ではスポンサー候補としてグルメ杵屋との交渉を進めていた。一方で、管財人も保全管理段階（5月31日以前）でM&Aの仲介業者に依頼してスポンサーの紹介を受け、5社について秘密保持契約を締結のうえで、グルメ杵屋を含む数社から再建方針の提案を聴取した。選考の結果、6月28日に大阪地方裁判所の許可を得て、グルメ杵屋とのあいだでスポンサー契約を結ぶことになる。

２００６年3月末には会社更生手続きをすべて終了し、6月16日に大阪地方裁判所から終結決定を受けた。

２００５年度末に資本金2億円の全額を減資したうえで、4月1日にグルメ杵屋が2億円を負担し、1億円を資本金に、残りの1億円を資本準備金とした。

事業管財人のグルメ杵屋・椋本会長が水間鉄道の取締役会長に、取締役社長には関西《せきにし》美津治、専務取締役には矢部義和がそれぞれ就任した。

関西、矢部は２００５年9月から事業管財人補佐に就任していたが、関西は20年ほど前に南海を企画部長で退職して関連会社の社長を歴任。矢部は２００５年7月に南海を退職している。南海は水間鉄道の株式の12・8%を保有する筆頭株主であった（減資によって出資関係は消滅）。しかし、旧経営陣の不祥事によって経営破綻した同社の再建には直接かかわることがためらわれたため、関西、矢部はいったん南海との関係を絶ったうえで、グルメ杵屋に採用され、水間鉄道の経営者として送り込まれた。

２００６年1月31日に大阪地方裁判所に更生計画案が提出され、その後、認可されたが、それにもとづいて水間鉄道に対する債権の99・85%が免除された。未払い賃金については２００５年10月に、とりあえず4カ月分を凍結したうえで全額の支払いを済ませていた。

さらに、2月1日にはグルメ杵屋が2億円で株式のすべてを買収し、１００%子会社とした。

この年の春に沿線に大学が開校したことで、旅客数が1日200人増加し、再生・水間鉄道にとって幸先のよい年になった。

また、老朽化した電車とバスの更新を計画するが、電車については、南海に車両の譲渡を照会したものの、適当なものがないために断念し、現行車両を大規模に改修することになった。バスについては大阪府の排ガス規制に適合した車両を年に3台のペースで南海から中古車を譲り受けることになる。それに加え、JR西日本の尼崎事故を受けて新たにATSの整備が必要となったため、南海から地上子を譲り受けたが、水間鉄道に要求された基準に合わないために、別に新品を購入することになっている。

これらの一連の設備投資によって減価償却費が増加することになるため、その対策として、電車やバスをグルメ杵屋の保有として、水間鉄道はこれをリースすることになる。

2006年12月16日にリフォームされた1000型電車の出発式が執り行われる。2007年3月には4編成の改造を終えた。

なお、1995年度の不動産事業の大幅な営業損失は、水鉄建設への土地の売却のうち1件について、国土法の問題で大阪府からの勧告を受けて時価で売却することになり、売却損を計上したためである。また、2004年度の59億円の特別損失は、1995年の取引で水鉄建設に隠された土地の含み損を本来あるべきかたちで水間鉄道の収支として計上したもので、これに対になる負債についても43億円を修正した。

スポンサー企業の椋本は2008年6月24日に死去。享年72であった。その直前の5月20日には前社長の関西光津治の娘の佳子《よしこ》が社長に就任した。関西佳子は2014年に社長を退き、会長に就任した。

再建された地方鉄道② 高松琴平電鉄

高松琴平電鉄の沿革

高松琴平電気鉄道は創業者一族の大西潤甫《おおにしじゅんすけ》が会長として君臨するワンマン経営が続いていた。一時は労使関係が深刻な状況に陥ることもあり、堅実な経営の印象が強いものの、その軌跡は必ずしも単調ではなかった。

労使紛争の時期にバス部門を切り離し、ほぼ鉄道専業ともいえる経営を続けていたが、鉄道事業の経営が赤字化したのにともない、穴埋めとして瓦町《かわらまち》駅の構内を整理したうえで、9階建てのビルを建設した。そして、そご

高松琴平電鉄の京王の中古車（2006年）

うとの提携によってデパートの経営に乗り出した。経営するのは、そごうと共同出資で設立した別会社であるが、ビルは琴電《ことでん》が建設して賃貸するというもので、建設にともなう巨額の借入金を抱えることになった。それに加え、コトデンそごうに対して債務保証を行い、そごう関連の負債は琴電の年間旅客収入の10倍に達するというものであった。

琴電の鉄道事業は創業以来、使い込んだ古い電車を丁寧に守ってきた、趣味的には楽しい会社のひとつであった。しかし、旅客にとっては古くて冷房もない、サービスという点では問題の多いものであった。近年は京王の5000系や名古屋市交通局の中古車を導入して急速にその質が改善してきていた。

それでも利用者からの不満は多く、とくに職員の態度については悪評が広く流布していた。その背景には近隣の伊予鉄道の良質なサービスぶりが伝わっていたことがあるのであろう。冷房化も完了し、運賃の引き下げを実施した。また、運賃が高いという評判であるが、琴電琴平－瓦町間の610円は必ずしも高くはない。全国一律のJRの運賃と比べられるのもつらいところである。

そごうから連鎖した「コトデンそごう」の破綻

2001年1月22日に琴電が6割出資する子会社のコトデンそごうが民事再生法の適用を申請した。

その前年の7月12日に提携先のそごうが民事再生法の適用を受けて事実上、倒産したことで、コトデンそごうからも客足が遠のいていた。

コトデンそごうは、そごうが直接出店したものではなく、琴電が建設したコトデン瓦町ビルのテナントとして、琴電が60%、そごうグループが40%を出資して1991年11月に設立したデパートである。そごうとは提携関係にあるものの、そごうグループの一員ではなかった。そういう点では、そごう破綻の際には影響は小さいと説明をしていた。なお、開店したのは1997年4月で、民事再生法の適用は、わずかにその4年後のことであった。

琴電はコトデンそごうに対しては大家の関係となり、年間約16億円の家賃収入があった。この収入で建設費として借り入れた資金の返済と利払いを行ったうえで、残った金額が利益として計上されることになる。コトデンそごう開店前の1997年度の全事業経常損益が9000万円の利益であったのに対し、翌年度にはその利益額は5億3000万円あまりへと大きく拡大した。

ビル化される前の瓦町駅（1992年）＊

　コトデンそごうは2001年4月15日をもって閉店となったが、それに代わるデパート探しに難航した。当初は髙島屋《たかしまや》に打診したようであるが、髙島屋としては地元財界で受け皿会社を設立して運営にあたらせ、髙島屋は提携関係のもとでの商品供給や人材の派遣などにとどめることを提示した。しかし、受け皿会社を設立するとしても、高松商工会議所の会頭の職に就いていたのが琴電の会長であり、コトデンそごうの社長であった大西であったため、調整役として立ち回ることができなかった。

　最終的に、7月3日に岡山に本社を置く天満屋《てんまや》がコトデンそごうから営業譲渡を受けるかたちで店舗の経営を引き継ぐことになった。天満屋自身が琴電から瓦町ビルを賃借して出店するかたちをとることになるが、琴電に対しては賃料として年7億5000万円が支払われる。ラフに計算して、1998年度には16億円の賃貸料に対して経常利益が5億円あまりであるため、賃貸料が8億5000万円引き下げられた結果、実質的に瓦町ビルの賃貸事業については赤字化するものと考えられる。そのうえ、入居保証金はコトデンそごうからは60億円を預かっていたものが、天満屋に対しては保証金なしということになった。

　コトデンそごうの破綻で連鎖的に琴電本体が倒れることがないよう、琴電は7月25日から26日にかけて銀行団にコトデンそごうに対する債務保証の免除を求めることになる。

銀行の拒絶で頓挫した自力再建計画

　琴電は2001年10月29日に取締役会で再建基本計画を決定した。鉄道3路線の運行を継続することを前提として、大口債権者に対して151億円の債務免除を求めるほか、香川県や沿線自治体に対して財政支援を求めるという内容であった。

この時点で判明していた有利子債務の総額はコトデンそごうに対する債務保証などを含めて328億円に上るとし、主力行の百十四《ひゃくじゅうし》銀行など12行に対し、そのうち151億円の免除を要請した。そして、債務免除後に残る177億円の債務については、52億円は金利の減免を受けたうえで土地などの担保処分や株式などの資産売却で返済。124億円については返済期間を最大30年に延長して順次償還していくこととした。

そして、債務の重荷を下ろしたうえで、2002年度までに早期退職制度の導入で正社員を85名削減して258人体制とし、総人件費を1999年度比で7億8000万円の圧縮を図るというもの。さらに、2001年度から2005年度までの5年間を計画期間として230人体制の実現を目指し、総人件費を1999年度比10億5000万円削減することを見込んだ。その結果、運賃収入などに占める人件費比率は1999年度の75%から、黒字基調の維持が可能な53%に引き下げられ、2005年度における鉄道事業本体の経常損益は8900万円が確保されることになるという見通しであった。

このように、大幅な人員の削減を図るためにCTCの整備とワンマン運行の実施を行うとして、必要な設備投資額を総額55億円とした。ただし、省力化投資はそのうちの16億円分にとどまり、そのほかはサービス改善や安全性の向上のための投資である。

この設備投資のための財源対策として国、自治体による近代化補助金の補助率の引き上げと、沿線市町による助成制度の創設を要望した。

経営陣の責任については、すでに前代表取締役の大西と、前代表取締役専務の荒木伸は退任するとともに、退職慰労金の全額カットを行い、さらに大西前会長については個人保証している琴電の債務の弁済の責任を持つことを明らかにした。また、そのほかの経営陣についても再建の道筋が決まった段階で、その責任を明確にするとした。なお、すでに役員賞与を含む役員報酬の50%カット、管理職基本給の10%カットを実施していることを説明する。

しかし、琴電本体の債務の弁済率が平均で77%であるのに対し、コトデンそごうの債務保証分については、それが23%にとどまっていた。再建案策定をまとめるにあたって中心的役割を持ったメインバンクの百十四銀行は、琴電本体に対する債権額71・8億円、コトデンそごうに対する債権額32・6億円の合計104・4億円に対し、債務免除の要請額は48億円で、弁済率は46%と、ほかの地方銀行に比べて有利な条件となっていた。11月20日までに関係する銀行の反応がそろったが、大半の銀行はこの債務免除を拒否することになる。これで自力による再建は頓挫することになった。本来、メインバンクが弁済率について歩み寄ることで合意を得ることになるが、百十四銀行にはそれだけの余力がなかった。

そして、琴電は12月7日に高松地方裁判所に対して民事再生法の適用を申請することになる。

沿線の声に耳を傾けた再生計画案を策定

２００１年12月27日に高松商工会議所で香川県、高松市など沿線9市町による意見交換会が開催された。

1市8町が現行3路線維持に向けて共同歩調をとることで一致し、それを前提にして県が中心となって取り組むことで合意した。当初、一部の町は琴電支援に対して慎重な態度をとっていた。

しかし、設備投資資金55億円に対する財政支援については、その必要性も含めて検討することとし、また、沿線市町からは１６００万円の退職金額や再雇用後の給与水準について、高すぎるとの意見が出たという。

そのほか、終電時間の延長や、ほかの公共交通機関との接続に配慮したダイヤ設定などの、旅客から強い要望がある点について、速やかな実現を要請した。

この要望を受け入れ、2月10日に琴平線の高松築港《ちっこう》22時30分発滝宮《たきのみや》行きを琴平行きに変更し、琴平行き最終が30分延長された。これにともない、高松築港22時45分発仏生山《ぶっしょうざん》行きを23時00分発一宮《いちのみや》行きに変更した。

また、3月8日には長尾線の最終便である高松築港22時35分発長尾行きを22時55分に変更。志度線についても瓦町23時09分発志度行き最終便を増発した。ちなみに、従来の最終便は22時44分発志度行きであった。

さらに、琴電は1月11日の2回目の沿線自治体との意見交換会で、当初計画の見直し内容について報告した。

すなわち、沿線市町から批判があった退職給与についても、早期退職制度による退職者に対する退職金を一律50％カットし、従来の予定では平均支給額が１９８５万８０００円であったのを９９２万９０００円に減額することで、3月4日に組合とのあいだで合意したというもの。一方、早期退職制度の対象とならない場合は６００万円を上限としていた。また、現行の運行頻度を確保するための人員を確保するには退職者の再雇用が必要となるが、この給与についても批判があったため、基本給を２０００年度実績の65％、臨時給も同じく20％の水準に引き下げを図ることとした。

なお、早期退職制度の対象者は56名で、そのうち10名が退社し、46名が再就労を希望したという。

さらに、設備投資額についても、2005年度までの4年間で、合理化、安全対策に絞って28億円に圧縮し、その後、2010年度までに合わせて36億円の投資を実施するとした。近年、熱心に進められてきた車両の更新については2011年度以降に先送りされることとした。

この投資額のうち近代化補助の対象となるのが22億円で、そのうち事業者が負担するのは10億円あまりという計算であった。1月28日に高松市などの沿線市町はこの事業者負担分の肩代わりについて香川県に協力を要請。これを受けて県は2億5000万円の補助額の上乗せを決定し、沿線市町も同額の特別支援を行うことで合意した。しかし、この金額は琴電の要望額とは9億円あまりの隔たりがあるため、香川県の真鍋武紀《まなべたけき》知事は2002年2月12日の定例記者会見で、設備投資の内容を精査することで投資額の圧縮を指示したことを明らかにした。その結果、琴電では最終的に設備投資額を21億円あまりとする計画の見直しを行うという経緯をたどることになった。

財源は、国庫補助5億円、県（国庫補助の見合い分）5億円と特別支援2億5000万円、沿線市町2億5000万円、琴電の調達額5億7000万円である。琴電の調達分はメインバンクの百十四銀行から融資を受けることとした。

最終的に3月11日に再生計画案の草案を裁判所に提出した。これをもとにして正式な再生計画を策定し、4月10日までに提出することが求められた。

ところで、三木《みき》町は琴電破綻以前から長尾線での新駅設置について要請していたところ、費用の地元負担で実現することになった。3月26日にホームの新設や踏切の保安施設の改修費用として3480万円を計上した2002年度当初予算が可決された。

地元財界関係者の舵とりで再生計画を終了

琴電は2002年3月29日に香川日産自動車社長の真《ま》鍋康彦《なべやすひこ》が社長就任を正式に受諾したことを表明した。そのほか、メインバンクである百十四銀行から専務取締役の植松俊彦、鉄道事業の専門家としてJR四国から佐野《さの》正《ただし》取締役が新経営陣に参加する。また、琴電の常務取締役の中馬邦昭が引き続き取締役を務めることになるとした。ただし、中馬については再生計画では除外され、旧経営陣はひとりも残らないことになった。

さらに、非常勤の取締役には、西日本《にしにっぽん》放送社長の平井《ひらい》卓志《たくし》、株式会社加卜吉《かきち》（現・テーブルマーク）社長の加藤《かとう》義和《よしかず》、四国電力常務取締役の高濱孝が就任した。

同社は株主の責任を明確化する意味で100％減資を実施し、そのうえで5億円程度の増資を計画。社長に就任する予定の真鍋は密接な関係にある加ト吉と合わせて50％の株式を引き受け、真鍋が筆頭株主となるとした。真鍋に対しては香川県から直接の要請があり、承諾を得たうえで琴電に社長として推薦していた。琴電再建には意欲を示し、琴電の経営に専念する意思を明らかにした。

JR四国については出資はせずに役員の派遣にとどまった。新会社は実質的に鉄道事業だけに依存するため、実務を取り仕切る専門家の派遣を必要としていた。佐野はもともと国鉄で新幹線の信号システムについて経験を積んだ人物であるということで、新会社が計画するCTCの整備には打ってつけの人材ということができるであろう。また、JR四国での列車のワンマン化のノウハウも持つ。

当初、4月10日に裁判所に対して再生計画を提出する予定であったが、新経営陣が固まったことで、新経営陣に計画策定に参加してもらうために、提出が1カ月ほど遅れることになった。

2002年4月8日に債権者説明会の場で再生計画案の説明があった。

負債総額は390億円で、このうち140億円には担保が設定されていることから、資産の売却や鉄道事業の収益によって20年以内に弁済することになる。これ以外の担保がつかない債務を再生債務と呼び、これが遅滞利息などを除いて227億円あり、これに対しては手元資金の6億円に百十四銀行からの借入によって10億円を加えた16億円分だけ弁済される。弁済率は7％にすぎないが、会社が破産して解散ということになれば、いっさい弁済されない性質のものである。また、草案では10億円分は10年間で弁済する計画であったが、計画認可後、6カ月以内に一括で弁済することになった。

2002年8月8日に真鍋が社長に就任（現・会長）。常務にJR四国の佐野が就いてIC乗車券の導入やCTCの導入、ATSの更新など安全、サービスに対して精力的に投資を行い、鉄道事業の近代化を推進。2005年7月31日には100％冷房化を達成した。基本的にコトデンの問題は職員のサービス意識の低さにあったため、再生計画が適用されたというショック療法によって大きく改善した。

そして、2006年3月に再生計画は終了した。

負債の負担が軽減されることで、先に説明した人件費の大幅削減もあって、目標年度の2006年度には鉄道事業部門において3億5900万円の償却前利益、付帯事業部門では同じく2億8100万円の利益を計上する見込みとする。その結果、債務の弁済資金として、年間ベースで、鉄道事業において1億7700万円、付帯事業部門で3億円を確保できる見通しを示した。

高架化、複線化、新駅……設備投資を積極化

香川県は琴平線の高松築港－栗林《りつりん》公園間と長尾線の瓦町－花園《はなぞの》間の連続立体交差事業の手続きを進めていた。1998年7月10日に都市計画決定の告示があり、2000年3月17日には事業認可を得ている。そして、2000年度末には琴電とのあいだで負担金などについて工事協定を締結する運びになっていた。そこにコトデンそごうの破綻があって協議が一時中断することになっていた。しかし、その後の進展はなく、2022年3月をもって事業を廃止した。

廃止された事業の概要は、複線の高松築港－栗林公園間を単線の仮線に移設して高架線が建設されるが、玉藻《たまも》公園の堀端の区間は、上下2車線ずつの道路を琴電の用地を転用して3車線ずつに拡幅し、その中央分離帯に琴電の高架橋の橋脚が建てられる計画であった。また、高松築港駅は元のJR高松駅の正面近くに移転するとしていた。

旧計画では、瓦町駅は現在、天満屋（元・コトデンそごう、現・瓦町FLAG）の1階部分にホーム、2階にコンコースが入っているが、これが高架化されたあとはホームは3階部分に入ることになる。なお、コンコースは2階の現行施設のままで使われる計画であった。

総工事費は340億円で、そのうち21億円が琴電の負担分とされたが、全額、高架線への移設で空いた土地が売却されて駐車場が整備される計画で、実質的に琴電の負担はないという内容であった。

その後、再生計画が策定された2006年7月29日には琴平線の仏生山－一宮間に空港通り駅を新設した。高松空港につながる空港通りの近くにあり、空港へのリムジンバスも利用できるが、停留所は駅から400m離れている。駅で接続するバス路線は、むしろ住宅地へのコミュニティバスである。

コトデンも参加する自治体を中心に設置されたコトデン活性化協議会（2010年3月23日設置）では、2010年に「ことでん沿線地域公共交通総合連携計画」を策定した。この計画のなかで、新駅の候補として琴平線の三条《さんじょう》－太田《おおた》間と陶《すえ》－滝宮間、長尾線の花園－林道《はやしみち》間の3カ所が盛り込まれた。琴平線の太田－仏生山間も検討対

象ではあったが、太田駅に近いことから、最終的に漏れた。また、長尾線の花園－林道間については、2019年8月にコトデンが用地買収などの費用負担は困難と表明している。

現在、琴平線の栗林公園－仏生山間について、2016年から複線化工事を実施しているが、先行して2007年12月9日に三条－太田間の国道11号線付近が高架化され、2020年11月1日に複線化が完成した。併せて新駅の建設が進められ、同年11月28日に伏石《ふせいし》駅を新設している。国道11号の直上に駅があり、高速バスの停留所がある。

また、陶－滝宮間の新駅は2013年12月25日に綾川《あやがわ》駅が開業している。

健闘するローカル私鉄①　福島交通

福島交通の沿革

福島交通は、かつての大日本軌道福島支社の後身である。大日本軌道についてはすでに説明したとおり。

大日本軌道は雨宮敬次郎が死去すると、地方からの分離の要求が高まるようになり、1918年1月8日の福島支社の信達軌道への譲渡を皮切りに、1920年までにすべての路線を手放すことになった。

なお、この信達軌道は前年の11月15日に設立された新会社で、出資者はすべて福島市を除く沿線の住民であったという。

一方、現在の飯坂線は1921年8月9日に設立された飯坂軌道が敷設した路線である。10月5日には福島飯坂電気軌道と改称し、1924年4月13日に福島－飯坂（のちの花水坂《はなみずざか》）間を開業した。軌間1067㎜の電気動力の軌道である。

信達軌道からすると、強敵の出現となった。それに加え、折からの石炭の高騰と、1922年5月19日の機関車の火の粉を原因とする沿線火災の補償で経営が難しくなっており、起死回生の策として改軌と電気動力への変更を計画することになった。そして、工事費を節約するために鉄道第2連隊に頼んで、まず1925年に福島－長岡間、続いて翌年に長岡－湯野町間の運行を休止し、演習の一環として工事が進められた。工事の進捗に合わせて1925年12月24日に会社名を福島電気鉄道に改め、翌年4月6日には福島－長岡－十綱《とつな》間を電化した。1926年9月2日には需要が小さい保原－桑折《こおり》間と掛田－川俣間の運行を休止。12月21日までに残る区間も電化を完成した。

図表58　全盛期の福島交通の路線

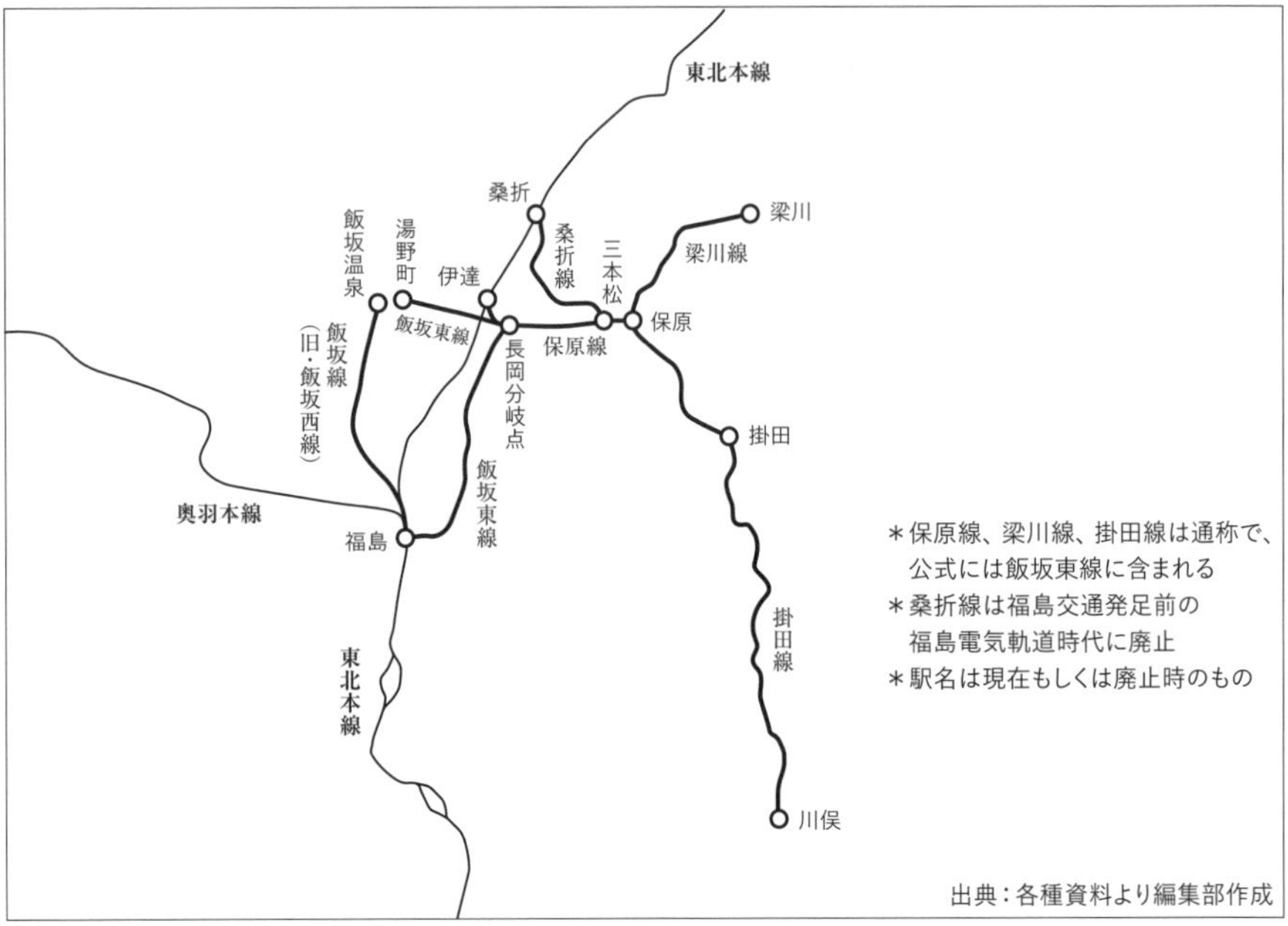

この時期に福島電気鉄道は富山県の佐伯宗義の助力を得て再建にとりかかった。その一環として競合関係にある飯坂電車と名を変えていた福島飯坂電気軌道を1927年10月1日に合併し、経営基盤の確立を図った。

輸送と経営の推移

当時は飯坂西《いいざかさい》線と名乗っていた同線は1942年12月3日に市内の併用軌道を廃止して東北本線に並んで線路が敷設され、国鉄駅への乗り入れを実現した。そして、1944年11月18日に地方鉄道への変更認可を受け、1945年3月1日に地方鉄道として営業を開始する。これは1939年から岩代清水《しみず》で福電興業が合金の製造工場を創業し、製品を神戸製鋼や日本《にっぽん》鋼管などに輸送する必要が生じたためと思われる。戦後は国鉄の貨車が直通し、福電興業が閉鎖された1981年6月30日まで貨物輸送は続いた。

また、福島電気鉄道は、1961年7月20日に福島県南交通と合併し、翌年7月12日に現在の福島交通に改称した。

戦後は福島市が県庁所在地として人口が拡大するに応じ、飯坂西線は福島市と飯坂温泉を結ぶ行楽路線から福島市の郊外電車へとその性格が変容していった。196

0年度の定期旅客比率が55％であったのに対し、1965年度にはこれが62％まで上昇。また、旅客数も、1960年度367万人、1965年度546万人、1970年度611万人、1975年度631万人へと増加が続いた。

福島電気鉄道（昭和初期）

　沿線では相次いで団地が造成され、団地利用者の便を図る目的で、1964年1月10日に上松川《かみまつかわ》駅が開業した。また、桜水《さくらみず》駅の近隣では1966年から桜水団地の建設が始まり、のちに東桜水団地も完成することになる。

　このころの経営状況を眺めると、1960年度の鉄道部門の営業損益は1232万8000円の黒字であるのに対し、軌道部門は1474万円の赤字であった。自動車部門の大幅な黒字が貢献し、6813万円の当期利益を計上した。しかし、1965年度には収益源であった自動車部門が赤字に転落したのに加え、鉄道部門も1227万円の赤字となった。これは軌道の赤字額978万円を上回るものであった。結局、6923万円の当期損失を計上した。さらに、1970年度には鉄道部門は旅客の順調な伸長に支えられて1837万円の黒字に復するが、軌道部門の赤字額が8312万円に拡大し、当期利益は1909万円にとどまった。期末には5億円の累積欠損を抱えることになった。

路面電車の廃止と「新旧分離方式」での再建

福島交通の経営再建の第1歩として最大の赤字を発生

福島交通（左）と阿武隈急行（右、2019年）＊

させている軌道線の整理にとりかかった。1967年9月16日に、まず聖《せい》光《こう》学院前−湯野町間を廃止。1971年4月12日には残る福島−伊達間、伊達−保原間、伊達−伊達駅前間、保原−梁川間、保原−掛田間を廃止し、軌道線は全廃された。急速に自動車の交通量が増加した時期で、狭隘《きょうあい》な街路を走る単線の軌道線は交通の障害になっていた。

しかし、軌道部門を廃止して以後、鉄道部門の経営が急速に悪化した。1971年度に営業損失を計上。1973年度には赤字額は1億5000万円を超えた。旅客の増加に応じた新駅の新設などの設備投資による経費の増加が背景にあるものと考えられる。

これに対し、1975年に当局からの指導を受けて鉄道に並行するバス路線を廃止。同年8月20日にダイヤを改正し、従来の朝夕10分間隔、昼間20分間隔（一部25分間隔）を、朝夕15分間隔、昼間25分間隔に減便した。また、鉄道本社をはじめ、現業機関の桜水への集約を進め、最終的に1976年1月21日の車両区、乗務員区の移転で完了した。併せて鉄道部門の人員削減を実施。同年4月1日付で19人を他部門に配転し、鉄道部門は100人体制をとることになった。また、ラッシュ時の減便で輸送力不足となっていたことから、東急から3300系3両を購入し、7月31日から朝の通勤時間帯の10分間隔を復活した。その後、1980年12月に東急から5000系2両を購入して小型の1200形2両を廃車。1982年10月にも同じく5000系2両を導入して老朽化した3300系2両を代替した。

サービス施設の整備としては、1980年12月以降に、岩代清水、上松川、笹谷《ささや》、平野《ひらの》、医王寺前《いおうじまえ》、花水坂の各駅のホーム上屋を改良。1982年12月には終点の飯坂温泉駅の駅舎を新築した。その後も笹谷駅、上松川駅の駅舎についても建て替えが進められた。

このように、減量ダイヤの実施など鉄道部門の合理化が精力的に進められた結果、鉄道部門の営業成績は大きく好転した。しかし、その一方で、自動車部門の赤字が急速に拡大するとともに、不動産事業やその他兼業のすべてが赤字を計上するという深刻な状況に陥った。19

85年度の累積欠損は104億円を超えるものになっていた。

そこで、巨額に上る債務を整理するために、従来の福島交通から不動産部門だけを残して鉄道、自動車部門を分離。1986年7月9日に新福島交通を設立し、これに譲渡した。そして、1987年1月1日に同社は福島交通に社名を変更し、新会社のもとで身軽になって営業を継続することになる。

ところで、飯坂線は途中で阿武隈川の支流の松川《まつかわ》と小川を橋梁で越えているが、しばしば台風などで損傷を受け、運休を余儀なくされてきた。それが1989年8月6日の台風13号では上松川橋梁が完全に流失してしまった。そのため、橋のたもとに仮駅を設け、橋梁部分の徒歩連絡を挟んで、かろうじて運行が続けられた。橋梁は1989、1990年度の2カ年にわたって国と県の近代化補助金の交付を受けて再建され、1990年3月1日から福島－飯坂温泉間の運行を再開した。

近代化を図るも福島西道路には勝てず

福島交通は1991年6月24日に従来の750Vから1500Vに昇圧。その際に全車両の取り替えを実施した。東急から7000系16両を購入。そのうち6両は冷房車である。在来車両のうち5300形2両は栗原電鉄に売却された。

その後も近代化を推進し、1992年9月4日に曽根《そね》田《だ》－美術館図書館前間の重軌条化とロングレール化を実施。同年12月21日には平野－医王寺前間についても重軌条化を竣工させた。これに対して近代化補助金が適用され、1992年度の実績で事業費4201万円に対し、国1400万円、県700万円、福島市700万円が交付された。1999年3月31日にも花水坂－飯坂温泉間の重軌条化を竣工するが、これは補助対象とはならなかった。

また、増収対策として笹谷駅（1991年11月）と花水坂駅（1992年5月）に駐輪場を設置。1995年8月には桜水駅に駐車場を新設した。当初は10台分であったが、同年12月には20台分が増設された。

飯坂線の旅客数は減少を続けており、とくに1999年度の減少が大きいという。その背景には福島西道路の片側2車線での開通で車の流れが変わって自動車の走行環境が改善されたこと、飯坂温泉の入り込み客が1998年の115万人から1999年には23万人減少したことが挙げられる。そのほか、福島市の郊外に環状の道路が整備されたことで、ロードサイドのハイパーマーケットの進出による旧市街地からの商業活動の流出が進んだ。

　一方、サービス改善で旅客の減少を避けたいところであるが、暖房能力を向上させたり、２００３年ごろの時点で終日で冷房化率が85％にとどまっているのを完全冷房化を図ったりするにも、変電所の容量が不足していて実現できない状況であった。

　なお、２０１８年から3年計画で車両の更新が進められ、東急１０００系14両が導入された。２両編成４本、3両編成2本と従来と同じ。元東急の７０００系は同年度末に全車が引退した。

「みちのりホールディングス」子会社へ

福島交通は路線バスの旅客が減少し、補助金依存傾向を強めてきていたが、いよいよ経営が維持できなくなってしまった。

　２００８年4月11日に東京地方裁判所に会社更生法の適用を申請した。グループ全体の負債額は約81億円であった。スポンサー企業を探して再建を図ることになるが、以前から東北地方のバス会社の再生に積極的に取り組む経営共創基盤が支援に名乗り出たことから、その後の手続きは比較的順調に進んだ。

　東京地方裁判所は２００８年4月25日に会社更生手続きの開始を決定通知。更生計画案の提出の期限は10月27日までとされたが、「債権者の調整が残っている」として12月19日まで延期を申請。最終的に更生計画の申請は12月20日となった。既存株主の出資分の全額減資や一般債権の99％の削減を内容としていたため反発もあったのだろう。

　２００９年1月31日に会社更生計画が認可され、経営共創基盤の支援のもとに再生が始まった。そして、3月31日に経営共創基盤の子会社の、みちのりホールディングスから7億円の出資を受けて１００％子会社となった。

　更生計画は鉄道やバスなどすべての事業を存続させ、サービスの改善によって収入増を目指すもので、利用が少ない路線については自治体の補助金の負担を軽減するためにデマンドタクシーに移行した。基本的には債権整理が中心であったため、計画提出時に解決している問題であり、5月31日には会社更生手続きが完了した。同日に経営共創基盤の松本順《まつもとじゅん》取締役が福島交通の社長に就任した。

健闘するローカル私鉄② 上信電鉄

上信電鉄の沿革

上信電鉄は軌間1067㎜、1500V架線方式の電気鉄道で、高崎駅を起点に、富岡《とみおか》を経て下仁田《しもにた》に至る33kmあまりの鉄道である。

1893年に鏑川《かぶらがわ》流域の官営製糸工場が設けられて製糸業で栄えた富岡や、妙義山《みょうぎさん》や信州《しんしゅう》佐久へのアプローチである下仁田と、高崎線の高崎を結ぶ鉄道として発起された。高崎線は1884年に全通し、さらに1893年には信越本線の横川《よこかわ》－軽井沢間が開業し、長野から日本海岸の直江津《なおえつ》まで鉄路がつながることになった。

最初、762㎜の狭軌の蒸気鉄道・上野《こうずけ》鉄道として1897年5月に高崎－上州《じょうしゅう》福島《ふくしま》間を開業。7月に南蛇《なんじゃ》井《い》、9月に下仁田に路線を延長して全線を完成した。しかし、低速の輸送力が小さい軽便な鉄道では採算をとることが難しく、1920年に1067㎜への改軌と電化を決定、翌年には社名を上信電気鉄道に改めた。そして、1924年10月に高崎－上州富岡間、12月に上州富岡－下仁田間を完成して電車の運転が始まることになる。

さらに、1929年に自動車事業を開始、そのほか、荒船《あらふね》高原、妙義山での観光事業や砂利の採集販売業などを兼業した。

上信電鉄の旅客数は1960年度には定期329万4000人、定期外255万3000人、合計584万7000人で、上毛電気鉄道の741万8000人を大きく下回っていた。また、上毛に比べて定期外旅客の比率が大きいのが特徴である。当時、妙義山、荒船山への観光客のために上野から臨時の直通列車「あらふね」が運行していた。

昭和40年代は県庁所在地である前橋より、上越線、信越本線の特急が停車する高崎市の経済発展が凌駕し、1982年11月に上越新幹線が大宮－新潟間を暫定開業するにおよんで、経済力の逆転は決定的となった。昭和40年代以降、上毛も上信もともに旅客が減少したが、上信のほうが減り方が小さいため、1974年に上信の旅客数が上毛を上回ることになった。

しかし、1975年から1990年の15年間、上信の旅客数は647万5000人から443万人へと32％近く減少した。この間、上毛は35％減少しているため、公共交通の旅客減少傾向は県内全般で進んでいるということを意味している。1日1kmあたり通過旅客数は1975年の6493人から1996年度には3909人に減

上信電鉄（2011年）＊

少し、かつての国鉄特定地方交通線の基準に該当するレベルまで落ち込んでいる。

そのようななかで、１９７４年度に鉄道軌道整備法による欠損補助の対象事業者に認定され、同年度に国と県によってそれぞれ７９５７万円が補助された。しかし、その後、１９７８年度には鉄道事業の経常損益が黒字に好転したことで、翌年度から欠損補助の適用から除外された。

また、１９８０、１９８１年度の２カ年にわたって11億７０００万円の設備投資を実施。１９８１年11月のダイヤ改正に向け、同年５月には６０００形冷房車２両と２５１形増結用両運転台車を導入。また、軌道改良、信号所設置などを実施し、列車増発と急行列車の運転を始めた。このときは近代化設備整備費補助の固定資産経常利益率５％以下という基準を満たさないために適用されず、代わって群馬県単独による事業費の２分の１についての融資を実施した。５年据え置き後15年で償還するというものだ。

ところで、１９８４年12月21日には下仁田－千平《せんだいら》間の赤津《あかつ》信号所で下仁田行き下り電車と高崎行き上り電車が正面衝突し、運転士１人が死亡、乗客１２３人が負傷するという大事故があった。原因は運転士の居眠り運転とされたことから、ＡＴＳの設置が急務とされ、１９８５年度には早くも全線にＡＴＳの設置を完了した。このＡＴＳ設置事業費２億４８６４万１０００円に対しては、国による近代化補助金４８２８万２０００円と、それに見合う県による近代化補助金４８２８万２０００円が交付されたが、県はさらに借入金15万円に対しても１９８５年から１９８９年までの５年間、金利３％を超える分の利子を補給した。

上信電鉄の経営状況は１９７８年度以降、長く鉄道事業は黒字を続けてきたが、１９９５年度に再び赤字に転落した。また、自動車事業は路線の縮小など合理化努力を続けているものの、昭和50年代から一貫して３億円台の営業損失を続けており、最大のお荷物となってしまった。地方バス路線に対する補助金と不動産業の利益で最終的に当期利益を計上し、累積欠損を減少させてきた。

しかし、その後、この傾向が変わりつつあった。鉄道事業と自動車事業の赤字は拡大したのに加え、頼りの不動産業の収益も大きく減少してしまった。1995年度は固定資産の売却益で穴埋めしたが、1996年度には1億円以上の当期損失を計上し、久々に赤字を次期に繰越すことになってしまった。

「上信電鉄沿線市町村連絡協議会」の支援を仰ぐ

上信電鉄は1998年5月6日に沿線市町村長と上信電鉄沿線市町村連絡協議会に対して「鉄道事業に対する公的支援について」を提出し、財政支援を要請した。これを受け、上信電鉄沿線市町村連絡協議会の7市町村長（高崎市、富岡市、吉井町《よしい》［現・高崎市］、甘楽町《かんら》、下仁田町、妙義町［現・富岡市］、南牧村《なんもく》）は1998年5月22日までに財政支援などを検討する委員会を発足させることで合意した。各市町村の交通政策担当者、税理士、弁護士らをメンバーとして、経営状況のチェックのほか、運行本数の見直し、運賃の引き下げ、十分な駐車場を完備した新駅の設置、第三セクター化などを検討する。

さらに、同年12月2日に上信電鉄沿線市町村連絡協議会は1999年度に鉄道施設の診断調査を民間機関に委託することを決定した。

1998年12月8日には小寺弘之《こでらひろゆき》・群馬県知事が県議会の一般質問で経営支援の意向を表明した。それに続いて高崎市と富岡市でも市議会で上信電鉄への支援の方針が了承されることになる。

一方、上信電鉄は1998年12月に経営支援を受ける前提となる再建策を提出した。

CTC列車集中制御方式を2000年度に導入。また、列車の完全ワンマン化を実施し、2008年度までに職員を104人から82人に減らす。また、すでに役員数を商法で規定する最低数の3人に抑え、また、非常勤役員への報酬の返上を実施しているが、それに加え、2003年まで昇給を停止するというもの。

さらに、負担となっているバス事業について、2001年度までに全面的に撤退し、一部を別会社や高崎市が運行する市内循環バス「ぐるりん」などに引き継ぐ。ちなみに、現在、「ぐるりん」は14路線、36系統を運行し、そのうち3路線を上信観光バス、1路線を上信タクシーが運行している。

この再建策を実施することで、線路の整備や車両修理などの経費は県や沿線市町村で構成する上信電鉄沿線市町村連絡協議会に支援を仰ぐというもの。

小寺知事は1998年12月の定例県議会で、「道路同様、社会資本のひとつとして上信電鉄を支援していく」と答弁（『日本経済新聞』１９９８年12月10日）。１９９９年2月5日に県と沿線自治体は近代化設備投資と鉄道の下部構造物の維持にかかる費用の全額補助を決定した。上毛電気鉄道に対する補助の枠組みと同じく、近代化設備整備費補助、鉄道基盤設備維持費補助、固定資産税相当額補助の三つであるが、近代化補助金については国による補助制度は適用されない。

近代化補助は県と市町村が折半で、維持費補助は県5分の3、市町村5分の2を負担することが決められ、さらに市町村分についての分担割合も、人口、駅数、路線キロ数をもとにして、高崎市33・18％、富岡市28・17％、吉井町15・47％、甘楽町9・82％、下仁田町9・10％、南牧村3・04％、妙義町1・22％となった。

１９９９年度予算には維持費補助として県が５６００万円、市町村が３７００万円を計上したが、近代化補助については１９９９年度中に線路診断を実施し、その結果を待って関係自治体による「上信電鉄近代化補助金審査会」を設置し、具体的内容を決定することになるという。そのため、県は調査の委託費として１０００万円を負担し、市町村はそれに見合う１０００万円を維持費補助として予算に計上した。

健闘するローカル私鉄③　富山地方鉄道

富山地方鉄道の沿革

戦後の富山地方鉄道は鉄道線、軌道線ともに積極的に路線の再編と新設を推進した。１９４８年には戦時中に伏木《ふしき》地区の工場への工員輸送のために計画され、結局、終戦までに間に合わなかった地鉄《ちてつ》高岡（現・高岡駅）－伏《ふし》木港《きこう》間を開通させた。さらに、１９５１年には途中の米《よね》島口《じまぐち》から新湊までの支線を開通させて射水線と接続し、地鉄高岡－富山軌道線・西町間の直通運転を開始した。

なお、高岡市など県西部のバス路線などを分離し、１９５０年に加越能鉄道を設立。１９５９年に高岡市内線、新湊港線・地鉄高岡－新湊間がこれに譲渡された。続いて、１９３３年に廃止した笹津線を１９５２年に復活させ、鉄道線にとって全盛期となった。

富山市内軌道線についても、戦後復興計画による街路整備事業の一環として、１９４９年に富山駅前から丸の内を超えて旅籠町まで直進し、護国《ごこく》神社前を回って安野《やすの》屋《や》で現在線につながっていたのを廃止し、丸の内－安野屋間の短絡路線を新設した。

また、富山地方鉄道は霊峰立山の観光開発に尽力。１

952年に立山開発鉄道を設立し、これに小見《おみ》（現・有《あり》峰口《みねぐち》）－粟巣野《あわすの》間の鉄道を譲渡。１９５５年には立山まで路線を延長した。そして、それに接続して美女平《びじょだいら》まで上るロープーウェイを新設した。さらに、弥陀ケ原《みだがはら》までの自動車道路の開通に合わせ、１９６４年12月に立山黒部貫光《かんこう》を設立して立山トンネルバスの運行を始めた。

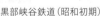

一方、黒部第4ダムの建設用資材を輸送するために長野県側から掘られていた大町《おおまち》トンネルが１９５８年に貫通。１９７１年にはこれを観光用に活用し、富山県と長野県を結ぶ新たな観光コースとしてアルペンルートが完成することになる。

黒部峡谷鉄道（昭和初期）

全盛期には富山と高岡を結んだ射水線

戦時中には新湊地区に相次いで軍需工場が進出し、新湊線にはこれらの工場への職工の通勤という目的が加わった。高岡と新湊を結ぶ路線は地方鉄道法に準拠して免許されていたため、国鉄との並行線の問題が障害となった。そこで、１９４４年3月3日に富山地方鉄道は新湊－高岡駅前間と米島口－伏木港間に、鉄道ではなく軌道（高岡軌道線）の敷設特許を申請した。軌道は鉄道との並行線の問題はなかった。この特許が下りたのは同年11月5日であるが、それに先立って、同年5月には高岡市内に建設事務所を設置し、9月には佐藤組《さとうぐみ》（現・佐藤工業）と工事請負契約を締結するという手早さであった。しかし、工事は高岡の広小路《ひろこうじ》から新湊に向けて進められたが、結局、資材不足のために、終戦までに工事にとりかかれたのは能町あたりまでであった。１９４５年4月には工事は中断を余儀なくされた。

幸い高岡は戦災には遭わなかったが、高岡軌道線の工事が再開されるのは１９４７年まで待たなければならなかった。工事の再開にはＧＨＱの許可を必要としたが、それにも増して資材の不足とハイパーインフレによる工事費の高騰という問題があった。他線区の資材を転用しながら突貫工事を進めた結果、１９４８年4月10日に地鉄高岡－伏木港間を開業させた。地鉄高岡－米島口間が新湊線、伏木港までが伏木線で、全線単線の併用軌道である。

その後、新湊線の延伸について国鉄とのあいだの問題が再燃し、軌道線（新湊線）の開業に合わせて国鉄新湊線は廃止すること、国鉄新湊駅の取り扱い業務のすべてを富山地方鉄道が引き継ぐことで合意を見ることになる。つまり、富山地方鉄道の新湊駅では国鉄全線に向けた乗車券を販売し、手小荷物も取り扱うということである。

折しも1951年4月5日から5月25日までのあいだに高岡産業博覧会の開催が計画されていたことから、これに合わせて同年4月1日に米島口－新湊間を開業した。能町口－中伏木間が併用軌道で、それ以外が新設軌道である。また、同時に単線で運行していた広小路－米島口間を複線化したが、既設の単線が併用軌道であったのに対し、増設線は会社が用地を取得して線路を敷設した新設軌道であった。3月末日には国鉄新湊線の旅客輸送が廃止され、新湊駅は地鉄に譲渡されて六渡寺駅となった。そして、六渡寺駅では射水線と線路がつながったが、同時にその射水線が富山軌道線の西町まで直通運転を開始したため、高岡からの電車が直接、富山の繁華街である西町まで運行することになった。ただし、新富山－西町間の運行経路は不明。

ヨーロッパにおけるLRTの発達はドイツにおける近郊鉄道の路面電車への直通運転が大きく影響しているものと考えるが、射水線の都市間路線への転換と軌道線への直通運転という流れが、ドイツのライトレール（アメリカ大陸で登場したLRTではなく、ドイツのKleinbahn＝直訳すると軽便鉄道）の発達史にちょうど符合している。富山にはヨーロッパ型のライトレールの文化があったといえるだろう。

富山の都市の大きさは、路面電車が都市交通の主役を担っているドイツの中規模都市に相当するし、何より北アルプスを望む眺めが南ドイツの都市の景色そのものである。

路面電車との接続を図った笹津線

富山には射水線と同じく軌道線に直通する郊外路線がもうひとつあった。笹津線のことで、不二越線と上滝線の接続点であり、軌道線の終点である南富山を起点として南に向かう鉄道路線であった。線路は国道41号線に沿ってずっと南下して、最終的に高山本線の笹津駅を終着点とした。笹津線の駅は国鉄駅の構内にあり、国鉄からの貨車の受け渡しもしていた。

笹津線は戦前にいったん廃止されたが、地元の復活要求の意志は強く、戦後は地元に笹津線復興期成連盟が組織され、精力的に陳情活動を展開していた。富山地方鉄道は1940年8月に富南鉄道が提出した申請書の申請者を差し替える手続きをとって、1947年12月1日に地方鉄道の敷設免許を取得した。

まず、1949年11月に南富山－大久保町《おおくぼまち》間の工事に着手。1950年9月1日に営業を開始した。その後、南富山での軌道線との連絡設備の整備と軌道線の軌道整備を進めた結果、1950年10月から西町までの直通運転を開始した。新しい笹津線のホームは軌道線との直通運転を想定して低床で建設された。なお、1951年4月1日からは射水線が西町まで乗り入れたため、西町で笹津線と直接接続することになった。

富山地方鉄道富山軌道線（2006年）

この時点では軌道線の南富山－西中野《にしなかの》間は単線であったが、1953年11月には南富山－桜町間の複線化が完成したことで、1954年4月1日からは軌道線の乗り入れ区間を富山駅前まで延伸した。

戦後の富山軌道線では戦災復興事業の一環として路線の改編が進められた。たとえば、大学前から都心方向に進むと安野屋を過ぎたところでいったん右折してから、ひとつ南側の街路に入って旅籠町から西町に線路が通じていたが、1949年に安野屋からそのまま直進して丸の内で環状線につながる短絡ルートに線路をつけ替えた。また、環状線の東側の通坊前《つうぼうまえ》（のちの中教院前《ちゅうきょういんまえ》）を起点に不二越までの新線・山室《やまむろ》線（1・0㎞）を新設した。ただし、特許は1949年に取得したが、実際に営業を開始したのは1961年7月である。

この山室線の新設にともない、不二越から西町、丸の内と経由して富山駅前までの系統が新設されたが、これによって線路容量が窮屈になったために、射水線の西町までの直通運転を廃止した。

昭和30年代は富山地方鉄道にとっては躍進の時期であった。路線バスは路線網を拡大させ、鉄道と軌道線は施設と車両の近代化が進められた。1955年6月に経営整備5カ年計画が策定され、鉄道線の新車導入、バス部門でも新車導入と施設の整備、市内軌道線の施設改良が実施された。また、それまで鉄軌道事業の副業的存在であった自動車部門を分離、独立させた。

北陸本線の電化と近代化で旅客が流出

しかし、好調な時期は長く続かなかった。昭和40年代に入ると国鉄北陸本線の電化と輸送力増強によって並行区間の旅客が流出し、１９６５年度には鉄道事業は１億３８００万円の営業赤字を計上した。同年度の軌道線の営業黒字１１００万円、自動車事業の同黒字１億９２００万円で埋め合わせ、全事業の営業赤字は２８００万円まで圧縮された。しかし、その後も鉄道事業の経営状況は悪化していった。

そこで、この経営危機の状況を脱するために、１９６８年10月に基盤整備5カ年計画を策定した。１９６８年からの3年間に約20億円を投じて経営基盤を強化し、１９７１年度までに収支の均衡を図ることを目標とした。

その柱は鉄道事業と自動車事業の徹底した合理化、それにともなう人員整理、そして、経営の多角化である。

なお、基盤整備計画では鉄道事業の積極的な立て直しとして鉄道主要駅の総合ステーションビル化が推進された。１９６７年9月には魚津市内の高架化にあたって電鉄魚津駅ステーションビルを開業。１９６９年7月には同じく高架化された中滑川《なかなめりかわ》駅を滑川市農協と協調してステーションビル化した。さらに、１９７２年11月には上市駅についてもステーションビルを開設した。

鉄道業と自動車事業の徹底した合理化では、信号の自動化として１９６６年に電鉄桜井《さくらい》（現・電鉄黒部）－宇奈月（現・宇奈月温泉）間をＣＴＣ化し、稲荷町に運転指令所を設置した。のちに１９７６年に立山線、１９７７年に不二越線、上滝線のＣＴＣ化を実施している。

駅務の再編成を進めることで駅の無人化、委託化を推進。１９６５年から5年間で三十数駅が委託化された。その結果、駅員配置駅は１９６７年に50駅であったのが、１９８０年には10駅、１９９７年には5駅まで削減した。

軌道線と乗合自動車のワンマン化を進め、軌道線では１９６９年6月に第1次ワンマン化を実施。翌年6月には全線のワンマン化を完了した。

路線網にも手がつけられ、軌道線では１９７２年9月に中教院前－地鉄ビル前間、１９７３年3月に西町－丸の内間、１９８４年3月に西町－不二越間を相次いで廃止した。

この計画のなかで、上滝、不二越、笹津、射水4線区を軌道的な経営に改めることが規定された。軌道的な経営とは運賃の収受をすべて車内で行い、駅務を廃止するということであり、また、１５００Ｖ線区である上滝線と不二越線の６００Ｖ化であった。６００Ｖ化の詳細は不明であるが、南富山で富山軌道線に接続する上滝線は６００Ｖ化することで軌道線への直通運転を行うことを考えていたのかもしれない。しかし、６００Ｖ化は事業費を調達できないためにとりやめとなり、また、すべての駅務の廃止についても、労使関係を含む諸事情によって後退を余儀なくされた。

これらの合理化の結果、発生する余剰人員については、１９６６年4月の春闘において、「大手並みの昇給による企業負担増を吸収し、経営の安定と発展を図るため、今後、会社は組合の協力を得て積極的に体質改善、経営の近代化を進めること」で労使間合意を得たことで、人員整理、退職勧奨は行わなかった。１９６８年度から１９７１年度のあいだに５５０名が余剰人員とされたが、新規採用の原則停止による自然減と、大規模な他部門や関連会社への配置転換で対応することになる。

結局、射水線は１９６９年4月、笹津線は同年8月にダイヤを改正し、射水線は日中30分間隔、通勤時20分間隔として運用本数を1本減じて3本に。また、笹津線も全区間20分間隔であったのを、大久保町－地鉄笹津間を40分間隔に半減し、運用本数を4本から3本に削減した。

この際、射水線は駅員23人、乗務員４人、笹津線は駅員４人、乗務員10人を削減した。その後も射水線23人、笹津線54人の駅員を残すことになったのが、この改革を中途半端にした大きな要因であったような気がする。

射水線、笹津線、富山軌道線の一部を廃止

結局、抜本的な経営改善策とならなかったことから、その後も厳しい経営を続けることになった。そこで、会社は１９７１年5月の定時株主総会で、笹津線、射水線、富山軌道線の一部区間の廃止計画を発表した。

笹津線は１９７０年度に南富山での断面交通量（駅の乗車、降車、通過旅客の総量）が６０６１人あったものの、笹津では１６６５人まで落ち込んだ。1日1キロあたりの平均では３８６４人であった。同年度の経営データは８７４０万円の収入に対して支出が1億３７３０万円に達した。

笹津線の廃止に対しては、沿線の富山市では南富山付近の住民を中心に富山市笹津線廃止反対期成同盟会が組織され、大沢野《おおさわの》町（現・富山市）でも議会に交通対策特別委員会を設置して強力な反対運動を展開した。また、県内の労働組合で構成する富山県労協も、県に対してこの廃止計画に反対する立場から、地鉄に対する財政支援を

図表59　1970年代の富山地方鉄道富山軌道線

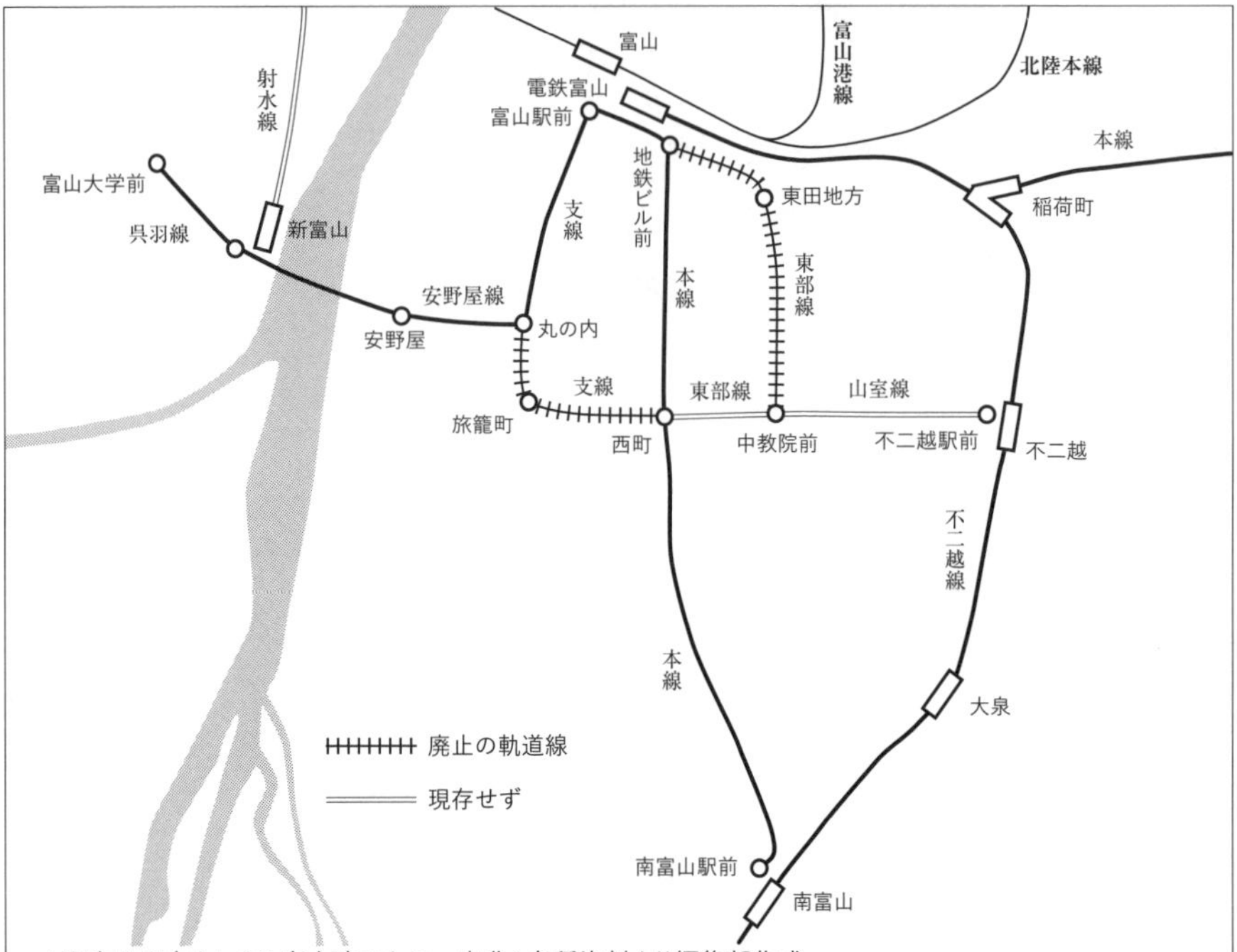

＊駅名は現在もしくは廃止時のもの　出典：各種資料より編集部作成

要請した。

　最終的に1973年7月に富山市が、翌年12月には大沢野町が条件つきで廃止に同意。同月、富山地方鉄道、富山県、富山市、大沢野町の4者は笹津線廃止に関する協定書に調印した。そして、1975年3月31日を最後に笹津線は廃止された。

　なお、笹津線の富山駅前までの軌道線直通運転は廃止計画が提示される前の1968年に廃止された。

　結局、合理化が中途半端なものとなったために、減便などサービス水準を低下することでコスト削減を目指したが、このような施策は旅客の逸走を招くことになり、さらに経営を悪化させるという悪循環を招いた。また、並行する国道41号線は舗装、拡幅が進んでバスの走行条件が大きく改善しており、鉄道に並行してバスも運行していた。現に鉄道の廃止にともない、バスを増発したがすべて既存の系統で対応している。

　一方、射水線については1966年に富山新港《しんこう》建設のために路線が分断されたことによるダメージが大きかった。1965年まで平均輸送密度が6000人を超えていたのが、路線の分断後は3000人台に半減してしまった。

　なお、高岡駅前－新湊間の高岡軌道線は1959年に

富山地方鉄道のオリジナル車両（2006年）

加越能鉄道に譲渡。富山新港の開削によって路線が分断された際には、さらに新湊－越ノ潟間を加越能鉄道に譲渡している。

会社側は名古屋陸運局長に対して射水線の廃止許可を申請するが、１９７２年12月に県知事は沿線住民と会社側との意見調整を図るための時間が欲しいとして、名古屋陸運局長に廃止許可の延期を申し入れるという緊迫した場面もあり、結局、廃止はいったん棚上げされることになった。

富山県は、１９７５年9月に県、富山市、新湊市の3者による射水線問題3者協議会を開催。１９７６年12月に富山県が国に対して射水線に対する欠損補助の適用を働きかけることを約束して解散した。その際、沿線2市は、１９７７、１９７８年度の輸送実績が基準に達しないときは廃止やむなしとする確約書を運輸省に提出した。１９７７年度から国と県による欠損補助が実施され、合意事項にもとづき、日中6往復の富山駅前までの直通運転を開始した。

しかし、１９７７年度の旅客実績が基準の91・5％、１９７８年度は同89・1％と低迷したため、会社は沿線2市に再度廃止を申し入れることになる。今度は県は廃止を前提に2市を調整する立場をとり、代替バスの運行と線路敷を転用してバス専用道路を整備することに対する県と富山市の負担などについて最終案を提示した。１９７９年11月に、富山市、新湊市は県が提示した廃止案に合意。１９８０年3月31日に射水線は廃止された。代替バスは2路線で1日上下合わせて97本を設定し、そのうち朝の通勤時間の上り12本を専用道経由で運行することになる（２０１２年3月に運行を終了）。

画期的だった新型冷房車と特急専用車の導入

経営状況については、１９７２年度に運賃の大幅引き上げを実施し、たとえば電鉄富山－宇奈月温泉間の運賃は３６０円から４８０円に引き上げられた。その結果、鉄道事業の営業損失は８００万円あまりまで赤字額が縮小することになるが、運賃の引き上げで１９７３年度の旅客数は前年より12％減少し、とくに通勤定期旅客にいたっては3割もの大幅な減少となった。そして、その後、営業損失は値上げ前の水準に戻ってしまった。

地方のローカル私鉄としては画期的なこととして、新型冷房車の導入が挙げられる。1979年から1981年にかけてモハ14760形14両と増結用のクハ170形1両が製造された。この導入費用に対して国と県による近代化補助の制度が適用されたが、1979年9月の第1次分6両は本線用、翌年7月の第2次分4両は立山線用、1981年10月の第3次分のうち4両は不二越線、上滝線用、1両は本線用というように、各線の利用者に均等に利便を提供することが求められた。そのため、車両運用が制約されて不便をかこつことになったことで、それ以後、近代化補助金の申請を控えさせる結果となったという。

また、老朽化した電鉄富山駅についても、ビル建設計画があったが、北陸新幹線の乗り入れや駅前周辺整備計画が不透明であったため、このときには実現しなかった。現在、電鉄富山駅にそびえ立つ地下1階、地上11階の駅ビルは、その後、1986年5月28日に起工式が開催され、7月初旬に工事に着手され、1987年12月に「エスタ」として開業した。

鉄道事業は1979年に営業利益を計上したあと、翌年赤字に転落。1981年度には赤字額は1億6000万円に拡大した。1982年度には再び黒字に復帰するが、輸送人員の減少、電鉄富山駅ビルの建設、退職金の支払い増などから、長期的に経営が厳しくなることが予想された。

輸送部門の営業体制と運賃料金制度の見直し、社員総販売体制の確立、新規事業の開発、傍系会社の育成強化など営業増進対策と労働生産性向上を最大目標として、1983～1985年度を計画期間とする経営体質改善3カ年計画を策定した。

京阪で余剰となった特急車両を、1990年度に2両、1991年度に10両、1992年度に2両、1993年度に2両を購入し、ローカル列車に運用していた非冷房の旧型車を代替した。さらに、1995、1996年度に西武から3両ずつ特急車両を購入し、特急「うなづき」と「アルペン」を中心に投入。これで鉄道線の100%冷房化が完了した。

鉄道線の旅客数は1965年ごろをピークに減少が続いている。1997年度の各線の平均輸送密度は、上滝線1307人、本線3475人、立山線1270人、不二越線1193人で、全体でも2533人にとどまる。

ちなみに、射水線の廃止時の輸送密度が2030人、笹津線が同じく3864人であったため、本線、それも電鉄富山–上市間以外は、すでに鉄道としての特性を失ってしまっているといえるかもしれない。

この間、JRがローカル列車を増発し、通勤、通学客は割安なJRにシフトした。立山線についても、スキー客の利用が多いが、道路の改修で大観台《だいかんだい》までのバスの利用が増加。また、首都圏からの直通客はほとんどがバスに移ってしまった。激安ツアーの影響も大きいという。

旅客の減少に応じて急速に列車の整理が進んでいった。1979年5月15日改正のダイヤを見ると、日中の電鉄富山駅では、宇奈月温泉行き特急と急行、立山行き急行が毎時1本ずつ発車し、各駅停車も電鉄桜井行き、上市行き、立山行きが1本ずつ設定されていたため、富山–上市間のローカル列車は急行を合わせて1時間に5本と高頻度で運転していた。

2000年ごろには本線の特急が1本、各駅停車が本線2本、立山行きが1本だけとなってしまった。

1994年4月のダイヤ改正では立山線急行がすべて普通列車に置き換えられて廃止され、本線についても急行は朝夕を除いて消えた。1996年4月には不二越線、上滝線でワンマン運転を開始。同線から立山線に乗り入れていた列車が岩峅寺で打ち切られ、全列車が線内での折り返し列車となった。さらに、ワンマン化は1997年4月のダイヤ改正で立山線全線と本線・電鉄富山–上市間に拡大。さらに、1998年4月には全線でワンマン運転が実施されることになった。

1997年4月には朝の通勤輸送を強化するため、宇奈月温泉発電鉄富山行き快速急行を1本新設。これに接続する立山線のローカル列車も増発した。1998年4月のダイヤ改正では本線の特急「うなづき」の速達化を図るため、全列車が電鉄黒部–宇奈月温泉間を無停車として電鉄富山–宇奈月温泉間の所要時分を2分程度短縮した。車両についても西武から購入したリクライニングシートを装備した16010形を主体として運用することでグレードアップが図られた。

また、富山地方鉄道は国鉄時代から多くの直通列車が設定されたのが特徴である。1970年7月に大阪からの急行「立山」と名古屋からの急行「北アルプス」が立山まで乗り入れを開始した。北アルプスは名鉄の新名古屋（現・名鉄名古屋）を始発駅としており、国鉄を挟んで私鉄2社の3者間を結ぶ直通列車であった。翌年には本線の宇奈月温泉にも直通列車が運転されるようになったが、国鉄からの直通列車の運転は1983年10月でいったん終了した。

再開されるのはＪＲ移行後の１９９０年夏であった。大阪から電車特急に併結してきた気動車特急「リゾート立山」である。翌年からは北陸本線の特急「スーパー雷《らい》鳥《ちょう》」が立山と宇奈月温泉に各1往復運転を開始し、さらにその後、新型車両に置き換えられて「サンダーバード立山」「サンダーバード宇奈月」と名乗った。地鉄への直通は１９９７年3月のダイヤ改正まで続いた。

積極策に転じた路面電車事業

市内軌道線は１９９７年度までのところ、旅客の減少は大きいものの、経営状態については当該事業固定資産営業利益率は８％を超えており、深刻さは見られない。しかし、１９９３年度に赤字に転落したバス部門に加え、１９９８年度には鉄道部門も赤字化し、軌道線は貴重な収益源となっている。

設備投資にも積極的で、１９８４年から７０００形在来車両の冷房改造を実施。１９９３年には８０００形新型車両の導入で全車両の冷房化を完了した。また、１９８８年以降は電車接近案内装置の導入を図った。

さらに、ソフト面での改善も進められ、１９９７年には富山駅の乗車位置をＪＲ駅方向に50ｍ移設して乗り換えの便を図るとともに、南富山駅前－富山駅前の系統を県庁前に延長し、富山駅前－県庁前間が8分間隔から4分間隔に増発した。

富山地方鉄道の旅客数は１９７５年度に対し、鉄道線は45％、軌道線は40％にまで減少した。その間、鉄道線では笹津線と射水線が廃止され、軌道線でも西町－不二越間が消えているが、その分を取捨しても旅客の減少は深刻である。

その原因のひとつとして、マイカーの浸透が挙げられる。富山県は近年、急速に自動車の保有が進んでいる。１９９２年の富山市のマイカー保有台数は15万４０００台あまりであったのが、１９９７年には18万５０００台と3万台、20％あまり増加した。

また、地方都市について一様にいえることであるが、公共施設やショッピングセンターが郊外に立地し、自家用車依存型の都市構造に変化してきた。

富山市の商業活動は南部の郊外が急増しており、旧市街地の総曲輪《そうがわ》、西町、中央通りの店舗数、販売額は減少を続けた。

厳しい経営環境に陥っていた富山地方鉄道は独立自存をキャッチフレーズに掲げ、国や自治体には頼らない経営方針をとり、ほかの地方鉄道とは違った積極的な経営姿勢を続けた。

富山地方鉄道では、昭和30年代から設備の改良や車両の取り替えを進めてきた。しかし、駅施設の老朽化は激しく、駅構内を中心に線路の状態はよくないように見受けられた。設備投資の重点が観光客にアピールする車両の導入などに偏っていたということである。

さらに、運賃水準の高さが指摘できる。高負担に耐えうる観光客にとっては、それほどの負担感はないが、ローカル客には近接するJRの運賃水準と比較すると耐えがたい水準となっていた。

JR富山港線を「富山ライトレール」として再生

一時期、経営難から元気をなくしていた富山地方鉄道であるが、2000年ごろのある出来事が雰囲気を一変させた。

JR西日本の富山港線は富山ライトレール（ポートラム）に再生されたあと、富山地方鉄道に統合された。

2001年度に北陸新幹線が富山駅まで事業認可があり、2003年度から新幹線の建設用地を捻出するために必要となる富山駅周辺部の在来線の連続立体化工事について調査事業の新規採択があった。そのなかで、富山市は、富山港線を高架化するのか、それとも廃止してバス代替するか、あるいは路面電車化するか、選択を迫られた。そして、富山市長による路面電車計画の発表となった。

森雅志《もりまさし》市長は2002年1月に前職の任期満了による改選で自民、民主などいわゆる相乗り候補として推されて立候補。そして、次点を大きく引き離し、圧倒的な支持を得て当選し、当時、県内市町村の現職首長最年少の49歳の市長が誕生した。

富山市では都市活動が周辺部に拡散した結果、中心市街地の空洞化が進んで都市全体の活力が喪失していること、人口集中地区の人口密度が全国の県庁所在都市のなかで最低となっており、都市の管理に要する行政コストが高水準であること、今後の人口の高齢化によって交通弱者が増加することが想定される。そこで、森市長は鉄軌道の路線網を整備することで駅に都市活動を集中させて都市の再集積化を図るという基本方針を打ち出すことになる。すなわち、「公共交通を軸とした拠点集中型のコンパクトなまちづくり」ということである。

計画の発表から3年という驚異的な短期間で実現できたわけであるが、その背後には国によるLRT整備に対する支援制度の創設、JR西日本の協力、公安委員会の協力、地元の人々の理解があったことが挙げられる。とくに富山市による地元説明会では市の担当者が拍手で迎

路線バスと接続する富山ライトレール（2006年）

えられる光景が見られたという。近年、公共事業に対して批判的な雰囲気が強まっているなかで、まったく異例のことといえるであろう。

　もともとＪＲが運営していたころはサービスの低下と旅客の減少の悪循環が続いていた。地元では富山港線のサービス改善を要望するものの受け入れられることはなく、最後は閑散時間帯の運行をワンマンの気動車１両が１時間に１本、細々《ほそぼそ》と運行するまでに縮小していた。

　このような状況のなかで、富山市の内部では、ＪＲに任せておくより市が管理するほうが沿線のニーズにマッチした良質なサービスが提供できるという考え方が起こった。

　富山港線のＪＲ時代の利用状況は、平日（２００５年10月６日調査）１日２２６６人、休日（同年10月２日）１０４５人であったのが、富山ライトレールになってから７月10日までの平均で、平日４８００人、休日６６００人と大幅な増加となった。需要予測も４２００人であったため、それをも上回るという好成績であった。月別に平均旅客数の推移を追ってみると、５月５７９０人、６月５０３８人、７月４７７０人で、開業時のフィーバーが過ぎて次第に落ち着きを見せてきたといえそうである。５月の旅客数の最大は１万３３０人で、最小は４１９０人、７月の最大は５７００人、最小は３７１０人で、最小数はいずれも平日に記録している。

　ＪＲが運営していた時代に比べて大きく旅客数が増えた要因として、鉄道に並行して運行していた路線バスを廃止し、新たにフィーダーバス（市からの補助を受けて運行する鉄道培養の路線バス）に改編したことが挙げられる。すなわち、かつて射水線が走っていた四方から富山港線沿いを西町方面に運行していたバスは四方－蓮町《はすまち》間のフィーダーバスに、また、浜黒崎《はまくろさき》、日方江《ひかたえ》と西町、富山駅を結んでいた路線バスも岩瀬浜でライトレールに接続するフィーダーバスに変わった。ただし、とりあえず本格運行を見きわめるために２００６年度の社会実験として実施しているもので、今後、運行ルートや運行頻度などを含めて検討が加えられた。現在は岩瀬浜－水橋《みずはし》漁港間を運行している。

フィーダーバスの運賃は210円であるが、ただし、ライトレールとの乗り換え客は100円に割り引かれる。また、もともと中心市街地の西町、富山駅、日赤《にっせき》病院まで直通するバス路線がライトレールの駅で切られたわけだが、これについては奥田《おくだ》中学校前で西町方面へのバスに乗り継げること、富山駅北口から日赤病院行きのバスが運行していることで一定の手当てが講じられている。

また、旅客が増加した要因としては、ほかには富山港線区間に3駅を増設して併用軌道区間に2電停を設置したことで駅勢圏が拡大したこと、5月1日から翌年3月末日まで全線210円均一のところ平日の昼間、土休日を半額としたことなどが挙げられる。

さらに、富山港に隣接する岩瀬浜地区には北前船《きたまえぶね》問屋として栄えた国指定の重要文化財の森《もり》家を中心として歴史的な町並みを復元する事業が進められ、この地域の観光客が飛躍的に増加している。畢竟《ひっきょう》、筆者自身、富山市の市街地にこのような観光資源が隠されていることを知らなかった。図らずもライトレールの開業を機に富山を再認識させられることになった。

2006年4月29日の土曜日にJR富山港線を引き継いで富山ライトレールが開業した。初日は週末とあって見物客でごった返し、1日で1万2750人の利用があった。富山港線の時代の週末の旅客数に比べると10倍を超える数字であった。

路面電車の環状化と「富山総合交通戦略」

富山市は続いて富山地方鉄道富山軌道線に環状線を建設するプロジェクトに取り組んだ。

富山市はコンパクトなまちづくりを目指すとしているが、一般的なイメージでのコンパクトシティは一極集中であるのに対し、富山市の場合は公共交通を軸としているところが異なる。

それぞれに徒歩による駅勢圏を持つ鉄道駅を快適な鉄道が結ぶことで、自動車に依存しない都市構造が形成されるという考え方である。

一極集中のコンパクトシティは都市施設の管理費用をはじめとする行政コストを削減することになるが、富山型のコンパクトシティは規制強化の手法をとらずに誘導型の施策で実現するという、現実的に住民のダメージが小さい手法を用いることが特徴である。

郊外の開発を抑制することで一極集中を図るのではなく、公共交通の利便性を高めることで、駅周辺に居住することの魅力が高まり、自然と公共交通の沿線に人口が集まってくることを期待するというもの。

図表60　富山型のコンパクトなまちづくりの概念図

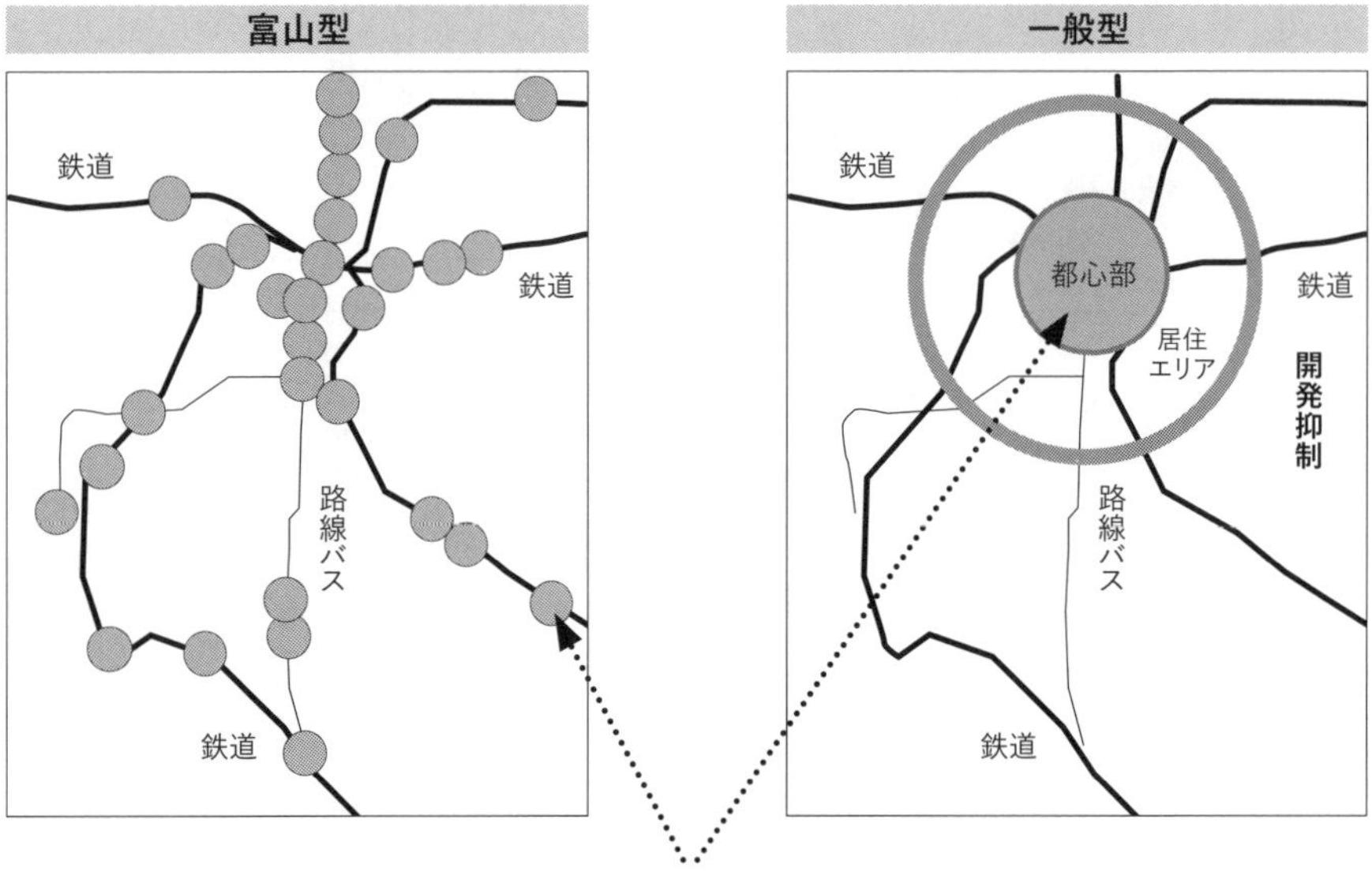

出典：富山県提供資料

郊外の開発を抑制しないため、市民は公共交通の沿線に居住するのと同等に、郊外に居住するという選択肢も保証されるのである。

基本的な理念は、人口の高齢化によって自動車が自由に使えない人口が増加することが見込まれるが、それらの人々に鉄道沿線で快適な生活が送れるようにするということである。

そのためには、従来は公共交通のサービス水準が不十分であったために、公共交通の沿線に居住している人たちも、やむなく自家用車を利用していた要素もある。そこで、「富山市総合交通戦略」では公共交通を「日常の足として使えるサービス水準を確保」することで、公共交通沿線の魅力を高めて「人口や都市機能の集積を目指す」という。

富山市は人口40人万あまりの都市であるが、JR路線は2路線3方面、富山地方鉄道が鉄道線4路線3運行系統、そのほか富山市内軌道線が運行しており、軌道系交通のネットワークが稠密であるという特徴がある。また、富山地方鉄道の路線バス網が広がっているが、幹線道路上のバスの運行頻度は高く、基幹交通機関として位置づけるのに十分なサービス水準を実現している。

計画では鉄軌道6路線と幹線バス24路線を「公共交通

軸」に設定することを掲げた。

もともとこれらの路線の沿線人口は全人口の3割であるが、20年後はこれを約4割に引き上げることを目標とした。

このための交通施設の整備施策のひとつとして、市内電車の環状線の整備が位置づけられた。

路面電車のライトレールとの直結

2007年11月15日に富山市は国土交通省に対して「地域公共交通総合連携計画」を提出した。霞《かすみ》が関《せき》の国土交通省の大臣室で富山市長から大臣に直接手渡された。

この連携計画には市内電車の環状化事業が含まれていることから、同時に富山市長と富山地方鉄道は「市内電車環状化事業」に関する軌道運送高度化実施計画の認定を申請したことと見なされる。富山市は軌道整備、富山地方鉄道は運行を担当する。

この富山のケースは新しい軌道事業に関する制度の最初の適用例である。

国に軌道運送高度化実施計画を含む地域公共交通総合連携計画が提出されたことで、富山市が軌道整備事業者、富山地方鉄道が軌道運送事業者となる軌道特許を申請したと見なされる。連携計画が認定されると、両者は軌道法によって特許を受けたことになる。

当時の富山地方鉄道の富山軌道線は、丸の内－西町間、西町－不二越間を廃止し、南富山から西町、富山駅前、県庁前を経て大学前（現・富山大学前）に至る1路線だけで、南富山－富山駅前1系統と南富山－大学前2系統が、日中はそれぞれ10分間隔、朝ラッシュ時は2系統がほぼ6分間隔で運行するなかに、ところどころ1系統の電車が挟まるというかたちで、南富山－富山駅前間を3～6分間隔で運行していた。

計画路線は富山駅から大学前方面の路線の途中の丸の内で分岐して中町で南富山からの路線に合流するルートである。全線単線の併用軌道で、丸の内側から国際会議場前、大手《おおて》モール前、グランドプラザ前の3電停を置く。電車の運行方式は富山駅から丸の内、西町、富山駅へと時計の逆回りで循環運転を行う。

ポートラムは飛躍的に利便性が向上し、富山港線時代に比べて1・7倍の旅客を輸送し、鉄軌道系都市プロジェクトとしては抜きん出た成功例となった。さらに、プロジェクトは前進しており、2018年2月には奥田中学校前－龍谷《りゅうこく》富山高校前（永楽町《えいらくちょう》）間を複線化した。奥田中学校前から併用軌道に変わる部分で、小規模のダイヤ乱れでも奥田中学校前での待避待ちが発生していた。

富山軌道線でも、大学前まで一部が単線であったのを2013年1月に複線化。2015年3月14日には富山駅の高架下への乗り入れを実現した。北陸新幹線の工事と並行して在来線の高架化工事が進められていたが、これが完成したのにともない、その直下に軌道線の電停を整備する工事が進められていた。これにより、元の富山駅前の電停から直進して丸の内方面に進んでいたのが、すべていったん高架下に移設された富山駅電停に乗り入れ、スイッチバックで丸の内方面に発車することになった。なお、この工事は上下分離の方式で実施し、実施主体は富山市である。また、ポートラムの富山駅北口から奥田中学校前までの併用軌道区間も施設を市が保有する上下分離に変わった。

計画の最後のビッグイベントとして、2018年3月21日に富山ライトレールの富山軌道線への直通運転を開始した。前日に現地で路面電車南北接続開通式と南北自由通路の完成式が行われ、オーバード・ホールでは開業記念式典が開催された。

運行方式は、朝ラッシュ時は岩瀬浜‐南富山間、岩瀬浜‐大学前間がそれぞれ20分間隔で運転し、富山駅‐岩瀬浜間は10分間隔。昼間は岩瀬浜発南富山行きと大学前行きを各60分間隔、環状線直通を30分間隔で運転する。環状線は富山駅折り返しと併せて現行どおり15分間隔で運行する。夕方は富山駅‐岩瀬浜間で2往復増便する。

運賃は基本的に軌道線に合わせるかたちで1乗車210円（IC運賃180円）均一に設定された。ポートラムが値上げとなるが、軌道線と均一となることで別々に買う必要がなくなった分だけ割安になる。また、定期券の割引率が引き上げられ、通勤定期が49・7%から51・0%に、通学定期が71・8%から75・0%になった。

この南北直通運転の開始に合わせて富山ライトレールの富山地方鉄道への合併が実施された。

2018年8月19日に鉄道事業法による富山地方鉄道と富山ライトレールの合併にかかる国の認可を得るとともに、富山地方鉄道、富山ライトレール、富山市の3者で進めてきた軌道運送高度化実施計画について、会社合併にともなって運行事業者が富山ライトレールから富山地方鉄道に変わることによる事業計画の変更にかかる国の認定を申請。9月30日に認可ないし認定を受けた。

富山ライトレールの筆頭株主は富山市33・1%、第2位は富山県16・1%で、そのほかに富山地方鉄道などが出資するが、2018年2月22日にいったん富山ライトレールが富山地方鉄道以外の分の出資を買いとって富山地方鉄道の100%子会社化を行い、即日、富山地方鉄道が富山ライトレールを吸収合併した。

健闘するローカル私鉄④　えちぜん鉄道

京福電気鉄道から、えちぜん鉄道へ

第三セクター「えちぜん鉄道」は京福電気鉄道の越前線3線のうち永平寺《えいへいじ》線を除く越前本線（現・勝山《かつやま》永平寺線）と三国芦原《みくにあわら》線の2線の経営を引き継いだ鉄道会社であるが、その経営手法には特徴があり、いまや全国の地方鉄道から注目されている存在である。

京福電気鉄道（1993年）＊

電車に女性アテンダントが乗務しているのも、かつての鉄道業界では考えられないことであるし、運転再開にあたって大胆にも運賃値下げを敢行したのも斬新である。

京福は福井で鉄道路線とバス事業を経営していたが、鉄道は半年を隔てて2度の大事故を引き起こし、中部運輸局から運行停止命令および「安全確保に関する事業改善命令」を受け、最終的に撤退を決定。この鉄道事業を引き継ぐために、沿線自治体を中心に市民団体、サポート組織を加えた沿線コミュニティ全体が出資して「えちぜん鉄道」が設立された。

福井県が第三セクターの設立を認めるにあたって、第一に条件として示したのが、社長に民間人を迎えることであった。ただし、なかなか人選が進まないうちに鉄道の運行再開を急ぐことになり、営業再開時にはとりあえず山岸正裕《やまぎしまさひろ》・勝山市長が社長を兼任し、早い段階の社長昇格を条件に、地元の大手繊維会社セーレンの役員をしていた見奈美徹《みなみとおる》が専務取締役に就任した。

京福は福井市周辺で大規模にバス事業を経営していたが、これも子会社の丸岡《まるおか》バスが京福バスに名称を変更したうえで事業の譲渡を受けて現在に至っている。

異業種から鉄道経営者に転進した人物に、しなの鉄道の杉野正《すぎのただし》・元社長がいる。彼の手法は徹底してムダをなくすコストカットであった。もともと国鉄、JR東日本の信越本線として日本の背骨を担ってきた幹線であった線路は複線、電化の重量級であり、長野新幹線が開業して経営分離され、第三セクター鉄道に移行しても、この高規格の線路が維持された。高速運転と高頻度運転を前

提とした線路はコストも割高であった。切り詰める部分が多くあったということができる。

しかし、えちぜん鉄道の場合は、京福の時代にすでに限界までの合理化、省コストが実施されていた。それが安全面にマイナスに働いて、たび重なる重大事故の発生となった。

そこで、見奈美社長は、しなの鉄道に見られるトップダウン型意思決定とコストカットによる経営改善の手法はあえてとらないことにする。つまり、安全確保とサービス改善のための設備投資、経費負担を、あえて受け入れることとした。

えちぜん鉄道は2003年の夏から順次営業再開していったが、そのとき人々の目を引いたのが、若い女性が電車に添乗する「アテンダント」の姿であった。以前からワンマン電車に乗客専務車掌が乗務して無人駅から乗車してきた旅客に車内補充券を発行するという例はいくらでもあった。えちぜん鉄道の場合は運賃の徴収だけでなく、観光案内や高齢者の乗降の補助まで、従来、鉄道事業ではなかった新しいサービスを提供している。同じ例を探すと、JR九州の「つばめレディー」であろうか。鹿児島本線の特急「つばめ」に乗務した女性の客室乗務員である。乗客の身の回りの世話をする仕事をしていた。ただし、787系増結編成の半室グリーン車には男性の車掌が乗務していて、「つばめレディ」でないことにガッカリしたことがある。

えちぜん鉄道のアテンダントは鉄道運行休止中にマイカーに移ってしまった旅客に戻ってもらうためのアイデアであった。鉄道が運行を休止しているあいだは代行バスが運行していたが、利用者数は鉄道の3分の1を下回っていた。三国芦原線の代行バスは北陸本線の駅に直結して道路混雑を回避する方策がとられたが、これも旅客を減らす原因となった。鉄道の運行を再開しても、すぐには旅客は戻らないという考え方から、何か斬新な施策を講じる必要があると考えた。地元の人材派遣会社とタイアップして電車に航空機のようなアテンダントを乗せるということになった。そして、専門家の指導を受けたアテンダントが昼間の電車を中心に乗務することになったわけであるが、最初はどのような仕事を行うのか決められていなかったという。アテンダント自身が旅客の乗降の補助や観光案内、乗り換え交通機関の案内からタクシーの手配と、自主的に仕事を考え出していったという。そのようなエピソードは嶋田郁美《しまだいくみ》著『ローカル線ガールズ』（メディアファクトリー刊）にくわしく書かれている。

えちぜん鉄道の沿線は福井市を中心に人口は多く、また、東尋坊《とうじんぼう》や永平寺といった全国的な観光地もある。基本的に自動車のほうが便利なため、通勤や観光客が鉄道から離れていってしまったのである。もし過疎化で沿線人口が減少してしまったということであるなら、いくらサービスを改善しても旅客の増加は見込めない。しかし、福井の場合は鉄道沿線では新しい住宅地も開発され、沿線人口は増加している。

鉄道経営は固定費比率が大きいことから、旅客が増加すると追加費用の負担がなくても増収につながることになる。サービス改善の経費が増加しても十分にペイする。また、現在では地域の交通需要の主体は自動車の側にある。鉄道はマイカーからいかに需要を獲得するかが問題である。アテンダントのサービスがマイカーにはない鉄道の付加価値を生み出すことになる。

見奈美社長が目指すところは「地域共生型サービス企業」となることで、そのために自動券売機を廃止して窓口対応（face to face）を実施すること、アテンダントを乗務させること、全43駅の半数に無料駐車場を設置することなどであった。

また、20年後を見据えた経営スタンスをアピールしている。現在は健康な若者も、いずれは交通弱者の仲間入りをする。そのときのために鉄道を残そうと努力しているのである。だから、現在の世代に鉄道存続に力を貸してほしいと主張する。

そして、2005年4月1日に沿線9市町村でつくる「利用促進協議会」と沿線住民でつくる「沿線サポート団体連絡会」は「えちてつサポーターズクラブ」を発足させた。2007年度末の会員数は3403名。県知事、沿線市町の首長、沿線企業も会員である。

会費は大人1000円、家族500円、定期券客は無料。1000円のうち200円が事務局の経費に充てられ、残りがサポート団体（行政が窓口）によるイベントの実施、乗車運動の展開、シャトルバスの運行の経費に充てられる。会員は乗車券が1割引となるが、この割引を利用する旅客が年間4万人になるという。

このような見奈美社長の取り組みが評価され、2005年に「国際交通安全学会賞」を受賞。2008年10月には国土交通省鉄道局が主催する「日本鉄道賞・地方鉄道活性化賞」を受賞した。アテンダントの乗務、サポーターズクラブの活動などが「地方鉄道の活性化のモデルになる」との選考理由である。

また、2008年10月19日には本社敷地内で5周年記念のイベントが開催された。15mの線路で実際の電車の体験運転が実施され、2回にわたって小学校高学年を対象に抽選で計30人あまりが運転体験に参加した。

経営体制の変化で業績はどう変わったか

えちぜん鉄道が営業開始するにあたって策定した事業見通しでは、初年度の２００３年度は年度途中の営業開始となるため１０２万７０００人、通年営業最初の年となる２００４年度は２１９万６０００人、その後、２００５年度２２６万人、２００６年度２３１万９０００人、２００７年度２３７万３０００人、２００８年度以降は２４２万４０００人で均衡するというものであった。

それが、２００３年度の実績は対計画35％増の１３８万４０００人、２００４年度からは年度はじめに旅客数の目標値が発表されるようになるが、この年は目標２３０万人に対して実績２４２万５０００と引き続き大幅な増加傾向をたどることになる。２００５年度は当初、２４２万人を目標値に定めたが、好調に推移しているために、秋口に２７５万人に上方修正。さらに、年末の大雪で鉄道利用が増えたという特殊事情もあって、最終的に２７９万人となった。

旅客数の順調な増加により、２００６年４月１日にダイヤ改正を実施した。内容は、勝山永平寺線で朝の上り２本を２両編成に増強したほか、平日に永平寺口７時７分発福井行きを増発、福井20時17分発永平寺口行きを勝山まで延長した。

三国芦原線は、平日に西長田《にしながた》（現・西長田ゆりの里《さと》）７時39分発福井行きを増発。夕方の福井－西長田間の区間運転を廃止して福井－三国港《みくにみなと》間の30分間隔の運転時間帯を拡大した。このダイヤ改正に合わせて車両２両を増備し、運転士２名を増員した。

この年、県立高校が学区制を撤廃した影響があり、月間の旅客数が４月に３万２０００人、５月も３万３０００人と大幅な増加となった。年間の旅客輸送人員は２９１万８０００人で、前年より４％増加。２００７年度は、さらにこれを５％上回る３０９万人となり、開業時の見通しに比べると27％上回る数字である。これで京福の最後のころの旅客数を上回ることになった。

この間、２００５年には「サイクルフェスタin勝山」の開催日に自転車が持ち込める「サイクルトレイン」を運転した。これが好評なことから、運転日を拡大し、２００６年度は７月30日から10月29日の日曜、祝日に実施した。対象となったのは、勝山永平寺線４往復、三国芦原線６往復（２両に増結）で、乗降駅は駅員の手助けが可能な福井、永平寺口、勝山、田原町《たわらまち》、あわら湯《ゆ》のまち、三国に限定される。料金は１台２００円で、１列車に自転車20台まで。２００７年度には46日間運行して合計９９４名が利用した。

　また、２００７年９月１日に三国芦原線・福大前西福《ふくだいまえにしふく》井《い》－新田塚《にったづか》間に、日華《にっか》化学前、八《や》ツ島《しま》の２駅を新設した。いずれも片面ホームで、将来のＬＲＴ化を見越して低床ホームの上に鉄骨でかさ上げした構造になった。日華化学前の駅名はネーミングライツを６００万円で売却したもの。

　また、坂井《さかい》市（旧・三国町など）の日本海に面した地域に福井県が開発した大規模な工業団地・テクノポート福井が広がるが、ここに立地する企業群への所用者を鉄道に取り込むため、２００７年に三国芦原線の西長田とテクノポートを結ぶ電車連絡バスの運行を開始した。大型のバンを使用し、往路は電車の到着時間に合わせて発車し、利用者の申し出に応じて各企業を回る。復路は１時間前までに予約を受け付け、乗客を拾って西長田駅まで送り届けるデマンド方式のバスである。２００７年度の利用者数は２１５４名。地元の高志《こうし》観光バス（２０１３年経営破綻）が運行する。

　また、２００９年４月１日からは永平寺直行シャトルバスの運行を開始した。永平寺口と永平寺のあいだは鉄道が廃止されて以来、京福バスが運行していたが、電車のすべてに接続するわけではないため、観光客からは不満が出ていた。そこで、高志観光バスの大型バンを使った直行シャトルバスを平日のみ１日９往復設定することになった。京福バスと合わせると、日中のすべての電車にバスが接続することになった。

　永平寺の参拝客は30年近く前の１９８０年には年間１４０万人あったが、２００８年度には約60万人にまで減少した。現在、永平寺口駅と山門のあいだでゴルフカートの車体を使った自動運転を行っている。永平寺町の事業で町が設立した「まちづくり株式会社ＺＥＮコネクト」が受託運行している。

　２００８年度は前年より４％増の３２０万人を目標としたが、前年末からの景気低迷の影響を受けて３１７万人にとどまる見通しであった。なお、開業10年目の２０１３年度には３８０万人の旅客数を目標としたが、同年度の実績は３３０万人にとどまった。

　欠損金については開業から10年間、沿線市町が補塡することになっているが、初年度の２００３年度４億４４００万円から、２００４年度３億１９５０万円、２００５年度２億９９５０万円、２００６年度２億２３００万円、２００７年度２億１０００万円と順調に改善してきていた。

北陸新幹線建設と連携した福井駅の高架化

えちぜん鉄道に関連する話題として、福井駅付近の高架化問題がある。整備新幹線の北陸新幹線は富山、福井を経由して東京と大阪を結ぶ路線として全国新幹線網整備法に規定されたが、具体的に停車駅とルートが発表されたのは1982年3月である。福井駅については最終的に既存駅への併設というかたちで落ち着くが、それ以前には在来線とは別線ルートをとる案が聞こえてきていた。そこで、福井県内の財界は福井商工会議所を中心に二重高架による在来駅への併設を強く要望することになる。そして、これが受け入れられたことになる。

1986年5月には福井駅の二重高架を内容とする福井駅周辺整備構想を発表するが、翌年には国鉄分割民営化にともなって整備新幹線の建設が凍結。1988年4月に在来線の北陸本線と京福越前本線の連続立体交差事業（高架化工事）が先行して実施されることになった。福井駅には西口側の駅本屋に面して片面ホームの1番線があり、貨物用の副本線を挟んで島式ホーム2面4線が並んでいた。また。2番線の一端に切り欠き部分があって、越美北線《えつみほく》用の3番線となっていた。

京福のホームは国鉄のホームに並行してあり、越前本線と三国芦原線で1線ずつ使い分ける1面2線のホームであった。また、国鉄とのあいだにはかつての貨車の受け渡し線の名残と思われる側線が設けられていた。

高架化工事では、まず国鉄線が東側に移設され、西側の跡地に在来線用の高架線が建設された。

連続立体交差事業は1996年7月の起工式で本格化する。翌年3月には京福線が仮線に移設、続いて1999年12月に北陸本線上り線、2000年6月に下り線も仮線に移されて線路の切り替えが完了し、これで高架線の工事用地が確保されることになった。

高架線の工事は1999年1月に福井駅南方の足羽川《あすわがわ》橋梁工事を皮切りに開始された。2003年9月には福井駅北方の線路の上方をまたぐ日之出《ひので》跨線橋の撤去工事に着手。2005年4月に高架線の工事完了によって北陸本線は高架ホームの使用を開始する。

連続立体交差に着手した当時の計画では、高架に移された北陸本線の跡地に3層部に北陸新幹線、2層部に京福が入る二重高架橋が建設することになっていた。

北陸本線の高架線工事がたけなわとなっていたころ、2000年12月と2001年6月の2回、京福福井鉄道部の越前本線で重大事故が発生した。2度目の事故を受け、中部運輸局は京福に対して福井鉄道部全線の運行停止を命じ、保安監査のあと、「安全確保に関する事業改善命令」を発した。

紆余曲折の末、沿線市町が出資して第三セクターを設立し、福井県は土地、鉄道施設の譲受資金を支出するかたちで決着した。2002年9月17日に、えちぜん鉄道株式会社が設立され、翌年2月1日に越前本線と三国芦原線の2路線の譲渡、譲受が完了した。運行を再開したのは、2003年7月20日に勝山永平寺線・福井－永平寺口間、三国芦原線・福井口－西長田間、8月10日に三国芦原線全線、10月19日に勝山永平寺線全線である。

北陸本線の工事は予定どおりに順調に進んでいたが、連続立体交差化事業の一連の工事と位置づけられていた京福の高架化工事の方法が決まらなかった。当初の二重高架、3階建てでは構造物の高さが高く、都市景観上の問題があるとして反対する意見が高まることになる。それに対し、行政側では新幹線の高架橋を2階部に建設し、京福線はその下の地平部を走行するという案が浮上する。京福の運休中の2002年ごろには福井県はこの新幹線単独高架化を基本方針としていたようだ。京福線の廃止も念頭にあったのかもしれない。京福線を地平のまま残す場合は踏切渋滞対策として踏切に交通信号を設置し、道路側が青のときは鉄道側の信号が赤になって信号待ちするという案も出された。また、京福の用地のうち高架化によって不要となる福井駅付近の鉄道用地は譲渡の対象とならなかった。現在は京福から賃貸している。

それが再び転機を迎える。整備新幹線の整備スキームの見直しの時期が近づいた2004年6月に福井駅部周辺の認可、着工などを内容とする与党案が政府に提出された。この内容が2階にえちぜん鉄道、3階に新幹線が走るという二重高架案であった。政府、与党で検討が進められた結果、12月の政府、与党申し合わせで北陸新幹線の富山－白山《はくさん》総合車両基地間と福井駅部の着工が決定した。ただし、財務当局との調整のなかで、「線路が来ないのに駅だけつくるのはおかしい」として、駅部の着工の中止や建設費の削減を求められたという。

福井県は『県政だより』のなかで、北陸新幹線と、えちぜん鉄道の高架化を一体的に実施することで工事費の大幅な縮減が可能となると説明した。整備新幹線の整備は、どちらかというと東北新幹線と九州新幹線に重点化していたため、都市側が道路管理者として道路財源を中心に実施する連続立体交差事業のスキームを整備新幹線の建設に利用できることが魅力だったのであろう。

新規着工区間の終端が車両基地というのも異例であるし、白山以南の着工のめどが立たない段階で駅部だけ工事に着手するというのもめずらしい。東北新幹線や九州

図表61　福井駅の一体高架化の当初案

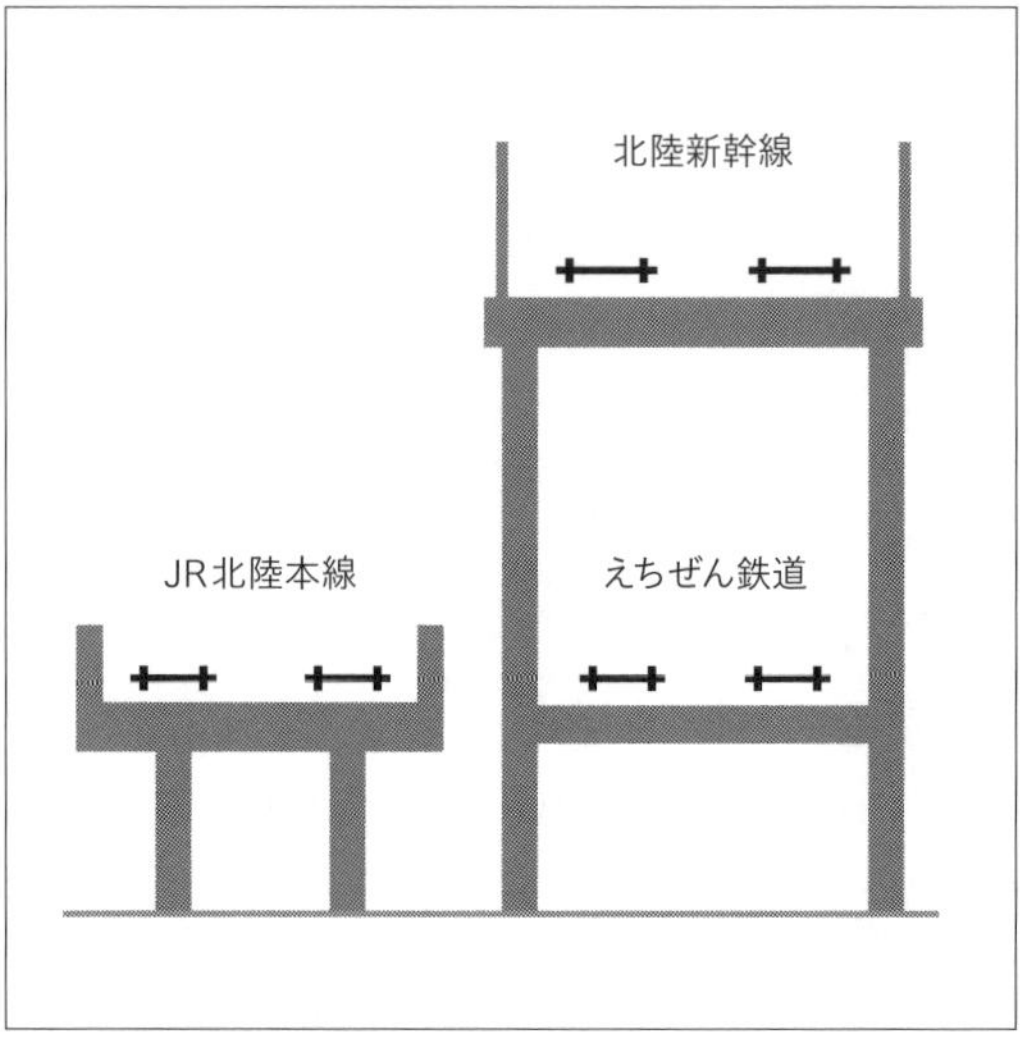

出典：当時の新聞報道など

新幹線でも地方費で駅整備関連事業が先行して実施されたが、駅本体の整備に着手されることはなかった。自民党の説明では、連続立体化事業と組み合わせることで、新幹線の整備費の負担が100億円軽減されることになるとしていた。

2005年3月に国土交通省は福井県に対して高架橋を3階建てから2階建てに変更することを提案した。新年度に新幹線駅の建設が始まるからである。北陸新幹線の駅部800mの高架橋を一時的に、えちぜん鉄道が利用し、新幹線開業後は並行在来線として輸送量が減る在来線のホームに移すというもの。福井－新福井（新幹線工事終端）間は線路用地を4線分しか確保していないため、新幹線開業後は並行在来線とえちぜん鉄道で現行の北陸本線の複線を1線ずつ分け合って使用する案となる。ただ、新幹線が開業してから並行在来線の1線を、えちぜん鉄道に転用する工事が終わるまで、えちぜん鉄道は福井－福井口間の運行を休止することになるとした。新幹線駅部工事終端－福井口間は、えちぜん鉄道の線路は北陸本線と新幹線のあいだに設置されることになる計画だった。

2007年1月17日に西川一誠《にしかわかずみ》・福井県知事は県議会の「北陸新幹線建設にかかる協議会」で、えちぜん鉄道三国芦原線のLRT化による高架化からの切り離しを内容とする修正案を公表した。福井市から提案があったとされる。LRT化して田原町から福井鉄道福武線《ふくぶ》（路面電車）に直通運転するというもので、これによって高架化の事業費がもともとの約100億円から約95億円に圧縮できるとした。そして、これとは別に、LRT化に新たに60億～80億円が必要となり、車両も12編成が必要となる計算であるとした。

三国芦原線が全面的にＬＲＴに移ることで本数が減り、福井口－福井間の単線運行が容易になるわけである。しかし、もともと新幹線の高架駅を暫定使用するあいだの福井口からのアプローチ部の建設計画が、新幹線ルートや詳細設計が決定していないため、手つかずであった。なお、関連して２００６年４月９日に新福井－福井口間の一部区間について新幹線高架橋建設のために単線化され、準備が整ったが、えちぜん鉄道が新幹線ホームに乗り入れるアプローチ部については、２００７年度に工事に着手する予定であったが、遅れた。

２００７年1月に発表された新幹線の福井暫定開業による新スキームは、福井口駅を北方に移設して新幹線工事終端に向けてなだらかなアプローチ（単線）を建設する、北陸新幹線は単線で建設して当面は、えちぜん鉄道と高架橋を共用する、将来、新幹線が敦賀《つるが》まで延伸する際には複線化し、えちぜん鉄道は現在の北陸本線の複線の一方につなぎ替えられ、並行在来線と1線ずつ分け合うというもの。また、三国芦原線がＬＲＴ化して福井鉄道に直通することから、田原町－福井口間に超低床車によるシャトル便を運転することになるとした。

当の北陸新幹線福井駅部工事は２００５年６月４日に着手。翌年９月17日に福井市大手《おおて》の新幹線建設用地で工事の安全祈願祭が執り行われた。10月に基礎杭打ち工事が始まり、工事が本格化することになる。２００９年２月にコンクリート構造物の建設は終了したが、線路敷設工事のめどは立たなかった。新幹線の福井県内の延伸区間の着工認可が下りなかったため、えちぜん鉄道の計画も進まなかったのである。駅部とはいっても、建設区間はホームの中心線から北側で、工事区間８００ｍのうち相当部分が本線の高架橋であるのは、もともと、えちぜん鉄道の福井口－福井間の高架化と組み合わされていたからである。

えちぜん鉄道では高架化の全体工事が終わると福井口駅に隣接している従来の車両基地が使えなくなることから、連続立体交差化事業の一環として車両基地の移設工事を実施した。同じ福井口駅であるが、福井駅からの本線をそのまま直進させた、北陸本線と三国芦原線に囲まれた位置になる。２００７年12月に工事に着手し、２００９年３月29日から使用を開始した。総事業費は約23億円で、連続立体交差事業のスキームで実施された。従来は外注していた検査を含め、すべての車両検査を新施設で実施することになった。

その後、新幹線の福井暫定開業がなくなり、２０１２年２月17日に福井県は、えちぜん鉄道の福井口－福井間の新幹線の東側に並行して、えちぜん鉄道の高架線を建設する案を発表した。えちぜん鉄道の線路を新幹線の高架線上の仮線に移し、その跡地に、えちぜん鉄道の高架橋を建設することで、最終的に、えちぜん鉄道の高架化計画は決着することになった。

２０１５年9月23日に新幹線の高架を利用して、えちぜん鉄道の福井－福井口間が高架線（仮線）に移された。えちぜん鉄道の高架橋が完成するまでの3年間だけの暫定措置である。そして、２０１８年6月24日に、えちぜん鉄道の単線の高架線が完成し、新幹線上の仮線の使用は短期間で終了した。

福井鉄道との相互直通運転

福井鉄道と、えちぜん鉄道の相互直通運転は両線とも軌間、架線電圧が同じで、田原町駅で隣り合っていることから、昔から構想は聞かれた。しかし、えちぜん鉄道の前身である京福と福井鉄道はいずれも経営が厳しく、一時は廃止も取り沙汰されるような状況にあり、夢物語として現実味を帯びることはなかった。

それが、亡き坂川優《さかがわまさる》が福井市長に就任すると、京福の存続問題に絡めて三国芦原線のＬＲＴ化と福井鉄道との直通の検討が始められた。坂川は体調を崩して市長を辞任したが、ＬＲＴの構想は東村新一《ひがしむらしんいち》市長に引き継がれた。

２０１０年5月27日に「相互乗り入れに関する事業検討会議」の第1回会議が開かれ、第1段階として、えちぜん鉄道の新田塚まで福井鉄道の片乗り入れを実施。その後、第2段階として乗り入れ区間を西長田まで延伸して相互乗り入れとすることが確認された。

２０１２年11月27日の第5回会議では乗り入れ区間を鷲塚針原《わしづかはりばら》までに短縮することで合意。この変更により、太郎丸《たろうまる》（現・太郎丸エンゼルランド）、西春江《にしはるえ》（現・西春江ハートピア）、西長田の低床ホームの整備が不要になったことで2億円、車両の増備を当初計画の3編成から2編成に減ったことによって3億円の、合計5億円の事業費の削減となった。当初計画では総事業費は23億～24億円であったが、これが約19億円となった。

低床ホームを整備するのは、福大前西福井、日華化学、八ツ島、新田塚、鷲塚針原の各駅で、中角《なかつの》駅は九頭竜《くずりゅう》川《がわ》の堤防を乗り越える勾配の上に位置し、構造的に低床ホームが設置できない。また、福井鉄道の浅水《あそうず》と、えちぜん鉄道の福大前西福井、鷲塚針原には折り返し施設を整備した。

乗り入れに必要な車両として、えちぜん鉄道では２０１５年3月31日にＬ形「ki-bo」２車体連接車２編成を搬入した。これと福井鉄道の超低床車両のF1000形が相互直通することになった。

相互乗り入れの工事費は、福井鉄道が田原町の線路、ホーム、上屋工事などに8・7億円、浅水駅の低床ホームの整備と折り返し設備の新設に1・0億円。えちぜん鉄道が、各駅の低床ホームの整備と鷲塚針原駅の折り返し設備の新設に3・3億円、低床車両に6・2億円の計19・2億円である。そのうち6・4億円が国、10・14億円が福井県、2・7億円が福井市の負担となった。福井県と福井市の負担は駅前線延伸、大名町《だいみょうまち》交差点の短絡線整備など相互乗り入れ以外の事業を含めた全体事業費について県2：市1となるように決められている。

2015年春の乗り入れ開始を目指していたが、田原町の駅構内が狭隘で運行を続けながらの複雑な工事となるため、事業者間の協議が難航した。福井鉄道と、えちぜん鉄道の相互直通運転は2016年3月27日から実施された。直通便は福井鉄道福武線・越前武生《たけふ》（2023年3月に、たけふ新《しん》に改称予定）－えちぜん鉄道三国芦原線・鷲塚針原間で1時間に1往復を基本に、朝の一部の便は福大前西福井折り返しである。また、福井駅前には乗り入れない。

第5章　21世紀のローカル線支援制度

まちづくりと一体化する交通整備計画

まちづくりと交通整備を一体的に計画化する「総合的な都市交通の戦略（都市・地域総合交通戦略）」があり、この戦略のもとで交通機関に関して規定するのが「地域公共交通の活性化および再生に関する法律（交通活性化・再生法）」にもとづく「地域公共交通総合連携計画」である。この計画にはさまざまな特定事業が規定されているが、たとえば、ＬＲＴ整備について、「軌道運送高度化実施計画」が策定されることになる。政策がピラミッド型のヒエラルキーの構造を持って配置されているということである。それぞれの政策が個別に合意形成の手続きを規定されている。

国土交通省が２００７年7月20日に社会資本整備審議会「新しい時代の都市計画はいかにあるべきか。（第二次答申）」を受けてとりまとめた人口の高齢化と地球環境問題に対する解決法として拡散型都市構造から集約型都市構造への転換が取り上げられた。

かつてモータリゼーション以前の地方都市は、人口は中心都市に集中してコンパクトにまとまり、近隣の鉄道沿線には中心都市とは独立した独自の個性を持った集落が点在していた。それがモータリゼーションとともに中心都市の中心市街地の人口の高みが低くなると同時に、周辺部に拡散して周辺の独立していた集落を飲み込んで郊外化していった。

これを再び集約型都市構造に戻そうという考え方である。中心市街地の人口の回復を目指して広域拠点とすると同時に、ここを起点とする幹線鉄道の沿線に地域拠点を整備しようというのである。さらに、中心都市内では、ＬＲＴ、基幹バス、コミュニティバスのネットワークを整備することで、自家用車に頼らずに快適に生活することができる都市とする。

公共交通の旅客が減った理由のひとつとして、人々が歩かなくなったことが挙げられる。かつては広大な駅勢圏の広がりがあったが、地方では5分歩くのもわずらわしく思うようになり、駅勢圏が大きく縮小してしまった。

このように集約型の都市構造に転換することで、その周辺部では市街地化が抑制されることになるが、生活環境が極端に悪化することがないようなかたちで地域の低密度化を誘導するという。

とくに中心都市を集約型都市構造に転換するためには都市交通や市街地整備など多角的な取り組みが必要であり、国は「多様な主体と施策の連携による『総力戦』を掲げる」。また、郊外部については開発を抑制するための土地利用規制を行う方向性が示された。

そして、この事業を進める主体は都市交通の整備は「公」が中心となって推進する一方で、市街地整備は「民」にシフトさせるという。

この戦略の具体的な施策には、ハード施策として歩行者、自転車環境改善、LRTや多様なバスの走行空間整備、交通結節点改善、駐車場整備、交差点改良など。ソフト施策として徒歩、自転車、自家用車、公共交通の適正分担のためのマネジメント、バス路線再編による利便性確保と効率的運営、戦略実施にともなう社会実験が想定された。

「地域公共交通総合連携計画」の五つの施策

2007年5月18日に「地域公共交通の活性化および再生に関する法律（交通活性化・再生法）案」が成立した。5月25日に公布され、10月1日に施行となった。従来は地方的な公共交通に対する補助制度は通常予算措置で実施されてきた。これが近年は沿線地域での自治体、住民の合意形成を支援の前提とする方向性がうかがえ、そのルールを規定した法律の整備が進められている。そして、この法律を根拠にしてプロジェクトに対して総合的に支援するというかたちに公的支援の手続きが変化してきている。

この法律は市町村が中心となって交通事業者や地域と連携し、交通モードを超えて乗り継ぎの円滑化などによる利便性向上のための枠組みを規定している。

すでに道路運送法では市町村のコミュニティバス協議会による合意形成の場が設定され、これが地域公共交通会議に発展して現在に至る。市町村が運営するコミュニティバスが乗合バスとして認知されたことで、地域の交通弱者に対するセーフティネットの確保は、ほぼその全体スキームが確立したということができよう。

同法は市町村が中心になって協議会を設置し、地域公共交通総合連携計画を策定するとともに、この計画を実施するための連絡調整を行うことになる。連携計画を策定する場合、計画を実施することになる公共交通事業者には、この協議会への参加応諾義務が発生する。また、協議会で合意した事項については、その構成しているメンバーは、その合意内容を尊重する義務を課せられることになっている。

市町村が協議会を設置して計画策定を行っても、実際にそれを実行する事業者がオブザーバー程度の位置づけであると、その実施が保証されない。協議会のメンバーとして議論に参加させ、その合意内容の遵守を法律で規定することは、計画の実効性を高める意味で重要な要素である。

交通活性化・再生法は地域公共交通総合連携計画に含まれる具体的な検討施策として次の五つの事業を地域公共交通特定事業に指定している。

①軌道運送高度化事業（LRT整備事業）
②道路運送高度化事業（BRT、オムニバスタウンの整備に関する事業）
③海上運送高度化事業
④乗継円滑化事業
⑤鉄道再生事業（廃止の届け出がされた鉄道事業について、市町村などの支援により、その維持を図るための事業）

そして、①〜④について合意がなった場合は実施計画を定めて国土交通大臣に認定を申請する。認定を受けた者には一定の法律上の特例措置が講じられることになる。また、⑤について連携計画を作成した市町村、鉄道事業者は全員の合意によって「鉄道再生実施計画」を作成して国土交通大臣に届け出ることができる。これが認定された場合は鉄道再生計画策定のための協議期間中は廃止予定日の繰り下げの届け出ができるなどの特例措置が講じられる。

さらに、この法律の対象となるのは法律に規定する地域公共交通特定事業だけに限定されない。地域住民などが日常生活などにおいて利用するバスや鉄道、旅客船などの公共交通に関して、その活性化、再生に資するあらゆる取り組みを定めることができるのが大きな特徴である。法律では具体的な施策を例示するものの、実際には事例ごとに事情が異なるため、地域に最適な施策を選択することが可能なように、規定に融通性を持たせたのである。

新時代の路面電車「LRT総合整備事業」

LRT整備には国のLRTプロジェクトの制度がある。LRTの整備が進まない要因として、関係主体間での合意形成が難航すること、導入費用が課題であることが指摘される。そこで、合意形成のための組織としてLRTプロジェクト推進協議会を設置。事業者、自治体、有識者、NPO、国（国土交通省地方運輸局、地方整備局）、公安委員会が協議会に参加して協議し、合意形成を図って計画を策定すると、鉄道局、都市局、道路局の連携のもとで総合的に支援策が講じられることになる。

その支援策の内容となるのが財政支援である。導入費用がかさむために社会的便益が高いにもかかわらず、開業後の経営が成り立たないとして整備に着手できないケースに対する支援策である。

これは、LRT総合整備事業でLRTの整備を促進するために以前から実施されていた制度である。国土交通省の鉄道局は鉄軌道事業者に対し、低床車両、変電所、車庫、ICカードシステムなどの運行用施設に対して補助を実施。道路局、都市局は路面電車走行空間改築事業として走行路面と停留所などのインフラ部を道路と一体的に整備（2007年度拡充）。そのほか、都市局は2007年度に都市交通システム整備事業の制度を創設した。

LRTシステム整備費補助の制度は国4分の1、地方4分の1を補助するものであるが、軌道運送高度化事業に対して重点的に支援することにして、補助率を4分の1から3分の1にかさ上げを図った。

路面電車走行空間改築事業は道路事業として実施するため道路区域に限定されるが、道路区域から外れる部分についても交通結節点改善事業の制度を拡充し、路面電車の走行空間の整備に対して支援を行うことになった。

最後に、都市交通システム整備事業は「中心市街地活性化法」「都市鉄道等利便増進法」「バリアフリー新法」にもとづく計画区域、あるいは「都市・地域総合交通戦略」にもとづく事業区域を整備地区要件とする。この地区において実施する「歩行者空間・広場等の公共的空間、駐車場、バリアフリー交通施設」の整備および「都市・地域総合交通戦略」にもとづく場合は公共交通に関するすべての施設（車両を除く）が補助対象となる。補助率は3分の1である。

「上下分離」を路面電車にも導入

富山市は2006年春に富山ライトレールが開業すると、富山地方鉄道が経営する富山軌道線で新線の整備を企画する。しかし、当時の制度では市が整備してこれを民間事業者に使用させる「上下分離」の制度がなかったため、事業化の大きな障害となっていた。

上下分離は鉄道事業では1987年の「鉄道事業法」の制定で法律に盛り込まれた制度である。鉄道の整備主体と運営主体を分け、それぞれの役割分担を明確にし、それぞれのリスクを軽減することが目的であった。

それに対し、LRTは併用軌道を基本とすることから、路面電車に適用される軌道法に準拠する。この軌道法は旧運輸省と旧建設省の共管となっていたため、旧運輸省単独で管轄していた鉄道事業法に比べて改正の動きが鈍かった。

ただし、昭和40年代に都市モノレール、新交通システムが軌道法によって監督されることになって以来、その手続きの煩雑さなど事業者からはしきりに法律の問題点が指摘された。

都市モノレールや新交通システムは高架橋やトンネルなどのコンクリート施設をインフラ施設として運行施設と区分し、道路の付帯施設として道路管理者が整備することになった。この段階で実質的には上下分離が実現していたものの、法律がそれに対応していなかった。

また、この制度ではインフラ部の整備費をすべて公共事業として、道路管理者が国の補助金や負担金を受けて整備するが、地下鉄に対する整備補助との実質補助率をそろえるために、インフラ部の事業費比率を最大59・9％（逐次、改定された）に限定した。インフラ外の整備費はたいてい車庫の建設費を除くと4割に達することはなく、インフラ部であるものの補助対象から外れる部分が生じた。

もともと自動車重量税の新設による総合交通政策議論のなかで、議員立法による「都市モノレール等整備促進法」を受けて制度が設けられた。そのため、どちらかというと財源が先に確保されていて、いかに軌道系交通機関に資金を投入するかということが課題となった。

当時は鉄道事業法の制定以前であり、上下分離の考え方もなかったため、軌道法の規定と矛盾しないかたちで、実質的な「上下分離」を実現したのである。

それに対し、この制度で上下分離の制度が導入されたのは、LRTという新しい都市交通機関である。新しい交通機関という認識はあるものの、基本的には併用軌道を中心として路線を整備するため、都市モノレール、新交通システムの制度をそのまま適用することはできなかった。

１９９７年に「路面電車走行空間改築事業」が制度化され、併用軌道に対する補助事業が始まったが、これは、都市モノレール、新交通システムと同様に道路構造物と一体的な構造物、つまり路盤の整備を道路事業として実施するというものであった。しかし、路面電車の道床はコンクリート構造物とは違って全体事業費に占める比率が小さく、補助制度の効果が制約されるという問題があった。

新制度では上下分離の制度を軌道事業に導入したという点で画期的なことであった。

地域公共交通総合連携計画に指定されている地域公共交通特定事業のひとつに「軌道運送高度化事業」があり、この制度では「上下分離」によって運行事業と整備事業を別主体が実施する。運行事業者は「軌道運送事業者」、整備事業者は「軌道整備事業者」となる。

交通活性化・再生法では特定事業について連携計画が策定された場合には実施計画を作成して国土交通大臣に提出する。運行事業者と整備事業者の両者の役割分担が、安定運行、安定経営のために適切であると認定されれば、それぞれ軌道運送事業者、軌道整備事業者として軌道法上の特許を付与されたことになる。認定にあたっては、整備主体、運営主体双方の事業計画や両者の契約内容などをチェックすることになるという。

この上下分離の制度では地方公共団体などが軌道整備事業者として、線路、電気設備、信号施設などの軌道施設を建設し、保有することになるが、その施設を軌道運送事業者に使用条件、管理責任に関する契約を締結して貸し付ける。その場合、軌道運送事業者が軌道整備事業者に貸付料が支払われることになる。また、いまのところ整備事業者が整備、保有する施設には車両は含まれていないが、「車両を含む場合も想定しうる」とする。

さらに、軌道整備事業者となるのは地方公共団体であるが、この地方公共団体が国のＬＲＴシステム総合整備事業費補助を受ける場合には起債措置などの財政措置が講じられる。

交通活性化・再生法が制定され、このように「軌道運送高度化事業」が制度化されたが、同法では地方のローカル鉄道については廃止の届け出が出された場合を規定していただけで、継続して運行する地方鉄道についても支援策を講ずるべきとする要望が高まることになった。

そこで、「軌道運送高度化事業」に相当する地方鉄道に対する鉄道事業再構築事業のカテゴリーを用意した。

すなわち、2008年度予算概算要求で「地域の活性化に資する鉄道活性化支援パッケージ」を盛り込んだ。内容は多岐にわたるが、要するに地域公共交通連携計画が策定された場合に国は重点的に支援すること、近代化補助の制度の拡充として「鉄道軌道輸送高度化事業費補助」の制度を創設することなどが挙げられた。

「鉄道事業再構築事業」の実例① 福井鉄道

名古屋鉄道の参画による経営改革

名鉄は2004年度中に業績不振の運輸事業やレジャー、サービス事業などを営む連結子会社13社を清算し、4社の保有株式を売却して連結決算から除外した。もともと中京圏は自家用車の利用が多く、鉄道などの公共交通にとっては経営環境は厳しかった。そのなかで、名鉄は国鉄分割民営化以降、JR東海との競争を余儀なくされた。また、交通事業の規制緩和も逆風となった。ただし、2005年1月の中部国際空港の開港と空港線の開業、同年の名古屋市の西側に位置する東部丘陵での万国博覧会「愛・地球博」の開催と愛知県ではビッグイベントが続くことになったが、名鉄はこれを好機として捉えて一気に経営基盤の確立を進めることを決断した。それが鉄軌道線のリストラクチュアである。名鉄は赤字ローカル線を廃止して経営資源を収益路線に集中させる「選択と集中」を進める。その一環で、岐阜市内線、美濃町線、揖斐線が廃止されることになったのであるが、結果的に、この施設を活用して系列のローカル鉄道である福井鉄道と豊橋鉄道の近代化を大きく進めることになった。

名鉄は1962年に請われて福井鉄道の経営にかかわることになるが、それ以来、つかず離れずの関係を続けてきた。福井鉄道の路線バスの営業エリアが福井県の福井市以南の広範囲におよぶのも大きな魅力であったのであろう。福井市では京福の路線バスと競合するものの、越前市（旧・武生市など）、敦賀市ではほぼ地域独占の状況にあった。名鉄傘下の岐阜バス（岐阜乗合自動車）の営業エリアの北側に位置するというのも、名鉄にとって地政学的に意味があったのかもしれない。

近年の大手私鉄の経営改革の方向に「沿線回帰」がある。つまり、高度経済成長や「日本列島改造論」、リゾート法などにより、その都度、事業展開を拡大してきた。しかし、その時期に開発された施設は、その後の人々のライフスタイルの変化にともない、収益性が低下していった。バブル経済が崩壊したあとは消費不況とレジャー行動の「安近短」化にともない、むしろ沿線人口の大きさに重心を置いた事業展開がグループにとって利益となることが認識された。名鉄は東京、大阪に比べて人口が少ない名古屋をベースにしているということが、ほかの大手私鉄に比べてラディカルな経営改革が求められることになったということができる。

そういう意味で、２００５年4月の運行形態の変更は名鉄が福井鉄道の経営から撤退する第一歩であったということができよう。この時期に名鉄は代表権を持つ社長と取締役のほか常勤役員6人のうち4人を派遣していた。また、福井鉄道が保有する株式を購入し、超低床車両、低床車両を割安で売却したうえに、代金1億８０００万円あまりを未収金としていた。

「自主的な再建は無理」

福井鉄道は２００６年秋に自主的な経営再建には限界があるとして、沿線自治体に支援を要請した。県と沿線3市に対して当面、3年間で1億１０００万円の赤字補塡を求めたものであるが、翌年2月には福井県は「親会社や金融機関の協力を得て、まず自力での再建計画の策定を」と同社に指示することになる。

県は近代化補助金など設備投資に対して補助を実施し、沿線3市も固定資産税相当分を補助金として交付していた。また、道路管理者の事業として、駅前ヒゲ線（福井城址《じょうし》大名町－福井駅間）の単線化に合わせて騒音を軽減する弾性軌道を敷設したほか、幸橋《さいわいばし》の架け替えにともない、橋の中央部を走る電車の軌道敷も一新された。

２００６年度の経営成績は鉄軌道事業の営業収益が３億７６２３万円に対して営業費用が4億１５７０万円で差し引き３９５２万円の赤字。加えて自動車事業も2億１３６０万円の赤字であったため、全事業営業損失は２億２４８２万円に達した。かつては貸切バスや高速バスの収益で鉄道事業の赤字をカバーすることもできたが、規制緩和後の競争激化で収益部門の経営状況が厳しくなっていた。なお、特別利益で固定資産売却益９１８万円と、補助金など4億４０９８万円を計上、特別損失で固定資産売却損1億17万円、補助金で取得した資産の圧縮計上にともなう損失1億８２９７万円を計上したことで、差し引き2億５６５３万円が利益計上され、最終損失は１８８１万円にとどまった。しかし、これは補助金の受給という特殊事情によるもので、経営状況が厳しいことに変わりはなかった。

２００７年9月に自主的な再建は無理として再度、県、

福井鉄道の名鉄の中古車（右、2006年）

沿線3市に支援を要請することになる。

そのようなとき、10月14日の午後7時ごろ、田原町発武生新（のちの越前武生）行きの770系電車がヒゲ線から市役所に向かう緩やかなカーブで脱線した。直前に通過した電車から脱落した制輪子に乗り上げたのが原因であった。直前に通過したのは武生新行きの急行で、旧式の大型車であったものと思われる。

自治体では福井鉄道を交えた官民協議会として「福井鉄道福武線協議会」の設置を決定した。オブザーバーとして中部運輸局が参加し、同局が2006年度に実施した「福武線公共交通活性化プログラム調査事業」のデータを活用して議論を進めることになる。そして、県から福井鉄道に求めていた「経営再建計画」の提出のめどが立ったことから、11月2日に第1回会合が開かれた。

福井鉄道から提示された再建計画は3案あり、第1案は、自治体、民間の出資によって新会社を設立して鉄道事業固定資産（土地29億円、償却資産4・5億円）を引き継ぐこと。第2案は、約31億円の借入金と社員約260人の今後の退職金約7億3000万円の一部を名鉄が負担するとともに、名鉄の保有株式を第三者に1株1円で譲渡して福井鉄道の経営から撤退すること。第3案は、増資してこれを名鉄が引き受けたうえで同額を減資して借入金返済、退職金にかかる負債を圧縮し、名鉄は保有株式を1株1円で第三者に譲渡して経営から撤退すること、という内容である。

この間、12月16日に福井鉄道はダイヤ改正を実施したが、主な内容は昼間の福井駅前発9時43分から15時03分までの時間帯について、超低床車800型によって福井駅前－田原町間のシャトル便を1時間に2本ずつ運行するというもの。この時間帯は従来、田原町－武生新間の列車が1時間に上下3本（20分間隔）ずつ福井駅前に乗り入れていた。これらはすべて福井駅前で運転打ち切りとなる。直通客にとっては乗り換えが必要になったものの、所要時間は5分短縮されることになった。また、朝の武生新発6時55分から7時25分までは従来の6本から5本に1便減便した。

12月27日の第3回会合で再建計画3案の資産売却額、

増資額の具体的な金額が示され、これを受けて２００８年２月15日の第４回会合、２月21日の第５回会合でその内容が一般の人たちに周知されることになった。

名鉄が増資を引き受ける金額は10億円とすること、沿線３市は線路用地を12億円で取得して分割保有することなどである。

２００７年９月現在の金融機関などからの借入金は28億円で、名鉄が引き受ける増資額10億円、福井鉄道の財産処分６億円、３市に対する土地の売却代金12億円で全額返済できるというスキームである。しかし、県議会では資産処分の６億円は具体的な内容が明確ではないこと、また、金融機関に対する債権放棄に対する質問があったが、金融機関は一度債権放棄を行うと「モラルハザード」を生じ、経営責任のたがが緩むとの判断から、これを拒否。ただし、経営再建後に残る債権の金利低減、貸付金元金の返済期限の延長、新体制によるスタート時の出資に応じる用意があることを表明していた。

また、３月28日第６回会合で、２００７年８月以降、経営不安から26人の社員が退職し、電車の運転士は６人欠員の状況であることが明らかになった。そして、その退職金１億６０００万円が新たな負担として浮上した。

また、４月に県は金融機関に再度債権放棄を申し入れるが、拒否されて混乱を見せるなかで、２００８年４月19日に市役所前（現・福井城址大名町）で２度目の脱線事故を起こす。低速で走行中の脱線であったため、大事には至らなかったが、施設の老朽化がのっぴきならないことを印象づけることになる。

５月22日の第７回会合では、名鉄が福井鉄道に対する未収金２億３０００万円を経営撤退後、ただちに回収することはしないこと、出資額10億円を全額金融機関からの借入の返済に充てることが確認された。また、同時に沿線３市でサポーター団体の設立の動きがあること、５月中に国の支援スキームを活用するために「法定協議会」を設置することが報告された。

２００８年３月までに新経営陣を選任し、新年度には新体制に移行することを目指していたが、結局、この段階では実現しなかった。

「福井鉄道福武線活性化連携協議会」のサポート体制

「地域公共交通の活性化および再生に関する法律」により、沿線自治体および鉄道会社、住民で構成される法定協議会の設置が規定されているが、この協議会での議論を経て、「地域公共交通総合連携計画」が策定されることになる。

法定協議会は2008年5月30日に発足。沿線の福井市、鯖江《さばえ》市、越前市の3市の利用者団体、福井鉄道、福井県、学識経験者で構成され、10月をめどに連携計画をまとめる予定とした。同時期に協議会に参加する市民団体として、福井市・福井鉄道福武線サポート団体協議会、福井鉄道福武線利用促進鯖江市民会議、越前市・福武線を応援する連絡協議会が相次いで組織された。

このころのいちばんの課題は新執行陣の選定であった。6月に開かれた福井鉄道の定時株主総会でも選任案を提示できず、とりあえず名鉄からの役員の続投が決定した。

この時期に福井銀行の村田治夫専務執行役が退職のうえ、同行健康保険組合監事に就任していた。1954年生まれで、まだ50代前半の働きざかりの退任である。福井県による調整が進められていることが報じられたが、新執行陣への村田の就任が明らかにされたのは8月になってからである。8月22日の法定協議会の会合で正式に発表された。

村田は9月1日に福井鉄道の顧問に就任し、臨時株主総会の承認を得て11月25日に社長に就任。退任した山内和久前社長は2009年6月まで顧問として、ほかの名鉄からの役員も取締役の職は解かれるものの、部長として暫時残留することになった。

そして、村田新社長のもとで「福井鉄道福武線の経営方針～福武線の再建に向けて」がまとめられ、12月25日に正式に発表することになる。

2008年も年の瀬が押し迫った12月29日に福井鉄道は1株を増資して名鉄が10億円でこれを引き受け、即日、この1株が減資された。これを現金で寄贈した場合には譲渡益課税が発生するために、これを回避するためである。また、同日に名鉄が保有する福井鉄道株式24万600株の譲渡が実施された。福井市、鯖江市、越前市の商工会議所とサポート団体にそれぞれ5万株、3万株を譲渡することとして調整が進められていたが、結局、福井市商工会議所の分は福井市が51・1％出資する第三セクターのまちづくり会社「まちづくり福井」に5万株、越前市商工会議所5万株のうちの1万株は越前市が27％出資する第三セクター「武生駅北パーキング」が引き継ぐことになった。

サポート団体は、福井市福井鉄道福武線サポート団体協議会、福井鉄道福武線利用促進鯖江市民会議、越前市・福武線を応援する連絡協議会である。沿線の自治会の連合体として組織されたのであるが、その中心となって活動するのは定年退職した市民など自主的に自治会活動に参加している人たちである。そういう意味では沿線住民の利益代表であり、沿線住民を代表しているということにもなる。

　売却価格は1株1円であるが、出資比率だけ経営責任がともなうために、それぞれ決定までには紆余曲折があった。

　なお、武生駅北パーキングはJRの武生駅と福井鉄道・武生新駅のあいだに立地するショッピングセンター「アル・プラザ武生」に敷設された駐車場で、平和堂《へいわどう》が主体となって設立した子会社である。また、「まちづくり福井」は福井市中心市街地活性化のためのタウンマネジメント会社（TMO）で、コミュニティバス「すまいる」の運営主体でもある。

　名鉄が保有する福井鉄道株式24万株は地元に譲渡され、沿線の経済界や住民が直接鉄道会社の株式を保有するという従来あまり例のないかたちとなった。市民参加型の鉄道経営という新しいモデルケースとして期待される。

　残る6000株については村田新社長が個人で引き受けることになる。

　また、これとは別に関連会社が保有していた福井鉄道の株式1000株が市民団体のROBAの会（ふくい路面電車とまちづくりの会）に譲渡されている。

「鉄道事業再構築事業」の最大の特徴とは

　沿線自治体と福井鉄道などで構成する福井鉄道福武線活性化連携協議会は地域の公共交通を一体的に活性化、再生を実現するための「地域公共交通総合連携計画」を策定するとともに、この計画に鉄道事業再構築事業を盛り込んだ。そして、2月9日にその実施計画の認定を国に申請した。これは2月24日に認定の通知がなされることになる。

　その内容は経営改善のための設備投資とそれに対する支援措置が中心となる。

　設備投資は総額31億円あまりで、線路、電路、車両などの老朽設備の改修、更新、駅の新設など。目立つところは朝夕に使用している大型車両（200形3編成、600形1編成、610形2両）の新低床車両4編成への置き換えである。当時、村田社長から輸送力を確保するために3車体連接車となるとの説明を受けた。将来、えちぜん鉄道との相互直通運転は再構築事業には盛り込まれていない。また、新駅の計画は江端《えばた》－ハーモニーホール駅間、浅水－三十八社《さんじゅうはっしゃ》駅間、上鯖江《かみさばえ》（現・サンドーム西《にし》）－家久《いえひさ》駅間、家久－西武生（現・北府《きたご》）駅間の4カ所である。いずれも住宅地が分布する地域を対象としているが、上鯖江－家久間については、福井工業高等専門学校、武生商業高校が立地することから通学生の利用が見込めたが、実現していない。

また、西武生、福井新（現・赤十字前）など9駅にパークアンドライド駐車場を設置しているが、ベル前、ハーモニーホール、三十八社、上鯖江の4駅について駐車場を新設し、花堂《はなんどう》、江端、神明《しんめい》、西武生の4駅の駐車場を増設する。ベル前については年末から試行的に実施したが、利用の条件は福井鉄道の定期券あるいは回数券を所持していて、「ベル」の総合カウンターで買い物券3000円を購入した者ということになる。利用申し込みの際に1カ月間有効の駐車券が発行されるが、先着50台までとなる。パークアンドライドの実施では10台程度の駐車場は鉄道側で用意できるが、それ以上になると自治体の協力が必要であるという。以前から武生新に隣接する第三セクターの駐車場70台のスペースの提供を受けている。パークアンドライド駐車場は基本的には福井鉄道利用者を対象に無料で提供されているが、浅水駅の場合は県が道路事業として駐車場45台分を整備したものの、民間の有料駐車場とのバランスから有料となっている。

設備投資の31億円については輸送高度化事業費補助として3分の1が国からの補助金、残りを福井県が支出することになる。

ところで、このスキームの最大の特徴は上下分離ではなく、土地の保有のみを自治体に移転するところにある。鉄道資産はたいてい次第に資産価値が低減し、いずれ取り替えなければならない。ただし、土地については資産価値の増減はあるものの、将来の取り替え費用は必要ない。鉄道資産を自治体に移転する場合、将来の費用負担が生じない土地だけに限定するのは、自治体にとって取り組みやすい。

福井鉄道の場合の土地の譲渡代金は12億円で、沿線3市が分担して支払い、3市の行政区画に属する鉄道用地がそれぞれの市の保有となる。なお、3市の負担額は、福井市3億4650万円、鯖江市4億3350万円、越前市4億2000万円である。福井鉄道に対しては無償で貸与する。

これとは別に沿線3市は維持修繕費として10年間にわたって1年に1億2000万円、総額12億円を支出することになっている。この補助金支出が適正に使われているかを監視する監視委員会を設置した。

鉄道再構築事業を終える2018年3月には鉄軌道事業の年間輸送人員を現在の160万人から2割増しの200万人にまで増やし、補助金を受け入れたうえで収支を均衡させることを目指した。

「鉄道事業再構築事業」の実例② 北近畿タンゴ鉄道

運営主体となる会社を公募

北近畿タンゴ鉄道を運営する京都府は２０１３年10月31日に上下分離による鉄道事業再構築に向けて運営主体となる民間運行会社を募集した。

京阪神の大都市に近接するものの、自然豊かな沿線風景が広がり、多くの行楽客を集める観光路線である。大阪や京都からＪＲ直通の特急列車が運行し、宮福線では時速１３０㎞の高速運転を行っているのも特徴である。しかし、大都市の至近距離であることが仇《あだ》となって、モータリゼーションの影響も大きく、旅客数の減少による経営の悪化が著しい。

同社の１９９３年度の年間利用者数は３０３万人であったが、２０１１年度にはその３分の２の１９４万人にまで減少してしまった。この間、沿線人口の減少が続くとともに、舞鶴自動車道（現・舞鶴若狭《わかさ》自動車道）の開通により、市場環境が厳しさを増していった。２０１０年6月から1年間実施された高速道路無料化社会実験の影響も大きかった。

２０１０年に実施された第5回近畿圏パーソントリップ調査では、域外からの利用交通機関として鉄道利用が10％を超えるものの、沿線内での移動には7割が自動車を使っていて、鉄道は１・２％とわずかであった。生活交通として鉄道はマイナーな存在になってしまった。

２００６年度の旅客数１９４万人を底にわずかばかり増加したが、その中身は２００７年の無記名定期券や定期券特急回数券の発売による定期旅客の増加が貢献したものであった。２００７年度には瞬間的に営業収益が増加したが、その後は旅客運輸収入は減少傾向をたどった。

２００８年度の営業収益は13億８０００万円ほどあったのが、翌年度には12億８０００万円に減り、その後減収が続いて２０１２年度は約11億円の収益である。

それに対し、２００８年度は営業費が21億２０００万円で差し引き7億４０００万円の赤字、２０１０年度は営業費が19億２０００万円で赤字は7億９０００万円、２０１２年度は営業費が19億７０００万円で赤字は8億７０００万円と推移している。

宮津線83・6㎞、宮福線30・4㎞の2路線１１４㎞の路線キロを持ち、宮津線（天橋立－豊岡間）は普通列車37本、特急10本、宮福線（福知山－宮津間）は普通列車34本、特急19本と運行本数も多いうえに特急を運行している。事業規模が大きいのと、高速運転のためにコストもかさ

北近畿タンゴ鉄道の「タンゴエクスプローラー」（2006年）

ばり、赤字額が7億～8億円と、ほかの第三セクターに比べて大きい。

なお、同社は運輸収益に占める運輸雑収の比率が大きいが、これはＪＲ西日本に直通する特急車両の車両使用料である。

また、宮津線は旧国鉄からの引き継ぎ路線であり、施設の老朽化が進んでいるために経営が厳しいなかでも大規模な近代化工事をしなければならないという事情がある。２００4年から5年間の計画で緊急保全整備事業によって施設の近代化と保安設備の整備を実施したが、２００７年度からは経営活性化５カ年計画による再生計画事業が加わった。同時に、２００4年の台風23号による豪雨災害を受けて「河川激甚災害対策特別緊急事業」を実施するなど毎年2億～3億円の設備投資を続けた。２００７年から「経営活性化５カ年計画」を実施したが、その計画設備投資額は最大8億円を超える巨額なものとなった。ただし、「タンゴエクスプローラー」（2両3編成）は20年以上の経年車であるために取り替えが計画されたが、２０１３年3月15日を最後に定期運行から外されたものの、長く放置され、新車の導入はなかった。

また、２００６年9月13日には福知山駅付近連続立体交差事業の北近畿タンゴ鉄道部分の工事に着手し、２００９年2月28日に完成させた。

「保有」と「運行」を分離した新しいスタイル

北近畿タンゴ鉄道には自治体が北近畿タンゴ鉄道経営対策基金を設置し、経常赤字額を補塡してきた。しかし、２０００年度に基金が枯渇したため、京都府、兵庫県と沿線市町は毎年前年度の経常損失額に対して基金に拠出し、基金から会社に支給された。２００９年度からは当年度の経常赤字の見込み額を支援することに変わり、２０１２年度からは各自治体から直接会社に交付することになる。

路線網の大半が京都府側にあるため、兵庫県は経営支援に消極的である。もともと経営対策基金への負担は設備、施設の維持のための補助であったとして、２００９年度以降の負担額を１０００万円に抑えることを表明した。また、沿線市町のなかにも鉄道維持に対する関心度

図表62　北近畿タンゴ鉄道の上下分離方式

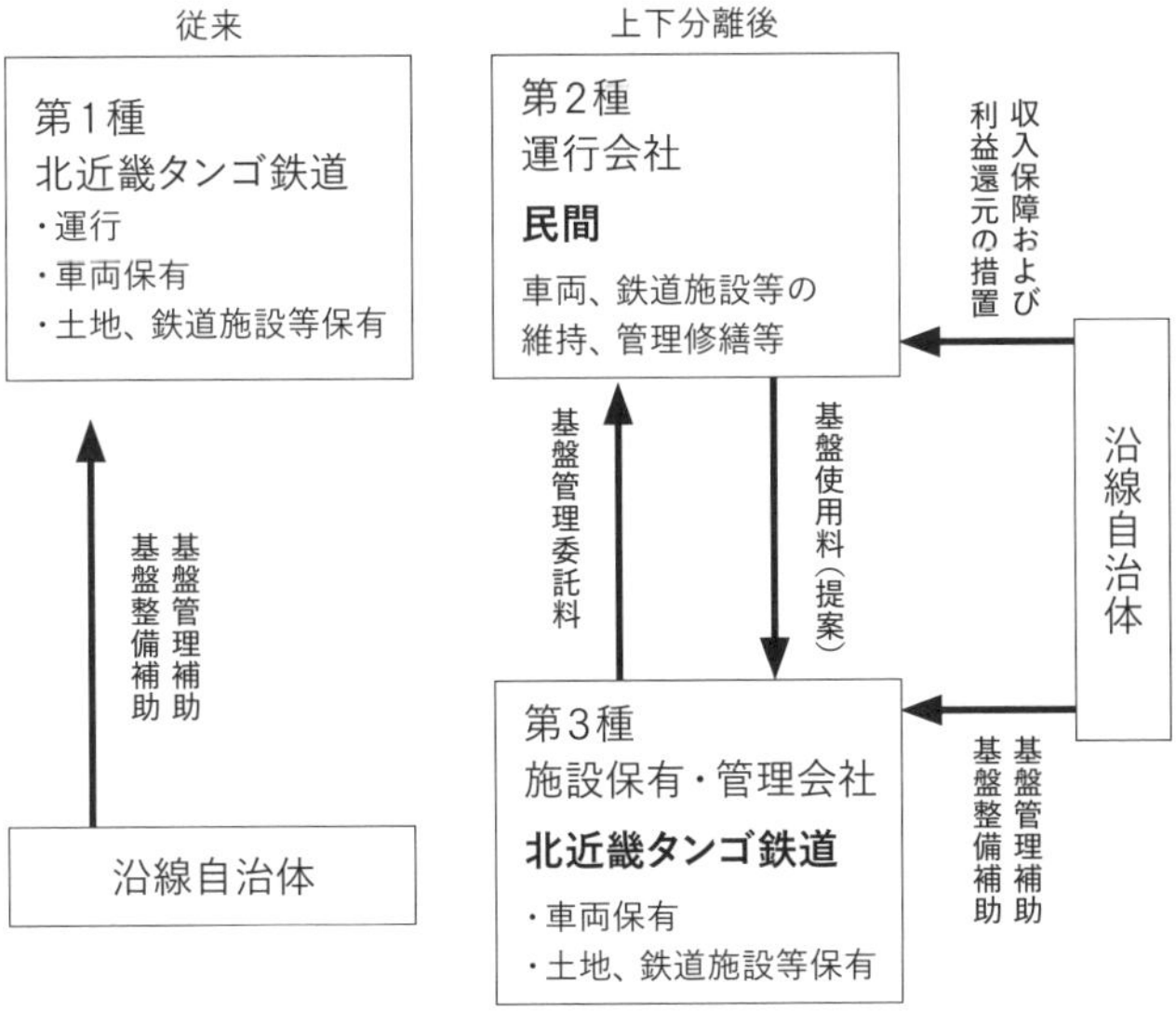

出典：京都府提供資料

のバラつきが見られるようになっている。

ちなみに、２００９年度に基金から支出された金額は６億４８００万円であった。これとは別に設備投資に対して１億４４４２万円の補助金を交付している。

このような厳しい経営環境のなかで、２０１１年４月８日に京都府、兵庫県などは北近畿タンゴ鉄道の再生策について検討するために「北部地域総合公共交通検討会」を設置した。座長は神戸大学副学長の正司健一《しょうじけんいち》教授である。検討会のメンバーは、北近畿タンゴ鉄道、ＪＲ西日本、阪急と沿線自治体などである。

２０１２年９月11日の第５回検討会で中間とりまとめが了承されたが、そのなかで「速やかに改善、２０１２年度内着手」の事項として支援スキームの見直しが挙げられた。

これは「鉄道事業の運行（輸送関係）部分と安全運行に必要な基盤（設備関係）部分を峻別《しゅんべつ》し、基盤部分への国庫補助拡大が期待される、いわゆる上下分離の検討を進める。同時に経営責任が明確になる体制を検討する（所有と経営の分離）」というもの。「上下分離の上（運行部分）は運輸収入で自立的に収支バランスが取れる仕組みとし、下（基盤部分）は国及び自治体の支援により整備を行うことを基本に検討を進める」とした。

これにもとづき、運行主体となる民間事業者が募集されることになった。応募書類の提出期限は２０１４年１月８日で、１月中旬以降に提案書とプレゼンテーションによって審査、選考し、まず最適提案事業者が決定するという段取りであった。２０１４年５月に運行業務を担当する最適提案事業者にWILLER ALLIANCEを選定した。WILLERは同年7月に子会社のWILLER TRAINを設立し、翌年4月にWILLER TRAINが運行する京都丹後鉄道の営業を開始した。

京都府は自治体で構成される第三セクターは鉄道経営に適していないと考え、専門的な知見を持つ民間企業に経営を任せようという発想である。

上下分離による鉄道事業再構築事業というと、鉄道事業用の施設と土地を沿線市町村に譲渡し、既存事業者は引き続き運行事業者として運行を担当するケースが多い。施設と土地を自治体が取得する費用を国が支援するというところに特徴がある。

しかし、北近畿タンゴ鉄道の場合はインフラ部を既存事業者に残し、運行事業を別の民間事業者に譲渡するというものである。このタイプの上下分離は養老鉄道と伊賀鉄道に例がある。いずれも近鉄のローカル線を上下分離し、運行は新設した第三セクターに移管した。

上下分離は、運営側が少なくとも黒字化可能となることで、経営の効率化のインセンティブが働くところに利点がある。運営側が黒字化するにはインフラ分にかかる費用は運行側が負担できない場合がありうるが、その場合、従前どおりに沿線自治体がインフラ経費を負担しなければならないであろう。経営が効率化する分、自治体の負担が減る可能性があることに期待しているのかもしれない。

第6章　令和時代のローカル線が生き残る方策

自然災害の激甚化と鉄道

近年、自然災害が激甚化して鉄道の被害が大きくなった。川では橋桁が流され、道床が流失し、復旧に巨額な資金と年月を要するケースが増えている。

地球温暖化が原因とされ、温暖化物質の排出抑制が続いているものの、現在の異常気象は過去の温暖化の結果であり、すぐにどうなるものでもない。

将来のさらなる異常気象を食い止めなければ、将来世代が大きな被害を受けることになるが、人間とは将来のことより現在の問題に大きな評価をするもので、一般の人たちの環境への意識はまだ低いといわざるをえない。また、企業も同様で積極的に環境問題に取り組む企業がある一方で、生産効率を高め、利益を向上することが大事で、環境問題に関心がない企業も多い。国はモーダルシフト政策で内航海運と鉄道への貨物のシフトを求めるが、民間企業が生産効率に大きな評価軸を置くと、環境問題になかなか余分な費用を投入するメカニズムにはならない。

東日本大震災の鉄道への被害

2011年3月11日に三陸沖から福島沖までの震源が一度に動く大規模な連動地震が発生した。海底を震源とする地震のエネルギーで、10mを超える津波が三陸から房総までの広範囲を襲った。津波は海岸からはるか内陸まで達し、多くのものを流し去った。常磐線の新地《しんち》駅や仙石《せんせき》線の高城町《たかぎまち》駅では電車が、気仙沼線と大船渡線では気動車が流された。

これにより、東北地方の鉄道路線は麻痺《まひ》状態となった。幹線ばかりでなく、ローカル線がすべて運行を停止し、すべてが復旧するのは2019年の山田線であった。

山田線は、JR東日本は地元に対してBRTへの転換を示していたが、地元の抵抗は強く、最終的にJR東日本が自己資金140億円と国からの復興交付金70億円で復旧し、施設を三陸鉄道と沿線4市町に無償で譲渡し、経営を三陸鉄道に移管することになった。JR東日本は復旧後、5年間の損失など30億円の負担を約束した。

復旧工事は2015年3月7日に着手し、2019年3月23日に三陸鉄道の路線として運転を再開した。これにより、北リアス線と南リアス線がつながったため、全線を統一してリアス線と名づけられた。

地域公共交通活性化再生法にもとづき、鉄道事業再構築事業計画が国に提出されて認可を得たことで、自治体の負担に対して交付税措置が講じられた。

震災直後の東北の鉄道の運行状況は、3月13日18時現在、運行中は、津軽鉄道、十和田観光電鉄、由利高原鉄道、羽越本線の酒田以南、会津鉄道と運行を再開した福島交通の飯坂線くらいであった。弘南鉄道の場合は停電での運休である。新幹線は全線全区間で運休中であり、一ノ関近辺、福島－仙台間での高架橋の被害が大きい。

3月14日10時現在、羽越本線と奥羽本線の酒田－弘前間が運転を再開。酒田以南は被災していなかったため、新潟経由で首都圏への鉄道ルートができた。

また、午後から奥羽本線の弘前－青森間が運行再開。そのほかにも津軽線の蟹田－青森間、秋田内陸縦貫鉄道、弘南鉄道が運行していた。津軽海峡線も止まり、上野と札幌を結ぶ寝台特急「カシオペア」と「北斗星《ほくとせい》」は震災の日の深夜発から運行を停止した。

3月15日10時現在、津軽線の青森－蟹田間と男鹿線が運行を再開。弘南電鉄、青い森鉄道の青森－浅虫温泉間、秋田内陸縦貫鉄道が運行を再開した。そのほかに野岩鉄道が計画停電によって運行を中止した。

3月16日10時現在、田沢湖線の赤淵－盛岡間、東北本線の花巻－盛岡間、奥羽本線の横堀《よこぼり》－秋田間で運行を再開。三陸鉄道の北リアス線が久慈－陸中野田《のだ》間で復旧支援列車を無料で運行。IGRいわて鉄道も盛岡－いわて沼宮内《ぬまくない》間で運行を再開した。津軽鉄道では、備蓄している燃料が少なくなったため、減便運転となった。

3月17日10時現在、青い森鉄道の青森－目時《めとき》間の全線が復旧、東北本線の北上－花巻間、津軽線の蟹田－三厩間と津軽海峡線で運行を再開した。この日はIGRいわて銀河鉄道も盛岡－目時間の全線が復旧し、これで東北本線は北上以北の区間のすべてで運行を再開したことになる。また、羽越本線、奥羽本線経由で北海道への鉄道

図表63　東日本大震災直後の津軽鉄道の時刻表

【平成23年　3月16日以降】　**津軽鉄道各駅発車時刻表**　【△印は日・祝運休。☆印はストーブ列車】

JR弘前駅発				5:53		6:34		*9:06 9:35		11:14	13:10		*14:37	*16:12 16:54	17:56	19:13
JR青森駅発						6:09		*8:21 9:07		10:36	12:45		*13:54	*15:29 16:34	17:20	18:33
JR五所川原駅着時刻	鰺ケ沢方面行			6:40		7:20		*9:44 10:23		12:02	13:55		*15:14	*16:49 17:40	18:41	19:52
	弘前方面行			6:37		8:03		9:41	11:27	*12:07	13:16	*15:00	16:11	*17:43	18:44	19:55

下り 津軽中里行	駅名＼列車番号	51	53	1	251	3	151	5	153	7	155	9	11	13	15	17
	津軽五所川原	金木駅始発	6:14	7:08	金木駅始発	8:15	☆9:25	運休	☆11:40	運休	☆14:10	運休	16:40	運休	18:50	20:00
	十川		↓	7:10		8:17	☆9:28		☆11:43		☆14:13		16:42		18:52	20:02
	五農校前		↓	7:14		8:21	☆9:33		☆11:48		☆14:18		16:46		18:56	20:06
	津軽飯詰		6:20	7:16		8:24	☆9:36		☆11:51		☆14:21		16:48		18:58	20:08
	毘沙門		↓	7:21		8:28	↓		↓		↓		16:53		19:03	20:13
	嘉瀬		6:26	7:25		8:32	☆9:45		☆12:00		☆14:30		16:57		19:07	20:17
	金木【着時刻】		6:30	7:29		8:36	☆9:50		☆12:05		☆14:35		17:01		19:11	20:21
	金木【発時刻】	5:50	6:34	7:32	△8:12	金木止り 運休	☆9:55		☆12:10		☆14:40		17:04		19:14	20:24
	芦野公園	5:52	6:36	7:35	△8:14		☆9:58		☆12:13		☆14:43		17:07		19:17	20:27
	川倉	↓	↓	7:37	↓		☆10:02		☆12:17		☆14:47		17:09		19:19	20:29
	大沢内	5:57	6:41	7:41	△8:19		☆10:05		☆12:20		☆14:50		17:13		19:23	20:33
	深郷田	↓	↓	7:43	↓		☆10:08		☆12:23		☆14:53		17:15		19:25	20:35
	津軽中里	6:01	6:45	7:46	△8:23		☆10:12		☆12:27		☆14:57		17:18		19:28	20:38

上り 津軽五所川原行	駅名＼列車番号	2	4	202	6	8	152	10	154	12	156	14	16	52	54	56
	津軽中里	6:18	7:16	△7:52	8:30	運休	☆10:35	運休	☆12:50	運休	☆15:16	運休	17:58	運休	20:11	20:45
	深郷田	6:21	7:19	△7:55	8:33		☆10:38		☆12:54		☆15:19		18:01		↓	↓
	大沢内	6:23	7:21	△7:57	8:35		☆10:41		☆12:57		☆15:22		18:03		20:15	20:49
	川倉	6:26	7:24	△8:00	8:38		☆10:45		☆13:00		☆15:26		18:06		↓	↓
	芦野公園	6:29	7:27	△8:03	8:41		☆10:48		☆13:04		☆15:29		18:09		20:19	20:53
	金木【着時刻】	6:32	7:30	△8:06	8:44		☆10:51		☆13:07		☆15:32		18:12		20:22	20:56
	金木【発時刻】	6:35	7:33	金木駅止り	8:46		☆10:55		☆13:12		☆15:37		18:15		20:25	金木駅止り
	嘉瀬	6:39	7:37		8:50		☆11:00		☆13:17		☆15:42		18:19		20:28	
	毘沙門	6:42	7:41		8:54		↓		↓		↓		18:22		↓	
	津軽飯詰	6:47	7:45		8:58		☆11:09		☆13:26		☆15:51		18:27		20:35	
	五農校前	6:49	7:48		9:01		☆11:12		☆13:29		☆15:54		18:29		20:38	
	十川	6:52	7:51		9:04		☆11:16		☆13:33		☆15:59		18:32		20:41	
	津軽五所川原	6:55	7:54		9:06		☆11:20		☆13:37		☆16:02		18:35		20:43	
JR五所川原駅発時刻	弘前方面行	7:33	8:06		9:45		11:28 *12:08	13:17		*15:16	16:12	*17:44	18:45	19:56	22:01	
	鰺ケ沢方面行		8:04		*9:45	10:24	12:08		13:56	*15:15	*16:50	17:44	18:46	19:56 20:34	22:01	
JR弘前駅着		8:19	8:58		10:34		12:15 *12:47	14:06		*15:55	17:04	*18:23	19:32	20:45	22:47	
JR新青森駅着		8:49	9:22		10:58		13:34 *13:25	15:12		*16:47	17:23	*19:12	19:48	21:35		
JR新青森 新幹線 発時刻			9:42		11:42		13:42	15:42		17:12	17:33	19:33	20:39	21:44		
JR青森駅着		8:56	9:34		11:08		13:49 *13:35	15:18		16:55	17:33	18:55 *19:19	19:58	21:44		

お問い合せ
津軽五所川原駅　35、7743
金木駅　53、2056
運転室　35、8844
津軽中里駅　57、2050
JR五所川原駅　34、5366

・この時刻表は平成23年3月末までの時刻表です。
・☆印は、ストーブ列車ですが、ワンマン車で牽引いたします。
・JR線の＊印は「リゾートしらかみ」の時刻です。運転日等はJR駅窓口へお問い合わせ下さい。（運転日注意・全席指定）
・JR線は接続列車の時刻を抜粋しています。これ以外の列車については、JR駅窓口へお問合せ下さい。
・今後の運行を維持するため運転本数を少なくし、軽油の消費量を調整させていただく事になりました。
お客様には大変ご迷惑をご不便をおかけいたしますが、ご理解とご協力をお願いいたします。

津軽鉄道株式会社
本社　0173−34−2148

出典：当時の津軽鉄道ホームページ

ルートも開かれた。そのほか、大湊線も運転を再開したが、青い森鉄道への直通運転は休止となった。

3月18日10時現在、東北新幹線の東京側では那須塩原まで運転を再開。1時間に2本のペースで運転した。これに合わせて野岩鉄道の駅から那須塩原までバスで連絡して会津若松から東京までの最速ルートが設定された。このほか、五能線の川部－鰺ケ沢間と岩館《いわだて》－東能代間、田沢湖線の赤渕－大曲間、米坂線の坂町《さかまち》－小国《おぐに》間が復旧。18時現在、花輪線の荒屋新町《あらやしんまち》－好摩間と八戸線の八戸－鮫《さめ》間で運転を再開した。

3月19日10時現在、花輪線、五能線、北上線の北上－ほっとゆだ間を復旧。岩泉線代行バスが宮古まで運転を開始した。

3月20日10時現在、北上線、奥羽本線の秋田－院内《いんない》間、東北本線の一ノ関－北上間、米坂線の小国－米沢間、奥羽本線の米沢－北山形間の運転を再開。山形鉄道も復旧した。なお、秋田内陸縦貫鉄道では燃料不足から19日から21日まで運休している。

3月20日には常磐線も取手－土浦《つちうら》間で普通列車のみ運転を再開した。水戸支社管内の常磐線、水戸線、水郡線では全線不通。とくに福島第一原発での事故により、常磐線の全線開通は2022年3月24日までかかった。

図表64　東日本大震災直後の三陸鉄道と代行バスの時刻表

三陸鉄道北リアス線時刻表 (平成23年4月23日から当分の間)

《上り》 久慈から宮古方面

三陸鉄道	列車番号・便名			52D	54D	56D	58D	60D	62D
	行先			陸中野田	陸中野田	陸中野田	陸中野田	陸中野田	陸中野田
	久慈	発		7:00	8:10	12:00	16:20	18:20	19:35
	陸中宇部	発		7:12	8:22	12:12	16:32	18:32	19:47
	陸中野田	着		7:17	8:27	12:17	16:37	18:37	19:52

岩手県北バス（土日祝は運休）	臨時バス(行き先)		小本駅	小本駅	小本駅	小本駅	小本駅	小本駅	小本駅
	陸中野田駅	発	5:40	7:40			16:40	18:40	
	玉川(マリンローズ入口GS)	発	5:46	7:46			16:46	18:46	
	堀内(村尾商店前)	発	5:53	7:53			16:53	18:53	
	白井(村営バス停)	発	5:57	7:57			16:57	18:57	
	普代駅	発	6:03	8:03			17:03	19:03	
	沼袋(尾肝要産直)	発	6:18	8:18			17:18	19:18	
	田野畑(高校前)	発	6:30	8:30			17:30	19:30	
	大芦(村営バス停)	発	6:38	8:38			17:38	19:38	
	小本駅	着	6:50	8:50			17:50	19:50	

三陸鉄道	列車番号・便名		12D	14D	16D	18D			
	行先		宮古	宮古	宮古	宮古			
	小本	発	7:00	9:00	15:15	17:05			
	摂待	発	7:06	9:06	15:21	17:11			
	田老	発	7:20	9:20	15:35	17:25			
	佐羽根	発	7:26	9:26	15:41	17:31			
	一の渡	発	7:31	9:31	15:46	17:36			
	山口団地	発	7:38	9:38	15:53	17:43			
	宮古	着	7:42	9:42	15:57	17:47			

《下り》 宮古から久慈方面》

三陸鉄道	列車番号・便名				11D	13D		15D	17D
	行先				小本	小本		小本	小本
	宮古	発			8:05	12:00		16:10	18:20
	山口団地	発			8:09	12:04		16:14	18:24
	一の渡	発			8:16	12:11		16:21	18:31
	佐羽根	発			8:21	12:16		16:26	18:36
	田老	発			8:28	12:23		16:33	18:43
	摂待	発			8:42	12:37		16:47	18:57
	小本	着			8:47	12:42		16:52	19:02

岩手県北バス（土日祝は運休）	臨時バス(行き先)		陸中野田駅	陸中野田駅				陸中野田駅	陸中野田駅
	小本駅	発	6:10	7:25				17:00	19:05
	大芦(村営バス停)	発	6:22	7:37				17:12	19:17
	田野畑(高校前)	発	6:30	7:45				17:20	19:25
	沼袋(尾肝要産直)	発	6:42	7:57				17:32	19:37
	普代駅	発	6:57	8:12				17:47	19:52
	白井(村営バス停)	発	7:03	8:18				17:53	19:58
	堀内(村尾商店前)	発	7:07	8:22				17:57	20:02
	玉川(マリンローズ入口GS)	発	7:14	8:29				18:04	20:09
	陸中野田駅	着	7:20	8:35				18:10	20:15

三陸鉄道	列車番号・便名		51D	53D		55D	57D	59D	61D
	行先		久慈	久慈		久慈	久慈	久慈	久慈
	陸中野田	発	7:30	8:45		12:30	17:00	19:00	20:20
	陸中宇部	発	7:35	8:50		12:35	17:05	19:05	20:25
	久慈	着	7:47	9:02		12:47	17:17	19:17	20:37

三陸鉄道

出典：当時の三陸鉄道ホームページ

図表65　東日本大震災直後の石巻線、気仙沼線代行バスの時刻表

【JR臨時代行バス　柳津・陸前豊里駅～涌谷駅(小牛田)線】

運行期間　平成23年4月9日(土)～

柳津・陸前豊里駅 ⇒ 涌谷駅 行き

便名／駅名	302便	202便	304便	204便	306便	206便	308便	208便	310便	210便
柳津	6:10		9:10		14:40		17:40		20:10	
陸前豊里	◆	6:10	◆	9:10	◆	14:40	◆	17:40	◆	20:10
のの岳	◆	6:25	◆	9:25	◆	14:55	◆	17:55	◆	20:25
和渕	6:38	◆	9:38	◆	15:08	◆	18:08	◆	20:38	◆
前谷地	6:44	6:40	9:44	9:40	15:14	15:10	18:14	18:10	20:44	20:40
涌谷	7:00	6:56	10:00	9:56	15:30	15:26	18:30	18:26	21:00	20:56
上涌谷									21:10	21:06
小牛田									21:21	21:17

◆印は、駅を通りません

涌谷駅 ⇒ 柳津・陸前豊里 行き

便名／駅名	301便	201便	303便	203便	305便	205便	307便	207便		
涌谷	7:30	7:30	13:35	13:35	15:50	15:50	18:50	18:50		
前谷地	7:44	7:44	13:49	13:49	16:04	16:04	19:04	19:04		
和渕	7:50	◆	13:55	◆	16:10	◆	19:10	◆		
のの岳	◆	7:59	◆	14:04	◆	16:19	◆	19:19		
陸前豊里	◆	8:16	◆	14:21	◆	16:36	◆	19:36		
柳津	8:20		14:25		16:40		19:40			

◆印は、駅を通りません

※石巻線代行バスの乗換えは涌谷駅・前谷地駅になります。（乗換える場合は、バス時刻をご確認ください）

※ご乗車の際は、あらかじめJR線のきっぷをお買い求めください。(定期券でもご利用いただけます。)

※Suica(スイカ)等のIC乗車券類は定期券のみご利用いただけます。

※各便1台（定員50名程度）での運行となります。

※道路事情等により、遅れが発生しますのでご注意ください。

JR臨時代行バス路線図（停車駅）

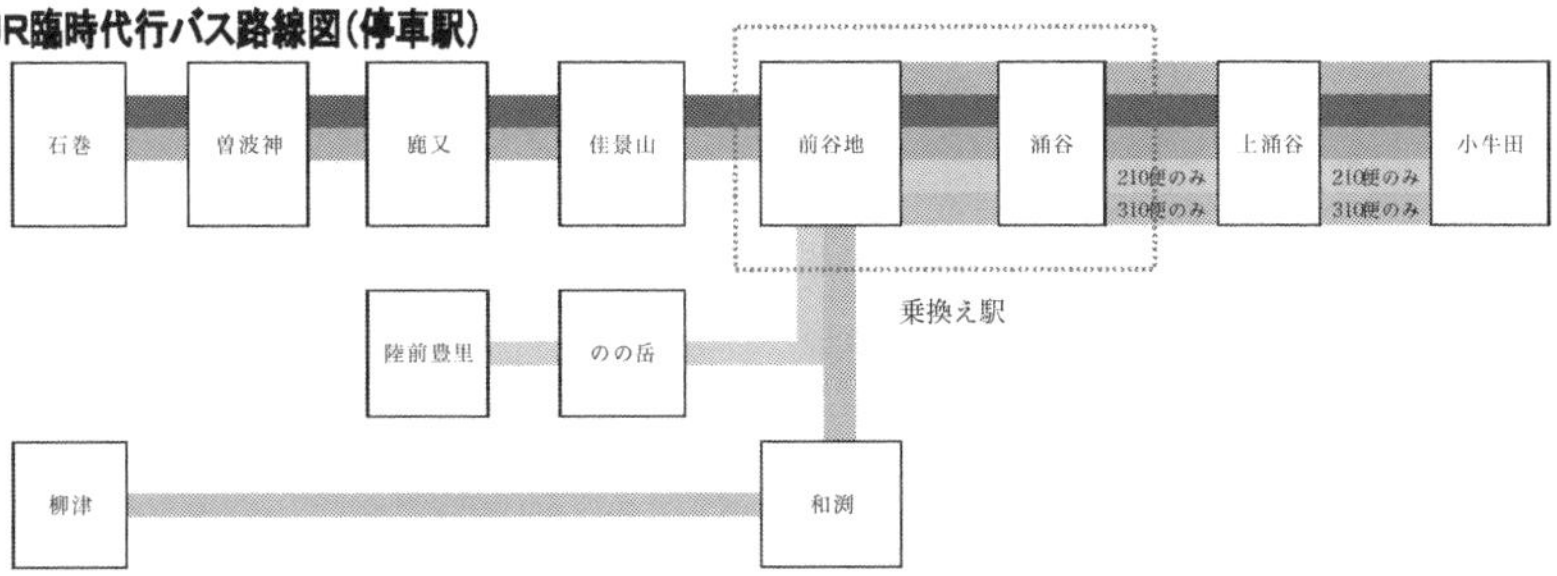

出典：当時のJR東日本ホームページ

図表66　東日本大震災直後の阿武隈急行と代行バスの時刻表

乗り継ぎバスのご案内

～路線バスの発着時刻について～

平成23年　4月　4日

当駅からの福島方面への乗り継ぎバス（平日ダイヤ）の時刻表は次の通りです。

（上り）

記

	阿武隈急行			福島交通路線バス				
	梁川駅発	保原駅着		保原駅発		福島駅着	保原2丁目発（駅から徒歩10分）	福島駅着
				伊達経由福島駅東口行き	月の輪経由福島駅東口行き	福島駅東口着	月の輪経由福島駅東口行き	福島駅東口着
1便	6:30	6:40	☞	6:48		7:33	7:02	7:43
2便	7:00	7:10	☞		7:18	7:59		
				7:22		8:12		
3便	7:20	7:30	☞		7:43	8:24		
4便	7:50	8:00	☞	8:10		8:55	8:10	8:43
5便	8:20	8:30	☞		8:44	9:18	8:57	9:30

福島方面から保原駅までの乗り継ぎバス（平日ダイヤ）の時刻表は次の通りです

（下り）

福島交通路線バス			
	保原駅着		
福島駅発	上ヶ戸経由掛田行（駅）	月の輪経由保原行（駅）	月の輪経由梁川行（2町目）
15:30	16:12		
15:40			16:13
16:05		16:40	
17:00		17:35	
17:10	17:52		
17:30		18:05	
17:50			18:23
18:00	18:42		
18:35			19:08
19:15	19:57		
19:20		19:55	

☞

阿武隈急行	
保原駅発	梁川駅着
17:27	17:39
17:57	18:09
18:27	18:39
18:57	19:09
19:27	19:39
20:10	20:19

詳しくは、阿武隈急行株式会社営業企画部までお問い合わせください。

阿武隈急行株式会社　営業企画部　024（577）7132（代）

出典：当時の阿武隈急行ホームページ

　3月22日には、東北新幹線は一ノ関での高架橋の橋脚の損壊で復旧が遅れ、一ノ関－盛岡間の運行再開は4月7日となった。23日に奥羽本線の北山形－新庄《しんじょう》間が復旧し、米沢－新庄間の折り返し列車を14往復運転する暫定ダイヤが開始された。また、今後の復旧予定も発表となったが、3月中の再開予定は、東北本線の郡山－本宮《もとみや》間、仙石線のあおば通《どおり》－小鶴新田《こづるしんでん》間、奥羽本線の新庄－院内間、左沢線の山形－左沢間、磐越西線の郡山－会津若松間。4月上旬の再開予定は、東北本線の岩沼《いわぬま》－利府《りふ》間、仙山線の仙台－愛子《あやし》間と山寺《やまでら》－山形間、奥羽本線の福島－米沢間、陸羽西《りくうさい》線の新庄－余目《あまるめ》間、八戸線の鮫－階上間であった。

　3月24日には、左沢線の北山形－左沢間が3月28日、奥羽本線の新庄－院内間が3月27日、仙石線のあおば通－小鶴新田間が3月28日に運転を再開することが発表された。

　なお、4月7日の余震で再び被災した路線があった。

BRT化で鉄路復活を断念した気仙沼線と大船渡線

東日本大震災では東北地方の各地で鉄道が被災したが、そのなかでも三陸海岸沿いの各線の被害は大きかった。気仙沼線は早々とＢＲＴでの運行を再開したが、鉄道での復旧を希望した大船渡線と山田線はＪＲ東日本と地元自治体の長い交渉が続いた。

　気仙沼線は柳津までは鉄道の運行を復活したが、柳津－気仙沼間については２０１２年８月からＢＲＴを暫定運行、12月からは本格運行に移行した。ＢＲＴは本来は大都市で導入される交通システムであるが、日本では部分的でも専用道を使うバスを指す用語として定着しつつある。

　２０１５年６月からは石巻線との分岐駅である前谷地まで運行区間を延伸し、前谷地－柳津間は鉄道とバスを併用して運行している。鉄道時代に比べて所要時間は延びたが、運行本数が増え、また、街中の停留所での乗降ができるようになって利便性は向上した。その後も鉄道事業の許可は保持していたが、柳津－気仙沼間はついに２０２０年４月１日に鉄道事業を廃止した。これにより、鉄道での復活はなくなった。

　線路敷は一部舗装されて専用道となったが、維持コストがかかる線路に比べると、費用が大幅に削減されることになった。また、直接維持、管理費用を負担しない一般道路を使うのも省コストを実現する大きな要素である。

気仙沼線のBRT（2012年）＊

大船渡線のBRTに対応した盛駅構内（2013年）＊

最後に岩手県内の大船渡線・気仙沼－盛間と山田線・宮古－釜石間が残ったが、大船渡線は2013年3月2日に仮復旧としてBRTでの運行を開始した。あくまでも鉄道の復旧を前提としたBRTの暫定運行であったが、地元との協議の結果、大船渡線も2020年4月1日に鉄道事業を廃止した。

相次ぐ台風と豪雨による長期運休
――日田彦山線の事例

5年以上にわたる運休

利用が少ないローカル線は多くが海岸沿いや山間地など災害を受けやすい場所を走っている。

2023年1月1日時点で災害が原因で運休している路線は、JR北海道1路線、JR東日本5路線、JR九州3路線、第三セクター3路線、地方私鉄1路線である。なかにはJR九州の日田彦山線のように鉄道をBRTに転換することが決定している路線や、JR北海道の根室本線のように廃止が検討されている路線もある。

日田彦山線は福岡県の城野《じょうの》から大分県の夜明までの路線である。もともと久大本線の豊後森や由布院《ゆふいん》と小倉を結ぶ幹線に準ずる路線であったが、小倉で新幹線に接続するメリットの低下、対福岡市の流動の増加、日豊本線の高速化などで役割が低下していった。

また、沿線の東峰《とうほう》村にはかつて宝珠山《ほうしゅやま》炭鉱があり、日田彦山線で小倉まで石炭を運んでいたが、これもいまはない。

昔から日田彦山線は久大本線と併せて豪雨被害が頻発

していた路線である。

　たとえば、2012年7月25日の九州地方での豪雨で久大本線の夜明－日田間と日田彦山線の添田－夜明間までが被災。日田彦山線は27日から運転を再開したものの、久大本線の全線復旧はめどが立たなかった。

　2017年7月6日の豪雨では彦山川《ひこさんがわ》にかかる橋が流失して日田彦山線の添田－夜明間は終日運休となった。それ以降、現在も運行は再開していない。

　沿線の道路も同時に被災したため、完全に交通が途絶してしまったが、7月31日には添田－夜明間で代行バスの運行を開始した。途中の駅には寄らない直行バスで、1日4往復した。その後、8月16日に添田－大行司《だいぎょうじ》間4往復、添田－彦山間下り5便、上り6便の運行を開始し、不通区間全線で代行バスが利用できるようになる。直行バス4往復も運行を継続した。

日田彦山線（2010年）＊

　JR九州は被災箇所を調査した結果、63カ所に上ることが判明。10月25日にJR九州は添田町に状況を説明したが、町長は「まず全線復旧を第一に考え、早急に取り組んでいただきたい」と要望した。さらに、「添田にとって日田彦山線は町民の生活必需路線として、また、英《ひ》彦山《こさん》を生かす観光戦略路線として重要であり、町づくりに必要不可欠」（『朝日新聞』2017年10月26日）と発言したが、JR九州からは今後の方針に関する言及はなかった。また、JR九州は復旧費用を約70億円と見込み、単独での復旧は難しいため、年内にも関係自治体などとの協議を行いたいとした。
　JR九州の青柳俊彦《あおやぎとしひこ》社長（現・会長）は従来、日田彦山線の復旧は「白紙の状態」としていたが、2018年2月28日の記者会見で、「鉄道での復旧を前提条件としたい」と論調を変えた。これは地元自治体が「JRが態度を変えないと協議の場につけない」としていたからである。福岡県の小川洋《おがわひろし》知事（当時）は3月5日にすでにJR九州と協議に入っていることを明らかにした。
　4月にはJR九州の青柳社長と県知事、沿線自治体の長で日田彦山線の復旧に関するトップによる復旧会議を開催。5月15日にはその事務者レベルの会議が大分市で開かれた。ここではJR九州が見積もる復旧費70億円について福岡県と大分県から軽減策が提案されたが、その内容は、架け替えが必要な五つの橋のうち、福岡県が管理する二つは国の災害復旧事業を活用して福岡県が実施すること、大分県が管理する一つは架け替えではなく補修することで復旧することを示した。

　続いて青柳社長は7月25日の記者会見で上下分離を自治体に提案する方針をほのめかしたが、これに対する地元の反発が強く、8月27日の記者会見では上下分離にはあえて触れなかったが、仮に「鉄道維持策をめぐる自治体との議論がまとまられなければ、鉄道以外での復旧も検討する考え」を示した。バスやＢＲＴでの復旧も選択肢となることを初めて明らかにした。これについても8月31日にＪＲ九州の本社を訪ねた自治体の首長と幹部に対し、バス、ＢＲＴ転換について「ご心配をおかけした」と謝罪している。

　なお、青柳社長は6月26日の記者会見で、この年に成立した鉄道軌道整備法の改正で黒字事業者の災害復旧に対する国庫補助の道が開かれたことに触れた。これは、国費が増えると同時に自治体の負担も増えることになるため、10月17日に小川知事は国土交通省を訪れ、事務次官に、日田彦山線復旧に向けてＪＲ九州を「強く指導する」ことを求める要望書を手渡した。これに対し、事務次官は、「まずは復旧会議でしっかり議論していただきたい」とかわした。当事者同士の協議を促したかたちである。

沿線町村がＢＲＴ化を容認

　２０１８年10月25日にＪＲ九州の青柳社長は、福岡県の小川知事、大分県の広瀬《ひろせ》勝貞《かつさだ》知事とのトップ会議の冒頭で、「会議で議論していないことが公表され、住民に不安を与えた」と謝罪した。バスやＢＲＴへの転換を選択肢とすることを最初に記者会見で発表したことを指しているのだろう。そのうえで、自治体に対して鉄道の復旧費に対する財政支援を求めた。

　しかし、発表のしかたが問題であったとはいえるものの、バスやＢＲＴへの転換はＪＲ九州にとって落としどころとして認識していたようである。

　トップによる復旧会議の第3回（２０２０年4月23日）では正式に鉄道復旧案、ＢＲＴ案、路線バス案の三つの選択肢を提案した。鉄道復旧案を選択した場合は維持には年1・6億円分の収支改善が必要であるとして、自治体からの支援（年1・6億円）を条件とした。ただ、不通区間は鉄道だと約44分であるところ、バスだと約69分、ＢＲＴでも約49分と、いずれも所要時間が長くなることが問題であった。

２０１９年6月29日にはＪＲ九州は初めての住民説明会を日田市で開いたが、そこでＪＲがバス転換とＢＲＴ化を含む3案を説明したところ、一部市民のなかにＢＲＴ案を支持する意見が飛び出した。また、ＪＲが復旧計画を決めないため、河川の復旧工事にとりかかれずに困っているとして、早急の決定を求める意見もあった。日田市は最初から鉄道存続には関心が低かった。

結果的に日田市での説明会では沿線での意見の不統一が目立つことになったが、7月28日の添田町と東峰村では、それぞれの町村による住民報告会を実施し、復旧会議がＪＲにリードされているとしてＪＲに対する不満が会議を支配した。最後に町長は「鉄道で復旧すべき」と強調した。

２０１９年8月6日に大分県が開いた住民説明会で、ＪＲ九州は鉄道で復旧する場合、運行再開までに4～5年かかること、年１・6億円の損失が見込まれ、自治体に財政支援を求めた。支援がない場合にはＢＲＴかバスで運行を再開することを再度示した。

これに対し、福岡県は鉄道での復旧を要求。大分県も地元負担なしでの鉄道復旧が地元の総意であるとする。依然として温度差はあるものの、鉄道での復旧を求めた。

ただ、9月13日の添田町でのＪＲ九州による住民説明会では少数意見として「バスで早急に復旧してほしい」「ＢＲＴは初めて知った」、もっと知りたいとの意見が見られ、町長も現行のＢＲＴ計画では専用道は不通区間の3割弱しかなく、全区間専用道なら検討する余地があるとの微妙な立ち位置にあることを印象づけた。ただ、当日に会場で行ったアンケートでは、ＢＲＴ案は11人22％、バス案は4人8％に対し、財政負担つきの鉄道復旧が7人14％、財政負担なしの鉄道復旧は28人56％で、いずれにしても鉄道での復旧が大勢を占めていることはたしかであった。

しかし、その後、沿線住民の意見とは別に、自治体はＪＲが提案したＢＲＴ案に傾いていった。２０２０年2月には福岡県と沿線自治体ではＢＲＴ転換で調整が進められ、県議会でもＢＲＴ案を推す声が強まった。続いて2月12日のＪＲと自治体のトップによる第5回復旧会議ではＢＲＴを評価する意見が増え、3月の会議においてＢＲＴ案で結論を出すことが合意された。この変化は、ＪＲ九州による見返りの提供と、福岡県による地域振興のための基金の創設による効果が大きかったと考える。

2月25日の添田町でのＪＲ九州による説明会では、ＢＲＴ案に対する追加提案として次のような事項について提案があった。
◎添田駅のホームと駅舎のあいだにロータリーをつくる
◎彦山駅のホームで町営バスと乗り換えられるようにし、駅舎は観光拠点としてリニューアルする
◎専用道が道路と交差する場所に停留所を設け、町営バスと乗り換えられるようにする

3月22日の東峰村での報告会では県のBRT受け入れ案に対して住民による反発があり、住民の鉄道存続を要求する活動は強硬化した。

前年の9月に、小川知事は年度末までに決着を目指としていたが、住民の強硬な反発を受け、3月25日の福岡県議会で年度内の決着を断念することを表明するに至った。

福岡県はこのような沿線での混乱を受け、3月27日の県議会で沿線自治体の地域振興のための基金創設などを県に求める決議を原案どおりに可決した。

5月16日に小川知事は添田村を訪問して村長、村議会議長らと面会し、BRT案を受け入れざるをえないことを説明。10億円規模の地域振興基金の設置を報告した。一方で、6月2日に小川知事はJR九州に対して専用道区間の延長について要望した。

3月には日田市がBRT案受け入れを容認し、5月下旬には東峰村長、6月9日には添田町で開かれた非公開の全体協議会においてBRT案受け入れで合意したことで大勢は決まった。

6月18日に青柳社長は東峰村を訪問し、BRTを容認するとの村の意向を確認したうえで、23日の株主総会後の取締役会でBRTによる復旧方針を承認。その結果を福岡県に伝えた。そして、JR、地方自治体のトップによる復旧会議ではBRT方式で最終的に決定した。

6月24日に福岡県議会で地域を振興するための基金10億円の創設も決まった。

専用道区間は当初案では彦山－筑前岩屋《いわや》間7・9㎞であったが、福岡県は彦山－宝珠山間14・1㎞に延伸することを要求。7月16日のトップ会議でJR九州は福岡県案を受け入れることを伝え、併せて当初見込みの倍になった復旧費用約26億円の全額をJRが負担することを表明した。一方、福岡県も2カ所の鉄橋を県の事業として架け替えることになった。8月に工事に着手し、工期は約3年を予定する。

国の補助制度で復活できる路線、できない路線

鉄道の災害復旧事業費補助は、1953年に議員立法で成立した鉄道軌道補助法（元・地方鉄道軌道補助法）により、大規模な災害を受けた鉄道事業者が施行する災害復旧事業に要する費用の一部を国が補助するというもの。たびたび改正が加えられ、次第に支援制度が拡充されてきた。

たとえば、1990年7月にJR九州の豊肥本線が梅雨前線にともなう豪雨により、各地で橋梁の流失や土砂の流出で大きな被害を受けた。復旧費用が33億円と見込まれたが、JR九州が単独で負担できる額ではなかった。JR九州の営業収支は赤字ではあるが、経営安定基金の運用益で経常利益は黒字であった。そこで、自治体とともに「豊肥本線早期復旧促進協議会」を設置し、国に支援を要望した。その結果、JR九州への補助が認められるとともに、従来の補助率が国、地方ともに2割としていたのを4分の1に引き上げられる制度の変更へとつながった。

2018年6月にも議員提案によって鉄道軌道整備法が改正され、赤字会社の赤字路線に加え、激甚災害その他、とくに大規模な災害を受けた黒字会社の赤字路線に対しても補助を行うことができることになった。さらに、一定の要件を満たす場合には補助率をかさ上げすることができる制度も追加された。

従来の制度は被害を受けた事業者が過去3年間赤字または今後5年を超える赤字が見込まれること。被災路線が過去3年間赤字であることを要件とする。復旧費用が路線の年間収入の1割以上の場合にこの制度の対象となる大規模災害に該当することになる。

改正後は大規模災害を「激甚災害の指定その他これに準ずるとくに大規模の災害として国土交通省令で定めるもの」と厳格化したうえで、被災路線が過去3年間赤字であることと、事業者の赤字要件が外された。つまり、黒字会社でも補助の対象となった。ただ、復旧費用が当該路線の年間収入を超えることが必要である。

支援を受けるためには長期的な運行の確保に関する計画の作成が求められる。支援を受けて復旧しても経営が厳しく、運行を続けられなくなるような路線の場合は支援できないというのである。

この改正の内容は2016年4月1日以降に施工した災害復旧事業についても遡及適用することを示したことも過去になかったことである。近年の大規模自然災害で

肥薩線（2010年）＊

長期間運行を停止している路線が各地にあるため、それらについても遡って適用し、復旧を支援しようというのである。

補助率は国と地方が2分の1ずつ。ただし、国の補助金は地方の補助額を上限とする。

2018年6月の改正で、①災害を受けた鉄道に代わる公共交通機関の確保が困難である場合、②地方公共団体等が鉄道施設を保有する「公有民営」方式など事業構造の変更による経営改善を図る場合には、国と地方の補助率は3分の1に引き上げられる。

また、赤字事業者の赤字路線であることが要件となるが、鉄道施設の公有化による「上下分離」を導入した場合に、国と地方の補助率が2分の1ずつ、事業者負担なしという特例措置が講じられることになった。基本的に補助によって復旧された施設が公的に所有されることが必要である。さらに、地方の補助金を補助災害復旧事業債で調達する場合、その95%について普通交付税措置がとられる。第三セクター鉄道が対象となるほか、たとえば、市が復旧の事業主体となることで、民営の上田電鉄の橋梁の復旧工事が実施された。

ただ、JR九州の肥薩線については、軽減されるといってもJR九州の負担は残ることと、復旧しても非常に利用が少なく（2019年度の利用者数は、八代－人吉間1日414人、人吉－吉松間1日106人）、並行する高速道路には高速バスも運転しているため、復旧について慎重になっている。

肥薩線は熊本県から鹿児島県に抜ける唯一のJR在来線であり、歴史が古く、車窓の景観も魅力的である。観光列車が運転し、クルージングトレイン「ななつ星《ぼし》in九州」による豪華ツアーも実施されている。

同じ地域で被災した第三セクターのくま川鉄道の場合は橋梁流失や所有車両のすべてが水没するなど甚大な被害をこうむったが、補助金のほかクラウドファンディングにも頼って、すでに一部区間が運行を再開している。とくに高校生の通学利用が多いことも復旧を決断した要因になっている。

11年ぶりに復旧を果たした只見線

ＪＲ東日本の只見線は東日本大震災の直後、２０１１年７月の豪雨で３本の橋梁が流されるなど大きな被害を受け、会津川口－只見間が不通になっていた。

２０１７年６月に福島県とのあいだで復旧に関する協定を締結したことで、翌年６月から復旧工事を開始した。復旧工事は福島県（福島県と会津17市町村）が工事費の３分の２、ＪＲ東日本が３分の１を負担し、ＪＲ東日本が実施。完成後、運休中の区間は福島県に無償で譲渡され、福島県が第３種鉄道事業者して鉄道施設を保有し、ＪＲ東日本が第２種鉄道事業者として運行する取り決めであった。

只見線（2020年）＊

福島県が運休区間の維持、管理を担当し、そのための経費を負担。線路使用料を福島県に支払うことになるが、ＪＲ東日本が運休区間の経営で欠損を出さないように減免するという。

２０２２年度上半期に工事を完了し、10月１日に運行を再開した。運行再開後は復旧区間には１日３往復の列車が設定されたが、ニュースなどで取り上げられたこと、紅葉のシーズンでもあり、鉄道を取り入れて魅力的な写真が写せるとの風聞が広がったことで、多くの乗客が集まり、２両編成の列車が満員で立ったまま乗り通すなどの問題が起こった。そのため、急遽、週末を中心に臨時列車１往復を増発したり、増結したりして対応している。利用が少ないものの、ポテンシャルが大きい路線が存在することを証明した事例となった。

新型コロナウイルス感染症による鉄道利用の低下

２０２０年から続く新型コロナウイルス禍の影響で、多くの企業の経営が厳しい局面を迎えている。

外出する人が減少したことで、鉄道業界にも深刻な影響がおよんでいる。ＪＲも例外ではなく、各社のうち安定経営だったＪＲ東日本、ＪＲ東海、ＪＲ西日本ですら「半減」という前代未聞の事態を迎えた。そして、ここで取り上げるＪＲ三島会社は、そもそもコロナ禍前から経営が心配されていて、影響はさらに深刻である。

新型コロナウイルスは2019年末には中国の武漢《ぶかん》市で感染の拡大が始まっていたという。しかし、中国政府が十分な情報を提供していなかったことと、春に予定していた習近平《しゅうきんぺい》国家主席の来日に日本政府が配慮して中国からの観光客の入国規制が遅れた。1月末の春節の時期には中国からの観光客の来訪は前年を上回った。1月28日には武漢市からの中国人観光客に感染者が見つかり、北海道初の確認となった。その後、北海道での感染者数は増加し、2月下旬には鈴木直道《すずきなおみち》知事は危機感を持ち、札幌市の秋元克広《あきもとかつひろ》市長は市主催のイベントなどの延期を決定。鈴木知事は独自の緊急事態宣言を発して週末の外出の自粛を求めたほか、小中学校、特別支援学校約1700校を休校にした。

現在の感染者数に比べると数は小さかった（2月28日現在66人）ものの、得体の知れないウイルスに北海道は混乱し、観光客の来訪者は大きく減少した。

2月中の新千歳空港の入出国者は前年に比べて半減し、JR北海道の旅客数は、長距離の特急を中心に7割減少した。

横浜港での大型クルーズ船での感染者の増加のほか、全国で市中感染者が発生し、死亡者も増えていった。

当時の安倍晋三《あべしんぞう》総理は新型インフルエンザに対する特別措置法に「緊急事態宣言」の発出を可能とする改正法を国会に提出して3月14日に成立させた。東京都の小池《こいけ》百合子《ゆりこ》知事が「都市封鎖＝ロックダウン」の言葉を記者会見でほのめかし、公立小中学校や特別支援学校の休校を決定した。

対策に前のめりの東京都の小池知事に引きずられるかたちで、国も控えめな対策を打ち出した。しかし、これ以降も感染者は急増していったことから、安倍総理は危機感を強め、4月7日に法律にもとづく「緊急事態宣言」を発出し、東京都、埼玉県、神奈川県、千葉県、大阪府、兵庫県、福岡県を対象に、5月6日までの期限で特定警戒都道府県に指定し、11日以降、各自治体は緊急事態措置を実施することになる。

一方、対象から外れた北海道では4月12日に鈴木知事と秋元札幌市長が独自に「緊急共同宣言」を発し、14日から札幌市内の市立の小中学校や近隣の高校について、5月6日までの休校を決定した。

さらに、4月17日からは、北海道、茨城県、愛知県、岐阜県、京都府を特定警戒都道府県に追加。続いて「緊急事態宣言」を全国に拡大した。

最終的に緊急事態宣言は5月14日に13の特定警戒都道

府県のうち、茨城県、石川県、愛知県、岐阜県、福岡県と、それ以外の34県を解除。残る北海道、東京都、神奈川県、埼玉県、千葉県、大阪府、京都府、兵庫県は5月21日まで継続となった。

政府は新型コロナウイルスの感染拡大が収まった段階で、経済対策のひとつとしてGoTo「イベント」のキャンペーンを用意した。「イベント」のところに観光、旅行の促進策として「トラベル」、飲食店の対策として「イート」が入る。当初、開始時期未定のまま発表されたが、6月に入ると新規感染者の増加が一段落したため、準備期間を見て8月の上旬とされ、その後、8月1日、7月22日と次第に繰り上げられた。学校が夏休みに入り、お盆の帰省に合わせることで効果を高めると説明していた。しかし、7月半ばになると、次第に感染者が増加を始め、感染拡大の局面でのGoTo開始となった。ただし、東京都発着の旅行については対象外とされたため、結果的に観光地の人出は本格的な回復とはならなかったが、北海道のデータを見ると、観光客の入れ込み数は、6月に500万人程度であったのが、8月には1300万人台まで増加した。

さらに、10月1日にはGoToは東京都発着が対象に含められることになったが、それ以降は新規感染者数が急激に増加していき、北海道の1日あたりの新規感染者数はそれまでの30人程度から300人台まで一気に上昇した。人の移動が増加したことにより、感染者の急増につながったという印象は否めない。

通常、北海道の観光客は、4~10月が9000万人、11~3月が5000万人程度であるが、コロナ禍の夏は5000万人を下回った。四国については一年を通してコンスタントに半年に1500万人程度であるのに対し、2020年は500万人台まで減少した。

新型コロナウイルスの新規感染者数は、2020年11月には、北海道では300人程度であったのに対し、四国は30人程度。全国でピークとなった1月上旬には、北海道が200人程度であるのに対し、四国は90人未満であった。人口は北海道が538万人に対し、四国は372万人で、北海道の人口は四国の1・44倍であるのに対し、新型コロナウイルスの新規感染者数は北海道は四国の2倍を大きく超える。

しかし、鉄道の旅客数の減少幅は北海道と四国はほぼ同じで、経営に対するインパクトも同程度で、どちらも深刻な状況であった。

JR北海道

JR北海道は2011年に特急列車のトンネル内での火災など重大事故が重なり、国土交通大臣から「事業改善命令」、鉄道局長から「改善指示」を受けた。これに対し、同社は「安全性向上のための行動計画」を策定し、「安全基本計画」にもとづいて着実に実現するとしていた。しかし、1993年には函館本線での貨物列車の脱線から軌道検査データの書き換えが発覚したため、国土交通省の特別監査を受け、2度目となる「事業改善命令」を受けた。

その後、特急列車の最高速度を引き下げるとともに、老朽車両の取り替えを進めることになるが、2011年度から鉄道・運輸機構の余剰金から設備投資に対する支援を受けている。

図表67　コロナ禍以降の北海道観光客入込数の推移
（月ごと、千人）

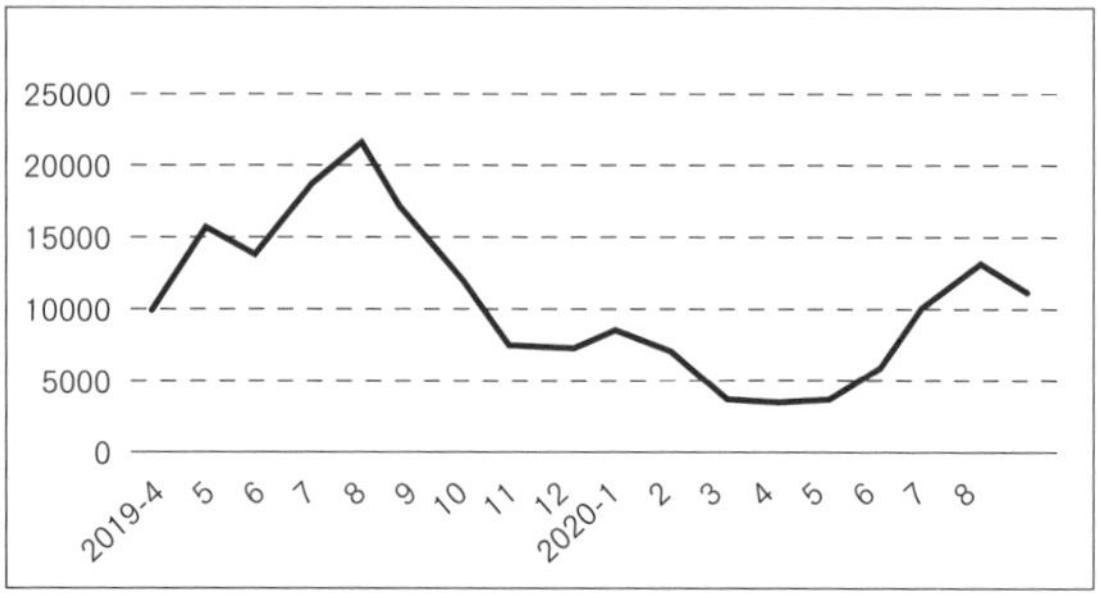

出典：北海道庁発表の観光統計

図表68　コロナ禍以降の北海道観光客入込数の推移
（半期ごと、千人）

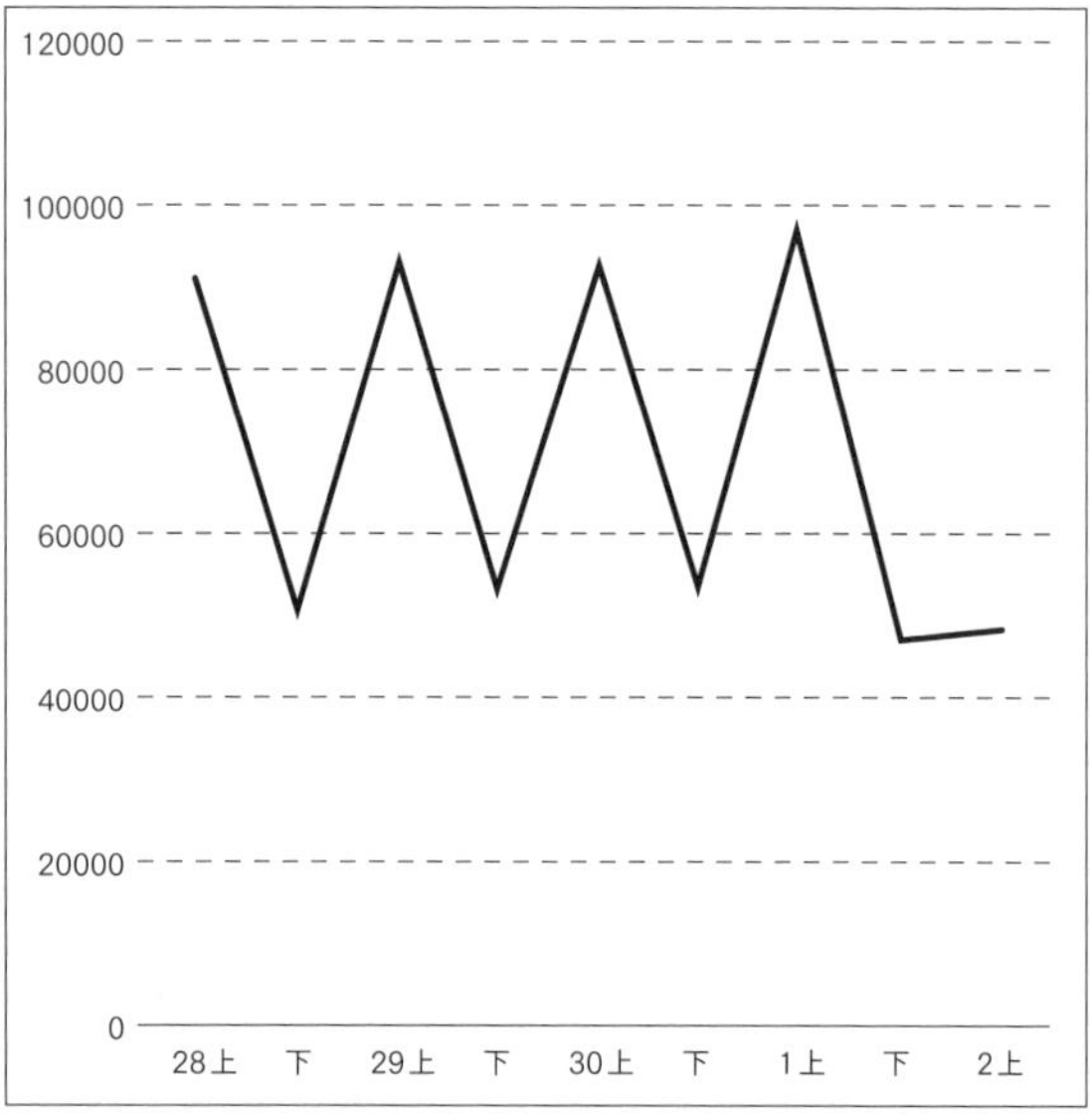

出典：北海道庁発表の観光統計

図表69　コロナ禍以降のJR北海道の連結決算（億円）

	2019年度	2020年度	増減
営業収益	1,672	1,119	－553
営業費用	2,099	1,925	－174
営業利益	－426	－805	－379
経常利益	－135	－446	－311
特別損益	187	43	－144
当期純利益	30	－409	－439
親会社帰属利益	19	－410	－429

出典：北海道旅客鉄道の決算資料

図表70　JR北海道が公表した単独維持困難線区

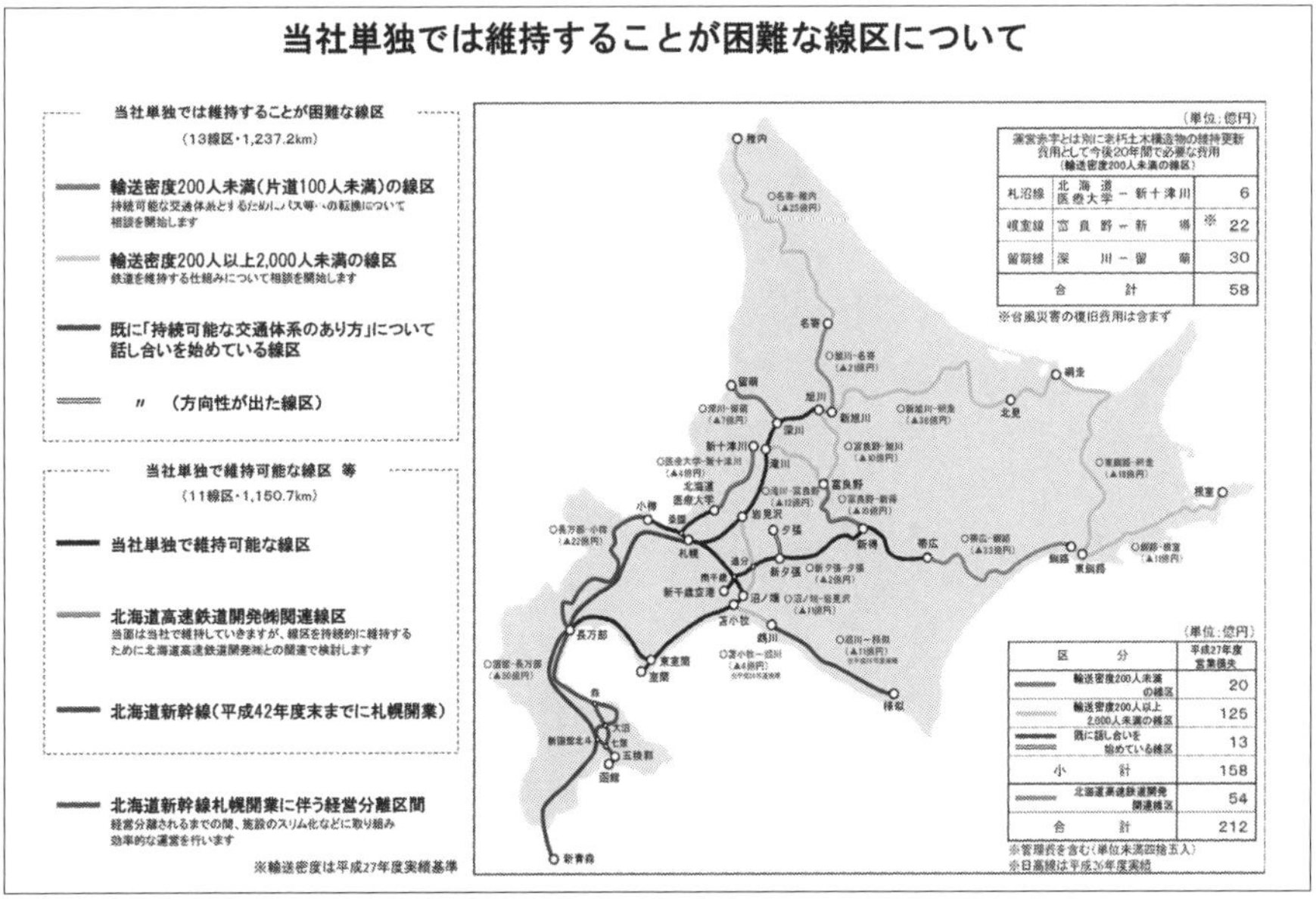

出典：JR北海道「当社単独では維持することが困難な線区について」
https://www.jrhokkaido.co.jp/pdf/161215-5.pdf

また、一連の不祥事によって経営状況が厳しさを増したことから、旅客運輸収入が低迷するなかで、いっそうのコスト削減が求められることになった。

そのようななかで、2016年11月28日には利用が低迷して採算性が低下している路線について、「当社単独で維持することが困難な路線」であることを発表。廃止を検討する路線と経営体の変更について自治体と検討する路線を提示した。

当時、廃止、バス転換を提示された路線は札沼線の北海道医療大学－新十津川間（2020年廃止）など、そのほかにすでに沿線と話し合いが始められている路線として石勝線の夕張支線（2019年廃止）などが挙げられた。

JR北海道の連結決算は営業収益が前期より553億円減って1119億円に、174億円のコスト削減で、営業損益は379億円悪化して、805億円の赤字となった。

2020年度は新型コロナの感染拡大により、とくに観光需要に頼る北海道では大きな影響をこうむった。

2020年度の旅客数はコロナ禍のなかで定期旅客は16・5%減、定期外旅客は47・7%減、全体では29・6%減となった。その結果、鉄道運輸収入は、定期9・8%減、定期外57・8%の減少となり、全体では49・8%

石勝線夕張支線（2019年）＊

と、ほぼ半減したことになる。

ＪＲ北海道が発表した２０２０年４月から12月までの線区別の収支から、サンプルとして２路線（宗谷本線、釧網《せんもう》本線・東釧路－網走間）だけを抜き出す。

宗谷本線は、２０２０年の収入１億６３００万円（前年同期３億１８００万円）に対して費用は20億４６００万円（同21億１７００万円）で、内訳は直接経費５億９００万円（同５億５８００万円）、車両維持管理費３億６０００万円（同３億４００万円）、施設維持管理費６億８３００万円（同６億９６００万円）、減価償却費２億６３００万円（同２億４９００万円）、その他管理費など２億６０００万円（同２億６８００万円）、諸税２４００万円（同４２００万円）である。収入が半減したのに対し、減便や編成両数の削減によって列車を運転するための直接経費４９００万円を削減したことが目立つだけで、路線の収支率を大きく低下させた。

釧網本線・東釧路－網走間については、収入が１億１２００万円（前年同期２億２８００万円）で半減。費用は13億３３００万円（同14億４８００万円）で、減収額と同等の１億１５００万円を削減した。内訳は直接経費３億４４００万円（同３億７３００万円）、車両管理費１億６０００万円（同１億９６００万円）、施設維持管理費５億６００万円（同５億１７００万円）、減価償却費１億３４００万円（同１億４０００万円）、その他管理費など１億７３００万円（同１億８９００万円）、諸税１６００万円（同３３００万円）である。

釧網本線は２０２０年３月に水害に遭い、４月17日まで一部区間を運休していた。また、10月には一部列車を運休して線路の集中修繕工事を実施した。近年、とくに自然災害が多発しており、保守費用が増高する傾向があり、コロナ禍による旅客減があっても、大幅なコスト削減は難しい。同様に、直接経費も列車が運休する代わりに代行バスを運行したため、２９００万円の減少にとどまった。

ＪＲ北海道単体の決算については、営業収益が鉄道事業３６５億円減、「その他」12億円減に対し、営業費用は72億円の削減にとどまり、営業損益は前期より２９２

億円悪化の８１４億円の赤字となった。経営安定基金の運用益が47億円増加したほか、コロナ助成金を受け入れたことで、経常損益は２３３億円悪化と、やや赤字幅が縮小して４３８億円の赤字である。

特別利益は国からの設備投資等助成金１７６億円の受けとりがあり、前期より7億円増。特別損失は路線廃止の経費として、日高本線１１６億円、札沼線7億円、留萌本線1億円が計上された。

なお、国からの支援額は助成金のほかに無利子借入があり、総額４０５億円である。

当期純損益は前期より３６４億円悪化して３７２億円の赤字となった。

ＪＲ北海道は鉄道事業の縮小が進められており、それに代わる事業としては札幌駅周辺の開発事業に期待するほかは目ぼしいプラスの要素が見られない。ダウンサイジングによる経営改善だけで将来の北海道の交通を守ることは難しいであろう。北海道は農業、酪農業に発展の余地があると考えるため、人流より物流、それに加えて生産に事業を拡大するのがよいのではないだろうか。

図表71　コロナ禍以降のJR北海道の輸送人員と鉄道運輸収入

		2019年度	2020年度	増減	比率(%)
輸送人員（千人）	定期	78,015	65,111	－12,904	83.5
	定期外	55,945	29,261	－26,685	52.3
	合計	133,960	94,371	－39,589	70.4
鉄道運輸収入（億円）	定期	118	107	－11	90.2
	定期外	587	247	－339	42.2
	合計	706	354	－351	50.2

出典：北海道旅客鉄道の決算資料

図表72　コロナ禍以降のJR北海道単体の決算（億円）

	2019年度	2020年度	増減
営業収益	875	510	－365
うち鉄道運輸収入	706	354	－351
関連事業収入	66	65	0
その他の収入	102	90	－12
営業費用	1,397	1,324	－72
営業利益	－521	－814	－292
経営安定基金運用益	234	281	47
機構特別債券利子	55	55	0
経常利益	－204	－438	－233
特別利益	193	200	7
特別損失	6	140	133
当期純利益	－7	－372	－364

出典：北海道旅客鉄道の決算資料

ＪＲ四国

ＪＲ四国は島内各線と瀬戸大橋線を経営しているが、平成以降、島内に高速道路が開通し、とくに明石《あかし》海峡大橋の開通による大阪、神戸への最短ルートの登場によって鉄道の輸送環境は悪化している。島内4県では四国新幹線に期待しているようであるが、整備されるとしてもかなり先のことになる。

ＪＲ四国の連結決算は営業収益が前期より２１１億円少ない２７７億円にとどまり、71億円の費用の削減で営業損益は前期より１３９億円悪化した２５９億円の赤字となった。最終的に親会社株主に帰属する純損益は前期の12億円の黒字から80億円の赤字に転落した。

ＪＲ四国の単体の決算については、鉄道の輸送人員が前期より24・５％減、運輸収入は47％減と、ほかのＪＲ三島会社２社に比べて小幅であるが、もともと市場環境が厳しいために、経営に対するダメージは大きい。

単体の営業収益は前期より１１４億円減の１６５億円。営業費用の削減が19億円にとどまったため、営業損益は95億円悪化の２２６億円赤字である。経営安定基金の運用益が33億円増加したことにより、経常損益は62億円悪化の83億円の赤字、当期純損失も前期の５億円の黒字から65億円の赤字に転落した。

図表73　コロナ禍以降のJR四国の輸送人員と鉄道運輸収入

		2019年度	2020年度	増減	比率(%)
輸送人員(千人)	定期	28,320	25,321	−2,999	89.4
	定期外	16,550	8,541	−8,008	51.6
	合計	44,871	33,863	−11,008	75.5
鉄道運輸収入(百万円)	定期	4,388	3,730	−658	85.0
	定期外	18,074	8,166	−9,907	45.2
	合計	22,464	11,897	−10,566	53.0

出典：四国旅客鉄道の決算資料

図表74　コロナ禍以降のJR四国の連結決算（億円）

	2019年度	2020年度	増減
営業収益	489	277	−211
営業費用	609	537	−71
営業利益	−120	−259	−139
経常利益	−7	−108	−101
特別損益	41	27	−14
当期純利益	12	−80	−92
親会社帰属利益	12	−80	−92

出典：四国旅客鉄道の決算資料

図表75　コロナ禍以降のJR四国単体の決算（億円）

	2019年度	2020年度	増減
営業収益	280	165	−114
うち鉄道運輸収入	224	118	−105
営業費用	411	392	−19
営業利益	−131	−226	−95
経営安定基金運用益	68	101	33
機構特別債券利子	35	35	0
経常利益	−20	−83	−62
特別損益	40	10	−30
税引き前純利益	20	−72	−92
当期純利益	5	−65	−71

出典：四国旅客鉄道の決算資料

図表76　コロナ禍以降の四国の主要観光施設の入込数（半期ごと、千人）

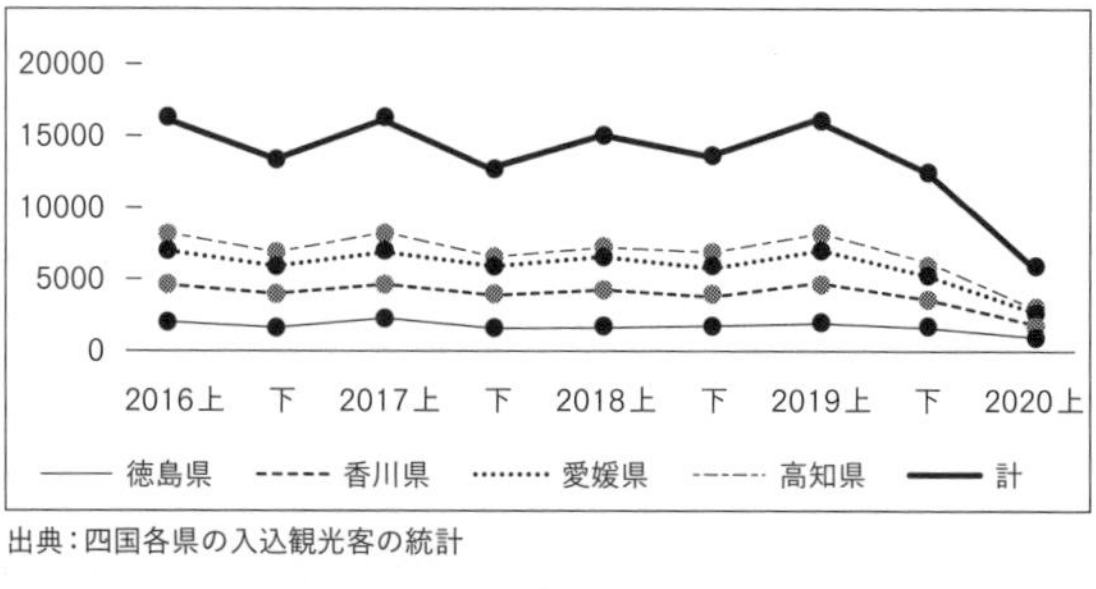

出典：四国各県の入込観光客の統計

ＪＲ四国は運輸収入の落ち込み幅がほかの2社に比べて小さいものの、それはインバウンドなど今回のコロナ禍の影響の大きく受けた要素が経営に占めていた割合が小さかったためであり、ＪＲ四国の鉄道旅客の弱点を反映したものと思われる。

ＪＲ北海道は路線網の縮小を目指しているのに対し、四国の場合は4県の県庁所在地を結ぶ路線しかないため、廃止する余地は小さい。

現在、進められているパターンダイヤ化によるわかりやすさ、鉄道と並行バスを組み合わせた利便性の向上など地道に地域の需要を掘り起こしていく努力が必要になるだろう。

また、ＪＲ北海道と同様に農業、林業など生産、流通分野への事業の拡大も検討の余地があるのではないだろうか。

徳島県で導入されたＤＭＶの可能性

２０１１年度から鉄道・運輸機構の余剰金を活用し、ＪＲ北海道、ＪＲ貨物とともにＪＲ四国に対する国の支援策が講じられることになった。しかし、その前提として策定された「経営自立計画」（２０２０年度まで）の目標が達成できず、２０１７年8月にＪＲ四国が呼びかけて「四国における鉄道ネットワークのあり方に関する懇談会Ⅱ」が開かれ、島内の県知事や経済団体の長らにより、四国の公共交通のあり方、ＪＲ四国の経営改善の手法について議論が始まった。

この議論を先どりするかたちで、徳島県内では牟岐線で日中30分等間隔化を実施。阿佐海岸鉄道と牟岐線・阿波海南－甲浦《かんのうら》間ではレール上と道路の両方を走れるＤＭＶ（デュアルモード・ビークル）が走っている。海陽《かいよう》町の阿波海南文化村－（バス）－阿波海南－（鉄道）－甲浦－（バス）－道の駅宍喰《ししくい》温泉間で、土休日には徳島県最南端のホテルリビエラししくいまで運行する。平日10往復、土休日13・5往復と室戸方面1往復で運行を開始したが、好評なため、現在は続行便を運転して平日13往復、土休日12往復としている。また、徳島バスなどが運行する大阪から室戸までの高速バスについて、阿南－甲浦間でＪＲ、阿佐海岸鉄道と相互乗車が可能になり、この区間はローカル路線だけでなく高速バスも座席に余裕がある場合に通常の路線バスと同様に乗降が可能になっている。

便数がかぎられる区間で相互に補完し合うのは利便性の向上に役立つが、このケースでは、鉄道とバスの運行時間帯が重なることと、阿南でのバスから鉄道への乗り継ぎではスムーズな乗り換えができるかたちにはなっていない。また、逆方向の室戸方面の場合、大阪始発の高速バスであるため、乗り継ぎが保証されるわけではない。

次々と不採算路線を公表するJRへの対応は

国土交通省は、このような緊急の課題に対処するために鉄道局に「鉄道事業者と地域の協働による地域モビリティの刷新に関する検討会」を設置し、「利用者視点に立ったローカル鉄道のあり方に関する議論」を行うとした。2022年2月14日に第1回の検討会が開催された。

国鉄改革の際にJR各社間での利益調整の仕組みをつくり、JR内部では新幹線や大都市路線での収益でローカル線の赤字を補塡することを可能にし、改革時の路線網を維持することを約束した。最初の10年は予測以上の成果を上げたが、近年は内部補助によるローカル線の維持が次第に厳しくなっていた。このような傾向に、今回のコロナ禍が追い打ちをかけるかたちとなった。

人口の減少、少子高齢化など鉄道にとって不利な状況にあるのに加え、リモートワークなど通勤が不要な勤務形態が普及すると、プロフィットセンターの大都市部の鉄道自体の収益が減少することになる。大都市の鉄道の経営がローカル線の経営に影を落としているのである。

検討会の論点として、鉄道事業者と地域との連携のあり方について利用促進に関する協力や公共部門がインフラを持ち、民間が運営する上下分離、あるいはほかの交通モードへの転換が考えられるとする。

従来も路線の活性化について自治体との協力によるイベントが実施されているが、収益額自体はさほど増えていない。さらに大きな効果を持つためには自治体が主体的に上下分離などの経営形態の変更にかかわることが必要だという認識なのだろう。

検討会では、第1回ではJR東日本、JR西日本などの鉄道会社から、第2回では自治体から意見を聴取した。

JR東日本は内部補助によってローカル線を維持することは難しくなっているとの認識を示したうえで、ローカル線の維持方策について自治体に働きかけても、自治体は「すぐ廃止されるのではないか」という感じで構えてしまって、なかなか建設的な議論ができないという難しい現状を紹介した。

JR東日本としては0か100かという議論ではなく、「地元の皆様にもいろいろご協力いただきながら、一緒になって、鉄道にこだわらず、持続可能なサステナブルな交通体系、将来に向けてどういう交通体系が地元あるいは住民の皆様のためになるのかということを考えていきたいということでございます」（議事録より）という考えを示した。

JR東日本は気仙沼線と大船渡線のBRT化で自信を持っており、鉄道にはこだわらずに別のモード、とくにBRTへの変更をひとつのモデルとして推奨したいと考えているのだろう。同年秋には、とくに利用が少ない路線の収支率などを発表した。路線ごとの収入、支出、赤字額を示しているが、営業係数は盲腸線の末端区間がとくに低いことを示している。国鉄時代のローカル線の議論では線区を対象としていたが、JR東日本の発表では閑散線をさらに区間を分けることで、より深刻な数字を示し、自治体との協議を促しているようにも見える。

また、JR西日本は、「とくに、輸送密度が2000人未満の線区につきましては、大量輸送機関という鉄道の特性が発揮できておらず、このままのかたちで維持していくということは非常に難しい状況ではないかと考えております」（同）と状況認識を示したうえで、「地域交通は鉄道にかぎらず、バスやタクシーなどを含め厳しい状況にあり、これは当社の課題でもありますが、地域社会全体の課題ではないかと思います。そういった意味で、持続可能な地域社会の実現に向けて、線区の特性の違い、移動ニーズを踏まえ、地域の街づくりに合わせたいまよりもご利用しやすい具体的な地域交通体系を、地域の皆様とともに模索し、実現してまいりたいと考えております」（同）と述べている。

いずれも路線特性に合わせて最適な交通モードを選択していくということを表明しているのであるが、低利用路線における最適な交通モードとは「鉄道ではない」だろうということは容易に想像できる。

JR西日本は2022年4月11日に輸送密度が小さい路線について路線ごとの収益率などを発表した。同種のデータは従来、JR北海道、JR四国、JR九州では以前から発表している。また、JR東日本はJR発足当時からの輸送密度の推移を発表している。この数値の発表は路線の廃止を前提とした地元との議論を意図したものではないとするが、沿線自治体と必ずしも信頼関係がないなかで、今後、どのようなかたちで協議が進められるのか、予断を許さない状況にある。

7月25日には「提言」が発表になったが、「わが国の基幹的な鉄道ネットワークを形成する線区（特急列車、貨物列車が走行等）については、引き続きJR各社による維持を強く期待。沿線自治体およびJRが協力して、協議会の開催等により、線区の活性化に取り組む」とする。

「危機的な状況のローカル線区については、沿線自治体（とくに都道府県）が中心となり、法定協議会等を設け、利用者や地域戦略の視点に立ち、将来に向けた地域モビリティのあり方について関係者と検討を進めていくことが基本原則。国は、協議会の円滑な立ち上げおよび進行に積極的に協力する。ただし、『基本原則』がうまく機能しない地域（線区）において、以下の①および②の要件を満たす線区については、鉄道事業者または自治体の要請を受け、国が特定線区再構築協議会（仮称）を設置し、廃止ありき、存続ありきという前提を置かずに協議する」としている。

その議論の基準として、①利用者の著しい減少等を背景に、利便性および持続可能性が損なわれており、対策を講じることが必要（JR各社のローカル線区については輸送密度が1000人未満、かつピーク時の1時間あたり輸送人員500人未満をひとつの目安としつつ、より厳しい状況にある線区から優先順位をつけながら総合的に判断）と認められるケース、②複数の経済圏、生活圏にまたがる等の事情から、関係者の合意形成にあたって広域的な調整が必要（関係自治体および鉄道事業者の意見を聞いて総合的に判断）と認められるケースで、国が特定線区再構築協議会を設置して協議を促すという。

ただし、国が支援して自治体と鉄道会社のあいだの協議会を設置することを謳うだけで、国が議論の方向づけをすることは想定せず、どのような結論が望ましいのかも示していない。

また、協議会で結論が出たら、鉄道を存続する場合は国と自治体が共同して公共交通サービスの再構築を支援する。BRT化を決めたら、自治体は専用道の公道化で支援すること、国はBRTやバスが鉄道と同等以上のサービスを提供するための投資に支援することを示す。また、不要になった鉄道施設の有効活用、橋梁などの撤去の時期について施設管理者が配慮することとしているのが意味深長である。不要だからと、すぐに廃棄するのではなく、活用することを前提に検討するということが大事で、これから日本は定常経済が続くことになるため、ストックの活用にもっと関心を向けるべきだろう。

おわりに　ローカル線再生のアイデアは無限にある

ローカル鉄道は、昭和40年代を通じて旅客数が大きく減少したが、現在の旅客数に比べると、はるかに多かった。昭和40年代以降、高速道路のネットワークが全国に拡大し、一般の道路も整備が進んだ。それに従って自家用車の保有率が上昇し、鉄道や路線バスの旅客が減少した。バスは固有の通路を持たないため、サービスの縮小、路線の撤廃は素早く、とくに山間地でのサービスが削減された。それにより、農村や山間地では2台目の自家用車の保有数が伸びた。路線バスがなくなると、それに接続する鉄道の旅客は減少し、地方では自家用車への依存傾向を強め、路線バスや鉄道は次第に生活交通から遠ざかっていった。また、自動車への依存傾向が強まると、公共施設や大型商店が広い幅員の幹線道路沿いに立地し、周囲を駐車場が囲む光景が広がっていった。

かくして、地方では公共交通は衰退の一途をたどった。

ヨーロッパでは public service obligation という考えがあった。人々の生活を支えるサービスを public service と位置づけ、その提供の継続を事業者に義務づけるのである。その義務づける根拠は、もともと public service は公共が供給すべきものであるが、それを特別に民間企業に任せているからである。現在では、これは universal service という言葉に引き継がれている。全国のすべての国民が等しく享受すべきサービスという意味である。生活を支えるサービスは、公共が責任を持って、すべての人に享受させなければならないのである。これは地域交通でも同じである。どのようなモードを選択するかは別問題として、公共は人々の移動可能性を保証しなければならず、これは universal service なのである。すべての人が自家用車を使えるわけではないので、地方が衰退したといっても、universal service として公共交通のサービスを保証しなければならない。

ここ数年のコロナ禍で、路線バスや鉄道の旅客は減少し、厳しい経営を余儀なくされている。地方のローカル私鉄や第三セクター鉄道だけでなく、JR各社も同様に旅客の減少が進んでしまった。自治体と協力して路線を活性化しようとしても、地域の住民の生活は自動車を中心に賄われており、鉄道に対する地方の住民の意識は低調である。廃止が取り沙汰されても、反対するのは一部の住民で、大勢は鉄道廃止に無関心である。そのような世論を反映し、自治体のなかには早々と鉄道の廃止を受け入れるところも現れるようになった。

このような日本の現状のなかで、なお鉄道を維持すべきかという大きな問題が問いかけられている。

公共交通と比較し、自家用車は自宅から目的地までストレートに最短距離で移動できる。途中の乗降がない分、平均速度も高い。それに対し、公共交通は、まずバス停や鉄道駅まで行かなければならない。バス停まで歩き、バスで鉄道駅に行き、鉄道で中心都市に行くことになる。都市の駅についても、その先の移動手段が必要である。それだけ手間がかかり、運行本数が少ないと、待ち時間を含めた所要時間は大きく伸びることになる。

そのため、公共交通は、自家用車を使えない、高校生の通学と免許を返納した老人や、そもそも免許を持たない人が中心となる。つまり、公共交通は自家用車が使えないときのバックアップということになり、最小限のサービスが用意されていればこと足りることになる。

鉄道対路線バスについては、路線バスは通路を自家用車など、ほかの交通手段と共用するために、運行時刻が不正確であり、走行環境に応じて表定速度は低く、障害物を避けたり、交差点では90度にカーブを切ったりするなど乗り心地もよくない。日常的に使う人でないかぎり、乗車の停留所の位置を探したり、下車する停留所を見落とさないために前方を注視したりしなければならない。しかし、通路を自前で用意する必要がないために、柔軟に運行ルートを変えられ、運行本数も需要状況に合わせて柔軟に変えることができる。また、単位輸送力が小さいために、旅客数のわりに運行頻度が高く、高利用路線では軌道系より利便性が高い。

鉄道は、レールと車輪の鉄同士が接触して走行するため、保線状態がよければ乗り心地はよい。転がり抵抗が小さいため、重量あたりの燃料効率がよい。通路をほかの交通機関に邪魔されないため、表定速度は一般的に高い。単位輸送力が大きく、詰め込み輸送ができるため、通勤、通学時のようにラッシュがある場合に有利である。

結局、鉄道対路線バスの比較では、混雑時にバス1台で賄うことができない場合に鉄道が有利となり、バスは短い停留所間隔で細かく旅客を拾うのに適しており、鉄道は長い距離を短時間で結ぶのに適している。

鉄道と路線バスは、それぞれ特性を持っており、ひとつのトラフィックは、それぞれの特性を生かすかたちで複数の交通機関の組み合わせで構成されることになる。鉄道とバスを競合交通機関として捉えるのではなく、それぞれ長所と短所を比較し、相互に補完し合うかたちでサービスが供給されるのが望ましい。

先にご紹介したが、徳島県の牟岐線では定時隔ダイヤを導入し、阿波海南から阿佐海岸鉄道の甲浦までをDMV化したほか、海部－牟岐間で路線バスと共通回数券を販売。また、大阪と室戸を結ぶ高速バスと浅川《あさかわ》－阿南間でどちらでも利用できる共通乗車を実施している。高速バスは、もともと徳島県内では室戸行きは降車のみ、大阪行きは乗車のみであったが、共通乗車区間を含む甲浦－阿南間では、座席に空きがある場合には乗降可能となり、路線バスの補完にもなっている。

鉄道は車両を含めて施設のキャパシティが大きい。それが閑散線区ではコスト削減の限界を起こすのであるが、逆に、この余裕を活用し、さまざまなサービスを組み合わせるということも可能である。

車両の余裕スペースを使った生鮮食料品の都会への運搬や、運送会社の宅配便の輸送は、すでに各地で行われている。

もともと鉄道の利用自体、さまざまな需要をとりまとめたサービスである。通勤、通学輸送、通院や買い物などの生活交通の混合である。さらに、各地の鉄道は週末の行楽客やバカンスシーズンの観光需要の取り込みにも力を入れている。

駅はもともと人々が集まる場所であったが、いまはさびれてしまったところも多い。この余裕スペースを利用して観光協会が窓口を置くことは昔からあったが、さらに、郵便局や役場などの公共施設の窓口を置くケースも多くなった。昭和40年代ごろには、老朽化した駅舎を自治体や農協と共同で建て替える合築駅舎が各地で建設された。

国鉄時代に貨物輸送が大きく縮小されてしまい、かつては地方私鉄では季節性の強いコメや特産農産物の輸送で忙しくしていたものだが、すべてトラックに移ってしまった。当時は、このような貨物輸送は地方のローカル私鉄には貴重な収入源であった。今日の技術をもってすれば、このような季節性の強い、ＪＲと直通の貨物輸送の復活も目指すべきだろう。ピギーバック貨車に電気自動車を積んで、農村から中継基地まで鉄道で輸送することが考えられる。

２０２４年度の政府予算で、「サービスの購入」という新しい考え方が導入された。

不採算サービスを、自治体がサービス水準を指定したうえで、サービスの供給を入札にかけるのである。

今回の新制度では路線バスが主に想定されており、バスではすでにコミュニティバスがほぼ同じ方式であり、目新しいわけではない。

鉄道でこの方式を採用するのは、ヨーロッパではすでに広く行われているが、国内ではまだない。ＪＲ線に適用する場合、経営を自治体に移管したあと、運行を入札にかけるということになるだろう。運行事業者は、自治体が決めた時刻表と運賃にもとづいて運行し、自治体から事前に計算された運行経費が支払われる。仮に効率化によって安く供給できたら、その利益は事業者のボーナスとなる。

このように、ローカル鉄道の再生のためのしくみは、ほぼ出そろった。それでも、鉄道を残すためには障害も多いであろう。

まずは、「なぜ鉄道なのか？」という問いかけに対しては、車両や施設を活用してさまざまな収益を生み出すことができること、駅が人の集まる場所にできれば、さらに商業活動による収益も見込めることが思いつく。

アイデアは無限で、各地のローカル鉄道で存続のために知恵を出し合って、成功事例が集積されることを期待したい。

佐藤《さとう》信之《のぶゆき》

資料篇

図表77　地方の鉄道線の開業日

事業者名	動力	軌間	区間	キロ程	開業日
岳南鉄道	電気	1,067	鈴川－吉原本町	0.3	1949年11月18日
弘南鉄道	電気	1,067	津軽尾上－弘南黒石	5.7	1950年7月1日
岳南鉄道	電気	1,067	吉原本町－吉原	0.3	1950年4月18日
富士山麓電気鉄道	電気	1,067	富士吉田－河口湖	3.3	1950年8月24日
荒尾市	電気	1,067	増永－緑ヶ丘	1.6	1950年6月20日
		1,067	荒尾－境崎	0.7	1950年12月21日
熊本電気鉄道	電気	1,067	上熊本－北熊本	3.5	1950年10月1日
岩手開発鉄道	蒸気、内燃	1,067	盛－日頃市	6.4	1950年10月21日
富山地方鉄道	電気	1,067	南富山－大久保町	7.1	1950年9月1日
岡山臨港鉄道	蒸気、内燃	1,067	大元－岡山港	8.1	1951年8月1日
岳南鉄道	電気	1,067	吉原－岳南富士岡	3.4	1951年12月20日
弘前電気鉄道	電気	1,067	大鰐－弘前中央	13.9	1952年1月26日
富山地方鉄道	電気	1,067	大久保町－地鉄笹津	5.3	1952年8月15日
雄別炭礦鉄道	蒸気	1,067	新富士－雄別埠頭	2.1	1952年9月11日
江名鉄道	蒸気、内燃	1,067	栄町－江名	4.9	1953年1月12日
岳南鉄道	電気	1,067	岳南富士岡－岳南江尾	2.9	1953年1月20日
備南電気鉄道	電気	1,067	宇野－玉	3.5	1953年4月5日
関西電力	電気	762	宇奈月－欅平	20.1	1953年11月16日
立山開発鉄道	電気	1,067	粟巣野－立山仮	0.8	1954年8月1日
大井川鉄道	内燃	1,067	千頭－堂平	26.6	1959年8月1日
筑豊電気鉄道	電気	1,435	木屋瀬－筑豊直方	3.3	1959年9月18日
岩手開発鉄道	蒸気、内燃	1,067	日頃市－岩手石橋	3.1	1960年6月21日
玉野市	電気	1,067	玉－玉遊園地前	1.0	1960年8月3日
伊豆急行	電気	1,067	伊東－伊豆急下田	45.7	1961年12月10日
雄別炭礦鉄道	蒸気	1,067	尺別－尺別炭山	10.8	1962年1月1日
倉敷市	内燃	1,067	水島港－西埠頭	1.4	1962年7月1日
			水島－日鉱前	3.3	
南部縦貫鉄道	内燃	1,067	千曳－七戸	15.4	1962年10月20日
京葉臨海鉄道	内燃	1,067	蘇我－浜五井、京葉市原	11.1	1963年9月16日
関西電力	無軌道電車		扇沢－黒部ダム	6.1	1964年8月1日
三井鉱山	電気、蒸気	1,067	三池浜－三池港	9.3	1964年8月11日
			宮浦－旭町	1.8	
			宮浦－東谷	3.3	
			原万田－平井	4.2	
京葉臨海鉄道	内燃	1,067	浜五井－椎津	9.0	1965年6月1日
名古屋臨海鉄道	内燃	1,067	笠寺－東港	3.8	1965年8月20日
			東港－昭和町	1.1	
			東港－汐見町	3.1	
倉敷市	内燃	1,067	水島－川鉄前	1.5	1965年8月20日
姫路市	電気	跨座式	手柄山－姫路	1.6	1966年5月17日
雄別鉄道	蒸気	1,067	鶴野－新富士	4.3	1968年1月21日
南部縦貫鉄道	内燃	1,067	西千曳－野辺地	5.6	1968年8月5日
名古屋臨海鉄道	内燃	1,067	東港－南港	7.3	1968年9月1日
京葉臨海鉄道	内燃	1,067	椎津－袖ヶ浦	2.2	1968年10月1日
苫小牧港開発	内燃	1,067	石油埠頭－新苫小牧	10.2	1968年12月3日
名古屋臨海鉄道	内燃	1,067	南港－知多	4.4	1969年6月25日
神奈川臨海鉄道	内燃	1,067	根岸－本牧埠頭	6.0	1969年10月1日
福島臨海鉄道	内燃	1,067	宮下－小名浜埠頭	1.2	1970年6月1日
三岐鉄道	内燃、電気	1,067	三岐朝明－近鉄富田	1.1	1970年6月25日
福島臨海鉄道	内燃	1,067	小名浜埠頭－東渚	0.6	1970年8月14日
新潟臨海鉄道	内燃	1,067	黒山－藤寄	2.5	1970年10月1日
鹿島臨海鉄道	内燃	1,067	北鹿島－奥野谷浜	19.2	1970年11月12日
八戸臨海鉄道	内燃	1,067	八戸貨物－北沼	8.5	1970年12月1日
和歌山県	電気	1,067	築港町－水軒	3.1	1971年3月6日

事業者名	動力	軌間	区間	キロ程	開業日
秋田臨海鉄道	内燃	1,067	秋田港－向浜	5.4	1971年7月7日
			秋田港－中島埠頭	0.5	
福島臨海鉄道	内燃	1,067	東渚－藤原	0.3	1971年7月21日
秋田臨海鉄道	内燃	1,067	中島埠頭－秋田北港	2.0	1971年10月1日
仙台臨海鉄道	内燃	1,067	陸前山王－仙台北港	5.4	1971年10月1日
新潟臨海鉄道	内燃	1,067	藤寄－太郎代	2.9	1972年3月24日
京葉臨海鉄道	内燃	1,067	袖ヶ浦分岐点－京葉久保田	2.3	1973年3月28日
京葉臨海鉄道	内燃	1,067	千葉貨物ターミナル－食品南	1.3	1975年5月10日
			千葉貨物ターミナル－食品北	1.2	
仙台臨海鉄道	内燃	1,067	仙台港－仙台埠頭	1.6	1975年9月1日
衣浦臨海鉄道	内燃	1,067	半田埠頭－東成岩	3.4	1975年11月15日
衣浦臨海鉄道	内燃	1,067	東浦－権現崎	11.3	1977年5月25日
釧路開発埠頭	内燃	1,067	新富士－西港	1.7	1977年12月1日
秩父鉄道	電気	1,067	熊谷貨物ターミナル－武川	7.6	1979年10月1日
名古屋臨海鉄道	内燃	1,067	東港－名電築港	1.3	1982年4月26日
三陸鉄道	内燃	1,067	盛－釜石	36.6	1984年4月1日
			久慈－宮古	71.0	
神岡鉄道	内燃	1,067	猪谷－奥飛騨温泉口	19.9	1984年10月6日
樽見鉄道	内燃	1,067	大垣－神海	23.6	1984年10月6日
弘南鉄道	内燃	1,067	川部－弘南黒石	6.2	1984年11月1日
鹿島臨海鉄道	内燃	1,067	水戸－北鹿島	53.0	1985年3月14日
北条鉄道	内燃	1,067	粟生－北条町	13.7	1985年4月1日
三木鉄道	内燃	1,067	三木－厄神	6.6	1985年4月1日
下北交通	内燃	1,067	下北－大畑	18.0	1985年7月1日
由利高原鉄道	内燃	1,067	羽後本荘－矢島	23.0	1985年10月1日
明知鉄道	内燃	1,067	恵那－明智	25.1	1985年11月16日
甘木鉄道	内燃	1,067	基山－甘木	13.7	1986年4月1日
南阿蘇鉄道	内燃	1,067	立野－高森	17.7	1986年4月1日
阿武隈急行	内燃	1,067	丸森－槻木	17.4	1986年7月1日
野岩鉄道	電気	1,067	新藤原－会津高原	30.7	1986年10月9日
秋田内陸縦貫鉄道	内燃	1,067	角館－松葉	19.1	1986年11月1日
			鷹巣－比立内	46.0	
長良川鉄道	内燃	1,067	美濃太田－北濃	72.1	1986年12月11日
天竜浜名湖鉄道	内燃	1,067	掛川－新所原	67.7	1987年3月15日
伊勢鉄道	内燃	1,067	河原田－津	22.3	1987年3月27日
信楽高原鐵道	内燃	1,067	貴生川－信楽	14.7	1987年7月13日
会津鉄道	内燃	1,067	西若松－会津高原	57.4	1987年7月16日
錦川鉄道	内燃	1,067	川西－錦町	32.7	1987年7月25日
若桜鉄道	内燃	1,067	郡家－若桜	19.2	1987年10月14日
愛知環状鉄道	電気	1,067	岡崎－高蔵寺	45.3	1988年1月31日
いすみ鉄道	内燃	1,067	大原－上総中野	26.8	1988年3月24日
のと鉄道	内燃	1,067	のと穴水－蛸島	61.0	1988年3月25日
松浦鉄道	内燃	1,067	有田－佐世保	93.8	1988年4月1日
真岡鐵道	内燃	1,067	下館－茂木	41.9	1988年4月11日
阿武隈急行	電気	1,067	福島－丸森	37.5	1988年7月1日
土佐くろしお鉄道	内燃	1,067	窪川－中村	43.0	1988年7月1日
宮福鉄道	内燃	1,067	宮津－福知山	30.4	1988年7月16日
山形鉄道	内燃	1,067	赤湯－荒砥	30.5	1988年10月25日
樽見鉄道	内燃	1,067	神海－樽見	10.9	1989年3月25日
わたらせ渓谷鐵道	内燃	1,067	桐生－間藤	44.1	1989年3月29日
秋田内陸縦貫鉄道	内燃	1,067	比立内－松葉	29.0	1989年4月1日
高千穂鉄道	内燃	1,067	延岡－高千穂	50.0	1989年4月28日
北海道ちほく高原鉄道	内燃	1,067	北見－池田	140.0	1989年6月4日

事業者名	動力	軌間	区間	キロ程	開業日
平成筑豊鉄道	内燃	1,067	直方－田川伊田	49.2	1989年10月1日
			金田－田川後藤寺		
			行橋－田川伊田		
くま川鉄道	内燃	1,067	人吉－湯前	24.8	1989年10月1日
北近畿タンゴ鉄道	内燃	1,067	西舞鶴－豊岡	83.6	1990年4月1日
のと鉄道	内燃	1,067	七尾－輪島②	53.5	1991年9月1日
阿佐海岸鉄道	内燃	1,067	海部－甲浦	8.5	1992年3月26日
北海道旅客鉄道	電気、内燃	1,067	南千歳－新千歳空港	2.6	1992年7月1日
智頭急行	内燃	1,067	上郡－智頭	56.1	1994年12月3日
立山黒部貫光	無軌条電車		室堂－大観峰	3.7	1996年4月23日
九州旅客鉄道	電気	1,067	田吉－宮崎空港	1.4	1996年7月18日
北越急行	電気	1,067	六日町－犀潟	59.5	1997年3月22日
しなの鉄道	電気	1,067	軽井沢－篠ノ井	65.1	1997年10月1日
土佐くろしお鉄道	内燃	1,067	宿毛－中村	23.6	1997年10月1日
井原鉄道	内燃	1,067	清音－神辺	38.4	1999年1月11日
			総社－清音②	3.3	
筑豊電気鉄道	電気	1,435	黒崎駅前－熊西②	0.6	2000年11月26日
西日本鉄道			黒崎駅前－熊西③		
土佐くろしお鉄道	内燃	1,067	後免－奈半利	42.7	2002年7月1日
IGRいわて銀河鉄道	電気	1,067	盛岡－目時	82.0	2002年12月1日
青い森鉄道	電気	1,067	目時－八戸②	25.9	2002年12月1日
青森県			目時－八戸③		
肥薩おれんじ鉄道	内燃、電気	1,067	八代－川内	116.9	2004年3月13日
富山ライトレール	電気	1,067	奥田中学校前－岩瀬浜	6.5	2006年4月29日
養老鉄道	電気	1,067	桑名－揖斐②	57.5	2007年10月1日
近畿日本鉄道			桑名－揖斐③		
伊賀鉄道	電気	1,067	伊賀上野－伊賀神戸②	16.6	2007年10月1日
近畿日本鉄道			伊賀上野－伊賀神戸③		
日本貨物鉄道	内燃	1,067	河原田－津	22.3	2008年3月15日
若桜鉄道	内燃	1,067	郡家－若桜②	19.2	2009年4月1日
若桜町			八頭町若桜線接続点－若桜②		
八頭町			郡家－若桜町若桜線接続点③		
青い森鉄道	電気	1,067	八戸－青森②	96.0	2010年12月4日
青森県			八戸－青森③		
しなの鉄道	電気、内燃、蒸気	1,067	長野－妙高高原	37.3	2015年3月14日
えちごトキめき鉄道	電気、内燃	1,067	妙高高原－直江津	37.7	2015年3月14日
			市振－直江津	59.3	
あいの風とやま鉄道	電気、内燃	1,067	倶利伽羅－市振	100.1	2015年3月14日
IRいしかわ鉄道	電気、内燃	1,067	金沢－倶利伽羅	17.8	2015年3月14日
四日市あすなろう鉄道	電気	762	あすなろう四日市－内部②	5.7	2015年4月1日
			日永－西日野②	1.3	
四日市市			あすなろう四日市－内部③	5.7	
			日永－西日野③	1.3	
WILLER TRAINS	内燃、電気	1,067	宮津－福知山②	30.4	2015年4月1日
			西舞鶴－豊岡②	83.6	
北近畿タンゴ鉄道			宮津－福知山③	30.4	
			西舞鶴－豊岡③	83.6	
東日本旅客鉄道	内燃	1,067	松島－高城町	0.3	2015年5月30日
道南いさりび鉄道	内燃、電気	1,067	五稜郭－木古内	37.8	2016年3月26日
西日本旅客鉄道	電気、内燃、蒸気	1,067	可部－あき亀山	1.6	2017年3月4日
伊賀市	電気	1,067	伊賀上野－伊賀神戸③	16.6	2017年4月1日
(一社)養老線管理機構	電気	1,067	桑名－揖斐③	57.5	2018年1月1日
三陸鉄道	内燃	1,067	釜石－宮古	55.4	2019年3月23日

図表78　地方の軌道線の開業日

事業者名	動力	軌間	区間	キロ程	開業日
長崎電気軌道	電気	1,435	大橋－住吉	1.6	1950年9月16日
福井鉄道	電気	1,067	大名町－田原町	1.6	1950年11月27日
旭川市街軌道	電気	1,067	北海道神社前－旭橋前	1.6	1951年3月23日
富山地方鉄道	電気	1,067	六渡寺－米島口	3.6	1951年4月1日
富山地方鉄道	電気	1,067	総曲輪－安野屋	0.6	1952年8月5日
豊橋交通	電気	1,067	豊橋駅前－市民病院前	0.4	1952年10月5日
長崎電気軌道	電気	1,435	赤迫－住吉	0.4	1960年5月8日
豊橋鉄道	電気	1,067	競輪場前－赤岩口	1.1	1960年6月1日
富山地方鉄道	電気	1,067	中教院前－不二越駅前	1.0	1961年7月18日
伊予鉄道	電気	1,067	本町－本町7丁目	0.6	1962年2月1日
長崎電気軌道	電気	1,435	思案橋－正覚寺下	0.3	1968年6月17日
沖縄国際海洋博覧会協会 *	電気	案内軌条式	北ゲート－南ゲート	1.4	1975年7月20日
豊橋鉄道	電気	1,067	井原－岩田運動公園	0.6	1982年7月31日
富山ライトレール	電気	1,067	富山駅北－奥田中学校前	1.1	2006年4月29日
富山地方鉄道	電気	1,067	富山駅－支線接続点	0.2	2015年3月14日
富山市			富山駅－支線接続点		

* 1976年1月18日まで限定特許

図表79　地方の鉄道線の免許日

事業者名	動力	軌間	区間	キロ程	免許年月日
長野電鉄	電気	1,435	湯田中－渋安代	1.3	1949年5月10日
岡山臨港鉄道	蒸気、内燃	1,067	大元－岡山港	8.3	1950年11月17日
水間鉄道	電気	1,067	水間－粉河	22.4	1950年12月23日
筑豊電気鉄道発起人	電気	1,435	黒崎－博多	59.2	1950年12月23日
静岡鉄道	電気	1,067	運動場前－相川村	27.5	1950年12月23日
和歌山鉄道	電気	1,067	貴志－粉河	12.0	1950年12月23日
四国中央鉄道	蒸気	1,067	立江－生比奈	6.3	1951年2月19日
上田丸子電鉄	電気	1,067	寿町－上丸子	0.8	1951年7月31日
上松電気鉄道発起人	電気	1,067	松本－上田	35.0	1951年9月11日
加越能鉄道	電気	1,067	青島町－小牧	4.7	1951年12月15日
岳南鉄道	電気	1,067	日産前－入山瀬	5.4	1952年11月25日
栃尾鉄道	電気	1,067	長岡市東新町－西新町	1.9	1952年11月25日
長野電鉄	電気	1,067	木島村－瑞穂村	6.5	1952年11月25日
南部縦貫鉄道発起人	内燃	1,067	千曳－三本木町	27.0	1953年8月31日
弘前電気鉄道	電気	1,067	西弘前－田代	17.0	1953年10月1日
加越能鉄道	電気	1,067	富山－金沢	40.7	1954年5月10日
			佐野－電鉄高岡	4.1	
岡山急行電鉄発起人	電気	1,435	岡山－玉島	29.2	1954年5月10日
岩手開発鉄道	蒸気、内燃	1,067	盛－赤崎町	2.2	1956年5月1日
石狩鉄道発起人	内燃	1,067	札幌市北十条－石狩町	20.5	1957年5月29日
小湊鉄道	蒸気、内燃	1,067	本千葉－海士有木	16.0	1957年12月10日
三岐鉄道	電気	1,067	富田－四日市	5.5	1958年1月31日
富山地方鉄道	電気	1,067	富山－中滑川	17.2	1958年9月30日
大井川鉄道	内燃	1,067	千頭－堂平	26.8	1958年12月13日
倉敷市	内燃	1,067	水島－水島港東	3.8	1960年8月23日
武州鉄道	電気	1,067	三鷹－御花畑	60.3	1961年7月11日
雄別鉄道	蒸気	1,067	鶴野－新富士	4.3	1961年7月11日
伊予鉄道	電気	1,067	高浜－高浜港	0.4	1961年8月24日
倉敷市	内燃	1,067	水島港－西埠頭	1.4	1962年5月24日
京葉臨海鉄道	内燃	1,067	蘇我－浜五井	11.7	1963年2月23日
			市原分岐－市原		
関西電力	無軌道電車		上扇沢－ダム	5.9	1963年4月30日
神奈川臨海鉄道	内燃	1,067	塩浜－水江町	10.6	1963年10月19日
			塩浜－千鳥町		
			塩浜－浮島町		
倉敷市	内燃	1,067	水島港－川鉄前	1.5	1964年5月29日
京葉臨海鉄道	電気	1,067	浜五井－椎津	9.0	1964年9月29日
姫路市	跨座式		姫路－手柄山南	2.0	1964年11月4日
立山黒部貫光	電気	1,067	新丸山－黒部ダム左岸	0.7	1965年5月12日
名古屋臨海鉄道	内燃	1,067	東港－名電築港	1.2	1966年5月27日
小名浜臨港鉄道	内燃	1,067	宮下－埠頭	1.4	1966年9月17日
和歌山県	電気	1,067	和歌山港－木材港	3.1	1966年12月26日
京葉臨海鉄道	内燃	1,067	椎津－北袖ヶ浦	2.8	1967年7月31日
南部縦貫鉄道	内燃	1,067	千曳－野辺地	5.7	1967年11月8日
名古屋臨海鉄道	内燃	1,067	南港－知多	4.2	1968年4月23日
苫小牧港開発	内燃	1,067	新苫小牧港－石油埠頭	10.2	1968年8月7日
神奈川臨海鉄道	内燃	1,067	根岸－本牧埠頭	6.0	1968年12月19日
三岐鉄道	電気	1,067	三岐朝明－近畿日本富田	1.1	1969年6月19日
鹿島臨海鉄道	内燃	1,067	北鹿島－奥野谷浜	19.1	1969年7月21日
新潟臨海鉄道	内燃	1,067	黒山－太郎代	5.4	1969年12月17日
福島臨海鉄道	内燃	1,067	埠頭－西埠頭	0.9	1970年1月24日
			秋田港－秋田北港		
八戸臨海鉄道	内燃	1,067	八戸新貨物－北沼	8.5	1970年9月25日

事業者名	動力	軌間	区間	キロ程	免許年月日
仙台臨海鉄道	内燃	1,067	陸前山王－仙台北港	5.4	1971年1月23日
			仙台港－川内埠頭		
衣浦臨海鉄道	内燃	1,067	東浦－権現崎	11.0	1971年7月28日
			亀崎－東成岩	8.4	
京葉臨海鉄道	内燃	1,067	袖ヶ浦－京葉久保田	2.3	1972年3月9日
京葉臨海鉄道	内燃	1,067	千葉貨物ターミナル－食品南	2.5	1974年7月24日
			千葉貨物ターミナル－食品北		
釧路開発埠頭	内燃	1,067	新富士－西港	1.7	1975年9月20日
秩父鉄道	電気	1,067	熊谷貨物ターミナル－武川	7.6	1978年6月26日
北神急行電鉄	電気	1,435	布引－谷上	7.9	1980年3月15日
野岩鉄道	内燃	1,067	会津滝ノ原－新藤原	31.1	1981年12月23日
三陸鉄道	内燃	1,067	田老－普代	32.2	1982年2月15日
			吉浜－釜石	15.0	
宮福鉄道	内燃	1,067	宮津－福知山	30.4	1982年12月24日
神岡鉄道	内燃	1,067	猪谷－神岡	19.9	1984年8月1日
樽見鉄道	内燃	1,067	大垣－美濃神海	23.6	1984年8月1日
鹿島臨海鉄道	内燃	1,067	水戸－北鹿島	52.8	1984年9月11日
弘南鉄道	内燃	1,067	川部－黒石	6.2	1984年9月12日
北条鉄道	内燃	1,067	粟生－北条町	13.6	1985年1月18日
三木鉄道	内燃	1,067	厄神－三木	6.6	1985年1月18日
北越急行	内燃	1,067	六日町－犀潟	59.4	1985年2月1日
阿武隈急行	電気	1,067	福島－丸森	37.7	1985年2月27日
下北交通	内燃	1,067	下北－大畑	18.0	1985年5月20日
由利高原鉄道	内燃	1,067	羽後本荘－羽後矢島	23.0	1985年8月14日
明知鉄道	内燃	1,067	恵那－明知	25.1	1985年8月14日
秋田内陸縦貫鉄道	内燃	1,067	比立内－松葉	29.3	1985年9月11日
甘木鉄道	内燃	1,067	基山－甘木	13.7	1986年1月18日
南阿蘇鉄道	内燃	1,067	立野－高森	17.7	1986年1月18日
阿武隈急行	電気	1,067	槻木－丸森	17.4	1986年5月12日
秋田内陸縦貫鉄道	内燃	1,067	角館－松葉	19.1	1986年7月31日
			鷹ノ巣－比立内	46.0	
長良川鉄道	内燃	1,067	美濃太田－北濃	72.1	1986年10月2日
愛知環状鉄道	電気	1,067	新豊田－高蔵寺	25.8	1986年10月9日
天竜浜名湖鉄道	内燃	1,067	掛川－新所原	67.7	1986年11月14日
樽見鉄道	内燃	1,067	神海－樽見	10.9	1986年11月18日
智頭急行	内燃	1,067	上郡－智頭	56.1	1986年12月25日
伊勢鉄道	内燃	1,067	河原田－津	22.3	1987年1月20日
土佐くろしお鉄道	内燃	1,067	宿毛－中村	23.6	1987年2月5日
信楽高原鐵道	内燃	1,067	貴生川－信楽	14.7	1987年5月9日
会津鉄道	内燃	1,067	西若松－会津高原	57.4	1987年5月9日
錦川鉄道	内燃	1,067	川西－錦町	32.7	1987年5月9日
若桜鉄道	内燃	1,067	郡家－若桜	19.2	1987年8月28日
愛知環状鉄道	電気	1,067	岡崎－新豊田	19.5	1987年10月5日
井原鉄道	内燃	1,067	清音－神辺	41.7	1987年10月27日
			総社－清音		
のと鉄道	内燃	1,067	のと穴水－蛸島	61.0	1987年10月31日
いすみ鉄道	内燃	1,067	大原－上総中野	26.8	1987年11月13日
真岡鐵道	内燃	1,067	下館－茂木	41.9	1987年11月13日
土佐くろしお鉄道	内燃	1,067	窪川－中村	43.0	1987年12月18日
			後免－奈半利	43.1	1988年1月28日
松浦鉄道	内燃	1,067	有田－佐世保	93.8	1988年1月18日
山形鉄道	内燃	1,067	赤湯－荒砥	30.5	1988年5月28日
わたらせ渓谷鐵道	内燃	1,067	桐生－足尾本山	46.0	1988年12月2日
高千穂鉄道	内燃	1,067	延岡－高千穂	50.0	1989年1月27日

事業者名	動力	軌間	区間	キロ程	免許年月日
阿佐海岸鉄道	内燃	1,067	海部－甲浦	8.5	1989年2月9日
北海道ちほく鉄道	内燃	1,067	北見－池田	140.0	1989年3月30日
平成筑豊鉄道	内燃	1,067	直方－田川伊田	49.2	1989年6月5日
			金田－田川後藤寺		
			行橋－田川伊田		
くま川鉄道	内燃	1,067	人吉－湯前	24.8	1989年6月5日
北近畿タンゴ鉄道	内燃	1,067	豊岡－西舞鶴	83.6	1989年9月29日
のと鉄道	内燃	1,067	七尾－輪島②	53.5	1990年1月31日
西日本旅客会社	内燃	1,067	和倉温泉－輪島③	48.4	1990年1月31日
嵯峨野観光鉄道	内燃	1,067	トロッコ嵯峨－トロッコ馬堀②	7.3	1990年11月30日
東海交通事業	内燃	1,067	勝川－枇杷島②	11.7	1991年11月1日
九州旅客鉄道	電気、内燃、蒸気	1,067	日南線分岐点－宮崎空港	1.0	1993年9月8日
しなの鉄道	電気	1,067	軽井沢－篠ノ井	65.1	1997年6月19日
筑豊電気鉄道	電気	1,435	黒崎駅前－熊西②	0.6	2000年6月20日
西日本鉄道	電気	1,435	黒崎駅前－熊西③		
IGRいわて銀河鉄道	電気	1,067	盛岡－目時	82.0	2002年5月28日
青い森鉄道	電気	1,067	目時－八戸②	25.9	2002年5月28日
青森県			目時－八戸③		
肥薩おれんじ鉄道	内燃、電気	1,067	八代－川内	116.9	2003年6月30日
富山ライトレール	電気	1,067	奥田中学校前－岩瀬浜	6.5	2004年11月19日
養老鉄道	電気	1,067	桑名－揖斐②	57.5	2007年6月27日
近畿日本鉄道	電気	1,067	桑名－揖斐③		
伊賀鉄道	電気	1,067	伊賀上野－伊賀神戸②	16.6	2007年6月27日
近畿日本鉄道	電気	1,067	伊賀上野－伊賀神戸③	16.6	2007年6月27日
平成筑豊鉄道	内燃	1,067	門司港（仮称）－和布刈（仮称）*1	2.1	2008年6月4日
北九州市	内燃	1,067	門司港（仮称）－和布刈（仮称）*1		
青い森鉄道	電気	1,067	八戸－青森②	96.0	2010年2月19日
青森県	電気	1,067	八戸－青森③		
信楽高原鐵道	内燃	1,067	貴生川－信楽②	14.7	2013年4月1日
甲賀市	内燃	1,067	貴生川－信楽③		
西日本旅客鉄道	電気	1,067	可部－新河戸（仮称）	1.6	2014年2月25日
しなの鉄道	電気	1,067	長野－妙高高原	37.3	2014年2月28日
えちごトキめき鉄道	電気	1,067	妙高高原－直江津	37.7	2014年2月28日
	電気、内燃、蒸気		市振－直江津	59.3	
あいの風とやま鉄道	電気	1,067	倶利伽羅－市振	100.1	2014年2月28日
IRいしかわ鉄道	電気	1,067	金沢－倶利伽羅	17.8	2014年2月28日
四日市あすなろう鉄道	電気	762	あすなろう四日市－内部②	5.7	2015年3月11日
			日永－西日野②	1.3	
四日市市	電気	762	あすなろう四日市－内部③	5.7	2015年3月11日
			日永－西日野③	1.3	
WILLER TRAINS	内燃・電気	1,067	宮津－福知山②	30.4	2015年3月11日
			西舞鶴－豊岡②	83.6	
北近畿タンゴ鉄道	内燃・電気	1,067	宮津－福知山③	30.4	2015年3月11日
			西舞鶴－豊岡③	83.6	
伊賀市	電気	1,067	伊賀上野－伊賀神戸③	16.6	2017年3月15日
（一社）養老線管理機構 *	電気	1,067	桑名－揖斐③	57.5	2017年12月21日
三陸鉄道 *	内燃	1,067	釜石－宮古	55.4	2019年1月31日

*1 特定目的 *2 地域公共交通の活性化及び再生に関する法律によるみなし許可

図表80　地方の軌道線の特許日

事業者名	動力	軌間	区間	キロ程	特許日
長崎電気軌道	電気	1,435	岡町－住吉町	1.5	1950年5月23日
			鍛冶山町－東小島	0.3	
福井鉄道	電気	1,067	大名町－田原下町	1.5	1950年2月25日
旭川市街軌道	電気	1,067	保戸町－長沼町	2.6	1950年2月25日
富山地方鉄道	電気	1,067	富山市五福－速星	4.9	1953年12月28日
豊橋鉄道	電気	1,067	豊橋市東田町－同町井原38の1	1.3	1957年12月4日
長崎電気軌道	電気	1,435	住吉町343－同町147	0.4	1959年6月11日
伊予鉄道	電気	1,067	松山市本町3丁目－同市本町7丁目	0.6	1961年6月21日
長崎電気軌道	電気	1,435	思案橋－正覚寺下	0.3	1966年10月12日
沖縄国際海洋博覧会協会	電気	案内軌条式	北ゲート－南ゲート	1.4	1974年10月2日
豊橋鉄道	電気	1,067	井原－岩田運動公園	0.6	1981年11月27日
広島電鉄	電気	1,435	広島駅－比治山町交差点	1.1	1989年11月29日
岡山電気軌道	電気	1,067	岡山駅－岡山駅前	0.1	1990年3月13日
富山ライトレール	電気	1,067	富山駅北－奥田中学校前	1.1	2004年11月9日
富山地方鉄道	電気	1,067	丸の内－西町	0.94	2008年2月28日
富山市					
富山地方鉄道	電気	1,067	富山駅中央（仮称）－富山地鉄接続点	0.16	2013年4月26日
富山市					
富山ライトレール	電気	1,067	富山駅－富山駅北	0.1	2015年12月7日
			永楽町－奥田中学校前	0.3	
富山市	電気	1,067	富山駅－富山駅北	0.1	2015年12月7日
			永楽町－奥田中学校前	0.3	
宇都宮ライトレール	電気	1,067	宮みらい－大字下高根沢	14.6	2016年9月26日
宇都宮市			宮みらい－ゆいの杜8丁目	12.1	
芳賀町			芳賀台－大字下高根沢	2.5	

図表81　地方の鉄道の廃止日（特定地方交通線を除く）

事業者名	動力	軌間	区間	キロ程	失効事由	許可日	実施日
江若鉄道 *1	蒸気	1,067	大津市東浦町－湊町●	4.6	起業廃止	1949年5月31日	
仙北鉄道	蒸気	762	瀬峰－築館	12.5	営業廃止	1949年5月31日	1950年3月1日
北海道拓殖鉄道	内燃	1,067	東瓜幕－上士幌	18.9	営業廃止	1949年8月9日	1949年9月1日
十勝鉄道	蒸気	762	下幌内－上幌内	5.2	営業廃止	1950年12月23日	1951年1月6日
四国中央鉄道	蒸気	1,067	中田－同起点9.0キロ●	9.0	起業廃止	1951年2月19日	
小坂鉄道	蒸気	1,067	茂内－長木沢	3.8	営業廃止	1951年3月26日	1951年4月5日
早来鉄道	馬力、内燃	1,067	早来－厚真	8.0	営業廃止	1951年3月27日	1951年3月28日
北陸鉄道 *1	電気	1,067	寺井野町宇佐野－国分村字鵜川●	4.0	起業廃止	1951年6月7日	
十勝鉄道	蒸気、内燃	762	清水－鹿追	27.3	営業廃止	1951年6月15日	1951年7月1日
			北熊牛－南熊牛	7.5			
赤穂鉄道	蒸気、内燃	762	有年－播州赤穂	12.7	営業廃止	1951年11月24日	1951年12月12日
沙流鉄道	蒸気	762	富川－平取	13.1	営業廃止	1951年11月24日	1951年12月11日
富山地方鉄道	電気	1,067	上市町－大岩村●	5.8	起業廃止	1951年11月16日	
三重交通	電気	1,067	四郷村－二見町●	4.4	起業廃止	1952年2月1日	
大沼電鉄	電気	1,067	新銚子口－鹿部	11.3	営業廃止	1952年12月25日	1952年12月25日
羽後交通	電気	1,067	老方－前郷●	13.1	起業廃止	1953年8月5日	
			二井山－老方	12.1	営業廃止		1953年8月5日
加悦鉄道	蒸気	1,067	加悦－大江山●	2.8	起業廃止	1953年9月17日	
大分交通	蒸気、内燃	1,067	豊前善光寺－豊前二日市	15.5	営業廃止	1953年9月1日	1953年9月30日
鞆鉄道	蒸気、内燃	1,067	鞆－福山	12.5	営業廃止	1954年2月26日	1954年3月1日
琴平参宮電鉄	蒸気、内燃	1,067	坂出－琴急琴平	15.7	営業廃止	1954年8月30日	1954年9月30日
筑豊鉄道	蒸気、内燃	1,067	香月－野面	3.8	営業廃止	1954年9月8日	1954年10月1日
静岡鉄道	蒸気、内燃	1,067	駒越－三保●	3.1	起業廃止	1955年1月8日	
住友金属鉱山	電気、蒸気	762	新居浜－端出場	10.3	営業廃止	1954年12月24日	1954年12月31日
			星越－惣開	1.6			
			新居浜－星越	2.6			
尼崎築港	蒸気、電気	1,067	尼崎市－鳴尾村●	7.0	起業廃止	1955年5月25日	
			大庄村地内●	0.5			
			大庄村－鳴尾村●	1.5			
静岡鉄道	電気	1,067	桜橋－駒越	4.2	起業廃止	1955年7月20日	
北陸鉄道	電気	1,067	松任－野々市	5.2	営業廃止	1955年9月19日	1955年11月15日
四国中央鉄道 *1	蒸気	1,067	立江－同起点300m●	0.3	起業廃止	1956年1月31日	
仙台鉄道	蒸気、内燃	1,067	北仙台－加美中新田	40.5	営業廃止	1956年3月14日	1956年3月14日
長門鉄道	蒸気、内燃	1,067	小月－西市	18.2	営業廃止	1956年4月17日	1956年5月1日
上田丸子電鉄	電気	1,067	寿市－上丸子	0.8	起業廃止	1956年8月17日	
夕張鉄道 *1	電気	1,067	若菜辺－清水沢●	4.6	起業廃止	1956年10月1日	
尾道鉄道	電気	1,067	石畦－市	8.0	営業廃止	1957年1月30日	1957年2月1日
常総筑波鉄道	蒸気、内燃	1,067	常総関本－三所	1.2	営業廃止	1957年6月5日	1957年8月1日
			太田郷－常総関本	4.8	旅客廃止		
十勝鉄道	蒸気、内燃	1,067	川西－戸蔦	20.9	営業廃止	1957年8月13日	1957年8月18日
			藤－八千代	17.8			
高松琴平電気鉄道	電気	1,067	瓦町－公園前	1.2	営業廃止	1957年8月15日	
栃尾電鉄	電気	1,435	下長岡－西新町●	1.2	起業廃止	1958年2月12日	
三井金属鉱業	内燃	609	殿－浅井田	5.5	営業廃止	1958年4月3日	1958年4月3日
三重交通	電気	762	平生町－大口	2.8	営業廃止	1958年5月6日	1958年12月3日
近江鉄道	電気	1,067	貴生川－伊賀上野●	24.9	起業廃止	1958年12月3日	
大和鉄道	蒸気	1,067	田原本－桜井	7.5	営業廃止	1958年12月27日	1958年12月28日
長野電鉄 *1	電気	1,067	湯田中－渋安代	1.3	起業廃止	1958年5月13日	
琴平参宮電鉄 *1	電気	1,067	高松市五番町－下笠居村●	7.2	起業廃止	1958年12月31日	
			下笠居村－坂出町●	12.2			
有田鉄道	内燃	1,067	海岸－藤並	3.3	営業廃止	1959年4月2日	1959年4月3日
静岡鉄道	蒸気、内燃	762	大手－（社）袋井	64.6	貨物廃止	1959年5月15日	1959年6月11日
大分交通	蒸気、内燃	1,067	国東－富来●	4.9	起業廃止	1959年8月18日	
日立電鉄 *2	電気	1,067	鮎川－日立市●	3.1	起業廃止	1959年8月25日	
根室拓殖鉄道	蒸気、内燃	762	根室－歯舞	15.1	営業廃止	1959年9月8日	1959年9月21日
日ノ丸自動車	電気	1,067	阿賀－母里	5.3	営業廃止	1959年9月17日	1959年9月17日
仙台鉄道	蒸気、内燃	762	加美中新田－西古川	3.4	営業廃止	1959年10月15日	1960年5月1日
十勝鉄道	蒸気、内燃	762	帯広大通－新帯広	0.6	営業廃止	1959年10月30日	1959年11月15日
			工場前－川西	5.8	営業廃止		
			新帯広－工場前	2.8	旅客廃止		
草軽電気鉄道	電気	762	新軽井沢－上州三原	37.9	営業廃止	1959年11月13日	1960年4月25日
大宇陀鉄道	内燃	1,067	榛原－大宇陀●	7.1	起業廃止	1959年11月10日	

事業者名	動力	軌間	区間	キロ程	失効事由	許可日	実施日
弘前電気鉄道	電気	1,067	取上－板柳●	23.8	起業廃止	1959年11月24日	
			大鰐起点13.8km－同14.1km●	0.3			
富士山麓電気鉄道	電気	1,067	河口湖－勝山●	2.1	起業廃止	1959年12月24日	
日本鉱業	蒸気、内燃	762	幸崎－佐賀関	9.2	貨物廃止	1960年3月1日	1960年3月1日
門築土地鉄道	蒸気、内燃	1,067	外浜－門築大久保	1.5	営業廃止	1960年3月28日	1960年4月15日
一畑電気鉄道	電気、蒸気	1,067	一畑口－一畑薬師	3.3	営業廃止	1960年4月26日	1960年4月26日
山陽電気軌道	電気	1,067	大坪－薪地●	1.9	起業廃止	1960年4月30日	
一畑電気鉄道	電気	1,067	荒島－出雲広瀬	8.3	営業廃止	1960年6月16日	1960年6月20日
南部鉄道	蒸気、電気	1,067	八戸中央－種差●	5.9	起業廃止	1960年6月4日	
加越能鉄道	電気	1,067	庄川町－小牧●	4.7	起業廃止	1960年9月20日	
蔵王高速電鉄	電気	1,067	山形－上ノ山●	12.6	起業廃止	1960年11月15日	
			半郷－高湯●	13.2			
九十九里鉄道	内燃	762	東金－上総片貝	8.6	営業廃止	1960年12月23日	1961年3月1日
仙南交通	電気	1,067	長町－秋保温泉	16.0	営業廃止	1961年4月13日	1961年5月8日
三重交通	電気	762	桑名京橋－西桑名	0.7	営業廃止	1961年9月25日	1961年11月1日
船木鉄道	内燃	1,067	宇部－吉部	17.7	営業廃止	1961年10月18日	1961年11月19日
草軽電気鉄道	電気	762	上州三原－草津温泉	17.6	営業廃止	1961年12月22日	1962年2月1日
南薩鉄道	内燃、蒸気	1,067	加世田－薩摩万世	2.5	営業廃止	1961年12月22日	1962年1月15日
福井鉄道	電気	1,067	鯖江－水落信号所	2.4	営業廃止	1962年1月16日	1962年1月25日
三井金属鉱業	内燃	610	猪谷－鉱山前	22.1	営業廃止	1962年1月16日	1962年1月25日
			六郎－神岡町	1.1	旅客廃止		
西大寺鉄道	内燃	914	西大寺市－後楽園	11.4	営業廃止		1962年9月8日
北陸鉄道	電気	1,067	新粟津－粟津温泉	3.5	営業廃止	1962年5月24日	1962年11月22日
			粟津温泉－宇和野	7.7			
三重交通	電気	1,067	楠部－平岩	4.3	営業廃止	1962年6月1日	1962年7月15日
宮崎交通	蒸気、蓄電池	1,067	南宮崎－内海	20.0	営業廃止	1962年6月21日	1962年7月1日
遠州鉄道	電気	762	気賀口－奥山	7.7	営業廃止	1963年4月4日	1963年5月1日
日本鉱業	蒸気、内燃	762	幸崎－佐賀関	9.2	営業廃止		1963年5月15日
琴平参宮電鉄	電気	1,067	善通寺赤門前－多度津桟橋通	6.0	営業廃止	1963年5月31日	1963年9月16日
			丸亀通町－坂出	6.7			
静岡鉄道	電気	1,067	栗原町－相川●	27.5	起業廃止	1963年6月19日	
三井金属鉱業	内燃	609	東町－殿	0.6	営業廃止	1963年8月19日	1963年8月20日
釧路臨港鉄道	蒸気、内燃	1,067	城山－入船町	11.5	営業廃止	1963年9月30日	
長野電鉄 *3	電気	1,067	木島－関沢●	6.5	起業廃止	1963年5月25日	
奈良電気鉄道	電気	1,435	京都駅表口－東寺●	0.9	起業廃止	1963年10月10日	
上田丸子電鉄	電気	1,067	下之郷－西丸子	8.6	営業廃止	1963年10月11日	1963年11月1日
常総筑波鉄道	蒸気	1,067	太田郷－常総関本	4.8	貨物廃止	1963年12月20日	1964年1月16日
熊延鉄道	蒸気、内燃	1,067	南熊本－砥用	28.6	営業廃止	1964年2月14日	1964年3月31日
尾道鉄道	電車	1,067	尾道－石畦	9.1	営業廃止	1964年6月18日	1964年8月1日
防石鉄道	電車、蒸気	1,067	防府－堀	18.8	営業廃止	1964年6月18日	1964年7月1日
野上電気鉄道	電車、蒸気	1,067	登山口－神野市場	4.7	起業廃止	1964年6月24日	
大分交通	電車、蒸気	1,067	安岐－国東	12.2	営業廃止	1964年7月28日	1964年9月1日
荒尾市	電車、蒸気	1,067	荒尾－緑ケ丘	5.1	営業廃止	1964年9月14日	1964年9月24日
静岡鉄道	蒸気、内燃	762	大手－新藤枝	3.9	営業廃止	1964年9月22日	1964年9月27日
			堀野新田－新三俣	13.1			
近江鉄道	電気	1,067	新八日市－御園	2.8	営業廃止	1964年9月25日	1964年9月25日
遠州鉄道	電気、内燃	762	遠鉄浜松－気賀口	18.0	営業廃止	1964年10月21日	1964年11月1日
三重電気鉄道	電気	762	松阪－大石	20.2	営業廃止	1964年12月4日	1964年12月14日
山鹿温泉鉄道	蒸気、内燃	1,067	植木－山鹿	20.3	営業廃止	1965年2月4日	
一畑電気鉄道	蒸気、内燃	1,067	出雲市－出雲須佐	18.7	営業廃止	1965年2月17日	1965年2月18日
富山地方鉄道	電気	1,067	新港東口－越の潟	0.7	営業廃止	1965年3月18日	1965年4月5日
弘前電気鉄道	電気	1,067	西弘前－田代●	17.5	工事未着手	1965年4月1日	
北岩手鉄道	内燃	1,067	浅内－横道●	13.8	起業廃止	1965年5月20日	
三岐鉄道	電気	1,067	富田－富州原●	1.3	起業廃止	1965年5月7日	
江若鉄道	内燃	1,067	膳所－浜大津	2.2	営業廃止	1965年7月2日	1965年7月10日
大分交通	内燃	1,067	豊後高田－宇佐八幡	8.8	営業廃止	1965年7月16日	1965年8月21日
北陸鉄道	電気	1,067	動橋－片山津	2.7	営業廃止	1965年8月23日	1965年9月24日
伊予鉄道 *4	電気	1,067	高浜－高浜港●	0.4	起業廃止	1965年9月9日	
	内燃	1,067	伊予立花－森松	4.4	営業廃止	1965年10月22日	1965年12月1日
鹿児島交通	内燃	1,067	阿多－知覧	16.3	営業廃止	1965年10月22日	1965年11月15日
大分交通	内燃、蒸気	1,067	杵築－安岐	18.1	営業廃止	1965年11月2日	1966年4月1日
箱根登山鉄道	電気	1,067	箱根町－湯河原●	4.3	起業廃止	1966年2月1日	

事業者名	動力	軌間	区間	キロ程	失効事由	許可日	実施日
茨城交通	電気、内燃	1,067	石塚－御前山	8.6	営業廃止	1966年5月12日	1966年6月1日
越後交通	電気	1,067	寺泊新道－寺泊	3.1	営業廃止	1966年5月23日	1966年5月31日
羽後交通	蒸気、内燃	1,067	館合－二井山	7.2	営業廃止	1966年5月27日	1966年6月15日
玉野市	電気	1,067	玉遊園地－水島	26.8	期限経過	1966年6月13日	
三井金属鉱業	内燃	610	桂渕－神岡町	2.4	営業廃止	1966年6月24日	1966年6月30日
			六郎－東町	1.1			
淡路交通	電気	1,067	洲本－福良	23.4	営業廃止	1966年9月22日	1966年9月30日
三井金属鉱業	内燃	610	桂渕－茂住	13.9	営業廃止	1966年9月22日	1966年9月30日
釧路臨港鉄道	内燃	1,067	入船町－臨港	0.8	営業廃止	1966年9月14日	1966年12月1日
水間鉄道	電気	1,067	犬鳴－粉河	1.0	起業廃止	1967年1月13日	
三井金属鉱業	内燃	610	猪谷－茂住	7.5	営業廃止	1967年3月7日	1967年3月31日
井笠鉄道	内燃	762	北川－矢掛	5.8	営業廃止	1967年3月16日	1967年3月31日
			井原－神辺	11.8			
日ノ丸自動車	電気	1,067	米子市－法勝寺	12.4	営業廃止	1967年3月17日	1967年5月15日
静岡鉄道	内燃	762	袋井－新三俣	17.4	営業廃止	1967年8月9日	1967年8月28日
天塩炭礦	蒸気	1,067	留萠－達布	25.4	営業廃止	1967年7月27日	1967年7月31日
北海道拓殖鉄道	蒸気、内燃	1,067	瓜幕－東瓜幕	6.7	営業廃止	1967年9月30日	1967年10月1日
羽後交通	電気	1,067	西馬音内－梺	2.8	営業廃止	1967年11月15日	1967年12月1日
上武鉄道	蒸気、内燃	1,067	新宿－渡瀬	2.3	起業廃止	1967年11月14日	
江名鉄道	蒸気、内燃	1,067	栄町－江名	4.9	営業廃止	1967年11月15日	1968年3月30日
宮城バス	内燃	762	瀬峰－登米	28.6	営業廃止	1968年3月2日	1968年3月25日
京福電気鉄道	電気	1,067	電車三国－東尋坊口★	1.6	営業廃止	1968年3月21日	
茨城交通	内燃	1,067	大学前－石塚	12.3	営業廃止	1968年6月4日	1968年6月16日
京福電気鉄道	電気	1,067	西長田－本丸岡	7.6	営業廃止	1968年6月17日	1968年7月11日
北海道拓殖鉄道	内燃、蒸気	1,067	新得－瓜幕	28.7	営業廃止	1968年7月18日	1968年8月10日
頸城鉄道自動車	内燃、蒸気	762	新黒井－百間町	5.4	営業廃止	1968年7月19日	1968年10月1日
			飯室－浦川原	3.7			
豊橋鉄道	電気	1,067	本長篠－三河田口	22.6	営業廃止	1968年7月19日	1968年9月1日
静岡鉄道	内燃	762	大井川－堀野新田	23.9	営業廃止	1968年8月8日	1968年8月22日
山形交通	電気	1,067	高畠－二井宿★	5.4	営業廃止	1968年9月6日	1968年10月1日
東野鉄道	内燃、蒸気	1,067	西那須野－黒羽	15.1	営業廃止	1968年12月5日	1968年12月16日
三井三池港務所	電気	1,067	宮浦－東谷	3.3	営業廃止	1968年12月18日	1969年1月4日
羽後交通	内燃、蒸気	1,067	館合－沼館	3.6	営業廃止	1968年12月19日	1969年1月16日
南部鉄道	内燃、蒸気	1,067	尻内－五戸★	12.3	営業廃止	1969年3月27日	1969年4月1日
磐梯急行電鉄	内燃、蒸気	762	川桁－沼尻★	15.6	営業廃止	1969年3月27日	1969年4月1日
上田交通	電気	1,067	上田東－丸子町	11.9	営業廃止	1969年4月9日	1969年4月20日
富山地方鉄道	電気	1,067	黒部－電鉄桜井	1.1	営業廃止	1969年7月28日	1969年8月17日
京福電気鉄道	電気	1,067	金津－東古市	18.4	営業廃止	1969年8月19日	1969年9月18日
花巻電鉄	電気	762	花巻－西花巻	0.8	営業廃止	1969年8月26日	1969年9月1日
江若鉄道	内燃	1,067	浜大津－近江今津	51.0	営業廃止	1969年10月20日	1969年11月1日
定山渓鉄道	電気	1,067	東札幌－定山渓	27.2	営業廃止	1969年10月22日	1969年11月1日
松尾鉱業	電気	1,067	大更－東八幡平	12.2	旅客廃止	1970年1月24日	1970年2月1日
北陸鉄道	電気	1,067	野町－白菊町	0.8	旅客廃止	1970年3月25日	1970年4月1日
雄別炭礦	蒸気	1,067	尺別－尺別炭山	10.8	営業廃止	1970年4月6日	1970年4月16日
雄別鉄道	蒸気、内燃	1,067	釧路－雄別炭山	44.1	営業廃止	1970年4月6日	1970年4月16日
			鶴野－新富士	4.4			
出石鉄道	内燃	1,067	出石－江原●	11.2	営業廃止	1970年7月20日	1970年7月20日
静岡鉄道	内燃	1,067	新藤枝－大井川★	6.3	営業廃止	1970年7月20日	1970年8月1日
弘前電気鉄道	電気	1,067	大鰐－中央弘前	13.9	貨物廃止、譲渡	1970年8月21日	1970年9月1日
山形交通	内燃	1,067	大石田－尾花沢	2.6	営業廃止	1970年8月21日	1970年9月10日
羽幌炭礦鉄道	蒸気、内燃	1,067	築別－築別炭礦	16.6	営業廃止	1970年12月9日	1970年12月25日
山陽電気軌道	電気	1,067	幡生－東下関	2.2	営業廃止	1971年1月30日	1971年2月7日
茨城交通	内燃	1,067	赤塚－大学前	4.3	営業廃止	1971年1月30日	1971年2月11日
加越能鉄道	電気	1,067	高岡－金沢	43.6	未成線廃止	1971年2月2日	1971年2月2日
井笠鉄道	内燃	1,067	井原－笠岡	19.4	営業廃止	1971年3月15日	1971年4月1日
鹿児島交通	内燃	1,067	伊集院－枕崎	49.4	貨物廃止	1971年3月15日	1971年4月3日
大井川鉄道	電気	1,067	井川－堂平 貨物線	1.1	営業廃止	1971年3月24日	1971年4月1日
留萠鉄道	蒸気、内燃	1,067	恵比島－昭和★	17.6	営業廃止	1971年4月7日	1971年1月15日
頸城鉄道自動車	内燃	762	百間町－飯室	5.9	営業廃止	1971年4月21日	1971年5月2日
北陸鉄道	電気	1,067	山中－大聖寺	8.9	営業廃止	1971年7月2日	1971年7月10日
			河南－新動橋	6.3			
羽後交通	内燃	1,067	横手－沼館	15.3	営業廃止	1971年7月5日	1971年7月20日

事業者名	動力	軌間	区間	キロ程	失効事由	許可日	実施日
筑豊電気鉄道	電気	1,435	筑豊直方－福岡	43.3	起業廃止	1971年7月21日	1971年7月21日
福井鉄道	電気	1,067	粟田部－戸ノ口	5.6	営業廃止	1971年8月21日	1971年9月1日
大分交通	内燃	1,067	野路－守実温泉	25.7	営業廃止	1971年9月20日	1971年10月1日
夕張鉄道	蒸気、内燃	1,067	鹿ノ谷－夕張本町	2.1	営業廃止	1971年11月1日	1971年11月15日
			栗山－鹿ノ谷	28.1			
加越能鉄道	電気	1,067	富山－高岡	20.0	起業廃止	1971年11月1日	1971年11月1日
上田交通	電気	1,067	上田－傍陽	11.7	営業廃止	1972年2月5日	1972年2月20日
			本原－真田	4.2			
岩手中央バス	電気	762	花巻－花巻温泉	7.4	営業廃止	1972年2月5日	1972年2月16日
土佐電気鉄道	電気	1,067	後免－安芸	26.8	貨物廃止	1972年2月22日	1972年3月1日
越後交通	電気	1,067	西長岡－来迎寺	7.6	旅客廃止	1972年3月9日	1972年4月16日
下津井鉄道	電気	762	児島－茶屋町	14.5	営業廃止	1972年3月9日	1972年4月1日
玉野市	内燃	1,067	宇野－玉遊園地前	4.7	営業廃止	1972年3月9日	1972年4月1日
寿都鉄道	電気、内燃	1,067	黒松内－寿都★	16.5	営業廃止	1972年5月11日	
三井芦別鉄道	内燃	1,067	芦別－頼城	9.1	旅客廃止	1972年5月13日	1972年6月1日
三菱鉱業	蒸気	1,067	美唄－常盤台	10.6	営業廃止	1972年5月20日	1972年6月1日
北陸鉄道	内燃	1,067	羽咋－三明	25.5	営業廃止	1972年6月17日	1972年6月25日
岡山電気急行鉄道	電気、内燃	1,435	岡山－玉島	29.2	起業廃止	1972年7月17日	
安濃鉄道	内燃	762	新町－椋本★	12.8	営業廃止	1972年8月31日	
加越能鉄道	内燃	1,067	石動－庄川町	19.5	営業廃止	1972年8月31日	1972年9月16日
福島臨海鉄道	内燃	1,067	泉－小名浜	5.4	旅客廃止	1972年9月13日	1972年10月1日
北陸鉄道	電気	1,067	白菊町－野町	0.8	営業廃止	1972年9月13日	1972年9月20日
福井鉄道	電気	1,067	西田中－織田	11.8	営業廃止	1972年9月29日	1972年10月12日
更生会社松尾鉱業	電気	1,067	大更－東八幡平	12.2	営業廃止	1972年10月5日	1972年10月10日
岳南鉄道	電気	1,067	日産前－入山瀬	5.4	起業廃止	1972年10月31日	
上武鉄道	内燃	1,067	丹荘－西武化学前	6.1	旅客廃止	1972年12月19日	1973年1月1日
岡山臨港鉄道	内燃	1,067	岡南元町－岡山港	1.5	旅客廃止	1972年12月19日	1973年1月1日
北沢産業	内燃	1,067	中浜田－浜田港★	0.7	営業廃止	1973年2月27日	
羽後交通	内燃	1,067	湯沢－西馬音内	8.9	営業廃止	1973年3月24日	1973年4月1日
東濃鉄道	内燃	1,067	新多治見－笠原★(旅客)	4.6	営業廃止	1973年3月24日	
越後交通	電気	762	悠久山－長岡	2.8	営業廃止	1973年4月6日	1973年4月16日
		762	上見附－栃尾	10.4			
		1,067	大河津－寺泊	4.8			
富山地方鉄道	電気	1,067	電鉄富山－中滑川	16.8	起業廃止	1973年7月2日	
三井三池港務所 *5	電気	1,067	三池浜－三池港	9.3	営業廃止	1973年7月13日	1973年8月1日
			宮浦－旭町	1.8			
			原万田－平井	4.1			
福井鉄道	電気	1,067	水落－西田中	5.3	営業廃止	1973年9月20日	1973年9月29日
三菱大夕張炭礦	蒸気	1,067	南大夕張－大夕張炭山	9.6	営業廃止	1973年12月6日	1973年12月16日
北丹鉄道	内燃	1,067	福知山－河守★	12.4	営業廃止	1974年2月28日	
土佐電気鉄道	電気	1,067	後免－安芸	26.8	営業廃止	1974年3月22日	1974年4月1日
筑豊電気鉄道	電気	1,435	黒崎－同起点0.8km	0.8	起業廃止	1974年6月4日	
北陸鉄道	電気	1,067	内灘－粟ヶ崎海岸★	1.3	営業廃止	1974年6月29日	
京福電気鉄道	電気	1,067	勝山－京福大野	8.6	営業廃止	1974年8月2日	1974年8月13日
東濃鉄道	電気	1,067	土岐市－東駄知★	10.4	営業廃止	1974年10月21日	
山形交通	電気	1,067	羽前高松－間沢	11.4	営業廃止	1974年11月6日	1974年11月18日
			糠ノ目－高畠	5.2			
富山地方鉄道	電気	1,067	南富山－地鉄笹津	12.4	営業廃止	1975年2月26日	1975年4月1日
庄内交通	電気	1,067	鶴岡－湯野浜温泉	12.2	営業廃止	1975年3月14日	1975年4月1日
北海道炭礦汽船	内燃、蒸気	1,067	野幌－鹿ノ谷	51.1	営業廃止	1975年3月14日	1975年4月1日
越後交通	電気	762	上見附－長岡	13.2	営業廃止	1975年3月24日	1975年4月1日
		1,067	大河津－越後関原	19.4	営業廃止		
		1,067	越後関原－西長岡	4.3	旅客廃止		
大分交通	内燃	1,067	中津－野路	10.4	営業廃止	1975年9月22日	1975年10月1日
伊予鉄道	電気	1,067	高浜－松山市	9.4	貨物廃止	1976年3月22日	1976年4月1日
			松山市－横河原	13.2			
			松山市－郡中港	11.3			
岩手開発鉄道	蒸気、内燃	1,067	岩手石橋－盛起点28.849km	19.3	起業廃止	1976年5月4日	
伊豆箱根鉄道	内燃	1,067	来の宮－銀山	1.5	起業廃止	1976年12月20日	
十勝鉄道	内燃	1,067	帯広－工場前	3.4	営業廃止	1977年2月18日	1977年3月1日
尾小屋鉄道	内燃	762	新小松－尾小屋	16.8	営業廃止	1977年3月9日	1977年3月20日
北恵那鉄道	電気	1,067	中津町－下付知	4.6	営業廃止	1978年8月25日	1978年9月19日

事業者名	動力	軌間	区間	キロ程	失効事由	許可日	実施日
東濃鉄道	内燃	1,067	新多治見－笠原	4.6	営業廃止	1978年10月13日	1978年11月1日
姫路市	電気	跨座式	姫路－手柄山	1.6	営業廃止	1979年1月26日	1979年1月26日
富山地方鉄道	電気	1,067	新富山－新港東口	14.4	営業廃止	1980年3月14日	1980年4月1日
北陸鉄道	電気	1,067	新寺井－鶴来	16.7	営業廃止	1980年9月3日	1980年9月14日
福井鉄道	電気	1,067	社武生－粟田部	8.7	営業廃止	1981年3月5日	1981年4月1日
福島交通	電気	1,067	福島－岩代清水	2.7	貨物廃止	1981年10月29日	1981年11月15日
能勢電鉄	電気	1,435	川西能勢口－川西国鉄前	0.6	営業廃止	1981年12月9日	1981年12月20日
長野電鉄	電気	1,067	信州中野－木島	16.8	貨物廃止	1982年12月15日	1983年1月1日
			信濃竹原－湯田中				
上田交通	電気	1,067	上田原－別所温泉	8.7	貨物廃止	1982年12月15日	1983年1月1日
加越能鉄道	電気	1,067	高岡駅前－中新湊	10.5	貨物廃止	1983年3月25日	1983年1月1日
別府鉄道	内燃	1,067	別府港－野口	3.7	営業廃止	1984年1月24日	1984年2月1日
			別府港－土山	4.1			
岳南鉄道	電気	1,067	須津－岳南江尾	1.9	貨物廃止	1983年1月24日	1984年2月1日
鴨川電気鉄道	電気	1,067	新出町柳－今出川	0.5	起業廃止	1983年8月12日	
長野電鉄	電気	1,067	屋代－信州中野	53.7	貨物廃止	1983年8月5日	1983年8月15日
			信州中野－信州竹原				
			長野－須坂				
野上電気鉄道	電気	1,067	日方－登山口	11.4	貨物廃止	1983年9月28日	1983年10月1日
鹿島臨海鉄道	内燃	1,067	北鹿島－鹿島港南	15.4	旅客廃止	1983年11月15日	1983年12月1日
同和鉱業	内燃	1,067	大館－花岡	4.8	貨物廃止	1983年11月15日	1983年12月1日
釧路開発埠頭	内燃	1,067	新富士－北埠頭	1.7	営業廃止	1984年1月24日	1984年2月1日
秩父鉄道	内燃	1,067	影森－武甲	1.4	営業廃止	1984年1月24日	1984年2月1日
伊豆箱根鉄道	電気	1,067	三島－修善寺	29.4	貨物廃止	1984年1月27日	1984年2月1日
			小田原－大雄山				
筑波鉄道	内燃	1,067	土浦－岩瀬	40.1	貨物廃止	1984年1月27日	1984年2月1日
関東鉄道	内燃	1,067	取手－下館	55.6	貨物廃止	1984年1月27日	1984年2月1日
			佐貫－竜ケ崎				
加悦鉄道	内燃	1,067	加悦－丹後山田	5.7	貨物廃止	1984年1月30日	1984年2月1日
鹿児島交通	内燃	1,067	伊集院－枕崎	49.6	営業廃止	1984年2月24日	1984年3月18日
岡山臨港鉄道	内燃	1,067	大元－岡山港	8.1	営業廃止	1984年12月20日	1984年12月29日
松本電気鉄道	電気	1,067	島々－新島々	1.3	営業廃止	1984年12月20日	1984年12月31日
同和鉱業	内燃	1,067	大館－花岡	4.8	営業廃止	1985年3月14日	1985年4月1日
蒲原鉄道	電気	1,067	村松－加茂	17.7	営業廃止	1985年3月14日	1985年4月1日
島原鉄道	内燃	1,067	諫早－加津佐	78.5	貨物廃止	1984年9月20日	1984年10月1日
上田交通	電気	1,067	上田－上田原	2.9	貨物廃止	1984年10月31日	1984年11月1日
茨城交通	内燃	1,067	勝田－阿字ヶ浦	14.3	貨物廃止	1984年5月24日	1984年6月1日
富士急行	電気	1,067	大月－河口湖	26.6	貨物廃止	1984年5月24日	1984年6月1日
小湊鉄道	内燃	1,067	養老渓谷－上総中野	4.2	貨物廃止	1984年10月30日	1984年11月1日
福島臨海鉄道	内燃	1,067	小名浜埠頭－藤原	0.9	営業廃止		1984年度
日立電鉄	電気	1,067	常北太田－鮎川	18.1	貨物廃止	1985年3月6日	1985年3月14日
水間鉄道	電気	1,067	貝塚－水間	5.5	貨物廃止	1985年3月6日	1985年3月14日
加悦鉄道	内燃	1,067	加悦－丹後山田	5.7	営業廃止	1985年4月22日	1985年5月1日
太平洋石炭販売輸送	内燃	1,067	東釧路－城山	5.2	営業廃止	1985年5月23日	1985年6月1日
熊本電気鉄道	電気	1,067	御代志－菊池	13.5	営業廃止	1986年2月4日	1986年2月16日
蒲原鉄道	電気	1,067	五泉－村松	4.2	貨物廃止	1986年2月22日	1986年3月3日
小湊鉄道	内燃	1,067	五井－養老渓谷	34.9	貨物廃止	1986年2月22日	1986年3月3日
北陸鉄道	電気	1,067	小松－鵜川遊泉寺	5.9	営業廃止	1986年5月20日	1986年6月1日
太平洋石炭販売輸送	内燃	1,067	東釧路－春採	3.3	営業廃止	1986年10月28日	1986年11月1日
			知人－臨港	1.0			
上武鉄道	内燃	1,067	丹荘－西武化学前	6.1	営業廃止	1986年12月25日	1986年12月31日
筑波鉄道	内燃	1,067	土浦－岩瀬	40.1	営業廃止		1987年4月1日
北陸鉄道	電気	1,067	白山下－加賀一の宮	16.8	営業廃止	1987年4月17日	1987年4月29日
南部縦貫鉄道	内燃	1,067	七戸－三本木町	12.0	起業廃止	1987年5月29日	
三菱石炭鉱業	内燃	1,067	清水沢－南大夕張	7.6	営業廃止	1987年7月16日	1987年7月22日
栗原電鉄	電気	1,067	細倉－細倉鉱山	0.7	営業廃止	1988年10月27日	1988年11月1日
三井芦別鉄道	内燃	1,067	芦別－頼城	9.1	営業廃止	1989年2月16日	1989年3月26日
紀州鉄道	内燃	1,067	西御坊－日高川	0.7	営業廃止	1989年3月22日	1989年4月1日
北沢産業	内燃	1,067	網干－中浜田	5.2	営業廃止	1989年4月28日	1989年5月1日
日本貨物鉄道	内燃	1,067	釧路－浜釧路	3.8	営業廃止		1989年8月1日
北海道旅客鉄道	内燃	1,067	(新)夕張－(旧)夕張	0.8	営業廃止	1990年9月5日	1990年12月25日
下津井電鉄	電気	762	下津井－児島	6.3	営業廃止	1990年11月30日	1991年1月1日

事業者名	動力	軌間	区間	キロ程	失効事由	許可日	実施日
同和鉱業	内燃	1,067	片上－棚原	33.8	営業廃止	1991年6月7日	1991年6月30日
新潟交通	電気	1,067	鉄軌分界点－東関屋	0.4	営業廃止	1992年3月10日	1992年3月20日
岩手開発鉄道	内燃	1,067	盛－岩手大橋	9.5	旅客廃止	1992年3月10日	1992年4月1日
越後交通	電気	1,067	西長岡－越後関原	4.3	営業廃止	1993年3月19日	1993年3月31日
新潟交通	電気	1,067	月潟－燕	11.9	営業廃止	1993年7月21日	1993年8月1日
京葉臨海鉄道	内燃	1,067	千葉貨物ターミナル－食品南	1.3	営業廃止	1994年1月20日	1994年1月20日
			千葉貨物ターミナル－食品北	1.2			
野上電気鉄道	電気	1,067	日方－登山口	11.4	営業廃止	1994年3月8日	1994年4月1日
北海道旅客鉄道	内燃	1,067	砂川－上砂川	7.3	営業廃止	1994年4月6日	1994年5月16日
高松琴平電鉄	電気	1,435	(志度線)瓦町－(新)瓦町	0.2	営業廃止	1994年4月1日	1994年7月31日
小坂精練	内燃	1,067	大館－小坂	22.3	旅客廃止	1994年9月21日	1994年10月1日
上信電鉄	電気	1,067	高崎－下仁田	33.7	貨物廃止	1994年9月19日	1994年10月1日
越後交通	電気	1,067	来迎寺－西長岡	7.6	営業廃止	1995年3月1日	1995年4月1日
北海道旅客鉄道	内燃	1,067	深川－名寄	121.8	営業廃止	1995年6月16日	1995年9月4日
水間鉄道	電気	1,067	清児－犬鳴●	11.0	起業廃止	1996年9月11日	1996年9月11日
西日本旅客鉄道	内燃	1,067	南大嶺－大嶺	2.8	営業廃止	1997年2月19日	1997年4月1日
日本貨物鉄道	内燃	1,067	陸前山王－塩釜埠頭	4.9	営業廃止	1997年3月12日	1997年4月1日
東日本旅客鉄道	電気	1,067	横川－軽井沢	76.8	営業廃止	1997年6月19日	1997年10月1日
北海道旅客鉄道	電気	1,067	東室蘭起点7.0km－室蘭	1.1	営業廃止	1997年7月31日	1997年10月1日
弘南鉄道	内燃	1,067	川部－黒石	6.2	営業廃止	1998年3月3日	1998年4月1日
札幌臨港鉄道	内燃	1,067	新川－石狩	17.3	起業廃止	1998年8月5日	1998年8月5日
新潟交通	電気	1,067	東関屋－月潟	21.6	営業廃止	1999年3月15日	1999年4月5日
釧路開発埠頭	内燃	1,067	新富士－西港	1.7	営業廃止	1999年9月9日	1999年9月10日
蒲原鉄道	電気	1,067	五泉－村松	4.2	営業廃止	1999年9月17日	1999年10月4日
日本貨物鉄道	内燃	1,067	石巻港－石巻埠頭	2.9	営業廃止	1999年10月7日	1999年11月1日
苫小牧港開発	内燃	1,067	新苫小牧－石油埠頭	10.2	営業廃止	2001年3月15日	2001年3月31日
のと鉄道	内燃	1,067	穴水－輪島②	20.4	営業廃止	2000年3月30日	2001年4月1日
西日本旅客鉄道	内燃	1,067	穴水－輪島③				
下北交通	内燃	1,067	下北－大畑	18.0	営業廃止	2000年4月28日	2001年4月1日
福島臨海鉄道	内燃	1,067	宮下－小名浜埠頭	1.2	営業廃止	2001年9月20日	2001年10月1日
長野電鉄	電気	1,067	信州中野－木島	12.9	営業廃止	2001年3月29日	2002年4月1日
東日本旅客鉄道	電気、内燃	1,067	盛岡－八戸	107.9	営業廃止		2002年12月1日
南海電気鉄道	電気	1,067	和歌山港－水軒②	2.6	営業廃止	2002年2月12日	2002年5月26日
和歌山県			和歌山港－水軒③				
南部縦貫鉄道	内燃	1,067	野辺地－七戸	20.9	営業廃止	2001年7月27日	2002年8月1日
京福電気鉄道	電気	1,067	福井－勝山	27.8	営業廃止	2001年10月19日	2003年2月1日
			福井口－三国港	25.2		2001年10月19日	2003年2月1日
			東古市－永平寺	6.2		2001年10月19日	2002年10月21日
新潟臨海鉄道	内燃	1,067	黒山－太郎代	5.4	営業廃止	2002年9月6日	2002年10月1日
日本貨物鉄道	内燃	1,067	男鹿－船川港	1.8	営業廃止		2002年1月1日
有田鉄道	内燃	1,067	藤並－金屋口	5.6	営業廃止	2002年10月1日	2003年1月1日
西日本旅客鉄道	内燃	1,067	可部－三段峡	46.2	営業廃止	2002年11月29日	2003年12月1日
九州旅客鉄道	電気	1,067	八代－川内	116.9	営業廃止	2003年2月25日	2004年3月13日
日立電鉄	電気	1,067	常北太田－鮎川	18.1	営業廃止	2004年3月26日	2005年4月1日
のと鉄道	内燃	1,067	穴水－蛸島	61.0	営業廃止	2004年3月30日	2005年4月1日
日本貨物鉄道	内燃	1,067	八王子－倉賀野②	92.0	営業廃止	2004年12月15日	2005年4月1日
	電気		折尾－直方②	14.0		2004年12月15日	
	内燃		多度津－高知②	126.6		2004年12月21日	
西日本旅客鉄道	電気	1,067	富山－岩瀬浜	8.0	営業廃止	2004年8月27日	2006年3月1日
南海電気鉄道	電気	1,067	和歌山－貴志	14.3	営業廃止	2004年9月30日	2006年4月1日
北海道ちほく高原鉄道	内燃	1,067	池田－北見	140.0	営業廃止	2005年4月21日	2006年4月21日
東海旅客鉄道	電気	1,067	名古屋－名古屋貨物ターミナル	7.0	営業廃止	2003年9月30日	2004年10月6日
日本貨物鉄道	電気	1,067	手稲－苗穂②	12.8	営業廃止	2005年12月19日	2006年4月21日
	電気、内燃	1,067	伊予横田－内子②	29.0		2005年12月20日	
	内燃	1,067	伊予大洲－新谷②	5.9		2005年12月20日	
	内燃	1,067	新谷－宇和島②	48.1		2005年12月20日	
	内燃	1,067	新谷－内子②	5.3		2005年12月20日	
	内燃	1,067	東松江－出雲市②	39.3		2005年12月17日	
	内燃	1,067	江津－岡見②	43.3		2005年12月17日	
	内燃	1,067	居能－宇部港	2.2		2006年1月27日	2006年5月1日
神岡鉄道	内燃	1,067	猪谷－奥飛騨温泉口	19.9	営業廃止	2005年11月15日	2006年12月1日
くりはら田園鉄道	内燃	1,067	石越－細倉マインパーク前	25.7	営業廃止	2006年3月24日	2007年4月1日
鹿島鉄道	内燃	1,067	石岡－鉾田	27.2	営業廃止	2006年3月30日	2007年4月1日
衣浦臨海鉄道	内燃	1,067	碧南市－権現崎	3.1	営業廃止	2005年12月7日	2006年4月1日

事業者名	動力	軌間	区間	キロ程	失効事由	許可日	実施日
日本貨物鉄道	内燃	1,067	岐阜－高山②	136.4	営業廃止	2006年9月27日	2007年4月1日
高千穂鉄道	内燃	1,067	延岡－槇峰	29.1	営業廃止	2006年9月6日	2007年9月6日
近畿日本鉄道	電気	1,067	桑名－揖斐	57.5	営業廃止	2007年2月14日	2007年10月1日
			伊賀上野－伊賀神戸	16.6		2007年3月26日	
島原鉄道	内燃	1,067	島原外港－加津佐	35.3	営業廃止	2007年3月30日	2008年4月1日
三木鉄道	内燃	1,067	厄神－三木	6.6	営業廃止	2007年7月23日	2008年4月1日
日本貨物鉄道	内燃	1,067	鵜殿－紀伊佐野	10.0	営業廃止		2008年4月1日
小坂精練	内燃	1,067	大館－小坂	22.3	営業廃止	2008年9月18日	2009年4月1日
北陸鉄道	電気	1,067	鶴来－加賀一の宮	2.1	営業廃止	2008年10月23日	2009年11月1日
日本貨物鉄道	電気	1,067	上沼垂信号場－沼垂	1.8	営業廃止	2009年12月24日	2010年3月25日
			岡崎－北岡崎	5.3			2010年4月1日
東日本旅客鉄道	電気	1,067	八戸－青森	96.0	営業廃止	2009年11月27日	2010年12月4日
長野電鉄	電気	1,067	屋代－須坂	24.4	営業廃止	2011年3月25日	2012年4月1日
十和田観光電鉄	電気	1,067	十和田市－三沢	14.7	営業廃止	2012年1月24日	2012年4月1日
東日本旅客鉄道	内燃	1,067	茂市－岩泉	38.4	営業廃止	2013年11月8日	2014年4月1日
日本貨物鉄道	蒸気、内燃	1,067	岡見－益田	16.9	営業廃止	2013年9月27日	2014年4月1日
	蒸気、内燃		新山口－益田	93.9			
	蒸気、内燃		厚狭－重安	22.3			
	蒸気、内燃、電気		宇部岬－宇部	9.5			
北海道旅客鉄道	蒸気、内燃	1,067	木古内－江差	42.1	営業廃止	2013年4月26日	2014年5月12日
東日本旅客鉄道	蒸気、内燃、電気	1,067	長野－直江津	75.0	営業廃止	2013年12月12日	2015年3月14日
西日本旅客鉄道	蒸気、内燃、電気	1,067	金沢－直江津	177.2	営業廃止	2013年12月12日	2015年3月14日
日本貨物鉄道	内燃	1,067	伯耆大山－東松江	27.1	営業廃止		2015年4月1日
近畿日本鉄道	電気	762	近鉄四日市－内部	5.7	営業廃止	2015年4月1日	2015年4月1日
			日永－西日野	1.3			
北近畿タンゴ鉄道	内燃、電気	1,067	宮津－福知山	30.4	営業廃止	2015年4月1日	2015年4月1日
			西舞鶴－豊岡	83.6			
北海道旅客鉄道	電気、内燃、蒸気	1,067	五稜郭－木古内	37.8	営業廃止	2016年3月26日	2016年3月26日
日本貨物鉄道	内燃	1,067	河原田－津②	22.3	営業廃止	2015年12月24日	2016年3月15日
			亀山－鵜殿②	176.6			2016年4月1日
水島臨海鉄道	内燃	1,067	三菱自工前－西埠頭	0.8	営業廃止	2016年3月10日	2016年7月15日
日本貨物鉄道	内燃	1,067	小波瀬西工大前－苅田港	2.8	営業廃止	2016年6月14日	2016年10月1日
北海道旅客鉄道	内燃、蒸気	1,067	留萌－増毛	16.7	営業廃止	2016年4月28日	2016年12月5日
近畿日本鉄道	電気	1,067	伊賀上野－伊賀神戸	16.6	営業廃止	－	2017年4月1日
日本貨物鉄道	蒸気、内燃	1,067	高岡－二塚②	3.3	営業廃止	2016年12月21日	2017年4月1日
神奈川臨海鉄道	電気	1,067	川崎貨物－水江町	2.6	営業廃止	2017年6月20日	2017年9月30日
近畿日本鉄道	電気	1,067	桑名－揖斐	57.5	営業廃止	－	2018年1月1日
西日本旅客鉄道	内燃、蒸気	1,067	江津－三次	108.1	営業廃止	2016年9月30日	2018年4月1日
関西電力	無軌条電車		扇沢－黒部ダム	6.1	営業廃止	2017年8月28日	2018年12月1日
東日本旅客鉄道	内燃、蒸気	1,067	釜石－宮古	55.4	営業廃止	－	2019年3月23日
北海道旅客鉄道	内燃、蒸気	1,067	新夕張－夕張	16.1	営業廃止	2018年3月26日	2019年4月1日
日本貨物鉄道	内燃	1,067	敦賀－敦賀港	2.7	営業廃止	2018年12月18日	2019年4月1日
太平洋石炭販売輸送	内燃	1,067	春採－知人	4.0	営業廃止	2019年3月25日	2019年6月30日

アミは届出日 日本貨物鉄道の現存する線区の営業廃止については2003年4月以降のみ掲載
*1 期限内に工事施工認可申請をしないため *2 工事施行認可申請取り下げのため *3 当然失効
*4 前者は工事施行認可申請なし *5 廃止後は三井鉱山の専用鉄道として運営する

図表82　地方の鉄道線の休止日

事業者名	動力	軌間	区間	キロ程	期間
南部縦貫鉄道	内燃	1,067	野辺地－西千曳	5.6	1986年9月16日～12月14日
北海道旅客鉄道	内燃	1,067	鹿ノ谷－夕張	2.1	1990年9月15日～12月25日
九州旅客鉄道	内燃	1,067	宮地－緒方	46.9	1990年11月15日～1991年10月31日
東日本旅客鉄道	電気、内燃、蒸気	1,067	米沢－上ノ山	34.9	1991年8月27日～11月4日
			関根－米沢	5.3	1991年10月9日～11月4日
			福島－関根	34.8	1991年11月3日～11月4日
			上ノ山－山形	12.1	1991年11月3日～11月4日
			津川－三川	7.4	1991年8月24日～8月26日
越後交通	電気	1,067	西長岡－越後関原	4.3	1992年4月1日～1993年3月31日
東日本旅客鉄道	電気	1,067	笠間－友部	6.9	1992年11月28日～11月30日
東日本旅客鉄道	電気	1,067	盛岡－大曲	75.6	1996年3月30日～1997年3月31日
南部縦貫鉄道	内燃	1,067	野辺地－七戸	20.9	1997年5月6日～2002年7月31日
西日本旅客鉄道	内燃	1,067	綾部－東舞鶴	26.4	1998年8月18日～8月31日
近江鉄道	電気	1,067	米原－彦根	5.8	1998年8月17日～8月23日
苫小牧港開発	内燃	1,067	新苫小牧－石油埠頭	10.2	1999年4月1日～2001年3月31日
長良川鉄道	内燃	1,067	美濃白島－北濃	6.1	1999年9月18日～2000年3月31日
近江鉄道	電気	1,067	高宮－多賀大社前	2.5	2000年8月22日～8月25日
有田鉄道	内燃	1,067	藤並－金屋口	5.6	2001年1月17日～1月23日
大井川鐵道	蒸気、内燃、電気	1,067	抜里－笹間渡	1.2	2001年2月13日～2月14日
西日本旅客鉄道	電気	1,067	東舞鶴－若狭高浜	15.4	2001年3月19日～3月22日
			若狭高浜－小浜	19.4	2001年3月23日～3月26日
			小浜－十村	20.2	2001年3月27日～3月31日
			十村－敦賀	29.3	2001年4月1日～4月6日
			敦賀－十村	29.3	2001年8月20日～8月31日
			若狭高浜－東舞鶴	15.4	2002年3月14日～3月22日
			十村－小浜	20.2	2002年3月23日～4月2日
わたらせ渓谷鐵道	内燃	1,067	足尾－間藤	1.3	2002年5月22日～8月3日
日本貨物鉄道	内燃	1,067	焼島－東新潟港	1.7	2002年6月1日～2020年5月31日
		1,067	小波瀬西工大前－苅田港	4.6	2009年10月1日～2016年9月30日
		1,067	門司港－外浜	0.9	2005年10月1日～2007年9月30日
	電気	1,067	駒ヶ嶺-浜吉田	18.8	2013年3月11日～工事完了 *
	内燃	1,067	敦賀－敦賀港	2.7	2016年4月1日～2019年3月31日
高千穂鉄道	内燃	1,067	槇峰－高千穂	20.9	2016年9月6日～2019年9月5日
東日本旅客鉄道	電気	1,067	駒ケ嶺－浜吉田	18.2	2013年3月11日～工事完了
			高城町－陸前小野	11.7	2013年3月11日～工事完了
名古屋臨海鉄道	内燃	1,067	東港－昭和町	1.1	2015年8月1日～2020年7月31日
			東港－汐見町	3.0	
			名古屋南貨物－知多	4.4	
水島臨海鉄道	内燃	1,067	三菱自工前－西埠頭	0.8	2015年7月25日～2016年7月24日
神奈川臨海鉄道	内燃	1,067	川崎貨物－水江町	1.5	2016年12月15日～2017年12月14日
秋田臨海鉄道	内燃	1,067	秋田港－秋田北港	2.5	2017年7月1日～2020年6月30日

アミは届出日　* JR東日本が工事

図表83　地方の軌道線の特許失効日

事業者名	動力	軌間	区間	キロ程	失効理由	許可日	実施日
旭川市街軌道	電気	1,067	三線三号－一線四号	0.1	事業廃止	1950年6月22日	1950年6月22日
富山地方鉄道	電気	1,067	旅籠町－安野屋	0.5	事業廃止	1953年1月24日	1953年1月24日
茨城交通	電気	1,067	光台寺裏－袴塚	0.3	事業廃止	1953年6月30日	1953年10月20日
			大洗－湊	2.5			
熊本電気鉄道	電気	1,067	上熊本－藤崎宮前	2.1	事業廃止	1953年12月1日	1954年6月1日
土佐電気鉄道	電気	1,067	若松町通－若松通	0.4	事業廃止	1954年5月4日	1954年7月19日
樺穂興業	人力	609	樺穂村地内	3.7	事業廃止	1954年9月25日	1954年9月30日
本郷軌道	人力	609	本郷駅前－父子	4.3	事業廃止	1954年10月5日	1954年10月5日
山陽電気軌道 *1	電気	1,067	東下関－幡生●	1.8	起業廃止	1954年12月28日	1954年12月28日
箱根登山鉄道	電気	1,435	小田原－箱根板橋	2.4	事業廃止	1956年5月25日	1956年6月1日
旭川市街軌道	電気	1,067	旭川駅前－春光台	5.3	事業廃止	1956年5月14日	1956年6月9日
			北海道神社前－一線六号	2.2			
大分交通	電気	1,067	別府駅前－北浜	0.5	事業廃止	1956年9月15日	1956年10月19日
高松琴平電鉄	電気	1,435	築港前－公園前	2.3	事業廃止	1957年1月8日	
三重交通	電気	1,067	豊川町－浦田町●	3.2	起業廃止	1957年2月21日	
南豆鉄道興業	馬力	762	大沢－下田●	4.2	起業廃止	1957年4月11日	
広島鉄道	電気	1,435	舟入本町－鷹野橋●	0.7	起業廃止	1957年5月23日	
伊予鉄道	電気	1,067	古町－本町●	0.3	起業廃止	1957年7月25日	
京福電気鉄道	電気	1,435	北野－白梅町	0.4	事業廃止	1958年4月23日	1958年9月16日
新潟交通	圧縮ガス	1,067	新潟駅－県庁前●	2.7	起業廃止	1958年10月23日	
			県庁前－同起点58m●	0.1			
長崎電気軌道	電気	1,435	思案橋－東小島町●	0.3	起業廃止	1958年10月23日	
島田軌道合資	人力	609	島田駅前－向谷	3.1	事業廃止	1959年9月30日	1959年9月30日
士別軌道	蒸気、内燃	762	士別－奥士別	21.4	事業廃止	1959年9月30日	1959年10月1日
鍋山軌道	内燃、人力	609	門沢－両毛	17.1	事業廃止	1960年7月15日	
岡山電気軌道	電気	1,435	西大寺町－大雲寺●	0.6	起業廃止	1960年9月7日	
			小原町－豊成●	2.2			
三重交通	電気	1,067	本町－二見	7.6	事業廃止	1960年12月23日	1961年1月20日
			伊勢市駅前－内宮前	6.8			
			二軒茶屋－中山	0.6			
山梨交通	電気	1,067	甲府駅前－甲斐青柳	20.2	事業廃止	1962年5月26日	
静岡鉄道	電気	1,067	静岡駅前－安西	2.0	事業廃止	1962年8月31日	
			新袋井－遠州森町	12.1			
			可睡口－可睡	1.1			
伊豆箱根鉄道	電気	1,067	三島田町－沼津駅前	6.6	事業廃止	1963年1月28日	
豊橋鉄道	電気	1,067	市立病院前－西八町●	0.7	起業廃止	1963年1月26日	
琴平参宮電鉄	電気	1,067	丸亀通町－善通寺赤門前	7.1	事業廃止	1963年5月31日	
			善通寺赤門前－琴参琴平	6.8			
松本電気鉄道	電気	1,067	松本－浅間温泉	5.3	事業廃止	1964年3月18日	
岩美町	内燃	1,067	岩美－岩井温泉	3.4	事業廃止	1964年3月27日	
東藻琴村 *2	内燃	762	藻琴－山園●	32.9	起業廃止	1964年1月7日	
			福山－東洋●				
花巻電鉄	電気	762	西花巻－中央花巻	0.5	事業廃止	1965年5月26日	1965年7月1日
茨城交通	電気	1,067	上水戸－水戸駅前	3.6	事業廃止	1965年5月26日	1965年6月11日
熊本電気鉄道	電気	1,067	隈府－山鹿●	13.6	起業廃止	1965年7月19日	1965年9月1日
北陸鉄道	電気	1,067	東金沢駅－鳴和	0.8	事業廃止	1966年2月15日	1966年3月31日
茨城交通	電気	1,067	水戸駅前－大洗	14.4	事業廃止	1966年5月14日	1966年6月1日
北陸鉄道	電気	1,067	金沢市内線	11.7	事業廃止	1966年12月19日	1967年2月10日
福島交通	電気	1,067	聖光学院前－湯野町	3.8	事業廃止	1967年3月31日	1967年9月16日
岡山電気軌道	電気	1,067	上之町－番町	0.9	事業廃止	1968年5月24日	1968年6月1日
秋田中央交通	電気	1,067	八郎潟－五城目	3.8	事業廃止	1969年6月24日	1969年7月11日
花巻電鉄	電気	1,067	西花巻－西鉛温泉	17.0	事業廃止	1969年8月25日	1969年9月1日
山陽電気軌道	電気	1,067	下関駅前－東下関	4.5	事業廃止	1971年1月30日	1971年2月7日
福島交通	電気	1,067	福島駅前－伊達駅前ほか	27.7	事業廃止	1971年3月24日	1971年4月12日
北陸鉄道	電気	1,067	中橋－大野港	7.2	事業廃止	1971年8月21日	1971年9月1日
加越能鉄道	電気	1,067	米島口－伏木港	2.9	事業廃止	1971年8月21日	1971年9月1日
富山地方鉄道	電気	1,067	地鉄ビル前－中教院前	1.4	営業廃止	1972年9月3日	1972年9月21日
			西町－丸の内	0.9			1973年3月31日
旭川電気軌道	電気	1,067	旭川－東川ほか	22.2	営業廃止	1972年12月22日	1973年1月1日
静岡鉄道	電気	1,067	港橋－横砂★	4.6	営業廃止	1975年3月13日	1975年3月22日
豊橋鉄道	電気	1,067	豊橋駅前－市民病院前★	0.6	営業廃止	1973年3月24日	1973年3月21日
	電気	1,067	新川－柳生橋	0.9	営業廃止	1976年2月28日	1976年3月7日
沖縄国際海洋博覧会協会	案内軌条式		北ゲート－南ゲート	1.4	期限終了	1976年1月19日	
新潟交通	電気	1,067	白山前－鉄軌分岐点	2.2	事業廃止	1992年3月10日	1992年3月20日

*1 期限内に工事施行認可申請をしないため　*2 工事施行認可申請取り下げ

図表84　地方の鉄軌道事業の譲渡日

譲受事業者名	譲渡事業者名	区間	キロ程	許可日	実施日
鉄道					
岳南鉄道	駿豆鉄道	吉原－江の島●	6.5	1948年10月22日	1949年5月20日
長門鉄道	山陽電気軌道	小月－西市	18.2	1949年2月11日	1949年4月1日
神岡鉱業	三井鉱山	東町－町猪谷 ほか2区間	33.7	1950年5月1日	1950年5月1日
加越能鉄道	富山地方鉄道	石動－青島町	19.5	1950年9月25日	1950年10月25日
倉敷市	水島工業都市開発	倉敷－水島港	10.1	1952年3月31日	1952年4月1日
筑豊鉄道	筑豊興業鉄道	香月－野面	3.8	1952年5月16日	1952年8月6日
北岩手鉄道	岩手窯業鉱山	浅内－横道	13.8	1952年9月1日	
花巻電鉄	花巻温泉電鉄	西花巻－花巻温泉	8.4	1953年5月26日	1953年6月1日
紀泉鉄道	水間鉄道	水間－粉河●	22.4	1953年9月11日	1953年10月1日
立山開発鉄道	富山地方鉄道	小見－粟巣野	5.0	1953年11月28日	1954年4月1日
		粟巣野－芦崎寺●	1.1		
和歌山県	南海電気鉄道	久保町－和歌山港	1.5	1954年4月13日	1954年5月13日
豊橋鉄道	名古屋鉄道	新豊橋－三河田原	18.1	1954年9月27日	1954年10月1日
玉野市	備南電気鉄道	宇野－福田	31.4	1956年3月24日	1956年3月24日
大宇陀鉄道発起人	近畿日本鉄道	榛原－大宇陀	7.1	1959年8月26日	1959年8月31日
雄別炭礦	雄別鉄道	釧路－雄別炭山	44.1	1959年8月26日	1959年8月31日
		新富士－雄別埠頭	2.1		
三井芦別鉄道	三井鉱山	芦別－頼城	9.1	1960年9月20日	1960年10月1日
富山地方鉄道	立山開発鉄道	小見－千寿ヶ原	6.3	1962年3月10日	
三井三池港務所	三井鉱山	三池浜－三池港	9.3	1965年3月11日	1965年3月11日
		宮浦－旭町	1.8		
		宮浦－東谷	3.3		
		平井－原万田	4.1		
加越能鉄道	富山地方鉄道	越ノ潟－新湊	4.9	1966年3月25日	
三菱大夕張炭砿	三菱鉱業	清水沢－大夕張炭山	17.2	1969年9月17日	1969年10月1日
水島臨海鉄道	倉敷市	倉敷市－西埠頭ほか	17.0	1970年3月27日	1970年4月1日
釧路開発埠頭	雄別鉄道	新富士－雄別埠頭	2.1	1970年4月6日	1970年4月16日
弘南鉄道	弘前電気鉄道	大鰐－中央弘前	13.9	1970年9月25日	1970年10月1日
黒部峡谷鉄道	関西電力	宇奈月－欅平	20.2	1971年6月22日	1971年7月1日
北海道炭礦汽船	夕張鉄道	野幌－鹿ノ谷	51.1	1974年3月23日	1974年4月1日
千葉急行電鉄	小湊鉄道	京成千葉－海士有木		1975年12月20日	1975年12月20日
筑波鉄道	関東鉄道	土浦－岩瀬	40.1	1979年3月3日	1979年4月1日
鹿島鉄道		石岡－鉾田	27.2		
阪堺電気軌道	南海電気鉄道	恵美須町－浜寺駅前	14.1	1980年11月19日	1980年12月1日
		天王寺駅前－住吉公園	4.6		
新福島交通	福島交通	福島－飯坂温泉	9.2	1986年9月18日	1986年10月1日
叡山電鉄	京福電気鉄道	出町柳－八瀬遊園	5.6	1986年3月20日	1986年4月1日
		宝ヶ池－鞍馬	8.8		
小坂精練	同和鉱業	大館－小坂		1989年9月26日	1989年9月30日
万葉線	加越能鉄道	六渡寺－高岡駅前	4.9	2002年2月14日	2002年4月1日
		越ノ潟－六渡寺	7.9		
えちぜん鉄道	京福電気鉄道	福井－勝山	4.8	2003年1月17日	2003年2月1日
		福井口－三国港			
三岐鉄道	近畿日本鉄道	西桑名－阿下喜		2003年3月6日	2003年4月1日
和歌山電鐵	南海電気鉄道	和歌山－貴志		2006年2月28日	2006年4月1日
軌道					
花巻電鉄	花巻温泉電鉄	中央花巻－西鉛温泉	17.6	1953年5月28日	1953年6月1日
加越能鉄道	富山地方鉄道	新高岡－新湊	8.0	1959年3月27日	1959年4月1日
		米島口－伏木港	2.9		

図表85　地方の鉄軌道会社の合併、分割、社名変更

●鉄軌道事業の合併

存続事業者名	解散事業者名	認可日	実施日
藤田興業	片上鉄道	1950年5月18日	1950年6月20日
上田丸子電鉄	上県自動車	1953年5月28日	1953年6月1日
日ノ丸自動車	山陰中央鉄道	1953年9月11日	1953年9月15日
福井鉄道	敦賀乗合	1953年11月28日	
駿豆鉄道	伊豆海陸	1954年3月9日	1954年4月1日
一畑電気鉄道	出雲鉄道	1954年4月28日	1954年5月1日
	島根鉄道	1954年11月30日	1954年12月1日
両備バス	西大寺鉄道	1955年9月27日	1955年10月1日
三重交通	大洋観光バス	1956年1月28日	1956年2月1日
富士山麓鉄道	富士山麓ハイヤー	1956年4月30日	
豊橋鉄道	田口鉄道	1956年9月24日	1956年10月1日
同和鉱業	藤田興業	1957年7月29日	1957年8月1日
近江鉄道	近江バス、近江タクシー	1957年9月16日	1957年10月1日
和歌山電気軌道	和歌山鉄道	1957年10月29日	1957年11月1日
同和鉱業	小坂鉄道	1957年11月7日	1958年2月1日
伊豆箱根鉄道	沼津貨物自動車	1959年1月26日	1959年2月28日
水間鉄道	紀泉軌道	1959年2月20日	1959年3月9日
仙南交通（新設）	秋保電気鉄道	1959年6月22日	1959年7月1日
	仙南交通自動車		
伊豆箱根鉄道	沼津自動車	1959年8月7日	1959年8月28日
	修善寺合同タクシー		
	熱海観光タクシー		
琴平参宮鉄道	三豊バス	1959年9月16日	1959年11月17日
箱根登山鉄道	箱根登山バス	1960年7月18日	1960年8月31日
福井鉄道	三方交通	1960年8月29日	1960年9月1日
長岡鉄道	中越自動車	1960年9月20日	1960年10月20日
	栃尾電鉄		
福島電気鉄道	福島県南交通	1961年5月10日	1961年7月17日
信貴生駒電鉄	大和鉄道	1961年9月5日	1961年10月1日
近畿日本鉄道	奈良電気鉄道	1963年8月24日	1963年10月1日
夕張鉄道	夕張バス	1963年8月23日	
京福電気鉄道	福井県乗合自動車	1963年7月15日	1963年8月1日
宮城バス	仙北鉄道	1964年3月10日	1964年5月1日
陸前乗合自動車	栗原電鉄	1964年4月18日	1964年6月1日
日本硫黄鉄道	沼尻観光	1964年6月6日	1964年6月10日
鹿児島交通	南薩鉄道	1964年8月25日	1964年9月22日
三州自動車	南薩鉄道	1964年8月25日	1964年9月1日
近畿日本鉄道	三重電気鉄道	1965年3月27日	1965年4月1日
山陽電気軌道	山電開発	1965年9月9日	1965年9月30日
鹿島参宮鉄道	常総筑波鉄道	1965年5月8日	1965年7月21日
雄別炭礦	雄別鉄道	1970年2月12日	1970年2月12日
岩手中央バス	花巻電鉄	1971年1月22日	1971年2月24日
美唄炭礦	三菱大夕張炭礦*	1971年6月26日	1971年7月1日
三岐鉄道	三岐開発	1972年6月13日	1972年7月1日
三菱大夕張炭礦	三菱高島炭礦	1973年12月10日	1973年12月15日
太平洋石炭販売輸送	釧路臨港鉄道	1979年4月6日	1979年4月30日
近江鉄道	近江観光	1983年4月22日	1983年4月30日
	近江バス	1986年3月11日	1986年4月1日
大鉄技術サービス	大井川鐵道	2000年9月19日	2000年10月1日

*合併後に三菱大夕張炭礦に変更

●会社分割

承継会社	分割前	認可日	実施日
上田電鉄	上田交通	2005年9月28日	2005年10月3日
一畑電車	一畑電気鉄道	2006年3月30日	2006年4月3日
ひたちなか海浜鉄道	茨城交通	2008年3月25日	2008年4月1日
岳南電車	岳南鉄道	2013年2月19日	2013年4月1日

●社名変更

新会社名	旧会社名	変更日
上田交通	上田丸子電鉄	1969年5月31日
紀州鉄道	御坊臨港鉄道	1972年8月31日
福島交通	新福島交通	1986年12月12日
北近畿タンゴ鉄道	宮福鉄道	1989年8月1日
くりはら田園鉄道	栗原電鉄	1995年4月1日
大井川鐵道	大鉄技術サービス	2000年10月2日
アルピコ交通	松本電気鉄道	2011年4月1日

資料篇の出典：
『私鉄統計年報』（1974年度まで）、『民鉄統計年報』（1975～1986年度）、
『鉄道統計年報』（1987年度以降）。一部は『交通年鑑』で補足。

主要参考文献

▼書籍、雑誌

青木槐三、山中忠雄編著『国鉄興隆時代　木下運輸二十年』日本交通協会、1957年
石川達二郎『鉄道を考える』交通統計研究所出版部、2001年
石川孝織、奥山道紀、清水一史、星匠編著『釧路・根室の簡易軌道』増補改訂版、釧路市立博物館、2018（初版2017年）
江宮隆之『天下の雨敬、明治を拓く』河出書房新社、2012年
老川慶喜『明治期地方鉄道史研究　鉄道史叢書①』日本経済評論社、1983年
大谷健『国鉄は生き残れるか　再建への道を考える』産業能率大学出版部、1977年
大蔵公望『大蔵公望之一生』大蔵公望先生喜寿祝賀委員会、1959年
おやけこういち『常磐地方の鉄道　民営鉄道の盛衰をたどって』小宅幸一発行、1987年
『夕張の火は消えず　解散記念誌』夕張炭鉱労働組合、1978年
角本良平『この国鉄をどうするか』東洋経済新報社、1977年
加藤寛『国鉄再建はこうなる』ダイヤモンド社、1985年
鎌田慧『全記録　国鉄処分』柘植書房、1986年
鎌田慧『国鉄改革と人権』岩波ブックレットNo.160、1990年
菊池久『濤魂の総理　鈴木善幸』山手書房、1980年
菊池弘『三陸鉄道物語　風雪の鉄路・百年の悲願』サンケイ新聞盛岡支局、1983年
木村昌人『渋沢栄一　日本のインフラを創った民間経済の巨人』ちくま新書、2020年
共同通信社社会部編『国鉄を裸にする』共同通信社、1978年
草野厚『国鉄改革　政策決定ゲームの主役たち』中公新書、1989年
草野厚『国鉄解体　JRは行政改革の手本となるのか？』講談社文庫、1997年
桑原弥寿雄『鉄道線路選定小史』私家版、1961年（『鉄道技術発達史』日本国有鉄道、1958年の第2章第1節部分の抄出、補足版）
中川浩一、今城光英、加藤新一、瀬古龍雄『軽便大国雨宮』丹沢新社、1972年
『国鉄再建を考える』経済評論増刊、日本評論社、1985年
国鉄再建問題研究会編『国鉄再建への道』日本リーダーズ協会、1981年
『国鉄に生きてきた』別冊宝島58号、1986年
サンケイ新聞国鉄特別取材班『これでよいのか国鉄』サンケイ新聞社出版局、1975年

塩田道夫『富士を拓く　堀内良平の生涯』堀内良平伝刊行委員会、１９９４年
島津敞史『汽笛百年　ふくい鉄道史』福井新聞社、１９８２年
『仙北鐵道資料集』登米市歴史博物館、発行年月不明
高木文雄『国鉄ざっくばらん』東洋経済新報社、１９７７年
高木文雄『私鉄経営に学ぶ　高木国鉄総裁・私鉄トップにきく』交通協力会、１９８２年
高野邦彦『国鉄「民営分割」への挑戦』ダイヤモンド社、１９８６年
高橋秀雄、秋山義継『国鉄の再建　その方策と提言』交通日本社、１９７８年
立花隆『田中角栄研究全記録　下　ロッキード事件から田中逮捕まで』講談社文庫、１９８２年
立花隆『田中角栄研究全記録　上　金脈追及・執念の五〇〇日』講談社文庫、１９８２年
筑井正義『堤康次郎伝』東洋書館、１９５５年
徳永益男所蔵、松本謙一解説『資料　原版復刻　全国蒸気機関車配置表』イカロス出版、２０１８年
中川一郎、河村勝、辻本滋敬、今井久夫「国鉄再建にはショック療法も辞さず」『月刊官界』9月号、１９７９年
長澤規矩也『国鉄さん、これでいいの』同信社、１９７６年
『南総鉄道の歴史』写真でみる　もばら風土記シリーズ28、茂原市教育委員会、２００９年
西川一誠『「ふるさと」の発想　地方の力を活かす』岩波新書、２００９年
『根津翁伝』非売品、根津翁伝記編纂会、１９６１年
堀内良平『日本に於ける鉄道と自動車の将来　講演の速記』東京講演同好会会報、１９２７年
牧久『昭和解体　国鉄分割・民営化30年目の真実』講談社、２０１７年
牧太郎『小説　土光臨調「行革維新」で闘う男たちの攻防』ビジネス社、１９８２年
前野雅弥『田中角栄のふろしき　首相秘書官の証言』日本経済新聞出版、２０１９年
松下孝昭『鉄道建設と地方政治』日本経済評論社、２００５年
三塚博『国鉄を再建する方法はこれしかない』政治広報センター、１９８４年
南整『嗚呼「国鉄」　その再生への道』日本リーダーズ協会、１９８２年
武藤長蔵『本邦鐵道史上第一頁に記載さるべき事蹟に就て』復刻鉄道名著集成、アテネ書房、１９９３年

▼官公庁

『運輸省五十年史』運輸省50年史編纂室、１９９９年
運輸省編『運輸省三十年史』運輸経済研究センター、１９８０年
『図表の語る鉄道史　鉄道七十五年記念』運輸省、１９４７年
経済企画庁総合計画局『21世紀の総合交通体系』大蔵省印刷局、１９８９年
建設省編『国土建設の将来展望』ぎょうせい、１９７９年
『東北地方交通幹線網の策定基準及び経済効果に関する調査』東

北地方総合開発調査報告書、東北開発研究会、１９５６年
『道路行政』平成3年度版、全国道路利用者会議、１９９１年
『日本鉄道建設公団三十年史』日本鉄道建設公団、１９９５年
『日本鉄道建設公団十年史』日本鉄道建設公団、１９７４年

▼事業者団体

『バス事業五十年史』日本乗合自動車協会、１９５７年
『鉄道同志会史』私鉄経営者協会、１９５６年
『日本民営鉄道協会三十年史』日本民営鉄道協会、１９９７年

▼国鉄

旭川局運転研究同好会『列車ダイヤから見た運転85年史』旭川鉄道管理局　刊行年記載なし
『大阪鉄道局史』大阪鉄道局、１９５０年
『釧路鉄道管理局史』釧路鉄道管理局、１９７２年
『国鉄財政再建推進会議記録』日本国有鉄道、１９６８年
『日本陸運十年史』日本国有鉄道、１９５１年
『国鉄自動車二十年史』国鉄自動車二十年史刊行会、１９５１年
国鉄自動車研究会編『国鉄自動車四十年のあゆみ』自動車交通弘報社、１９７４年
『四国鉄道七十五年史』日本国有鉄道四国支社、１９６５年
『千葉鉄道管理局史』日本国有鉄道千葉鉄道管理局、１９６３年
『鉄道輸送の現状　鉄道の輸送力は限界に来た』パンフレット、日本国有鉄道、１９５６年
『日本国有鉄道百年史』第3巻、日本国有鉄道、１９７１年
『日本国有鉄道百年史』第6巻、日本国有鉄道、１９７２年
『新線建設、運賃制度をめぐる論評』パンフレット、日本国有鉄道、１９６０年
『図表が描く国鉄財政の現状』パンフレット、日本国有鉄道、１９５６年
『仙台鉄道管理局60年史』日本国有鉄道仙台鉄道管理局、１９７９年
『盛岡鉄道管理局25年史』日本国有鉄道盛岡鉄道管理局、１９７６年
『轣轆　１１４』日本国有鉄道高崎鉄道管理局運転史編纂委員会、１９８７年
『国民の国鉄にするために』国鉄労働組合、１９６１年
『日本鐵道史　中篇』鉄道省、１９２１年
『北海道鉄道百年史』上、中、下、日本国有鉄道北海道総局、１９７６年

▼社史

『茨城交通株式会社三十年史』茨城交通、１９７７年
『伊予鉄道百年史』伊予鉄道、１９８７年
『遠州鉄道40年史』遠州鉄道、１９８３年
『弘南鉄道五十年史』弘南鉄道、１９７７年
甲武鉄道『甲武鉄道市街線紀要』共益商社書店、１８９７年
『九州旅客鉄道10年史　１９８７-１９９６』九州旅客鉄道、１９９７年
『九州旅客鉄道20年史　１９８７-２００６』九州旅客鉄道、２

007年
『西日本旅客鉄道30年史 1987−2016』西日本旅客鉄道、2017年
『東海旅客鉄道20年史』東海旅客鉄道、2007年
『東日本旅客鉄道株式会社二十年史』東日本旅客鉄道、2007年
『JR北海道20年のあゆみ』北海道旅客鉄道、2007年
『30年のあゆみ』日本貨物鉄道、2019年
『津軽鉄道六十年史』津軽鉄道、1993年
『東武鉄道百年史』東武鉄道、1998年
『長野電鉄80年のあゆみ』長野電鉄株式会社、2000年
『名古屋鉄道百年史』名古屋鉄道、1994年
『富山地方鉄道五十年史』富山地方鉄道、1983年
『日ノ丸自動車八十年史』日ノ丸自動車株式会社、2012年
『北陸鉄道50年史』北陸鉄道、1993年
『水間鉄道50年の歩み』水間鉄道、1973年

▼地方史

『札幌市史（産業経済篇）』札幌市役所、1958年
『千葉県史 明治編』千葉県、1962年

▼年鑑、年刊

『日本国有鉄道監査報告書』
『財務諸表の監査調書』昭和42年度日本国有鉄道監査報告書参考資料、日本国有鉄道監査委員会、1968年
『昭和60年度日本国有鉄道経営改善計画実施状況報告書』日本国有鉄道、1981年
『昭和61年度日本国有鉄道の決算について』日本国有鉄道清算事業団、1982年
『数字でみた国鉄』日本国有鉄道
『数字でみる鉄道』運輸総合研究所
『交通年鑑』交通協力会
『国有鉄道陸運統計』
国土交通省鉄道局監修『鉄道統計年報』
『民鉄統計年報』
『私鉄統計年報』
日本国有鉄道『鉄道要覧』
日本国有鉄道『鉄道統計年報』

日本《にっぽん》のローカル線《せん》 150年全史《ねんぜんし》
その成《な》り立《た》ちから未来《みらい》への展望《てんぼう》まで

2023年4月6日　第1刷発行

著　者　佐藤信之《さとうのぶゆき》

ブックデザイン　長久雅行

発行人　畑 祐介

発行所　株式会社 清談社Publico
〒102-0073
東京都千代田区九段北1-2-2 グランドメゾン九段803
TEL：03-6265-6185　FAX：03-6265-6186

印刷所　中央精版印刷株式会社

ISBN 978-4-909979-43-8 C0065

清談社
Publico

http://seidansha.com/publico
Twitter @seidansha_p
Facebook http://www.facebook.com/seidansha.publico